Handbuch

zum

Verfahren der Zwangsversteigerung und Zwangsverwaltung

nach dem Reichsgesetz vom 24. März 1897.

(Fassung vom 20. Mai 1898.)

Von

M. K. Samter,

Amtsgerichtsrat am Amtsgericht Berlin-Mitte.

Zweite Auflage,

vermehrt durch einen **Nachtrag** und ein **Selbstexaminatorium.**

Berlin 1912.

J. Guttentag, Verlagsbuchhandlung,

G. m. b. H.

Vorwort zur ersten Auflage.

In einer zehnjährigen praktischen Beschäftigung mit der Immobiliarzwangsvollstreckung habe ich wahrgenommen, daß jenes Gebiet älteren wie jüngeren Juristen besonders große Schwierigkeiten bereitet.

Der Grund für diese Erscheinung liegt in der lapidaren geistvollen Kürze des preußischen Gesetzes vom 13. Juli 1883 und des auf letzterem beruhenden Reichsgesetzes vom 24. März 1897. Beide Gesetze erfordern für ihre Anwendung eine schlagfertige, lückenlose Beherrschung ihrer materiellrechtlichen Grundlagen, ohne die letzteren im Gesetzestext auch nur anzudeuten; beide Gesetze lassen, trotz der scharfsinnigen Kongruenz ihrer Bestimmungen, die Abwicklung des Verfahrens nicht leicht übersehen.

Nach beiden Richtungen hin will das vorliegende Handbuch helfend und fördernd eingreifen.

Im ersten Teil sind, seinem Einführungszweck entsprechend, die allgemeinen und materiellrechtlichen Grundlagen des Verfahrens kurz dargestellt, deren Aneignung jüngeren Juristen besonders schwer fällt.

Im zweiten Teil ist das Verfahren — um ein Wort Iherings zu gebrauchen — in organischer Plastik zur Darstellung gelangt, um auch älteren Juristen, in strepitu fori, eine leichte und doch voll ausreichende Übersicht der in Betracht kommenden Vorschriften und Rechtsgrundsätze zu gewähren.

Die hierbei eingeflochtenen Exemplifikationen, zum Teil an der Hand der preußischen Formulare, sind für jüngere Juristen bestimmt.

Die Erörterung der einzelnen Streitfragen von fundamentaler Bedeutung wird wohl auch dem Praktiker willkommen sein.

Brandenburg a. H., im Oktober 1904.

Vorwort zur zweiten Auflage.

Die Gestalt der ersten Auflage ist unverändert. In einem Nachtrag sind, in der Seitenfolge des Handbuchs, die wichtigen Ergebnisse der Literatur und Judikatur zusammengestellt; neu hinzugefügt ist ferner ein **eingehendes Selbstexaminatorium** für Prüflinge in der Form von Fragen und Verweisungen auf die Seiten der Darstellung, die jene Fragen beantworten.

Berlin-Charlottenburg, den 17. Januar 1912.

Samter.

Inhaltsverzeichnis.

Erster Teil.

Die allgemeinen Vorschriften und die materiellrechtlichen Grundsätze des Verfahrens.

Zweiter Teil.

Die Abwickelung des Verfahrens der Zwangsversteigerung und Zwangsverwaltung.

Abschnitt I.

Das ordentliche Zwangsversteigerungsverfahren.

Abschnitt II.

Das Zwangsverwaltungsverfahren.

Abschnitt III.

Die Zwangsversteigerung in Schiffe.

Abschnitt IV.

Zwangsversteigerung und Zwangsverwaltung in besonderen Fällen.

Berichtigungen.

Seite 2, Anm. Zeile 9 von oben anstatt „Abs. 4": „Abs. **5**".

Seite 4, Zeile 2 von unten hinter „unterliegen": „Dieses Gesetz ist durch das inzwischen veröffentlichte Gesetz vom 11. Juni 1902 in der Fassung vom 8. Juli 1902 abgeändert, s. S. 318."

Seite 111, Zeile 11 von oben anstatt „für letzteren": „für andere".
Zeile 13 von oben anstatt „wieder": „minder".
letzte Zeile des Haupttextes anstatt „Zuschlagsverteilung": „Zuschlagserteilung".

Seite 122, Zeile 24 von oben anstatt „engeren": „engen".

Seite 124, Zeile 11 von unten hinter „§ 83 Nr. 1 des Reichsges.": „und schließlich, wenn der Einleitungsbeschluß dem Schuldner überhaupt nicht oder nicht fristgerecht zugestellt ist, vgl. S. 95".

Seite 179, in der zweiten Zeile über und dritten Zeile unter „Attest" anstatt Hypothekenbrief": „vollstreckbaren Titel".

Seite 180, Zeile 7 von unten anstatt „Berechnung": „Verwahrung".

Seite 188, Zeile 12 von oben anstatt „termin": „verfahren".

Seite 192, Zeile 6 von oben anstatt „112": „**12**".

Seite 201, Anm. 6, Zeile 1 und 4 von oben anstatt „3 β": „**3**".

Seite 216, Zeile 2 von unten anstatt „Einzelhypothek": „Einzelhypotheken".

Seite 219, Zeile 9 von oben anstatt „verteilen": „erteilen".

Seite 233, letzte Zeile des Haupttextes hinter: „daher" „nicht" einzuschieben.

Seite 261, Anm. 6 Zeile 7 von oben anstatt „betreibenden": „beitretenden".

Seite 319, Zeile 3 von oben anstatt „eingetragenen": „eingetragene".

Seite 321, Anm. 11 Zeile 4 anstatt „seinen": „ihren", Zeile 5 anstatt „ausüben": „auszuüben".

Abkürzungen.

Altmann = Das Reichsgesetz über die Zwangsversteigerung und Zwangsverwaltung.

Badstübner = Die Zwangsvollstreckung in das unbewegliche Vermögen.

BGB. der RGR. = Das Bürgerliche Gesetzbuch erläutert von Georg Hoffmann, Brückner, Erler, Burlage, Busch, Dr. Ebbecke, Kiehl, Schaffeld und Schmitt, Reichsgerichtsräten.

Bl. f. Rechtspfl. = Blätter für Rechtspflege im Bezirk des Kammergerichts.

Deutsche Jur.-Z. = Deutsche Juristenzeitung.

Dernburg = Das Bürgerliche Recht.

Fischer und Schaefer = Die Gesetzgebung, betreffend die Zwangsvollstreckung in das unbewegliche Vermögen im Reiche und in Preußen.

Freund = Die Zwangsvollstreckung.

Gruchot = Gruchots Beiträge zur Erläuterung des Deutschen Rechts.

Günther = Reichsgesetz über die Zwangsversteigerung und die Zwangsverwaltung.

Jaeckel-Güthe = Das Reichsgesetz über die Zwangsversteigerung und die Zwangsverwaltung.

Jur. Woch. = Juristische Wochenschrift.

Kurlbaum = Neue Grundsätze der Zwangsversteigerung (1884)

Leske = Vergleichende Darstellung des Bürgerlichen Gesetzbuchs.

Mugdan-Falkmann = Die Rechtsprechung der Oberlandesgerichte.

Neumann = Jahrbuch des deutschen Rechts.

Peiser = Die Zwangsverwaltung in Grundstücke.

Planck = Bürgerliches Gesetzbuch nebst Einführungsgesetz.

Recht = Das Recht, Rundschau für den deutschen Juristenstand.

Reinhardt = Das Zwangsversteigerungsgesetz.

Schöller = Die Zwangsversteigerung und Zwangsverwaltung von Grundstücken.

Scheiner = Gesetz über die Zwangsversteigerung und die Zwangsverwaltung.

Wenz-Wagner = Praktisches Handbuch für die Zwangsversteigerung und die Zwangsverwaltung.

Wolff = Das Reichsgesetz über die Zwangsversteigerung und Zwangsverwaltung.

Zentralblatt f. freiw. Ger. = Zentralblatt für freiwillige Gerichtsbarkeit und Notariat sowie Zwangsversteigerung.

Erster Teil.

Die allgemeinen Vorschriften und die materiellrechtlichen Grundsätze des Verfahrens.

Paragraph 1.

Der Zweck des Reichsgesetzes über die Zwangsversteigerung und die Zwangsverwaltung

vom 24. März 1897 in der Fassung vom 20. Mai 1898.

Der Zweck des Zwangsversteigerungs- und Zwangsverwaltungsverfahrens.

Das Zwangsversteigerungs- und Zwangsverwaltungsverfahren ist regelmäßig auf Beitreibung einer Geldforderung gerichtet.

a) **Die Zwangsversteigerung** kann aber auch einem nur vollstreckungsähnlichen Zwecke dienen, z. B. dem Zwecke der Auseinandersetzung von Miteigentümern behufs Aufhebung einer Grundstücksgemeinschaft, § 180 des Reichsges.

Im preußischen Rechtsgebiete kann hier der besondere Fall erwähnt werden — in welchem das reichsgesetzliche Verfahren allerdings nur entsprechend anwendbar ist —, nämlich die Zwangsversteigerung zwecks öffentlichen Verkaufs eines verfallenen Gebäudes durch die Obrigkeit. cf. die in Geltung gebliebenen §§ 40, 58 und 60 des ALR. Teil I Titel 8, dazu Art. 89 Nr. 1 b des preuß. Ausf.Ges. zum BGB. vom 2. Sept. 1899 und Art. 28—32 des preuß. Ausf.Ges. zum RZVG. vom 23. Sept. 1899.

b) **Die Zwangsverwaltung** kann, wie die Motive S. 75 zeigen, auch anderen als den auf Beitreibung einer Geldforderung gerichteten Vollstreckungszwecken dienen. Einen Hauptfall der Praxis bildet Zwangsverwaltung behufs Vollstreckung einer einstweiligen Verfügung, §§ 936—942 CPO., welche, in Ausführung des § 1134 Abs. 2 des BGB., zur Abwendung der Gefährdung eines Grundstücks, dessen Zwangsverwaltung anordnet. Diese ist unter entsprechender Ausführung der §§ 146—161 des RZVG. einzuleiten, zu führen und zu schließen. § 938 Abs. 2 CPO., Peiser S. 23.

Paragraph 2.

Die Voraussetzungen für die Anwendung des Reichsgesetzes über die Zwangsversteigerung und Zwangsverwaltung.

Die Kardinalvoraussetzungen.

Die erste Kardinalvoraussetzung für die Anwendung des Reichsgesetzes überhaupt ist eine territoriale.

Wo das Grundbuch noch nicht angelegt ist, ist die Anwendbarkeit des Reichsgesetzes ausgeschlossen, § 1 Einf.Ges. zum RZVG.

Die zweite Kardinalvoraussetzung der Zwangsversteigerung und Zwangsverwaltung nach dem Reichsgesetz enthält der Hinweis in den Motiven S. 72, daß jenes Reichsgesetz: „so zu lesen ist, als ständen seine Vorschriften in dem achten Buch der CPO." Hieraus ergibt sich:

Die **einzelnen** prozessualen Voraussetzungen für die Vornahme der beiden Vollstreckungsakte des Reichsgesetzes sind dieselben, wie die Voraussetzungen der Mobiliarzwangsvollstreckung in den §§ 704—801 CPO.[1]) Dies wird sich noch näher bei der Einleitung des Verfahrens zeigen. (Teil 2 Paragraph 16 und 33.)

Die subsidiäre Anwendbarkeit der Vorschriften der CPO.

[1]) Hierbei sei darauf hingewiesen, daß auch die übrigen Vorschriften der Civilprozeßordnung **subsidiär** Anwendung finden; immerhin aber mit der Einschränkung, daß das Immobiliar-Zwangsvollstreckungsverfahren nach dem Reichsgesetz — nachdem es beantragt worden — ein Offizialverfahren ist, also nicht auf dem Parteibetrieb beruht; und ferner, daß die Verhandlung in dem Verfahren **nicht** eine technisch mündliche der CPO. ist; nicht das mündliche Vorbringen der Beteiligten, sondern der Akteninhalt gibt die Grundlagen für die hier zu erlassenden Entscheidungen. (Siehe schon hier §§ 78, 80 des Reichsges.)

Es können deshalb auch schriftliche Anträge und Erklärungen vor den einzelnen Terminen in diesen — **eine** Ausnahme enthält hier **nur Abs. 4 des § 63 des Reichsges.** — ebenso berücksichtigt werden, wie wenn sie mündlich im einzelnen Termin gestellt wären. Freilich müssen schriftliche Äußerungen, sofern sie für die Feststellung der Versteigerungsbedingungen oder des Teilungsplans **materiell**rechtliche Erklärungen enthalten, in öffentlich beglaubigter Urkunde enthalten sein; dies ergibt sich schon aus § 84 Abs. 2 des Reichsges., welcher ein prozeßformellrechtliches Prinzip enthält. Gl. A. übrigens, wenn auch ohne **prinzipielle** Äußerung, Jaeckel in Anm. 1 zu § 117 und Anm. 1 zu § 126. Fischer u. Schaefer Anm. 1 zu § 117.

Das Mündlichkeitsprinzip der CPO. ist sonach für das Verfahren der Zwangsversteigerung und Zwangsverwaltung nicht maßgebend.

Dagegen sind die Vorschriften der CPO. über die Beweisaufnahme hier subsidiär anwendbar.

Die Feststellungen, welche das Vollstreckungsgericht für die von ihm zu erlassenden Entscheidungen benötigt, sind auch hier durch Erhebung der einzelnen Beweismittel nach Maßgabe der §§ 373 ff. CPO. zu treffen. Insbesondere ist das Vollstreckungsgericht — was in der Praxis vielfach unbekannt ist — befugt, einen richterlichen Eid einem Beteiligten, natürlich anstatt durch Urteil, hier durch **Beschluß** gemäß § 477 Abs. 3 CPO. aufzuerlegen und abzunehmen. Vgl. RG.Entsch. Bd. 50 S. 368; gerade für das Zwangsversteigerungsverfahren ist dies neuerdings wieder vom Reichsgericht in den Entsch. Bd. 54 S. 311 festgestellt worden.

Paragraph 3.

Die Immobiliarmasse.

Die Gegenstände, aus welchen eine zwangsweise Befriedigung nur durch Zwangsversteigerung und Zwangsverwaltung nach **Maßgabe** des Reichsgesetzes vom 24. März 1897 möglich, werden nicht in diesem Gesetz, sondern in den §§ 864, 865 CPO. aufgezählt. Die Gegenstände der Immobiliar-Zwangsvollstreckung.

Jene Gegenstände zerfallen in Haupt= und Nebengegenstände.

Der § 865 CPO. in Verbindung mit den §§ 1120 ff. BGB. bezeichnet die sogen. Nebengegenstände der Immobiliarzwangsvollstreckung als diejenigen Gegenstände, welche, sobald die Hauptgegenstände (vgl. folgenden Paragraphen 4) zur Zwangsversteigerung oder =Verwaltung stehen, von solchem Verfahren ex lege mit erfaßt werden.

(Der § 865 Abs. 1 CPO. spricht von diesen „Nebengegenständen": „Die Zwangsvollstreckung in das unbewegliche Vermögen umfaßt auch die Gegenstände, auf welche sich bei Grundstücken und Berechtigungen die Hypothek, bei Schiffen das eingetragene Pfandrecht erstreckt".)

Diese sogen. Haupt= und Nebengegenstände, zu welch' letzteren in der Praxis vor allem das Zubehör eines Grundstücks gehört (§§ 97, 98, 1120 BGB.), faßt der wissenschaftliche Sprachgebrauch unter der **sogen. Immobiliarmasse** zusammen.

Paragraph 4.

Hauptgegenstände der Immobiliar=Zwangsvollstreckung sind nun: Die Hauptgegenstände.

I. **Die Grundstücke.**

II. **Die Berechtigungen, für welche die sich auf Grundstücke beziehenden Vorschriften gelten.**

III. **Die im Schiffsregister eingetragenen Schiffe** (§ 864 Abs. 1 CPO.).

I. Die Grundstücke.

1. **Nur die als selbständige Grundstücke**[1]) im Grundbuche auf einem Grundbuchblatt verzeichneten sind versteigerbar, wie schon aus § 17 des Reichsges. erhellet. Ist daher einmal ein zu versteigerndes Grundstück noch nicht im Grundbuch eingetragen, so ist die Versteigerung erst statthaft, nachdem zuvor die grundbuchmäßige Eintragung erfolgt ist. Die Grundstücke.

[1]) Daß zu den Grundstücken auch dessen Bestandteile gehören, ist selbstverständlich. Nach § 95 BGB. sind jedoch die nur zu vorübergehendem Zwecke mit dem Grund und Boden verbundenen Sachen nicht Bestandteile, ebensowenig die von einem dinglich Berechtigten errichteten Gebäude.

2. **Nur das einzelne selbständige Grundstück als Ganzes** kann versteigert werden, **nicht aber reale Teile** eines solchen; denn hierfür fehlt eine bezügliche gesetzliche Unterlage.

3. **Ein besonderes selbständiges** Grundstück ist auch dasjenige, welches gemäß § 4 der RGrundb.O. mit anderen selbständigen Grundstücken auf einem gemeinschaftlichen Grundbuchblatt steht. Hier liegen trotz des gemeinschaftlichen Grundbuchblattes **mehrere** selbständige Grundstücke vor. Jedes dieser Grundstücke ist unbedenklich selbständig versteigerbar.

4. **Ein einziges Grundstück dagegen liegt vor,** wenn aus mehreren früher selbständigen Grundstücken nach § 890 BGB. **ein** Grundstück gebildet worden ist. Die rechtliche Konsequenz dieser Tatsache läßt deshalb die Versteigerung des rechtlich ein Mal entstandenen **einen** Grundstücks nur als **Ganzes** zu. cf. Planck Anm. 3 zu § 890 BGB.

Der § 1131 BGB. begründet hier aber eine Ausnahme.

Nach diesem Paragraphen bleiben den Realrechten gegenüber, welche an den **Einzelgrundstücken** bereits hafteten, bevor die letzteren zu einem Grundstück verbunden wurden, jene Einzelgrundstücke noch **rechtlich besondere** Einzelimmobilien. Eine Versteigerung oder Verwaltung, welche die Befriedigung **solcher** Realrechte erstrebt, kann daher ausnahmsweise auch als Befriedigungsobjekt noch das frühere **Einzel**grundstück in Anspruch nehmen.

Gl. A. Jaeckel Anm. 1 A. zu § 16. Fischer u. Schaefer S. 116.

Ideelle Anteile.

5. **Die Versteigerung eines Bruchteils (ideellen Anteils** § 741 BGB., § 48 Grundb.O.) **eines Grundstücks ist regelmäßig unzulässig,** und nur in folgenden **zwei Ausnahmefällen,** welche § 864 Abs. 2 CPO. erwähnt, zulässig:

α) **wenn der Bruchteil in dem Anteil eines Miteigentümers besteht:**

A und B sind je zu $^1/_2$ Miteigentümer eines Grundstücks, gegen B hat der Gläubiger G einen vollstreckbaren Titel auf Zahlung von 200 M. persönlicher Schuld, dann kann G Versteigerung nur des ideellen Anteils von $^1/_2$ des B beantragen.

β) **wenn sich der Anspruch des Gläubigers auf ein Recht gründet, mit welchem der Bruchteil als solcher belastet ist:**

A und B sind je zu $^1/_2$ Miteigentümer, B läßt auf seinem Eigentumsanteil für G eine Hypothek von 2000 Mark eintragen. A und B lassen sodann das ganze Grundstück dem C auf. Der G kann dann, sobald er wegen der Hypothek von 2000 Mark einen vollstreckbaren Titel gegen C erwirkt hat, wiewohl dieser nun Alleineigentümer des ganzen Grundstücks ist, doch die Zwangsversteigerung nur der — früheren B'schen — Eigentumshälfte beantragen.

Die Bahneinheiten.

6. **Schließlich bedarf hier der Erwähnung, daß die Grundstücke, welche den Privat- und Kleinbahnen gehören, die sogen. Bahneinheiten,** rücksichtlich der Zwangsversteigerung nicht dem Reichsges. vom 24. März 1897, sondern den besonderen Vorschriften der §§ 32 ff. des Gesetzes vom 19. Aug. 1895 unterliegen. Vgl. auch Einf.Ges. zum BGB. Art. 112 und Einf.Ges. zum RZVG. § 2.

II. Die Berechtigungen, für welche die sich auf Grundstücke beziehenden Vorschriften gelten.

Die Berechtigungen.

Zu den sogen. grundstücksgleichen Berechtigungen, welche also der Zwangsversteigerung und Zwangsverwaltung unterliegen, gehören:

a) **reichsgesetzlich das Erbbaurecht**, § 1017 BGB. Zur Bestellung desselben genügt zwar die Eintragung auf dem Grundbuchblatte des belasteten Grundstücks. Da die Zwangsversteigerung aber eine Veräußerung enthält, so ist jene erst zulässig, wenn das Erbbaurecht zuvor — vgl. § 7 Satz 2 der RGrundb.O. — auf ein selbständiges Grundbuchblatt übertragen ist.

b) **preußisch-landesgesetzlich** gehören hierher nach Art. 37—40 des Ausf.Ges. zum BGB.:

1. **das Bergwerkseigentum**, dessen Zwangsversteigerung jedoch den besonderen Vorschriften des Art. 15 ff. des Ausf.Ges. zum ZVG. unterliegt;
2. **die bisherigen selbständigen Gerechtigkeiten:**
   die Mühlengerechtigkeiten, §§ 229—233 ALR. Teil II Titel 15,
   die Fähr- und Fischereigerechtigkeiten, §§ 51, 88, 90 ALR. Teil II Titel 15,
   die vor dem Gewerbesteueredikt vom 2. Nov. 1810 verliehenen vererblichen und veräußerlichen Apothekerprivilegien,
   die nach dem Gesetz vom 17. Dez. 1872 noch nicht abgelösten Abdeckereiberechtigungen,
   einige lokal in der Provinz Westfalen bestehende Gerechtigkeiten.

Die Eigenschaft, grundstücksgleiche Berechtigungen zu sein und als solche der Immobiliarzwangsvollstreckung zu unterliegen, haben diese Gerechtigkeiten, **aber nur sofern sie**, wie Art. 40 Abs. 1 Ausf.Ges. zum BGB. bestimmt, ein **Grundbuchblatt** erhalten haben.

III. Die Schiffe.

Die Schiffe.

Das Reichsgesetz gestattet die Zwangsversteigerung in:

a) **die im Schiffsregister eingetragenen Schiffe**, also: die Seeschiffe im Sinne des Gesetzes vom 25. Okt. 1867 und eingetragenen Binnenschiffe des Binnenschiffahrtsgesetzes vom 15. Juni 1893 in der Fassung vom 20. Mai 1898;

b) **ferner in die auswärtigen Schiffe**, welche, wenn sie deutsche wären, eintragungspflichtig wären (§ 171 des Reichsges.).

Diese Schiffe, welche — wie § 19 des Binnenschiffahrtsgesetzes schon zeigt — man mit Recht als „schwimmende Gebäude von bedeutendem Werte" bezeichnet hat, unterliegen um deswillen der Immobiliarzwangsvollstreckung.[1]) Jedoch mit:

Zwei Ausnahmen, die in der Praxis auffällig oft unberücksichtigt geblieben, sind aber hierbei zu beachten:

[1]) Die Besonderheiten in der Schiffszwangsversteigerung siehe Teil II Paragr. 44—46.

α) nur die Zwangsversteigerung, **nicht auch** die Zwangsverwaltung eingetragener Schiffe (wie sollte diese auch ausführbar sein!), ist nach der ausdrücklichen Bestimmung im § 870 Abs. 2 CPO. statthaft.

Die Schiffsparten.

β) Schiffsparten, also ideelle **Anteile** an selbst eingetragenen Schiffen, sollen nach ausdrücklicher Bestimmung des § 858 CPO. nur der Mobiliarzwangsvollstreckung nach Maßgabe des § 857 CPO. unterliegen.

Daß die nicht eingetragenen ganzen Schiffe wie jede bewegliche Sache einfach vom Gerichtsvollzieher nach §§ 808 ff. CPO. zwangsweise zu versteigern sind, ist selbstverständlich.[1])

Paragraph 3.

Die sogen. Nebengegenstände.

Die sogen. Nebengegenstände der Immobiliarzwangsvollstreckung.

Die Gegenstände, welche, sobald der Hauptgegenstand zur Immobiliarzwangsvollstreckung steht, von solchem Verfahren ex lege mit erfaßt werden, sind nach den §§ 1120—1130 des BGB., § 865 CPO.:

1. die von dem Grundstücke getrennten Erzeugnisse und sonstigen Bestandteile,
2. die Zubehörstücke,[2])
3. die Miets- und Pachtzinsen,
4. die Rechte auf wiederkehrende Leistungen, die dem Grundstückseigentümer als solchem zustehen,
5. die Forderungen auf Versicherungsgelder. (Siehe S. 70.)

Verschiedener Umfang der Beschlagnahme in der Zwangsversteigerung und Zwangsverwaltung.

I. Diese Gegenstände insgesamt werden an sich, bei der Immobiliarzwangsvollstreckung in den Hauptgegenstand, von dieser Maßregel regelmäßig zwar mit erfaßt, aber **nicht jede einzelne Immobiliarzwangsvollstreckung verstrickt alle Nebengegenstände.**

1. **Die Zwangsversteigerung sowohl wie die Zwangsverwaltung** umfassen selbstverständlich:

a) die zur Zeit der Beschlagnahme (über den Begriff vgl. Paragraph 6 Seite 9) mit dem Grundstücke noch **verbundenen** Erzeugnisse. Diese sind ja nach § 94 BGB. wesentliche Bestandteile des Grundstücks, **müssen** also dessen rechtliches Schicksal teilen;

b) die gleiche rechtliche Eigenschaft haben auch die Zubehörstücke (vgl. § 97 BGB.), wie auch mittelbar aus § 314 BGB. erhellet. **Auch die Zubehörstücke** werden daher von beiden gedachten Zwangsmaßregeln **rechtsnotwendig ergriffen.**

Dabei ist aber zu beachten, daß Zubehör eines Landguts auch, nach § 98 Nr. 2 BGB., **getrennte** Erzeugnisse sind, „soweit sie zur Fortführung der Wirt-

---

[1]) Rücksichtlich der Verpfändung dieser Schiffe siehe §§ 1259 ff. BGB. und §§ 100 ff. des RFreiw.GG. vom 17. Mai 1898.

[2]) vgl. auch Anm. 1 S. 15.

schaft bis zu der Zeit erforderlich sind, zu welcher gleiche oder ähnliche Erzeugnisse voraussichtlich gewonnen werden". (Ganz verständig, das Grundstück muß stets neu besambar bleiben.)

2. **Weder die Zwangsversteigerung, noch die Zwangsverwaltung** umfassen nach § 21 Abs. 3 des Reichsges., § 1120 BGB. die Früchte, diese mögen mit dem Grundstück verbunden oder getrennt sein, **wenn das Grundstück verpachtet ist** und der Pächter im Besitze des Grundstücks ist.

3. **Nur die Zwangsverwaltung aber — nicht auch die Zwangsversteigerung — umfaßt** nach der ausdrücklichen Vorschrift des § 148 des Reichsges. **die land- und forstwirtschaftlichen Erzeugnisse** eines Grundstücks, welche **nicht** Zubehör sind (vgl. vorstehend I, 1 b) die **Miet- und Pachtzinsforderungen,** die **Ansprüche auf wiederkehrende Leistungen aus einem mit dem Grundstücke als solchem verbundenen Rechte.** Diese Nebengegenstände sollen nach der ausdrücklichen Vorschrift des § 21 Abs. 1 u. 2 im Falle einer **Zwangsversteigerung nicht** zur Immobiliarmasse gehören. Will ein Realgläubiger auch diese Nebengegenstände mit zu seiner Befriedigung heranziehen, so muß er eben Zwangsverwaltung beantragen.[1]) Denn:

II. **Die Mobiliarzwangsvollstreckung ist in die sogen. Nebengegenstände zulässig, solange nicht ihre Beschlagnahme in einer Immobiliarzwangsvollstreckung** erfolgt ist. Nur versteht sich, wie auch hier betont sei: Zulässigkeit der Mobiliarzwangsvollstreckung in Nebengegenständen.

a) soweit die Nebengegenstände **Zubehörstücke** eines Immobile sind, können sie, wie dieses **nur in einer Immobiliarzwangsvollstreckung,** niemals in der Mobiliarzwangsvollstreckung rechtsgiltig gepfändet und verwertet werden. Dies spricht der § 865 Abs. 2 CPO. zudem ausdrücklich aus (vgl. auch vorstehend I, 1 b),

b) und ebenso (vgl. I, 1 a vorstehend) können wesentliche Bestandteile eines Immobile, nur wie dieses und mit ihm der Immobiliarzwangsvollstreckung unterliegen.

Aber hier macht das Gesetz eine aus wirtschaftlichem Grunde gewiß zu rechtfertigende, immerhin aber rechtlich völlig inkonsequente Ausnahme, indem der § 810 CPO. Früchte, die vom Boden noch nicht getrennt sind, zunächst der Mobiliarzwangsvollstreckung unterwirft, solange nicht ihre Beschlagnahme im Wege der Immobiliarzwangsvollstreckung erfolgt ist. Indessen ist jene Mobiliarzwangsvollstreckung aufzuheben, sobald ein Gläubiger, der ein Recht auf Befriedigung aus dem Grundstück hat, Widerspruch erhebt. (§ 810 Abs. 2 CPO.)

III. **Ist aber auch die Mobiliarzwangsvollstreckung der sogen. Nebengegenstände (welche nicht Zubehör sind) an sich zulässig,** solange nicht ihre

[1]) Ausdrücklich beläßt § 24 des Reichsges., im Falle nur die **Zwangsversteigerung** eingeleitet ist — natürlich nur bis zum Zuschlage — dem Eigentümer Verwaltung und Benutzung des Grundstücks, aber nur innerhalb der in concreto zu bestimmenden „Grenzen einer ordnungsmäßigen Wirtschaft". Maßnahmen, die über diese Grenzen vom Eigentümer vorgenommen werden und deshalb die ordnungsmäßige Wirtschaft gefährden, kann das Vollstreckungsgericht auf Antrag des betreibenden Gläubigers untersagen bezw. verhindern (§ 25 des Reichsges.).

Beschlagnahme in einer Immobiliarzwangsvollstreckung verfügt ist, so steht doch anderseits mit Rücksicht auf diese Möglichkeit jedem Gläubiger, welcher ein Recht auf Befriedigung aus dem Grundstück hat, nach § 805 CPO. die Befugnis zu, im Wege der Klage seine vorzugsweise Befriedigung aus dem Erlös jener mobiliar gepfändeten Nebengegenstände zu fordern.[1])

IV. **Die sogen. Nebengegenstände brauchen aber nicht dauernd so zu sagen für eine Immobiliarzwangsvollstreckung bereit gehalten werden**; gerade diese an sich beweglichen Objekte, wie z. B. vor allem das gewonnene Getreide, bilden ja den Ertrag eines Grundstücks, und es hörte jede Rentabilität einer Liegenschaft auf, wollte man mit Rücksicht auf bestehende Hypotheken den Grundstückseigentümer dauernd in der Verwertung der Nebengegenstände beschränken.

Die unter den **Voraussetzungen** der §§ 1120—1130 BGB. geschehene Entfernung der Nebengegenstände von dem Hauptimmobile befreit daher jene von der Rechtseigentümlichkeit, von der Beschlagnahme in einer anhängig werdenden Immobiliarzwangsvollstreckung erfaßt zu werden.

Ein näheres Eingehen auf die ebenso interessanten, wie schwierigen §§ 1120—1130 BGB. kann **hier** unterbleiben.[2])

Ein Hauptfall der Praxis.

Nur eine die Praxis zahllos beschäftigende Rechtsfrage sei berührt:

Der § 1122 BGB. bestimmt: „Sind die Erzeugnisse oder Bestandteile innerhalb der Grenzen einer ordnungsmäßigen Wirtschaft von dem Grundstück getrennt worden, so erlischt ihre Haftung auch ohne Veräußerung (über die Veräußerung spricht § 1121), wenn sie **vor** der Beschlagnahme von dem Grundstück **entfernt** worden, **es sei denn,** daß die Entfernung zu einem vorübergehenden Zweck erfolgt."

Fällt nun eine im Wege der Mobiliarzwangsvollstreckung vorgenommene Entfernung unter den Begriff einer Entfernung zu vorübergehendem Zwecke?

Beispiel: Der Grundstückseigentümer hat 1000 Zentner Torf aus dem Torfbruch seines Grundstücks gestochen, die auf dem Grundstück lagern; auf Antrag eines persönlichen Gläubigers pfändet der Gerichtsvollzieher den Torf am 2. Okt. 1903; am 9. Okt. 1903 schafft der Gerichtsvollzieher den Torf vom Grundstück in sein Auktionslokal und setzt Verkaufstermin auf den 16. Okt. 1903 an; am 10. Okt. 1902 geht rücksichtlich des Torfgrundstücks ein Antrag auf Zwangsverwaltung ein, in welcher am 12. Okt. 1902 der Einleitungsbeschluß ergeht und dem Eigentümer zugestellt wird (womit, wie im Paragraph 6 gezeigt wird, die Beschlagnahme wirksam wird).

Kann nun der Zwangsverwalter die 1000 Zentner Torf zur Immobiliarmasse ziehen? Nach der ratio des § 1122 wird man nur eine freiwillige **wirtschaftlich gewöhnliche** Entfernung, als eine nicht zu vorübergehendem Zwecke geschehene und deshalb die gedachten Nebengegenstände immobiliar haftfrei machende erachten können; jede andere Entfernung ist daher im Sinne des § 1122 nur eine zu vorübergehendem Zwecke. Da die zwangsweise Entfernung (des Torfs im Beispiele) durch den Gerichtsvollzieher somit nicht eine gewöhnlich wirtschaftliche ist, so kann sie um deswillen **im Sinne des § 1122 BGB.** eben nur eine zu „vorübergehendem Zwecke" sein, eine solche vermag aber die — gepfändeten und entfernten — Objekte nicht immobiliar pfandfrei zu machen.

---

[1]) In der Praxis sind übrigens die Fälle zahlreich, in welchen während bestehenden Zwangsversteigerungs- oder -Verwaltungsverfahrens noch Nebengegenstände auf Antrag eines Personalgläubigers durch den Gerichtsvollzieher gepfändet werden. Eine solche Mobiliarpfändung von Gegenständen, welche durch die Beschlagnahme in der Immobiliarzwangsvollstreckung in dieser bereits verstrickt sind, ist natürlich rechtsungiltig; auf „Erinnerung" eines Realinteressenten gemäß § 766 CPO. (siehe auch RG.Entsch. 34 S. 378) muß daher jene Mobiliarpfändung vom Vollstreckungsrichter aufgehoben werden.

[2]) Es mag hier auf Planck, Komm. zum BGB. Bd. III S. 472 ff., verwiesen werden.

Hätte in dem Beispielsfalle jedoch der Grundstückseigentümer selbst den Torf am 9. Okt. 1903 auf den Stätteplatz eines Stein- und Torfagenten zum Zwecke des Verkaufs auf den Ende Oktober stattfindenden Stadtmarkt fahren lassen, dann hätte die am 12. Okt. 1903 erfolgte Beschlagnahme in der Zwangsverwaltung den Torf nicht mehr als Nebengegenstand umfaßt.

Paragraph 6.

Wesen, Beginn und Wirkung der Beschlagnahme durch den sogen. Einleitungsbeschluß.

Wesen der Beschlagnahme.

I. In der Mobiliarzwangsvollstreckung wird das auf Befriedigung des Gläubigers aus dem Mobile gerichtete Verfahren damit eingeleitet, daß das Mobile gepfändet wird, an dem Mobile also ein Pfandrecht für den Gläubiger entsteht.

1. **In der Immobiliarzwangsvollstreckung wird das Befriedigungsverfahren in das Immobile damit eingeleitet, daß ein „die Zwangsversteigerung anordnender Beschluß" ergeht,** dem Beschluß die Wirkung beigelegt ist, daß er als **„Beschlagnahme des Grundstücks gilt"** (§ 20 des Reichsges.), und dieser also geschaffenen Beschlagnahme „die Wirkung eines Veräußerungsverbots" (§ 23 Satz 1 a. a. O.) „zu Gunsten des Gläubigers" (§ 20 cit.) beigelegt ist.

Hiermit ist — und die Motive heben es zudem ausdrücklich hervor — schon zum Ausdruck gebracht:

2. **Die Immobiliarzwangsvollstreckung schafft kein Pfandrecht an dem Grundstück,** sondern nur ein richterliches Veräußerungsverbot, § 136 BGB., mit der Wirkung des § 135 BGB.

Beginn der Wirksamkeit der Beschlagnahme.

3. **Der Beginn der Rechtswirksamkeit der durch den Einleitungsbeschluß geschaffenen (mit dem Wesen eines Veräußerungsverbots identifizierten) Beschlagnahme des Grundstücks** wird von dem Gesetze (§ 22 des Reichsges.) auf zwei in der Wirkung gleichwertige Zeitpunkte verlegt, nämlich:

a) **einmal** auf den Zeitpunkt, in welchem der die Zwangsversteigerung (bezw. Zwangsverwaltung) anordnende Beschluß dem **Schuldner**[1]**), also dem Eigentümer** zugestellt wird.

Da das Veräußerungsverbot hier aber ein Immobile betrifft und deshalb das Gesetz die Eintragung des Einleitungsbeschlusses in das Grundbuch[2]) vorschreibt, so bestimmt der § 22 des Reichsges. weiter, daß auch:

b) **der Zeitpunkt, in welchem das Ersuchen um Eintragung** der Anordnung des Einleitungsbeschlusses (vom Gesetz kurz des „Versteigerungsvermerks"[3]) genannt) dem Grundbuch zugeht, **schon die Wirksamkeit der Beschlagnahme** als Veräußerungsverbot beginnen läßt; vorausgesetzt, daß demnächst auch die Eintragung des Zwangsversteigerungsvermerks tatsächlich erfolgt.

---

[1]) Dieser Beschluß soll fortan kurz als Einleitungsbeschluß bezeichnet werden. Über die Bezeichnung des Eigentümers als Schuldner § 7 S. 14.

[2]) Das Nähere hierüber Teil II S. 86—87.

[3]) oder auch — die Eintragung der Anordnung sowohl einer Zwangsversteigerung, wie einer Zwangsverwaltung bezeichnend — „Vollstreckungsvermerk". Vgl. Anm. 1 S. 15.

Fiktiv zieht hier also das Gesetz die Wirkung der grundbuchlichen **Eintragung** auf den Zeitpunkt des Eingangs des Ersuchens zurück, und zwar um den Nachweis der Kenntnis Dritter von der Beschlagnahme als Veräußerungsverbot zu erleichtern. Denn:

Das Veräußerungsverbot in der Beschlagnahme.

4. **Die Beschlagnahme des Immobile als Veräußerungsverbot zu Gunsten des Gläubigers, des Hauptantragstellers und des diesem gleichstehenden Nebenantragstellers**[4]) **des Verfahrens** hat nun gemäß § 135 BGB. die Wirkung, daß

a) **das Veräußerungsverbot nur zu Gunsten jener Gläubiger wirkt;** für diese Gläubiger, nicht aber auch für die übrigen Hypothekengläubiger, wie die Motive sagen: „ein Vorzugsrecht auf Befriedigung" aus dem Grundstück gewährt wird, unter Ausschluß anderer „Gläubiger" des Eigentümers.

Der Eigentümer kann daher, der Beschlagnahme ungeachtet, das Grundstück veräußern und dinglich belassen; nur sind solche Verfügungen dem betreibenden (wie beigetretenen) Gläubiger gegenüber unwirksam, d. h. relativ nichtig. Vgl. hierzu behufs Ergänzung des § 135 BGB., § 772 CPO.

Das Wesen der Beschlagnahme als das eines Veräußerungsverbots erfordert aber nach § 135 Abs. 2 BGB. andererseits, daß auch dem betreibenden (wie dem beigetretenen) Gläubiger gegenüber:

Der gute Glaube Dritter.

b) **der gute Glaube Dritter, welche nach der Beschlagnahme über die durch diese betroffenen Objekte mit dem Schuldner Verfügungen treffen, berücksichtigt wird.**[5])

Soweit diese Verfügungen das Immobile selbst betreffen, ist nach § 892 BGB. „guter Glaube" identisch mit der Unkenntnis der Beschlagnahme, zur Zeit der Stellung des bezüglichen Eintragungsantrags oder zur Zeit der späteren Einigung im Sinne des § 892 Abs. 2 BGB. Wird aber vom Schuldner dem Dritten gegenüber über Nebengegenstände der Immobiliarmasse (vgl. vorstehenden § 5) verfügt, so ist „guter Glaube" des Dritten nur dann vorhanden, wenn er in den einzelnen Zeitpunkten der §§ 929, 930, 931, 934 BGB. die Beschlagnahme nicht gekannt und auch nicht, nur in Folge grober Fahrlässigkeit, nicht gekannt hatte (vgl. § 932 Abs. 2 BGB.).

Die vorgedachten Zeitpunkte der begonnenen Wirksamkeit der Beschlagnahme (also der Moment der Zustellung des Einleitungsbeschlusses an den Schuldner, und der Moment des Eingangs des Ersuchens auf Eintragung des Zwangsversteigerungsvermerks) sind daher, obwohl mit ihnen die Wirksamkeit der Beschlagnahme **objektiv** begonnen, doch subjektiv dem Dritten gegenüber — von einer Ausnahme unter c abgesehen — ohne Wirksamkeit, der in Unkenntnis jener Momente noch Rechte an Objekten der Immobilienmasse vom Eigentümer erwirbt.

Nun sind aber jene vorgedachten Momente begonnener Wirksamkeit einer Beschlagnahme derartige, daß ihre konkrete Wissenschaft Dritten nur schwer nachweisbar sein wird. Das Gesetz (§ 23 Abs. 2 des Reichsges.) bestimmt des-

---

[4]) Gläubiger, auch betreibender Gläubiger ist derjenige, welcher zuerst die Zwangsversteigerung oder -verwaltung beantragt hat; Nebenantragsteller ist derjenige Gläubiger, welcher einem bereits eingeleiteten Verfahren beitritt. Siehe schon hier § 7a S. 14.

[5]) Über die besondere Art und Wirkung der Beschlagnahme der zur Immobiliarmasse gehörigen mithaftenden Forderungen, dem Drittschuldner gegenüber s. unter Nr. 5 dieses Paragraphen.

halb, um den Beweis der Kenntnis Dritter von der Beschlagnahme zu erleichtern (die Stellung eines Versteigerungsantrages ist ja ein lokal wirkendes schnell besprochenes Ereignis), daß schon:

die Kenntnis des Versteigerungsantrages der Kenntnis der Beschlagnahme gleichsteht. Der Dritte, welcher also mit dem Subhastaten über Objekte der Immobiliarmasse Verfügungen tatsächlich **nach der Beschlagnahme**[6]) tätigt, die erwähnten Momente der Beschlagnahme zwar nicht kennt, wohl aber bereits erweislich von dem gestellten Versteigerungsantrage Kenntnis hatte, kann dem Hauptantragsteller wie Nebenantragsteller gegenüber an jenen Objekten wirksame Rechte nicht mehr erwerben.

Nichtbeachtung des guten Glauben.

c) **Eine Nichtbeachtung des „guten Glaubens" Dritter muß aber, wie sonst, so auch hier eintreten beim Vorliegen einer grundbuchlichen Verlautbarung, also angesichts einer bereits erfolgten Eintragung des sogen. Vollstreckungsvermerks in das Grundbuch.** Einer solchen wohnt ja ganz allgemein die praesumtio juris et de jure inne, daß der Inhalt der Grundbuchintabulation als bekannt gilt. Es bestimmt deshalb das Gesetz (§ 23 Abs. 2 letzter Satz Reichsges.), **daß die Eintragung des Versteigerungsvermerks absolut ohne Rücksicht auf die Nichtkenntnis des Moments des Beschlagnahmebeginns, also ohne Rücksicht auf den guten Glauben Dritter, auch diesen gegenüber die Beschlagnahme wirksam macht,** und zwar sowohl rücksichtlich des Grundstücks an sich, wie seiner, **als sogen. Nebengegenstände** mithaftenden **beweglichen** Sachen. Diese beweglichen Sachen stehen ja auch regelmäßig in unmittelbarem räumlichen Verhältnisse zu dem Immobile als solchen.

Forderungen des Grundstücks-Eigentümers.

5. **Außerhalb des räumlichen Verhältnisses zum Immobile stehen aber Forderungen,** welche dem Grundstückseigentümer als solchem zustehen, und deshalb, wie schon oben § 5 erwähnt, als Nebengegenstände der Immobiliarmasse von dem Immobiliarzwangsvollstreckungsverfahren miterfaßt werden.

Für solche mithaftenden Forderungen schreibt das Gesetz (§ 22 Abs. 2 des Reichsges.) eine besondere Form der Beschlagnahme dem Drittschuldner gegenüber vor, in Ergänzung des Einleitungsbeschlusses, der dem Schuldner gegenüber, bereits auch die Beschlagnahme der mithaftenden Forderungen, als Nebengegenstände der Immobiliarmasse, erwirkt hat.

Der Drittschuldner verliert — gleichviel, wann eines der zwei Beschlagnahmemomente (Ziffer 3 dieses Paragraphen) eingetreten, ja gleichviel, ob der Zwangsversteigerungsvermerk bereits im Grundbuch steht — die Berechtigung zur Zahlung an den Eigentümer, als seinen Gläubiger, erst **in dem Augenblicke, wo ihm vom Vollstreckungsrichter ein Zahlungsverbot zugestellt wird.** Zum Antrage auf Erlaß eines solchen Zahlungsverbots ist der Haupt- wie

---

[6]) Das ist selbstverständlich zwingende Voraussetzung; wer **vor** der Beschlagnahme, wenn auch in Kenntnis eines Versteigerungsantrages, der noch nicht zur Beschlagnahme der Immobiliarmasse geführt hat, aus dieser vom Subhastaten erwirbt, erlangt natürlich vollwirksame Rechte an dem betreffenden Objekte.

Nebengläubiger, im Falle einer Zwangsverwaltung auch der Zwangsverwalter (§ 151 Abs. 3 des Reichsges.) berechtigt.[7])

Der Umstand, daß dieses Zahlungsverbot im Rahmen der Immobiliarzwangsvollstreckung ergeht, ist übrigens entscheidend für seine prozessuale, von den, nur für die Mobiliarzwangsvollstreckung geltenden Bestimmungen der §§ 828 ff. CPO., abweichende prozessuale Behandlung:

α) Zuständig für den Erlaß des Verbots an den Drittschuldner ist der Immobiliarzwangsvollstreckungsrichter, nicht der Vollstreckungsrichter des § 828 Abs. 2 CPO.

β) Dem Schuldner (§ 7) ist ein das Verfügungsverbot des § 829 CPO. enthaltender Beschluß nicht zuzustellen; eine solche Beschlußentscheidung ist — wie eben erwähnt — dem Schuldner gegenüber bereits in dem Einleitungsbeschluß enthalten.

γ) Die Zustellung des Zahlungsverbots an den Drittschuldner erfolgt (in Abweichung von § 829 Abs. 2 CPO.) von Amts wegen, gemäß dem Grundsatze des Offizialbetriebes in der Immobiliarzwangsvollstreckung.

Die Grundstücksbeschlagnahme zwecks Befriedigung eingetragener Rechte.

6. Eine ganz spezielle Ausnahme von dem aus dem Wesen der Beschlagnahme als Veräußerungsverbot, sich ergebenden Grundsatze:

nur die Kenntnis der Beschlagnahme (vorstehend 4b) bez.,
nur die mit Kenntnis des Versteigerungsantrags als bewiesen angenommene Kenntnis der Beschlagnahme (vorstehend 4b) bez.,
nur die durch die Eintragung des Versteigerungsvermerks ex lege fingierte Kenntnis der Beschlagnahme (vorstehend 4c)
stehen dem Rechtserwerb Dritter an dem beschlagnahmten Immobile entgegen,

macht das Reichsgesetz im § 26 — in Ausführung des § 325 Abs. 3 CPO. — falls die Zwangsversteigerung wegen des Anspruchs aus einem eingetragenen Rechte angeordnet ist und der Eigentümer nach der Beschlagnahme das Grundstück „veräußert", d. h. verkauft und aufläßt. Das Zwangsversteigerungsverfahren wird in diesem Falle einfach fortgesetzt, ohne Rücksicht darauf, ob der neue Erwerber die eingetretene Beschlagnahme gekannt oder nicht gekannt hat.

Der Hypothekengläubiger A hat für einen eingetragenen Hypothekenanspruch von 3000 Mark gegen den Eigentümer B ein vollstreckbares Urteil erlangt. Auf Grund dieses Urteils hat A die Zwangsversteigerung beantragt. Der Einleitungsbeschluß ist am 12. Nov. 1903 um 4 Uhr nachmittags dem B zugestellt, damit die Beschlagnahme des Grundstücks am 12. Nov. 1903 erfolgt. Am folgenden 13. Nov. 1903 vormittags geht B mit dem ganz ahnungslosen C auf das Gericht und läßt diesem das Grundstück auf. Das Verfahren ist einfach fortzusetzen, wie wenn die Auflassung nicht geschehen.

Zutreffend rechtfertigen die Motive die Ausnahme damit, daß wer ein Grundstück, auf welchem Hypotheken, denen natürlich Grundschulden und Rentenschulden gleichstehen, eingetragen erwirbt mit der Eventualität rechnen muß, daß der bisherige Eigentümer mit Berichtigung jener Lasten säumig und dieserhalb vollstreckbar verurteilt ist.

Wäre übrigens die „Veräußerung", also die Auflassung vor der Beschlagnahme erfolgt; im Beispiesfalle also etwa am 11. Nov. 1903, dann wäre das

[7]) Kontrovers ist, ob, falls der Drittschuldner tatsächlich nach der Beschlagnahme zahlt, und zwar in **voller Kenntnis** der zwei Beschlagnahmemomente, oder sogar des eingetragenen Versteigerungsvermerks, er auch dann durch die Zahlung an den Eigentümer noch schuldfrei wird? Da hier in materiellrechtlicher systematischer Anlehnung an § 829 CPO. und mithin in Abweichung von § 407 BGB. eine besondere Form der Beseitigung der Zahlungsberechtigung des Drittschuldners bestimmt ist, wird man schon mit Rücksicht hierauf die Frage bejahen können; andernfalls wäre dem Drittschuldner die Feststellung übertragen, ob der Eigentümer, trotz der Beschlagnahme, nach § 24 des Reichsges. über die Forderung verfügungsberechtigt geblieben, vgl. auch S. 70. A. M. Jaeckel, Anm. 2 zu § 22, Fischer u. Schaefer, Anm. 2 zu § 22.

Versteigerungsverfahren nicht ohne weiteres fortsetzbar. Immerhin könnte aber der Hypothekengläubiger A dann, auf § 325 Abs. 3 und § 727 CPO. gestützt, sich die Vollstreckungsklausel auf dem Urteil, welches er rücksichtlich seiner Hypothekenforderung gegen B erstritten hat, gegen C erteilen lassen. Nach Erteilung und Zustellung des Urteils nebst Vollstreckungsklausel an C wird dann das Verfahren fortgesetzt werden können.

II. **Zwei objektive, dem Wesen der Beschlagnahme als eines Veräußerungsverbots völlig fremde Wirkungen, sind aber in der Immobiliarzwangsvollstreckung der Beschlagnahme beigelegt.** Objektive Wirkungen der Beschlagnahme.

1. Der Beschlagnahmezeitpunkt entscheidet für die einzelnen „Beträge wiederkehrender Leistungen", also z. B. für Hypothekenzinsen, ob sie für das Verfahren laufende oder rückständige sind; und zwar werden die an dem **letzten Fälligkeitstermin vor der Beschlagnahme** des Grundstücks fällig gewordenen und ferner fällig werdenden Beträge als laufende, die von jenem Fälligkeitstermin ab rückwärts fällig gewesenen Beträge als Rückstände angesehen.[8])

Die erste von mehreren Beschlagnahmen ist entscheidend; ja, hat bis zur Beschlagnahme in einer Versteigerung einer Zwangsverwaltung fortgedauert, so ist der Beschlagnahmezeitpunkt der letzteren auch für die Zwangsversteigerung hier maßgebend (§ 13 des Reichsges.).

2. Die Beschlagnahme bewirkt ferner die endgültige Zugehörigkeit der sogen. Nebengegenstände zur Immobiliarmasse, so daß eine Mobiliarzwangsvollstreckung in jene Nebengegenstände überhaupt nicht mehr statthaft ist[9]) (siehe den obigen § 5 unter II). Daß aber der Umfang der jeweilig zur Immobiliarmasse gehörigen Nebengegenstände quantitativ verschieden ist, je nachdem die Beschlagnahme in einer Zwangsversteigerung oder Zwangsverwaltung erfolgte, ist schon im obigen § 5 unter I besprochen.

III. **Die Beschlagnahme erlischt** natürlich mit Zurücknahme des Zwangsversteigerungs- (oder Zwangsverwaltungs-)Antrages, oder infolge Aufhebung des Verfahrens aus sonstigem Grunde (Paragraph 15 S. 75 u. f.).

IV. **Die Eröffnung des Konkursverfahrens** über das Vermögen des Grundstückseigentümers ist für die Beschlagnahme in einem bereits eingeleiteten Zwangsversteigerungs- wie Zwangsverwaltungsverfahren ohne Einfluß (§ 13 der Konk.O.). Die Beziehung zum Konkursverfahren.

Auch während eines über das Vermögen des Grundstückseigentümers anhängigen Konkursverfahrens, können zwar nicht persönliche Gläubiger des Grundstückseigentümers, dagegen die Realberechtigten an Grundstücken der Konkursmasse deren Beschlagnahme durch Antrag auf Zwangsversteigerung und Zwangsverwaltung erwirken (§ 18 der Konk.O.)

---

[8]) Fehlt es aber innerhalb eines, vom Beschlagnahmemoment zurückzurechnenden Zeitraums von 2 Jahren, an einem Fälligkeitstermin, z. B. ein Kanon ist nur alle 3 Jahr Martini zahlbar, dann sind die Beträge, soweit sie auf die Zeit vor der Beschlagnahme entfallen, rückständige, nach der letzteren laufende (§ 13 Abs. 2 des Reichsges.).

[9]) also allen Realinteressenten, nicht nur dem betreibenden Gläubiger gegenüber. Das wird auch vom Kammergericht in einer soeben publizierten Entscheidung angenommen (vgl. Urt. U. 4417—24/3 v. 4. Febr. 04 abgedruckt in der Deutsch. Jur. Ztg. Jahrgang 1904 S. 410).

Paragraph 7a.

Die Beteiligten im Verfahren.

(§ 9 des Reichsgesetzes.)

Der Kreis der Interessenten oder „Beteiligten" im Verfahren der Zwangsversteigerung und Zwangsverwaltung wird in der Praxis, namentlich von jüngeren Juristen, oft unrichtig bezw. zu eng gefaßt, und zwar meist infolge der Annahme, daß rücksichtlich eines Grundstückes nur im Grundbuch eingetragene Beteiligte in Betracht kommen können. Daß dies rechtsirrtümlich, zeigt der Inhalt des § 9 des Reichsges. und seine Ausgestaltung.

Zu den **Beteiligten** wird von dem § 9 in erster Linie gerechnet

Der Gläubiger.

I. der **„Gläubiger"**: derjenige, der auf Grund eines vollstreckbaren Titels die Immobiliarzwangsvollstreckung beantragt und die Einleitung der Zwangsvollstreckung erlangt hat. Diesem sogen. Hauptantragsteller, welchen das Reichsgesetz auch (vgl. § 66) den „betreibenden Gläubiger" nennt, steht nach § 27 Abs. 2 des Reichsges. der sogen. Nebenantragsteller d. h. der Gläubiger, gleich, der nach erfolgter Anordnung des Immobiliarzwangsvollstreckungsverfahrens seinen Beitritt zu diesem auch auf Grund vollstreckbaren Titels beantragt und die Zulassung seines Beitritts erlangt hat. Sodann wird von dem Reichsges. als Beteiligter genannt:

Der Schuldner

II. der **„Schuldner"**, nach der Terminologie der auch hier subsidiär anwendbaren Civilprozeßordnung derjenige, gegen welchen die immobiliare Zwangsvollstreckung beantragt und angeordnet ist; aber da es sich eben um eine immobiliare Zwangsvollstreckung hier handelt, muß der „Schuldner" hier:

a) soweit die Zwangsversteigerung in Betracht kommt, zugleich die Eigenschaft haben, entweder eingetragener Eigentümer oder Erbe des eingetragenen Eigentümers des zu versteigernden Grundstücks zu sein (vgl. § 17 Abs. 1 des Reichsges. u. Teil II S. 79, 80), und nur:

b) soweit die Zwangsverwaltung beantragt und anzuordnen ist, genügt es, wenn der „Schuldner", urkundlich glaubhaft, auch nur als Eigenbesitzer des jener Zwangsmaßnahme auszusetzenden Grundstücks dargetan ist (§ 147 des Reichsges. Teil II Paragraph 33);

c) für die allein zulässige (vgl. oben § 4 unter III) Zwangsversteigerung eines Schiffes gelten freilich die hier nur zu konstatierenden Ausnahmen des §§ 164, 166 des Reichsges. (Siehe Teil II §§ 44—46.)

Als Beteiligte kommen weiter in Betracht:

Die eingetragenen Berechtigten.

III. **Diejenigen, für welche „ein Recht zur Zeit der Eintragung des Vollstreckungsvermerks [1]) im Grundbuch eingetragen oder durch Eintragung gesichert ist".**

---

[1]) Warum sind die nach der „Zeit der Eintragung des Vollstreckungsvermerks im Grundbuch eingetragenen oder durch Eintragung gesicherten Rechte" doch anzu-

Alle gehören hierher, für welche ein Recht zu grundbuchmäßiger Verlautbarung gelangt ist; nicht nur die Hypotheken-, Grundschuld-, Rentenschuldgläubiger (§§ 1113, 1191, 1199 BGB.), auch diejenigen, für welche an diesen Rechten ein Recht eingetragen ist (§ 876 BGB.), die eingetragenen Vormerkungs- und Widerspruchsberechtigten (§§ 883, 892 BGB.).

Endlich gehören zu den „Beteiligten":

IV. diejenigen, welche bei dem Vollstreckungsgericht — Die auf Grund von Anmeldungen Beteiligten.

A. die Anmeldung eines Rechts vornehmen: wenn dieses Recht:

a) ein der Zwangsvollstreckung entgegenstehendes Recht ist.

Wohlgemerkt, da in der Praxis von vielen jüngeren Juristen übersehen: Ein solches Recht braucht nicht der Zwangsvollstreckung des ganzen Grundstücks entgegenzustehen, sondern kann auch nur der Zwangsvollstreckung in einzelne Teile der Immobiliarmasse entgegenstehen, wie § 37 Ziff. 5 des Reichsgesetzes zeigt.

In der Praxis werden mit Rücksicht auf die Gefahr, welche nach § 55 Abs. 2[2]) des Reichsges. der Zuschlag bringt, aus § 9 Nr. 2 zahllose Anmeldungen gemacht,

---

melden (vorstehend unter IV), um in dem Zwangsversteigerungs- (bezw. Zwangsverwaltungs-) verfahren berücksichtigt zu werden? Worin besteht der Unterschied zwischen diesen Rechten und denen vor Eintragung des Vollstreckungsvermerks eingetragenen oder durch Eintragung gesicherten? lautet fast regelmäßig die Frage jüngerer Juristen. Die Antwort ergibt der vorhergehende § 6. Das durch die Beschlagnahme entstandene Veräußerungsverbot ist durch seine Eintragung im Grundbuch (durch den eingetragenen „Vollstreckungsvermerk") ex leg fictionis für jeden bekannt gemacht. Es kann daher mit Wirkung gegen das Betreibungsrecht des betreibenden Gläubigers niemand noch Rechte an der Immobiliarmasse durch Eintragung erwerben. Nur diejenigen, welchen vollwirksam eingetragene Rechte zustehen, sind aber vom Vollstreckungsgericht sozusagen ex officio, ohne Anmeldung, eben auf Grund der Eintragung ihrer Rechte zu berücksichtigen. Diejenigen, welche nach der Zeit der Eintragung des Vollstreckungsvermerks erst Rechte am Immobile erwerben, müssen regelmäßig hierbei den eingetragenen Vollstreckungsvermerk im Grundbuch wahrgenommen haben und sollen um deswillen eben Anlaß nehmen, ihre nach Eintragung jenes Vermerks erst erworbenen Rechte anzumelden, sonst werden sie im Verfahren nicht berücksichtigt.

Das ist der Standpunkt des Reichsgesetzes, welcher in den §§ 9 Abs. 1 und 37 Ziff. 4 zum Ausdruck gelangt ist. Zu beachten ist übrigens der Ausdruck, ein Recht zur Zeit der Eintragung des „Vollstreckungsvermerks" im Grundbuch eingetragen; Vollstreckungsvermerk begreift sowohl die Eintragung, daß die Zwangsversteigerung angeordnet, wie die Eintragung, daß die Zwangsverwaltung angeordnet ist.

[2]) Das Nähere über § 55 Abs. 2 des Reichsges. siehe § 10 S. 37. Hier sei aber schon hervorgehoben: Das BGB. erfordert im § 97 für die Zubehöreigenschaft von Mobilien nicht, daß diese im Eigentum des Eigentümers der Hauptsache stehen. Der § 1120 des BGB. läßt aber die Hypothek an einem Grundstück nur dann sich auf Zubehörstücke erstrecken, wenn diese im Eigentum des Grundstückseigentümers stehen. Die Beschlagnahme in der Zwangsversteigerung verstrickt daher nicht Zubehörstücke im Eigentum eines Dritten (vgl. S. 6 § 865 Abs. 1 CPO.). Der Zuschlag aber überträgt auch das Eigentum an solchen sogen. tatsächlichen Zubehörstücken, also an Mobilien, welche nicht im Eigentum des Subhastaten stehen, auf den Ersteher. Will der Eigentümer jener Mobilien die eben gedachte Rechtswirkung des Zuschlags abwenden, so muß er eben sein Eigentumsrecht an den gedachten Mobilien anmelden (ev. glaubhaft machen, vorstehend unter IV. B.) und die Einstellung der Zwangsvollstreckung in seine Mobilien veranlassen (vgl. schon jetzt § 37 Nr. 5 des Reichsges. und S. 46).

um die auf dem Grundstück befindlichen Mobilien vom Zuschlag auszuschließen, welche an sich Zubehörstücke sein könnten, aber dem Eigentümer-Schuldner nicht gehören.

Im übrigen vergleiche §§ 771—774 CPO. und schon hier S. 73.

Im preußischen Rechtsgebiete werden Rechte an Familienfideikommissen auch nach § 9 Nr. 2 anzumelden sein, soweit sie nicht aus dem Grundbuch ersichtlich (vgl. § 79 u. f., ALR. Teil II Titel 4, insbesondere § 104h, t.).

Vor allem ist hier aber derjenige zu erwähnen, welcher das Grundstück nach eingetragenem Zwangsversteigerungs- (bezw. Zwangsverwaltungs-) vermerk eigentümlich erworben hat. Dieser neue Eigentümer — selbst wenn seine Eintragung im Grundbuch dem Vollstreckungsgericht Seitens des Grundbuchamts mitgeteilt worden — wird stets nur durch die Anmeldung seines Eigentumsrechts zum Beteiligten des Verfahrens.

Weiter werden durch Anmeldung zu „Beteiligten“:

b) **Diejenigen, welchen „Rechte an dem Grundstück“ zustehen.**

Hier kommen diejenigen dinglichen Rechte in Betracht, welche als solche ohne Eintragung bestehen.

Für das preußische Rechtsgebiet zählen hierher die zahllosen nach § 12 des Eigentumsges. vom 15. Mai 1872, ohne Eintragung entstandenen nach Art. 187 des Einf.Ges. zum BGB. fortbestehenden Grunddienstbarkeiten.

Nach BGB. zählen hierher die berühmten Überbaurentenberechtigten des § 914 BGB.

Ferner ist hier — worauf Jaeckel Anm. 3 zum Reichsges. aufmerksam macht — derjenige zu erwähnen, welcher eine Briefhypothek nur durch Abtretung erworben, und die Eintragung der Abtretung bislang nicht veranlaßt hat (§§ 1154, 1155 BGB.).

Durch Anmeldung werden weiter zu „Beteiligten“:

c) **Alle, welchen ein „Recht an einem das Grundstück belastenden Rechte“ zusteht.**

Hierunter sind die subjektiv-persönlichen, wie subjektiv-dinglichen Rechte, welche der § 876 BGB. erwähnt, zu verstehen. Z. B. ein Hypothekengläubiger hat die für ihn auf dem zu versteigernden Grundstück eingetragene Hypothekenforderung dem anmeldenden Dritten gemäß § 1273 BGB. verpfändet, ohne daß die Verpfändung grundbuchlich eingetragen ist.

Die Anmeldung macht ferner erst zu „Beteiligten“:

d) **Alle, welchen ein „Anspruch mit dem Rechte auf Befriedigung aus dem Grundstücke zusteht“.**

Hier kommen zunächst die Ansprüche an rückständigen und laufenden Beträgen aus öffentlichen Lasten in Betracht, welche als solche (§ 436 BGB.) auf dem Grundstücke ruhen; vgl. folgenden Paragraph 8.

Ferner gehören hierher Berechtigte, welche zum Teil an sich nur persönliche Gläubiger des Subhastaten wären und daher ex jure stricto an der Immobiliarzwangsvollstreckung überhaupt nicht beteiligt wären, ex jure speciali des § 10 Nr. 1 u. 2 des Reichsges. aber (vgl. folgenden Paragraph 8), falls sie ihre Ansprüche anmelden, als Realberechtigte behandelt werden; es sind dies, wie hier im allgemeinen schon bemerkt sei, der betreibende Gläubiger der Zwangsverwaltung rücksichtlich seiner Ersatzansprüche für Ausgaben; die sogen. Liedlohnberechtigten.

Endlich wird durch Anmeldung zum „Beteiligten“:

e) **Derjenige, welcher ein „Miet- oder Pachtrecht, auf Grund dessen ihm das Grundstück überlassen ist“,** anmeldet. Dem Pächter bleibt allerdings trotz eingeleiteter Zwangsversteigerung oder -verwaltung zunächst der Pachtgenuß, wie dem

Mieter der Mietgenuß unberührt (vgl. S. 7 unter 2). Trotzdem aber berührt (was von dem jüngeren Juristen oft vergessen wird) die Immobiliarzwangsvollstreckung insofern schließlich die Rechte des Pächters wie Mieters, als der § 57 des Reichsges. dem Ersteher ein frühzeitiges Kündigungsrecht gewährt. Ist nun der im Besitz befindliche Mieter oder Pächter durch Anmeldung zum „Beteiligten" geworden, dann hat er die Befugnis, nach Maßgabe des § 59 des Reichsges. die Feststellung einer Versteigerungsbedingung auf Ausschluß jenes frühzeitigen Kündigungsrechts zu beantragen.

Die Anmeldung der sub IV gedachten Rechte als solche hat also die rechtserzeugende Wirkung, daß sie die Berechtigten zu IV zu „Beteiligten" genau so macht, wie die sub III genannten Berechtigten, deren Rechte und Ansprüche im Grundbuch eingetragen sind. Wie diese Berechtigten haben daher auch die sub IV Berechtigten kraft der Anmeldung, als „Beteiligte" regelmäßig alle die Befugnisse, welche den Letzteren im Reichsgesetz, z. B. in dem bereits gedachten § 59 beigelegt sind.

Aber da gerade in der Immobiliarzwangsvollstreckung jene heimliche Kulissenarbeit betrieben wird, durch Anmeldung der verschiedensten Rechte, namentlich im Interesse des Subhastaten, die Versteigerung oder Verwaltung zu erschweren, bestimmt das Gesetz, im § 9, im Falle der Anmeldung der sub IV gedachten Rechte:

B. **Die Anmeldung eines (nicht eingetragenen) Rechts bedarf aber auch der Glaubhaftmachung,** um die Anmeldenden jener Rechte zu Beteiligten des Verfahrens zu machen, sofern: Glaubhaftmachung angemeldeter Rechte

a) das Gericht nach freier Würdigung der konkreten Sachumstände die Glaubhaftmachung erfordert, oder

b) ein Beteiligter[3]) jene Glaubhaftmachung verlangt.

Dieses Postulat der Glaubhaftmachung bereitet der Theorie wie der Praxis die erheblichsten Schwierigkeiten, weil der Gesetzesausdruck („auf Verlangen des Gerichts oder eines Beteiligten glaubhaft machen") etwas vage ist.

α) Ist ein unverzügliches Glaubhaftmachen gemeint, so würde ex argumento des § 121 BGB. das „unverzüglich" nur in dem Sinne „ohne schuldhaftes Zögern" zu verstehen sein. Die Rechtsfolgen des Unterlassens der verlangten Glaubhaftmachung werden daher regelmäßig erst eintreten können, wenn der Anmelder innerhalb einer ihm gesetzten angemessenen Frist die verlangte Glaubhaftmachung unterlassen.

β) Es wird aber auch ferner anzunehmen sein, daß bis zu dem soeben zu α gedachten Zeitpunkt der Anmelder die aus der Anmeldung entstandene Rechtsqualität, „Beteiligter" zu sein, behalten hat, und daß daher alle Rechtsakte, die der Anmelder bis zu dem Zeitpunkte sub α getätigt, rechtswirksam sind und bleiben, auch wenn die verlangte Glaubhaftmachung schließlich nicht erbracht wird. Das Gegenteil würde zu unhaltbaren Konsequenzen führen. Die herrschende Ansicht (vgl. insbes. Jaeckel Anm. 3 zu § 9) nimmt allerdings, gestützt auf eine bezügliche Bemerkung in den Protokollen, an, daß von dem Anmelder, „falls er die Glaubhaftmachung nicht bewirken könne, damit konstatiert sei, daß er die Eigenschaft als Beteiligter nie gehabt habe" Gewiß ist die Entstehungsgeschichte oft eine gewichtige Auslegungsquelle für das Gesetz; aber unstatthaft erscheint es, jede beiläufige, ohne ausreichende Begründung vorhandene Motivstelle dann als entscheidend zu erachten, wenn sie mit einem feststehenden Grundsatze des gewordenen Rechtssystems im Widerspruche steht. Dies ist vorliegend der Fall. Nach der Fassung des § 9 ist der Anmeldende, Beteiligter unter der Resolutivbedingung, daß, falls das Verlangen der Glaubhaftmachung des angemeldeten Rechts gestellt wird, diese zu erfolgen hat. Daß das Eintreten der Resolutivbedingung keine rückwirkende Kraft äußert, spricht der § 158 Abs. 2 des BGB. klar aus.

---

[3]) Das kann auch ein anderer Anmelder eines der sub IV gedachten Rechte sein, von welchem eine bezügliche Glaubhaftmachung noch nicht erfordert ist.

Diejenigen, welche eines der sub IV gedachten Rechte anmelden und auf Verlangen doch nicht glaubhaft machen, sind übrigens trotzdem von Amts wegen zu laden, und zwar zum Versteigerungstermin (§ 41 Abs. 3), zur Erlösverteilung (§ 165); und es ist ihnen ferner, sofern sie im Versteigerungstermin nicht erschienen sind, auch der Zuschlagsbeschluß von Amts wegen zuzustellen (§ 88).

Diese Vorschriften sind in der Praxis vielfach übersehen worden, wie wohl ihre Nichtanwendung den Rechtsbestand der einzelnen Hauptakte des Verfahrens gefährden kann.

Paragraph 7b.

Die Ladungen und Zustellungen.
(§§ 3—8 des Reichsges.)

I. **Die Ladungen der Beteiligten** des Verfahrens, sowie aller im Laufe des letzteren beteiligt werdenden Personen, z. B. des Erstehers, hat von Amts wegen zu geschehen.

Es folgt dies aus dem Prinzip des Offizialbetriebs des Verfahrens, wenn dasselbe auch erst infolge Stellung eines Zwangsversteigerungs- oder -verwaltungsantrages anhängig wird.[1])

Die Feststellung des Kreises der einzelnen zu ladenden Beteiligten liegt dem Vollstreckungsrichter ob; nicht dem Gerichtsschreiber. Dies zeigen die unter den folgenden Nr. III u. IV besprochenen Arten der Zustellungen, welche eine bezügliche richterliche Entscheidung erfordern.

Im preußischen Rechtsgebiete war dies in der Praxis zweifelhaft geworden.

Die vorstehende Ansicht ist indessen in dem Zirkularreskript des Justizministers vom 28. Nov. 1902 8 Gen. VII 39/8223 eingehend begründet worden.

II. **Die Zustellungen,** durch welche die Ladungen zur Ausführung gelangen, erfolgen daher gleichfalls von Amts wegen, wie § 3 des Reichsges. sogar ausdrücklich bestimmt.

Die Zustellungsarten.

III. **Die Art dieser Zustellung von Amtswegen ist eine doppelte:**

eine gewöhnliche, d. h. den Bestimmungen der CPO. über die Zustellung von Amts wegen entsprechende,

eine besondere, vom Reichsgesetz im § 4 besonders bestimmte.

---

[1]) Vgl. Anm. 1 S. 2, Jaeckel Anm. 3 zu § 94 will für die Beschwerdeinstanz auf Grund des § 96 des Reichsges. Parteibetrieb annehmen. Der § 96 besagt dies aber noch nicht; insbesondere folgt aus diesem Paragraphen nicht, daß das Kardinalprinzip des Offizialbetriebs im Reichsgesetz für die Beschwerdeinstanz durchbrochen sei. Die ordnungsmäßige Fortsetzung des Verfahrens ist, sofern nicht der Versteigerungsantrag bis zum Zuschlag zurückgenommen ist, Offizialpflicht des Gerichts, mit welcher ein Parteibetrieb unvereinbar. Der vorstehenden Ansicht ist auch Wolff, Anm. 2 zu § 95.

a) Die **gewöhnliche** Zustellung besteht bekanntlich gemäß §§ 208—212 CPO. in der sogen. vereinfachten Zustellung von Amts wegen²), welche ohne Mitwirkung des Gerichtsvollziehers durch den Gerichtsschreiber bewirkt wird.

Diese vereinfachte Zustellung muß angewendet werden:

1. Allen Beteiligten gegenüber, welche
entweder selbst am Orte oder im Bezirke des Vollstreckungsgerichts wohnen oder — falls dies nicht der Fall — deren „Prozeßbevollmächtigte" oder „Zustellungsbevollmächtigte" am Orte oder im Bezirke des Vollstreckungsgerichts wohnhaft sind, sofern hiervon dem Vollstreckungsgericht Anzeige³) gemacht ist.

2. Dem Schuldner gegenüber, — auch wenn er bezw. ein Prozeßbevollmächtigter oder ein Zustellungsbevollmächtigter nicht am Orte oder im Bezirke des Vollstreckungsgerichts wohnhaft ist, — müssen ferner durch gewöhnliche Zustellung **stets Einleitungs- und Beitrittsbeschlüsse** zugestellt werden.

Ist nun eine solche Zustellung der gedachten Beschlüsse an den Schuldner nicht möglich, so muß eine bezügliche öffentliche Zustellung gemäß §§ 199 bis 201 CPO. vom Vollstreckungsgericht — ohne Antrag — angeordnet werden.

b) Die **besondere** Zustellung, welche der § 4 des Reichsgesetzes zuläßt, besteht in der „Aufgabe" eines Einschreibebriefes „zur Post".

Sie hat die rechtliche — mitunter verkannte Bedeutsamkeit, — daß mit der Aufgabe des die Ladung oder das zuzustellende Schriftstück enthaltenden Einschreibebriefs zur Post die Zustellung rechtsgültig ausgeführt ist, selbst wenn der Brief demnächst als unbestellbar wieder zurückkommt.

Diese besondere Zustellung ist fakultativ; das Vollstreckungsgericht kann sie anordnen, braucht es aber nicht, kann es mithin bei der gewöhnlichen Zustellungsart belassen.

---

²) Für das preuß. Rechtsgebiet wird die Zustellung von Amts wegen durch die Allgem. Verf. vom 10. Dez. 1899 (JMBl. S. 728) näher geregelt.

³) Die Anzeige bedarf keiner Form. Befindet sich bei den Vollstreckungsakten ein vollstreckbarer Titel, in welchem ein Beteiligter einen im Verfahren zu berücksichtigenden Anspruch (§ 9 Nr. 1 u. 2 des Reichsges.) bereits zur Feststellung gebracht hat, so erfolgt die Ladung an jenen Beteiligten zu Händen des im Titel bezeichneten Prozeßvertreters (§ 176 CPO.). Für den Schuldner und **Eigentümer** des Zwangsversteigerungs- (-verwaltungs-) Verfahrens aber ist die Zustellung nur an den Prozeßvertreter statthaft, welcher in dem Vollstreckungstitel angegeben ist, auf Grund dessen der betreibende Gläubiger den Antrag auf Zwangsversteigerung oder -verwaltung stellt (vgl. schon hier § 16 Abs. 1 des Reichsges.).

In der Praxis sind hier übrigens Zweifel entstanden, ob dem betreibenden Gläubiger persönlich zuzustellen ist, wenn er selbst und nicht sein Prozeßvertreter, welchen der überreichte vollstreckbare Titel anführt, den Versteigerungs- oder Verwaltungsantrag stellt.

Unbedenklich liegt in der persönlichen Stellung des Antrags durch den Gläubiger seitens desselben an das Vollstreckungsgericht, **diesem** gegenüber ein konkludenter Widerruf der Prozeßvollmacht des Prozeßvertreters für die Zwangsvollstreckungsinstanz (vgl. § 81 CPO., Leske, Vgl. Darstell. S. 67 Anm. 5; § 87 CPO. gilt nur für den „Gegner"). Der Gläubiger ist mithin persönlich zu laden. Gl. A. auch Jaeckel, Anm. 3 zu § 3, Fischer u. Schaefer Anm. 2 zu § 3, a. M. Wolff S. 11.

Das Vollstreckungsgericht **darf** aber von der Befugnis zur Anordnung einer besonderen Zustellung nur dann Gebrauch machen, wenn derjenige, welchem zuzustellen ist, weder am Sitze des Vollstreckungsgerichts, noch in dessen Bezirk wohnhaft ist, auch ein also wohnhafter Prozeßbevollmächtigter oder Zustellungsbevollmächtigter dem Gericht nicht angezeigt ist. §§ 4, 5.

Mit Rücksicht auf die Möglichkeit einer Immobiliarzwangsvollstreckung besteht sonach für alle Realbeteiligte die Pflicht — ohne zuvorige Aufforderung[4]) — (zur Vermeidung der besondersartigen Zustellungen an sie im Falle einer Zwangsversteigerung oder -verwaltung) Prozeßbevollmächtigte oder Zustellungsbevollmächtigte am Sitze oder im Bezirke des Vollstreckungsgerichts, diesem bekannt zu machen, falls sie, die Beteiligten, eben nicht selbst am Gerichtssitz oder im Gerichtsbezirke wohnen.[5])

Die Anzeige kann im Übrigen, wie schon erwähnt, formlos von dem Beteiligten, wie von seinem Bevollmächtigten geschehen, letzten Falls jedoch unter urkundlichem Nachweis der Bevollmächtigung.

Die zu den Grundakten gemachte Anzeige, z. B. bei Bestellung einer Hypothek, gilt für das Vollstreckungsgericht, sobald sie dem letzteren bekannt wird, vgl. § 5 des Reichsges.

Der Zustellungsvertreter.

IV. Als Ersatz für eine unausführbare gewöhnliche, wie besondere Zustellung und ferner als Ergänzung der besonderen Zustellung hat das Reichsgesetz im § 6 die Zustellungsvertretung geschaffen.

a) Der § 6 cit. macht nämlich dem Vollstreckungsgericht zur Pflicht, einen **Zustellungsvertreter** zu bestellen, wenn

1. der Wohnort — nicht nur die Wohnung — eines Beteiligten, an welchen eine Zustellung erfolgen soll, unbekannt ist.[6]) § 6 Abs. 1.

2. Nach Anwendung der besonderen Zustellungsart durch Aufgabe zur Post — wo also mit dieser Aufgabe zur Post die Zustellung bereits rechtsgiltig vollendet ist — die Postsendung als unbestellbar zurückkommt. § 6 Abs. 2.

Von jüngeren Juristen wird hier fast regelmäßig die Frage gestellt: was zu geschehen habe, wenn bei der normalen Zustellung von Amts wegen die Postsendung als unbestellbar zurückkommt? Die Antwort ist doch klar: In diesem Falle der normalen Zustellung ist doch erst mit Eingang der Urkunde über den Zugang der Zustellung an den Beteiligten die letzte als rechtlich erfolgt dargetan; wird daher durch den Rückgang der Postsendung die Zustellung als nicht erfolgt bewiesen, so ist damit zugleich dargetan, daß „der Wohnort des Beteiligten

---

[4]) Mit Rücksicht hierauf hat das Reichsgesetz — wie erwähnt — die besondersartige Zustellung der §§ 4 und 5 für die Zustellung der Einleitungs- und Beitrittsbeschlüsse an den Schuldner ausgeschlossen; letzterem soll bei der Wichtigkeit jener Beschlüsse von diesen durch Zustellungszugang (ev. eben durch öffentliche Zustellung) stets sichere Kenntnisnahme ermöglicht werden.

[5]) Diese durch §§ 4 und 5 des Reichsges. geschaffene Rechtspflicht scheint im Kreise der Forensen noch ziemlich unbekannt zu sein.

[6]) Ob der Wohnort eines Beteiligten unbekannt, ist nach dem Inhalt der Vollstreckungsakten zu beurteilen. Aus dem Gesetze folgt nicht, daß das Vollstreckungsgericht erst nach vorher fruchtlos angestellten Ermittelungen das „Unbekanntsein" des Wohnortes eines Beteiligten annehmen kann (wie Wolff Anm. 2 zu § 6 meint). Nur wenn im Laufe des Verfahrens das Grundbuchamt etwa gemäß § 19 Abs. 2 dem Vollstreckungsgericht die Grundakten übersendet, werden diese fruchtlos eingesehen sein müssen, ehe ein Unbekanntsein des Wohnorts eines Beteiligten annehmbar ist. J. W. Gl. A. Jaeckel Anm. 1 zu § 6. Vgl. Motive S. 106.

unbekannt ist", dem letzteren ist deshalb gemäß Abs. 1 des § 6 ein Zustellungsvertreter zu bestellen.

Dem Schuldner kann ein Zustellungsvertreter natürlich nur insoweit bestellt werden, als es sich nicht um die Zustellung von Einleitungs- und Beitrittsbeschlüssen handelt. Die letzteren müssen ja — wie bereits erwähnt — normal zugestellt werden, und, falls diese Zustellung infolge unbekannten Wohnorts des Schuldners nicht möglich, sogar öffentlich.

b) Die **Rechtswirkung der Bestellung**[7]) eines Zustellungsvertreters für einen Beteiligten und die Zustellung der für letzteren bestimmten Sendung an den Vertreter besteht darin, daß eine an jenen Beteiligten auszuführende Zustellung als rechtsgiltig perfiziert gilt, und auch im ferneren Laufe des Verfahrens jenem Beteiligten zu machenden Zustellungen, sobald sie an den Vertreter geschehen, als erfolgt gelten, sofern der Wohnort des Beteiligten unermittelt bleibt (§ 7 Abs. 1 des Reichsges.).

c) Die **Pflicht des Zustellungsvertreters**[8]) ist es, Ermittelungen nach dem Wohnort des Beteiligten anzustellen (§ 7 Abs. 2 des Reichsges.).

Wird der Wohnort des Beteiligten ermittelt, so ist diesem natürlich fortan zuzustellen. Bleibt der Wohnort des Beteiligten unermittelt, so wird das Vollstreckungsgericht, welchem das Reichsgesetz in seinen Motiven eine vermittelnde und fördernde Tätigkeit zur Pflicht macht, geeignetenfalls das zuständige Vormundschaftsgericht zur Bestellung eines Abwesenheitspflegers aus § 1911 des BGB. zu veranlassen haben.

Der Zustellungsvertreter ist als solcher indessen nicht — wie mitunter angenommen wird — im Verfahren zur Wahrnehmung von Rechten des unermittelt gebliebenen Beteiligten befugt.

d) Ein **erneutes Unbekanntwerden** des Wohnorts eines schon ermittelt gewesenen Beteiligten erfordert erneute Bestellung des Zustellungsvertreters, was in Praxis mitunter übersehen ist.

e) Die **Vergütung des Zustellungsvertreters** besteht in einem angemessenen Honorar für seine Tätigkeit und in dem Ersatz seiner glaubhaft zu machenden Auslagen, z. B. für Reisen.

Der Anspruch auf diese Vergütung steht dem Vertreter gegen den von ihm rücksichtlich des Zustellungsempfangs vertretenen Beteiligten zu (§ 7 Abs. 2).

Der betreibende Gläubiger haftet aber dem Vertreter subsidiär indessen nur für die Auslagen — nicht auch für das Honorar — weil eben die Zustellungsvertretung zu Gunsten des betreibenden Gläubigers behufs ungestörter Abwickelung des Verfahrens geschieht (§ 7 Abs. 3).[9])

Der Anspruch des Zustellungsvertreters auf Honorar und Auslagen gegen den Vertretenen ist durch Beschluß des Vollstreckungsgerichts festzustellen, welcher — nach seiner Zu-

---

[7]) Die Form der Bestellung des Zustellungsvertreters ist die der einfachen Verfügung, welche lediglich dem Vertreter zuzustellen ist.

[8]) Die im Falle des § 6 Abs. 2 an den Beteiligten gerichtet gewesene, als unbestellbar zurückgekommene Postsendung soll dem Zustellungsvertreter ausgehändigt werden.

[9]) Der betreibende Gläubiger ist aber berechtigt, bei Zahlung der Auslagen des Vertreters seinerseits diese als Kosten der Rechtsverfolgung in dem Zwangsversteigerungsverfahren zu liquidieren (vgl. schon hier S. 26 und § 7 Abs. 3, § 10 Abs. 2 des Reichsges.).

stellung an beide — gegen den Vertretenen vollstreckbar ist. (Vgl. § 794 Ziff. 3 CPO., auch § 793 CPO.)

Der subsidiäre Anspruch des Vertreters gegen den betreibenden Gläubiger auf Auslagenerstattung ist — falls letzterer nicht freiwillig zahlt — gegen diesen vom Vertreter im ordentlichen Prozesse einzuklagen.

Eine Art Ersatzzustellung.

V. **Eine besondere Art einer sozusagen Quasiersatzzustellung im Zwangsversteigerungs- und Verwaltungsverfahren** ist ferner durch das Reichsgesetz im § 6 Abs. 3 geschaffen.

Eine rechtsgiltige Zustellung kann durch das Vollstreckungsgericht nämlich angeordnet werden:

a) für nicht prozeßfähige Personen an die Vormundschaftsbehörde;

b) für juristische Personen oder für Vereine, die als solche klagen und verklagt werden können,[10]) an die Aufsichtsbehörde derselben.

Die Voraussetzungen der Anordnung dieser Zustellungen sind aber die für die Bestellung eines Zustellungsvertreters (vorstehend unter IV); an Stelle der letzteren soll die Anordnung jener Zustellungen „genügen".

Diese Anordnung verdient jedoch nur rücksichtlich der nicht prozeßfähigen Personen den Vorzug vor der Bestellung eines Zustellungsvertreters, da der Vormundschaftsbehörde die Feststellung des Unbekannten leichter als dem Zustellungsvertreter gelingt. Die Anordnung einer Zustellung an die Aufsichtsbehörde wird regelmäßig nur dann sich empfehlen, wenn der Sitz der juristischen Person oder des Vereins überhaupt unbekannt ist.

Paragraph 8.

Die Befriedigungsrangordnung der einzelnen Ansprüche.
(§§ 10—13 des Reichsges.)

I. **Auf eine Befriedigung aus einem Grundstücke ist, seinem Wesenszwecke nach, jedes Immobiliarzwangsvollstreckungsverfahren gerichtet.**

Für die „Beteiligten" an einem solchen Befriedigungsverfahren — welche in dem vorstehenden § 7a an der Hand des § 9 des Reichsges. beschrieben sind — muß daher eine bestimmte **Rangordnung** bestehen, in welcher sie mit ihren Rechten zur Befriedigung aus dem zur Zwangsvollstreckung stehenden Grundstück gelangen.

II. **Diese Rangordnung der Rechte der „Beteiligten" bestimmen die §§ 10—14 jedoch im Verein mit § 109 des Reichsges.** Dieser letztgedachte Paragraph stellt allen „Beteiligten" im eigentlichen Sinne

Kosten des Verfahrens.

A. **die Gerichtskasse** vorweg rücksichtlich der **Kosten** des Immobiliarzwangsvollstreckungsverfahrens.[1])

[10]) Vgl. §§ 21—23 BGB.; für das preußische Rechtsgebiet siehe auch Art. 69 Einf.Ges. zum BGB., Ges. vom 1. April 1879, GS. S. 297. Nicht in Betracht kommen natürlich die nicht rechtsfähigen Vereine, welche ja als solche nicht klagen können (vgl. § 50 Abs. 2 CPO.).

[1]) Systematisch richtiger wäre es gewesen, wenn der Gesetzgeber den § 109 in § 10 unter Nr. 1 gebracht hätte.

Hier schon zu erwähnen und zu merken ist, daß zu den Gerichtskosten auch die Vorschüsse zu rechnen sind, welche im Laufe des Verfahrens, insbesondere von dem betreibenden Gläubiger erfordert werden. Diese Gerichtskostenvorschüsse sind ja nur Quotenbeträge anticipiendo erforderter und berichtigter Gerichtskosten.

Ausgenommen sind jedoch:

a) die Kosten der Anordnung des Verfahrens auf Antrag des Hauptantragstellers und die Kosten des Beitritts des Nebenantragstellers. Diese Kosten fallen den einzelnen Antragstellern zur Last, aber sie können diese Kosten mit ihrer Hauptforderung zusammen und zwar an der Rangstelle der letzteren zur Befriedigung liquidieren (vgl. in diesem Paragraph Klasse IV);

b) die Kosten des Zuschlagsbeschlusses, welche dem Ersteher selbst zur Last fallen § 109, § 58 des Reichsges.

B. **Unter den Ansprüchen der eigentlichen Beteiligten kommt in erster Linie zur Befriedigung**

Klasse I: 1. „Der Anspruch eines die Zwangsverwaltung betreibenden Gläubigers auf Ersatz seiner Ausgaben zur Erhaltung oder nötigen Verbesserung des Grundstücks"; aber unter den zwei Voraussetzungen: **Ausgaben in einer Zwangsverwaltung.**

a) daß falls der Ausgabenanspruch in der Zwangsversteigerung zur Liquidation gestellt wird, die Zwangsverwaltung auch bis zum Zuschlage in der Versteigerung fortgedauert hat, und ferner

b) der Ausgabenanspruch nicht aus den Nutzungen des Grundstücks in dem Zwangsverwaltungsverfahren vgl. § 155 Abs. 1 des Reichsges. hat erstattet werden können.

Diese Bestimmung ist für den jüngeren Juristen ein wahres Kreuz, das aber inhaltlich leichter erkannt wird, wenn folgendes festgehalten wird:

Bereits im vorangehenden § 7a ist erwähnt, daß dieser Anspruch des betreibenden Gläubigers einer Zwangsverwaltung an sich persönlicher Natur ist und nur ex lege speciali eine Befriedigung in der Immobiliarzwangsvollstreckung erhält. Die causa dieser lex specialis ist der legislatorische Gedanke, daß jene Ausgaben des betreibenden Gläubigers der Zwangsverwaltung das Objekt der nunmehrigen Zwangsversteigerung zu Gunsten der übrigen Beteiligten im Werte erhöht hat; wie Dernburg BGB. Bd. III § 254 treffend hervorhebt: „quia salvum fecit totius pignoris causam". Aber diese Voraussetzungen sieht das Gesetz nur dann als (wahrscheinlich) erfüllt an, wenn eben die Zwangsverwaltung bis zum Zuschlage fortgedauert hat und ferner wenn die Zwangsverwaltung ordnungsmäßig geführt — vgl. Entsch. des RG. Bd. XXV S. 222 — und trotzdem die Ausgaben des sie betreibenden Gläubigers aus den aufgekommenen Nutzungen nicht berichtigt werden konnten (vgl. § 155 Abs. 1 des Reichsges.).

Selbstverständlich hat der Gläubiger — wie auch im vorstehenden § 7a schon dargelegt ist —, seinen Anspruch anzumelden und auf Erfordern des Gerichts oder eines Beteiligten glaubhaft zu machen, also mit der Glaubhaftmachung der zwei Voraussetzungen unter a und b glaubhaft zu machen, daß seine Ausgaben zur Erhaltung und nötigen Verbesserung des Versteigerungsobjekts verwendet worden sind und aus den Grundstücksnutzungen nicht deckbar waren. Mit dem Anspruch ist auch der Erstattungsanspruch für Kosten einer Kündigung und der die Befriedigung aus dem

Grundstück bezweckenden Rechtsverfolgung, ranggleich (§ 10 letzter Abs. des Reichsges., vgl. das Nähere unter 4).

Im zweiten Rang rücksichtlich der Befriedigung aus dem Grundstücke stehen:

Liedlohnansprüche.

Klasse II: 2. „Die Ansprüche der, zur Bewirtschaftung des Grundstücks oder zum Betriebe eines mit dem Grundstücke verbundenen land- oder forstwirtschaftlichen Nebengewerbes angenommenen, in einem Dienst- oder Arbeitsverhältnisse stehenden Personen."

Diese sogen. Liedlohnansprüche sind — wie gleichfalls schon im § 7a erwähnt — auch an sich Ansprüche persönlicher Natur, die auch nur ex lege speciali, und zwar aus derselben legislatorischen causa wie die soeben sub 1) gedachten Ansprüche, vom Gesetz zu Immobiliaransprüchen erhoben wurden, aber mit den zwei Einschränkungen, daß:

a) das zur Versteigerung stehende Immobiliar ein land- oder forstwirtschaftliches Grundstück ist; das ist aber auch jeder kleinere landwirtschaftliche Grundbesitz vgl. Planck Komm. zum BGB. Anm. 3 § 98,

b) die Beträge der Ansprüche aus dem letzten Jahr rückständige oder laufende sind.

Auch diese Ansprüche sind — vgl. den vorstehenden § 7a — von den Berechtigten anzumelden und auf Erfordern des Gerichts oder eines Beteiligten glaubhaft zu machen.

Im übrigen brauchen diese Berechtigten weder dauernd angestellt zu sein — jeder Tagelöhner kommt in Betracht — noch ist es hier erforderlich, daß sie ihre Dienstleistungen bis zum Beginn der Zwangsversteigerung ausgeführt haben. Mit dem Anspruch kommt auch hier der Erstattungsanspruch für Kosten der Kündigung und der Immobiliarzwangsvollstreckung zur Hebung.[2])

Ansprüche aus öffentlichen Lasten.

Klasse III: 3. In der dritten Rangordnungsstelle stehen die Ansprüche auf Entrichtung der öffentlichen Lasten des Grundstücks wegen der laufenden und der aus den letzten zwei Jahren rückständigen Beträge.

Das Reichsgesetz spricht also hier im § 10 Abs. 3 von den „Ansprüchen" der öffentlichen Lasten. Es ist deshalb hier zunächst hervorzuheben, daß der Begriff des Anspruchs sich nicht mit dem des Rechts, vollends nicht mit dem Begriffe des auf einem Immobile ruhenden Rechts deckt.

Der Anspruch ist die aus einem Rechte infolge Verletzung oder infolge einer anderen Betätigungsursache entspringende konkrete Berechtigung. Die Rechte auf Entrichtung öffentlicher Lasten bleiben wie bei dem freiwilligen Verkauf (vgl. § 436 BGB.), so bei dem zwangsweisen Zuschlag eines Immobile (in der Zwangsversteigerung) oder bei der Beschlagnahme seiner Einkünfte (in der Zwangsverwaltung) von der Immobiliarzwangsvollstreckung (vgl. auch Art. 6 des preuß. Ausf.Ges. zum RZVG., auch Art. 11 des preuß. Ausf.Ges. zur Grundb.O.) völlig unberührt.[3])

---

[2]) Das Nähere über den Nebenanspruch auf Erstattung von Kosten einer Kündigung und Rechtsverfolgung siehe unter 4.

[3]) Vgl. Entsch. des RG. Bd. 23 S. 236.

Nur den Ansprüchen der öffentlichen Lasten, soweit sie laufend oder zweijährig rückständig sind, ist eine Befriedigung in der Immobiliarzwangsvollstreckung in dritter Rangklasse zugestanden worden. Öffentliche Lasten im preußischen Rechtsgebiete.

Das Reichsgesetz überläßt die Bestimmung des Begriffs der öffentlichen Lasten wie des Rangs derselben unter sich jedoch der Landesgesetzgebung.

Für das preußische Rechtsgebiet wird, auf Grund des § 4 des Einf.Ges. zum Reichsges., durch die Art. 1, 2 und 3 des Ausf.Ges. zum RZVG. in der dritten Klasse folgende Rangordnung der Ansprüche aus öffentlichen Lasten festgestellt:

1. Die Beträge und Leistungen zur Erfüllung der Deichpflicht stehen an **erster** Stelle (§§ 9, 18 des Ges. vom 28. Jan. 1848).

2. Sodann folgen an **zweiter** Stelle:

a) Die Renten der Rentenbanken und Tilgungskassen, sowie die Ablösungsrenten der Staatskassen (§§ 6, 7, 18, 58, 64 des Ges. v. 2. März 1850) Diese Rentenlasten sind vielfach im Grundbuch eingetragen; dadurch sind sie aber nicht zu privatrechtlichen Lasten der Abteilung II geworden, welche als solche erst in Nr. 4 des § 10 des Reichsges. aufgezählt sind. Allerdings gestattet auch Art. 12 des preuß. Ausf.Ges. zur Grundb.O. die Renten, wiewohl sie öffentlich-rechtliche Lasten sind, in das Grundbuch einzutragen. Der Rechtsbestand der Rentenlasten ist aber von einer solchen exzeptionellen grundbuchlichen Verlautbarung ganz unabhängig (vgl. auch Art. 22 des preuß. Ausf.Ges. zum BGB).

Mit diesen Ansprüchen gleich rangieren:

b) die Kosten und sogen. Terminalvorschüsse des Auseinandersetzungsverfahrens, falls in einem solchen Verfahren auch das zu versteigernde Immobile gerade befindlich ist, nach Maßgabe des § 7b des Gesetzes über das Kostenwesen in Auseinandersetzungssachen vom 24. Juni 1875

3. Nunmehr erst kommen hier an **dritter** Stelle zur Befriedigung:

die sogen. gemeinen Lasten: d. h. die auf einen nicht privatrechtlichen Titel beruhenden Abgaben und Leistungen, die auf dem Grundstücke nach Gesetz oder Verfassung, (also auch nur auf lokalem Ortsstatut) haften.

Als solche gemeinen Lasten führt der Art. 2 des preuß. Ausf.Ges. zum RZVG. „namentlich", also nur beispielsweise auf:

α) Aus den Kommunal-, Kirchen-, Pfarr- oder Schulverband entspringende Abgaben und Leistungen,

β) Beiträge, die aus der Verpflichtung zu öffentlichen Wege-, Wasser- oder Uferbauten entstehen,

γ) Beiträge an öffentliche Meliorationsgenossenschaften oder an andere öffentlichrechtliche (!) Körperschaften mit gemeinnützigem Zweck, insbesondere Verbände mit dem Zwecke der Versicherung ihrer Mitglieder gegen Brand-, Hagelschlagschaden,

δ) die Beiträge an die Schutz- und Waldgenossenschaften des Gesetzes vom 6. Juli 1875 (GS. S. 416).

Mit den gedachten Ansprüchen gelangen auch hier die etwaigen Erstattungsansprüche einer Kündigung und immobiliaren Zwangsvollstreckung zur Hebung.

Klasse IV. 4. In der vierten Klasse gelangen zur Befriedigung die Ansprüche aus Rechten an Grundstücken, soweit sie nicht infolge der Be- Klasse IV. Die in Abteilung 2 u. 3 des Grundbuchs eingetragenen Rechte und die ohne Eintragung bestehenden Rechte.

schlagnahme dem Gläubiger gegenüber unwirksam sind; und zwar mit den sogen. Hauptansprüchen zugleich die sogen. Nebenansprüche, also:

die Nebenansprüche auf wiederkehrende Leistungen — zu welchen auch die sogen. Amortisationszinsen[4]) gehören — indessen nur soweit jene Leistungen laufende oder aus den letzten zwei Jahren rückständige sind[5]) und ferner:

die Nebenansprüche auf zu erstattende Kosten der Kündigung und Kosten der Rechtsverfolgung, soweit diese die Befriedigung aus dem Grundstücke bezwecken (§ 10 Nr. 4 und letzter Abs. des Reichsges.).

a) Der Kreis dieser Rechte der vierten Klasse wird somit gebildet aus allen eingetragenen Hypotheken, Grundschulden, Rentenschulden und anderen dinglichen Rechten, welche bereits eingetragen oder, wie im preußischen Rechtsgebiete die älteren Grundgerechtigkeiten (vgl. Art. 187 Einf.Ges. zum BGB.) ohne Eintragung, am Grundstück schon bestanden, bevor der „Vollstreckungsvermerk" infolge des Zwangsversteigerungs- (bezw. Zwangsverwaltungs-) Antrags des betreibenden Gläubigers zur Eintragung gelangte.[6])

Der Rechtsbestand der einzelnen Rechte am Grundstück **vor** Intabulation des Vollstreckungsvermerks ist somit — von zwei alsbald zu erwähnenden Ausnahmen abgesehen, das bedingende Moment der Zugehörigkeit jener Rechte zu Klasse IV.

Verschiedene Fragen werden hier — zum Teil von jüngeren Juristen — aufgeworfen.

Warum werden in Klasse **IV** — also vor dem Anspruch des betreibenden Gläubigers, der, wie sofort sich zeigen wird, erst in Klasse V rangiert, wenn er die Zwangsversteigerung oder -verwaltung wegen eines persönlichen Anspruchs betreibt — nur die Rechte berücksichtigt, welche vor Eintragung des Vollstreckungsvermerks bereits am Grundstück bestehen?

Antwort: Weil mit Eintragung des Vollstreckungsvermerks die Beschlagnahme des Grundstücks zu Gunsten des betreibenden Gläubigers grundbuchlich bekannt gemacht ist. Aus dem Wesen der Beschlagnahme — wie S. 14 Anm. 1 schon erwähnt und hier wiederholt sei — als eines relativen Veräußerungsverbots, d. h. zu Gunsten des betreibenden Gläubigers wirksam, folgt daher, daß Dritte zum Nachteil des Gläubigers, also mit Wirksamkeit gegen diesen, Rechte am Grundstück nicht mehr erwerben können.

Läßt der Grundstückseigentümer trotz eingetragenen Zwangsvollstreckungsvermerks Dritte noch Rechte am Grundstück erwerben und für diese eintragen, so sind solche Rechte relativ wirksam, d. h. jedem andern, nur nicht dem betreibenden Gläubiger gegenüber wirksam. Um deswillen rangieren ja solche Rechte auch nach dem betreibenden Gläubiger (Klasse V) in Klasse VI.

Warum sind denn nicht auch die Rechte schon in Klasse IV ausgeschlossen, welche vor Eintragung des Vollstreckungsvermerks von Dritten am Grundstück erworben werden, nachdem die Beschlagnahme durch Zustellung des Beschlusses an den Eigentümer — wie wir Seite 11 gesehen — schon wirksam geworden?

---

[4]) Das Reichsgesetz bezeichnet diese Amortisationszinsen als „Zuschläge zu den Zinsen behufs allmählicher Kapitalstilgung".

[5]) Sind jene Nebenansprüche seit mehr als zwei Jahren rückständig, so kommen sie in Klasse VIII zur Befriedigung.

Über den Zeitpunkt, nach welchem die wiederkehrenden Hebungen als rückständige oder laufende bestimmt werden, s. S. 13 unter II und § 13 des Reichsges.

[6]) Über die Bedeutung des Wortes „Vollstreckungsvermerk" s. S. 9 Anm. 3.

Antwort: Gewiß sind solche Rechte am Grundstück, welche Dritte in Kenntnisnahme der Beschlagnahme am Grundstück erwerben, dem betreibenden Gläubiger gegenüber unwirksam. Das folgt ja aus dem Wesen der Beschlagnahme als relativen Veräußerungsverbots. Allein diese Unwirksamkeit ist derart materiellrechtlicher Natur, daß ihre Feststellung regelmäßig nicht dem Vollstreckungsrichter, sondern nur dem Prozeßrichter möglich ist.

In zwei Ausnahmefällen, und zwar materiellrechtlicher Natur, aber aktenmäßig-formeller Feststellbarkeit, werden:

α) einmal Rechte am Grundstücke, wiewohl sie vor Eintragung des Vollstreckungsvermerks eingetragen bezw. entstanden sind, doch nicht in Klasse 4, sondern — nach dem betreibenden Gläubiger — in Klasse 6 erst berücksichtigt, und

β) anderseits kommen Rechte ausnahmsweise noch in Klasse 4 zur Berücksichtigung, wiewohl sie nach Eintragung des Vollstreckungsvermerks eingetragen sind. Diese Fälle betreffen:

zu α) Rechte, welche nach **Eingang des Ersuchens um Eintragung des Vollstreckungsvermerks**[7]), aber bevor dieser Vermerk eingetragen wurde, eingetragen oder begründet sind. Diese Rechte kommen um deswillen nicht mehr in Klasse 4 zur Berücksichtigung, weil, wie wir Seite 9 u. 11 gesehen, der Eingang des Ersuchens um Eintragung des Vollstreckungsvermerks der Eintragung des letzteren vom Reichsgesetz gleichgestellt wird, falls letztere nur erfolgt und der Zeitpunkt des Eingangs jenes Ersuchens aktenmäßig feststellbar ist.

zu β) Umgekehrt, können **Rechte in Klasse 4 noch eingestellt** werden, welche vor Erlaß eines Beitrittsbeschlusses entstanden sind, wenn auch zu dieser Zeit bereits der Vollstreckungsvermerk eingetragen war. Dies kommt in den Fällen in Betracht, wo der erste betreibende Gläubiger den Antrag zurücknimmt, das Verfahren nur noch auf Grund des Beitrittsantrages eines zweiten Gläubigers fortzusetzen ist.

Nur die Wirksamkeit von Rechten lediglich diesem **zweiten** Gläubiger gegenüber ist dann bedingende Voraussetzung für die Zugehörigkeit zu Klasse 4.[8])

Diesem zweiten Gläubiger gegenüber wird erst mit Erlaß des Beitrittsbeschlusses eine Beschlagnahme des Grundstücks überhaupt geschaffen. Und daher deckt und verlautbart erst von diesem Augenblick an der eingetragene Zwangsversteigerungsvermerk[8]) das Beschlagnahmerecht des sogen. Nebengläubigers aus dem erlassenen Beitrittsbeschluß. Nur die nach Erlaß eines Beitrittsbeschlusses gegen den beitretenden Gläubiger eingetragenen Rechte am Grundstück sind daher in dem vorgedachten Falle unwirksam.

b) **Die Rangordnung der einzelnen Rechte** (also je Haupt- und Nebenanspruch als ein Recht zusammengefaßt) in Klasse 4 unter sich bestimmt sich nach den materiellrechtlichen Vorschriften der §§ 879 bis 881 BGB.; zu § 881 a. a. O. Vgl. Leske, Vergl. Darstellung Bd. I S. 382. Sind nachträgliche Rangänderungen eingetragen, darf § 880 Abs. 5 a. a. O. nicht unbeachtet bleiben. Auch § 890 BGB. darf hier nicht übersehen werden! (§ 11 Abs. 1 des Reichsges.) Rangordnung der Rechte in Klasse IV unter sich.

c) **Die Rangordnung des Hauptanspruchs zu seinen Nebenansprüchen** bestimmt der § 12 des Reichsgesetzes in Übereinstimmung mit § 367 BGB. dahin: Rangordnung zwischen Haupt- und Nebenansprüchen in Klasse IV.

---

[7]) Vgl. hier schon Teil II Seite 86.

[8]) Gl. A. Wolff Anm. 4 zu § 27; a. M. ist hier Jaeckel Anm. 1 zu § 22, aber nur insofern, als derselbe erst mit **Zustellung** des Beitrittsbeschlusses an den Schuldner die Wirksamkeit der Beschlagnahme zu Gunsten des zweiten Gläubigers eintreten läßt. Vgl. auch hier Seite 88 Nr. 4.

1. Die Ansprüche auf Ersatz der Kosten der Kündigung und der Kosten der, die Befriedigung aus dem Grundstücke bezweckenden Rechtsverfolgung stehen in erster Linie.

2. Die Ansprüche auf die wiederkehrenden Leistungen und die anderen Nebenleistungen folgen sodann.

3. Der Hauptanspruch kommt zuletzt.

Die Ausgestaltung dieser einfachen Vorschrift fällt jüngeren Juristen auffälliger Weise schwer. Werden z. B. zu einer Post in Abteilung III Nr. 6 von 3000 Mark 5 % Zinsen für die Zeit vom 1. April 1903 bis 1. April 1904 mit 150 Mark und 40 Mark Kosten liquidiert und wären auf diesen Anspruch aus dem baren Versteigerungserlös nur 2200 Mark verteilbar, so würde — trotz jener üblichen Fassung der Liquidation — zu berechnen und zu zahlen sein:

zunächst auf die Kosten = 40 Mark,
sodann auf die Zinsen = 150 Mark,
schließlich auf den Hauptanspruch = 2010 Mark, so daß dieser mit 990 Mark ausfällt.

(Zu 1.) Die Kosten, die hier in der Immobiliarzwangsvollstreckung in Betracht zu kommen haben, müssen unmittelbar ausschließlich zum Zwecke „der Befriedigung aus dem Grundstücke" aufgewendet sein.

Diese Beschränkung wird, wie die verschiedenen eingereichten Liquidationen zeigen, in der Praxis fortgesetzt nicht beachtet. Namentlich werden Kosten einer voraufgegangenen Mobiliarzwangsvollstreckung hier oft unzulässig mitliquidiert; und ebenso unstatthaft ist hier die Liquidation der Kosten, die anläßlich der urteilsmäßigen Feststellung des persönlichen Anspruchs entstanden, wenn letzterer neben dem dinglichen eingeklagt ist.

Die zum Zwecke der Befriedigung aus dem Grundstück aufgewendeten Kosten sind aber auch hier wie im § 91 CPO. nur dann erstattungsfähig, wenn sie nach freiem Ermessen des Gerichts zur zweckentsprechenden Rechtsverfolgung oder Rechtsverteidigung notwendig waren.

Die Kosten der Einleitung und des Beitritts entsprechen diesem Erfordernis unbedingt, ebenso die Vertretungskosten eines Anwalts in dem Versteigerungs- und Erlösverteilungstermin. Der Unterstützung eines solchen Rechtsbeirates kann ein Interessent stets bedürftig werden, selbst wenn die in Betracht kommenden Real- und Rechtsverhältnisse auf den ersten Blick einfach liegen.[9])

Der Anspruch des beteiligten Gläubigers in Klasse V.

Klasse V. 5. In der fünften Klasse gelangt der Anspruch des betreibenden Gläubigers zur Befriedigung, „soweit er nicht in einer der vorhergehenden Klassen zu befriedigen ist" (§ 10 Abs. 5 des Reichsges.).

Die Voraussetzung der fünfklassigen Rangstelle des Anspruchs des betreibenden Gläubigers, „soweit er nicht in einer der vorhergehenden Klassen zu befriedigen ist", bereitet jüngeren Juristen eine Schwierigkeit, die durch die Erwägung sofort beseitigt ist, daß sowohl ein dinglich Berechtigter,

---

[9]) Dagegen hat das Reichsgericht in der E. 22 S. 320 Erhebungs- und Ablieferungsgebühren eines Rechtsanwalts mit Recht für nicht erstattungsfähig erachtet. Die Kosten, welche einem Beteiligten durch persönliche Wahrnehmung einzelner Termine entstehen, sind stets angemessen aufgewendet und deshalb zu erstatten.

wie ein einfacher Personalgläubiger, die Zwangsversteigerung beantragen kann: Ein einfacher Personalgläubiger muß mit seinem ganzen vollstreckbaren Anspruch stets in dieser fünften Klasse zur Befriedigung gelangen.

Ein dinglich Berechtigter aber, z. B. ein Hypothekengläubiger, welcher einen vollstreckbaren Titel erhalten, kann doch natürlich um deswillen nicht schlechter gestellt werden, wie er sonst ohne vollstreckbaren Titel bei der Zwangsversteigerung steht, wenn diese von einem anderen Interessenten veranlaßt ist.

Der dinglich berechtigte betreibende Gläubiger bleibt daher mit seinem Hauptanspruch, seinen Kündigungs- und seinen Prozeßkosten (nach Maßgabe § 10 letzter Abs.), seinen laufenden und zweijährig rückständigen Zinsen in Klasse IV.

Hat dieser dinglich berechtigte betreibende Gläubiger aber im vollstreckbaren Titel **über** zweijährige Zinsrückstände zugesprochen erhalten, dann zeigt sich der Rechtsvorteil, welchen er als betreibender Gläubiger erworben.

Ein solcher Realberechtigter und betreibender Gläubiger kann dann die über zweijährigen Zinsrückstände in Klasse V zur Befriedigung bringen; wäre jener Realberechtigte nicht aber zugleich betreibender Gläubiger, dann könnte er seinen Anspruch, soweit er in überzweijährigen Rückständen besteht, erst in Klasse VIII, der letzten, befriedigen lassen!

Das ist in der Praxis leicht übersehen worden.

Die Rangordnung mehrerer betreibender Gläubiger in Klasse V unter sich.

Die Rangordnung mehrerer betreibender Gläubiger in der **fünften** Klasse richtet sich nach der Priorität.

Es kommt daher zuerst der Hauptantragsteller, auf dessen Antrag das Verfahren eingeleitet und die Beschlagnahme erfolgt ist.

Nach dem Hauptantragsteller rangieren diejenigen, welche dem Verfahren beigetreten sind, die sogen. Nebenantragsteller.

Die Reihenfolge der Nebenantragsteller mit ihren Ansprüchen richtet sich nach den früheren Zeitpunkten, in welchen der Beitritt zugelassen, d. h. der Beitrittsbeschluß erlassen ist.[10])

Mehrere Hauptantragsteller oder Nebenantragsteller, für welche der Einleitungs- oder Beitrittsbeschluß gleichzeitig erlassen ist, haben gleiche Rechte.

Die zurückgesetzten Ansprüche der Klassen VI, VII, VIII.

Klasse VI, VII und VIII. In der sechsten, siebenten und achten Klasse werden die sogen. zurückgesetzten Ansprüche befriedigt, und zwar:

6. **In der sechsten Klasse** gelangen „die Ansprüche der vierten Klasse, soweit sie infolge der Beschlagnahme dem Gläubiger gegenüber unwirksam sind", zur Befriedigung. Die nach Eintragung des Vollstreckungsvermerks[11]) erst eingetragenen Rechte werden hier also befriedigt.

---

[10]) Jaeckel, Anm. 2 zu § 11, erachtet auch hier den Zeitpunkt der Zustellung des Beitrittsbeschlusses an den Schuldner als maßgebend. Vgl. über den abweichenden Zeitpunkt, in welchem der Einleitungsbeschluß und in welchem der Beitrittsbeschluß die Beschlagnahme des Grundstücks bewirkt. S. 27 und Anm. 8 dort.

[11]) Vgl. aber in vorstehender Nr. 4a unter α und β S. 27, die 2 Ausnahmefälle, in welchen einerseits Rechte, welche vor Intabulation des Vollstreckungsvermerks eingetragen sind,

7. **In der siebenten Klasse** sind die Ansprüche der dritten Klasse zu berichtigen, nämlich die Ansprüche auf Entrichtung der öffentlichen Lasten des Grundstücks, **soweit** die Beträge länger als zwei Jahre rückständig sind.

Über den Begriff und die Rangordnung der einzelnen Ansprüche unter sich gilt natürlich das unter 3 bereits dargelegte; im preußischen Rechtsgebiete gehen daher z. B. überzweijährige Deichlastenrückstände den mehr als zweijährigen Rentenrückständen vor.

8. **In der achten Klasse** endlich gelangen die Ansprüche der vierten Klasse, also die Ansprüche auf wiederkehrende Hebungen aus Rechten am Grundstücke zur Befriedigung, **soweit** die Beträge länger als zwei Jahre rückständig sind.

Auch hier gilt das zu 4 Gesagte über Begriff und Rangordnung der einzelnen Ansprüche unter sich.

Zu 6—8: Neben dem einzelnen Anspruch auf einen älteren Rückstand ist auch hier ein Anspruch auf Ersatz der Kosten einer Kündigung und der Rechtsverfolgung in dem unter 4c gedachten Umfang zu befriedigen.

Zu 8: Die Rangordnung der einzelnen Ansprüche auf jene Rückstände **unter sich** in dieser Klasse korrespondiert natürlich der vorgedachten Rangordnung der bezüglichen Hauptansprüche.

III. **Die Einrangierung sämtlicher in der Liegenschaftsvollstreckung zu berücksichtigenden Ansprüche in acht Klassen** ermöglicht deren rangmäßige Berücksichtigung **ohne weiteres** nur dann, wenn jene Ansprüche unbedingt und von bestimmtem Betrage sind.

Sind die Ansprüche aber bedingte oder von unbestimmtem Betrage, dann gelten für sie besondere Vorschriften. Das richtige Verständnis für die besondere Art der Behandlung jener Ansprüche hängt aber mit der klaren Erfassung der Versteigerungsbedingungen und der Erlösverteilung so eng zusammen, daß es angezeigt ist, die Behandlung der bedingten Ansprüche und der Ansprüche von unbestimmtem Betrage erst im folgenden Paragraph 9 darzustellen.

Paragraph 9.

Das Wesen der Zwangsversteigerung, das Rechtsprinzip des geringsten Gebots und die Art der Feststellung des geringsten Gebots.

(§§ 37, 44, 45, 50—52 des Reichsges.,
§ 9 des Einf.Ges. Art. 22 des preuß. Ausf.Ges.)

Das Wesen der Zwangsversteigerung.

I. **Das Wesen der Zwangsversteigerung** ist schon vor dem Reichsgesetz kontrovers gewesen. Die Motive desselben überlassen die Entscheidung der bezüglichen Kontroverse ausdrücklich der Wissenschaft.

---

doch in Klasse VI rangieren und andererseits umgekehrt Rechte in Klasse IV noch rangieren, wiewohl sie nach eingetragenem Vollstreckungsvermerk zur Eintragung gelangt sind.

In der Theorie war die Annahme eines in der Zwangsversteigerung paktierten mit dem Zuschlage perfizierten Kaufes stets vertreten.

Für den Zwangsversteigerungsakt nach dem preußischen Gesetze vom 13. Juli 1903 war auch die Annahme, daß der „Erfolg der Zwangsversteigerung durch ein als Verkauf zu charakterisierendes Rechtsgeschäft erreicht" werden soll, möglich, wenn man die autentische Interpretation Kurlbaums S. 7ff. in den „neuen Grundsätzen" berücksichtigt.

Auch für die Zwangsversteigerung nach dem Reichsgesetz wird aber jetzt noch die Annahme eines Kaufs vertreten, insbesondere unter Bezugnahme auf die §§ 456, 512 des BGB. (siehe insbesondere Wolff S. 176).

Indessen schon der Umstand, daß der die Versteigerung schließende Zuschlag dem Meistbietenden unmittelbar Eigentum überträgt, selbst dann, wenn derselbe, mala fide, die Nichtexistenz des Eigentumsrechts des Subhastaten an dem Versteigerungsobjekt gewußt (vgl. Ureil des RG. v. 12. Okt. 03, Jur. Wochenschr. 406), ist mit der Annahme eines Kaufes ganz unverträglich. Das Rechtsprinzip originären Eigentumserwerbs durch den Zuschlag enthält ferner der § 93 Abs. 2 des Reichsges. Aus diesen Momenten erhellet bereits: die Zwangsversteigerung ist ein, auf Antrag eines seine Befriedigung aus einem Immobile suchenden Gläubigers, gegen dessen Schuldner eingeleitetes Verfahren, in welchem unter, dem Wesen des Kaufs rechtsanalogen Voraussetzungen und Bedingungen, der Richter durch Zuschlagsentscheidung das Eigentum eines Immobile, welches bisher dem Schuldner gehörte, behufs Befriedigung des Gläubigers, einem Dritten überträgt.[1])

In der Zwangsversteigerung vollzieht sich sonach nicht ein durch Kauf zustande gekommener, durch den Zuschlag perfizierter Rechtsakt; durch letzteren wird daher auch nicht das **bisherige** Eigentum des Schuldners auf den Ersteher übertragen; denn nicht derivativ, sondern eben originär erwirbt der letztere das Immobile (vgl. auch Gruchot Bd. 26 S. 1095). Der Zwangsversteigerungszuschlag erzeugt deshalb auch keinen Gewährleistungsanspruch (vgl. § 56 des Reichsges.).

II. **Das Rechtsprinzip der Reichszwangsversteigerung ist das sogen. Deckungsprinzip:** Das sog. Deckungsprinzip

1. Der Gläubiger, welcher Befriedigung aus einem Immobile verlangt, kann diese nur bei Deckung der Rechte und Ansprüche aller ihm im Range vorangehenden Berechtigten erreichen; diese sollen durch das Befriedigungs begehren des ihnen nachstehenden die Versteigerung betreibenden Gläubigers in ihren Rechten nicht beschädigt werden. In dem vor-

[1]) Im wesentlichen übereinstimmend Dernburg, Bürgerliches Recht, Bd. III S. 676—678, Jäckel Komm. Anm. 2 zu § 81, auch Fischer-Schaefer S. 31.

Aus der dargelegten Definition der Zwangsversteigerung ergibt sich, daß der Subhastationsrichter weder Bevollmächtigter des Eigentümers, noch des Gläubigers, noch der übrigen Realinteressenten ist, und daß er auch nicht namens der Genannten das Grundstück verkauft.

stehenden Paragraph 8 hat sich bereits gezeigt, daß dem betreibenden Gläubiger vorgehende Berechtigte sowohl diejenigen sind, deren Hauptforderungen im Grundbuch eingetragen sind, als auch diejenigen, welche, ohne daß ihre Rechte grundbuchmäßig eingetragen sind, ein Recht am Grundstücke oder einen Anspruch auf eine Barzahlung aus dem Grundstücke (es sei hier nur an die sogen. Liedlohnberechtigten erinnert) haben. Für diejenigen, deren Rechte vor dem Recht des beitreibenden Gläubigers, entweder im Grundbuch eingetragen sind, oder welchen ohne Eintragung Ansprüche zustehen, würde es nun eine Beschädigung enthalten, wenn anläßlich der Versteigerung, ihre an guter Stelle sicher bestehenden Rechte wider ihren Willen fällig würden oder wenn gar ihre Ansprüche unbefriedigt bleiben, weil der ihnen mit seinem Rechte nachstehende Gläubiger die Zwangsversteigerung begehrt.

Es bestimmt deshalb das Reichsgesetz (vgl. §§ 44, 45, 52) auf Grund des sogen. **Deckungsprinzips:**

a) alle an einem Grundstück, es sei infolge Eintragung oder auch ohne diese bestehenden Rechte,

b) sowie alle Ansprüche auf Befriedigung durch Zahlung „aus" dem Grundstück, sofern sie im Range dem Rechte des betreibenden Gläubigers vorgehen, bleiben

ad a auf dem Grundstücke bestehen, sind ad b durch Zahlung zu decken.

Nur ein Gebot, das diese aus dem Deckungsprinzip sich ergebenden Versteigerungsbedingungen erfüllt, ist in der Zwangsversteigerung zulässig und kann zum Zuschlag führen.

Das Reichsgesetz faßt nun die zu b gedachten Ansprüche, also alle Ansprüche, welche dem Rechte des betreibenden Gläubigers vorgehen und — nicht wie die Rechte zu a bestehen bleiben, sondern — durch Zahlung aus dem Grundstück gedeckt werden müssen, regelmäßig mit der Bezeichnung des „geringsten Gebot" zusammen.

Eine Prüfung der §§ 37 und 64 zeigt aber, daß das Reichsgesetz, allerdings nur in diesen Paragraphen, **auch ein geringstes Gebot im weiten Sinne** kennt, hierunter die vorgedachten Ansprüche unter a und b begreift, also unter **geringstem Gebot im weiten Sinne: einmal die an dem Grundstück bestehenden, und da dem Rechte des betreibenden Gläubigers vorgehend, bestehen bleibenden Rechte und ferner die Ansprüche begreift, welche dem Rechte des betreibenden Gläubigers vorgehen und durch Zahlung aus dem Grundstück zu befriedigen sind.**[2])

Behalten wir nun im Anschluß an § 64, § 37 Ziff. 4 im Interesse einer übersichtlichen Systematik — welche besonders für die Instruktion jüngerer Juristen sich als praktisch bewährt — die Einteilung bei:

a) Geringstes Gebot im weiten Sinne,

b) geringstes Gebot im engen Sinne (also geringstes Gebot in dem regelmäßigen Sprachgebrauch des Reichsges.).

---

[2]) In der Literatur ist die vorgedachte Bedeutung des § 64 bisher, so viel ich festgestellt, noch nicht besprochen.

III. **Auf Grund des sogen. Deckungsprinzips besteht nun nach §§ 44, 49, 52 des Reichsges., im preußischen Rechtsgebiet zugleich gemäß §§ 2, 9 des Einf.Ges. und Art. 6 des preuß. Ausf.Ges., das geringste Gebot im weiten Sinne:** Das geringste Gebot.

1. **in einer bar zu zahlenden Summe,** welche sich aus den Beträgen derjenigen Ansprüche zusammensetzt, welche mit dem Range vor dem Rechte des betreibenden Gläubigers bare Befriedigung **aus** dem Grundstücke zu erhalten haben (§ 52 Abs. 1 des Reichsges.). Es sind dies (vgl. Paragraph 8 S. 22 ff.) die Kosten des Verfahrens, die bevorrechtigten Ansprüche der Klassen 1—3 des § 10 des Reichsges., die Nebenansprüche (§ 12 Nr. 1 und 2 des Reichsges.) der bestehen bleibenden Rechte, welche letzteren die folgende Ziffer 2 bespricht.

2. **in der Versteigerungsbedingung,** daß die dem Rechte des betreibenden Gläubigers vorgehenden — S. 26 u. 27 — Rechte bestehen bleiben, welche

a) entweder im Grundbuche eingetragen sind, oder

b) ohne Eintragung im Grundbuche, am Grundstücke bestehen.

3. **Ferner bildet nicht nur ex lege, sondern sozusagen per legem, d. h. ohne jede Erwähnung und Fixierung** selbstverständliche gesetzliche Bedingung jedes geringsten Gebots im weiten Sinne, noch das Bestehenbleiben folgender Rechte:

Es bleiben bestehen:

α) kraft **reichsgesetzlicher Vorschrift** des § 52 Abs. 2 des Reichsges. die Überbaurenten und die Notwegrenten der §§ 912—917 BGB.,

β) kraft **landesgesetzlicher Vorschrift** die auf jedem Grundstücke ruhenden öffentlichen Lasten. (Nicht aber die einzelnen rückständigen und laufenden Beträge solcher Lasten, welche, wie bereits im vorstehenden Paragraph 8 erwähnt, in dem Zwangsversteigerungsverfahren zwecks Berücksichtigung durch Barzahlung, angemeldet werden müssen und dann in Klasse III (bezw. die älteren in Klasse VII) bar zu berichtigen sind (vgl. Paragraph 8),

γ) kraft **landesgesetzlicher Vorschrift** im preußischen Rechtsgebiete auf Grund des Art. 6 des preuß. Ausf.Ges. zum RZVG. in Verbindung mit Art. 22 des preuß. Ausf.Ges. zum BGB. folgende Rechte, welche auch ohne Eintragung im Grundbuch bestehen:

αα) das gesetzliche Vorkaufsrecht in Fällen der Enteignung oder zu Zwecken des Bergbaubetriebes,

ββ) die Gebrauchs- und Nutzungsrechte der §§ 8 u. 142 des Allgem. Berggesetzes vom 24. Juni 1865,

γγ) die Domänenamortisationsrenten und Rentenbankrenten (vgl. § 18 Abs. 1, § 64 Ges. vom 2. März 1850, auch Art. 114 Einf.Ges. zum BGB.).[3])

4. **Endlich bildet im preußischen Rechtsgebiete ex speciali beneficio legis des § 9 des Einf.Ges. zum RZVG. und des Art. 6 des Ausf.Ges. zum**

[3]) Für die früher bayerischen Landesteile kommen hier noch die im Gesetz vom 29. Mai 1874 gedachten Ansprüche hinzu.

RZVG. ohne jede Erwähnung, eine gesetzliche Bedingung des geringsten Gebots im weiten Sinne, das Bestehenbleiben der folgenden Rechte:

α) der im Grundbuch als Leibgedinge, Leibzucht, Altenteil oder Auszug eingetragenen Dienstbarkeiten und Reallasten,

β) der Grunddienstbarkeiten, die zur Wirksamkeit gegenüber dem öffentlichen Glauben des Grundbuchs der Eintragung nicht bedürfen. (Das sind die nach § 12 des alten preuß. Eigent.Ges. vom 5. Mai 1872 ohne Eintragung entstandenen Grunddienstbarkeiten, deren Rechtswirksamkeit Art. 187 Einf.Ges. zum BGB. aufrecht erhält.)

Das Fortbestehen dieser Rechte ist also, auch wenn sie dem Rechte des betreibenden Gläubigers nachstehen, ex beneficio des § 9 und Art. 6 cit. ohne weiteres Versteigerungsbedingung, **aber nur unter einer Bedingung.**

Diese Bedingung besteht darin, daß durch das Fortbestehen jener Berechtigungen nicht Rechte Dritter, welche jenen Berechtigungen im Range vorgehen oder gleichstehen, benachteiligt werden.

Die Möglichkeit, daß diese Bedingung gegeben, hat aber das Vollstreckungsgericht erst dann zu berücksichtigen, wenn ein dritter Beteiligter, dessen Recht den unter α und β gedachten Rechten vorgeht oder gleichsteht, gemäß § 9 Abs. 2 des Einf.Ges. zum RZVG. den Antrag stellt, festzustellen, daß sein Recht durch das Bestehenbleiben der Rechte zu α und β nicht beeinträchtigt wird.[4])

Sobald aber ein solcher Antrag gestellt ist, wird die Feststellung des Eintritts oder Nichteintritts jener — für Weiterbestehen oder Nichtweiterbestehen der unter 4 α und β gedachten Rechte — kausalen Bedingung, in der Versteigerung **zwingend** geboten. Dies geschieht nun der Art, daß neben der Feststellung eines geringsten Gebots im weiten Sinne unter Übernahme jener Berechtigungen, auch die Feststellung eines geringsten Gebots ohne Übernahme jener Berechtigungen, also unter Erlöschen jener Berechtigungen, vorgenommen wird; und daß auf jedes dieser zwei Gebote hin zum Bieten aufgefordert wird, also ein sogen. doppeltes Ausgebot vorgenommen wird. Das Fortbestehen jener Berechtigungen ist endgültig konstatiert und demgemäß im Zuschlage auszusprechen, falls unter Übernahme der Rechte ein Gebot abgegeben wird, welches die jenen Berechtigungen vorgehenden oder ihnen gleichstehenden Rechte befriedigt, falls also auf letztere Rechte bei einem Gebot unter Übernahme jener Berechtigungen nicht weniger entfällt als bei einem Gebote ohne Übernahme jener Berechtigungen. Dagegen ist andererseits endgültig das Erlöschen jener Berechtigungen konstatiert und demgemäß im Zuschlage auszusprechen, falls bei ihrer Übernahme weniger auf die vorgehenden oder gleichstehenden Rechte entfallen würde.[5])

---

[4]) Vgl. schon hier die Anleitung in Teil II S. 102.

[5]) Gehen die im § 9 und Art. 6 gedachten Rechte aber demjenigen des betreibenden Gläubigers rangmäßig **vor,** dann ist ihr Bestehenbleiben natürlich gemäß § 44 des Reichsges. **stets** unbedingte Versteigerungsbedingung.

Die rechtliche Verschiedenheit zwischen diesen soeben unter 4 α und β gedachten Rechten und den vorstehend unter 3 α bis γ erwähnten liegt also darin: Die letzteren bleiben stets und **unabänderlich** bestehen ohne Rücksicht darauf, ob sie rangmäßig dem Rechte eines anderen Beteiligten gleich- oder nachstehen. Die unter 4 gedachten Rechte aber können — falls sie eben dem Rechte eines anderen Beteiligten gleich- oder nachstehen, — infolge Antrag des letzteren durch das Ergebnis des Doppelausgebots zur Erlöschung gelangen (sie werden dann, soweit der Barbetrag des Meistgebots dazu hinreicht, aus diesem befriedigt).

Der Wortsinn „Geringstes Gebot“ im Reichsgesetz und im preußischen Gesetz vom 13. Juli 1883.

IV. **Das geringste Gebot im weiten Sinne, welches nach dem sogen. Deckungsprinzip materiell dem Reichsgesetze zu Grunde liegt,** war auch die Grundlage des preuß. Zwangsversteigerungsgesetzes vom 13. Juli 1883. Das letztere stellte jedoch das „geringste Gebot“ (im weiten Sinne als solches) auch ziffermäßig in einer Summe dar, nämlich in dem Summenbetrage der zu übernehmenden Lasten (welche Summe auf Grund des sogen. Anrechnungsprinzips auf die Gesamtsumme des geringsten Gebots angerechnet wurde) und dem Betrage des bar zu zahlenden Betrages des geringsten Gebots.

Nur der letztgedachte Betrag wird aber vom Reichsgesetze, wie schon erwähnt, **formell** als das sogen. „geringste Gebot“ (wie wir es bezeichnen im engen Sinne) genannt, während das Bestehenbleiben der dem Rechte des betreibenden Gläubigers vorgehenden Rechte als „Versteigerungsbedingung“ aufgeführt wird, ohne daß der Summenbetrag dieser bestehen bleibenden Lasten zu nennen ist.

Eine wenig glückliche Neuerung, die zahllose Irrungen bei den ländlichen Bietern veranlaßt, welche bei ihren Geboten fortgesetzt vergessen, daß sie im

---

Wird aber ein Antrag auf Doppelausgebot (also auf ein Ausgebot auch unter der Bedingung des Erlöschens der Rechte zu 4 α und β) nicht gestellt, oder wird die Existenz der Rechte zu 4 im Versteigerungstermin überhaupt nicht erwähnt (z. B. ein eingetragenes Altenteil wird übersehen, oder eine nicht eingetragene Grundgerechtigkeit bleibt unbekannt), dann gehen auch die unter 4 gedachten Rechte ohne weiteres auf den Ersteher über.

Dies hat — im preußischen Rechtsgebiete — mitunter zu unangenehmen Überraschungen des Erstehers geführt, welcher infolge des § 9 und Art. 6 cit. eine ihm im Versteigerungstermin ganz unbekannt gebliebene, nicht eingetragene Grundgerechtigkeit trotzdem als rechtsbeständig anerkennen muß.

Ein Beispiel zu einem Doppelausgebot infolge eines aus § 9 Abs. 2 cit. gestellten Antrags.

Es stehen auf einem Grundstück:

in Abteilung II unter Nr. 1 ein Altenteil für C, nachstehend den beiden Lasten der Abteilung III;

in Abteilung III unter Nr. 1 1000 Mark für A,

Nr. 2 3000 Mark für B, der betreibender Gläubiger ist.

Das geringste Gebot im weiten Sinne ist auf Grund des § 9 und Art. 6 cit. **zunächst** dahin zu fixieren (von Barbeträgen abgesehen):

I. Es bleiben bestehen

das Altenteil Abteilung II Nr. 1 für C,

die Hypothek Abteilung III Nr. 1 für A von 1000 Mark.

Sobald aber B den Antrag aus § 9 Abs. 2 cit. stellt, ist auch noch ein zweites geringstes Gebot dahin festzustellen.

II. Es bleibt **nur** bestehen

die Hypothek Abteilung III Nr. 1 für B von 1000 Mark.

Auf **beide geringste Gebote** im weiten Sinne ist zum Bieten aufzufordern:

Wird auf Gebot I 2500 Mark und auf Gebot II gleichfalls 2500 Mark geboten, so ist auf Gebot I zuzuschlagen, also unter — endgiltiger — Übernahme des Altenteils.

Wird aber auf Gebot I nur 2000 Mark und auf Gebot II jedoch 2500 Mark geboten, dann ist nur auf Gebot II — also **unter Erlöschen** des Altenteils — zuzuschlagen.

Geiste dem Barbetrage des geringsten Gebots (im engen Sinne) noch die Summe der stehenbleibenden Lasten hinzuzurechnen haben.[6])

Die Grundlagen für die Feststellung des geringsten Gebots im weiten Sinne.

V. **Die Grundlagen für die Feststellung des geringsten Gebots,** also für die Summe der bar zu zahlenden Beträge (des geringsten Gebots im engen Sinne) und für die Feststellung der bestehenden bleibenden Rechte, geben einmal die Grundbucheintragungen und andererseits die Anmeldungen der Beteiligten ab.

Die in Betracht kommenden Grundbucheintragungen bieten für jene Feststellungen relativ geringere Schwierigkeiten, als die Anmeldungen, die letzteren seien deshalb vorweg besprochen.

Die Anmeldungen.

1. **Die Anmeldungen.**

Zeitpunkt der Anmeldungen.

a) Der Zeitpunkt, bis zu welchem Anmeldungen vorzunehmen sind, um angemeldeten Rechten eine Berücksichtigung bei Feststellung des geringsten Gebots zu sichern,[7]) liegt bis zu dem Zeitmoment, in welchem im Versteigerungstermin zum Bieten aufgefordert wird. § 45 Abs. 1, § 66 Abs. 2 des Reichsges. (Vgl. schon hier Teil II S. 108.)

Gegenstand der Anmeldungen.

b) Gegenstand einer Anmeldung, also anmeldungsbedürftig sind: einmal Rechte, welche überhaupt aus dem Grundbuch nicht hervorgehen, ferner Rechte, welche zwar im Grundbuch eingetragen sind, deren Inhalt und Umfang aber aus dem Grundbuch nicht hervorgehen.

(Hierher zählen freilich auch Kosten und rückständige — nicht laufende — Zinsen eingetragener Rechte, aber mit einer Besonderheit, welche empfiehlt, diese Ansprüche unter folgender 2 zu besprechen.)

c) Die prozessuale Voraussetzung der Rechtswirksamkeit einer erfolgten Anmeldung endlich hängt von der Erfüllung einer Voraussetzung ab, welche § 37 Ziff. 4 des Reichsges. enthält.

Diesen § 37 Ziff. 4 hat das Reichsgesetz allerdings zunächst **zu Gunsten** anmeldungsbedürftiger Rechte geschaffen, denn es trifft durch die Vorschriften des § 37 und des § 39 Fürsorge, daß der anberaumte Versteigerungstermin auch rechtzeitig zur Kenntnis der Anmeldungsberechtigten gelangt, um letztere eben zu einer Anmeldung ihrer Rechte zu veranlassen. Allein andererseits wird unter Nr. 4 des § 37 als Inhalt der öffentlichen Proklama[8]) vorgeschrieben, diese habe zu enthalten:

---

[6]) Im preußischen Rechsgebiete hat deshalb das Ministerial-Reskript vom 12. Jan. 1903 JMr. I 1872 empfohlen, die Bieter auf die gedachte Bezifferung des geringsten Gebots im Laufe der Versteigerung fortgesetzt hinzuweisen.

[7]) Vgl. über die Wirkung, welche die Nichtrechtzeitigkeit einer Anmeldung eines Rechts im Versteigerungstermin, auch noch für die Erlösverteilung hat, die Anmerkung auf der folgenden Seite 37.

[8]) Der ganze Inhalt der Proklama, als Teil des formellen Verfahrens, ist in Teil II S. 92, 93 besprochen. Hier ist nur § 37 Ziffer 4 zu behandeln, dessen Vorschrift, wie die vorstehende Darlegung zeigt, von einschneidend materiellrechtlicher Bedeutung für die Rechte der Beteiligten ist.

„Die Aufforderung, Rechte, soweit sie zur Eintragung des Versteigerungsvermerks aus dem Grundbuch nicht ersichtlich waren, spätestens im Versteigerungstermine vor der Aufforderung zur Abgabe von Geboten anzumelden, und wenn der Gläubiger[9]) widerspricht, glaubhaft zu machen, widrigenfalls die Rechte bei der Feststellung des geringsten Gebots nicht berücksichtigt und bei Verteilung des Versteigerungserlöses dem Anspruche des Gläubigers und den übrigen Rechten nachgesetzt werden würden."

Voraussetzung der Rechtswirksamkeit einer Anmeldung.

Die, nach vorausgegangener formgerechter öffentlicher Aufforderung,[10]) erfolgenden Anmeldungen von Ansprüchen führen zu deren Berücksichtigung im geringsten Gebot, also nur, wenn die Ansprüche auf Widerspruch des betreibenden Gläubigers glaubhaft gemacht werden.

Zweifelfragen.

An diese Vorschriften knüpfen sich verschiedene Fragen, welche der Praxis Schwierigkeiten machen.

α) Ist auch das Gericht berechtigt, für die Berücksichtigung im geringsten Gebot eine Glaubhaftmachung angemeldeter Ansprüche zu verlangen? Die Frage ist zu verneinen. Wenn in § 9 Nr. 2 des Reichsges. als Beteiligter nur der bezeichnet wird, welcher bei Anmeldung eines Anspruchs diesen auch „auf Verlangen des Gerichts oder eines Beteiligten glaubhaft macht", so gilt jene Vorschrift nicht für die Bestimmung des geringsten Gebots, welches allein der Spezialvorschrift des § 37 Nr. 4 unterliegt.

β) Ist nicht außer dem betreibenden Gläubiger auch ein anderer Realinteressent, insbesondere derjenige, dessen Recht nicht im geringsten Gebot aufgenommen, und der daher durch die Einstellung des angemeldeten Anspruchs in das geringste Gebot benachteiligt erscheint, zu einem Widerspruch und Erfordern der Glaubhaftmachung des angemeldeten Rechts berechtigt? Auch das ist nach der Fassung und der ratio des § 37 Nr. 4 des Reichsges.[11]) zu verneinen.

---

[9]) D. h. der betreibende Gläubiger, vgl. oben § 7a S. 14.

[10]) Die vor der öffentlichen Aufforderung bereits erfolgten Anmeldungen von Rechten sind selbstverständlich auch zu berücksichtigen.

[11]) Die über die Feststellung des geringsten Gebots hinausgehende, vielmehr auch die Rangordnung der Rechte in der Erlösverteilung berührende Tragweite des § 37 Nr. 4 mag übrigens schon hier besprochen werden, zumal der § 37 Nr. 4 einen lapsus legislatoris enthält, der die Erkenntnis des Paragraphen in der Praxis ganz erheblich erschwert.

Der § 37 Nr. 4 ist dem § 40 Nr. 8 des alten preuß. ZVG. vom 13. Juli 1883 nachgebildet. Dieses Gesetz verlangte die Anmeldung und Glaubhaftmachung der Ansprüche auf Widerspruch des betreibenden Gläubigers:

„widrigenfalls dieselben bei Feststellung des geringsten Gebots nicht berücksichtigt und bei Verteilung des Kaufgelds gegen die berücksichtigten Ansprüche im Range zurücktreten".

Nichtanmeldung oder Anmeldung ohne Glaubhaftmachung auf Widerspruch des betreibenden Gläubigers entfernte also das nichtangemeldete oder nicht glaubhaft gemachte Recht nach preußischem Gesetz nur aus dem geringsten Gebot, beließ ihm aber nach den Rechten im geringsten Gebot seine Rangordnung.

Jetzt aber hat nach dem Reichsgesetz bei der oben aufgeführten Fassung des § 37 Nr. 4 Nichtanmeldung oder Nichtglaubhaftmachung die Folge:

α) bei Rechten, die an sich in das geringste Gebot gehören, daß jene Rechte nicht nur außerhalb des geringsten Gebots bleiben, sondern auch unter Verlust ihrer Rangordnung hinter allen Rechten, die § 10 des Reichsges. unter 1—8 aufführt (vgl. unseren früheren Paragraph 8) erst aus dem Versteigerungserlöse Befriedigung erhalten;

Der betreibende Gläubiger allein ist es, welcher **Befriedigung** aus dem Grundstück fordert; diese Befriedigung erscheint, wie die Motive betonen, um so schwieriger, je höher das geringste Gebot wird und damit die Verkäuflichkeit des Grundstücks erschwert wird; deshalb ist nur der betreibende Gläubiger befugt, Widerspruch gegen ein angemeldetes Recht zu erheben und dessen Glaubhaftmachung zu verlangen.

Die Realinteressenten, denen ein Widerspruch gegen die Einstellung eines angemeldeten Rechts in das geringste Gebot nicht zusteht, werden übrigens durch jene Einstellung nicht endgiltig benachteiligt. Jenen Interessenten steht vielmehr das Recht zu, in dem Erlösverteilungstermin gegen die Berücksichtigung jedes im geringsten Gebote enthaltenen Anspruchs Widerspruch nach Maßgabe des § 115 des Reichsges. zu erheben (vgl. das Nähere im Teil II Paragraph 24).

Das Grundbuch als Grundlage der Feststellung des geringsten Gebots.

2. Die Feststellung des geringsten Gebots im weiten Sinne, auf Grund der Eintragungen im Grundbuch.

Die im Grundbuch **eingetragenen** Rechte, **welche dem Rechte des betreibenden Gläubigers vorgehen,** sind nach Maßgabe des Grundbuchs als bestehen bleibend aufzuführen. Dies wird meist keine Schwierigkeiten bieten.

Das Reichsgesetz bestimmt zudem (§ 45 Abs. 2 vgl. oben Paragraph 8 S. 26), daß mit dem Hauptanspruch die laufenden Beträge wiederkehrender Leistungen (also z. B. neben dem eingetragenen Hypothekenkapital die laufenden Hypothekenzinsen) von Amts wegen, d. h. ohne Anmeldung, anzusetzen sind.

Rückständige Beträge wiederkehrender Leistungen und Kosten müssen indessen (wie nicht eingetragene Hauptansprüche, welche vorstehend unter **1** erwähnt sind), angemeldet werden, indessen brauchen die **ersteren** niemals glaubhaft gemacht zu werden (§ 45 Abs. 2 des Reichsges.).

Bedingte, durch Widerspruch od. Vormerkung gesicherte Rechte im geringsten Gebot.

3. Die Berücksichtigung der bedingten, und der durch Eintragung eines Widerspruchs oder einer Vormerkung gesicherten Rechte im geringsten Gebote.

Die ratio des geringsten Gebots geht — wie aus vorstehend unter III Gesagtem entnehmbar — dahin, daß die dem betreibenden Gläubiger rangmäßig vorgehenden, auf dem Grundstück ruhenden Kapitalwerte unberührt erhalten

---

β) zugleich aber folgt aus der Fassung des § 37 Nr. 4 des Reichsges., daß jetzt der gleiche letztgedachte Rechtsnachteil auch für alle, gar nicht in das geringste Gebot gehörigen Rechte eintritt, wenn diese im Versteigerungstermin bis zur Aufforderung zum Bieten entweder nicht angemeldet oder auf Widerspruch des betreibenden Gläubigers nicht glaubhaft gemacht werden.

Diesen weiteren Rechtsnachteil, zudem auch noch für die im geringsten Gebot gar nicht zu berücksichtigenden Rechte, an Widerspruch und Glaubhaftmachungsbegehren „des betreibenden Gläubigers" zu knüpfen, ist offenbar rechtlich unbegründet und — in der Theorie ist man darüber einig — nur ex lapsu memoriae legislatoris erklärlich, der hier aus dem § 40 Nr. 8 des alten preuß. Verst.Ges. versehentlich die Worte „des betreibenden Gläubigers" stehen gelassen hat. Nur in diesem alten § 40 Nr. 8, wo Nichtanmeldung und Nichtglaubhaftmachung nur bewirkten, daß Rechte, die in das geringste Gebot gehörten, in diesem nicht aufgenommen wurden, und wo im übrigen die Rangordnung der nichtangemeldeten oder nichtglaubhaft gemachten Rechte bestehen blieb, war es gerechtfertigt, diesen — sonach beschränkten — Rechtsnachteil nur auf Widerspruch des betreibenden Gläubigers eintreten zu lassen; wie vorstehend schon erwähnt, hat ja der betreibende Gläubiger nur ein rechtlich begründetes Interesse an der nicht hohen Bezifferung des geringsten Gebots.

bleiben. Allerdings setzt dies voraus, daß die einzelnen Kapitalwerte, materiell rechtlich, unbedingt haftenbleibende Lasten sind. Allein dem Vollstreckungsrichter als solchem steht eine materiellrechtliche — dem ordentlichen Prozeßrichter obliegende — Prüfung über den Rechtsbestand der einzelnen für das geringste Gebot im weiten Sinne in Betracht kommenden Rechte nicht zu. Der Vollstreckungsrichter hat vielmehr, wenn grundbuchmäßige Eintragung oder Anmeldung, und falls Glaubhaftmachung (§ 37 Ziff. 4) erfordert wird, auch diese, vorliegen, die Möglichkeit des Bestehens eines Rechts anzunehmen. Und dies genügt, um Rechte mit dem Range vor dem des betreibenden Gläubigers, in das geringste Gebot im weiten Sinne einzustellen.

Von diesem Gesichtspunkte aus bestimmt das Reichsgesetz: für die Feststellung des geringsten Gebots sind auch bedingte oder nur durch Eintragung eines Widerspruchs oder einer Vormerkung gesicherte Rechte wie unbedingte bezw. wie bereits endgültig eingetragene Rechte anzusehen; und deshalb sind wie letztere, so auch jene Rechte in das geringste Gebot im weiten Sinne einzustellen (§§ 14, 48 des Reichsges.).

Allein andererseits konnte das Reichsgesetz doch nicht außer Betracht lassen, daß, falls die gedachten Rechte von ungesichertem Fortbestand schließlich doch fortfallen, der Ersteher ohne Grund in Höhe des demnächst fortgefallenen Rechts bereichert wird und zwar auf Kosten des letztausfallenden Hypothekengläubigers, falls solcher nicht vorhanden, auf Kosten des Subhastaten. (Diesem gebührt ja, falls das Meistgebot die Gesamtsumme der Lasten übersteigt, der diese übersteigende Restbetrag des Meistgebots, die sogen. hyperocha.)

Das Reichsgesetz bestimmt deshalb in Ergänzung der §§ 14, 48 in den §§ 50, 51: Sind bedingte[12]) Rechte — welchen durch Widerspruch oder Vormerkung nur gesicherte Rechte gleichstehen — in das geringste Gebot

---

[12]) Als bedingte Forderungen behandelt das Reichsgesetz im § 14 auch „Ansprüche von unbestimmtem Betrage" und zwar „gelten solche Ansprüche als aufschiebend bedingt durch die Feststellung des Betrages".

Es gehören hierher die **Sicherungshypotheken des § 1190 BGB., die sogen. Maximalhypotheken,** also die Hypotheken mit einem Höchstbetrage „**bis** zu dem das Grundstück haften soll", die früher auch Kautionshypotheken genannt wurden. Diese Sicherungshypotheken sind in das geringste Gebot im weiten Sinne ohne weiteres mit ihrem Höchstbetrage einzustellen. (In der Erlösverteilung freilich können Sicherungshypotheken des § 1190 BGB. nur einen Erlösbetrag zugeteilt erhalten, nicht mehr **bis**, sondern nur zu einem Höchstbetrag, der durch Anmeldung der bestimmten Summe fixiert werden muß, in welcher die kautionsweise gesicherte Forderung dann validiert.

Freilich können die durch die Kautionshypotheken zu sichernden Forderungen in einem Erlösverteilungstermine zwar zu einer bestimmten Höhe schon unbedingt entstanden, in ihrem Existentwerden zu einem weiteren Betrage aber noch ungewiß sein. In diesem Falle ist die Kautionshypothek zum Teil unbedingt zahlbar, zum Teil noch bedingt, und daher insoweit wie eine bedingte zu behandeln [vgl. schon hier Teil II Paragraph 24]).

Nicht eine bedingte, sondern **eine unbedingte Hypothek ist dagegen die Sicherungshypothek des § 1184 BGB.** (vgl. auch § 866 CPO.); diese Sicherungshypothek besteht von vornherein

im weiten Sinne eingestellt, so ist mit Rücksicht auf einen möglichen Fortfall solcher Rechte, im geringsten Gebot im weiten Sinne zugleich die Versteigerungsbedingung einzustellen: daß bei Fortfall der gedachten Rechte der Ersteher als Ersatz für diese fortgefallenen Rechte eine entsprechende Barzahlung zu leisten hat.

Diese sogen. **Ersatzzahlung**, welche bei Fortfall sowohl von Hypotheken, Grundschulden und Rentenschulden, wie von Reallasten unsicheren Fortbestands zur Versteigerungsbedingung zu machen ist, betrifft.

Die Fälle der Ersatzzahlungspflicht.

a) **Folgende Fälle:**

α) Eine Hypothek, Grundschuld, Rentenschuld oder Reallast **besteht nicht**, z. B. weil, wie ein Interessent angibt, die betreffende Last irrtümlich auf dem Grundbuchblatt des zu versteigernden Immobile eingetragen worden, ohne daß dies ganz liquid ist.

β) Eine Hypothek, Grundschuld oder Rentenschuld oder Reallast ist **unter einer aufschiebenden Bedingung**[13]) eingetragen (für den Fall des Ausfalls der Bedingung).

z. B. 1000 Mark unverzinsliche Grundschuld für Y, falls er bis zum 1. Jan. 1930 in Brandenburg sich als Rechtsanwalt niederläßt.

γ) Eine Hypothek, Grundschuld oder Rentenschuld oder eine Reallast ist **unter einer auflösenden Bedingung** eingetragen (für den Fall des Eintritts der Bedingung).

z. B. 1000 Mark zu 4 Proz. verzinsliche Grundschuld für D, unkündbar, aber wieder zu löschen, falls dem Eigentümer die Benutzung eines Privatweges des Y wieder entzogen wird.

δ) Eine Hypothek, Grundschuld oder Rentenschuld oder eine Reallast **steht außer auf dem versteigerten Grundstück noch auf einem andern** Grundstücke.

In diesen Fällen zu δ können nach den besonderen Vorschriften über die Gesamthypothek der §§ 1181, 1173 Abs. 1, 1174, 1175 BGB.[14]) jene Rechte auf dem versteigerten Grundstücke erlöschen.

Die Ersatzzahlungspflicht des Erstehers bei Fortfall übernommener bedingter oder durch Vormerkung oder Widerspruch gesicherter Rechte.

b) **der Betrag der Ersatzzahlung:** also die Wertssumme, welche der Ersteher als Entgelt für ein übernommenes Recht unsicheren Fortbestands bei seinem Fortfall zu zahlen hat, ist

α) bei den Hypotheken-Grundschulden, Rentenschulden klarliegend; jener Betrag ist offensichtlich der Kapitalswert dieser Lasten (vgl. auch § 1199 Abs. 2 BGB.). Das Reichsgesetz bestimmt deshalb im § 50 auch einfach, daß bei Fortfall solcher Rechte im geringsten Gebot im weiten Sinne der Ersteher

in unbedingter Höhe; von anderen Hypotheken unbedingter Höhe unterscheidet sie sich nur darin, daß dritten Erwerbern gegenüber der Rechtsbestand der ihr zu Grunde liegenden Forderung nicht schon durch die publica fides der grundbuchlichen Eintragung gedeckt wird. Vgl. auch § 1138 BGB. Gl. A. Jaeckel, Anm. zu § 14, Fischer u. Schaefer, Anm. zu § 14. A. M. Wolff, Anm. 1 zu § 14.

[13]) Bei Fortfall bezw. Eintritt einer Bedingung, unter welcher eine **Hypothek** eingetragen ist, muß übrigens berücksichtigt werden, daß regelmäßig eine solche Hypothek gemäß § 1163 Abs. 1 BGB. sich in eine Eigentümerhypothek verwandelt. § 1163 Abs. 1 gilt aber nicht für Grundschulden und Rentenschulden (vgl. Turnau-Förster, Liegenschaftsrecht Bd. I S. 749).

[14]) Die materiellrechtlichen Gründe, welche eine Gesamthypothek, Gesamtgrundschuld, oder Gesamtrentenschuld auf dem versteigerten Grundstück zum Erlöschen bringen, gelten hier gemäß §§ 50, 51 des Reichsges., sonach auch für Gesamtlasten. Vgl. übrigens über die Behandlung solcher Gesamtrechte im Versteigerungstermin und in der Erlösverteilung schon hier Teil II, Sonderparagraph 31.

verpflichtet ist, deren eingetragenen Kapitalbetrag bar zu zahlen, und zwar unter den grundbuchmäßig eingetragenen Bedingungen (der fortfallenden Post) rücksichtlich der Zahlungszeit, des Zahlungsorts der Verzinsung und Kündigung.

β) Der bei Fortfall von Reallasten im geringsten Gebot vom Ersteher als Ersatz zu zahlende Entgelt besteht dagegen in dem erst **festzusetzenden** Betrage, um welchen sich der Grundstückswert infolge Fortfalls jener Lasten erhöht. Der Betrag der Ersatzzahlung.

Dieser Betrag ist vom Ersteher vom Zuschlage ab (natürlich sofern der Fortfall der Last schon von diesem Zeitpunkt ab ex post erhellet) zu verzinsen, also gemäß § 246 BGB., mit 4 Proz., und ist nach dreimonatiger Kündigung zahlbar (§ 51 des Reichsges.).

Die Festsetzung dieses Kapitalbetrags liegt dem Vollstreckungsgericht ob, welches zuvor die Beteiligten hören, nötigenfalls Zeugen oder Sachverständige vernehmen wird.

Das Reichsgesetz gibt übrigens über die Art, wie der mehrgedachte Betrag zu gewinnen ist, keine Vorschriften. Es werden daher die Vorschriften der CPO. entsprechend anzuwenden sein. Aus § 3 CPO. wird von der herrschenden Ansicht gefolgert, daß Berechtigungen, welche an die Lebensdauer des Berechtigten gebunden (siehe hier schon folgende S. 42 unter c β), nach der Lebenswahrscheinlichkeit des letzteren zu berechnen sind (vgl. hiergegen Teil II Paragraph 24 Abschnitt II unter 3a). Überschießt aber der hiernach sich ergebende Wertsbetrag den 25 fachen Betrag des Werts der einzelnen Jahresleistung der Reallast, so ist dieser (§ 121 des Reichsges.) maßgebend.

Ein **Kapitalsbetrag,** welcher im Falle des Fortfallens von **Reallasten** des geringsten Gebots, den Gegenstand einer Ersatzzahlung des Erstehers gemäß § 51 des Reichsges. zu bilden hat, **muß aber vom Vollstreckungsgericht stets festgestellt werden,** sobald das Gericht bei Aufstellung des geringsten Gebots in dieses eine Reallast unsicheren Fortbestands einstellt.

Das Reichsgesetz nimmt sozusagen die Möglichkeit des Fortfallens der Reallasten stets als gegeben an; und das mit Recht.

Denn entfallen Hypotheken-, Grund- und Rentenschulden dem geringsten Gebot, dann tritt die unter α gedachte Ersatzzahlungsverpflichtung des Erstehers selbst bei unterbliebener ausdrücklicher Feststellung auch unmittelbar ex lege des citierten § 50 des Reichsges. ein. Entfallen aber die Reallasten dem geringsten Gebot, dann fehlte ohne jene Betragsfeststellung jede Grundlage für die Ersatzzahlungspflicht des Erstehers.

Beispiel. Die Feststellung der Ersatzzahlungsverpflichtung des Erstehers bei Fortfall z. B. einer subjektiv dinglichen, bedingten Reallast, welche auf dem versteigerten Grundstück in Abteilung II Nr. 4 eingetragen ist, würde zu lauten haben: Beispiel der Feststellung einer Ersatzzahlungsverpflichtung.

> Falls die in Abteilung II Nr. 4 eingetragene, subjektiv dingliche, bedingte Reallast infolge Ausfalls der aufschiebenden Bedingung fortfällt, hat der Ersteher gemäß § 50 Abs. 2 Nr 1, § 51 des Reichsges. an Stelle der erloschenen Reallast, als vom Vollstreckungsgericht hiermit festgestellten Betrag, um welchen sich dann der Wert des Grundstücks erhöht, die Summe von 200 M. drei Monate nach erfolgter Kündigung bar zu entrichten und vom Zuschlag ab mit 4 Proz. zu verzinsen.

c) α) **Der Zeitpunkt des Fortfallens** der im geringsten Gebote im weiten Sinne aufzunehmenden Rechte unsicheren Fortbestandes ist regelmäßig gleichgültig.

Es tritt daher die vorgedachte Ersatz-Zahlungsverpflichtung des Erstehers regelmäßig ein, jene Rechte mögen vor oder nach Verkündung des Zuschlags fortfallen.

Die Besonderheit der objektiv-dinglichen, subjektiv-persönlich. Rechte (z. B. Altenteile).

β) Eine Ausnahme machen aber hier die objektiv-dinglichen, subjektiv-persönlichen, an die Lebensdauer des Berechtigten gebundenen Reallasten, unter welchen ja die Altenteilsrechte die Praxis fortgesetzt und mit erheblichen Schwierigkeiten beschäftigen.

Die diesen Rechten immanente wirtschaftlich rechtliche Eigenschaft, mit dem Tode des Berechtigten unbedingt und unentgeltlich zu Gunsten des derzeitigen Eigentümers fortzufallen, unterscheidet sie von den Hypotheken-, Grund- und Rentenschuldforderungen, deren normal-wirtschaftsrechtliche Natur zur Folge hat, daß diese Forderungen freizessibel stets nur gegen Entgelt fortfallen können.

Der Ersteher eines, mit einem Altenteil (oder mit einer anderen persönlichen Reallastberechtigung) belasteten Grundstücks, hat dieses daher mit dem Zuschlage zugleich mit der begründeten Rechtshoffnung auf demnächstigen — unentgeltlichen — Fortfall des subjektiv-persönlichen, objektiv-dinglichen Rechts erworben.

Es folgt hieraus: auch für subjektiv-persönliche Reallasten muß zwar, mit Rücksicht auf ihr mögliches Fortfallen, die Feststellung einer Kapitalsersatzzahlung des Erstehers geschehen.

Diese Feststellung ist **aber nur unter der Bedingung auszusprechen,** daß jene Reallasten **bis zur Verkündung** des Zuschlags fortfallen.

Dieser in der Theorie unbestrittene und, wie aus Vorstehendem ersichtlich, unbestreitbare Rechtsgrundsatz gibt, wie erwähnt, der Praxis fortgesetzt zu Zweifeln und Bedenken Anlaß.[15])

Mehrere betreibend. Gläubiger.

VI. Das für die Feststellung des geringsten Gebots maßgebende Recht des betreibenden Gläubigers.

Das vorbesprochene sogen. Deckungsprinzip erfordert, daß Rechte, welche im Range dem Rechte des betreibenden Gläubigers vorgehen, bestehen bleiben und, soweit Ansprüche mit dem Vorrange vor letztgedachtem Rechte, auf Barzahlung aus dem Grundstücke vorhanden (wie z. B. die Liedlohnansprüche der Klasse 2 des § 10 oder die Hypothekenzinsen der dem Rechte des betreibenden Gläubigers vorgehenden Hypotheken), durch das Bargebot gedeckt sein müssen.

Insbesonderes über die Altenteile.

[15]) In der Praxis fällt insbesondere auf, daß ja, falls z. B. der Altsitzer unmittelbar nach Verkündung des Zuschlages verstirbt, der Ersteher einen ganz ungewöhnlichen Vorteil hat; allein es wird hierbei übersehen, daß dieser ungewöhnlichen **vorteilhaften** Möglichkeit, die ebenso ungewöhnliche **nachteilige** Möglichkeit korrespondiert, daß der Ersteher „seinen" Altsitzer weit über das biblische Alter hinaus zu erhalten haben kann; jener Vorteil geht sonach ebenso wie der letztgedachte Nachteil gemäß § 56 des Reichsges. auf den Ersteher mit der Zuschlagsverkündung über.

Vor der Zuschlagsverkündung ist der Fortfall des Altenteils allerdings auch ein den Grundstückswert erhöhender Vorteil, der aber jetzt **noch** den Realinteressenten zugute kommt.

Von jüngeren Juristen wird vielfach bemerkt, eine Wertsberechnung der persönlichen Reallasten nur für die kurze Zeit bis zur Verkündung des Zuschlags wäre doch eigentlich nur eine theoretische, zwecklose Manipulation. Allein verzögert sich die Verkündigung des Zuschlags namentlich infolge eingelegter Beschwerde, so ist die Möglichkeit des Ablebens hochbetagter Altsitzer bis zu jenem Moment sonnenklar nicht ausgeschlossen, tatsächlich auch in der Praxis in einzelnen Fällen erfolgt. Vgl. übrigens auch Eccius' denkwürdige Abhandlung in Gruchots Beiträgen, B. 41 S. 212.

Ein Gebot, daß diesen Voraussetzungen nicht entspricht, darf also überhaupt nicht abgegeben bezw. vom Gericht nicht entgegen genommen werden.

Das für die Aufstellung des geringsten Gebots im weiten Sinne maßgebende Recht ist sonach das Recht des betreibenden Gläubigers.

Im § 7a unter I S. 14 sahen wir aber schon, daß mehrere Gläubiger in einem Zwangsversteigerungsverfahren als betreibende auftreten können, neben dem sogen. Hauptantragsteller auch sogen. Nebenantragsteller.

Beim Vorhandensein **mehrerer betreibender** Gläubiger ist nun der **bestberechtigte**[16]) von ihnen derjenige, welcher mit seinem Rechte die Festsetzung des geringsten Gebots im weiten Sinne dahin bestimmt, daß durch dasselbe nur die dem Rechte des bestberechtigten Gläubigers vorgehenden Rechte und Ansprüche zu decken sind.

Dies gilt aber nur für den Fall, daß der Beitritt des bestberechtigten Gläubigers und Nebenantragstellers zum Verfahren auch **rechtzeitig erfolgt** ist.

Ein rechtzeitig erfolgter Beitritt liegt aber nur vor, wenn der den Beitritt zulassende Beschluß, der sogen. Beitrittsbeschluß (vgl. schon hier das Beispiel eines solchen Beschlusses Teil II S. 88), dem Schuldner innerhalb zwei Wochen vor dem Versteigerungstermin zugestellt ist (§ 44 Abs. 2 des Reichsges.).

Bei nicht rechtzeitig erfolgtem Beitritt bleibt mithin nach § 44 Abs. 2 das Recht des beigetretenen selbst bestberechtigten Gläubigers für die Feststellung des geringsten Gebots im weiten Sinne außer Betracht.

Indessen kann bei einem **nicht rechtzeitigen Beitritt** dann noch das Recht des, verspätet beigetretenen, besser berechtigten Gläubigers für die Bestimmung des geringsten Gebots im weiten Sinne maßgebend sein, wenn der Schuldner und alle diejenigen Beteiligten zustimmen, deren Rechte anderenfalls (also bei Bestimmung des geringsten Gebots im weiten Sinne nicht nach dem Range des Rechts der verspätet Beigetretenen) bestehen bleiben. Dies folgt aus § 59 im Verein mit § 41 Abs. 2 des Reichsges.[17])

Beispiel: Es stehen in Abt.	III 1	10 000 M.	für	A,
	III 2	20 000 „	„	B,
	III 3	30 000 „	„	C,
	III 4	40 000 „	„	D.

D ist betreibender Gläubiger. Die Rechte der A, B, C müssen dann bestehen bleiben. Tritt A dem Verfahren rechtzeitig bei, dann würden keine Rechte bestehen bleiben. Tritt A dem Verfahren nicht rechtzeitig bei, dann verbleibt es bei dem Bestehenbleiben der Rechte der A, B, C; nur wenn der Schuldner und A, B, C einwilligen, kann in den Versteigerungsbedingungen das Nichtbestehenbleiben der Rechte der A, B, C festgestellt werden.

---

[16]) Das Nähere Teil II S. 99 Anm. 2; hier aber s. S. 27!

[17]) Der § 41 Abs. 2 gibt mit seiner Vorschrift einer Benachrichtigung über die Person des betreibenden Gläubigers an die Beteiligten zwar nur eine Sollvorschrift. Für diese Sollvorschrift fehlte aber eine Unterlage, wenn diese eben nicht in dem im § 41 Abs. 2 vorausgesetzten Rechtsprinzip des Reichsgesetzes liegt, welches vorstehend erwähnt ist. Gl. A., unter Bezugnahme auf § 59 Jaeckel, Anm. 2 zu § 44; Fischer u. Schaefer, Anm. 7 zu § 44.

Paragraph 10.

Der Kreis der gesetzlichen Bedingungen, abgesehen vom geringsten Gebot.

(§§ 49, 52—57, 90 des Reichsges.)

I. **Der Kreis der gesetzlichen Bedingungen der Versteigerung** besteht nicht nur

1. in den Bestimmungen über das geringste Gebot, wie von jüngeren Rechtsgelehrten oft angenommen wird, sondern auch aus:

2. den Bestimmungen über Rechtsgestaltungen, welche das Reichsgesetz als Wirkungen der Versteigerung und des Zuschlages aufführt:[1])

Erlöschen der Rechte.

II. **Zu den gesetzlichen Versteigerungsbedingungen gehören** hiernach außer den Bestimmungen über das geringste Gebot im weiten Sinne, zunächst:

1. Als **Rechtsfolgesatz des sogen. Deckungsprinzips**, daß alle Rechte, die im geringsten Gebote im weiten Sinne nicht berücksichtigt sind, mit dem Zuschlage **erlöschen**, sobald derselbe rechtskräftig geworden (§§ 52, 91 des Reichsges.).

Die nach reichsgesetzlicher und landesgesetzlicher Ausnahmevorschrift ohne ausdrückliche Erwähnung bestehen bleibenden Rechte (vorstehend S. 33, 34) bleiben natürlich auch ohne jede Erwähnung in den fixierten Versteigerungsbedingungen, bezw. im Zuschlage unberührt bestehen.

Irrtümlich nicht bestehen. Rechte.

Ist aber irrtümlich oder versehentlich ein im geringsten Gebot im weiten Sinne[2]) einzustellendes Recht uneingestellt geblieben, somit als bestehen bleibend nicht aufgeführt, so erlischt es auch in dem daraufhin ergehenden Zuschlage.

Indessen wird der zu Unrecht im geringsten Gebot Übergangene den Zuschlag mit Erfolg gemäß § 83 Nr. 1, § 100 des Reichsges. durch Beschwerde beseitigen können.

Schuldübernahme des Erstehers.

2. Das Bestehenbleiben einer Hypothek im geringsten Gebot **wirkt wie die Übernahme einer Hypothek** auf Grund eines Abkommens zwischen Grundstückserwerber und bisherigem Grundstückseigentümer im Falle freiwilliger Veräußerung; ist also rücksichtlich einer bestehen bleibenden Hypothek auch eine persönliche Verpflichtung des Schuldners vorhanden, so wird letztere vom Ersteher nach Maßgabe des § 416 des BGB. übernommen (§ 53 des Reichsges.).

Trotz der Schuldübernahme des Erstehers bleibt rücksichtlich der der Hypothek zu Grunde liegenden persönlichen Forderung sonach auch der Subhastat noch ferner Schuldner des Hypothekengläubigers, wenn letzterer nicht die Schuldübernahme genehmigt. Wie bei der Schuldübernahme im Falle freiwilliger Veräußerung, gibt aber § 53 des Reichsges. dem Subhastaten das Recht, nach Eintragung des Erstehers im Grundbuch dem Hypothekengläubiger die Schuldübernahme des Erstehers mit dem Hinweis schriftlich anzuzeigen, daß der letztere an seine — des Subhastaten — Stelle tritt, wenn der Gläubiger nicht binnen 6 Monaten eine bezügliche Verweigerung erklärt.[3])

[1]) Daß die gesetzlichen Versteigerungsbedingungen, einschließlich derjenigen, welche das geringste Gebot betrifft, abänderbar sind, darüber vergleiche nachfolgenden Paragraph 11.

[2]) Über diese Bezeichnung siehe Paragraph 9 S. 32.

[3]) Es ist auffällig, daß die Vorschrift des § 53 des Reichsges. trotz ihrer für die fernere Schuldenbefreiung des Subhastaten großen Bedeutung in der Praxis bisher fast unangewendet geblieben ist. Meist würde ein im geringsten Gebote stehender Realgläubiger

Dieselbe Maßnahme aus § 416 BGB. mit derselben Wirkung kann der Subhastat ergreifen, wenn neben einer vom Ersteher zu übernehmenden Grundschuld oder Rentenschuld eine persönliche Verpflichtung des Subhastaten besteht, welche laut besonderer Abrede mit der Grundschuldforderung in einem Zusammenhange steht. Z. B. Subhastat hat sich im Falle des Ausfalls eines Grundschuldbetrages für diesen auch persönlich verpflichtet.

Um auf Grund des § 416 BGB. aber die Schuldübernahme einer solchen neben einer Grundschuld oder Rentenschuld bestehenden persönlichen Verpflichtung zu erreichen, muß diese der Schuldner vor der Aufforderung zur Abgabe von Geboten anmelden und auf Verlangen des Gerichts oder eines Beteiligten glaubhaft machen (§ 53 Abs. 2 des Reichsges.).

Gegen den Ersteher wirksame Kündigung.

3. **Ein ferneres Glied** der, mit der Aufforderung zur Abgabe von Geboten geschlossenen, Kette der gesetzlichen Bedingungen bildet die Bestimmung, daß nur eine bis zu jenem Zeitpunkt angemeldete Kündigung einer Hypothek oder Grundschuld (§ 1141 BGB.) gegen den Ersteher wirksam ist (§ 54 des Reichsges.).

Die gleiche Anmeldung erfordert auch das Vorliegen jeder anderen grundbuchmäßig zwar vorgesehenen, aber als eingetreten nicht erhellenden Tatsache der Fälligkeit einer Hypothek oder Grundschuld (§ 54 des Reichsges.). Z. B. die Hypothek ist mit der Bedingung sofortiger Fälligkeit bei Verheiratung der Hypothekengläubigerin eingetragen, und die Heirat ist zur Zeit der Einleitung der Versteigerung erfolgt.

Umfang des Zuschlagserwerbs.

4. **Eine weitere gesetzliche Bedingung besteht nach den Vorschriften der §§ 55 und 90 des Reichsges. in der mit dem Grundstücke erfolgenden Mitversteigerung und Miterwerbung aller Gegenstände, „deren Beschlagnahme noch wirksam ist“.**[4])

Während bei Hauptgegenständen (vgl. Paragraph 4 S. 3) eines Zwangsversteigerungsverfahrens die ursprüngliche Beschlagnahme umfanglich bis zum Zuschlag regelmäßig dieselbe bleibt, gilt für die Nebengegenstände schon dieses letztere nicht.

In Abweichung von der Beschlagnahme in der Zwangsverwaltung (siehe oben Paragraph 5 S. 7) beläßt ja die Beschlagnahme in der Zwangsversteigerung dem Eigentümer die Verfügung über die beschlagnahmten Sachen und Forderungen in den Grenzen einer ordnungsmäßigen Wirtschaft. Es erstreckt sich deshalb auf die Sachen, über welche derart bis zum Zuschlag verfügt worden, die Versteigerung nicht, und deshalb werden jene Sachen auch durch den Zuschlag nicht erworben.

Zufälliger Untergang beschlagnahmter Sachen vor der Zwangsversteigerung kann jene Gegenstände natürlich auch nicht mehr der Versteigerung und dem Zuschlagserwerb unterziehen.

Für den Zuschlagserwerb an Nebengegenständen kommt aber noch eine fernere besondere gesetzliche Bedingung hinzu. Die **reguläre** Voraussetzung für das Wirksamwerden der Beschlagnahme an sogen. Nebengegenständen, und damit für die Heranziehung der Nebengegenstände zur Mitversteigerung und zum Zuschlagserwerb bildet zunächst zwar das Vorhandensein des Eigentums des Subhastaten oder eines nach der Beschlagnahme eingetretenen neuen Grundstückseigentümers an den Nebengegenständen (siehe S. 15 Anm. 2).

---

den Subhastaten nach einer schriftlichen Anzeige nach Maßgabe des § 416 Abs. 3 BGB. stillschweigend binnen 6 Monaten ohne weiteres der ferneren Schuldverpflichtung entlassen.

[4]) Sobald der Zuschlagsbeschluß rechtskräftig ist.

Die sogen. tatsächliche Zubehörstücke.

Eine **Ausnahme von dieser Regel** macht nun das Reichsgesetz im § 55 Abs. 2 rücksichtlich der sogen. tatsächlichen Zubehörstücke. Diese Mobilien, sofern sie nur im Besitze des Schuldners oder eines neu eingetretenen Grundstückseigentümers auf dem Grundstücke sich befinden, werden, auch wenn sie einem Dritten eigentümlich gehören und sonach von der Beschlagnahme gar nicht erfaßt wurden, trotzdem ausnahmsweise durch den Zuschlag Eigentum des Erstehers.

Nur wenn der dritte Eigentümer dieser sogen. tatsächlichen Zubehörstücke noch vor der Erteilung des Zuschlages der Aufforderung des öffentlichen Versteigerungspatents gemäß (vgl. § 37 Ziff. 5 des Reichsges., und schon hier Teil II S. 116 unter 2a und vorstehend S. 15) die Aufhebung oder einstweilige Einstellung des Zwangsversteigerungsverfahrens rücksichtlich dieser Mobilien herbeiführt, werden jene Zubehörstücke nicht dem Ersteher mit zugeschlagen.

Erfolgt eine Aufhebung oder Einstellung des Versteigerungsverfahrens rücksichtlich der tatsächlichen Zubehörstücke nicht,[4]) so erwirbt diese der Ersteher selbst dann, wenn er mala fide das Eigentum des Dritten gekannt hat (Paragraph 9 S. 31).

Der Begriff der sogen. tatsächlichen Zubehörstücke ist übrigens insofern kontrovers, als einerseits es für genügend erachtet wird, daß jene Mobilien sich tatsächlich als Zubehörstücke darstellen, andere aber noch erfordern, daß jene tatsächlichen Zubehörstücke „nicht bloß zu vorübergehender Benutzung auf das Grundstück gebracht sein dürften.“ Die letztere Ansicht vertritt Jaeckel Anm. 2 zu § 55, die erstere Ansicht ist der ratio legis, auch der früheren höchstrichterlichen Judikatur (Gruchot Bd. 33 S. 1111, Bd. 34 S. 1105) entsprechend; freilich darf die **transitorische** Benutzung jener tatsächlichen Zubehörstücke nicht **objektiv offensichtlich** gemacht sein; ist dies der Fall, dann ist der Miterwerb jener Stücke gemäß § 90 Abs. 2 BGB. allerdings objektiv ausgeschlossen (Gl. A. Fischer und Schaefer Anm. 1 b zu § 55).

Eintritt des Erstehers im Miets- und Pachtverhältnisse.

5. **Eine gesetzliche Bedingung besteht ferner in dem Eintritt des Erstehers in ein über das Immobile bestehendes Miets- und Pachtverhältnis,** wie in ein solches bei freiwilliger Grundstücksveräußerung der neue Grundstückseigentümer nach §§ 571, 572, 573 Satz 1, 574, 575 BGB. eintritt. Indessen steht dem Ersteher die Befugnis zu, das Miets- und Pachtverhältnis mit der gesetzlichen Frist der §§ 564, 565, 595 BGB., jedoch nur zu dem nach dem Zuschlage zulässig ersten Termin frühzeitig, also ohne Rücksicht auf die paktierte Vertragsdauer, zu kündigen (§ 57 des Reichsges.).

Verzinsung und Hinterlegung des Bargebots.

6. **Weiter ist eine gesetzliche Bedingung die Verpflichtung des Erstehers,** das Bargebot von dem Zuschlage an zu verzinsen (§ 49 Abs. 2 des Reichsges.).

Diese Verzinsungspflicht des Erstehers hört aber auf, wenn er die bare Versteigerungserlössumme „unter Ausschließung der Rücknahme“ hinterlegt (§ 49 Abs. 3 des Reichsges.).

In der Praxis ist vielfach unterlassen worden, mit der Hinterlegung die Erklärung der Ausschließung der Rücknahme zu verbinden, wie wohl dies der Abs. 3 des § 49 in Übereinstimmung mit § 378 BGB. ausdrücklich vorschreibt und der Mangel jener Erklärung nach der Fassung des Abs. 3 cit. die Zinspflicht des Erstehers nicht beseitigt.

Es ist ferner mitunter übersehen worden, bei nicht unmittelbar nach der Zuschlagsverkündung vorgenommener Hinterlegung die bis zum Tage der letzteren aufgekommene Zinsensumme des Barerlöses mitzuhinterlegen (§ 379 Abs. 2 BGB.).

---

[4]) In der Praxis — worauf auch hier wieder hingewiesen sei — tritt immer wieder die nach § 37 Ziff. 5 des Reichsges. offensichtlich rechtsirrtümliche Annahme hervor, daß eine bloße Anmeldung fremden Eigentums oder ein bezüglicher Vorbehalt im Zuschlage schon den Erwerb des Erstehers an jenen Dritten gehörigen Mobilien hindern könnte!

Die vom Ersteher zwecks Beseitigung seiner Zinspflicht vorzunehmende und im Erlösverteilungstermin nachzuweisende Hinterlegung ist im preußischen Rechtsgebiete nach Maßgabe der §§ 12 ff. der Hinterlegungsordnung vom 14. März 1879, ergänzt, auf Grund Art. 144, 145 Einf.Ges. zum BGB. durch Art. 84 des preußischen Ausf.Ges. zum BGB., vorzunehmen.

In der Praxis ist übrigens vielfach die vorläufige Verwahrung des Versteigerungserlöses bei dem Amtsgericht gemäß §§ 70 ff. der Hinterlegungsordnung für zulässig erachtet worden. Wenn erwogen wird, daß, solange nicht die Hinterlegung des Barerlöses nachweisbar erfolgt, jeden Augenblick, ja schon im Versteigerungstermin, von einem Beteiligten des § 94 des Reichsges. aus diesem Paragraphen ohne weiteres eine gerichtliche Verwaltung des Grundstücks für Rechnung des Erstehers beantragt werden kann, so enthält die gesetzliche Möglichkeit dieser Maßregel an sich schon einen Dringlichkeitsgrund aus § 74 Ziff. 3b der Hinterleg.Ordn. („Abwendung einer Zwangsvollstreckung"). Jaeckel Anm. 3 zu § 49, Anm. 3 zu § 94, Fischer und Schaefer Anm. 3 zu § 49, Anm. 5 zu § 94 u. a. erachten aber eine vorläufige Verwahrung des baren Versteigerungserlöses nur zum Zwecke der Aufhebung einer aus § 94 bereits angeordneten Verwaltung für zulässig.

7. **Eine gesetzliche Versteigerungsbedingung besteht ferner in dem Übergange der Gefahr** auf den Ersteher, und zwar hinsichtlich des Grundstücks mit dem Zuschlage ab (§§ 89, 104 des Reichsges.), hinsichtlich der übrigen Gegenstände schon vom Schlusse der Versteigerung ab (vgl. § 56 Satz 1 des Reichsges.). Gefahrübergang auf den Ersteher

Die Bestimmung des § 56 bietet Anlaß zu verschiedenen das Versteigerungsobjekt betreffenden Zweifeln; und zwar:

α) zunächst darüber: in welcher Weise der im Versteigerungstermin unbekannt gebliebene **Untergang des ganzen** Grundstücks den erlassenen Zuschlag beeinflußt?

Aus den Motiven ist zweifelsfrei zu folgern, daß der Untergang des ganzen Grundstücks vor dem Zuschlag den letzteren nichtig macht; die Zuschlagsentscheidung ist ein nihil actum. Als Untergang wird begrifflich auch jede Zerstörung der wirtschaftlichen Individualität eines Grundstücks, z. B. die Niederlegung einer Villa bis zu einem Bauplatz, zu verstehen sein.[5])

β) Dem ganzen Untergange des Grundstücks muß auch eine vor dem Zuschlag geschehene **teilweise Zerstörung** desselben insoweit gleichstehen, als dadurch die konkrete wirtschaftliche Individualität oder Wertsbezifferung derart beeinflußt wird, daß der Rest des Immobile als ein aliud erscheint. Auch in diesem Falle ist der ergangene Zuschlag nichtig. Gl. A. Fischer und Schaefer Anm. 1 zu § 56. A. M. Jaeckel Anm. 3 zu § 56, Wolff Anm. 5 zu § 56, welche hier den Zuschlag für erteilbar, den Ersteher aber für berechtigt erachten, den Versteigerungserlös nach Maßgabe der §§ 323, 472 BGB. verhältnismäßig zu mindern; diese Vertragsvorschriften sind aber — im Versteigerungsverfahren selbst — der konstitutiven Urteilsnatur des Zuschlagsbeschlusses (vgl. S. 31, 66) gegenüber auch nicht analog anwendbar.

γ) Eine **teilweise Zerstörung** des Immobile, welche **nicht** unter die zu β gedachten Gesichtspunkte sich einreihen läßt, fällt unter den Begriff einer Minderung des realen Ganzen und damit des Werts des Grundstücks. Diese aber hat der

---

[5]) Der Beseitigung der realen Existenz des Grundstücks wird zutreffend von Fischer und Schaefer Anm. 1 zu § 56 die vor dem Zuschlag erfolgte Aufhebung des Eigentumsrechts des Subhastaten am Grundstück infolge Enteignung oder eines anderen im Art. 113 Einf.Ges. zum BGB. gedachten Verfahrens gleichgestellt (vgl. für das preußische Rechtsgebiet § 44 des Ges. vom 11. Juni 1874, § 147 der Gemeinheitsteilungsordn. vom 7. Juni 1821, § 86 des Ges. vom 2. März 1850).

Ersteher zu tragen, da ihm — wie alsbald noch erwähnt wird — ein Anspruch auf Gewährleistung nicht zusteht.

δ) Die **Nebengegenstände** betreffend: so ist ein Untergang derselben in der Zeit vom Schluß der Versteigerung bis zur Zuschlagsverkündung (siehe hier § 87 aber auch § 104 des Reichsges.) ganz einflußlos.

Sogar die ausdrückliche, irrige Mitversteigerung der bereits **vor** dem Versteigerungsakte (oder während desselben) untergegangenen Nebengegenstände, auf welche der Ersteher **ausdrücklich** mitgeboten, wird im Rahmen des Versteigerungsverfahrens regelmäßig keine Berücksichtigung finden können; dem Ersteher wird regelmäßig auch nicht das Recht zustehen, im ordentlichen Prozesse gegen die an letzten Stellen aus dem Versteigerungserlöse zur Befriedigung gelangten Beteiligten, auf Grund des § 812 BGB. per probationem diabolicam den Nachweis zu führen, daß sie insofern grundlos bereichert sind, als die ihnen zugeteilte Befriedigung aus dem Teil des Erlöses geschehen, welcher auf die bereits untergegangenen Nebengegenstände entfiel.[6])

Ausschluß der Gewährleistung.

8. **Eine gesetzliche Versteigerungsbedingung enthält der § 56 mit der soeben erwähnten Bestimmung des Ausschlusses eines Gewährleistungsanspruchs des Erstehers.** Rechtsmängel wie Sachmängel kann der Ersteher niemals rügen.

Nutzen- und Lastenübergang.

9. **Eine gesetzliche Versteigerungsbedingung wird durch § 56 weiter dahin festgestellt, daß Nutzungen und Lasten mit dem Zuschlag auf den Ersteher übergehen.**

Für eine hiernach vorzunehmende Verteilung zwischen dem Ersteher und dem Schuldner, welcher nach § 24 des Reichsges. in der Zwangsversteigerung bis zum Zuschlage ja verwaltungs- und nutzungsberechtigt geblieben (S. 7), geben die §§ 101—103 BGB. den Maßstab.[7])

10. **Eine gesetzliche Versteigerungsbedingung ist schließlich** nach § 58 die Verpflichtung des Erstehers zur Tragung der Kosten des Beschlusses, durch welchen ihm der Zuschlag erteilt wird.

Kosten und Stempel des Zuschlags.

Im preußischen Rechtsgebiete hat der Ersteher übrigens neben den Beschlußkosten (§§ 126—128, 133, 135 des preuß. Gerichtskostenges.) noch den Wertstempelbetrag Nr. 78 zu § 32 des Stempelsteuerges. vom 31. Juli 1895 zu entrichten; und es werden vom Ersteher ferner für seine Eintragung als Eigentümer in das Grundbuch auch noch die in den §§ 58, 67, 132 des preuß. Gerichtskostenges. gedachten Kosten erhoben.

---

[6]) Regelmäßig wird der Untergang von Nebengegenständen vor Versteigerungsschluß einen Sachmangel des Hauptgegenstands darstellen; einen solchen Mangel kann der Ersteher aber — vorstehende Ziffer 8 — nicht rügen. Ausnahmsweise freilich kann der besonders hohe Wert der vor Versteigerungsschluß untergegangenen Nebengegenstände entweder eine teilweise Zerstörung des Immobile, als Ganzes (S. 47 β) enthalten, oder die Rechtsgültigkeit der abgegebenen Gebotserklärung, — eventuell in der Beschwerdeinstanz — beseitigen. Siehe Teil II S. 111.

[7]) Streitig ist, ob Früchte, welche der Schuldner einer ordnungsmäßigen Vorschrift zuwider getrennt, mitversteigert sind. Letzteres verneinen Fischer u. Schaefer: der Schuldner würde nur bei ordnungswidriger Nutzung aus § 823 BGB. dem Ersteher schadensersatzpflichtig; mit Jaeckel ist aber anzunehmen, daß ordnungswidrig getrennte Früchte, da sie der Beschlagnahme noch unterliegen, deshalb mitversteigert sind (vgl. S. 67).

Paragraph 11.

Die Abänderung der gesetzlichen Versteigerungsbedingungen.

(§§ 59—61, 65 des Reichsges.)

Die gesetzlichen Bedingungen und unter diesen insbesondere die gesetzmäßige Feststellung des geringsten Gebots sind nicht unabänderliche Bedingungen der Zwangsversteigerung, können vielmehr abgeändert werden. Für eine Abänderung der gesetzlichen Versteigerungsbedingungen müssen aber vorliegen:

A.

Die allgemeinen Voraussetzungen des § 59 des Reichsges.

I. **Der Antrag eines Beteiligten** auf Abänderung jener Bedingungen muß zunächst vorliegen.

Voraussetzungen der Abänderung gesetzlicher Versteigerungsbedingungen.

Das Vollstreckungsgericht ist nicht befugt, von Amts wegen die Feststellung einer von den gesetzlichen abweichenden Bedingung vorzunehmen.

Freilich wird das Gericht nach Lage des Einzelfalls Anlaß nehmen, einen Antrag aus § 59 zu veranlassen.

II. **Neben dem Antrag muß als fernere Voraussetzung** gegeben sein:

a) die **liquide Feststellung,** daß die beantragte Abänderung der gesetzlichen Bedingungen Rechte anderer Beteiligten nicht beeinträchtigt.

Hier besteht nun die für die Praxis hochbedeutsame Kontroverse, ob ein Beteiligter, dessen Recht nach den gesetzlichen Bedingungen im geringsten Gebot im weiten Sinne bestehen bleibt, hierauf, also auf ein Bestehenbleiben seines Rechts verzichten kann.

Die Frage ist zu verneinen. Allerdings hat das Gesetz das Bestehenbleiben der dem Rechte des betreibenden Gläubigers vorgehenden, eingetragenen Rechte zu **Gunsten** der Berechtigten solcher Rechte getroffen, **für** diese das sogen. Deckungsprinzip (vgl. S. 33) aufgestellt. Die aus diesem legislatorischen Grunde aber einmal getroffenen Bestimmungen über das sogen. geringste Gebot im weiten Sinne, geben aber zugleich — wenn auch erst in zweiter Linie — Anspruch auf die gesetzmäßige Fixierung des geringsten Gebots, wie jeder anderen gesetzlichen Versteigerungsbedingung, **allen Beteiligten.**

Es ist daher de jure des § 43 Abs. 2 des Reichsges., welcher den § 54 Abs. 2 des preuß. Ges. vom 13. Juli 1883 geändert, nicht zutreffend, wenn Jaeckel Anm. 3 zu § 59 annimmt, ein Beteiligter, dessen Recht nach gesetzlicher Regel bestehen zu bleiben hat, könne auf diese Vergünstigung, dieses Sonderrecht, einfach verzichten. (Der hier vertretenen Ansicht sind auch Fischer u. Schaefer Anm. 2 zu § 59, vgl. auch Reinhard Anm. III 2 zu § 59.)

Die Feststellung, daß eine Abänderung der gesetzlichen Bedingungen die Rechte anderer Beteiligter nicht beeinträchtigt, wird aber regelmäßig nicht liquide sein, vielmehr wird in der Regel die Möglichkeit einer Beeinträchtigung infolge jener Abänderung nicht auszuschließen sein. **Ist dies** — wie er erwähnt regelmäßig — **der Fall,** dann muß:

b) **die Zustimmung aller Beteiligten** zu der beantragten Änderung der gesetzlichen Versteigerungsbedingungen festgestellt werden.

Hierbei darf aber nicht übersehen werden, daß zu den Beteiligten auch der Subhastat gehört.

c) **Ausnahmsweise** ist die Zustimmung eines Teils der Beteiligten entbehrlich, nämlich wenn in Abänderung der gesetzlichen Versteigerungsbedingungen beantragt wird, daß Rechte, welche nicht im geringsten Gebot im weiten Sinne stehen und deshalb erlöschen, fortbestehen sollen.

Nach Abs. 3 des § 59 des Reichsges. ist nämlich für die Feststellung einer solchen (von den gesetzlichen abweichenden) Versteigerungsbedingung die Zustimmung derjenigen Beteiligten nicht erforderlich, deren Rechte jenem, als fortbestehend festzustellenden, Rechte **nachstehen.**

In diesem Falle eines Antrags gemäß Abs. 3 des § 59

α) ist aber die Zustimmung derjenigen Beteiligten erforderlich, deren Rechte dem bestehen zu lassenden vorgehen.

β) Ist dagegen auf Grund des Abs. 3 § 59 — wie nicht selten in der Praxis — eine Versteigerungsbedingung beantragt, es solle ein ex lege erlöschendes Recht „sofern und soweit es nach der Höhe des zu erwartenden Meistgebots bar zur Hebung gelangt", anstatt dessen bestehen bleiben, dann braucht nur der Berechtigte dieses Rechts dem bezüglichen Antrage zuzustimmen.

Das Doppelausgebot.

III. **Ist die Zustimmung aller nach Vorstehendem in Betracht kommenden Beteiligten** zu einer beantragten — nicht gesetzlichen, besonderen — Versteigerungsbedingung **nicht konstatierbar,** dann kann die Feststellung der letzteren nur bedingt durch die prozessuale Form des sogen. **Doppelausgebots** ermöglicht werden.

Das Grundstück wird unter den gesetzlichen Bedingungen und daneben mit der beantragten Abänderung der letzteren ausgeboten. Ergibt sich, daß ein Meistgebot unter Übernahme der besonderen Bedingung abgegeben ist und daß dieses Meistgebot ebenso günstig für die Beteiligten ist wie ein lediglich unter den gesetzlichen Bedingungen abgegebenes Meistgebot, dann ist auf das erstere der Zuschlag zu erteilen und damit erhält die beantragte besondere Versteigerungsbedingung ihre endgiltige Feststellung.

Bei der Festsetzung eines doppelten Ausgebots darf nun freilich nicht übersehen werden, daß **zu dem Antrage** auf Festsetzung einer besonderen — nicht gesetzlichen — Versteigerungsbedingung unbedingt aber noch die **Zustimmung desjenigen** einen konkreten Beteiligten hinzukommen muß, dessen Recht, inhaltlich der besonderen Versteigerungsbedingung, durch diese betroffen wird.

Soll z. B. die besondere Bedingung gestellt werden, daß der Mieter des zu versteigernden Grundstücks dieses mit Zuschlagsverkündung sofort zu räumen hat, und nicht erst nach Kündigung des Erstehers gemäß § 57 des Reichsges., so muß der Mieter jener besonderen Bedingung zustimmen.

Soll ein Beteiligter, dessen Recht im geringsten Gebot im weiten Sinne durch Bestehenbleiben seines Rechts zu decken ist, diese Deckung durch Barzahlung im Erlösverteilungstermin erhalten, so muß jener Beteiligter einer solchen besonderen Bedingung zustimmen.

B.

Die singulären Voraussetzungen zweier besonderer, von den gesetzlichen abweichenden, Versteigerungsbedingungen.

Das Reichsgesetz hat für die Aufstellung zweier — von den gesetzlichen abweichenden — Versteigerungsbedingungen singuläre Vorschriften aufgestellt.

Diese zwei Sonderbedingungen betreffen:

I. Die Zahlungsbefristung eines Teils des Meistgebots (§§ 60, 61 des Reichsges.).

II. Die Sonderverwertung von Nebengegenständen (§ 65 des Reichsges.).

I.

Die Zahlungsbefristung.

1. **Der Gegenstand der Befristung** nach Maßgabe der §§ 60, 61 ist nur derjenige Teil des bar zu zahlenden Meistgebots, welcher den Barbetrag des geringsten Gebots (also des geringsten Gebots im engen Sinne, vgl. S. 32) überschießt. Zahlungsfristen.

Eine Bedingung, welche Zahlungsfristen auch für die Barbeträge des geringsten Gebots im engen Sinne feststellen will, ist eine gewöhnliche, von den gesetzlichen Versteigerungsbedingungen abweichende Versteigerungsbedingung im Sinne des § 59 des Reichsges. Eine solche Versteigerungsbedingung kann daher nur nach Maßgabe dieses § 59 festgestellt werden, wie dies soeben vorstehend unter A beschrieben ist.

2. **Der besondere Feststellungsmodus** einer Bedingung der „Zahlungsfristen für den das geringste Gebot übersteigenden Betrag des Meistgebots" besteht darin:

a) **Der einfache Antrag** eines Beteiligten genügt, um **zunächst** jene Bedingung festzusetzen. Die Zustimmung anderer Beteiligter ist nicht erforderlich.

Kontrovers ist schon hier, ob alle Beteiligte, auch die mit ihren Rechten im geringsten Gebot im weiten Sinne[1]) stehenden, antragsberechtigt sind.

Der Wortlaut des § 60 scheint dafür zu sprechen, die ratio legis — Steigerung des baren Meistgebots über das geringste Gebot hinaus — entscheidend dagegen. Gl. A. Jaeckel, Anm. 1 zu §§ 60, 61. Fischer u. Schaefer, Anm. 3 zu § 60. A. M. Wolff, Anm. 3 zu § 60.

b) **Der Fortbestand** der — sonach schon auf Antrag eines Beteiligten zunächst — aufgestellten **Zahlungsfrist-Bedingung** wird aber:

α) **endgültig beseitigt**, wenn ein Beteiligter[2]) den Antrag auf Doppelausgebot stellt, also beantragt:

neben dem Ausgebot mit Zahlungsfrist auch ein Ausgebot ohne Zahlungsfrist für das Meistgebot, soweit es die Barsumme des geringsten Gebots überschreitet, vorzunehmen.

Wird nun ein Meistgebot ohne jene Befristung abgegeben, so hat dies den Zuschlag zu erhalten, auch wenn ein abgegebenes befristetes Meistgebot höher ist.

---

[1]) Über diesen Begriff vgl. S. 32.

[2]) Über den hier in Betracht kommenden Begriff des „Beteiligten" vgl. vorstehend 2a.

β) **nicht beseitigt,** vielmehr zu endgültiger Feststellung gelangt aber die Bedingung der Zahlungsfrist, wenn:

αα) nicht nur das abgegebene befristete Meistgebot **höher** ist als das unbefristete Meistgebot,

Die Zahlungsverpflichtungserklärung eines Dritten.

ββ) sondern auch ein **Dritter unter Sicherheitsleistung**[3]) **sich verpflichtet,** für den Ersteher die diesem obliegende Meistgebotszahlung[4]) zu bewirken.

In diesem Falle ist auf das befristete — höhere — Meistgebot der Zuschlag zu erteilen.

Kontrovers ist hier wiederum:

αα) Ist der Dritte, welcher die Verpflichtung der Bewirkung der Meistgebotzahlung für den Ersteher übernimmt, stets zugleich zur Sicherheitsleistung verpflichtet, oder hierzu erst auf ausdrückliches Begehren eines Beteiligten nach Sicherheitsleistung verpflichtet? Das erstere ist nach der Gesetzesfassung unbedenklich anzunehmen.

ββ) Ferner ist streitig, in welcher Höhe die Sicherheit zu leisten ist? in der gewöhnlichen Höhe von $^1/_{10}$ des baren Meistgebots? (vgl. schon hier Teil II S. 113 und § 68 des Reichsges.) oder hat die Höhe der Sicherheitsleistung das Vollstreckungsgericht gemäß §§ 108 ff. CPO. nach freiem Ermessen zu bestimmen? oder muß hier in voller Höhe der Zahlung des Dritten Sicherheit geleistet werden? Das letztere ist mit dem Begriffe einer „Sicherheits"-Leistung unvereinbar; das erstere ist hier unmotivierbar (das $^1/_{10}$ im § 68 ist ja nach dem ganzen Barbetrage des Meistgebots einschließlich der Barbeträge des geringsten Gebots zu beziffern). Unbedenklich sind auch hier die Vorschriften der §§ 108 ff. der CPO. subsidiär anwendbar; die Höhe der Sicherheitsleistung hat das Vollstreckungsgericht nach freiem Ermessen zu bestimmen. Gl. A. Jaeckel, Anm. 3 zu §§ 60, 61.

c) **Die Wirkung einer abgegebenen Verpflichtungserklärung eines Dritten** (im Falle b β), für den Ersteher, die diesem gestundete Meistgebotzahlung im Erlösverteilungstermin zu bewirken, ist vom Reichsgesetz — konstruktionell etwas künstlich — nach doppelter Richtung festgestellt:

---

[3]) Übrigens braucht der Dritte dann nicht Sicherheit zu leisten, wenn er, falls er im eigenen Namen ein Gebot abgegeben, zu einer Sicherheitsleistung nicht verpflichtet ist (vgl. § 61 Abs. 2 in fine und schon hier Teil II S. 113 und § 67 des Reichsges.).

[4]) Der Dritte braucht aber nicht die Zahlungsverpflichtung in Höhe des vollen Betrages des befristeten Meistgebots zu übernehmen, kann von diesem Betrage vielmehr einen Abzug machen; der Dritte kann also eine geringere Summe als die des befristeten Meistgebots zu zahlen sich verpflichten; nur muß diese geringere Summe immer noch höher als die Summe des unbefristeten Meistgebots sein; z. B.:

A bietet unbefristet 20 000 M.

B bietet mit Zahlungsfrist 30 000 M.

C kann dann die Verpflichtung zur Zahlung der befristeten Meistgebotssumme des B auch nur in Höhe von 25 000 M. übernehmen.

B erhält dann immer noch den Zuschlag zum befristeten Meistgebot von 30 000 M.; C wird den Beteiligten nur zur Zahlung von 25 000 M. an Stelle des B verpflichtet und C hat deshalb auch im Erlösverteilungstermin nur 25 000 M. zu zahlen. C erwirbt aber trotzdem — vgl. vorstehend unter c β — gegen B eine Forderung auf Zahlung seiner Meistgebotssumme von 30 000 M.

Hierin liegt das volkswirtschaftlich Ungesunde der Bestimmungen der §§ 60, 61, welche leicht der Verschleierung eines Wuchergeschäfts dienbar werden können.

α) Den, nach der Höhe der gestundeten Meistgebot-Barsumme[5]) aus dieser zu befriedigenden, Beteiligten muß der Dritte — an Ersteherstelle — den Barerlös im Verteilungstermin zahlen.

Die Forderung gegen den Dritten auf Zahlung der Meistgebot-Barsumme tritt als Versteigerungserlös an Stelle der Forderung gegen den Ersteher (siehe schon hier S. 56); die Meistgebot-Barsumme hat der Dritte von Zuschlagsverkündung ab zu verzinsen; und der Dritte ist im Zuschlagsbeschlusse ausdrücklich als zahlungspflichtig zur Entrichtung der Meistgebot-Barsumme zu erklären (vgl. S. 56).

Der Forderungserwerb des Dritten gegen den Ersteher

β) Der Dritte erwirbt aber dafür, daß er im Verteilungstermine die Hebungsberechtigten an Stelle des Erstehers zu befriedigen hat, gegen letzteren die Forderung auf Zahlung der vom Ersteher gebotenen Meistgebot-Barsumme (abzüglich der nicht gestundeten Barbeträge des geringsten Gebots, I, 1).

Da der Ersteher somit im Verteilungstermin — in Folge der Befristung — die ihm obliegende, dem Dritten zustehende — Zahlung der gestundeten Barsumme des Meistgebots nicht bewirkt, wird dem Dritten eine Forderung auf Zahlung jener Summe gegen den Ersteher übertragen und zur Sicherung dieser Forderung (dem allgemeinen Grundsatze des Reichsgesetzes gemäß, vgl. schon hier S. 59) für den Dritten eine Sicherungshypothek auf dem versteigerten Grundstück eingetragen (§§ 60, 61 des Reichsges.).

Diese volkswirtschaftlich höchst bedenklichen — da zur Verschleierung von Wuchergeschäften geeigneten — rechtlich wenig abgeklärten[6]) Vorschriften der §§ 60, 61 des Reichsges. gelangen in der preußischen Praxis äußerst selten zur Anwendung.

II.

Die gesonderte Verwertung von Forderungen und beweglichen Sachen der Immobiliarmasse (§ 65 des Reichsges.).

Die gesonderte Verwertung von Gegenständen der Immobiliarmasse.

Die vollstreckungsgerichtliche Anordnung auf gesonderte Verwertung von Forderungen und beweglichen Sachen der Immobiliarmasse und damit die Festsetzung der singulären Versteigerungsbedingung, der besonderen Versteigerung einer Forderung oder beweglichen Sachen hat zur

a) **Voraussetzung:**

1. einen Antrag eines Beteiligten im Versteigerungstermin,
2. die bereits erfolgte Abgabe eines das geringste Gebot erreichenden Gebots.

b) **Der Antragsberechtigte** kann nach der ratio des Gesetzes (Erzielung einer den Barbetrag des geringsten Gebots möglichst hoch überschießenden

[5]) Selbstverständlich abzüglich der Barbeträge des geringsten Gebots im engen Sinne, welche der **Ersteher** zahlen **muß** (vorstehend I, 1).

[6]) Völlig **kontrovers** — da auf einem lapsus legislatoris beruhend — ist auch der Inhalt der Bestimmung im Abs. 3 des § 61: „In Ansehung der Verpflichtung des Dritten finden die Vorschriften des § 53 entsprechende Anwendung." Am akzeptabelsten von allen Interpretations**versuchen** erscheint noch die Jaeckelsche Auslegung (Anm. 4 zu § 61). Haftet der Schuldner für einen Anspruch, der mit einem erloschenen bar zu befriedigenden Realrechte verbunden **ist**, auch persönlich (vgl. oben S. 44), so hat auch er — also der Subhastat — gegen den dritten Zahlungspflichtigen einen Anspruch auf Befreiung jener persönlichen Schuld!

Summe zwecks Befriedigung der Realberechtigten) nur ein Beteiligter sein, der überhaupt bar zu befriedigen ist (also z. B. nicht der Mieter oder Pächter. Gl. A. Jaeckel Anm. 1 zu § 65, Fischer u. Schaefer Anm. 1 zu § 65, a. M. Wolff Anm. 3 zu § 65). Die Beteiligten, deren Rechte im geringsten Gebot berücksichtigt, sind aber rücksichtlich des Antrages — der wie erwähnt erst nach Erreichung des geringsten Gebots zulässig — rechtlich uninteressiert und um deswillen nicht legitimiert.

Ausführungsmodus der Sonderverwertung.

c) **Der zulässige späteste Zeitpunkt** des Antrags ist derjenige vor Abgabe eines Gebots.

Jaeckel Anm. 2 zu § 65 will den Antrag bis zum Schlusse der Versteigerung zulassen, nur müßten bereits abgegebene Gebote „vom Bieter ausdrücklich aufrecht erhalten werden"; ein solches Verfahren wäre willkürlich. Mit Abgabe eines Gebots erwächst dem einzelnen Bieter ein Recht auf den Zuschlag — vorausgesetzt, daß er nicht überboten wird (§ 81 Abs. 1 des Reichsges.) —, und zwar auf den Zuschlag unter den festgesetzten Bedingungen, also auch rücksichtlich des Versteigerungsobjekts als Ganzen in der gesetzlichen Umgrenzung. Gl. A. Fischer u. Schaefer Abs. 1 zu § 65.

Wo dieses Recht des Bieters durch Festsetzung anderweitiger Versteigerungsbedingungen oder überhaupt suspendiert sein soll, liegt eine Ausnahme vor, die als solche ausdrücklich ex lege statuiert sein muß und vom Reichsgesetz in den einzelnen Fällen auch statuiert worden ist (vgl. schon hier Teil II S. 116).

d) **Die Ausführung der gesonderten Verwertung** von Forderungen und beweglichen Sachen liegt dem Vollstreckungsgericht als Immobiliarzwangsvollstreckungsbehörde ob. Die in der Praxis mitunter vertretene Ansicht, als träten Forderungen und bewegliche Sachen mit Anordnung ihrer gesonderten Verwertung aus dem Zwangsversteigerungsverfahren heraus, ist nach dem Inhalt des § 65 offensichtlich rechtsirrtümlich.

e) **Die Art der Ausführung** der gesonderten Verwertung erfolgt vielmehr

α) regelmäßig durch und vor dem Vollstreckungsgericht, im anstehenden Zwangsversteigerungstermin oder in einem diesem nachfolgenden besonderen Termin mittels Versteigerung.

Zweifelhaft ist, ob der zwecks besonderer Verwertung anzusetzende fernere Termin nicht den Vorschriften der §§ 36—41 des Reichsges. (vgl. schon hier Teil II S. 90ff.) gemäß anzusetzen ist.

Indessen zeigt die Fassung des § 65 doch, daß das Reichsgesetz, wie es die gesonderte Verwertung selbst nur als einen fortgesetzten Versteigerungsakt ansieht, so auch den besonderen Termin zur gesonderten Verwertung von Forderungen und beweglichen Sachen nur als eine Fortsetzung des Versteigerungstermins erachtet.

Es wird deshalb gesetzentsprechend sein, in der Ladung zu dem angesetzten besonderen Termin auf die Proklama des Versteigerungstermins Bezug zu nehmen.

Eine Bekanntmachung des besonderen, vor dem Vollstreckungsgericht anberaumten Termins ist mit Rücksicht auf § 39 nach Maßgabe dieses zwar nicht zu umgehen, die sechswöchige Proklamafrist des § 43 des Reichsges. (vgl. hier Teil II S. 91) ist aber nicht inne zu halten.

Bei dem Versteigerungsakt der Forderungen und beweglichen Sachen hat aber das Vollstreckungsgericht die Mobiliarzwangsvollstreckungs-Vorschriften der §§ 817, 820, 835 der CPO. entsprechend[1]) anzuwenden. Der Erlös ist aber zu hinterlegen.

[1]) Der Abs. 4 des § 817 CPO. ist aber nicht entsprechend anwendbar, wie aus dem vorstehend unter f Dargelegten erhellt; bezüglich des § 835 CPO. vgl. folgende Anmerkung.

Das Vollstreckungsgericht hat also insbesondere die Gegenstände erst nach dreimaligem Aufruf zuzuschlagen (§ 817 Abs. 1), nur gegen Barzahlung abzuliefern (§ 817 Abs. 2), Gold- und Silbersachen nicht unter Gold- und Silberwert (§ 820), Forderungen durch Überweisung an Zahlungsstatt (§ 835 CPO.) zuzuschlagen.

Das Vollstreckungsgericht kann übrigens die **Ausführung** des Vollstreckungsaktes selbst auch einem Gerichtsvollzieher übertragen.

β) Ausnahmsweise kann auf besonderen Antrag vom Vollstreckungsgericht anstatt der Versteigerung eine andere Art der Verwertung von Forderungen und beweglichen Sachen angeordnet werden, insbesondere ein Vertreter zur Einziehung der Forderung bestellt oder die Überweisung einer Forderung an Zahlungsstatt an einen Beteiligten mit dessen Zustimmung erfolgen.

f) **Die Verteilung** des aus gesonderter Verwertung gewonnenen Erlöses erfolgt entweder im Erlösverteilungstermin für das Grundstück, und falls bis dahin jener Erlös noch nicht erzielt ist, in einem besonderen Termin.

Die Verteilung des gesonderten Erlöses — selbst in einem besonderen Termin — unterliegt aber ganz den allgemeinen Vorschriften über die Erlösverteilung[8]) (vgl. Teil II Paragraph 24).

g) **Die vom Vollstreckungsgericht auf Antrag beschlossene** gesonderte Verwertung von Forderungen und beweglichen Sachen kann im übrigen von jedem Beteiligten, auch denjenigen, deren Rechte im geringsten Gebot[9]) berücksichtigt sind, durch Einwendung aus § 766 CPO. oder sofortige Beschwerde gegen den Zuschlag, welcher das Grundstück ohne jene Gegenstände zugeschlagen, angefochten werden. (Vgl. § 83 Ziff. 5 des Reichsges.)

Die vom Vollstreckungsgericht ausgesprochene Ablehnung einer Anordnung auf gesonderte Verwertung ist aber unanfechtbar (Argument § 95 des Reichsges.).

Paragraph 12.

Die materiellrechtlichen Grundsätze über den Versteigerungserlös.

(§§ 81, 82, 91, 92, 113, 118, 128, 129, 132, 133, §§ 50, 51, 60, 61 des Reichsges.)

Der Begriff des Versteigerungserlöses im allgemeinen.

I. **Der Begriff** des Versteigerungserlöses im allgemeinen fällt nicht mit dem des Bargebots des Erstehers zusammen. Wie unter „Erlös“ der Gesamt-

[8]) Es folgt hieraus: Ist eine Forderung durch einen bestellten Vertreter einzuziehen, so hat derselbe den eingezogenen Betrag zunächst zu hinterlegen; soll eine Forderung durch Überweisung an Zahlungsstatt an einen Beteiligten verwertet werden, so darf diese Überweisung erst nach Verhandlung mit den übrigen Beteiligten vom Vollstreckungsgericht endgiltig durch Erlaß eines Überweisungsbeschlusses aus § 835 CPO. vorgenommen werden.

Die Zustellung eines solchen Überweisungsbeschlusses aus § 835 CPO. an den Drittschuldner hat übrigens das Vollstreckungsgericht von Amts wegen — dem Offizialbetriebe des Zwangsversteigerungsverfahrens gemäß — zu verfügen. Gl. A. Wolff Anm. 10 zu § 65; a. M. Jaeckel Anm. 5 zu § 65. Vgl. auch S. 18.

[9]) Nach der Denkschrift ist das Anfechtungsrecht der Beteiligten bestehen bleibender Rechte

gehalt einer Gegenleistung für etwas Empfangenes begriffen wird, so ist unter Versteigerungserlös die volle Gegenleistung des Erstehers zu verstehen.

Die letztere besteht aber einmal in der Übernahme der im geringsten Gebot im weiten Sinne (vgl. S. 32) enthaltenen, nicht erlöschenden Rechte, andererseits in der bar zu zahlenden Summe des Meistgebots. Beide Leistungen bilden daher auch den Verhandlungsgegenstand der Verhandlung über die Verteilung des Versteigerungserlöses, wie § 113 Abs. 2 des Reichsges. auch ausdrücklich hervorhebt.

Die zur Berichtigung des Versteigerungserlöses Verpflichteten.

II. **Der** zur Berichtigung des Versteigerungserlöses **Verpflichtete** ist **nicht ausschließlich** der Ersteher, wie von jüngeren Juristen auffällig hartnäckig angenommen wird.

Neben dem Ersteher mitverpflichtet sind vielmehr:

a) der Meistbietende, welcher vor Verkündung des Zuschlags sein Recht aus dem Meistgebot einem **Anderen abgetreten**, der seinerseits die Verpflichtung aus dem Meistgebot übernommen. Diesem Andern wird zwar nunmehr als Ersteher der Zuschlag erteilt, im Zuschlagsbeschluß ist aber der Meistbietende zusammen mit dem Ersteher für die Erfüllung der Verpflichtung aus dem Meistgebot, also vor allem zur Berichtigung des baren Versteigerungserlöses, als Gesamtschuldner für mithaftend zu erklären (vgl. §§ 81, 82 des Reichsges.; s. auch hier Teil II S. 119);

b) derjenige, welcher im eigenen Namen, aber für einen anderen geboten, kann dies bis zur Verkündung des Zuschlags erklären. Auch in diesem Falle ist dem Vertretenen als Ersteher der Zuschlag zu erteilen; in der Zuschlagsentscheidung sind aber wiederum **Vertreter** wie Vertretener gesamtschuldnerisch für verpflichtet zur Erfüllung der Meistgebotpflichten, also insbesondere zur Berichtigung des baren Versteigerungserlöses, zu erklären (§§ 81, 82; vgl. auch Teil II S. 119);

c) endlich ist **nicht nur neben** dem Ersteher, sondern sogar an seiner Stelle zur Berichtigung des das geringste Gebot übersteigenden Teils des Meistgebots, also eines Teils des baren Versteigerungserlöses, derjenige **Dritte** verpflichtet, welcher — wie wir schon S. 52 gesehen — unter Sicherheitsleistung die Zahlungsverpflichtung aus dem Meistgebot (soweit dasselbe den Barbetrag des geringsten Gebots übersteigt), an Stelle des Meistbietenden und demnächstigen Erstehers übernommen, weil dem Ersteher insoweit Zahlungsfrist zur Berichtigung jenes Meistgebotsbetrages bewilligt ist (§§ 60, 61 des Reichsges.).

Im Verteilungstermin hat, wie wir sahen, jener Dritte für die Beteiligten, welche zur Hebung aus dem gedachten Betrage des Versteigerungserlöses gelangen, diesen zu zahlen.

III. Das Reichsgesetz spricht nun fortgesetzt von einer „Forderung gegen den Ersteher auf den Versteigerungserlös“.

---

unbedenklich aus §§ 1134, 1135 BGB. herzuleiten. Gl. A. Fischer u. Schaefer Anm. 3 zu § 65, Jaeckel Anm. 2 zu § 65.

Es frägt sich daher, wer ist nun der Berechtigte jener Versteigerungserlösforderung?

Die Antwort erleichtert sich, wenn die Art der Berichtigung des Versteigerungserlöses berücksichtigt wird.

1. Die Berichtigung des Versteigerungserlöses, soweit dieser in der Übernahme der nach dem geringsten Gebot bestehen bleibenden Rechte zu Lasten des Erstehers besteht, ist eine einfache.

Das Reichsgesetz macht den Ersteher ohne weiteres den einzelnen Beteiligten der bestehen bleibenden Rechte gegenüber einfach zum Verpflichteten; und zwar wird der Ersteher ex lege nicht nur zum dinglichen Verpflichteten den bestehen bleibenden Rechten gegenüber, sondern, sofern für diese der Schuldner auch persönlich verhaftet war, auch zum persönlichen Schuldner (§ 53 des Reichsges. S. 44).

Der Anspruch des Schuldners (Subhastaten) auf den Barerlös.

2. **Wer ist aber, der Verpflichtung des Erstehers zur Zahlung des Barbetrages**[1]) **des Versteigerungserlöses gegenüber, der Berechtigte?** und in welchem Verhältnis stehen zu jener Verpflichtung die Beteiligten erlöschender Rechte, welche deshalb aus dem Barerlös zu befriedigen sind?

Diese Fragen waren schon vor dem Reichsgesetz kontrovers, und sind es nach Inkrafttreten desselben geblieben. Indessen geben die Materialien jenes Gesetzes eine ausreichende Handhabe zur Lösung der Fragen.

Das Reichsgesetz geht — wie § 128 Abs. 2 und die Motive zeigen — davon aus: mit dem, den Subhastaten seines Eigentums an dem Versteigerungsobjekt beraubenden Zuschlag erwächst ex lege ohne jede Übertragung[2]) vi surrogationis an Stelle des verlorenen Versteigerungsobjekts dem Subhastaten gegen den **Ersteher** die Forderung auf Zahlung des Barerlöses.

Es ist auch nicht zweifelhaft, daß die dem Subhastaten zustehende Forderung auf den Barerlös „belastet" ist mit einem Befriedigungsanspruch rücksichtlich derjenigen Rechte, welche bisher auf dem versteigerten Grundstück hafteten und nunmehr, da sie außerhalb des geringsten Gebots im weiten Sinne stehend erlöschen (§§ 91, 92 Abs. 1 des Reichsges.), deshalb aus dem Barerlös zu befriedigen sind.

Dagegen ist es kontrovers, welcher Art die Forderung des Subhastaten auf Zahlung des Barerlöses ist und welcher Art daher die Belastung jener Forderung mit den gedachten Befriedigungsansprüchen ist.

---

[1]) Schon vor dem Verteilungstermin wird die Frage, wer, der Verpflichtung des Erstehers zur Zahlung des Barbetrages des Versteigerungserlöses gegenüber, der Berechtigte ist, dann von Bedeutung, wenn in Erwartung der Zahlung des Barerlöses, Pfändungen desselben in Höhe der dem Subhastaten zufallenden Hyperocha erfolgen, oder wenn das Perzipiendum einzelner aus dem Versteigerungserlös bar zur Befriedigung gelangender Realberechtigten, z. B. einzelner Hypothekengläubiger, gepfändet wird.

[2]) Es ist offensichtlich — gegenüber seinen anderweitigen Ausführungen — bei Jaeckel Anm. 3 zu § 107 nur eine irrige Satzfassung, wenn die Entstehung einer Forderung auf den Barerlös für den Subhastaten kraft Gesetzes an jener Stelle verneint wird.

Jaeckel Anm. 2 zu § 107 nimmt an: „Der Ersteher steht als solcher weder zu den Realgläubigern noch zu dem Schuldner, noch (natürlich!) zu dem Vollstreckungsgericht in einem Vertragsverhältnis; gegen ihn haben auch weder die Beteiligten noch das Gericht einen Anspruch auf Zahlung des Versteigerungserlöses im privatrechtlichen Sinne". Fischer und Schaefer Anm. 1b zu § 92 nehmen gleichfalls an: „Die Berechtigten haben keinen Anspruch gegen den Ersteher". Offensichtlich ist, daß das Gericht, welches kraft öffentlich-behördlicher Tätigkeit den ganzen Versteigerungsakt leitet, um die Rechtsbeziehungen aller Beteiligten sicher zu regeln, zu keinem derselben, und daher auch zu dem Ersteher nicht, in eine privatrechtliche Beziehung tritt, wenn es auch in behördlicher Eigenschaft zum Zwecke der amtlichen Verteilung des Erlöses, die Barsumme desselben zunächst gemäß § 107 Abs. 2 vom Ersteher entgegenzunehmen hat.[3])

Ein Vertragsverhältnis wird allerdings auch zwischen dem Ersteher und den Beteiligten, insbesondere dem Schuldner nicht durch den Zuschlag existent, denn die Versteigerung und ihr Zuschlagsergebnis enthält keinen Kaufabschluß (vgl. Paragraph 9 S. 30).

Dagegen bringt der Zuschlag zunächst zwischen Ersteher und Subhastaten ein **gesetzliches** Rechtsverhältnis, ein **gesetzliches** Forderungsrecht des Subhastaten gegen den Ersteher zur Existenz. Diese Forderung kann aber nur eine ex lege entstandene **civilrechtliche** sein, schon um deswillen, weil sie ex surrogatione an Stelle eines anderen civilrechtlichen Rechts, an Stelle des bisherigen Eigentumsrechts des Subhastaten an dem Versteigerungsobjekt tritt.

Mit der Feststellung einer civilrechtlichen Forderung des Subhastaten gegen den Ersteher auf Zahlung des baren Versteigerungserlöses ist aber auch zugleich die — von den Motiven ausdrücklich konstatierte — Belastung des Barerlöses mit den Ansprüchen der aus dem Barerlös zu befriedigenden Beteiligten klargestellt.

Der Anspruch der Beteiligten erlöschender Rechte auf den Barerlös.

Wie, für das versteigerte Grundstück als Eigentumsobjekt, eine Forderung als Entgelt dem Subhastaten vi legis et surrogationis entsteht, so entsteht an Stelle des versteigerten Grundstücks als Hypothekenpfandobjekt die dafür erworbene Forderung des Subhastaten, als Pfandobjekt den bisherigen Hypothekengläubigern zur Sicherung ihrer Ansprüche aus dem Versteigerungserlöse.

Die Ansprüche der bisherigen Hypothekengläubiger auf Zahlung des Versteigerungsbarerlöses, in Höhe ihrer erloschenen Rechte, sind anläßlich der Versteigerung fällig geworden. Die Hypothekengläubiger sind daher in Höhe ihrer Perzipienda auch zur Einziehung der Forderung des Subhastaten gegen den Ersteher gemäß § 1282 BGB. berechtigt, freilich nach § 107 Abs. 2 des Reichsges. unter der behördlichen Befriedigungsvermittelung des Vollstreckungsrichters.

---

[3]) Die in der Praxis fortgesetzt wiederkehrenden Praktiken bei Pfändungen von Hyperocha und baren Erlösperzipienden, den Pfändungsbeschluß dem Subhastationsrichter **qua Drittschuldner** zustellen zu lassen, enthält daher einen ungiltigen Rechtsakt, dessen Veranlassung auf völliger Verkennung der behördlichen Tätigkeit des Subhastationsrichters beruht.

Die vorgedachte Frage zu 2 ist somit legislatorisch[4]) und konstruktionell dahin zu beantworten: **Der Verpflichtung des Erstehers gegenüber zur Zahlung des Barbetrages des Versteigerungserlöses ist der Subhastat der Forderungsberechtigte. Diese Forderung des Subhastaten ist aber mit einem (Forderungs-) Pfandrechte für die Ansprüche der Beteiligten belastet,** welche für ihre erloschenen Rechte an dem Grundstücke einen Anspruch auf Zahlung eines Teils des baren Versteigerungserlöses haben.

Hält man hieran fest, so beantworten sich bei Pfändungen des baren Versteigerungserlöses vor dem Verteilungstermin die für die Praxis so überaus wichtigen Fragen nach dem Zweit- und Drittschuldner. Die Pfändung des Barerlöses.

Pfändet ein Personalgläubiger des Subhastaten dessen Hyperochaanspruch aus dem Barerlös, so ist der Subhastat der Schuldner, der Ersteher der Drittschuldner.

Pfändet ein Personalgläubiger eines Realberechtigten eines erloschenen, aus dem Barerlöse zu befriedigenden, Rechts dessen Perzipiendum an dem Barerlös, so ist dem **Personalgläubiger gegenüber:** der Realberechtigte der Schuldner, der Subhastat der persönliche Drittschuldner — (gemäß § 1285 BGB., ergänzt durch § 107 Abs. 2 des Reichsges., ist er schuldig, die Berichtigung seines Anspruchs auf den Versteigerungserlös zu Händen des Gerichts zu dulden) — wie er früher der dingliche Drittschuldner (mit dem Grundstück war), der Ersteher der Dritt(forderungs)pfandschuldner. Beiden muß der Pfändungsbeschluß zugestellt werden, **analog** dem Falle, wo Gesamtdrittschuldner vorhanden sind.

IV. **Die Berichtigung des Barbetrages des Versteigerungserlöses geschieht regelmäßig durch Zahlung** seitens des Erstehers, welche gemäß § 107 Abs. 2 des Reichsges. an das Gericht zu erfolgen hat.

Das Gericht zahlt das gezahlte Geld an die einzelnen Hebungsberechtigten weiter (§ 117 Abs. 1 a. a. O.).

V. **Die Nichtzahlung des baren Versteigerungserlöses.** Dem Regelfall, daß der Ersteher den Barbetrag seines Meistgebots auch wirklich im Verteilungstermin zahlt, steht der Sonderfall einer Nichtzahlung des baren Versteigerungserlöses gegenüber. Nichtzahlung des baren Versteigerungserlöses.

In diesem Fall muß den aus dem Barerlöse zu befriedigenden Beteiligten — deren Rechte außerhalb des geringsten Gebots im weiten Sinne stehen und deshalb nach § 91 des Reichsges. erlöschen — dann hierfür Ersatz geleistet werden.

Das Reichsgesetz läßt diesen Ersatz in § 118 Abs. 1 in der Weise gewähren, daß das Gericht eine **Übertragung der Forderung gegen den Ersteher** auf die einzelnen Berechtigten anordnet".

Der einzelne Realinteressent erhält also in Höhe des Betrages, in welchem er aus dem zu zahlenden Barerlös eine Zahlung empfangen hätte, eine Forderung gegen den Ersteher übertragen.

---

[4]) In einer den § 118 betreffenden Kommissionsberatung wurde der bare Versteigerungserlös direkt als „Pfand" für die aus ihm zu befriedigenden Beteiligten bezeichnet! Ein Pfand ist aber stets nur ein civilrechtliches Pfandrecht! Besteht aber an dem Versteigerungserlös nach seiner Zahlung ein Pfand für jene Beteiligten, dann muß vor Zahlung des Versteigerungserlöses schon an dem Anspruch auf Zahlung des Versteigerungserlöses ex argumento des § 1287 BGB. ein Pfandrecht für die gedachten Beteiligten bestanden haben.

Diese Forderung, welche gegen den Ersteher „übertragen" wird, ist diejenige, welche gegen den letzteren dem Subhastaten — wie vorstehend unter III dargetan — anläßlich der Versteigerung auf Zahlung des baren Versteigerungserlöses zusteht, und an welcher Forderung in Höhe seines Hebungsbetrages dem einzelnen Beteiligten eines erloschenen Rechts ein fälliges Forderungspfandrecht zusteht.

Übertragung einer — vollstreckbaren — Forderung gegen den Ersteher.

Jene Übertragung ist sonach wesentlich nichts anderes, als die im Verteilungstermin protokollarisch fixierte Feststellung, daß der einzelne Beteiligte kraft seines Forderungspfandrechts an der Erlösforderung des Subhastaten insoweit zur selbständigen Einziehung des Erlöses nunmehr berechtigt ist, als er bei Barzahlung des Erlöses aus diesem eine Zahlung erhalten hätte.

Diese Feststellung der Übertragung eines Forderungsrechts des einzelnen Beteiligten gegen den Ersteher ist nun aber in einem Vollstreckungsverfahren erfolgt. Es ist deshalb rechtskonsequent, daß das Reichsgesetz im § 118 jener also übertragenen **Forderung des einzelnen Beteiligten** gegen den Ersteher die Eigenschaft verleiht, gegen den Ersteher **vollstreckbar** zu sein (§ 132 des Reichsges.).

Die einfache Übertragung selbst einer vollstreckbaren Forderung gegen den Ersteher würde aber dem einzelnen Beteiligten für sein erloschenes und doch nicht bezahltes Recht keinen ausreichend sicheren Ersatz gewähren.

Die Eintragung einer Sicherungshypothek.

Diesen gebotenen Sicherheitsersatz verschafft nun das Reichsgesetz in § 128 dadurch, daß es für jene vollstreckbare Forderung des Beteiligten mit dem Range seines erloschenen Realrechts gegen den Ersteher, auf dem von diesem durch den Zuschlag bereits eigentümlich erworbenen Grundstück **auch eine Sicherungshypothek** eintragen läßt, und zwar durch bezügliches Ersuchen des Vollstreckungsrichters an das Grundbuch, sobald der Erlösverteilungstermin abgehalten ist.

Auch dieser Sicherungshypothek ist vom Reichsges. im § 132 die Eigenschaft verliehen, dinglich vollstreckbar gegen den Ersteher, ja sogar gegen seinen Eigentumsrechtsnachfolger zu sein; die durch die Sicherungshypothek gesicherte Forderung gegen den Ersteher ist ja auch, wie wir gesehen, gegen letzteren sogar persönlich vollstreckbar (s. auch A. 4 S. 73 Teil II Paragraph 24).

Die Rechtswirkung der Nichtzahlung des Barerlöses.

VI. **Die Wirkung der Nichtzahlung des baren Versteigerungserlöses gegenüber dem Schuldner und dritten im Zwangsversteigerungsverfahren Nichtbeteiligten.**

Überblickt man das Vorstehende, so ergibt sich: das Reichsgesetz bringt in den §§ 91, 92 Abs. 1, 118 Abs. 1 und 128 folgende — recht komplizierte — Gesichtspunkte zur Ausführung.

Die Rechte, welche nicht im geringsten Gebot im weiten Sinne stehen, erlöschen infolge des Zuschlags. Jene Rechte bleiben erloschen, auch wenn der bare Versteigerungserlös — der zu ihrer Befriedigung hinreichte — nicht gezahlt wird. In letzterem Falle erhalten die Beteiligten jener Rechte, an Stelle unterbliebener Barzahlung des Versteigerungserlöses, eine Forderung gegen den Ersteher — durch Sicherungshypothek gesichert — übertragen. An Stelle erloschener — bar zu zahlender, aber nicht bar befriedigter — Realrechte an dem Immobile treten also neue Realrechte, nämlich Sicherungshypotheken, deren persönlicher Schuldner regelmäßig (S. 56!) der Ersteher ist.

Nach dieser — wenig praktischen — **Rechtsgestaltung** der §§ 91, 92 Abs. 1, 118 Abs. 1, 128 erhalten sonach **Beteiligte erloschener, bar zu zahlender Rechte** bei unterbliebener Barzahlung als Ersatz einfach neue Forderungen (gegen den Ersteher) und **neue Realrechte** (Sicherungshypotheken).

Es ist daher nur eine **folgerichtige Konsequenz,** welche das Reichsgesetz aus §§ 92, 118 Abs. 1, 128 zieht, wenn es im Abs. 2 des § 118 weiter bestimmt: **„Die Übertragung** (einer Forderung gegen den nicht zahlenden Ersteher) **wirkt wie die Befriedigung aus dem Grundstück".**

Hiermit ist zum Ausdruck gebracht, daß die Übertragung der Forderung gegen den Ersteher an den einzelnen Beteiligten eines erloschenen Rechts (welches aus dem Barerlös zu befriedigen war) einer Barzahlung gleichsteht. Das ist dem Schuldner, wie Dritten gegenüber, von Bedeutung.

Denn wirkt die Übertragung der Forderung gegen den Ersteher, wie eine Befriedigung aus dem Grundstück, dann sind die Rechtsfolgen:

Vor allem das Erlöschen der persönlichen Verpflichtung des Subhastaten für jede nach § 91 des Reichsges. erloschene Hypothek.

Ferner entfällt auch eine für die erloschene Hypothek neben der Verhaftung des versteigerten Grundstücks noch vorhandene gesamthypothekarische Belastung eines andern (nicht mitversteigerten) Grundstücks.

Ausschluß der Rechtswirkung bei Nichtzahlung des Barerlöses.

Die mit der Übertragung einer Forderung gegen den nicht zahlenden Ersteher verbundene **Rechtswirkung** „einer Befriedigung aus dem versteigerten Grundstück" **tritt nun aber nicht ein,** wenn:

a) der Beteiligte eines erloschenen, bar zu befriedigen gewesenen Rechts vor Ablauf von drei Monaten seit der Forderungsübertragung auf diese dem Vollstreckungsgericht gegenüber einen Verzicht erklärt.

Es kann ja für einen Beteiligten von Wert sein, anstatt der Forderung gegen den Ersteher und einer unsicheren Sicherungshypothek sich nur die persönliche Verhaftung des Subhastaten zu erhalten (z. B. wenn dieser Aussicht auf eine reichliche Erbschaft hat).

b) wenn der Beteiligte vor Ablauf von drei Monaten, seit der Forderungsübertragung, die Zwangsversteigerung des Grundstücks von neuem beantragt.[5])

---

[5]) Die Gesetzesfiktion der „Befriedigung aus dem Grundstück" infolge der Übertragung einer Forderung gegen den Ersteher tritt also erst dann ein, wenn keine der vorerwähnten zwei Rechtsakte innerhalb drei Monaten vorgenommen ist. So jetzt auch die herrschende Ansicht.

Im Falle des Verzichts eines Beteiligten aus einer Übertragung der Forderung gegen den Ersteher hat das Vollstreckungsgericht den Verzicht dem Ersteher und demjenigen mitzuteilen, auf welchen die Forderung infolge des Verzichts übergeht (§ 118 Abs. 2 des Reichsges.). Mit dieser lapidaren Kürze will der § 118 Abs. 2 letzter Satz des Reichsges.

Diese **erneute Zwangsversteigerung** ist übrigens nicht etwa eine Fortsetzung des früheren Verfahrens, nicht eine Resubhastation im Sinne des alten Rechts, sondern ein selbständiges Verfahren.

Indessen hat das Reichsgesetz — wie hier schon bemerkt sei — die Einleitung dieses erneuten Verfahrens insofern erleichtert, als es **nicht** der vorherigen **Zustellung** eines vollstreckbaren Schuldtitels an den Schuldner bedarf (vgl. Teil II S. 79, 81 unter γ); der Versteigerungsantrag auch zulässig ist, bevor der Ersteher im Grundbuch eingetragen ist. (§ 133 des Reichsges.)

Den dieser erneuten Versteigerung zu Grunde liegenden Titel gibt natürlich der auf Grund der Übertragung der Forderung gegen den Ersteher vollstreckbare Zuschlagsbeschluß ab (s. auch folgenden § 13 S. 73, 74 und § 132 Abs. 2 des Reichsges.).

In der erneuten Versteigerung müssen übrigens die gegen den Ersteher eingetragenen Sicherungshypotheken stets bar gezahlt werden (§ 128 Abs. 4 des Reichsges.), selbst dann, wenn sie in das geringste Gebot einzustellen sind, z. B. weil der rangmäßig letzte Sicherungshypothekengläubiger der Antragsteller dieser neuen Zwangsversteigerung ist.

VII. Die Rangordnung der aus Anlaß der Nichtzahlung des baren Versteigerungserlöses einzutragenden Sicherungshypotheken.

Aus einem bar zu zahlenden Versteigerungserlöse haben Befriedigung zu erhalten:

a) einmal die, bisher an dem Grundstück bestehenden, nach den Versteigerungsbedingungen, fortan nicht bestehen bleibenden, deshalb mit dem Zuschlage gemäß § 91 erlöschenden Rechte,

b) ferner sind aber auch die Ansprüche des geringsten Gebots (im engen Sinne S. 32) aus dem Barerlös zu zahlen, als da sind z. B. Liedlohnansprüche, Beträge öffentlicher Lasten, laufende und rückständige Zinsen eingetragener Hypotheken (§ 10 Nr. 1—4 des Reichsges.).

Die Sicherungshypotheken für die aus dem Barerlöse zahlbaren aber nicht bezahlten Ansprüche sollen nun nach § 128 des Reichsges. je „mit dem Range des Anspruchs" eingetragen werden.

Rangordnung der Sicherungshypotheken.

Es ist klar, daß hiernach (Sicherungs-) Hypotheken über einzelne Summen einzutragen sind, für **welche bisher eine Grundbucheintragung überhaupt nicht** bestanden hat.

---

zum Ausdruck bringen, daß diejenigen, welche nach dem Betrage des erzielten Versteigerungserlöses aus diesem bisher überhaupt noch nicht zur Berücksichtigung gelangen konnten, nunmehr die dem Verzichtenden zugeteilte Forderung kraft Gesetzes erwerben. Ist nun aber für den verzichtenden Beteiligten bereits zur Sicherung der ihm gegen den Ersteher übertragenen Forderung eine Sicherungshypothek auf Ersuchen des Vollstreckungsgerichts eingetragen, so wird es der „fördernden und vermittelnden Tätigkeit des Vollstreckungsgerichts" entsprechen, daß letzteres eine Berichtigung des Grundbuchs veranlaßt. Das Vollstreckungsgericht wird also das Grundbuch zu ersuchen haben, bei der für den Verzichtenden eingetragenen Sicherungshypothek zu vermerken: Diese Sicherungshypothek steht jetzt in Folge Verzichts aus § 118 des Reichsges. — z. B. dem Müller, als dem an erster Stelle bisher aus dem Versteigerungserlös mit seinem Recht nicht zur Berücksichtigung Gelangten zu. Gl. A. Fischer u. Schaefer Anm. 3 a zu § 118; a. M. Jaeckel Anm. 6 a zu § 118, welcher es den Beteiligten überlassen will, sich darüber zu vereinbaren, wer als an erster Stelle durch den Versteigerungserlös nicht berücksichtigter Beteiligter, nunmehr kraft Gesetzes die Forderung gegen den Ersteher und damit die Sicherungshypothek des Verzichtenden erworben hat; Jaeckel überläßt daher die Berichtigung des Grundbuchs den Beteiligten.

Ein **Beispiel** wird diese — für jüngere Juristen schwierige — Rechtslage sofort klarstellen.

Aus einem versteigerten Grundstück, dessen bar zu zahlender Versteigerungserlös nicht gezahlt wurde, waren gemäß § 10 des Reichsges. rangmäßig zu befriedigen:

in Klasse 1 . . . . . 100 Mark Ersatzausgabe,
„ „ 2 . . . . 200 „ Liedlohn,
„ „ 3 . . . . . 300 „ Steuer,
„ „ 4 von der in Abt. III Nr. 1 mit 3000 Mark eingetragenen Hypothek, die im geringsten Gebot stehen bleibt, deren bar zu zahlende laufende und rückständige Zinsen mit 400 Mark.
die in Abt. III Nr. 2 mit 2000 Mark eingetragene Post des betreibenden Gläubigers. (Zinsen und Kosten sind nicht berechnet.)
Auf diese letztere entfielen aus dem Barerlös nur 800 Mark bar.

Wird nun der Barerlös nicht gezahlt, dann ist
in Höhe von 100 Mark (in Klasse 1 Ersatzausgabe),
„ „ „ 200 „ („ „ 2 Liedlohn),
„ „ „ 300 „ („ „ 3 Steuern),
„ „ „ 400 „ („ „ 4 Zinsbetrag: Post III 1),
„ „ „ 800 „ („ „ 4 Kapitalsbetrag: Post III 2)
jeden einzelnen Berechtigten je eine Forderung in Höhe der gedachten Beträge gegen den Ersteher zu übertragen.

Da diese einzelnen Forderungen durch Sicherungshypotheken mit dem Range der einzelnen Ansprüche zu sichern sind, so erhellet, daß nach Eintragung jener Sicherungshypotheken der bisher allein an erster Stelle **eingetragenen** Post Abt. III Nr. 1 und der allein an **zweiter Stelle** eingetragenen Post, nunmehr rangordnungsmäßig vorgehende **eingetragene** Posten von 100 Mark (der Klasse 1), 200 Mark (der Klasse 2), 300 Mark (der Klasse 3) zc. gegenübertreten. Das *dauernde* Bestehenbleiben dieser *letzt*gedachten Sicherungshypotheken erscheint dem Reichsgesetz als ein realunwirtschaftliches Ergebnis, welchem das Gesetz im § 129 entgegentritt:

Das Reichsgesetz entzieht nämlich im § 129 den ihnen **zunächst zugefallenen Rang den Sicherungshypotheken,** welche

α) für Ansprüche eingetragen sind, welche bisher ohne Eintragung nur eine Berechtigung auf Befriedigung aus dem Grundstück gewährten, Nr. 1—3 des § 10 des Reichsges. (im Beispielsfalle die Beträge 100, 200, 300 Mk.),

β) für Nebenansprüche[6]) an Zinsen und Kosten der Hauptansprüche in Klasse 4 des § 10, also der eingetragenen Hauptrechte (im Beispielsfalle der Betrag 400 Mk.).

Die Sicherungshypotheken für diese Ansprüche zu α und β werden also, zwar **zunächst mit der Rangordnung derselben nach § 10** eingetragen.

Diese Rangstelle der zu α und β genannten Sicherungshypotheken bleiben den letzteren aber nur **während 6 Monaten nach ihrer Eintragung erhalten.**

---

[6]) Diese konkreten Anspruchssummen sind ja auch bisher nicht eingetragen gewesen, nur ihr Fundament an sich ist aus dem Grundbuch, nämlich aus der Eintragung der Hauptansprüche ersichtbar, während infolge der Anwendung des § 128 des Reichsges. z. B. in dem vorstehenden Beispiel neben der eingetragenen Kapitalsumme der Post Abt. III Nr. 1 von 3000 Mark, mit dem Range der letzteren eine Sicherungshypothek noch für deren nicht bar berichtigten Zinsbetrag von 400 Mark *zunächst* einzutragen ist.

Rangverlust einzelner Sicherungshypotheken.

Wird in dieser Zeit nicht eine erneute Zwangsversteigerung beantragt (der gestellte Antrag darf auch nicht zurückgenommen werden), so treten jene Sicherungshypotheken im Range hinter alle eingetragenen und nach dem geringsten Gebot bestehen gebliebenen Rechte zurück, sowie hinter die Sicherungshypotheken zurück, welche für bereits eingetragen gewesene Rechte zur Eintragung gelangt sind.

In dem vorstehenden Beispiel entfiel **auf** die **Zinsen** der Post Abt. III Nr. 1 400 Mk., 800 **Mk. auf das Kapital** der Abt. III Nr 2 **eingetragen gewesenen** Hypothekenpost von 2000 Mk. Die **zunächst im Range** der Post Abt. III Nr. 1 einzutragende Sicherungshypothek von 400 Mk., Zinsen der Post Abt. III Nr. 1, würde somit nach 6 Monaten — bei Nichtstellung eines Zwangsversteigerungsantrages — im Range hinter die bestehen gebliebene Post Abt. III Nr. 1 und auch hinter die Sicherungshypothek von 800 Mk. treten, welche mit dem Rang der erloschenen bisher **eingetragen gewesenen** Post Abt. III Nr. 2 einzutragen war.

In gleicher Weise würden nach 6 Monaten — bei Nichtstellung eines Zwangsversteigerungsantrages — die (umseitig erwähnten) Sicherungshypotheken von 100, 200, 300 Mk. im Range zurücktreten.

Die Nichtzahlung des Erlöses in Fällen der §§ 60, 61.

VIII. Die — unverschuldete — Nichtzahlung des baren Versteigerungserlöses.

1. **Der Barerlös ist auch dann im Versteigerungstermine vom Ersteher nicht gezahlt,** wenn diesem der Zuschlag unter Zahlungsfristen erteilt ist (§§ 60, 61 des Reichsges., oben S. 51, 52 und 56).

Diese Zahlungsbefristung, in Höhe des das geringste Gebot (im engen Sinne, s. S. 32) übersteigenden Bargebotsteils, zu Gunsten des Erstehers kann, wie wir schon sahen, für diesen in zwiefacher Weise festgestellt sein.

a) einmal dahin: der Ersteher hat den das geringste Gebot übersteigenden Geldbetrag in bestimmter Zeit nach der Zuschlagsverkündung z. B. sechs Monate darauf zu zahlen;

b) ferner kann mit einer Fristbestimmung noch die fernere Feststellung verbunden sein: Ein Dritter, z. B. der Besitzer Y, ist verpflichtet, den vorgedachten Bargebotsteil im Verteilungstermine bar zu zahlen.

In dem Falle zu a) wird (wie vorstehend unter V) den einzelnen aus dem Bargebot zur Hebung gelangenden Beteiligten eine Forderung gegen den Ersteher, welche in der festgesetzten Zahlungsfrist fällig ist, übertragen und auch diese Forderung wird durch eine Sicherungshypothek in ihrer Höhe gesichert.

In dem Falle zu b) hat der verpflichtete Dritte im Verteilungstermine die (— das geringste Gebot im engen Sinne übersteigende —) Barsumme des Meistgebots den Beteiligten — ev. mit einem Abzug, vgl. S. 52 Anm. 4 — zu zahlen. **Dem Dritten** wird deshalb — als Entgelt für seine Zahlung — **eine Forderung gegen den Ersteher übertragen** und für den Dritten eine, der Barsumme des befristeten Meistgebots ziffernmäßig entsprechende, **Sicherungshypothek** eingetragen.

Die übertragene Forderung, wie die Sicherungshypothek sind in beiden Fällen zu a und b gegen den Ersteher vollstreckbar (§ 118 Abs. 1 letzter Satz § 128).[1]

[1]) Selbstverständlich ist die Forderung aber erst nach Ablauf der gesetzten Frist beitreibbar. Dagegen tritt im Falle zu 1 a mit der Übertragung der Forderung die Rechtswirkung „einer Befriedigung aus dem Grundstück ein", wie solche vorstehend unter VI besprochen ist.

Die Nichtzahlung des Erlöses in Fällen der §§ 50, 51.

2. **Eine der Nichtzahlung des baren Versteigerungserlöses analoge Rechtslage wird ferner in den Fällen der §§ 50, 51 des Reichsges. geschaffen.**

In diesen Fällen übernimmt der Ersteher zunächst — wie S. 39 erwähnt — im geringsten Gebote im weiten Sinne enthaltene Rechte, deren Fortbestand aber unsicher ist.

Falls solche Rechte nachträglich nun fortfallen, ist für den Ersteher eine sogen. Ersatzzahlungsverpflichtung als Versteigerungsbedingung festzusetzen: den Kapitalbetrag jener Rechte bar zu zahlen, oder, falls die fortfallenden Rechte nicht auf eine Kapitalszahlung gehen, eine Wertsumme zu zahlen.[16])

Der zu einer also bedingten Zahlungsverpflichtung des Erstehers Berechtigte ist natürlich derjenige, welcher an erster Stelle aus dem Versteigerungserlös nicht zur Befriedigung gelangt.

Auch diese bedingte Forderung des erstausfallenden Realberechtigten wird nun dem letzteren gegen den Ersteher **übertragen** und für jenen auch eine bezügliche **Sicherungshypothek** eingetragen.

Diese Rechtsakte sind aber nicht durch den Ersteher verschuldet (derselbe hat ja jenen nur **bedingt** zahlbaren Betrag im Verteilungstermin noch gar nicht zu zahlen, hat auch **keine** bezügliche Zahlungs**frist** erhalten). Es ist deshalb in diesen Fällen der §§ 50, 51 weder die übertragene bedingte Forderung, noch die für dieselbe eingetragene bedingte Sicherungshypothek gegen den Ersteher vollstreckbar (§ 132 Abs. 1 Satz 2 d. Reichsges.).

IX. Die, die Barzahlung des Versteigerungserlöses ersetzenden Akte.

Die Verrechnungs- und Aufrechnungsbefugnis des Erstehers.

1. **Der bar zu zahlende Teil** des Versteigerungserlöses kann jedoch, der Barzahlung gleichwertig, **durch sogen. Verrechnung** berichtigt werden.

Unbedenklich kann der Ersteher — dies nimmt auch die herrschende Ansicht (vgl. Jaeckel Anm. 1 zu § 117, Fischer u. Schaefer Anm. 1 zu § 118) an — den Betrag, mit welchem er selbst zur Hebung aus dem baren Versteigerungserlös gelangt, auf letzteren verrechnen und braucht insoweit nicht bar zu zahlen.

2. **Kontrovers** ist dagegen, ob der Ersteher einem anderen aus dem Barerlös hebungsberechtigten Gläubiger gegenüber mit einer ihm gegen letzteren zustehenden Forderung **aufrechnen darf,** mithin insoweit den Barerlös nicht zu zahlen braucht.

Nach unserer Darlegung (S. 59) steht die Forderung auf Zahlung des Versteigerungserlöses dem Subhastaten zu, belastet mit dem fälligen Forderungspfandrecht der einzelnen aus dem Barerlös hebungsberechtigten Beteiligten.

Die Forderung des Subhastaten gegen den Ersteher verpflichtet zwar den letzteren, den Barerlös nur zu Händen des Vollstreckungsrichters zwecks Weiterzahlung an die hebungsberechtigten Beteiligten zu zahlen.

Es folgt hieraus und insbesondere aus § 107 Abs. 2 des Reichsges. aber nicht, daß eine **Zahlung** des Barerlöses auch dann **stets** zu erfolgen hat, wo sie nach allgemein civilrechtlichen Vorschriften ersetzbar ist. Hat nun auch der hebungsberechtigte Beteiligte, kraft seines Forderungspfandrechts an der Barerlösforde-

---

[8]) Siehe hier nochmals S. 40, 41.

rung des Subhastaten, nach § 1282 BGB. einen fälligen Anspruch auf Zahlung jener Forderung gegen den Ersteher an ihn (den Hebungsberechtigten) in Höhe seines Liquidats, so erlischt diese Forderung aber nach § 389 BGB., sobald der Ersteher als Forderungsschuldner mit einer Forderung seinerseits gegen den Beteiligten aufrechnet. Gl. A. z. T. Wolff A. 1 zu § 117.

Der Ersteher ist somit insoweit von Zahlung des Versicherungserlöses entbunden, insoweit er an die aus letzterem zur Hebung gelangenden Beteiligten seinerseits eine Forderung hat und mit dieser aufrechnet.

Jaeckel, S. 362, nimmt, freilich von seinem Standpunkte aus: daß ein civilrechtliches Verhältnis zwischen Ersteher und hebungsberechtigten Beteiligten nicht besteht, eine Berechtigung des Erstehers zur Aufrechnung den letzteren gegenüber nicht an. Und Fischer und Schaefer, Abs. 1 zu § 118, wollen die gedachte Aufrechnungsbefugnis dem Ersteher erst dann einräumen, wenn gegen ihn, infolge Nichtzahlung des Versteigerungserlöses den Hebungsberechtigten eine Forderung übertragen ist.

Paragraph 13.

Die materiellrechtlichen Grundsätze über den Zuschlag.

(§§ 87, 89, 93, 97, 104, 130, 132 des Reichsges.)

Die Urteilsnatur des Zuschlagsbeschlusses.

I. **Der Zuschlag,** der wie aus Vorstehendem ersichtlich, die Feststellung des Meistgebots und damit des Versteigerungserlöses enthält, ist — und zwar nicht nur für die Erlösverteilung — von Bedeutung.

Der Zuschlag,[1]) welcher in **Form eines Beschlusses** zu erteilen ist, wird sofort mit der Verkündung wirksam, falls aber erst die Beschwerdeinstanz — bei Versagung des Zuschlags im ersten Rechtszuge durch sofortige Beschwerde angerufen — den Zuschlag erteilt, wird der letztere mit Zustellung an den Ersteher erst wirksam (§§ 87, 89, 97, 104 des Reichsges.).

Der Zuschlag ist, wiewohl er in Beschlußform ergeht, eine der **urteilsmäßigen Entscheidung** im ordentlichen Rechtsstreite gleichwertige Entscheidung.

Die vielfach vertretene Ansicht, daß der Zuschlagsbeschluß nur einen Kaufvertrag perfiziert, hängt mit der Identifizierung des Zwangsversteigerungsakts mit einer Kaufverhandlung zusammen. Wir sahen schon S. 31, daß die Zwangsversteigerung ein nur unter dem Kauf rechtsanalogen Umständen sich vollziehendes behördliches Befriedigungsverfahren ist, welches zur Erreichung seines Zwecks das Eigentum eines schuldnerischen Immobile einem Anderen, dem Ersteher, überträgt.

Die Rechtskonsequenzen des Zuschlags bestehen in der Realisierung der einzelnen im früheren Paragraph 10 bereits aufgeführten gesetzlichen Bedingungen, und soweit diese durch besondere Bedingungen ergänzt oder abgeändert sind, in der Realisierung dieser Bedingungen.

---

[1]) Die weiteren, prozeßrechtlichen Vorschriften über den Zuschlag sind in Teil II S. 119—126 u. f. dargestellt.

Einen begriffsnotwendigen, durch Abrede der Beteiligten niemals zu beseitigenden Rechtserfolg schafft der Zuschlag dadurch, daß er stets dem Ersteher Eigentum an dem versteigerten Immobile überträgt.

II. **Die Art dieses Eigentumserwerbs durch Zuschlag — ob derivativer oder originärer Art — ist streitig.** Die Art des Zuschlagserwerbs.

Die Annahme eines derivaten Erwerbs, der nach Eintritt und Umfang bona fides des Erwerbers voraussetzen müßte, ist ausgeschlossen, denn für den Erwerb des Erstehers ist dessen bona wie mala fides völlig gleichgültig.

(In der Kommissionsverhandlung ist dieser Rechtsgrundsatz bei der Beratung des jetzigen § 55 des Reichsges. ausdrücklich anerkannt worden, vgl. auch Paragraph 9 S. 31 und neuerdings Jur. Wochenschr. 1903 S. 466.)

Die Annahme eines derivativen Eigentumserwerbs durch Zuschlag wird ferner durch den allgemeinen Rechtsgrundsatz des § 37 Ziff. 5 ausgeschlossen, welcher alle Rechte an dem Immobile erlöschen läßt, wenn sie auch an sich der Versteigerung entgegenständen, sofern nicht auf Grund jener Rechte rücksichtlich ihrer Gegenstände die Aufhebung oder einstweilige Einstellung des Zwangsversteigerungsverfahrens von dem Berechtigten erwirkt wird.

Der Eigentumserwerb durch Zuschlag ist vielmehr in dem Sinne **originär,** daß er durch die richterliche Zuschlagsentscheidung[2]) geschaffen wird, in ihr die begründende Rechtsgrundlage hat, ohne Rücksicht darauf, welcher — ob gut- oder böswilliger — Art der Erwerbswille des Erstehers ist, und ob oder in welchem Umfange der Erwerbswille des Erstehers vorhanden ist.

III. **Der Umfang, in welchem die Immobiliarmasse kraft Zuschlags seitens des Erstehers eigentümlich erworben wird, ist zum Teil streitig.** Der Umfang des Zuschlagserwerbs.

Der Zuschlag umfaßt an sich, wie die Beschlagnahme (Paragraph 6, u. 3 S. 3) mit dem Grundstück als Hauptgegenstand, auch seine konkreten Nebengegenstände.

Der Umfang der Beschlagnahme deckt sich aber nicht stets mit dem Umfange der Versteigerung und deshalb nicht mit dem Umfange des Zuschlagserwerbes.

Die Verschiedenheit des Umfanges des Zuschlages von dem der Beschlagnahme wird, und zwar sowohl rücksichtlich der Haupt- wie der Nebengegenstände vor allem dadurch geschaffen, daß nur die Versteigerung unter der Wirkung des öffentlichen Aufgebots des Versteigerungspatents — § 37 Nr. 5 des Reichsges. — sich vollzieht, und daß nur für die Versteigerung die Nichtbeachtung jenes Aufgebots, Rechte Dritter an den Haupt- wie den Nebengegenständen der Versteigerung und damit an dem Gegenstande des Zuschlags zur Ausschließung bringt.

Im übrigen läßt sich die Frage, in welchem Umfange der Zuschlag dem Ersteher Eigentum an dem Grundstücke und den sogen. Nebengegenständen erwirbt, am besten getrennt beantworten. Nebengegenstände.

---

[2]) Wird die Zuschlagsentscheidung aber im Beschwerdewege aufgehoben, so ist ex tunc nihil actum!

1. a) **Die letztgedachten Gegenstände, die Nebengegenstände,** werden nach § 55 des Reichsges. insoweit von der Versteigerung erfaßt, als ihre „Beschlagnahme noch wirksam ist" und insoweit nach § 90 Abs. 2 a. a. O. durch Zuschlag vom Ersteher erworben.

Diese, jüngeren Juristen schwer verständlichen, Bestimmungen werden sofort verständlich, wenn berücksichtigt wird, daß trotz der Beschlagnahme in der Zwangsversteigerung, der Subhastat innerhalb einer ordnungsmäßigen Wirtschaft zur Verfügung über einzelne beschlagnahmte Gegenstände berechtigt bleibt.

Mit einer solchen berechtigten Verfügung über einzelne beschlagnahmte Gegenstände, werden diese von der Beschlagnahme frei und damit sind sie einem Zuschlagserwerbe entzogen (§ 24 des Reichsges. S. 7 Anm. 1).

b) **Erwirbt** der Ersteher somit einerseits an Gegenständen **weniger** als beschlagnahmt sind, so kann er andererseits **auch ein Plus** über die Beschlagnahme erwerben und zwar auf Grund des § 55 Abs. 2 des Reichsges. (welcher bereits S. 46 besprochen wurde).

Nach dieser Vorschrift gehen die sogen. tatsächlichen Zubehörstücke, wie S. 15 Anm. 2 und S. 46 gezeigt ist, obwohl diese fremdes Eigentum, somit von der Beschlagnahme nicht ergriffen wurden, dann durch Zuschlag auf den Ersteher über, sofern jene Gegenstände im Besitze des Schuldners oder des neu eingetretenen Eigentümers sich befinden. Der Erwerb durch Zuschlag ist nur dann ausgeschlossen, wenn vor demselben der Eigentümer jener Stücke die Aufhebung oder Einstellung der Zwangsvollstreckung an ihnen erwirkt.

Hauptgegenstand.

2. **Völlig ungeklärt und kontrovers** in Literatur und Judikatur ist die Frage, in welchem Umfang das Eigentum an dem **Grundstück** durch Zuschlag von dem Ersteher erworben wird.

Z. B. Im Grundbuch des versteigerten Grundstücks A steht eine Parzelle $\frac{16}{8}$ a b c d eingetragen, dieselbe Parzelle steht auch auf dem Grundbuchblatte eines (nicht mitversteigerten) Grundstücks B, welches sein Eigentümer X seinerzeit durch Auflassung bona fide erworben; hat der Ersteher Y jene Parzelle miterworben?

Man hat hier zunächst den Inhalt des Katasters als für den Grundstücksbestand des Zuschlags maßgebend erachtet, wie denn auch § 14 des preuß. Ges. v. 13. Juli 1883 die Beifügung eines neuesten Auszuges aus Grundsteuermutter- und Gebäudesteuerrolle als eine wesentliche Beilage des Versteigerungsantrages erachtete. Das Reichsgesetz hat eine Bestimmung über Beifügung jenes Auszuges nicht aufgenommen, eine solche vielmehr landesgesetzlicher Vorschrift überlassen (§ 5 Einf.Ges. zum RZVG.), welche im preußischen Rechtsgebiete, auch in Art. 4 des Ausf.Ges. zum RZVG. getroffen ist (über die prozessuale Ausführung des Art. 4 Teil II S. 79).

Mit Recht wird man deshalb mit Jaeckel Anm. 4 zu § 90, Wolff Anm. 3 zu § 90 gegen Fischer und Schaefer Anm. 2 zu § 90, annehmen müssen, daß das **Reichsgesetz jedenfalls nicht den Katasterangaben eine entscheidende Bestimmung** über den Umfang des Grundstückserwerbs durch Zuschlag beigemessen sehen will.

Andererseits wird man aber auch Jaeckel nicht folgen können, wenn er den Umfang, die Grenzen und Größe des zugeschlagenen Grundstücks „im Wege der historischen Ermittlung“ bestimmt sehen will, das Grundstücksareal also als zugeschlagen erachtet, was bei einer solchen Ermittlung ex post als objektiv zum Grundstück gehöriger Bestand ermittelt wird.

Eine solche nachträgliche Ausfüllung einer richterlichen, urteilskräftigen (vorstehend S. 66) Entscheidung ist unvereinbar mit dem begriffsnotwendigen Inhalt jeder gerichtlichen Entscheidung.

Allerdings kommt es — im Unterschied von der Auflassung — bei dem Zuschlage, wie vorstehend schon dargelegt, nicht auf einen Eigentumserwerbswillen des Erstehers, auch nicht auf einen Eigentumsübertragungswillen der Beteiligten an.

Dagegen aber muß der Richter, wie bei jeder Entscheidung so auch bei der Zuschlagsentscheidung, **den vernunftmäßigen Willen haben**, eine bestimmte Rechtsbeziehung mit einem **bestimmten** Gegenstand so klar festzustellen, daß die richterliche Entscheidung sicher exequierbar ist.

Der Richter muß daher bei Erlaß eines Zuschlags den Willen haben, die Rechtsbeziehung eines Eigentumsrechts des Erstehers an einem konkreten Grundstück festzustellen. Ein in seiner Umgrenzung erst festzustellender Realbestand aber ist ein unbestimmtes Etwas, niemals ein exequierbares Objekt, welches jede richterliche Entscheidung zum Gegenstand haben muß.

Wohl aber enthält der grundbuchmäßige Bestand eines Grundstücks einen für eine richterliche Entscheidung ausreichend und sicher bestimmten Gegenstand.

Der grundbuchmäßige Bestand des Grundstücks ist schon um deswillen für den Zuschlag ein sicheres Zuschlagsobjekt, weil infolge des öffentlichen Aufgebots und der Rechtspräklusion (§ 37 Ziff. 5 des Reichsges.) der zugeschlagene Grundbuchbestand nunmehr vor Inanspruchnahme von seiten Dritter geschützt ist.

Es ist gewiß richtig, wenn Jaeckel S. 310 a. a. O. ausführt, der § 37 Ziff. 5 cit. beruhe auf der „Fiktion“: aus der Versteigerungsbekanntmachung habe jeder Veranlassung zu nehmen, seine Rechte an dem Grundstück anzumelden, und geschehe dies nicht, so seien solche bestehend gewesenen Rechte als ausgeschlossen zu erachten. Es ist aber nicht zutreffend, wenn Jaeckel den Eintritt jener Fiktion durch die Erwägung ad hominem beseitigt erwähnt, aus der Versteigerungsbekanntmachung könne in der Regel niemand den Bestand des zu versteigernden Grundstücks erkennen.

Die Fiktion des § 37 Ziff. 5 nötigt eben kraft ihrer gesetzlichen Existenz jeden, der aus der Versteigerungsproklama das unbedingt entnehmen kann, daß in einer Gemarkung, in welcher auch er Berechtigungen zu haben vermeint, eine Grundstücksversteigerung bevorsteht, den grundbuchmäßigen Gegenstand der letzteren zu prüfen, da sonst bei unterbliebener Prüfung und unterlassener Anmeldung von Rechten deren Ausschluß vi des § 37 Ziff. 5 im demnächst ergehenden Zuschlage erfolgt.

In unserem vorgedachten Beispiele erwirbt der Ersteher des Grundstücks A die Parzelle $\frac{18}{6}$ a b c d, wenn nicht der Eigentümer des Grundstücks B rücksichtlich jener Parzelle noch vor dem Zuschlage eine Aussetzung oder einstweilige Einstellung der Zwangsvollstreckung erwirkt.

Zuschlagserwerb an Forderungen.

3. **Durch den Zuschlag erwirbt der Ersteher** — wie das Grundstück und die vorgedachten Nebengegenstände — auch die zu letzteren gehörenden **Forderungen** auf Versicherungsgelder.

a) **Die Voraussetzung des Miterwerbs durch Zuschlag** an einer Versicherungsforderung ist aber — dem Surrogationsprinzip entsprechend —, daß, als die Forderung aus einer Beschädigung der versicherten Sachen entstand, an diesen noch die Beschlagnahme bestand (vgl. §§ 21, 55).

Der Ersteher erwirbt z. B. die Forderung auf Versicherungsgelder für forstwirtschaftliche Erzeugnisse, wenn diese zur Zeit des Beschädigungsfalles noch mit dem Boden verbunden oder Grundstückszubehör waren (vgl. Paragraph 5 S. 6 I, 1).

Die an der Versicherungsforderung bereits entstandene Beschlagnahme kann aber auch wieder aufhören, genau wie die Beschlagnahme an anderen Nebengegenständen dadurch nicht mehr wirksam wird, daß der Schuldner darüber in den Grenzen ordnungsmäßiger Wirtschaftsführung verfügt (vgl. S. 7, auch vorstehende Ziff. 1).

Hat der Subhastat z. B. nach stattgehabtem Hagelschlag einen Teil der Hagelversicherungsforderung trotz der Beschlagnahme in der Zwangsversteigerung eingezogen, um mit dem erhaltenen Forderungsbetrage noch Saatkorn zur sofortigen Nachbesamung zu kaufen und zu verwenden, dann ist die Einziehung der Versicherungsforderung behufs Verwaltung und Benutzung des Grundstücks innerhalb der Grenzen einer ordnungsmäßigen Wirtschaft erfolgt; jene Forderung ist daher, soweit sie eingezogen ist, von der Beschlagnahme frei geworden (vgl. § 23 des Reichsges.) und daher nicht mit versteigert.

Der Anspruch auf Feuerversicherungsgelder aus Anlaß des Brandes des ganzen Grundstücks wird aber vom Ersteher nicht ohne weiteres miterworben. Ein solcher Anspruch kann vielmehr zur Mitversteigerung nur infolge einer besonderen Versteigerungsbedingung gemäß § 59 des Reichsges. (vgl. S. 49) gestellt werden, und regelmäßig wird sich mit einer solchen Versteigerungsbedingung der Versicherer, also die Feuerversicherungsgesellschaft, ausdrücklich und in öffentlich beglaubigter Form (Anm. 1 S. 2) einverstanden zu erklären haben (vgl. §§ 1127—1130 BGB.).

Dies wird in der Praxis oft bezweifelt; die vorstehende, durch die Bestimmungen der §§ 1128, 1130 bedingte Auffassung ist unbedenklich aber die des BGB., wie schon aus den Motiven hervorgeht. Gl. A. auch Fischer und Schaefer Anm. 1 S. 125. Vgl. Mot. III zu § 1070 S. 666 dazu Komm.Prot. S. 4401—4414.

b) **Der Zuschlag selbst hat übrigens die Wirkung der Übertragung** der mitversteigerten Forderungen auf den Ersteher.

Die in der Praxis mitunter vertretene Ansicht, daß auf Grund des Zuschlags behufs Erwerb jener Forderungen noch Pfändungs- und Überweisungsbeschlüsse gemäß §§ 828 ff. CPO. vom Ersteher zu extrahieren sind, ist somit rechtsirrig (s. S. 11). Gl. A. Fischer und Schaefer Anm. 2 S. 125 (vgl. auch Entsch. des RG. Bd. 41 S. 203).

IV. **Der, im Zuschlage für den Ersteher getroffenen, Feststellung des Eigentumserwerbs am versteigerten Immobile, steht korrespektiv die gleichfalls im Zuschlage enthaltene Feststellung gegen den Ersteher gegenüber, den Ver-**

steigerungserlös zu „berichtigen“, insbesondere den Barbetrag des letzteren zu „zahlen“.

Mit Rücksicht auf diese Doppelfeststellung des Zuschlags für und gegen den Ersteher läßt sich vom Standpunkte des letzteren aus der Zuschlagsbeschluß als ein quasi judicium duplex bezeichnen. Der Zuschlag als quasi judicium duplex.

1. **Der Zuschlagsbeschluß gibt zunächst für den Ersteher einen vollstreckbaren Titel ab, auf Grund dessen er von dem Besitzer die Räumung oder die Herausgabe des versteigerten Grundstücks wie der mitversteigerten Gegenstände zu fordern berechtigt ist (§ 93 des Reichsges.).**

Lediglich die Erteilung der Vollstreckungsklausel gegen den Subhastaten oder den Besitzer einer mitversteigerten Sache ist die Voraussetzung der Vollstreckung des Zuschlags. Vollstreckbarkeit des Zuschlags vor der Erlösberechtigung.

Dem Räumungs- und Herausgabeanspruch des Erstehers kraft Zuschlags gegenüber sind Zurückbehaltungsbefugnisse aus Anlaß der vor dem Zuschlage gemachten Verwendungen (§§ 999, 1000 BGB.) unstatthaft. Zum Ersatz solcher Verwendungen ist der Ersteher nicht verpflichtet (§ 93 Abs. 2 des Reichsges.). (Hier zeigt sich so recht die originäre Erwerbsart des Zuschlags.)

Die ganz auffällig allgemein in der Praxis verbreitete Ansicht, daß die Erteilung der Vollstreckungsklausel auf Antrag des Erstehers behufs Erzwingung der Räumung des Immobile gegen den Subhastaten von vorheriger Hinterlegung des baren Versteigerungserlöses abhängig sei, ist rechtsirrig. Jene Rechtsansicht verdankt ihre Entstehung der bereits im Paragraph 9 S. 31 widerlegten Annahme von dem Zustandekommen eines Kaufs in der Zwangsversteigerung.

Die Vollstreckungsklausel gegen den Subhastaten hat der Gerichtsschreiber auf Antrag des Erstehers diesem ohne weiteres gemäß § 724 CPO. zu erteilen (vgl. auch § 885 CPO.). Die Erteilung der Vollstreckungsklausel des Zuschlags.

Für die Erteilung der Vollstreckungsklausel gegen einen besitzenden Dritten ist erforderlich, daß das Besitzverhältnis des Dritten an versteigerten Objekten der Immobiliarmasse dem Gericht durch öffentliche oder öffentlich beglaubigte Urkunden glaubhaft nachgewiesen wird, sofern jenes nicht offenkundig ist. Die Erteilung der Vollstreckungsklausel gegen Dritte ist daher nur auf Anordnung des Gerichts statthaft (§§ 727, 730 CPO.). Gl. A. Fischer und Schaefer Anm. 2 zu § 93.

Die Vollstreckung des Zuschlagsbeschlusses gegen Dritte ist auf Grund der erteilten Vollstreckungsklausel dann ohne weiteres statthaft. Eine vorherige Anordnung aus § 886 CPO. ist nicht nur überflüssig, sondern rechtlich unzulässig. Der Schuldtitel ist ja gegen den Dritten unmittelbar nach § 727 CPO. vollstreckbar. Gl. A. Jaeckel Anm. 2 zu § 93. Die Vollstreckung des Zuschlagsbeschlusses ist aber gegen einen Dritten insoweit unzulässig, als der Dritte auf Grund eines durch den Zuschlag nicht erloschenen Rechts besitzt (vgl. auch oben S. 7, I 2, § 93 Satz 2 des Reichsges.). Zuschlags-Vollstreckung gegen Dritte.

Hatte z. B. der Subhastat vor der Beschlagnahme des Grundstücks eine Parzelle verpachtet und übergeben[3]), so bleibt der Pächter im Besitze der Parzelle und kann auf Grund des Zuschlags nicht zur Räumung gezwungen werden (§§ 57, 93 des Reichsges.).

---

[3]) Der Rechtsbestand der nach der Beschlagnahme in der Zwangsversteigerung vom Subhastaten geschlossenen Miets- und Pachtverträge ist aber kontrovers. Nur insoweit solche Vertragsabschlüsse im Rahmen einer ordnungsmäßigen Wirtschaft liegen, werden sie für rechtlich statthaft zu erachten sein (§ 24 des Reichsges.). Gl. A. Jaeckel Anm. 1 zu § 57, Fischer u. Schaefer Anm. 4 zu § 57 (vgl. auch nebenstehende S. 70).

Praktische Schwierigkeiten.

In der Praxis gestaltet sich übrigens die Vollstreckung des Zuschlags gegen den Subhastaten wie gegen Dritte, so einfach sie auch theoretisch erscheint, überaus schwierig. Eine Aufzählung mitversteigerter Nebengegenstände ist in dem Zuschlagsbeschluß regelmäßig nicht enthalten (S. 122). Dem den Zuschlag vollstreckenden Gerichtsvollzieher fällt daher die Aufgabe zu, nicht nur Identität und Zahl mitversteigerter Gegenstände festzustellen, sondern damit zugleich auch Entscheidung über ihre Pertinenzqualität zu treffen (vgl. für das preußische Rechtsgebiet § 80 Nr. 4 u. 8 der Allg. Verf. vom 12. Dez. 1899). Gegen die Maßnahmen des Gerichtsvollziehers stehen jedoch dem Subhastaten wie dem Dritten die Rechtsmittel der Einwendungen und Erinnerungen aus § 766 CPO. zu behufs Erzielung einer vollstreckungsgerichtlichen Entscheidung über den statthaften Vollstreckungsumfang des Zuschlags.

Und ferner ist nicht nur der Dritte — wie § 93 Satz 3 des Reichsges. ausdrücklich feststellt — sondern auch der Subhastat gemäß § 771 CPO. zur Klage gegen den Ersteher berechtigt, um unzulässige Vollstreckungen des Zuschlags zu beseitigen.

Der vollstreckbaren Verfügungsberechtigung des Erstehers aus dem Zuschlage hat das Reichsgesetz in den §§ 130 Abs. 3, 94 zwei Beschränkungen entgegengestellt.

Der Zuschlagserwerb eines vollstreckbaren Eigentumsanspruchs am Versteigerungsobjekt durch den Ersteher, unabhängig von vorheriger Berichtigung des Bargebots, könnte ja sonst rechtliche wie tatsächliche Gefahren — z. B. wenn ein zahlungsunfähiger Ersteher vor dem Erlösverteilungstermin das Grundstück belastete, das Inventar veräußerte — zeitigen. Dem begegnet das Reichsgesetz in doppelter Richtung.

Verfügungsrecht des Erstehers vor der Erlöszahlung.

a) Der, mit Verkündung (§ 89) bezw. Zustellung des Beschlusses (§ 104) auf Erteilung des Zuschlags eingetretene, Eigentumserwerb des Erstehers berechtigt den letzteren zwar zur Bewilligung eintragungspflichtiger Rechte an dem Grundstücke. Die Eintragung dieser Rechte erfolgt aber erst, nachdem der Vollstreckungsrichter nach beendigtem Verfahren um Grundbuchberichtigung ersucht hat (siehe schon hier § 130 des Reichsges. und Teil II Paragraph 26). Dieses Ersuchen wird bei Nichtzahlung des baren Versteigerungserlöses zugleich in Höhe desselben auf Eintragung von Sicherungshypotheken für die aus dem Barerlös nicht befriedigten Beteiligten gerichtet (oben S. 59, 60). Solchen Sicherungshypotheken nachstehend können mithin erst die Rechte eingetragen und damit erworben werden, welche der Ersteher vor Berichtigung des baren Versteigerungserlöses zur Eintragung bewilligt hat (§ 130 Abs. 3 des Reichsges.).

Zwangsverwaltung gegen den Ersteher.

b) Den mit dem Zuschlage schon existent gewordenen vollstreckbaren Anspruch des Erstehers auf Räumung und Herausgabe des versteigerten Immobile können ferner Beteiligte, welche aus dem **Bargebot** Befriedigung zu erwarten haben (aber nur nachweisbar solche!), mit dem Antrage beseitigen, das Grundstück für Rechnung des Erstehers in gerichtliche Verwaltung zu nehmen. Diese beantragte — entsprechend der Zwangsverwaltung der §§ 146 ff. des Reichsges. — zu führende Verwaltung kann der Ersteher nur dadurch abwenden, daß er das Bargebot zahlt oder hinterlegt (§ 94 des Reichsges. und S. 47).

Kontrovers ist übrigens, ob, sobald von einem Beteiligten der Antrag auf Verwaltung gestellt ist, der ganze Barerlös gezahlt oder hinterlegt werden muß, oder ob eine Sicherheitsleistung in Höhe der Summe genügt, welche — nach Deckung der dem Antragsteller vorhergehenden Beteiligten — noch zur Befriedigung des Hebungsanspruchs des antragstellenden Beteiligten ausreicht.

Letzteres nehmen Jaeckel, Anm. 3 zu § 94, Fischer u. Schaefer, Anm. 5a zu § 93, an. Eine solche einschränkende Auslegung des § 94 ist aber unbegründet, sowohl nach der Fassung des Paragraphen, wie auch nach seiner Entstehungsgeschichte, welche eine klare Abweichung des § 94 cit. von dem für ihn im übrigen vorbildlichen § 98 Abs. 4 des preuß. Ges. v. 13. Juli 1883 erkennen läßt (Gl. A. Wolff, Anm. 6 zu § 54).

Der Zeitpunkt, in welchem die Einleitung einer solchen Zwangsverwaltung frühestens in Antrag gebracht werden kann, ist der Versteigerungstermin.

Die Aufhebung der aus § 94 eingeleiteten Zwangsverwaltung hat natürlich zu erfolgen sobald der Ersteher den Barerlös nachweisbar hinterlegt hat. Nicht minder klar ist, daß die Aufhebung des Verwaltungsverfahrens mit Zahlung des Barerlöses im Verteilungstermin zu konstatieren ist.

Die Fortsetzung des Zwangsverwaltungsverfahrens des § 94 über den Erlösverteilungstermin hinaus hat aber statt, wenn in diesem Termin die Zahlung des Barerlöses unterbleibt. Die in diesem Falle — wie wir S. 59 sahen — vorzunehmende Übertragung einer Forderung gegen den Ersteher an die nicht befriedigten Beteiligten in Höhe ihrer Hebungsberechtigung bewirkt ihre Befriedigung noch nicht.

Eine Befriedigung jener Beteiligten präsumiert vielmehr der § 118 Abs. 2 vgl. S. 61, 62 erst mit Ablauf von drei Monaten seit Vornahme jener Übertragung einer Forderung an den Ersteher. Erst mit Eintritt dieses Zeitpunkts ist dann das Zwangsverwaltungsverfahren aufzuheben.

Freilich darf hierbei nicht übersehen werden, daß die Befriedigungspräsumtion des § 118 Abs. 2 von den Beteiligten dadurch ausschließbar ist, daß sie innerhalb jener drei Monate den Antrag auf eine erneute Zwangsversteigerung stellen (vgl. S. 61 unter a). In diesem Falle dauert daher das aus § 94 eingeleitete Zwangsverwaltungsverfahren bis zum Zuschlage in der neuen Zwangsversteigerung weiter.

2. **Der Zuschlagsbeschluß wird gegen den Ersteher[4]) zu einem vollstreckbaren Titel, sobald der letztere im Verteilungstermin die Zahlung des Barbetrages des Meistgebots unterläßt.**

Vollstreckbarkeit des Zuschlagsbeschlusses gegen den Ersteher.

a) In diesem Falle wird den aus dem Barerlös Hebungsberechtigten gegen den Ersteher in Höhe ihrer Ansprüche eine Forderung übertragen.

Sobald diese Übertragung geschehen, ist der Zuschlagsbeschluß — auch wenn er noch nicht rechtskräftig — gegen den Ersteher in Höhe der übertragenen Forderung **vollstreckbar** (oben S. 60 § 132 des Reichsges.).

b) Zur Sicherung der den Hebungsberechtigten gegen den Ersteher übertragenen Forderungen wird ferner für diese eine Sicherungshypothek eingetragen (oben S. 60).

Auch diese **Sicherungshypothek ist auf Grund des Zuschlagsbeschlusses vollstreckbar,** aber erst, nachdem der **letztere rechtskräftig** geworden ist (§ 132 und § 130 [Eingang] des Reichsges.).

c) Der Zuschlagsbeschluß ist mithin, soweit er die gegen den Ersteher übertragene Forderung vollstrecken soll, gegen den letzteren persönlich wie dinglich vollstreckbar.

Der Zuschlagsbeschluß ist aber, sofern die vorgedachte Sicherungshypothek zur Vollstreckung gelangen soll, dinglich in das versteigerte Grundstück, in diesem Falle jedoch sowohl gegen den Ersteher, wie gegen einen Rechtsnachfolger desselben, vollstreckbar.

[4]) Nicht minder gegen etwa vorhandene, für mithaftend erklärte Meistbietende oder für zahlungspflichtig erklärte Dritte, welche, wie wir S 56 gesehen, neben dem Ersteher zur Berichtigung des Versteigerungserlöses verpflichtet sind.

c) **Die Voraussetzung für die Zwangsvollstreckung** aus dem Zuschlagsbeschluß gegen den Ersteher bildet lediglich[5]) die Erteilung einer vollstreckbaren dem Ersteher zuzustellenden Ausfertigung des Beschlusses, deren Vollstreckungsklausel den Berechtigten, sowie den Forderungsbetrag des letzteren enthalten muß (§ 132 Abs. 2 des Reichsges.).

Zweifelhaft ist, ob der Gerichtsschreiber auch hier den Beteiligten die Vollstreckungsklausel auf ihren Antrag gemäß § 724 CPO. einfach zu erteilen hat, wie Jaeckel, Anm. 2 zum § 133, und mit ihm Wolff, Anm. 4 zu § 132, Fischer u. Schaefer, Anm. 2 zu § 133, annehmen. Allein nicht schon das Vorhandensein des Zuschlagsbeschlusses, sondern erst die durch das Protokoll über den Verteilungserlös erwiesene Tatsache der Nichtzahlung des Versteigerungserlöses, der Zuteilung des letzteren zu einem bestimmten Betrage an einen hebungsberechtigten Beteiligten, und die Übertragung einer bezüglichen Forderung gegen den Ersteher an den Beteiligten berechtigen den letzteren zum Antrage auf Ausfertigung des Zuschlagsbeschlusses mit Vollstreckungsklausel. Diese ist daher, da die Voraussetzungen des § 726 Abs. 1 und § 730 CPO. gegeben sind, nur auf Anordnung des Gerichts erteilbar.

Paragraph 14.

Die materiellrechtliche Bedeutung des Erlösverteilungstermins.

Der Erlösverteilungstermin ist in seiner prozessualen Abwickelung und mit den dabei in betracht kommenden Rechtsregeln im Teil II Paragraph 24 besprochen.

Dagegen ist hier schon für das richtige Verständnis des ganzen Versteigerungsverfahrens der Hinweis am Platz, daß:

> das materiellrechtliche Wesen des Verteilungstermins in der Praxis vielfach verkannt wird. In Abweichung von dem Verteilungstermin der Mobiliarzwangsvollstreckung (§ 878 Abs. 2 CPO.) besteht das Wesen des Verteilungstermins der Immobiliarzwangsvollstreckung ausschließlich darin: nach der Rangordnung des § 10 des Reichsges. auf die, mit ihren Ansprüchen aus dem Grundbuch oder den Anmeldungen ersichtlichen Beteiligten (vgl. § 45 des Reichsges., oder auch S. 37 letzte Anm.) den Versteigerungserlös zu verteilen.

Die Beteiligten, welche eine ihnen obliegende Anmeldung nicht rechtzeitig vorgenommen, kommen jedoch nach Maßgabe der Präjudizialfolgen des § 37 Ziff. 4 des Reichsges. erst dann aus dem Versteigerungserlöse zur Befriedigung, wenn derselbe hierzu nach Berichtigung der Ansprüche in den Klassen 1—8 des § 10 des Reichsges. noch ausreicht (vgl. S. 37 u. Teil II S. 108).

Allein die Beteiligten, die am Verfahren überhaupt nicht oder nicht rechtzeitig teilgenommen, bleiben trotzdem nach dem Verteilungstermin berechtigt, denjenigen, die in der Verteilung Beträge erhalten, diese aus besserem Rechte im ordentlichen Klagewege abzufordern.

Dieser Rechtssatz war für das preußische Gesetz vom 13. Juli 1883 vom Gesetzgeber in klarer und unzweideutiger Form in den Motiven S. 113 ausgesprochen. Es ist nirgends ersichtlich, daß das Reichsgesetz von dem, ihm mehr als vorbildlichen, preußischen Gesetz hier abgewichen ist (Gl. A. Jaeckel, Anm. 1 zu 113).

---

[5]) Vgl. § 132 Abs. 2 a. E. des Reichsges. Wird aber die Zwangsvollstreckung aus dem Zuschlagsbeschlusse durch eine erneute Versteigerung des Grundstücks vorgenommen, so bedarf es nicht einmal der Zustellung jenes Beschlusses, wie wir S. 62 gesehen.

Paragraph 15.

Die Aufhebung und die einstweilige Einstellung des Verfahrens.

(§§ 28—34, 75, 86 des Reichsges.)

Wie die CPO. bei der Mobiliarzwangsvollstreckung (vgl. § 707 CPO.), so unterscheidet auch das Reichsgesetz in der Immobiliarzwangsvollstreckung zwischen:

I. Aufhebung und einstweiliger Einstellung des Verfahrens.

Die Aufhebung besteht in der Beseitigung des ganzen Verfahrens, so daß die Wirkung der Beschlagnahme erlischt und daher auch die Löschung des Zwangsvollstreckungsvermerks vom Vollstreckungsgericht zu veranlassen ist. Die einstweilige Einstellung bewirkt nur ein Ruhen des Verfahrens, so daß die Wirkung der Beschlagnahme wie der Vollstreckungsvermerk in Kraft bleiben (§ 34 des Reichsges.).

II. **Die Aufhebung des Verfahrens hat zu erfolgen**: Die Aufhebung.

1. **von Amtswegen** [1]) **oder auf Antrag eines Dritten** bei Konstatierung eines Rechts, welches der Zwangsversteigerung oder der Fortsetzung des Verfahrens entgegensteht. Der Zeitpunkt eines solchen vom Vollstreckungsgericht zu erlassenden Beschlusses wird regelmäßig nach Erlaß des Einleitungsbeschlusses liegen (s. § 28 des Reichsges. und über den regelmäßigen prozessualen Zeitpunkt des Erlasses eines Aufhebungsbeschlusses Teil II S. 90);

2. **von Amtswegen**: nach Schluß der Versteigerung in einem zweiten Versteigerungstermin, wenn auch in diesem Gebote nicht abgegeben oder sämtliche Gebote erloschen sind (§ 77 Abs. 2 des Reichsges.);[2])

---

[1]) Von Amtswegen hat das Vollstreckungsgericht die Aufhebung (oder einstweilige Einstellung, vorstehend III 1) des Verfahrens in den Fällen zu beschließen, wo Rechte, welche im Grundbuch eingetragen sind, dem Verfahren oder seiner Fortsetzung entgegenstehen.

[2]) In einem solchen Falle eines ergebnislosen zweiten Versteigerungstermins gibt übrigens Abs. 2 des § 77 dem betreibenden Gläubiger (wie jedem Nebenantragsteller, S. 14) das Recht, die Fortsetzung des Zwangsversteigerungsverfahrens als Zwangsverwaltungsverfahren zu beantragen, soweit ein solches — wie im Regelfalle zutrifft (vgl. aber § 2 Einf.Ges. zum RZVG.) — zulässig.

Die Anordnung des Zwangsverwaltungsverfahrens hat das Gericht auf gestellten Antrag — dessen spätester Zeitpunkt übrigens zweifelhaft, indessen unbedenklich bis zur Rechtskraft des Aufhebungsbeschlusses aus Abs. 1 des § 77 liegt (vgl. § 95) — durch Beschluß unter Ernennung eines Zwangsverwalters auszusprechen (Teil II Paragraph 35).

Die Beschlagnahme in der Zwangsversteigerung bleibt für diese Zwangsverwaltung bestehen, der weitergehende Beschlagnahmeumfang in dieser (S. 7) wird aber natürlich existent erst mit Zustellung des Verwaltungseinleitungsbeschlusses bezw. der Eintragung des Zwangsverwaltungsvermerks in das Grundbuch: daß die Zwangsversteigerung als Zwangsverwaltung fortzusetzen ist. Es erhellet hieraus:

Der Zwangsverwaltungseinleitungsbeschluß ist den Beteiligten zuzustellen (vgl. schon hier § 146 des Reichsges.) und, wie eben erwähnt, das Grundbuch um Eintragung des eben gedachten Vollstreckungsvermerks zu ersuchen.

3. **auf Antrag des Gläubigers,** und zwar:

a) wenn der Gläubiger ausdrücklich den Versteigerungs- oder Verwaltungsantrag zurücknimmt (§ 29 des Reichsges.),

b) wenn der Gläubiger, nachdem er bereits einmal die einstweilige Einstellung des Verfahrens bewilligt, dieses hierauf fortgesetzt worden, nunmehr entweder wiederum die „einstweilige Einstellung bewilligt", oder die „Aufhebung des Versteigerungstermins bewilligt"; diese beiden Erklärungen stellt das Gesetz, es soll eben nur einmal eine einstweilige Einstellung erfolgen, — nachdem diese vorangegangen — der Erklärung auf Aufhebung des Verfahrens völlig gleich (§§ 30, 31 des Reichsges.).

Die einstweilige Einstellung.

III. **Die einstweilige Einstellung des Verfahrens** hat zu erfolgen

1. **von Amtswegen oder auf Antrag eines Dritten:** wie bei der Aufhebung (vorstehend II Abs. 1), sobald ein Recht konstatiert ist, welches der Zwangsversteigerung oder der Fortsetzung des Verfahrens, hier jedoch einstweilen, entgegensteht. Die Einstellung geschieht unter Bestimmung einer Frist, innerhalb welcher der Nachweis der Beseitigung jenes Rechtshindernisses bei Vermeidung der Aufhebung des Verfahrens zu erbringen ist; siehe auch Teil II S. 90—91.

2. **von Amtswegen** in allen Fällen des § 775 Nr. 1—5 der CPO.;

Wohl zu merken — da in der Praxis nur zu oft vergessen — schon die „Vorlegung" einer von dem Gläubiger ausgestellten Privaturkunde über seine Befriedigung oder seine Stundungsbewilligung reicht aus, um von Amtswegen die einstweilige Einstellung des Verfahrens anzuordnen, gleichviel, von wem jene Urkundenvorlegung erfolgt ist.

3. **von Amtswegen** nach Schluß der Versteigerung in einem ersten Versteigerungstermin (vgl. vorstehend II Abs. 2), wenn Gebote nicht abgegeben oder sämtliche Gebote erloschen sind (§ 77 des Reichsges.);

4. **auf Antrag des Gläubigers,** jedoch nur für die Dauer von sechs Monaten, so daß, falls nicht innerhalb dieser Frist ein Antrag auf Fortsetzung des Verfahrens seitens des Gläubigers gestellt wird, die Aufhebung des Verfahrens auszusprechen ist (§§ 30, 31 des Reichsges.);

5. **auf Antrag des Schuldners:** Der legislatorische Rechtsgrundsatz (vgl. Paragr. 1 S. 1), „daß das Reichsgesetz so zu lesen ist, als ständen seine Vorschriften in dem achten Buch der CPO.", zeigt sich hier in seinen Rechtskonsequenzen in besonderer Klarheit.

Der Schuldner kann z. B. gegen die Zulässigkeit der Zwangsversteigerung Einwendungen erheben und diese stützen u. a. gegen die „Zulässigkeit der Vollstreckungsklausel" (§ 732 CPO.) „gegen die Art und Weise der Zwangsvollstreckung" (z. B. der Nachweis der die Urteilsvollstreckung bedingenden Sicherheitsleistung des § 751 Abs. 2 CPO. sei nicht nachgewiesen (vgl. auch § 765 CPO.) „gegen den durch das Urteil festgestellten Anspruch selbst" (§ 767 CPO.). Vgl. folgende Ziffer IV.

Die Rechtsbehelfe zwecks Aufhebung und Einstellung.

IV. **Die prozessualen Rechtsbehelfe und Voraussetzungen,** unter welchen Dritte, wie der Schuldner, in der **Mobiliarzwangsvollstreckung** — vor oder nach Erhebung der Einwandklage (§ 767 CPO.), der Interventionsklage (§ 771 CPO.) oder durch einfache Anträge oder Erinnerungen (§ 766 CPO.) — Aufhebung oder einstweilige Einstellung des Verfahrens erreichen können, sind hier ganz allgemein gegeben (vgl. §§ 767, 768, 769, 771 CPO.).

V. **Nach den Vorschriften der CPO. bestimmt** sich auch die Zuständigkeit des zur Anordnung der Aufhebung oder Einstellung berufenen Gerichts. Das zur Entscheidung berufene Gericht.

Danach ergibt sich insbesondere:

1. Das Vollstreckungsgericht ist unbedingt und ausschließlich zuständig; wenn jene Anträge „Anträge, Einwendungen und Erinnerungen gegen die Art und Weise der Zwangsvollstreckung" betreffend, sich auf § 766 CPO. stützen (so zutreffend noch jetzt das Reichsgericht in den Entsch. Bd. XXX S. 388, vgl. auch Entsch. Bd. XVI S. 317 Jur. Wochenschr. 1887 S. 113, 415).

2. Das Vollstreckungsgericht kann ferner in dringenden Fällen auf Anträge des Schuldners, wie Dritter, die einstweilige Einstellung des Verfahrens anordnen, unter Bestimmung einer Frist, innerhalb welcher die Entscheidung des Prozeßgerichts beizubringen ist (vgl. u. a. § 769 Abs. 2, § 771 Abs. 3 CPO.).

Daß bei Vorlegung einer solchen Entscheidung des Prozeßgerichts die einstweilige Einstellung des Verfahrens seitens des Vollstreckungsgerichts formell von Amtswegen auszusprechen ist, ist bereits vorstehend unter III Abs. 2 berührt. Vgl. hierzu § 775 Ziff. 2 CPO.

VI. **Ein besonderer Fall der einstweiligen Einstellung** des Verfahrens ist im § 75 des Reichsges. enthalten: „Die nach Beginn der Versteigerung", also nach Aufruf der Sache (§ 66 des Reichsges.) im Versteigerungstermin an das Gericht erfolgende Zahlung des zur Befriedigung des Gläubigers und zur Deckung der Kosten erforderlichen Betrages entweder: Ein besonderer Fall der Einstellung.

a) **seitens des Schuldners,** oder

b) **seitens eines „Dritten,** der berechtigt ist, den Gläubiger zu befriedigen."

Dieser Dritte ist nach § 268 und § 1150 des BGB.

α) einmal „jeder, der Gefahr läuft, ein Recht an dem Gegenstande (der Immobiliarzwangsvollstreckung) zu verlieren"; zweifellos gehört hierher derjenige Realberechtigte, dessen Recht nicht im geringsten Gebote im weiten Sinne steht (vgl. Paragraph 9 S. 32, 33) und der deshalb bei nicht ausreichendem Meistgebot dem Ausfall seines Rechtes ausgesetzt ist.

Auch der nach der Beschlagnahme eingetretene neue Eigentümer des Immobile zählt hierher.

Dem Personalgläubiger des Eigentümers, welcher das Verfahren betreibt, steht aber das Zahlungsrecht des § 75 nicht zu; er hat aus der Beschlagnahme nur ein Recht auf Befriedigung aus dem Grundstück, mit der Wirkung eines Veräußerungsverbots (vgl. Paragraph 6 S. 9), nicht also ein Recht am Grundstück.

β) Zur Befriedigung des Gläubigers und daher zur Erwirkung der einstweiligen Einstellung durch Zahlung nach Maßgabe der § 75 cit. ist ferner der Besitzer einer Sache berechtigt, wenn er Gefahr läuft, durch die Zwangsvollstreckung den Besitz zu verlieren. Das trifft auf den Mieter und Pächter eines zu versteigernden Immobile zu, da diese im Falle des Zuschlages dem frühzeitigen Kündigungsrecht des Erstehers aus § 57 des Reichsges. unterliegen.

Da die Zahlung des, zur Befriedigung des Gläubigers und zur Deckung der Kosten erforderlichen, Betrages an das Gericht, wie die Motive zutreffend hervorheben, noch nicht die Befriedigung des Gläubigers erwirkt, so ist im Falle des § 75 cit. das Verfahren zunächst nur einstweilen einzustellen.

Das Gericht führt den gezahlten Betrag an den Gläubiger ab und wird die Vorlegung der Akten nach sechs Monaten zu verfügen haben, um für den Fall, daß bis dahin der Versteigerungsantrag vom befriedigten Gläubiger nicht ausdrücklich zurückgenommen ist, nunmehr das Verfahren gemäß §§ 29, 31 Abs. 2 des Reichsges. endgültig aufzuheben.

Ist der betreibende Gläubiger oder ein zur Empfangnahme seines Forderungsbetrages legitimierter Vertreter (die Prozeßvollmacht ermächtigt nur zur Empfangnahme der Kosten! § 81 CPO.) im Versteigerungstermin anwesend, so wird die Zahlung verständigerweise an den Gläubiger selbst oder seinen Vertreter zu erfolgen haben, und von diesem sofort die Aufhebung des Verfahrens zu beantragen sein.

Formulierung der Aufhebungs- und Einstellungsbeschlüsse.

VII. **Auf Aufhebung oder einstweilige Einstellung des Verfahrens hat der Beschluß zu lauten,** wenn der bezügliche Grund oder der bezügliche Antrag **bis zum Schlusse der Versteigerung** vorliegt.[3])

Wird ein Aufhebungs- oder Einstellungsantrag aber erst **nach** dem eben gedachten Zeitpunkt gestellt, so ist **„durch Versagung des Zuschlags"** die Aufhebung oder einstweilige Einstellung auszusprechen und zu begründen (§ 33 des Reichsges.).

Hier ist übrigens zu beachten, daß ein auf „Versagung des Zuschlags" lautender Beschluß — auch wenn er nicht auf einen der unter III genannten Einstellungsgründe, sondern auf einen andern Grund gestützt ist — rechtlich nur wie eine einstweilige Einstellung wirkt, wenn die Fortsetzung der Zwangsversteigerung zulässig bleibt. Z. B. der Zuschlag ist versagt, weil ein Beteiligter nicht geladen ist. In solchem Falle ist erst sechs Monate nach Rechtskraft **jenes** Beschlusses auf Versagung des Zuschlags das Verfahren aufzuheben (vgl. §§ 86, 31 des Reichsges.), wenn bis dahin die Fortsetzung des Verfahrens nicht beantragt ist und auch nicht — wie im eben gedachten Beispiel (s. S. 143) — von Amts wegen möglich war.

VIII. **Die Zustellung** des Aufhebungs- und Einstellungsbeschlusses[3]) an den Gläubiger, Schuldner und etwaigen dritten Antragsteller schreibt das Reichsges. ausdrücklich vor (§ 32).

IX. **Mit dem Erlaß** des **Aufhebungs**beschlusses, der ja das ganze Verfahren aufhebt, somit auch die mit dem Einleitungsbeschluß erfolgte Beschlagnahme des Grundstücks beseitigt, ist um des willen auch das Grundbuch um Löschung des Vollstreckungsvermerks zu ersuchen (§ 34 des Reichsges.).

---

[3]) Im preußischen Rechtsgebiete ist für diesen Beschluß ein Formularvordruck ZV. Nr. 3 und ZV. Nr. 4 gegeben, welcher den Beschluß dahin formulieren läßt:

Das Verfahren zum Zwecke der Zwangsversteigerung des in Zachow
belegenen, im Grundbuche von Zachow Band 1 Nr. 1
auf den Namen des Gutsbesitzers Säumig in Zachow
eingetragenen Grundstücks
wird aufgehoben, da der Versteigerungsantrag von dem Gläubiger zurückgenommen ist
(einstweilen eingestellt) (da der Gläubiger die Einstellung bewilligt hat).

Brandenburg, den 20ten November. 1903.

Königliches Amtsgericht
Bitter.

§ 1–§ 2 des Reichsgeſ.
§ 3–§ 8 S. 18-21
§ 9 S. 14-17
§ 10 S. 22-30
§ 11 Seite 27
§ 12 Seite 28
§ 13 Seite 13
§ 14 Seite 39
Erſter Teil.
§ 15–§ 17 des Reichsgeſ.

Zweiter Teil.

Die Abwicklung des Verfahrens der Zwangsverſteigerung und Zwangsverwaltung.

Abſchnitt I.

Das ordentliche Zwangsverſteigerungsverfahren.

Kapitel I.

Das Verfahren bis zum Verſteigerungstermin.

Paragraph 16.

Der Zwangsverſteigerungsantrag.

(§§ 1, 2, 15—17 des Reichsgeſ.)

Die Einleitung der Zwangsverſteigerung erfordert:

Der Zwangsverſteigerungsantrag.

I. **Einen Antrag,** welcher an das zuſtändige Amtsgericht, das iſt dasjenige, in deſſen Bezirk das zu verſteigernde Grundſtück belegen iſt, als Vollſtreckungsgericht zu richten iſt (§§ 1, 2, 15 des Reichsgeſ.).

II. **Der Antrag ſoll inhaltlich** und an Anlagen enthalten (§§ 15, 16 des Reichsgeſ.):

1. Die Bezeichnung des Grundſtücks, in welches die Zwangsverſteigerung nachgeſucht wird: unter Bezeichnung
2. des eingetragenen Eigentümers des Grundſtücks, gegen welchen
3. aus anzugebendem Anſpruch,
4. auf Grund eines beizufügenden vollſtreckbaren Titels die Zwangsvollſtreckung erfolgen ſoll,
5. unter Beifügung der Urkunden, die für den Beginn der Zwangsvollſtreckung erforderlich ſind; außer dieſen Urkunden iſt endlich:
6. a) ein grundbuchamtliches Zeugnis über die Eintragung des Eigentümers zu überreichen; iſt das Vollſtreckungsgericht jedoch zugleich das Grundbuchamt, ſo genügt die Bezugnahme auf das Grundbuch;

b) ist aber der Schuldner des vollstreckbaren Titels der Erbe des eingetragenen Eigentümers so müssen auch die Urkunden überreicht werden, durch welche die Erbfolge glaubhaft gemacht wird, sofern diese bei dem Gericht nicht offenkundig ist;

7. endlich ist im preußischen Rechtsgebiete nach § 5 des Einf.Ges. zum RZVG. und Art. 4 des preuß. Ausf.Ges. zum RZVG. noch ein das zu versteigernde Grundstück betreffender neuester Auszug aus der Grundsteuermutterrolle und der Gebäudesteuerrolle, welche das zuständige Katasteramt erteilt, beizufügen.

Beispiel eines Zwangsversteigerungsantrags.

Beispiel:

1. „Diesen Voraussetzungen wird bei **Normalität** des Falls ein Antrag[1]) folgenden Inhalts entsprechen:

Antrag
des Kaufmann Wilhelm Schulze in Garz,
vertreten durch Justizrat Bathe in Brandenburg
gegen
den Gutsbesitzer August Säumig in Zachow.

Der August Säumig ist eingetragener Eigentümer des Grundstücks Zachow B I Nr. 3. Im Auftrage des Antragstellers Schulze überreiche ich das anliegende gegen eine Sicherheitsleistung von 1000 Mark für vorläufig vollstreckbar erklärte Urteil des Landgerichts Potsdam vom 2. XI. 03, nebst Zustellungsurkunde, wonach der Beklagte zur Zahlung von 1500 Mark nebst 4 % Zinsen seit dem 1. I. 03 an den Kläger verurteilt ist. Wegen dieses Anspruchs beantrage ich die Zwangsversteigerung des Grundstücks Zachow Band I Nr. 11, indem ich auf das Grundbuch von Zachow B I Nr. 1 zum Beweise darüber Bezug nehme, daß August Säumig eingetragener Eigentümer des gedachten Grundstücks ist.

Die Bescheinigung über die sicherheitshalber hinterlegten 1000 Mark, die Vollmacht des Antragstellers und ferner die neusten Auszüge aus der Gebäudesteuerrolle und der Grundsteuermutterrolle füge ich bei.

Der Justizrat
Bathe.

An
das Kgl. Amtsgericht
in
Brandenburg a. H.

Anleitung zur Prüfung eines Versteigerungsantrags.

2. **Prüfungsanleitung.**

Den vorstehend unter A I u. II gedachten gesetzlichen Voraussetzungen des Zwangsversteigerungsantrages gemäß ist der vorstehende Antrag von folgenden Gesichtspunkten einer Prüfung zu unterziehen:

α) **Der Prüfung bedarf zuvörderst:** Ist in dem Bezirke des Amtsgerichts Brandenburg die Ortschaft Zachow belegen? Und falls dies zutrifft, ist auch das ganze Grundstück des Schuldners im Brandenburger Amtsgerichtsbezirk belegen?

Die überreichten Katasterauszüge werden darüber Auskunft geben. Ergeben dieselben, daß Teile des Grundstücks im Gerichtsbezirke des angrenzenden Amtsgerichts Nauen belegen sind (vgl. § 5 der RGrundb.O., Art. 3 des preuß. Ausf.Ges. zur RGrundb.O.) oder daß mit Rücksicht auf die Grenzen der beiden genannten Gerichtsbezirke es ungewiß ist, in welchem Gerichts-

[1]) Der Zwangsversteigerungsantrag kann schriftlich, wie zu Protokoll des Gerichtsschreibers gestellt werden (§§ 496, 502 CPO.).

bezirke das Grundstück ganz oder zum Teil belegen, so bedarf es einer Entscheidung des zunächst höheren Gerichts, welches eines der beiden Amtsgerichte zum Vollstreckungsgericht bestellt **(§ 2 des Reichsges.).**

Diese Entscheidung hat der Antragsteller zu veranlassen und zu überreichen.

Eine solche Entscheidung „des zunächst höheren Gerichts", wird, falls die beiden Amtsgerichte demselben Oberlandesgerichte angehören, von diesen, falls die zwei beteiligten Amtsgerichte aber verschiedenen Oberlandesgerichten angehörig sind, vom Reichsgericht zu erlassen sein.[2])

Im vorliegenden Normal-Beispielsfalle liegt das Grundstück Zachow I Nr. 1 ganz im Gerichtsbezirk Brandenburg.

β) **Es ist sodann einer Prüfung zu unterziehen:** ob der Versteigerungsantrag rechtsgültig gestellt ist, d. h. von einem prozeßfähigen Antragsteller, und da vorliegend ein Prozeßvertreter den Antrag stellt, von einem hierzu legitimierten Vertreter?

Die Prozeßfähigkeit des Antragstellers wird mit Rücksicht auf § 56 CPO. aus der bezüglichen Angabe des beiliegenden vollstreckbaren Urteils sich leicht feststellen assen.

Die Legitimation des Prozeßvertreters des Justizrat Bathe aber ist durch Vollmacht darzutun, wäre diese selbst in dem überreichten landgerichtlichen Urteil als Prozeßvertreter aufgeführt.

Denn diese Angabe kann in einem landgerichtlichen Urteil gemäß § 88 Abs. 1 CPO. ohne vorherige Feststellung der Erteilung einer Vollmacht geschehen sein.

Wäre jedoch das überreichte Urteil ein amtsgerichtliches, dann allerdings wäre nach § 88 Abs. 2 CPO. die bezügliche Bezeichnung des Justizrat Bathe als Prozeßbevollmächtigter auch für das Zwangsversteigerungsverfahren ausreichend.

Im vorliegenden Beispielsfalle liegt die Vollmacht des Antragstellers für den Justizrat Bathe dem Antrag bei.

γ) **Die Prüfung des gestellten Versteigerungsantrags wird** sich daher im Anschluß an die ferneren gesetzlichen Voraussetzungen unter A II weiter der Frage zuwenden müssen:

Ist der Schuldner Säumig im Grundbuch Zachow I Nr. 1 als Eigentümer eingetragen? Ergibt sich dies aus den im Versteigerungsantrage in Bezug genommenen, sofort kurzer Hand beigefügten Grundbuche Zachow I Nr. 1, so wird hierauf:

die Identität des im Antrage erwähnten Anspruchs mit dem Anspruch des überreichten landgerichtlichen Urteils zu prüfen sein. Der bezüglichen Feststellung wird dann die Prüfung anzuschließen sein, ob:

das landgerichtliche Urteil vollstreckbar ist. Es muß zu diesem Zwecke eine Urteilsausfertigung mit einer den §§ 724, 725 CPO. entsprechenden Vollstreckungsklausel eingereicht sein, die dem Antragsteller Schulze als Gläubiger gegen den Eigentümer Säumig als Schuldner ausgestellt ist. Und ferner werden die Zustellungsurkunden mit überreicht sein müssen, aus denen hervorgeht, daß der landgerichtliche Urteils-Vollstreckungstitel mit Vollstreckungsklausel, nebst der Hinterlegungsurkunde über die Hinterlegung von 1000 Mark dem Schuldner zugestellt sind, die letztere Zustellung ist um deswillen erforderlich, weil die weitere Vollstreckbarkeit des Urteils von jener Hinterlegung abhängig gemacht ist.

Der Nachweis der Zustellung jener 2 Urkunden ist die Voraussetzung „für den Beginn der Zwangsvollstreckung" (Teil I Paragraph 2 S 2, § 750 CPO.).

Die soeben im Beispielsfalle aufgezeigten einfachen, sozusagen normalen Rechtsverhältnisse liegen aber nicht stets vor.

Es können vielmehr in Betracht kommen:

III. Die rechtlichen Besonderheiten rücksichtlich der einzelnen Voraussetzungen des Versteigerungsantrags.

Besonderheiten des Versteigerungsantrags.

Diese betreffen:

1. Zu II 1: Das Versteigerungsobjekt, also das Grundstück.

Die in Antrag gebrachte Versteigerung kann ein im Grundbuch noch nicht eingetragenes Grundstück betreffen. Dann wird dem Antrage erst nach vorheriger Eintragung des Immobile stattzugeben sein (vgl. Teil I Paragraph 2 S. 2).

[2]) Die gleichen obergerichtlichen Entscheidungen haben zu ergehen, wenn mehrere selbständige Grundstücke im Bezirke verschiedener Amtsgerichte von einem derselben in einem Verfahren versteigert werden sollen (§ 2 Abs. 3 des Reichsges.). Siehe übrigens schon hier den Sonderparagraphen 30.

Nicht ein ganzes Grundstück, sondern nur ideelle Eigentumsanteile können zur Versteigerung gestellt werden. Es müssen dann die zwei S. 4 unter 5 schon besprochenen Voraussetzungen vorliegen, unter welchen ein ideeller Eigentumsanteil nur versteigerbar ist.

2. **Zu II 2: Der Grundstückseigentümer** muß: als solcher im Grundbuch eingetragen sein.

Ist dies nicht der Fall, so muß der Gläubiger, bevor er den Versteigerungsantrag stellt, zuvor gemäß § 14 der Grundb.O. eine bezügliche Berichtigung des Grundbuchs beantragen und erwirken.

Eine Ausnahme von diesem Grundsatze macht das Gesetz (§ 17), wie schon kurz erwähnt, dahin, daß Schuldner des Antragstellers, welche Erben eines eingetragenen Eigentümers und daher derzeitige Grundstückseigentümer sind, nicht eingetragen zu sein brauchen.

In diesem Falle muß aber die **Erbfolge** durch „Urkunden glaubhaft" gemacht werden.

Die Vorschrift des § 17 Abs. 2 des Reichsges. findet in der Praxis vielfach eine zu enge Auslegung. Da nur Glaubhaftmachung durch — unbeglaubigte — Urkunden erfordert wird, so genügt hierzu z. B. ein privatschriftliches Testament. Ein Schaden kann hier kaum entstehen. Denn besteht das „nur glaubhaft gemachte" Grundstückseigentum des Schuldners nicht, ist vielmehr nachweisbar ein Dritter Grundstückseigentümer, der gar nicht Schuldner des Antragstellers ist, so bleibt diesem wahren Eigentümer immer unbenommen, gemäß § 766 event. 771 CPO. (vgl. auch § 37 Ziff. 5 des Reichsges.) die Einstellung des objektiv zu Unrecht eingeleiteten Zwangsversteigerungsverfahrens zu veranlassen.

Noch vor der Nachlaßteilung ist die Zwangsversteigerung gegen die Miterben insgesamt zulässig (vgl. § 747 CPO.).

Unzulässig ist aber — auch das ist in der Praxis mitunter übersehen worden — vor der Nachlaßteilung die Zwangsversteigerung eines Quotenanteils eines Miterben an einem Grundstück in der Größe des Quotenanteils des Miterben an der ganzen Erbschaft. Vor der Teilung des Nachlasses besteht an dem letzteren als ganzem, nicht aber an einzelnen Nachlaßobjekten — nur ein Gesamteigentum aller Miterben (vgl. § 2033 Abs. 2 BGB.).

3. **Zu II 4—5: Die normale gesetzliche Voraussetzung der Zwangsversteigerung,** daß **gegen** den als Grundstückseigentümer **eingetragenen Schuldner** ein vollstreckbarer Titel vorliegen muß und **ausreicht,** findet in den Fällen teils eine Änderung, teils eine Beschränkung, wo sozusagen die vermögensrechtliche Verfügungsbefugnis des eingetragenen Grundstückseigentümers im allgemeinen und daher auch rücksichtlich des Versteigerungsobjekts durch **besondere** Rechtsverhältnisse beschränkt ist.

Civilprozeßrechtliche Beschränkungen.

Hierher zählen die Zwangsvollstreckungsbeschränkungen der §§ 772, 773 CPO.; ferner die Beschränkungen, welche das Güterrecht für die Verfügungsberechtigungen des einzelnen Ehegatten an seinem Vermögen und daher auch an seinen Grundstücken erzeugt.

Es wird daher, wie in der Mobiliar-Zwangsvollstreckungsinstanz, so auch in dem Zwangsversteigerungsverfahren von Grundstücken (vgl. oben Paragraph 2) insbesondere **auf Grund der §§ 739—749, 772, 773 CPO. in einzelnen Fällen teils die Vollstreckung überhaupt unzulässig sein** (z. B. gegen einen Eigentümer, der Vorerbe ist) — teils das Verfahren anstatt gegen den Eigentümer, **gegen eine andere Person sich richten müssen** (z. B. gegen den Testamentsvollstrecker) § 748 CPO.[3]) — teils neben dem Grundstückseigentümer noch eine andere Person in das Verfahren hineinzuziehen sein (z. B. der Ehemann) § 739 CPO.

Der letztgedachte Fall sei mit wenigen Worten noch näher berührt.

Ist die (im normalen Güterstande der Verwaltung und Nutznießung lebende) Ehefrau eingetragene Eigentümerin eines Grundstücks, so darf dessen Zwangsversteigerung regelmäßig nur erfolgen, wenn gemäß dem citierten § 739 CPO. ein vollstreckbarer Titel vorliegt, welcher die Ehefrau zu der Leistung einer Geldsumme, den Ehemann zur Duldung der Zwangsvollstreckung in das eingebrachte Gut verurteilt.

Ist aber die als Eigentümerin eines Grundstücks eingetragene Ehefrau eine „selbständig ein Erwerbsgeschäft betreibende", dann genügt, — gleichviel in welchem güterrechtlichen Verhältnisse sie lebt (§§ 1405, 1452, 1525 Abs. 2, 1549, 1550 BGB.) — zur Zwangsversteigerung eines Grundstücks solcher Ehefrau ein vollstreckbarer Titel nur gegen die letztere. (Vgl. § 741 CPO., aber auch den letzten Satz!)

4. **Zu II 4: Der vollstreckbare Titel** braucht nicht stets in einem vollstreckbaren oder für vorläufig vollstreckbar erklärten Urteil (§ 704 CPO.) zu bestehen. Diesem stehen vielmehr die verschiedensten reichsgesetzlichen wie landesgesetzlichen Vollstreckungstitel gleich. Es kommen hier in Betracht — Die einzelnen Vollstreckungstitel.

1. **Reichsgesetzliche vollstreckbare Titel:**

a) aus der Zivilprozeßordnung:

Vollstreckungsurteile über die Zulässigkeit der Zwangsvollstreckung aus ausländischen Gerichtsurteilen (§ 722 CPO.); gerichtliche Vergleiche; Entscheidungen, gegen welche das Rechtsmittel der Beschwerde stattfindet; Vollstreckungsbefehle; vollstreckbare Urkunden (§§ 794, 797, 798 CPO.).

Unter den im § 794 Ziff. 5 CPO. aufgeführten vollstreckbaren Urkunden bietet die im § 799 CPO. gedachte eine besondere Anomalie für die Zwangsvollstreckung im allgemeinen, und daher insbesondere für die Immobiliarzwangsvollstreckung.

In Entscheidung einer alten Kontroverse (vgl. Gruchot Bd. 41 S. 371) bestimmt der § 799 der CPO. (in der Fassung vom 20. Mai 1898): hat sich der Eigentümer eines mit einer Hypothek, Grund- oder Rentenschuld belasteten Grundstücks in einer gerichtlichen oder notariellen vollstreckbaren Urkunde der sofortigen Zwangsvollstreckung derart unterworfen, daß die Zwangsvollstreckung aus der Urkunde gegen den jeweiligen Eigentümer zulässig sein soll und ist dies in das Grundbuch eingetragen, so ist dies gegen den Eigentümer wirksam. Ist der Rechtsnachfolger des ursprünglichen Hypotheken- oder Grund- oder Rentenschuld-Gläubigers in das Grundbuch eingetragen, so braucht diese Rechtsnachfolge auch nicht durch Urkunden nachgewiesen zu werden. Vielmehr ist dem jeweiligen Grundstückspfandgläubiger gegen den jeweiligen Eigentümer einfach eine vollstreckbare Ausfertigung jener Urkunde zu erteilen, mit deren Zustellung an den jeweiligen Eigentümer die Voraussetzung der Zwangsversteigerung erfüllt ist.

---

[3]) Auch das Vorhandensein eines Testamentsvollstreckers zählt ja hierher; steht diesem die Verwaltung des ganzen Nachlasses zu, so muß der vollstreckbare Schuldtitel gegen ihn — nicht gegen den eingetragenen Grundstückseigentümer — ergangen sein und vorliegen (vgl. § 2211 BGB. in Verbindung mit § 748 CPO.).

b) aus der Konkursordnung

kommen als vollstreckbare Titel in Betracht die Tabelleneintragungen § 164 a. a. O., der Zwangsvergleich § 194 a. a. O.

c) das Reichsgesetz über die freiwillige Gerichtsbarkeit vom 17. Mai 1898

liefert in der bestätigten Vereinbarung oder Auseinandersetzung unter Miterben, oder den bei einer Gütergemeinschaft oder fortgesetzten Gütergemeinschaft Beteiligten (§§ 98, 99), sowie in der bestätigten Dispache § 158 vollstreckbare Titel.

d) aus dem Reichsgesetz betr. die Gewerbegerichte v. 29. Juli 1890 sind die im § 56 gedachten vollstreckbaren oder vorläufig vollstreckbaren Urteile und Vergleiche zu erwähnen.

e) endlich sind aus der Strafprozeßordnung, dem Gesetz betreffend das Urheberrecht, dem Musterschutz- und Patentgesetz, dem Gesetz zur Bekämpfung des unlauteren Wettbewerbs:

die auf Festsetzung einer Buße lautenden Urteile hier aufzuführen, aus denen wie aus einem zivilrechtlichen Urteile die Zwangsvollstreckung statthaft ist.

Zwangsversteigerung ohne Vollstreckungstitel.

2. **Landesgesetzliche vollstreckbare Titel:**

Auf Grund des § 801 CPO. kommen hier für das preußische Rechtsgebiet besonders in Betracht:

a) Die Schiedsmannsvergleiche §§ 32, 47 der Schiedsm.O. vom 29. März 1879 und Art. III des preuß. Ausf.Ges. zur CPO. vom 17. Mai 1898.

b) Die Beschlüsse in den Art. 9—14, 16 des preuß. Ausf.Ges. zum Gesetz über die freiw. Gerichtsb. vom 2. Septbr. 1899.

3. **Im preußischen Rechtsgebiete sind hier zwei Anomalien** zu erwähnen, in welchen die Immobiliarzwangsversteigerung ohne Beibringung eines vollstreckbaren Titels statthaft ist.

a) **Es ist die Grundstückszwangsversteigerung schon auf einfachen Antrag** öffentlicher, landschaftlicher (ritterschaftlicher) Kreditanstalten — denen die provinzial- (kommunal-) ständischen öffentlichen Grundkreditanstalten gleichstehen — einzuleiten, behufs Beitreibung fälliger Forderungen an Darlehnskapitalien und Zinsen, an Tilgungsbeiträgen gegen die Eigentümer des beliehenen Grundstücks, nach Maßgabe der §§ 1, 2, 4 des Gesetzes vom 3. August 1897, GS. Nr. 39, und des jenen Anstalten auf Grund dieses Gesetzes mit landesherrlicher Genehmigung erteilten Statuts (das nota bene stets dem Vollstreckungsrichter miteinzureichen ist!).[4]

b) **Der Antrag der Verwaltungsbehörde** auf Zwangsversteigerung genügt behufs Beitreibung von Geldbeträgen im Verwaltungszwangsverfahren auf Grund des § 51 der Kgl. Verordnung vom 15. Nov. 1899, GS. S. 545.

Diese beiden in der Praxis nicht seltenen Anträge bieten, wie erwähnt, eine ganz besondere Anomalie.

Die normalen Voraussetzungen jedes Versteigerungsantrages, nämlich Angabe des zu vollstreckenden Anspruchs unter Überreichung eines vollstreckbaren Titels und

---

[4]) sofern es nicht amtlich publiziert ist.

der für den Beginn der Zwangsvollstreckung erforderlichen Urkunden, sind hier als entbehrlich erachtet und werden lediglich — in beiden genannten Ausnahmefällen — durch die Stellung des Antrages auf Zwangsversteigerung wegen der anzugebenden Beträge ersetzt. Das Gericht hat in beiden Fällen weder die Vollstreckbarkeit der Forderungen noch die Zulässigkeit der Zwangsvollstreckung zu prüfen, sondern auf die Anträge hin sofort den Einleitungsbeschluß zu erlassen, sofern nur der Antrag gegen den eingetragenen Grundstückseigentümer gerichtet ist. § 18 des Reichsges Sonderparagraph 32. § 19 des Reichsges.

IV. **Ausnahmsweise ist jede Zwangsversteigerung — nicht aber die Zwangsverwaltung — unzulässig:** Unzulässigkeit einer Zwangsversteigerung.

1. **reichsgesetzlich:** wegen der Geldstrafen in den Fällen des § 15 Ges. v. 15. Juni 1869, RGBl. S. 193 (Wechselstempelsteuer), des § 25 Reichsges. v. 1. Juli 1881, RGBl. S. 1881 (Reichsstempelabgaben).

2. **landesgesetzlich:** a) Im preußischen Rechtsgebiete kommen hier für das Gebiet der alten Allg. Ger.O., auf Grund des § 15 Nr. 3 des Einf.Ges. z. CPO., Anh. § 153 zu § 45 I 24 Allg. Ger.O., § 33 u. Anh. § 242 I 35 Allg. Ger.O. in Betracht:

Hiernach ist die Zwangsversteigerung — und übrigens auch die Zwangsverwaltung — unzulässig wegen persönlicher Forderungen gegen den Fiskus, Landgemeinden und Amtsverbände einschließlich der Kirchen-, Schul- und Synagogengemeinden (vgl. hierzu auch Pr. JMB. v. 24. März 1882, JMBl. S. 59, § 55 b Nr. 1 der Kreisordn. v. 19. März 1881, §§ 17 [4], § 33 [4] des Ges. v. 1. Aug. 1883, § 18 des Ges. v. 30. Juli 1883, §§ 114, 121 d. Prov.Ord. vom 22. März 1881).

b) Im preußischen Rechtsgebiet ist die Zwangsversteigerung ferner unzulässig wegen der Geldstrafen in den Fällen des § 22 des Stempelsteuerges. v. 31. Juli 1895, des § 4 Abs. 2 des Ges. v. 26. Juni 1897, GS. S. 237, betr. das Verwaltungsstrafverfahren bei Zuwiderhandlungen gegen die Zollgesetze usw., des § 47 des Erbschaftssteuerges. v. 31. Juli 1895 und endlich wegen der Gerichtskosten nach Maßgabe des § 16 des Pr. GKG. v. 25. Juni 1895 in der Fassung der Bekanntmachung v. 6. Okt. 1899.

Paragraph 17.

Der Versteigerungsbeschluß, oder sogen. Einleitungsbeschluß genannt.

(§ 32, § 19 des Reichsges.).

I. **Der Einleitungsbeschluß** wird nach stattgehabter Prüfung des Zwangsversteigerungsantrags, sobald derselbe den gesetzlichen Voraussetzungen der §§ 15, 16, 17 des Reichsges. entsprechend ist, erlassen.[1])

[1]) Liegen mehrere, wenn auch nicht gleichzeitig eingegangene Zwangsversteigerungsanträge zur Entscheidung gleichzeitig vor, so ist doch nur ein Einleitungsbeschluß für die mehreren Antragsteller zu erlassen. Diese sind dann gemeinschaftliche Hauptantragsteller.

Eine dem § 17 der RGrund.O. entsprechende Vorschrift kennt das Reichsgesetz nicht.

Beispiel eines Versteigerungs-beschlusses.

Im preußischen Rechtsgebiete ist für diesen Beschluß ein Formular-Vordruck in dem Formular ZV. Nr. 1 vorhanden, welcher im Anschluß an den Beispielsfall des vorstehenden Paragraphen jenen Beschluß — dessen materiellrechtliches Wesen und Wirkung Paragraph 6 S. 9 f. besprochen ist — wie folgt formulieren läßt:

Auf Antrag des Kaufmann Wilhelm Schulze in Gartz,
vertreten durch den Justizrat Bathe in Brandenburg, Gläubigers,
gegen den Gutsbesitzer Säumig in Zachow Schuldner,
wird wegen des dem Gläubiger zustehenden Anspruchs im Betrage von 1500 Mark
und 4 Proz. Zinsen seit dem 1. Januar 1903
auf Grund des vollstreckbaren Urteils des Königl. Landgerichts in Potsdam
vom 1ten XI 1903
die Zwangsversteigerung des in Zachow
belegenen, im Grundbuche von Zachow Bd. 1 Nr. 1
auf den Namen des Schuldners
eingetragenen Grundstücks
angeordnet.

Dieser Beschluss gilt zu Gunsten des Gläubigers als Beschlagnahme des Grundstücks

Brandenburg, den 22ten XI. 1903

Königliches Amtsgericht.
Bitter.

Die **ausdrückliche Anführung** des preußischen Beschlußformulars, daß der Beschluß „zu Gunsten des Gläubigers als Beschlagnahme des Grundstücks gilt", ist ein superfluum ad firmandam memoriam der Parteien. Diese Wirkung (vgl. Teil I Paragraphen 6 und § 20 des Reichsges.) hat der Beschluß ex lege!

Nach Absetzung eines solchen Versteigerungsbeschlusses ist:

Zustellung des Einleitungs-beschlusses.

II. **Die Zustellung dieses Beschlusses** an Gläubiger wie Schuldner zusammen zu verfügen; dies schon auf Grund des § 329 Abs. 3 CPO., weil der Beschluß nicht verkündet ist.[2])

Das Ersuchen an das Grundbuch.

III. **Das Grundbuchamt** ist ferner um Eintragung der Anordnung der Zwangsversteigerung, des sogen. Vollstreckungsvermerks (vgl. auch S. 9 Anm. 3) zu **ersuchen** (§ 19 Abs. 1 des Reichsges.).

Das Grundbuchamt hat auf Grund des § 39 der RGrundb.O. den Vollstreckungsvermerk einzutragen und bei Mitteilung von der Eintragung auf Grund des § 19 Abs. 2 des Reichsges. eine beglaubigte Abschrift des Grundbuchblatts und der Urkunden, auf welche im Grundbuch Bezug genommen wird, zu erteilen, die bei ihm bestellten Zustellungsbevollmächtigten zu bezeichnen und Nachricht zu geben, was ihm über Wohnort und Wohnung der eingetragenen Beteiligten und Vertreter bekannt ist.[3])

Im preußischen Rechtsgebiete ist für das vorgedachte Ersuchen an das Grundbuchamt wieder ein Formular, und zwar ZV. Nr. 2, vorhanden, welches im Anschluß an den S. 80 gedachten Beispielsfall das Ersuchen wie folgt formulieren läßt:

---

[2]) Im preußischen Rechtsgebiete hat zudem bei einem Versteigerungsantrag, der die in Ziffer 1 der Just.Min.Verf. vom 9. Dez. 1899 (JMBl. 802) gedachten Grundstücke betrifft, die Zustellung des Einleitungsbeschlusses auch an die in Ziffer 1 a. a. O. genannten Behörden zu erfolgen.

[3]) Über den Grund dieser Mitteilung s. Paragraph 7b S. 18, 19.

Das Amtsgericht. Brandenburg, den 22ten XI. 1903. § 20—§ 26 des Reichsgeſ. S. 7, 9—12, 27, 68 Teil I.
Die Zwangsversteigerung des im Grundbuch von Zachow
Band I Nr 1
eingetragene Grundstücks des Gutsbesitzers Säumig in Zachow
ist angeordnet. Es wird ersucht, diese Anordnung in das Grundbuch einzutragen, das Weitere gemäss § 19 Abs. 2 des Reichsgesetzes über die Zwangsversteigerung und die Zwangsverwaltung zu veranlassen und den Zeitpunkt hierher mitzutheilen, in welchem dieses Ersuchen dem Grundbuchamte zugegangen ist. Bitter. § 27 des Reichsgeſ.
An
das Amtsgericht, hier.
Grundbuchabtheilung.

Warum ſoll das Grundbuchamt zu den Zwangsverſteigerungsakten den Zeitpunkt mitteilen, in welchem das Erſuchen um Eintragung des Verſteigerungsvermerks dem Grundbuchamt zugegangen iſt? lautet die faſt ſtereotyp wiederkehrende Frage jüngerer Juriſten.

Die Antwort ergibt ſich aus dem Paragraphen 6 Teil I dahin: Schon mit dem Eingang jenes Erſuchens um Eintragung des Verſteigerungsvermerks bei dem Grundbuchamt wird, falls die Eintragung erfolgt, die Beſchlagnahme wirkſam; ſollte ſelbſt der Einleitungsbeſchluß dem Schuldner ſpäter zugeſtellt worden ſein. Es iſt daher erheblich, aktenmäßig den früheſten Zeitpunkt der Beſchlagnahme feſtzuſtellen, denn die nach dieſem Zeitpunkt eingetragenen oder entſtandenen Rechte gehören ja nicht mehr in Klaſſe 4 des § 10, ſondern in Klaſſe 6, wie ſchon oben S. 26 und 29 dargetan iſt.

Nicht minder oft wird von jüngeren Juriſten darüber Auskunft erheiſcht: Warum mit der beglaubigten Grundbuchblattabſchrift noch die Urkunden, auf welche im Grundbuchamt Bezug genommen wird, vom Grundbuchamt beizufügen ſind? Die Grundbuchblattabſchrift ergibt allerdings ſchon die Rechtsverhältniſſe, namentlich diejenigen, welche — wie ſo oft — in aller Eile noch vor Eingang des Erſuchens um Eintragung des Verſteigerungsvermerks durch Eintragung begründet ſind, und deren Prüfung für die Frage, ob das Verfahren fortzuſetzen, maßgebend (vgl. unten Paragraph 19) iſt. Die Abſchrift ergibt ſonach die eingetragenen Beteiligten (Klaſſe 4 des § 10, Nr. 1 des § 9 des Reichsgeſ.), welche in den einzelnen Abſchnitten des Verfahrens zuzuziehen (§§ 28, 43 Abſ. 2, 45, 114 des Reichsgeſ.) und nach der eingetragenen Rangordnung ihrer Rechte, namentlich in der Erlösverteilung, zu befriedigen ſind. Allein die Eintragungen ſind vielfach durch die in ihnen in Bezug genommenen Urkunden (Hauptfall Altenteil) zu ergänzen (vergl. §§ 874, 885 Abſ. 2, 1115 Abſ 2 BGB., in Verbindung mit §§ 9 und 50 der RGrundb.O.).

Die Verfügung auf den Zwangsverſteigerungsantrag nach Erlaß des Einleitungsbeſchluſſes hat nach der vorſtehenden Darlegung einfach dahin zu ergehen: 1. Der anliegende Beſchluß iſt zuzuſtellen a) dem Antragſteller (bezw. ſeinem Anwalt, vgl. S. 19 Anm. 3), b) dem Eigentümer (bezw. ſeinem Anwalt, vgl. S. 19 Anm. 3); 2. Erſuchen nach Form Nr. 2 an das Grundbuch; 3. nach 10 Tagen event. mit den Eingängen aus dem Grundbuch.

Paragraph 18.

Der Beitritt zu einem angeordneten Verſteigerungsverfahren.

(§ 27 des Reichsgeſ.)

Der Beitrittsbeſchluß.

1. **Bis zu dem Zeitpunkt**, in welchem die Grundbuchblattabſchriften und Nachrichten des Grundbuchamts eingehen — was durch eine bezügliche Reproduktionsverfügung in den Zwangsverſteigerungsakten vom Vollſtreckungsrichter zu kontrollieren iſt —, pflegen in der Praxis **neue Zwangsverſteigerungsanträge** rückſichtlich des Grundſtücks einzugehen, deſſen Verſteigerung bereits „angeordnet“ iſt.

2. **Auf die nach Anordnung der Zwangsversteigerung** eingehenden neuen Anträge — sie mögen sich als selbständige oder Beitrittsanträge bezeichnen —, sind nach § 27 des Reichsges. lediglich sogen. Beitrittsbeschlüsse[1]) zu erlassen.

Im preußischen Rechtsgebiete ist auch für diese Beitrittsbeschlüsse ein Formularvordruck ZV. Nr. 3 gegeben, welcher (unterstellt, daß ein zweiter Gläubiger, August Müller, wegen einer gleichen Forderung wie im Beispielsfalle des Paragraphen 17, den Beitritt beantragt) den Beitrittsbeschluß wie folgt lauten läßt:

Beschluss.

Auf Antrag des August Müller in Brandenburg Gläubigers,
gegen den Gutsbesitzer Säumig in Zachow
wird wegen des dem Antragsteller zustehenden Anspruchs im Betrage von 1500 Mark — Pf. + 4 Proz. Zinsen seit dem 1 I. 03
auf Grund des vollstreckbaren Urtheils des Landgerichts in Potsdam
vom 1ten XI. 1903
der Beitritt des Antragstellers zu der angeordneten Zwangsversteigerung des
in Zachow
belegenen im Grundbuche von Zachow Band I Nr. 1
auf den Namen des Schuldners
eingetragenen Grundstücks zugelassen.

Dieser Beschluss gilt zu Gunsten der Antragsteller als Beschlagnahme des Grundstücks.

Brandenburg, den 23ten XI. 1903.

Königliches Amtsgericht
Bitter.

Die Anordnung des Beitritts ist **nicht in das Grundbuch einzutragen**, denn dieses enthält ja schon auf Grund des Einleitungsbeschlusses die Eintragung des sogen. Versteigerungsvermerks, daß die Zwangsversteigerung angeordnet ist.

3. **Nur die Zustellung des Beitrittsbeschlusses** an den Antragsteller (nunmehr der sogen. Nebenantragsteller, vgl. Paragraphen 7a) den Eigentümer, und richtiger Ansicht nach auch an den Hauptantragsteller, ist gemäß § 325 Abs. 3 CPO. anzuordnen.[2])

4. **Die Wirksamkeit** der durch den Beitrittsbeschluß nunmehr auch zu Gunsten des Nebenantragstellers entstandenen Beschlagnahme des Grundstücks beginnt aber (um hier aus Paragraph 8 S. 27 ganz kurz zu rekapitulieren) nicht erst mit dem Zeitpunkt der Zustellung des Beitrittsbeschlusses an den Schuldner, sondern mit dem Erlaß des Beitrittsbeschlusses.

Mit diesem ist ja der Beitrittsbeschluß bereits grundbuchlich deklariert, da der Vollstreckungsvermerk — ohne Angabe, auf wessen Antrag er eingetragen — schon infolge des Antrags des ersten Gläubigers eingetragen ist.[3])

Mit dieser mehrseitigen Reflexwirkung eines eingetragenen Zwangsversteigerungsvermerks muß eben jeder rechnen (s. hier auch S. 27).

---

[1]) Über die materiellrechtliche Wirkung der Beitrittsbeschlüsse s Teil I S. 27, 29.

[2]) Im preußischen Rechtsgebiete ist ferner der Beitrittsbeschluß, sofern er die in Nr. 1 der Just.Min.Verf vom 9. Dez. 1899 (JMBl. S. 802) gedachten Grundstücke betrifft, auch den in Nr. 1 a. a O. genannten Behörden zuzustellen.

[3]) Gl. M. Wolff, Anm. 4 zu § 27; a. M. Jaeckel, Anm. 1 zu § 22, welcher erst mit Zustellung des Beitrittsbeschlusses an den Schuldner die Wirksamkeit der Beschlagnahme zu Gunsten des zweiten Gläubigers eintreten lassen will.

5. **Der Zeitpunkt, bis zu welchem ein Beitritt** noch statthaft und zugelassen werden kann, ist der bis zur Verkündung des Zuschlagsbeschlusses. Bis zu diesem Zeitpunkt ist die Versteigerung ja möglich.

6. **Der Nebenantragsteller steht** — von der unter 4 gedachten Ausnahme abgesehen — rechtlich im übrigen dem Hauptantragsteller vollständig[4]) gleich; wie denn auch der Antrag auf Beitritt zu einer angeordneten Versteigerung materiellrechtlich[5]) ein Versteigerungsantrag ist, der nur mit Rücksicht auf das bereits eingeleitete Zwangsversteigerungsverfahren, prozeßformellrechtlich zu einem Beitritts- (anstatt Einleitungs-) Beschluß führt.

Der Beitrittsantrag muß daher inhaltlich den Voraussetzungen entsprechen, welche die §§ 15—16 des Reichsges. für den Einleitungsantrag aufstellt, wie in der Theorie auch nicht bestritten ist. Die Beifügung der Auszüge aus der Grundsteuermutterrolle und der Gebäudesteuerrolle — welche der Hauptantragsteller ja schon eingereicht (S. 80) — ist aber nicht erforderlich.

---

[4]) Über die Wirkung eines nicht rechtzeitigen Beitritts s. S. 42 u. 99.

[5]) Wird dies festgehalten, dann löst sich die in der Praxis nicht selten auftauchende schwierige und deshalb hier zu erwähnende Frage: Wie ist zu verfahren, wenn das Versteigerungsverfahren über einen ideellen Grundstücksanteil angeordnet ist, hierauf ein Antrag auf Zwangsversteigerung des ganzen Grundstücks eingeht. Jaeckel, Anm. 6 zu § 27, Fischer und Schaefer, Anm. 5 zu § 27, und mit ihnen anscheinend die Praxis, nehmen an, daß auf diesen Antrag der Beitritt zu dem Verfahren über die ideelle Grundstücksquote und gleichzeitig die Einleitung der Versteigerung über den anderen Eigentumsanteil anzuordnen ist. Dies ist zutreffend, nur wenn auch der Antragsteller, welcher die Versteigerung des ganzen Grundstücks beantragt, zugleich berechtigt wäre, unter den im unserem Paragraphen 4 unter 5 (S. 4) gedachten zwei Voraussetzungen des § 864 Abs. 2 CPO. nur die Versteigerung der ideellen Eigentumshälfte als erster oder Hauptantragsteller zu beantragen; ist dies nicht der Fall, dann ist — da eben Versteigerungsantrag und Beitrittsantrag denselben materiellrechtlichen Voraussetzungen unterstehen — dieser zweite Gläubiger, so wenig er die Versteigerung der ideellen Eigentumshälfte von vornherein beantragen kann, ebenso wenig berechtigt, diese Versteigerung in zweiter Linie, d. h. beitretend, zu beantragen. Liegen also die Voraussetzungen des § 864 Abs. 2 CPO. für den zweiten Antragsteller nicht vor, so kann auf seinen Antrag nur die Einleitung der Zwangsversteigerung über das ganze Grundstück angeordnet werden.

Dem steht auch nicht, wie Fischer u. Schaefer a. a. O. annehmen, § 23 des Reichsges. entgegen. Die Grundstückseigentumsquote und das Grundstücksganze sind rechtlich zwei selbständige Versteigerungsobjekte, und daher sind die zwei sie betreffenden Verfahren zwei selbständige Versteigerungsverfahren. Der § 23 gilt aber nur im Rahmen eines Verfahrens. Es folgt hieraus, daß der Ersteher in einem Verfahren im anderen Verfahren rechtlich wie ein neuer (nach der Beschlagnahme **jedes** ganzen Grundstücks) eingetretener Eigentümer zu behandeln ist.

Hieraus aber folgt weiter, daß die Posteriorität des Zuschlags hier endgültig entscheidet. Wird der Zuschlag in der Quotenversteigerung zuerst erteilt, so verliert der Ersteher der Quote sein Quoteneigentum durch den Zuschlag des ganzen Grundstücks an dessen Ersteher wieder. Wird der Zuschlag in der Versteigerung des Grundstücksganzen zuerst erteilt, so muß der Ersteher desselben demnächst eben dulden, daß von seinem Grundstücksganzen später in der Quotenversteigerung eine Quote an den Ersteher derselben zugeschlagen wird.

Das sind gewiß unerwünschte Konsequenzen, die aber de jure unvermeidlich, de facto in praxi sich aber nur durch Anwendung des § 18 des Reichsges. vermeiden lassen.

Paragraph 19.

Die Bestimmung des Versteigerungstermins.

(§§ 35—38 des Reichsges.).

I. Mit der Bestimmung des Versteigerungstermins bereitet sich zugleich zu demnächstiger allgemeiner öffentlicher Kenntnis der — wie § 35 des Reichsges. ausdrücklich hervorhebt, „durch das Vollstreckungsgericht auszuführende" — Rechtsakt der Versteigerung vor.

Ein solcher pro publico bestimmter Rechtsakt muß ganz besonders sicher gerechtfertigt sein. Um deswillen schreibt das Reichsgesetz im § 36 vor:

Erst nach der Beschlagnahme des Grundstücks (also entweder nach Zustellung des Einleitungsbeschlusses an den Schuldner oder nach Eintragung des Versteigerungsvermerks, vgl. Paragraph 6);

und ferner: erst nach Eingang der im Paragraph 17 S. 86 schon gedachten Mitteilungen des Grundbuchamts, soll die Bestimmung des Versteigerungstermins erfolgen.

Während die Beschlagnahme (schon durch die Zustellung des Einleitungsbeschlusses an den Schuldner, da dieser ja nunmehr nur noch dolo malo Verfügungen treffen könnte) die ganze Immobiliarmasse relativ [1]) sichert und fixiert, ermöglichen die Mitteilungen des Grundbuchamts in der beglaubigten Abschrift des Grundbuchblatts die jetzt gebotene endgiltige Feststellung darüber, ob das eingeleitete Verfahren auch fortgesetzt werden darf.

Die Prüfung der Grundbuchblattabschrift.

II. **Die auf Grund der mitgeteilten Grundbuchblattabschrift vom Vollstreckungsgericht vor Ansetzung des Versteigerungstermins vorzunehmende Prüfung** betrifft die Frage, ob ein Recht der Zwangsversteigerung oder der Fortsetzung des Verfahrens entgegensteht [2]) (vgl. § 28 des Reichsges.).

Ist dies der Fall, dann ist von dem Vollstreckungsgericht von Amtswegen entweder das Verfahren aufzuheben oder einstweilen einzustellen; letztenfalls unter Bestimmung einer Frist, binnen welcher der betreibende Gläubiger die Hebung des Hindernisses nachzuweisen hat, wie dies schon S. 75, 76 erwähnt ist. Das Gericht hat zwischen den eben gedachten zwei Alternativen aber nicht eine willkürliche Machtbefugnis.

Die Aufhebung des Verfahrens ist nur dann auszusprechen, wenn das aus dem Grundbuchblatt ersichtliche Recht derart ist, daß das Zwangsversteige-

---

[1]) Vgl. aber S. 10 und 11

[2]) Selbstverständlich können Rechte, welche „der Zwangsversteigerung oder der Fortsetzung des Verfahrens entgegenstehen", nicht nur durch die Grundbuchblattabschrift, sondern auch durch Anmeldung Dritter dem Vollstreckungsgericht bekannt werden, und zwar während des ganzen Stadiums des Verfahrens bis zur Verkündung des Zuschlags und müssen dann bis zu diesem Zeitpunkt noch zur Aufhebung oder einstweiligen Einstellung des Verfahrens führen (vgl. Paragraph 15 insbesondere S. 78, auch 15 und S. 46).

rungsverfahren überhaupt ausgeschlossen ist. z. B. ein persönlicher Gläubiger beantragt die Zwangsversteigerung eines Lehngutes. § 28—§ 34 des Reichsgef. S. 75—78 Teil I

Die einstweilige Einstellung des Verfahrens ist zu beschließen, wenn das aus der Grundbuchblattabschrift ersichtliche Recht zunächst der Zwangsversteigerung oder der Fortsetzung des Verfahrens zwar entgegensteht, das bezügliche rechtliche Hindernis aber behoben werden kann. z. B. der Nacherbe gibt die erforderliche nachträgliche Zustimmung zu einer Immobiliarzwangsversteigerung gegen den Vorerben (§ 773 CPO.). § 35—§ 38 des Reichsgef.

Das Vorkaufsrecht und die durch Vormerkung gesicherten Rechte.

In der Praxis machen hier, namentlich jüngeren Juristen, zwei in den Grundbuchblattabschriften nicht selten enthaltene eingetragene Rechte der Abteilung II, unerklärlicherweise, Schwierigkeiten: die Vormerkung zur Erhaltung des Rechts auf Auflassung und die Eintragung eines Vorkaufsrechts. **Beide Rechte stehen dem Verfahren der Zwangsversteigerung nicht entgegen.**

Das durch Vormerkung gesicherte Recht auf Auflassung kann nur, sobald der Zeitpunkt seiner Geltendmachung gekommen, dem Berechtigten die Befugnis geben, von dem Ersteher die Auflassung zu fordern. Ob jenes Recht aber überhaupt gegen den Ersteher in Geltung bleibt, also nach dem geringsten Gebot im weiten Sinne[3]) bestehen bleibt, sonach vom Ersteher mit übernommen wird, hängt davon ab, ob das gedachte Recht dem des betreibenden Gläubigers im Range vorgeht (Paragraph 9, insbes. S. 31 und §§ 44 u. 91 des Reichsgef.). Ist letzteres nicht der Fall, dann erlischt das vorgemerkte Recht infolge des Zuschlags (§ 91 des Reichsgef.).

Und das eben Gesagte trifft auch für die Übernahme des Vorkaufsrechts zu, welches nach § 512 BGB. niemals die Zwangsversteigerung hindern kann, auch dann nicht, wenn dieses Recht im Range dem Recht des betreibenden Gläubigers vorgeht. Im letzteren Falle aber ist das Vorkaufsrecht vom Ersteher zu übernehmen und äußert dann erst seine Wirkung, wenn nach dem Zuschlage einmal ein freiwilliger Grundstücksverkauf erfolgen sollte. Steht das Vorkaufsrecht aber im Range dem Rechte des betreibenden Gläubigers nach, dann erlischt es infolge des Zuschlags.

Anberaumung des Versteigerungstermins

III. **Die Auswahl eines Terminstages, an welchem die Versteigerung geschieht,** erfolgt, **sobald** aus der Grundbuchblattabschrift festgestellt ist, daß gegen das Zwangsversteigerungsverfahren bezw. seine Fortsetzung rechtliche Bedenken nicht bestehen.

Für die **Auswahl** des Zeitpunkts des Versteigerungstermins ist — **zwingend — zu berücksichtigen,** daß der Termin nach §§ 39, 43 des Reichsgef. und im preußischen Rechtsgebiete nach Art. 5 des Ausf.Ges. zum RZG. im Amtsblatt so bekannt zu machen ist, daß zwischen der ersten[4]) Bekanntmachung im Amtsblatt (also zwischen dem Tage, an welchem die jene Bekanntmachung enthaltende

---

[3]) Wir verstehen, um hier auf die Darlegung S. 32 kurz hinzuweisen, unter geringstem Gebot im weiten Sinne: α) Die Versteigerungsbedingung, nach welcher Rechte mit dem Range vor dem Rechte des betreibenden Gläubigers bestehen bleiben; β) das geringste Gebot im engen Sinne oder im Wortgebrauch des Reichsgesetzes also die Barbeträge der Ansprüche, welche dem Rechte des Gläubigers vorgehen und durch Barzahlung gedeckt werden müssen.

[4]) Nach § 40 Abs. 2 des Reichsgef. kann das Vollstreckungsgericht die Bekanntmachung des Versteigerungstermins im Amtsblatt mehrere Male, auch in anderen Blättern ein oder mehrere Male vornehmen lassen. Der Zeitpunkt dieser Bekanntmachungen ist unerheblich für die Berechnung der sub **III** gedachten sogen. sechswöchigen Versteigerungsfrist.

Die sog. Versteigerungsfrist.

Nummer des Amtsblatts erschienen) und dem Tage vor der Versteigerung eine Frist von sechs Wochen liegt. Diese sogen. Versteigerungsfrist muß also gewahrt sein.

An Stelle der Bekanntmachung im Amtsblatt kann das Vollstreckungsgericht bei **Grundstücken von nur geringem Werte,** nach § 39 Abs. 2 des Reichsges., die Bekanntmachung des Versteigerungstermins durch Anheftung des letzteren „an die für amtliche Bekanntmachungen bestimmte Stelle" der Gemeinde anordnen, in deren Bezirk das Grundstück belegen ist. Dann läuft die sogen. Versteigerungsfrist von dem ersten Tage der Anheftung.

Instruktionell nur soll für den Zeitpunkt des Versteigerungstermins nach § 36 Abs. 2 des Reichsges. auch berücksichtigt werden, daß, „wenn nicht besondere Gründe[5]) vorliegen", der Termin nicht über sechs Monate seit der ersten Bekanntmachung im Amtsblatt hinausliegen soll.

Im pflichtmäßigen Ermessen des Vollstreckungsrichters steht endlich nach § 36 Abs. 3 des Reichsges., ob der Versteigerungs**ort** des Termins die Gerichtsstelle oder, wie es in praxi heißt, in loco „ein anderer Ort des Gerichtsbezirks" ist. An letzterem wird die Versteigerung sich insbesondere dann empfehlen, wenn Zweifel über den Umfang der Immobiliarmasse bestehen, welche in loco durch Abreden der Realinteressenten sich voraussichtlich leichter lösen lassen.

Das sog. Versteigerungspatent.

IV. **Der Inhalt der** zu veröffentlichenden und den zur Zeit der Terminsbestimmung bekannten Beteiligten zuzustellenden (§ 43 des Reichsges., unten S. 94) **Terminsbestimmung,** des sogen. Versteigerungspatents, hat in denjenigen **Mußangaben** zu bestehen, welche der **§ 37** des Reichsges. unter den Nr. 1—5 wie folgt festsetzt:

Die Mußangaben.

1. Die Bezeichnung des Grundstücks;
2. Zeit und Ort des Versteigerungstermins;
3. die Angabe, daß die Versteigerung im Wege der Zwangsvollstreckung erfolgt;
4. die Aufforderung, Rechte, soweit sie zur Zeit der Eintragung des Versteigerungsvermerks aus dem Grundbuche nicht ersichtlich waren, spätestens im Versteigerungstermine vor der Aufforderung zur Abgabe von Geboten anzumelden und, wenn der Gläubiger widerspricht, glaubhaft zu machen, widrigenfalls die Rechte bei der Feststellung des geringsten Gebots nicht berücksichtigt und bei Verteilung des Versteigerungserlöses dem Anspruche des Gläubigers und den übrigen Rechten nachgesetzt werden würden;
5. die Aufforderung an diejenigen, welche ein der Versteigerung entgegenstehendes Recht haben, vor der Erteilung des Zuschlages die Aufhebung oder einstweilige Einstellung des Verfahrens herbeizuführen, widrigenfalls für das Recht der Versteigerungserlös an die Stelle des versteigerten Gegenstandes treten würde.

Hier schon mag auf die einschneidende Bedeutung eines gesetzmäßigen Versteigerungspatents hingewiesen werden. Fehlt eine der 5 Mußangaben in der öffentlich bekanntgemachten Terminsbestimmung, so ist das ganze Verfahren unheilbar nichtig (vgl. § 83 des Reichsges.). Ist dem einzelnen Beteiligten das Versteigerungspatent unvollständig oder nicht giltig oder

---

[5]) Im preußischen Rechtsgebiete ist durch Zirkularreskript des Justizministers vom 7. März 1895 I. 1282 die Festsetzung des Versteigerungstermins „während der Vegetationszeit" für Landgüter als angemessen bezeichnet.

nicht rechtzeitig zugestellt, so ist das Verfahren relativ nichtig (§§ 83 Ziff. 1, 84 des Reichsges., unten S. 123 ff.).

Als **Sollangaben** des sogen. Versteigerungspatents bestimmt der § 38 des Reichsges. ferner die Bezeichnung des zur Zeit der Eintragung des Versteigerungsvermerks eingetragenen Eigentümers, sowie die Angabe des Grundbuchblatts und der Größe des Grundstücks; die letztgedachten Angaben werden der Grundbuchblattabschrift oder den Katasterauszügen oder auch den das Grundstück betreffenden Nachweisungen entnommen werden können, welche ein Beteiligter nach § 42 Abs. 2 des Reichsges. jederzeit, also auch schon vor Ansetzung des Versteigerungstermins zu den Akten einreichen kann. Die Sollangaben.

Im preußischen Rechtsgebiet bestimmt hierzu noch die Justizministerialverf. vom 7. Dez. 1899 (JMBl S. 790), daß im Versteigerungspatent „nach zuverlässigen Nachweisungen" auch Angaben über Eigenschaft, Wirtschaftsart und Lage, wirtschaftliche Bearbeitung und Wert des Grundstücks enthalten sein sollen, unter Bezeichnung seiner Nummern in der Grundsteuermutter- und Gebäudesteuerrolle

Beispiel: Im preußischen Rechtsgebiet ist für das Versteigerungspatent ein sehr brauchbarer Formularabdruck in dem Formular ZB Nr. 17 gegeben. Dasselbe läßt nach den obengedachten Vorschriften über das Versteigerungspatent das letztere wie folgt formulieren: Beispiel eines Versteigerungspatents.

Zwangsversteigerung

Im Wege der Zwangsvollstreckung soll das in Zachow belegene, im Grundbuche von Zachow Band I Nr. 1 zur Zeit der Eintragung des Versteigerungsvermerks auf den Namen des Gutsbesitzers Säumig in Zachow eingetragene Grundstück

am 23ten Dezember 1903 Vormittags 11 Uhr

durch das unterzeichnete Gericht — an Gerichtsstelle — Zimmer No. 46

versteigert werden.

Das Grundstück besteht aus einer in Zachow in der Potsdamerstr. Nr. 13 belegenen Ziegelei und ferner aus einer großen Wiesenfläche, welche im sogen. Mittelbusch liegt, Parzelle 4, 126/36. Die Ziegelei hat einen jährlichen Nutzungswert von 3600 Mark und ist mit 8 Nebengebäuden unter Nr. 118 der Gebäudesteuerrolle verzeichnet; die Wiese hat einen Reinertrag von 45 Mark und ist unter Nr. 162 der Grundsteuermutterrolle eingetragen.

Der Versteigerungsvermerk ist am 12ten X. 1903 in das Grundbuch eingetragen

Es ergeht die Aufforderung, Rechte, soweit sie zur Zeit der Eintragung des Versteigerungsvermerks aus dem Grundbuch nicht ersichtlich waren, spätestens im Versteigerungstermine vor der Aufforderung von Geboten anzumelden, und wenn der Gläubiger widerspricht, glaubhaft zu machen, widrigenfalls sie bei der Feststellung des geringsten Gebots nicht berücksichtigt und bei der Verteilung des Versteigerungserlöses dem Anspruche des Gläubigers und den übrigen Rechten nachgesetzt werden.[6])

Diejenigen, welche ein der Versteigerung entgegenstehendes Recht haben, werden aufgefordert, vor der Erteilung des Zuschlages die Aufhebung oder einstweilige Einstellung des Verfahrens herbeizuführen, widrigenfalls für das Recht der Versteigerungserlös an die Stelle des versteigerten Gegenstandes tritt.[7])

Brandenburg, den 18. X. 1903.

Königliches Amtsgericht.

Bitter.

---

[6]) Über die materiellrechtliche Bedeutung dieses Teils des Versteigerungspatents, welchen die Ziff. 4 des § 37 des Reichsges. ausführt, ist hier Teil I S. 37, 38 und insbesondere die Anm. 3 S. 37 zu vergleichen.

[7]) Der Schlußabsatz des Versteigerungspatents entspricht der Ziff. 5 des § 37 Ziff. 5 des Reichsges.; sein materiellrechtlicher Zweck ist im Teil I S. 69 bereits dargelegt.

Paragraph 20.

Bekanntmachung und Zustellung des Versteigerungspatents.

Die Bekanntmachung und die Zustellungen des Versteigerungspatents; die Akte vor dem Versteigerungstermin.

(§§ 39—43, 62 des Reichsges., Art. 5 des preuß. Ausf.Ges.)

I. **Das erlassene Versteigerungspatent** (die Terminsbestimmung) ist **form- und fristgerecht bekannt** zu machen.

Formgerecht ist das Versteigerungspatent aber nur, wenn es den soeben S. 92 aufgezeigten Inhalt, also die Mußangaben des § 37 des Reichsges. enthält.

Fristgerecht ist das Versteigerungspatent jedoch nur dann bekannt gemacht, wenn — wie schon bereits erwähnt — zwischen dem einzurechnenden Tage, an welchem die **Amtsblatt**-Nummer mit dem Versteigerungspatent erschienen (und bei geringwertigen Grundstücken[1]) [S. 92] zwischen dem einzurechnenden ersten Tage des **Aushangs**), und dem letzten Tage **vor** dem Versteigerungstermin mindestens eine Frist von 6 Wochen liegt (§ 43 Abs. 1 des Reichsges.).

Neben der Bekanntmachung durch das Amtsblatt **„soll"** die Terminsbestimmung auch durch **Anheftung an die Gerichtstafel** publiziert werden.

In dem S. 80 und daselbst unter 2 gedachten Falle der Bestimmung **eines** Vollstreckungsgerichts für mehrere Grundstücke in Bezirken verschiedener Gerichte, soll auch an der Gerichtstafel dieser der sogen. Aushang erfolgen (§ 40 des Reichsges., Art. 5 des preuß. Ausf.Ges. zum RZVG.).

II. **Das erlassene Versteigerungspatent ist ferner** form- und fristgerecht allen Beteiligten **zuzustellen,** „die schon zur Zeit der Anberaumung des Termins dem Gericht bekannt waren".

Formgerecht ist das zuzustellende Patent natürlich auch hier, sofern es die Mußangaben des § 37 des Reichsges. enthält.

Fristgerecht ist die Zustellung des Patents an die Beteiligten nur dann, wenn sie an jene Beteiligten der Art geschieht, daß zwischen dem einzurechnenden Zustellungstage und dem letzten Tage vor dem Versteigerungstermin mindestens eine Frist von zwei Wochen liegt (§ 43 Abs. 2 des Reichsges.).

Der **Kreis** der zustellungsbedürftigen Beteiligten **wird** durch § 9 des Reichsges. (oben S. 14 ff.) bestimmt.

Die Feststellung des Kreises der „zur Zeit der Anberaumung des Termins dem Gericht bekannten Beteiligten", zwecks Ladung, wird das Vollstreckungsgericht nur dann ausreichend sicher treffen, wenn es außer der ihm übermittelten beglaubigten Grundbuchabschrift, den Nachrichten des Grundbuchs über Wohnort der Beteiligten, ihrer Zustellungsbevollmächtigten und Prozeßbevollmächtigten auch die ganzen Vollstreckungsakten durchprüft und aus

[1]) Die Feststellung der Geringwertigkeit eines Grundstücks und die dadurch gegebene Möglichkeit einer nur durch Aushang bewirkbaren Bekanntmachung des Versteigerungstermins muß natürlich bei Bestimmung des letzteren aktenmäßig festgestellt werden.

diesen die Personen entnimmt, welche Rechte bisher auch nur angemeldet haben. Denn nicht zu übersehen ist hier, daß ladungsbedürftig auch die Beteiligten sind, welche ein angemeldetes Recht noch glaubhaft zu machen haben (§ 41 Abs. 1 u. 3 des Reichsges.). § 39—§ 43 des Reichsges.

Die **Feststellung und Anordnung der Ladung** des einzelnen Beteiligten, welche durch Zustellung des Versteigerungspatents erfolgt, liegt, wie schon S. 18 erwähnt, dem Vollstreckungsrichter ob.

Die **Art der Ausführung der Ladung,** ob unter der Form der gewöhnlichen Zustellung von Amtswegen (§ 3 des Reichsges. S. 19) oder unter Form der Aufgabe zur Post (§ 4 des Reichsges. S. 19, 20) oder gar unter der Form der Bestellung eines Zustellungsvertreters und Ladung des letzteren (§ 6 des Reichsges. S. 20), unterliegt gleichfalls der richterlichen Entscheidung.

Die selbst **form- und fristgerechte Ladung an den Schuldner** ist aber nur unter der ferneren Voraussetzung ausreichend, wenn dem Schuldner auch mindestens „zwei Wochen vor dem Versteigerungstermin ein Beschluß zugestellt ist, auf Grund dessen die Versteigerung erfolgen kann" (§ 43 Abs. 2 des Reichsges.).

Als ein solcher Beschluß ist natürlich der Einleitungsbeschluß zu verstehen. Allein — und dies ist in der Praxis mitunter übersehen worden — trotz rechtzeitiger Zustellung des Einleitungsbeschlusses — kann doch **noch die rechtzeitige Zustellung des Beitrittsbeschlusses** in Betracht kommen.

Dies ist der Fall, wenn der Hauptgläubiger den Versteigerungsantrag zurückgenommen und das Verfahren daher nur noch auf Grund des Beitrittsbeschlusses fortzusetzen ist. In diesem Falle muß auch der Beitrittsbeschluß fristgerecht, zwei Wochen vor dem Versteigerungstermin, dem Schuldner zugestellt sein.

Aufhebung des Versteigerungstermins infolge Form- und Fristwidrigkeiten.

III. **Die form- und fristwidrige Bekanntmachung des Versteigerungspatents, wie die form- und fristwidrige Ladung der Beteiligten, machen die Aufhebung des Versteigerungstermins** notwendig, und erfordern somit die Ansetzung eines neuen Versteigerungstermins (§ 43 des Reichsges.).

Unbedingt d. h. unheilbar tritt diese Rechtsfolge aber nur infolge Form- oder Fristwidrigkeit des öffentlich bekannt gemachten Versteigerungspatents ein.

Die bezüglichen Mängel können selbst durch die Zustimmung aller bekannten Beteiligten nicht beseitigt werden; in der Praxis wird das vielfach bezweifelt; allein es wird dabei übersehen, daß das öffentliche Versteigerungspatent nach § 37 Ziff. 4, 5 des Reichsges. sich ja gerade an alle unbekannte Beteiligte mit einer präklusivischen Aufforderung zur Anmeldung ihrer Rechte wendet, und deshalb muß diese Aufforderung inhaltlich eine gesetzmäßig ausgeführte sein.

Heilbar ist dagegen die Form- und Fristwidrigkeit[2]) des Versteigerungspatents, welches zwecks Ladung der Beteiligten, diesen zugestellt wird, durch Genehmigung der Beteiligten (§ 43 Abs. 2 des Reichsges.).

---

[2]) Siehe hier aber Teil I S. 43.

Nachrichten vor dem Versteigerungstermin.

IV. **Nach der Bekanntmachung des Versteigerungstermins und der Ladungen** der Beteiligten liegt dem Vollstreckungsgericht noch ob, die Beteiligten im Laufe der zweiten Woche vor dem Versteigerungstermin darüber Nachricht formlos zugehen zu lassen, „auf wessen Antrag und wegen welcher Ansprüche die Versteigerung erfolgt" (§ 41 Abs. 2 des Reichsges.).

Die Vorschrift bezweckt, den Beteiligten „für die Prüfung, ob und inwieweit sie von der Zwangsversteigerung berührt werden" eine Information zu erteilen.

In der Praxis hat hier vielfach der Abs. 2 des § 44 des Reichsges. dahin geführt, neben dem Hauptantragsteller und seinem Anspruch nur diejenigen Nebenantragsteller nebst ihren Ansprüchen den Beteiligten namhaft zu machen, rücksichtlich welcher der Beitrittsbeschluß dem Schuldner zwei Wochen vor dem Versteigerungstermin bereits zugestellt ist.

Es ist richtig, daß, falls das Verfahren wegen mehrerer Ansprüche verschiedener Gläubiger betrieben wird, bei Feststellung des geringsten Gebots der Anspruch des bestberechtigten Gläubigers (vgl. oben S. 43) nur dann zu Grunde zu legen ist, wenn der bezügliche Beitrittsbeschluß zwei Wochen vor dem Versteigerungstermin dem Schuldner schon zugestellt ist. Allein wenn dies nicht geschehen, so kann doch mit Zustimmung des Schuldners und der Beteiligten der bestberechtigte Anspruch die Feststellung des geringsten Gebots bestimmen (vgl. S. 43).

Um deswillen hat die Nachricht aus § 41 Abs. 2 — die im übrigen nur instruktionell ist — alle Haupt- und Nebenantragsteller nebst ihren Ansprüchen zu enthalten.

Auch der Schuldner hat schon nach der Fassung des § 41 Abs. 2 cit. eine Nachricht aus § 41 Abs. 2 zu erhalten. Jaeckel, Anm. 2 zu § 41, Wolff, Anm. 3 zu § 41, Fischer u. Schaefer, Anm. 2 zu § 41 verneinen dies.

Akteneinsicht.

V. **In diesem Verfahrensabschnitt vor dem Versteigerungstermin** wird das Vollstreckungsgericht vielfach um Gewährung der **Einsicht in die Vollstreckungsakten** angegangen, welche mitunter in zu liberaler Weise gestattet wird. Nur die Einsicht in Mitteilungen des Grundbuchamts (§ 19 Abs. 2 des Reichsges.) sowie in die erfolgten Anmeldungen und in die das Grundstück betreffenden, von einem Beteiligten eingereichten Nachweisungen sind jedem zu gestatten (§ 42 des Reichsges.).

Der übrige Akteninhalt ist gemäß § 299 Abs. 2 CPO. nur demjenigen zu gestatten, welcher ein rechtliches Interesse glaubhaft macht.

Erörterungen vor dem Versteigerungstermin.

VI. **Vor dem Versteigerungstermin kann übrigens das Vollstreckungsgericht schon mit dem Beteiligten in Verbindung treten,** indem es gemäß § 62 des Reichsges. einen Termin anberaumt und in diesem mit den — formlos — geladenen Beteiligten Erörterungen über das geringste Gebot und die Versteigerungsbedingungen veranlaßt. Hierüber kann das Vollstreckungsgericht auch nur schriftliche Erklärungen der Beteiligten extrahieren. Der letztgedachte Modus ist fast ganz bedeutungslos; aber auch der Erörterungstermin ist ziemlich unbeliebt und resultatlos, da die Beteiligten meist vor dem Versteigerungstermin über ihre Intentionen sich nicht gern auslassen.

Bindende Erklärungen können im Termin überhaupt nicht zur Fixierung gelangen, da die Geschehnisse des Versteigerungstermins nicht voraussehbar sind. Immerhin kann bei verwickelten Realverhältnissen ab und zu durch das Ergebnis des Erörterungstermins wenigstens für die Vorbereitung des Versteigerungsprotokolls ein Anhalt geschaffen werden.

§§ 44, 45 des Reichsgeſ. S. 32—33, § 46 S. 102 Anm. 5, § 47 S. 104 Anm. 12, § 48 S. 38—42, § 49 S. 32 u. 46, §§ 50, 51 S. 38—42 §§ 52—58, S. 44 bis 48, §§ 59—61 S. 49—53, § 62 S. 96, §§ 63, 64 Sonderparagraphen 30, 31, § 65 S. 53—55, § 66 des Reichsgeſ.

Die Verfügung, welche — nach Absetzung des Versteigerungspatents (S. 93) — die vorstehend besprochenen Vorschriften erfordern, hat dahin zu ergehen:

1. a) Das Amtsblatt der Königlichen Regierung zu Potsdam,
   b) (fakultativ vgl. S. 91 Anm. 4) die Expedition der X'schen Zeitung
   sind um einmalige (fakultativ Anm. 4 cit. 2 malige) Bekanntmachung anliegenden Patents zu ersuchen, zu a mit dem Zusatze derart, daß zwischen dem (ersten) Tage der Publikation und dem Tage vor dem Termine eine sechswöchige Frist liegt.
2. Aushang an der Gerichtstafel!
3. Das Patent ist zuzustellen: den einzelnen — (vgl. vorstehende S. 94 Ziffer II) vom Vollstreckungsrichter einzeln festzustellenden und aufzuführenden — Beteiligten.
4. (Im preußischen Rechtsgebiete) Ausfertigung des Patents den in der Verfügung vom 9. Dez. 1899 gedachten Behörden.
5. Nach 2 Wochen mit den Belagsblättern und Zustellungsurkunden.
6. Wiedervorzulegen 3 Wochen vor dem Termin zur Prüfung, ob § 43 des Reichsgeſ. beachtet (vorstehende Ziffer I und III S. 94 u. 95).
7. Wiedervorzulegen 12 Tage vor dem Termin zur Ausführung des § 41 Abs. 2 des Reichsgeſ. (vorstehende S. 96 Ziffer IV).

Paragraph 21.

Der Versteigerungstermin mit seinen einzelnen Abschnitten und Rechtsfragen.

(§§ 66—89 des Reichsgeſ.)

Allgemeines.

Der Versteigerungsakt läßt sich in drei Abschnitte zerlegen:

Der erste Abschnitt beginnt mit dem Aufruf der Sache, umfaßt die Darlegung der Rechtsverhältnisse an dem Versteigerungsobjekt, welche insbesondere für die Aufstellung der Versteigerungsbedingungen maßgebend sind, enthält die Feststellung und Verlesung der letzteren und schließt mit dem Hinweis der bevorstehenden Ausschließung bisher nicht erfolgter Anmeldungen.

Beispiel S. 126 bis 129, unter A—C.

Die drei Terminsabschnitte im allgemeinen.

Der **zweite Abschnitt,** dessen Verhandlung mindestens eine Stunde betragen muß, beginnt mit der Aufforderung[1]) des Gerichts zur Abgabe von Geboten und schließt mit der dreimaligen Bekanntgabe des abgegebenen Meistgebots.

Der dritte Abschnitt beginnt mit der Gehörgewährung der anweisenden Beteiligten rücksichtlich ihrer Erklärungen über die Erteilung des Zuschlags und

[1]) Jaeckel und Fischer u. Schaefer rechnen übrigens die Aufforderung zur Abgabe von Geboten noch zum ersten Abschnitt. Die deutlich wahrnehmbare Caesur, welche in praxi vor jener Aufforderung im Termin wahrnehmbar, läßt die vorstehende Einteilung sachgemäßer erscheinen.

schließt entweder mit der sofortigen Verkündung des Zuschlags oder der Verkündung des Terntins, in welchem die Entscheidung über den Zuschlag verkündet wird.

Im preußischen Rechtsgebiete ist im Formular ZV. Nr. 12 ein den gedachten Abschnitten entsprechendes Formular er Versteigerungsverhandlung vorhanden, welches S. 126—129 zur Darstellung und Ausgestaltung gelangt ist.

Die **protokollarmäßige Darstellung** der Versteigerungsverhandlung hat den §§ 159, 162, 163 CPO. zu entsprechen.

Das Protokoll über die Verhandlung im Versteigerungstermin hat daher zu enthalten:

Die Aufführung der Gerichtspersonen, welche in der Verhandlung gegenwärtigen.

Das Datum der Verhandlung, die Angabe, daß über ein konkretes grundbuchmäßig und seiner Lage nach zu bezeichnendes Grundstück ein Verfahren der Zwangsversteigerung statt hat; hieran schließt sich die Bezeichnung des eingetragenen Eigentümers und die Aufführung der Beteiligten und sodann folgt in der protokollarischen Feststellung der Verlauf des ganzen Versteigerungstermins, also zunächst:

I.

Der erste Abschnitt des Versteigerungstermins (§ 66 des Reichsges.).

1.

Der Aufruf.

Der Aufruf der Sache.

„Der Aufruf der Sache", mit welcher die Verhandlung im Versteigerungstermin beginnt, muß begriffsnotwendig vor dem Zimmer hörbar erfolgen, in welchem die Versteigerung statthat. Wird in Abweichung von der veröffentlichten Angabe des Subhastationspatents in einem anderen als dem publizierten Amtsraume versteigert, so muß vor beiden Zimmern der Aufruf geschehen.

Dem Aufrufe der Sache folgt:

2.

Die Bekanntmachungen.

Die Bekanntmachung der „das Grundstück betreffenden Nachweisungen".

Die Nachweisungen bestehen nicht nur in den Mitteilungen des Grundbuchamts nebst der beglaubigten Grundbuchblattabschrift (§ 19 des Reichsges.); auch die das Grundstück betreffenden Nachweisungen, welche Dritte (gemäß § 42 des Reichsges.) eingereicht, gehören hierher, sowie alle eingereichten Urkunden, welche sich über Rechtsverhältnisse in Beziehung auf das Versteigerungsobjekt verhalten, z. B. die Urkunde über Bestellung einer Grundgerechtigkeit, Miets-, Pachtverträge.

Das Gericht würde aber dem legislatorischen Hinweis der Motive, „eine vermittelnde, fördernde, ausgleichende Tätigkeit" in den Versteigerungsverhandlungen zu üben, nicht entsprechen, wollte es sich darauf beschränken, die gedachten Nachweisungen einfach vorzulegen.

Es ist vielmehr Pflicht des Versteigerungsrichters, an der Hand sämtlicher Nachweisungen die in diesen enthaltenen Rechtsverhältnisse darzulegen; jene sollen ja für Bieter und Beteiligte das Versteigerungsobjekt mit seinen Rechtsbeziehungen und -belastungen so klarlegen, daß eine ungefähre Wertschätzung des Immobile möglich und andererseits die Grundlagen für die richtige Feststellung des geringsten Gebots übersehbar werden.

Diesem letzteren Zwecke insbesondere dient die weitere Vorschrift des § 66 des Reichsges., daß an die Bekanntgabe der Grundstücksnachweisung sich anzuschließen hat: **§ 66 des Reichsgesetzes.**

3.

Die Mitteilung der das Verfahren betreibenden Gläubiger, deren Ansprüche, der Zeit der Beschlagnahme.

Beispiel S. 127 unter A b—d.

Die Mitteilungen über Gläubiger und Beschlagnahme.

Der Anspruch der betreibenden Gläubiger ist zunächst bekannt zu geben, weil derselbe ja (wie im Teil I Paragraph 9 S. 32 dargetan) maßgebend für die Feststellung des geringsten Gebots im weiten Sinne. Da jedoch bei **mehreren betreibenden** Gläubigern das Recht des **bestberechtigten**[2]) **Gläubigers** entscheidend ist, aber nur wenn der bezügliche Beitrittsbeschluß spätestens zwei Wochen vor dem Versteigerungstermin dem Schuldner zugestellt ist (§ 44 Abs. 2 des Reichsges., oben S. 42, 43), so ist auch dies bekannt zu geben.

Selbstverständlich ist aber andererseits auch eine Mitteilung davon zu machen, wenn der Schuldner und die in Betracht kommenden Beteiligten (vgl. S. 43) auf die Rechtzeitigkeit der Zustellung des Beitrittsbeschlusses verzichtet, und damit das Recht des — **verspätet** beigetretenen — Gläubigers doch für die Feststellung des geringsten Gebots im weiten Sinne[3]) maßgebend wird.

Der bekannt zu gebende Zeitpunkt der Beschlagnahme ist endlich maßgebend für die Feststellung der Rückstände und der laufenden Beträge wiederkehrender Hebungen (Paragraph 6 S. 13 II). Und zwar kommen von den zwei Momenten, welche die Wirksamkeit der Beschlagnahme entstehen lassen (also: Zustellung des Einleitungsbeschlusses an den Schuldner, Eingang des Ersuchens beim Grundbuchamt um Eintragung des Zwangsversteigerungsvermerks, falls dieser eingetragen worden), hier entscheidend der zeitlich frühere in Betracht[4]) (Teil I S. 9).

---

[2]) Nicht zu übersehen ist hier aber, daß, — worauf Kurlbaum § 7 schon für das preußische Recht hingewiesen — der bestberechtigte Gläubiger nur regelmäßig der „im Range bestberechtigte" ist; ausnahmsweise kann aber auch ein postlocierter Gläubiger hier um deswillen der bestberechtigte sein, „weil er zu einem geringeren Gebote als ein anderer den Verkauf durchzusetzen berechtigt" ist. Stehen z. B. in Abt. III unter 1 für N. 2000 M. unter 2., für M. 1000 M. unter 3., für P. 2000 M. und dieser Post zu 3 ist vor der Post zu 1 das Vorrecht eingeräumt, so ist — falls M. und P. betreibende Gläubiger sind — P. der bestberechtigte, da nach seinem Rechte, in Folge der Vorrechtseinräumung, die Post des N. nicht bestehen bleibt. Im übrigen dürfen §§ 880 Abs. 5, 881 BGB. nicht übersehen werden!

[3]) Auch hier sei wieder daran erinnert, daß nach unserer Darlegung (Teil I S. 32) wir unter geringstem Gebot im weiten Sinne begreifen: a) einmal die Versteigerungsbedingung, daß die dem Rechte des betreibenden Gläubigers vorgehenden Rechte bestehen bleiben, b) ferner die Summe der dem Rechte des betreibenden Gläubigers vorgehenden, durch Barzahlung zu deckenden Ansprüche.

[4]) Gl. M. anscheinend Fischer u. Schaefer, Anm. 1 c zu § 66. Jaeckel, Anm. 2 zu § 66 will hier zunächst nur den Moment der Zustellung des Einleitungsbeschlusses berücksichtigen, den Moment des Eingangs des Ersuchens um Eintragung des Zwangsversteigerungsvermerks erst, wenn „dies von einem Beteiligten behauptet wird". Allein für eine solche Unterscheidung fehlt es bei der allgemeinen Bedeutung und der uneingeschränkten Fassung des § 22 des Reichsges. an jeder gesetzlichen Unterlage. Die Praxis ist denn auch überwiegend trotz der Autorität Jaeckels von ihm in dieser Frage abgewichen.

Den eben gedachten Mitteilungen folgt

Beispiel S. 127 unter A e.

4.

Die Bekanntgabe der erfolgten Anmeldungen.

Die Bekanntgabe der Anmeldungen.

Für die Feststellung des geringsten Gebots im weiten Sinne kommen ja neben den Grundstücksnachweisungen, den Angaben der Grundbuchblattabschrift und den Mitteilungen der betreibenden Gläubiger ja auch die erfolgten **Anmeldungen** (Teil I S. 36) in Betracht, deren Bekanntgabe das Reichsgesetz im § 66 den vorgedachten Mitteilungen folgen läßt.

Wir erinnern uns aber hier, daß nach § 37 Ziff. 5 des Reichsges. **die einfache Anmeldung nicht genügt, um die Zwangsvollstreckung** in das ganze Immobile oder in einzelne Teile der Immobiliarmasse **zu verhindern.**

Es muß vielmehr hier eine auf Aufhebung oder Einstellung lautende Entscheidung des zuständigen Gerichts erwirkt und vorgelegt werden, wenn z. B. jemand die Mitversteigerung und damit den Zuschlag einer ihm gehörigen auf dem ländlichen Grundstück befindlichen Dreschmaschine — S. 15, 16, 46 — verhindern will.

Das Vollstreckungsgericht selbst wird indessen eine solche dem § 37 Ziff. 5 des Reichsges. entsprechende Entscheidung jetzt, im ersten Abschnitt des Versteigerungstermins, noch erlassen können (vgl. S. 77).

Für die Praxis sei hier zur Vermeidung von Irrtümern eindringlichst empfohlen, ohne Rücksicht auf frühere Aktenkenntnis, die Akten Seite für Seite im Termine durchzublättern und zu verlesen.

Auch die Anmeldungen von Rechten (z. B. nicht eingetragener Grundgerechtigkeiten des Art. 187 des Einf.Ges. zum BGB.) ohne Glaubhaftmachung, wenn letztere auch, des Verlangens des Gerichts oder eines Beteiligten ungeachtet (§ 9 Nr. 2 des Reichsges. S. 17), bisher unterblieben, müssen trotzdem verlesen werden.

Selbst die nur **einfach** angemeldeten Rechte können ja jetzt gemäß § 37 Ziff. 4 des Reichsges. in **das geringste Gebot eingestellt werden, wenn der betreibende Gläubiger nicht widerspricht** (s. S. 37 Anm. 11).

Andererseits ist hier für das preußische Rechtsgebiet die Singularität zu beachten, daß die in den §§ 1, 2, 8, 12, 13 des Ges. vom 3. August 1897 gedachten Ansprüche der öffentlichen Kreditanstalten **niemals** einer Glaubhaftmachung bedürfen (vgl. auch Art. 34 des preuß. Ausf.Ges. zum RZVG.).

Die — vor dem Termin bereits eingegangenen oder in letzterem erst erfolgenden — Anmeldungen werden im übrigen alle im § 9 Abs. 2 des Reichsges. gedachten Rechte (S. 15 ff. zu vergleichen) betreffen können; also die Rechte, welche ohne Eintragung am Grundstück bestehen; nicht eingetragene Abtretungen einer Briefhypothek; die Rechte an einem das Grundstück belastenden Rechte; die Ansprüche mit dem Rechte auf Befriedigung aus dem Grundstück (Liedlohn!); Mietspachtrechte; die Rückstände an Hypothekenzinsen (die ja zwar angemeldet, aber nicht glaubhaft zu machen sind, während die laufenden Beträge, wie S. 38 erwähnt, von Amtswegen zu berücksichtigen, und deshalb von Amtswegen in das geringste Gebot einzustellen sind!).

Auf Grund der Grundstücksnachweisungen, der Grundbucheintragungen, welche die beglaubigte Grundbuchblattabschrift feststellt, und der — bei Widerspruch des betreibenden Gläubigers glaubhaft zu machenden — Anmeldungen, schließt sich an die Bekanntgabe der letzteren nunmehr an.

§ 66 des Reichsgesetzes.

5.

Die „Feststellung des geringsten Gebots und der Versteigerungsbedingungen".

Wir erinnern uns hier zunächst aus dem materiellrechtlichen Teil I, daß das Reichsgesetz:

a) zu den gesetzlichen „Versteigerungsbedingungen" vor allem die in dem sogen. Deckungsprinzip des § 44 wurzelnde Versteigerungsbedingung zählt: alle dem Rechte des betreibenden Gläubigers rangmäßig vorgehenden Rechte bleiben bestehen (Paragraph 9 S. 32 ff.),

b) daß außer dieser Versteigerungsbedingung das Reichsgesetz noch eine Reihe anderer gesetzlicher Versteigerungsbedingungen kennt, welche als Rechtsfolgen des Zuschlags ex lege eintreten, ohne daß es ihrer Erwähnung bedarf (Paragraph 10 S. 44 ff.), daß aber diese gesetzlichen Versteigerungsbedingungen ebenso wie die zu a gedachten durch Vereinbarung der Beteiligten abänderbar sind (Paragraph 11 S. 49 ff.).

Und endlich erinnern wir uns:

c) daß unter „geringstem Gebot" im Sprachgebrauch des Reichsgesetzes die Summe derjenigen Ansprüche verstanden wird, welche dem Rechte des betreibenden Gläubigers rangmäßig vorgehend, auf Grund des sogen. Deckungsprinzips **bar** zu befriedigen sind.

Im Paragraph 9 S. 32 haben wir die Versteigerungsbedingung zu a und das unter c soeben erwähnte geringste Gebot unter dem Begriff des geringsten Gebots im weiten Sinne zusammengefaßt, das geringste Gebot, im Sprachgebrauch des Reichsgesetzes, aber als das im engen Sinne bezeichnet.

A.

Das Vollstreckungsgericht hat nun, nachdem die Bekanntgabe der erfolgten Anmeldungen geschehen, in Ausführung des sogen. Deckungsprinzips des § 44 des Reichsges. **zunächst die diesem entsprechende Feststellung des geringsten Gebots im weiten Sinne vorzunehmen.**

Diese Feststellung kann „nötigenfalls" d. h. soweit in ihr kalkulatorische Berechnungen aufzustellen sind, „mit Hilfe eines Rechnungsverständigen" vorgenommen werden.

Der Aufbau des geringsten Gebots.

Der **materiellrechtliche Aufbau** dieser Feststellung wird aber erzielt durch die Prüfung und Beantwortung folgender Hauptrechtsfragen:

a) **Welche Personen** sind überhaupt in der Immobiliarzwangsvollstreckung „Beteiligte", ihre Rechte hier mithin zu berücksichtigen?

Die Antwort findet der § 9 Ziff. 1 u. 2 des Reichsges. im preußischen Rechtsgebiete in Verbindung mit Art. 1—3 des preuß. Ausf.Ges. zum RZVG. und § 45 des Reichsges., die im Teil I S. 14 ff. bereits besprochen sind. (Beteiligte sind, um kurz zu fixieren, nur diejenigen, für welche zur Zeit der Eintragung des Vollstreckungsvermerks ein Recht im Grundbuch eingetragen oder durch Eintragung gesichert ist, § 9 Ziff. 1, und ferner diejenigen, welche ein im § 9 Ziff. 2 gedachtes Recht anmelden.)

b) In **welcher Rangordnung** sind die einzelnen Beteiligten im **allgemeinen** zu berücksichtigen?

Diese Antwort bringt die achtklassige Rangordnung der §§ 10—14 des Reichsges. (Teil I S. 22 ff. dieser Darstellung).

c) In **welcher rangordnungsmäßigen Anzahl** sind im **vorliegenden Einzelfall** nach den Grundstücksnachweisungen und Anmeldungen Rechte der Beteiligten im geringsten Gebot im weiten Sinne aufzuführen? Die Antwort bringt der § 44 des Reichsges. (Teil I S. 33 ff.) mit seinem mehrerwähnten Deckungsprinzip dahin: alle Rechte, welche dem des betreibenden Gläubigers — bei mehreren dem des bestberechtigten Gläubigers — vorgehen, sind bei Fixierung des geringsten Gebots im weiten Sinne zu berücksichtigen.

Ist unter Beachtung dieser rechtlichen Gesichtspunkte der Kreis der für das geringste Gebot im weiten Sinne in Betracht kommenden Rechte fixiert und wie das Reichsges. im § 66 ausdrücklich vorschreibt „unter Bezeichnung der einzelnen Rechte festgestellt", dann ist auch die Beantwortung der sofort auftauchenden vierten Rechtsfrage erzielt:

d) In **welcher Art** ist also das geringste Gebot im weiten Sinne **zu formulieren**? nun dahin:

1. das Bestehenbleiben der dem betreibenden Gläubiger im Range **vorgehenden** Rechte ist als Versteigerungsbedingung festzustellen (sofern diese Rechte überhaupt nicht auf Barzahlung gerichtet sind, wie z. B. das Erbbaurecht des § 1012 BGB., oder n o c h n i c h t auf Barzahlung gerichtet sind, wie z. B. ungekündigte Hypotheken).

2. Die dem betreibenden Gläubiger im Range vorgehenden, auf Barzahlung gerichteten Ansprüche sind in einer Summe aufzuführen (sogen. geringstes Gebot im engen Sinne), welche vom Ersteher bar[5]) zu zahlen ist.

Eine Anleitung zur Feststellung des geringsten Gebots. Diese gesetzlich notwendige, **den materiell-rechtlichen Grundsätzen unseres ersten Teils entsprechende,** Formulierung des geringsten Gebots im weiten Sinne wird sich — nun namentlich dem jüngeren Juristen — klar und fest einprägen, wenn hier zu dem Beispiel S. 126—129 die nachfolgende Anleitung beachtet wird.

I. **Die Grundstücksnachweisungen** enthalten nach der Grundbuchblattabschrift folgendes:

Abteilung I. Der Gutsbesitzer Säumig in Zachow.

Abteilung II. Nr. 1 ein Altenteil im Jahreswert von 100 M. für Gottlieb Sasse, geboren 1. Okt. 1840, eingetragen 1. März 1882.

Nr. 2 ein Wohnungsrecht im Jahreswerte von 12 M. für Anna Müller, 37 Jahre alt, eingetragen 1. Mai 1899.

Abteilung III. Nr. 1 3000 M. Darlehn zu $4\frac{1}{2}$%, je am 1. Juli und 1. Jan. verzinslich, für August Fiedler eingetragen 1. Febr. 1892.

Nr. 2 1500 M. Darlehn, zu 4% verzinslich in vierteljährlichen je an den Quartalstagen fälligen Raten, nach 3monatiger Kündigung rückzahlbar, für Wilhelm Müller eingetragen 1. Jan. 1893.

Nr. 3 1000 M. Grundschuld, unverzinslich, für Gottfried Fritzsche, falls dieser bis zum 1. Juli 1905 das erste theologische Examen besteht, an diesem Tage zahlbar, eingetragen 1. Mai 1894.

(Betreibender Gläubiger.) Nr. 4 1500 M. Darlehn, zu 4% jährlich am 1. Jan. verzinslich, nach halbjährlicher Kündigung zahlbar, für Wilhelm Schulze eingetragen 1. Juni 1894.

---

[5]) Hierbei erhebt sich nun aber die — in der Praxis leicht übersehene — Frage: wie sind in das geringste Gebot im engen Sinne laufende und rückständige wiederkehrende **Leistungen bestehen bleibender** Rechte einzustellen, wenn jene Leistungen nicht in **Geld** bestehen, wie z. B. rückständige und laufende Altenteilsleistungen? Die Antwort gibt der § 46 des Reichsges. Die Berechtigten haben für jene Leistungen einen Geldbetrag anzumelden, der in das geringste Gebot eingestellt wird. Ist aber die Anmeldung eines Geldbetrages unterblieben, so hat das Vollstreckungsgericht einen Geldbetrag von Amts wegen festzustellen, der eingestellt wird.

Nr. 5 2500 M. Darlehn, zu 5% jährlich in vierteljährlichen je an den Quartalstagen fälligen Raten nach 3monatiger Kündigung rückzahlbar, für Anna Heyn eingetragen 1. Juni 1894.

II. **Die Anmeldungen** ergeben:

1. Der Gutsknecht Fritz Fix hat einen Lohnrückstand aus der Zeit vom 1. Jan. bis März 1904 mit 20 M. angemeldet.
2. der Gemeindevorsteher Thietke in Zachow meldet für die Gemeindekasse daselbst an:
   a) Rentenbankrentenrückstände für die Zeit vom 1. Okt. 1903 bis 1. April 1904 mit . . . . 6 M. 20 Pf.
   b) Gemeindesteuern für die Zeit vom 1. Juli 1903 bis 1. April 1904 mit . . . . 8 „ 80 „
   zusammen 15 M. — Pf.
3. Der August Fiedler hat für seine Post Abt. III Nr. 1 von 3000 M. keine Rückstände angemeldet.

4a. Der Wilhelm Müller hat für seine Post Abt. III Nr. 2 von 1500 M. die 4% igen Zinsrückstände für die Zeit vom 1. April bis 31. Dez. 1903 mit 45 M. angemeldet.

4b. In dem Versteigerungsantrag sind von der Post Abt. III. Nr. 4 67 M. 50 Pf. rückständiger Zinsen und 50 M. Kosten aufgeführt.

5. Ferner hat der Vorstand der Feuerversicherungsgesellschaft zu Brandenburg, der Direktor Müller, den am 1. Jan. 1903 fällig gewordenen Feuerversicherungsbetrag pro 1. Okt. 1903 bis 1. Jan. 1904 angemeldet u. z. mit 50 M.
6. Endlich hat der Hüfner Dummreich ein laut Schuldschein (ohne hypothekarische Sicherung) zum Zwecke eines Stallbaues dem Schuldner hingegebenes seit dem 1. Okt. 1899 fälliges Darlehn angemeldet: mit 1000 M.
7. Der Altsitzer Sasse hat angezeigt, daß seine Altenteilsleistungen für 6 Monate im Voraus bereits entrichtet sind.

III. a) **Werden nun zur Feststellung des geringsten Gebots** zunächst die Eintragungen und Anmeldungen dahin geprüft, ob die **eingetragenen Berechtigten und die anmeldenden Berechtigten überhaupt Beteiligte** im Sinne des § 9 des Reichsges. und Art. 1—3 des preuß. Ausf.Ges. sind, so zeigt sich ohne weiteres: Daß die **eingetragenen** Berechtigten nach § 9 Nr. 1 des Reichsges. „Beteiligte" sind, auch rücksichtlich der angemeldeten Zinsrückstände (II, 4a b).

Von den **anmeldenden** Berechtigten erweist sich der Lohnrückstandsberechtigte Fix (II 1) sofort als ein „Liedlohnberechtigter" im Sinne des § 9 Ziff. 2 des Reichsges. (Teil I S. 16 unter b), die Rentenbank (II, 2 a) und die Gemeinde Zachow (II, 2 b) sind sofort als öffentlichrechtliche „Anspruchsberechtigte mit dem Rechte auf Befriedigung aus dem Grundstücke" im Sinne des § 9 Ziff. 2 des Reichsges., Art. 3 Abs. 1 bezw. Art. 2 Abs. 1 des preuß. Ausf.Ges. erkennbar.

Die anmeldende Feuerversicherungsgesellschaft (II 5) aber ist keine „Körperschaft des **öffentlichen** Rechts" im Sinne des § 9 Ziff. 2 des Reichsges., Art. 2 Ziff. 3 des preuß. Ausf.Ges. Ihre Anmeldung ist daher offensichtlich ebenso unbegründet wie die Anmeldung des Privatgläubigers Dummreich (II 6), der als solcher weder unter § 9 Ziff. 1 noch § 9 Ziff. 2 des Reichsges. subsummiert werden kann. Beide Anmelder können daher bei der Versteigerung nicht beteiligt sein.

b) **Die nun aus § 10 des Reichsges. zur Prüfung** und Beantwortung gelangende Rechtsfrage, in welcher Rangordnung im **allgemeinen** die angemeldeten Rechte zu II und die eingetragenen Rechte zu I zu gruppieren sind, ergibt: daß zunächst allen Rechten vorweg:[6])

A. Die Gerichtskasse mit der Gerichtskostenrechnung einzustellen ist, und zwar vorliegend mit einem Betrage von 133 M.

B. Sodann erst folgen die Klassen 1—8 des § 10 des Reichsges., von denen die Klasse 1 vorliegend vakat.

Der Klasse 2 ist zugehörig nur der Liedlohnberechtigte Fix[7]) mit 20 M.

Der Klasse 3 sind angehörig, da sie, wie ihre Anmeldungen zeigen, „Anspruchsberechtigte auf Entrichtung öffentlicher Lasten des Grundstücks"[8]) sind,
die Rentenbank (II, 2 a) mit 6 M. 20 Pf.,
die Gemeinde Zachow (II, 2 b) mit 8 M. 80 Pf.

Im übrigen siehe darüber, daß auch für jene bestehen bleibende **Hauptrechte**, auch diejenigen, welche subjektiv persönliche und an die **Lebensdauer** der Berechtigten gebunden, stets von Amts wegen im geringsten Gebot — für den möglichen Fortfall jener Rechte — eine Ersatzzahlung festzustellen ist, Teil I S. 41 u. 42 und vorstehende Anleitung S. 105 unter β!

[6]) Teil I S. 22 unter II A. [7]) Teil I S. 24. [8]) Teil I S. 24.

Die Klasse 4[9]) endlich folgt und umfaßt die 5 Eintragungen der 3. Abteilung, wie vorstehend unter I zusammengestellt ist.

Die Klassen 5—8 vakant, denn der betreibende Gläubiger ist als eingetragener Hypothekengläubiger ja schon in Klasse 4 rangierend,[10]) und ältere als zweijährige Rückstände der eingetragenen Rechte sind nicht angemeldet.

c) **Soll nunmehr aus der Feststellung des Kreises der „Beteiligten" und ihrer Rangordnung** an sich die Feststellung des **konkreten** geringsten Gebots gewonnen werden, so bedarf es noch:

α) der Fixierung der Rangstelle des betreibenden Gläubigers, von welcher aufwärts ja die seinem Rechte vorgehenden Rechte sichtbar werden;

β) der Fixierung des Moments der Wirksamkeit der Beschlagnahme, um von jenem Momente vorwärts (von Amtswegen ohne Anmeldung) die laufenden[11]) Beträge der wiederkehrenden Hebungen der Hauptansprüche, und zwar bis 2 Wochen nach dem Versteigerungstermine mit dem Range des Hauptanspruchs[12]) einzustellen; und um von jenem Momente rückwärts bis zu 2 Jahren die Rückstände der wiederkehrenden Hebungen, also vorliegend die rückständigen Hypothekenzinsen, allerdings auf Anmeldung (die aber nie glaubhaft zu machen ist)[13]) mit dem Range des Hauptanspruchs im geringsten Gebot einzufügen;

γ) der Prüfung der Grundbuchblattabschrift daraufhin, ob Rechte eingetragen sind, welche auf Grund des § 9 des Einf.Ges. und Art. 6 des preuß. Ausf.Ges. zum Reichsges. zunächst ohne weiteres bestehen bleiben, auch wenn sie dem Rechte des betreibenden Gläubigers rangmäßig nachstehen (vgl. Teil I S. 33, 34).

Vorliegend zeigt sich nun:

Zu α) daß der Hypothekengläubiger der Post Abt. III Nr. 4 Wilhelm Schulze betreibender Gläubiger ist;

Zu β) daß die Beschlagnahme durch Zustellung des Einleitungsbeschlusses an den Schuldner am 5. Jan. 1900 (frühestens)[14]) wirksam geworden ist, und daß der Versteigerungstermin am 17. März 1900 erfolgt.

Zu γ) daß in Abt. II unter 2 ein Wohnungsrecht für Anna Müller — rangmäßig nach dem Rechte des betreibenden Gläubigers — eingetragen ist.

Es ergibt sich daher die **konkrete** Feststellung des geringsten Gebots (§ 44 des Reichsges, Teil I S. 33 ff.) dahin:

Durch das geringste Gebot im weiten Sinne müssen als dem Rechte des betreibenden Gläubigers Schulz im Range **vorgehende** bezw. nach § 9 des Einf.Ges., Art. 6 des Ausf.Ges. zunächst bestehen bleibende Rechte **gedeckt** sein:

Aus der Klasse I die Gerichtskosten mit 133 M.

Aus der Klasse II der Liedlohn mit 20 M.

Aus der Klasse III die öffentlichen Lasten mit 15 M.

Aus der Klasse IV Abt. II Nr. 1 das Altenteil, Nr. 2 das Wohnungsrecht. Abt. III Nr. 1 das Kapital von 3000 M. mit 33 M. 75 Pf. laufenden Zinsen; Nr. 2 das Kapital von 1500 M. mit 45 M. rückständiger, 15 M. laufenden Zinsen, also zusammen mit 60 M. Zinsen; Nr. 3 das Kapital von 1000 M. (unverzinslich).

Die Art der Deckung der dem Anspruch des betreibenden Gläubigers vorgehenden Rechte muß jedoch den §§ 44, 45, 49, 52 des Reichsges.[15]) gemäß, wie folgt geschehen:

Da die Last der Abt. II unter 1 und die Hauptansprüche der Lasten der Abt. III unter 1—3 nicht auf Barzahlung gerichtet sind, so muß rücksichtlich dieser Rechte die Feststellung erfolgen, daß das Bestehenbleiben dieser Rechte als Versteigerungsbedingung gestellt wird.

Die Ansprüche in Klassen I, II, III und die Nebenansprüche der Lasten Abt. III unter 1 und 2 in Klasse IV sind dagegen auf Barzahlung gerichtet, um deswillen ist zu bestimmen, daß die Barzahlung jener einzelnen Anspruchssummen, welche zusammen 261 M. 75 Pf. betragen, zu erfolgen hat.

---

[9]) Teil I S. 25—28. [10]) Vgl. Teil I S. 28. [11]) Vgl. Teil I S. 28 und 38.

[12]) Wie schon im Teil I erwähnt, läßt § 47 des Reichsges. jene laufenden Beträge „für die Zeit bis zum Ablauf von zwei Wochen nach dem Versteigerungstermin decken, da die Verkündung des Zuschlags sich verzögern kann.

[13]) Vgl. Teil I S. 38 unter 2. [14]) Vgl. Teil I S. 9 und S. 99 Anm. 4. [15]) Vgl. Teil I S. 32.

Das geringste Gebot im Sprachgebrauch des Reichsgesetzes oder im engen Sinne[16]) beträgt also hoc in casu 261 M. Unser an der Hand des preußischen Formulars Nr. 12 aufgebautes Protokoll-Beispiel S. 126—129 c muß daher bei dem vorstehend angenommenen Sachverhalt nach der Grundbuchblattabschrift und den Anmeldungen, **das geringste Gebot im weiten Sinne in folgenden 2 Abschnitten darstellen:**

I. **Geringstes Gebot** (im engen Sinn). Das geringste Gebot ergibt sich aus der nachstehenden Aufstellung der bar zu zahlenden Beträge:

a) der an die Gerichtskasse zu zahlenden Gerichtskosten im Betrage von	133	M.	— Pf.
b) des an den Knecht Fritz Fix zu zahlenden Lohnrückstandes von	20	„	— „
c) der an die Rentenbank zu zahlenden Rentenbeträge von .	6	„	20 „
d) der an die Gemeinde in Zachow zu zahlenden Steuern von	8	„	80 „
e) der an August Fiedler zu zahlenden laufenden Zinsbeträge von	33	„	75 „
f) der an Wilhelm Müller zu zahlenden rückständigen und laufenden Zinsbeträge	60	„	— „
Der bar zu zahlende Teil des geringsten Gebots beträgt hiernach im ganzen	261	M.	75 Pf.

Versteigerungsbedingungen. Die folgenden (dem Rechte des betreibenden Gläubigers rangmäßig vorgehenden bezw. nach § 9 des Einf.Ges. und Art. 6 des Ausf.Ges. zunächst bestehen bleibenden), bei der Feststellung des geringsten Gebots (im weiten Sinne) berücksichtigten Rechte, bleiben als Teil des geringsten Gebots bestehen:

a) Abt. II Nr. 1 das Altenteil für Gottlieb Sasse,
b) Abt. II Nr. 2 das Wohnungsrecht für Anna Müller,
c) Abt. III Nr. 1 3000 M. für August Fiedler,
d) Abt. III Nr. 2 1500 M. für Wilhelm Müller,
e) Abt. III Nr. 3 1000 M. für Gottfried Fritzsche

nach Maßgabe der angegebenen Zahlungs- und Verzinsungsbedingungen.

IV. **Der Inhalt dieses geringsten Gebots (im weiten Sinne) bedarf aber noch einer Ergänzung mit Rücksicht auf das Wesen einzelner im geringsten Gebot berücksichtigter Rechte.**

α) Unter diesen Rechten ist zunächst die Post Abt. III Nr. 3 von 1000 M. Grundschuld für Gottfried Fritzsche bedingt (von Ablegung des ersten theologischen Examens durch Fritzsche bis 1. Juli 1905). Ist aber eine bestehen bleibende Kapitalforderung des geringsten Gebots nicht unbedingt haftend, dann muß, wie im Teil I S 38—42 dargelegt ist, für den Fall des Fortfallens jener Kapitalforderung gemäß § 50 des Reichsges. eine Ersatzzahlung des Erstehers in Höhe der zunächst zu übernehmenden bedingten Kapitalforderung unter den Zins- und Zahlungsbedingungen der letzteren festgestellt werden; geschieht dies nicht, so würde ja der Ersteher bei Nichteintritt der Bedingung jener Kapitalsforderung und Fortfall der letzteren in Höhe ihres Betrages bereichert sein (und zwar auf Kosten des erst ausfallenden Hypothekengläubigers event. des Subhastaten, welchem ein Überschuß des Meistgebots über die Summe der Realrechte gebührt).

Es ist sonach vorliegend — im Protokoll-Beispiel S. 128 unter f 6 in — Ergänzung des geringsten Gebots festzustellen:

Sofern die Bedingung der Grundschuld [17]) Abt. III Nr. 3 von 1000 M., daß der Gläubiger Gottfried Fritzsche das erste theologische Examen bis zum 1. Juli 1905 besteht, ausfällt, hat der Ersteher am 1. Juli 1905 bar 1000 M. zu zahlen.

β) Im geringsten Gebot sind ferner ein Altenteil für Gottlieb Sasse (geb. 1. Okt. 1840) und ein Wohnungsrecht für Anna Müller (37 Jahre alt) eingestellt.

Diese von der Lebensdauer der Berechtigten in ihrem Fortbestande bedingten Reallasten haben mit der bedingten Hypothek Abt. III Nr. 3 von 1000 M. sonach die Eigenschaft gemein, daß auch sie nicht unbedingt haftende Lasten sind. Aber anderer-

[16]) Vgl. S. 32. [17]) Vgl. hier auch S. 40 Anm. 13.

seits — wie gleichfalls im Teil I S. 42 dargelegt ist — unterscheiden sich jene Reallasten von andern bedingten Rechten dadurch, daß ihr Fortfall **nur bis zur Verkündung des Zuschlags** eine Wertserhöhung des Grundstücks schafft, welche den an diesem realiter und zunächst aus dem baren Versteigerungserlöse nicht befriedigten Berechtigten zu Gute kommt; daß aber der sichere Fortfall jener Reallasten **nach Verkündung des Zuschlags** ein von dem Ersteher bei Bezifferung seines Gebots berechnetes Ereignis ist, das daher weder eine bezügliche Bereicherung noch eine bezügliche Ersatzpflicht des Erstehers bewirken kann (siehe hier vor allem die Anm. 15 S. 42 Teil I!).

Es sind daher vorliegend — im Protokollbeispiel S. 128 unter 7 u. 8— in Ergänzung des geringsten Gebots rücksichtlich der 2 Reallasten des Sasseschen Altenteils und des Müllerschen Wohnungsrechts gemäß §§ 50 u. 51 des Reichsges. folgende Feststellungen zu treffen.

Fällt das Altenteil des Gottlieb Sasse **bis** zur Verkündung des Zuschlags fort, so hat der Ersteher noch 1275 M. zu zahlen, mit 4% vom Zuschlage an zu verzinsen und 3 Monate nach Kündigung zurückzuzahlen.

Fällt das Wohnungsrecht der Anna Müller bis zur Verkündung des Zuschlags fort, so hat der Ersteher noch 300 M. zu zahlen, mit 4% vom Zuschlage an zu verzinsen und 3 Monate nach Kündigung zurückzuzahlen.

Diese 2 Summen entsprechen je den Kapitalswerten der beiden Lasten, welche Kapitalswerte zugleich je die Wertbeträge wiedergeben, um welche sich das Grundstück beim Fortfall der beiden Lasten bis zum Zuschlage erhöhen würde.

Der Kapitalswert des Altenteils ist hierbei — wie die Darlegung Teil I S. 41 zeigt — der herrschenden Ansicht gemäß, nach der wahrscheinlichen Lebensdauer des Altsitzers und dem Jahreswert des Altenteils von 100 M. bestimmt; der Altsitzer ist am 1. Okt. 1840 geboren, hat sonach noch $12\frac{3}{4}$ wahrscheinlich zu leben, der Kapitalswert des Altenteils beträgt deshalb $12\frac{3}{4} \times 100 = 1275$ M.

Bei der erst 37 Jahre alten Wohnungsberechtigten Anna Müller würde die wahrscheinliche Lebensdauer über 25 Jahre liegen, es darf deshalb in Hinblick auf § 121 des Reichsges. der Kapitalswert des Wohnungsrechts nur auf $25 \times$ seines Jahreswerts von 12 M. = 300 M. festgesetzt werden (s. Anm. 16 S. 151!).

γ) Das Müllersche Wohnungsrecht Abt. II erfordert aber endlich noch eine dritte Ergänzung der Versteigerungsbedingungen des geringsten Gebots.

Das Wohnungsrecht ist erst am 1. Mai 1899 eingetragen. Es steht deshalb gemäß § 879 BGB, §§ 10 Ziff. 4, 11 des Reichsges. allen Rechten der III. Abteilung im Range nach, die insgesamt vor dem Wohnungsrecht intabuliert sind. Wenn dessenungeachtet zunächst das Wohnungsrecht im geringsten Gebot als bestehen bleibend aufzuführen war, so geschah dies, wie erwähnt, auf Grund jenes „speciale beneficium legis" des § 9 des Einf.Ges. zum RZVG. und Art. 6 des preuß. Ausf.Ges. zum RZVG., welches — wie im Teil I S. 33, 34 dagelegt ist — die in jenen Gesetzesvorschriften aufgeführten Rechte **zunächst** ohne weiteres bestehen bleiben läßt, auch wenn jene Rechte dem des betreibenden Gläubigers nachstehen. Endgiltig bleiben jene Rechte indessen nur unter der Voraussetzung bestehen, daß gleich- oder vorstehende Rechte dadurch nicht benachteiligt werden. Hierüber aber entscheidet — S. 34 Teil I — der Erfolg eines doppelten Ausgebots mit oder ohne Übernahme jener durch § 9, Art. 6 cit. bevorzugten Rechte, sobald ein diesen Rechten gleich- oder vorstehender Realberechtigter den Antrag stellt, das Grundstück nicht nur mit, sondern auch ohne Übernahme jener ex lege zunächst durch Einstellung im geringsten Gebote bevorzugten Rechte auszubieten.

In dem Beispielsfalle S. 128 unter 9 hat nun erklärlicherweise der betreibende Gläubiger Wilhelm Schulze den Antrag gestellt, auch ohne Übernahme des seinem Rechte nachstehenden Wohnungsrechts das Grundstück auszubieten.

In Ergänzung des geringsten Gebots ist deshalb in dem Protokoll-Beispiel S. 128 unter 9 noch festzustellen gewesen:

Auch ohne Übernahme der Last Abt. II Nr. 2 dürfen Gebote abgegeben werden; jedoch nur, wenn durch das Fortbestehen jener Last das Recht des Antragstellers Wilhelm Schulze beeinträchtigt wird. } § 66 des Reichsgesetzes.

B.

Nachdem nun die auf dem Deckungsprinzip beruhende wichtigste gesetzliche Versteigerungsbedingung, also das geringste Gebot im weiten Sinne[18]) festgestellt[19]) worden, ist im Versteigerungstermin der Zeitpunkt erreicht, in welchem über eine Änderung des geringsten Gebots in seiner gesetzmäßigen Gestaltung sowie über eine Abänderung der **anderen gesetzlichen Versteigerungsbedingungen** verhandelt werden kann.

Diese anderen gesetzlichen Versteigerungsbedingungen, welche im materiellrechtlichen Teil I im Paragraphen 10 S. 44—48 zusammengestellt sind, bedürfen, wenn sie **nicht abgeändert werden, keiner protokollarischen Fixierung,** sie gelten ohne weiteres der Verhandlung zu Grunde liegend, auch wenn über sie nicht ausdrücklich verhandelt wird.

Allein die **Beteiligten können** ja die gesetzlichen Versteigerungsbedingungen und zwar, wie erwähnt, einschließlich derjenigen des geringsten Gebots abändern:

a) Wir erinnern uns hier, daß bei **Zustimmung aller** Beteiligten (s. S. 49, 50) die Abänderung der gesetzlichen Versteigerungsbedingungen keine Schwierigkeiten bietet. Der Zustimmung aller Beteiligten ist gemäß in Abänderung der einzelnen gesetzlichen Versteigerungsbedingung, die dafür consensu omnium festgestellte Versteigerungsbedingung aufzustellen (vgl. S. 50).

b) Indessen **auch ein einzelner Beteiligter** kann — vgl. S. 49 — den Antrag auf Abänderung der einzelnen gesetzlichen Versteigerungsbedingung nach Maßgabe des § 59 des Reichsges. stellen.

Wird ein solcher Antrag gestellt, so erwächst auf Grund des § 59 dem Vollstreckungsgericht

1. zunächst die Pflicht der Prüfung, ob die beantragte Änderung einer gesetzlichen Versteigerungsbedingung offensichtlich einen Eingriff in das Recht e i n e s andern Beteiligten enthält,

(z. B. es soll in Abänderung des § 57 des Reichsges. das vermietete Grundstück sofort mietsfrei versteigert werden).

Ist dies der Fall, so liegt dem Vollstreckungsgericht zunächst die Pflicht der protokollarischen Feststellung ob, daß jener andere Beteiligte der beantragten Abänderung zustimmt oder nicht.

Wird die Zustimmung nicht erteilt, so ist ohne weiteres der Antrag auf Abänderung der gesetzlichen Versteigerungsbedingung als unzulässig zu protokollarischer Feststellung zu verwerfen.

---

[18]) Vgl. über diese Bezeichnung S. 32.

[19]) Mit Recht wird in der Praxis stets das sogen. geringste Gebot im weiten Sinne der gesetzlichen Bestimmung der §§ 44, 45, 49, 52 des Reichsges. gemäß **zunächst** fixiert, selbst wenn seine Abänderung mit Zustimmung aller Beteiligter in Aussicht gestellt ist; und dann erst in eine Verhandlung über eine Abänderung aller gesetzlichen Versteigerungsbedingungen einschließlich der des geringsten Gebots im weiten Sinne eingetreten, die oft schließlich scheitern.

Wird die Zustimmung jenes einen Beteiligten aber erteilt, dann hat

2. das Vollstreckungsgericht — **regelmäßig** — vgl. S. 49, 50, die Vornahme des sogen. **Doppelausgebots** protokollarisch festzustellen, also zu protokollieren: daß einmal ausgeboten wird unter den bereits fixierten gesetzlichen Versteigerungsbedingungen, daß aber auch ausgeboten wird unter den geänderten Versteigerungsbedingungen; (ob die letzteren zur Feststellung gelangen, darüber ist dann — wie wir S. 50 gesehen — im Zuschlag zu entscheiden.)

3. Nur **ausnahmsweise** wird — wie S. 49 unter II a schon erwähnt — auf Antrag eines Beteiligten die Abänderung einer gesetzlichen Versteigerungsbedingung **ohne weiteres** statthaft sein. (Vgl. übrigens auch S. 51 ff.)

Nunmehr, nachdem „nach Anhörung der anwesenden Beteiligten" die Versteigerungsbedingungen insgesamt festgestellt worden, folgt:

6.
„Die Verlesung der erfolgten Feststellungen".

Diesen verlesenen Feststellungen, für deren vollständiges Verständnis rechtsunkundige Forensen auf die vorangegangene Bekanntgabe der bereits erfolgten Anmeldungen hinzuweisen sind, soll einen abschließenden endgiltigen Inhalt gewähren, nunmehr:

7.
„Der vom Gericht auszusprechende Hinweis auf die bevorstehende Ausschließung weiterer Anmeldungen".

Beispiel S. 128 unter A h.

Dieser Hinweis ist nicht nur instruktionell angeordnet; unterbleibt er, so ist das ganze Verfahren, wie die §§ 83 Abs. 4, 84 des Reichsges. zeigen, relativ nichtig.

Unterbleibt aber andererseits auch in diesem Zeitabschnitt zwischen ausgesprochenem Hinweis und Aufforderung zum Bieten die Anmeldung eines Rechts, oder wird ein Recht jetzt zwar angemeldet, aber seine Glaubhaftmachung unterbleibt auch jetzt noch trotz Widerspruch des betreibenden Gläubigers, dann verliert das Recht seinen Rang derart, daß es hinter der achten Rangklasse des § 10 des Reichsges. erst rangiert, es mag das Recht an sich in das geringste Gebot oder außerhalb desselben z. B. in die vierte Rangklasse gehören.

Ein Liedlohnberechtigter der zweiten Rangklasse des § 10 des Reichsges. könnte z. B. noch nach dem Hinweis **vor** Aufforderung zur Gebotabgabe seinen Liedlohnanspruch anmelden und bei Widerspruch des betreibenden Gläubigers glaubhaft machen. Sein Anspruch ist dann noch in das geringste Gebot einzustellen; unterbleibt aber seine Anmeldung oder seine Glaubhaftmachung jetzt, dann kann der Liedlohnanspruch nur noch hinter der achten Rangklasse, also nicht nur hinter allen eingetragenen Rechten, sondern auch hinter den über zweijährigen Rückständen der letzteren berücksichtigt werden, wird somit sehr oft ausfallen.[20])

Die auf den Hinweis auf die bevorstehende Ausschließung weiterer Anmeldungen, jedoch vor Aufforderung zur Abgabe von Geboten, erfolgenden ferneren Anmeldungen können sonach die bereits getroffenen und verlesenen Feststellungen des geringsten Gebots wie der Versteigerungsbedingungen ändern.

---

[20]) Vgl. S. 37 Anm. 11.

Die nachträglich geänderten Feststellungen müssen selbstverständlich von neuem zur Verlesung und durch einen erneuten Hinweis auf bevorstehende Ausschließung weiterer Anmeldungen zum Abschluß gebracht werden. In der Praxis ist dies vielfach übersehen worden. § 66, §§ 67—72 des Reichsgesetzes.

Mit dem letztgedachten Hinweis[21]) schließt der erste Abschnitt des Versteigerungstermins.

II.

Der zweite Abschnitt des Versteigerungstermins.

1.

Die Aufforderung des Gerichts zur Abgabe der Gebote (§§ 67—72).

Beispiel S. 128 unter B a.

Die Protokollangabe.

Der Zeitpunkt der Aufforderung zur Abgabe von Geboten (§§ 66 Abs. 2, 73 des Reichsges.) ist durch Stunden- und Minutenangabe genau zu Protokoll zu fixieren; denn zwischen diesem Zeitpunkte muß „mindestens eine Stunde" liegen, bis zum Zeitpunkt, „in welchem bezüglich sämtlicher (— also nicht bezüglich jedes einzelnen von **mehreren** —) zu versteigernder Grundstücke die Versteigerung geschlossen wird". Auch dieser letztere Zeitpunkt ist daher durch Stunden- und Minutenangabe protokollarisch festzulegen.

Diese einstündige Versteigerungsfrist muß unweigerlich voll gewahrt werden. Ist das nicht geschehen, so ist das ganze Verfahren absolut nichtig (§ 83 Nr. 7 des Reichsges.).

Im preußischen Rechtsgebiete ist daher im Formular ZVN. 12 der Beginn des zweiten Terminabschnitts mit dem Vordruck: „Sodann forderte das Gericht um . . Uhr . . Minuten zur Abgabe von Geboten auf", der Schluß des Abschnitts mit dem Vordruck: „Um . . Uhr Minuten wurde der Schluß der Versteigerung verkündet" bezeichnet.

Das nach der ebengedachten Aufforderung abgegebene einzelne Gebot erfordert nun die sofortige Prüfung seiner Wirksamkeit und Zulässigkeit durch das Vollstreckungsgericht.

A. **Die bezügliche vollstreckungsgerichtliche Entscheidung** ist allerdings, wie aus § 79 des Reichsges. hervorgeht, noch nicht eine endgiltige, das Vollstreckungsgericht kann ein Gebot, welches schließlich das Meistgebot geworden, trotz seiner erfolgten Zulassung bei der Entscheidung über den Zuschlag noch als unwirksam oder unzulässig erachten.

---

[21]) Ist der **Hinweis unterblieben** und sind bereits nach Aufforderung zur Abgabe von Geboten solche abgegeben, so werden nunmehr erfolgende Anmeldungen allerdings noch zu berücksichtigen sein; hierfür spricht auch die Fassung des § 83 Ziff. 4 des Reichsges. Freilich werden die festgestellten Versteigerungsbedingungen von neuem aufgestellt und zu verlesen sein.

Ist aber der **Hinweis gesetzlich geschehen**, dann muß eine, nach Aufforderung zur Abgabe von Geboten und nach Abgabe der letzteren, nunmehr erst erfolgende Anmeldung unberücksichtigt bleiben. Eine Berücksichtigung einer solchen Anmeldung enthielte einen Verstoß gegen die Vorschriften über die Feststellung des geringsten Gebots und der Versteigerungsbedingungen. Gl. A. Fischer u. Schaefer, Anm. 1 zu § 83; a. M. Jaeckel, Anm. 8 zu § 83, welcher die Berücksichtigung einer verspäteten Anmeldung trotz vorangegangenen Hinweises noch zuläßt. Es fehlt aber eine gesetzliche Handhabe, welche die Durchbrechung eines **gesetzlichen** Verfahrens und damit eine Beseitigung der durch letzteres bereits rite und unanfechtbar eingetretenen Rechtskonsequenz rechtfertigen könnte.

Es ist hierbei aber zu beachten, daß bei Zurückweisung des letzten Gebots, also des Meistgebots, die ganze Versteigerung fruchtlos wird, wenn die dem letzten Gebote vorangegangenen Gebote erloschen sind.

Dies kann an sich den Versteigerungsrichter regreßpflichtig machen in Höhe der Differenz zwischen der geringeren Summe der neuen und der höheren Summe des früheren Meistgebots.

Erlöschen der Gebote.

In diesem Abschnitte der Abgabe von Geboten ist **daher zunächst zu berücksichtigen:**

Das einzelne Gebot **erlischt**

wenn ein Übergebot zugelassen wird,

wenn das Gebot selbst zurückgewiesen wird,

(wenn — dieser dritte Fall interessiert hier noch nicht — das Verfahren eingestellt oder der Termin aufgehoben wird).

Das einzelne Gebot erlischt aber **nicht**

wenn ein Übergebot zwar zugelassen ist, dieser Zulassung aber von einem Beteiligten sofort widersprochen ist,

wenn das Gebot selbst zwar zurückgewiesen ist, dieser Zurückweisung aber von dem Bieter selbst oder einem Beteiligten widersprochen ist (§ 72 des Reichsges.).

Das Vollstreckungsgericht hat daher, wie durch § 78 des Reichsges. zwingend geboten ist, wenn es auch zunächst nach Prüfung der Wirksamkeit und Zulässigkeit des einzelnen Gebots dieses zugelassen, die einzelnen Widersprüche nach jedem Gebot unter genauer Angabe des geltend gemachten Sachverhalts zu protokollarischer Feststellung zu prüfen.

Hat z. B. A 10 000 Mk., B 11 000 Mk., C 12 000 Mk. geboten, ohne daß ein Widerspruch erhoben und protokolliert ist, und wird erst vor der Entscheidung über Erteilung des Zuschlags die beschränkte Geschäftsfähigkeit des C festgestellt, so ist dessen Gebot nicht nur unwirksam, sondern auch sämtliche vorgehenden Gebote sind infolge der — widerspruchslosen — Zulassung des C'schen Übergebots erloschen. Der Zuschlag kann nicht etwa nunmehr dem B für 11 000 Mk. ohne weiteres erteilt werden.

War aber gegen die Zulassung des Gebots des C von 12 000 Mk. von einem Beteiligten — gleichviel aus welchem Grunde — Widerspruch erhoben und dieser protokolliert worden, so ist das Vollstreckungsgericht, wenn es nachträglich die Unwirksamkeit des Gebots des C festgestellt, nunmehr infolge des vorerwähnten Widerspruchs in der Lage, den Zuschlag dem B auf sein Gebot von 11 000 Mk. zu erteilen.

Die rechtliche Bedeutung der gedachten Widersprüche scheint in der Praxis bisher nicht voll gewürdigt zu sein.

Zurückweisung der Gebote.

B. **Die Zurückweisung des einzelnen Gebots** — welches sonst ohne weiteres, mangels einer Zurückweisung, als zugelassen gilt (§ 72 Abs. 1 Satz 2) — hat mithin sofort nach seiner Abgabe zu erfolgen, wenn es unwirksam ist.

Das Reichsgesetz spricht im § 71 Abs. 1 allerdings nur von einem „unwirksamen" Gebot, versteht aber hierunter — wie sich sofort zeigen wird — die Unwirksamkeit im weiten Sinne (also die Unwirksamkeit im engen Sinne und die Unzulässigkeit umfassend), wie aus § 44 in Verbindung mit § 71 ersichtlich ist.

§§ 67—72 des Reichsgeſ.

Ein Gebot ist danach sofort zurückzuweisen

Unwirksame Gebote.

a) **wenn es unwirksam ist.** Hier kommen in Betracht:

1. **der Mangel unbeschränkter Geschäftsfähigkeit**[1]) des Bietenden (§§ 104ff. des BGB.);

2. **der Mangel der Vertretungsmacht** des Bietenden, welcher für einen Dritten Gebote abgibt; und zwar ist die Vertretungsmacht durch öffentlich beglaubigte Urkunden sofort nachzuweisen, wenn jene Vertretungsmacht nicht gerichtskundig ist (vgl. S. 2 Anm. 1);

3. **der Mangel der** gleichfalls durch öffentlich beglaubigte Urkunden sofort nachzuweisenden, nach dem materiellen Recht **erforderlichen Zustimmung eines Dritten zu Erwerbshandlungen für letzteren**; so bedarf z. B. der Vormund der Zustimmung des Vormundschaftsgerichts gemäß § 1821 Abs. 4 BGB., wenn er ein Grundstück durch Zuschlag für sein Mündel erwerben will[2]); nicht minder bedürfen im preußischen Rechtsgebiete gemäß Art. 86, 88 des Einf.Ges. zum BGB. und Art. 7 des preußischen Ausf.Ges. zum BGB. und auf Grund des Ges. vom 4. Mai 1846 juristische Personen und Ausländer zum Grundstückserwerb der Zustimmung der Staatsbehörde;[3])

4. **der Mangel der Rechtswirksamkeit der Gebotsabgabe** als Willenserklärung, deren materiellrechtlicher Bestand das Fundament der richterlichen Zuschlagsentscheidung abgibt.

Dies wird in der Praxis oft nicht scharf genug erkannt, welche auffälliger Weise zu einer Art formalistischen Auffassung der einmal abgegebenen Gebotserklärung hinneigt.

Insbesondere der Irrtum.

Es kann nicht dem mindesten Zweifel unterliegen, daß die Willenserklärung der Gebotsabgabe, rücksichtlich ihrer Giltigkeit ganz den Bestimmungen der §§ 116ff. BGB. unterliegt, und daß der Vollstreckungsrichter insbesondere verpflichtet ist, vorgefallene, den Rechtsbestand eines Gebots berührende Irrtümer zu prüfen, festzustellen und zwar nötigenfalls durch eine bezügliche Eidesabnahme von dem Bietenden (vgl. Anm. 1 S. 2).

Die nicht selten auftauchende Ansicht, welche der abgegebenen Gebotserklärung gemäß die Zuschlagsverteilung unbedingt erfordert, und den bei seiner

---

[1]) Ehefrauen bedürfen selbstverständlich zum Zuschlagserwerb nicht mehr der Genehmigung des Ehemannes.

Nicht minder bekannt wird andererseits sein, daß der mit der Leitung der Versteigerung befaßte Richter und der zugezogene Gerichtsschreiber nicht bieten dürfen (§§ 456ff. BGB.).

[2]) Vater und Mutter bedürfen aber zu Geboten, welche sie kraft elterlicher Vertretung für ihre minderjährigen Kinder abgeben, nicht der vormundschaftsgerichtlichen Genehmigung (§§ 1643, 1684ff. BGB.), die Mutter freilich nur, wenn sie beistandfrei ist (§ 1690, vgl. aber auch §§ 1903, 1904 BGB.).

[3]) Können die gedachten öffentlich beglaubigten Urkunden im Versteigerungstermin nicht vorgelegt werden, so wird übrigens der Bieter zunächst für sich bieten, dann gemäß § 87 des Reichsges. den Antrag stellen, die Verkündung des Zuschlags auszusetzen und vor der Verkündung die öffentlich beglaubigten Urkunden nachträglich gemäß § 81 Abs. 2 beschaffen und zu den Akten bringen.

Gebotsabgabe in Irrtum 2c. befindlich gewesenen Bieter darauf verwiesen sehen will, den Rechtsbestand des Zuschlags im ordentlichen Rechtsstreite „gegen die Realinteressenten" anzufechten, ist vollständig rechtsirrtümlich. Die Entscheidung über den Rechtsbestand des Zuschlages hat das Reichsgesetz — die Motive lassen darüber nicht den geringsten Zweifel — der ordentlichen Prozeßinstanz entzogen und ausschließlich der Vollstreckungsinstanz, nötigenfalls der Beschwerde- und weiteren Beschwerdeinstanz zugewiesen.[3a])

Unzulässige Gebote.

b) **als unzulässig ist ein Gebot sofort zurückzuweisen:**

1. welches den festgestellten Versteigerungsbedingungen nicht entspricht, insbesondere das geringste Gebot (im weiten Sinne) [4]) nicht erreicht (§ 44 des Reichsges.).

2. für welches eine verlangte Sicherheitsleistung nicht geleistet wird (§§ 67 bis 70 des Reichsges.):

Die Sicherheitsleistung.

Die Voraussetzungen der Sicherheitsleistung.[5])

Der Antragsberechtigte.

a) **Berechtigt zu dem Antrage auf Sicherheitsleistung** ist nur ein Beteiligter, dessen Recht durch Nichterfüllung des Gebots, möglicherweise (dies genügt!), beeinträchtigt werden würde.

Dies trifft nicht zu:

für Beteiligte, deren Rechte einfach bestehen bleiben, ohne zugleich auf eine Barzahlung gerichtet zu sein, z. B. bestehen bleibende Grundgerechtigkeiten;

auch Beteiligte, deren Ansprüche aus dem abgegebenen Gebot nach dessen Höhe noch nicht zu einer Befriedigung gelangen, sind bei Nichterfüllung des Gebots noch nicht beeinträchtigt;

3a) Die vorstehende Darlegung wird auch in einer jetzt in Bd. 54 S. 308 abgedruckten Entscheidung des Reichsgerichts vertreten.

4) Vgl. S. 32.

5) Die Übergabe der geleisteten Sicherheit an das Gericht hat die Wirkung der Hinterlegung (§ 69 Abs. 2 des Reichsges.).

Die Sicherheit wird zur Sicherung der Erfüllung des Bargebots geleistet. Die Rechtsverhältnisse einer Sicherheit, welche der — schließlich — meistbietende Ersteher geleistet, sind nach der Art der hingegebenen Sicherheit verschieden. Eine in Geld bestehende Sicherheit wird man nach den Motiven S. 279 als eine vom Ersteher auf den Grundstückspreis geleistete Zahlung anzusehen haben. An einer in Wertpapieren bestehenden Sicherheit ist aber gemäß § 233 BGB. dem Beteiligten, d. h. den Subhastaten **und den hebungsberechtigten Beteiligten** (vgl. Teil I S. 58, 59), ein Pfandrecht entstanden.

Die in Wertpapieren bestehende Sicherheit ist bei Nichtzahlung des baren Meistgebots auf Anordnung des Vollstreckungsgerichts durch den Gerichtsvollzieher zu verkaufen, und zwar nach Maßgabe der Vorschriften über die Zwangsvollstreckung (vgl. § 821 CPO., § 108 des Reichsges.).

Der Erlös, welchen der Gerichtsvollzieher an das Vollstreckungsgericht abzuliefern hat, ist im Verteilungstermin noch zu verteilen, falls dieser noch nicht beendet oder vertagt ist; anderenfalls muß im Verteilungstermin schon der Hebungsberechtigte festgestellt sein (vgl. hier schon unseren Paragraph 24); an diesen ist dann auf Anweisung des Gerichts der Erlösbetrag auszuzahlen, wenn er nicht etwa aus Hinderungsgründen, welche die Auszahlung von Erlösbeträgen überhaupt hemmen zu hinterlegen ist.

Übrigens sei hier noch darauf hingewiesen, daß gemäß § 10 Nr. 2 des Einf.Ges. z. RZVG. und Art. 10 des Preuß. Ausf.Ges. z. RZVG. eine Sicherheitsleistung durch Bürgen nur in dem Zwangsversteigerungsverfahren über rheinische Liegenschaften statthaft ist.

ebenso ist der Subhastat bei Nichterfüllung des Gebots erst dann beeinträchtigt, wenn er entweder für die durch das Gebot gedeckten Ansprüche persönlich haftet, oder aus dem Überschuß des Gebots über die Summe der Ansprüche der Beteiligten einen Betrag zu erwarten hat. §§ 67—72 des Reichsges.

Verpflichtet zur Sicherheitsleistung für sein Gebot ist regelmäßig jeder Bieter. Der Verpflichtete.

Eine absolute Befreiung von der Sicherheitsleistungspflicht besteht: Die Befreiungen.

nach § 67 Abs. 3 des Reichsges. für das Reich, die Reichsbank, einen Bundesstaat, den Bieter desjenigen Gebots, soweit zu dessen Erfüllung sich ein Dritter nach § 61 des Reichsges., bereits unter Sicherheitsleistung, verpflichtet hat (vgl. Teil I S. 52);

im preußischen Rechtsgebiete nach Art. 9 des Preuß. Ausf.Ges. zum RZVG. für Gemeinden, andere Kommunalverbände, landschaftliche, ritterschaftliche, städtische, provinzielle Kreditanstalten, öffentliche Sparkassen.

Eine relative Befreiung von der Sicherheitsleistungspflicht besteht:

für Bieter, welchen eine durch das Gebot ganz oder teilweise — also selbst zu meine ganz geringen Betrage — gedeckte Hypothek, Grundschuld oder Rentenschuld zusteht, insofern, als diese Bieter nur auf Antrag des betreibenden Gläubigers Sicherheit zu leisten haben.

Solche Bieter sollen sich möglichst leicht herausbieten können, und hierbei nur durch das auf seinen Antrag zu sichernde Befriedigungsbegehren des betreibenden Gläubigers beschränkt sein (§ 67 Abs. 2 des Reichsges.).

Der Eigentümer oder neue Eigentümer des zu versteigernden Grundstücks genießt aber — selbst wenn ihm am letzteren eine Grundschuld zusteht — jene relative Befreiung nicht.

Die Höhe der Sicherheit besteht regelmäßig in dem Zehntel des Betrages des Bargebots. Die Höhe und Art der Sicherheitsleistung.

Ist aber die Gerichtskostensumme höher als das Zehntel des Bargebots, so ist jene Summe als Sicherheit zu hinterlegen (§ 68 Abs. 1 des Reichsges.).

Eine ausnahmsweise Erhöhung des gewöhnlichen Betrages der Sicherheit **tritt ein:**

a) **auf Antrag eines Beteiligten,** dessen Recht im geringsten Gebote bestehen bleibt; jedoch nicht in Rücksicht auf dieses selbst oder gar in Rücksicht auf andere bestehen bleibende Rechte; da der Bestand dieser Rechte unberührt bleibt, so sind diese auch nicht zu sichern; wohl aber ist die Sicherheit jedes dieser Rechte dann gefährdet, wenn Barbeträge des geringsten Gebots die dem einzelnen bestehen bleibenden Rechte rangmäßig vorgehen, und deshalb vor demselben zur Befriedigung gelangen müssen, also z. B. der Liedlohn, laufende und rückständige Zinsen vorgehender Hypotheken vom Ersteher in der Erlösverteilung nicht berichtigt werden und daher bis zu einer erneuten Versteigerung ziffernmäßig höher werden. Um deswillen ist jeder Beteiligte, dessen Recht im geringsten Gebot enthalten, berechtigt, vom einzelnen Bieter die Erhöhung der gewöhnlichen Sicherheitssumme bis zu dem Betrage sämtlicher, seinem Rechte vorgehenden, durch Barzahlung zu berichtigenden Ansprüche zu erfordern (§ 68 Abs. 2 des Reichsges.).

b) **Bietet der Eigentümer oder ein im Verfahren neu eingetretener Eigentümer,** so ist **der betreibende Gläubiger** berechtigt, eine Sicherheitsleistung bis zu dem vollen Betrage zu verlangen, welcher zur Zahlung des Anspruchs des betreibenden Gläubigers erforderlich ist (vgl. § 68 Abs. 3 des Reichsges.). Die richterliche Entscheidung auf Sicherheitsleistung.

Die Art der Sicherheitsleistung ist die der Hinterlegung von Geld oder von „inländischen", kurswertigen Inhaberpapieren mit Zinsscheinen, oder mit Blankoindossament versehenen Orderpapieren (§ 69 des Reichsges.)[7]). Die Papiere brauchen mithin nicht mündelsicher zu sein.

In Abweichung von § 234 BGB. kann mit dem ganzen Kurswert der Papiere Sicherheit geleistet werden. Für jede Sicherheitshinterlegung von Geld oder Papieren erfordert aber die Vorschrift des § 376 BGB. in Verbindung mit § 49 Abs. 3 des Reichsges., daß die Hinterlegung unter Ausschluß der Rücknahme geschieht.

Die Verpflichtung des Bieters zur Sicherheitsleistung entsteht aber nur, wenn: **„sofort"** nach Abgabe des Gebots von einem berechtigten Beteiligten der Antrag auf Sicherheitsleistung — der dann aber für alle ferneren Gebote des Bieters gilt — gestellt ist, und:

das Gericht — nie von Amtswegen, sondern auf jenen gestellten Antrag hin — sofort die Sicherheitsleistung durch Beschluß für erforderlich erachtet.[8])

Der Fall eines gleichzeitigen Gebots mehrerer Bieter.

e) **Eine Schwierigkeit** kann hier in der Gebotsabgabe der nur seltene Fall der gleichzeitigen Abgabe eines gleichen Gebots durch mehrere Bieter bereiten. Die zu treffende Entscheidung ist kontrovers. Die Einen wollen hier zwischen den Bietern das Loos entscheiden lassen; hierfür fehlt indessen eine ausreichende Gesetzesvorschrift bezw. Analogie, insbesondere kann der Spezialfall des § 659 Abs. 2 BGB. hier nicht ex analogia anwendbar sein. Andere wollen beide Gebote zurückweisen; dies erscheint annehmbar; auf das Versteigerungsgebot in seiner Totalität ist ein wirksames Gebot jedenfalls nicht bedenkenfrei zur Abgabe gelangt.

Selbstverständlich können zwei Bieter gemeinsam auf ein Grundstück bieten und gemeinsam den Zuschlag erhalten, zu dessen Erfüllung dann jeder als Gesamtschuldner entsprechend dem § 427 BGB. verpflichtet ist (Gl. A. Fischer u. Schaefer Anm. 9 zu § 81).

Der Abgabe der einzelnen Gebote folgt nun

2.

Der Aufruf des letzten Gebots.

Die frühestens nach Ablauf einer Stunde, seit der Aufforderung zur Abgabe von Geboten, vorzunehmende Verkündung des letzten Gebots durch dreimaligen Aufruf. (§ 73.)

Beispiel S. 128 unter B b.

Der **dreimalige Aufruf** des letzten Gebots macht auf den Schluß der Versteigerung aufmerksam.

Die meist in Laienkreisen bestehende Auffassung, daß nach dem dreimaligen Aufruf des letzten Gebots weitere nicht mehr abgegeben werden dürfen, ist zweifellos irrig.

Unbedenklich können auch nach dem dreimaligen Aufruf des letzten Gebots weitere abgegeben werden; denn mit dem dreimaligen Aufruf des letzten Gebots ist ja die Aufforderung des Gerichts zum weiteren Bieten zu verbinden. Freilich ist das nunmehr letzte Gebot wiederum durch dreimaligen Aufruf zu verkünden.

---

[7]) Der Antragsteller kann aber auch jede Sicherheitsart akzeptieren.

[8]) Zu beachten ist hier, daß bei Zurückweisung des Antrags auf Sicherheitsleistung und Zulassung des Gebots ohne Sicherheit das Verlangen der letzteren „als zurückgenommen gilt", wenn der Antragsteller „nicht sofort Widerspruch erhoben" (§ 70 Abs. 3 des Reichsges.); ex nobili officio judicis wird auf diese Rechtskonsequenz hinzuweisen sein!

Jetzt vor Verkündung des Schlusses der Versteigerung ist der Zeitpunkt erreicht, in welchem dem gewissenhaften Vollstreckungsrichter die Pflicht der Prüfung erwächst, ob die Vorgänge und Anträge der bisherigen Verhandlung vollzählig protokolliert sind und sofern dies bisher unterblieben, mit Rücksicht auf §§ 78, 80 des Reichsges. das Versäumte nachzuholen (siehe folgenden Abschnitt III unter 1). §§ 73, 74 des Reichsges.

Den Beteiligten aber erwächst in diesem Verhandlungsabschnitte die Pflicht, ihrerseits die Protokollierung bisher unprotokollierter Erklärungen und Anträge zu beantragen, um deren Rechtswirksamkeit zu erhalten.

3.

Die Verkündung des Schlusses der Versteigerung.

Verkündung des Versteigerungsschlusses.

Ist das letzte Gebot dreimal aufgerufen **und die Aufforderung des Gerichts, noch zu bieten, fruchtlos geblieben,** dann hat das Gericht endlich den **Schluß** der Versteigerung zu verkünden. Beispiel S. 129 unter B c.

Mit dieser Verkündung, welche, wie schon erwähnt, unter genauer Stunden- und Minutenangabe zu protokollieren ist, wird der Schluß der Versteigerung derart endgültig geschaffen, daß jede Abgabe eines weiteren Gebots gesetzlich unzulässig wird; ein nunmehr noch abgegebenes Gebot bedarf nicht einmal der Zurückweisung. Beispiel S. 129 unter B d.

III.

Der dritte Abschnitt des Versteigerungstermins.

1.

Die Entgegennahme der Erklärungen der anwesenden Beteiligten über den Zuschlag.

Beispiel S. 129 unter C a. Die Voraussetzungen der Erklärungen über den Zuschlag.

Der dritte Abschnitt des Versteigerungstermins beginnt mit den Erklärungen der „zu hörenden" anwesenden Beteiligten über den Zuschlag und deren Entgegennahme seitens des Gerichts (§ 74 des Reichsges.).

a) **Die formelle Voraussetzung jener Erklärungen** enthalten die §§ 78 und 80 des Reichsges. dahin: daß Vorgänge in dem Termine, die für die Entscheidung über den Zuschlag oder für das Recht eines Beteiligten in Betracht kommen, durch das Protokoll über den Versteigerungstermin festzustellen sind; und daß ferner „Vorgänge in den Versteigerungsterminen, die nicht aus dem Protokolle ersichtlich sind, bei der Entscheidung über den Zuschlag nicht berücksichtigt werden".

b) **Der materiellrechtliche, zulässige Inhalt der Erklärungen** dieses Terminsabschnitts wird aber durch die Vorschrift im § 81 Abs. 1 des Reichsges. gegeben: „Der Zuschlag ist dem Meistbietenden zu erteilen." Meistbietender aber ist derjenige, welcher das letzte „wirksame" Gebot auf Grund der festgestellten Versteigerungsbedingungen abgegeben hat. Das Recht des Meistbietenden auf den Zuschlag beruht sonach auch auf dem Inhalt der Versteigerungsbedingungen.

§ 75 des Reichsgesetzes, s. auch S. 77. § 76. des Reichsges. Sonderparagraph 32.

Die letzteren können daher durch Erklärungen der Beteiligten in diesem Terminsabschnitt nicht mehr geändert werden.

In folgenden **Ausnahmefällen** sind jedoch trotz Schluß der Versteigerung noch folgende Erklärungen und Erklärungen enthaltende Rechtsakte zulässig, welche teils das Existentwerden des Rechts auf Erteilung des Zuschlags hindern, teils die Versteigerungsbedingungen ändern.

Diese Erklärungen und Rechtsakte, welche der Praxis nicht unerhebliche Schwierigkeiten bereiten, lassen sich systematisch zusammenfassen als:

2.

Die Rechtsakte nach Schluß der Versteigerung.

Die ausnahmsweise „nach Schluß der Versteigerung zulässigen Rechtsakte".

a) **Die ausnahmsweise „nach Schluß der Versteigerung" bis zur Zuschlagsverkündung rechtlich möglichen Akte, welche Aufhebung oder Einstellung des Verfahrens** in Form „der Versagung des Zuschlags" erzielen (§§ 75, 76, 81, 82).

Hierher gehören:

Aufhebung und Schluß des Verfahrens in toto vel in parti.

α) Die Geltendmachung der Gründe, welche die Aufhebung oder Einstellung des ganzen Zwangsversteigerungsverfahrens gemäß § 33 des Reichsges. jetzt noch, nach Schluß der Versteigerung und zwar bis zur **Zuschlagsverkündung** erzielen können (Teil I S. 75—78).

Insbesondere ist noch wie vor, so nach Schluß der Versteigerung, die Befriedigung des betreibenden Gläubigers durch Zahlung seiner Anspruchssumme einschließlich der Kosten an das Gericht statthaft (vgl. S. 77). Im vorliegenden Terminsabschnitt ist dann in der Form der „Versagung des Zuschlags" (§ 57 des Reichsges.) das Verfahren einstweilen einzustellen.

β) Aufhebung oder einstweilige Einstellung in der Form der Versagung des Zuschlags brauchen aber nicht rücksichtlich des ganzen Zwangsversteigerungsverfahrens, können vielmehr nur in Bezug auf die Mitversteigerung eines einzelnen, einem Dritten gehörigen Gegenstandes beantragt und ausgesprochen werden;

z. B. rücksichtlich einer im Besitze des Schuldners befindlichen Sache, welche andernfalls gemäß § 55 Abs. 2 des Reichsges. unter Aufhebung des Eigentums des Dritten, dem Ersteher zugeschlagen wird (Teil I S. 46, 68).

Der dem § 37 Ziff. 5 des Reichsges. entsprechenden Fassung des öffentlichen Versteigerungspatents gemäß ist der dritte Sacheigentümer berechtigt, noch „vor Erteilung des Zuschlags" somit noch nach Schluß der Versteigerung die Aufhebung oder einstweilige Einstellung des Verfahrens rücksichtlich jenes einzelnen Gegenstands „herbeizuführen". Dies hat zu geschehen durch Vorlegung eines bezüglichen Aufhebungs- oder Einstellungsbeschlusses des Prozeßgerichts, in dringenden Fällen durch Extrahieren eines Aufhebungs- oder Einstellungsbeschlusses des Vollstreckungsgerichts, also des Subhastationsrichters selbst (vgl. Teil I S. 77).

Vertagung des Versteigerungstermins.

b) **Die ausnahmsweise „nach Schluß der Versteigerung" bis zur Zuschlagsverkündung zulässige Vertagung** der Versteigerung auf einen neu anzuberaumenden Versteigerungstermin in Form der Versagung des Zuschlags.

Ausnahmsweise kann ungeachtet des Schlusses der Versteigerung — indessen nur einmal — die Anberaumung eines neuen Versteigerungstermins in der Form der Versagung des Zuschlags in Antrag gebracht werden. (§ 77 des Reichsges. S. 75 unter 2, Seite 76 unter 3. §§ 78—87 des Reichsges.

Dieser Antrag ist nach Schluß der Versteigerung zwar noch statthaft, aber — was nicht übersehen werden darf — nicht bis zur Verkündung des Zuschlags, sondern nur **bis zum Schlusse des Versteigerungstermins.**

Die **Voraussetzungen** des Antrags sind (vgl. § 85 des Reichsges.):

α) daß derselbe von einem **Beteiligten** ausgeht, dessen Recht durch den Zuschlag beeinträchtigt wird.

Diese Voraussetzung kann auf den betreibenden Gläubiger, ihm gleich- oder nachstehende Beteiligte und den Grundstückseigentümer überhaupt nur zutreffen.

Für diese Beteiligte und zwar insgesamt schafft aber der Zuschlag nur dann eine Beeinträchtigung, wenn wider vernünftiges Erwarten der Zuschlag auffällig hinter dem wahren Wert des Grundstücks zurückbleibt.

Möglichst Schaden zu vermeiden ist die ratio des § 85 cit., er soll aber nicht vager Spekulationslust oder offensichtlicher Verschleifung dienen.

Dies letztere würde geschehen, wenn z. B. ein ausfallender sogen. Schornsteinhypothekengläubiger eines zweifellos weit über seinen Wert belasteten Grundstücks auf § 85 cit. den Antrag auf Anberaumung eines anderen Versteigerungstermins stützen könnte, wiewohl das erzielte Meistgebot dem Grundstückswert entspricht.

Der Subhastat insbesondere ist allerdings durch den Zuschlag beeinträchtigt, wenn er für, bei dem Zuschlag ausfallende, Lasten auch persönlich haftet, oder bei dem Zuschlage entweder gar nicht oder zu einem Betrage nur zur Hebung kommt (so auch Jaeckel gegen Wolff zu § 85), welcher in Anbetracht des wahren Grundstückswerts zu gering ist.

Gerade diese letzte Voraussetzung wird aber der oft saumselige Subhastat detaillierter — als ein anderer Beteiligter — darlegen können und müssen, um die Anberaumung eines neuen Versteigerungstermins zu erzielen.

β) **Weitere Voraussetzung** des Antrags auf Anberaumung eines neuen Termins ist die Verpflichtungserklärung des Antragstellers „zum Ersatz des durch Versagung des Zuschlags entstehenden Schadens.“[1]

γ) **Endlich hat der Antragsteller** auf Antrag eines „andern Beteiligten“ **Sicherheit** zu leisten, und zwar in Höhe des im Verteilungstermin durch Zahlung zu berichtigenden Teils des bisherigen Gebots (§ 85 a. a. O.).

Dieser, zum Antrag auf Sicherheitsleistung berechtigte, „andere Beteiligte“ ist jeder, der für das im Versteigerungstermin abgegebene Meistgebot die Sicherheitsleistung fordern kann (vorstehend S. 112, 113)[2].

---

[1]) Ein eintretender Schaden kann jedoch, wie fast allgemein anerkannt ist, nur im ordentlichen Rechtsstreite erfordert werden, und deshalb können die bezüglichen kontroversen Fragen hier unerörtert bleiben.

[2]) Jaeckel scheint in Anm. 5 zu § 65 zu dem Antrag auf Sicherheitsleistung nicht nur den Schuldner, sondern selbst diejenigen Beteiligten für berechtigt zu erachten, welche bei dem bisher erzielten Meistgebot einen Ausfall erleiden. Das Gesetz fingiert aber, daß (vgl. vorstehend unter d), mit Zulassung des Antrags auf erneute Versteigerung das bisherige Meistgebot auch im andern Versteigerungstermin abgegeben ist; daß hierfür aber der Kreis der Sicherheitsforderungsberechtigten ein andrer als im § 67 des Reichsges. sei, ist hier aus § 85 nicht entnehmbar. Gl. A. Fischer u. Schaefer, Anm. 2c zu § 85.

Nicht minder sind auch hier die absoluten, wie die allgemeinen relativen Sicherheitsbefreiungsgründe (oben S. 113) zu beachten. Gl. A. Fischer u. Schaefer a. a. O.; a. M. Jaeckel.

δ) **Die Stellung und Zulassung des Antrags** des durch den Zuschlag beeinträchtigten Beteiligten auf Anberaumung eines neuen Versteigerungstermins hat die Rechtsfolge, daß: das bisherige „Meistgebot, mit 4 Proz. (§ 246 BGB.) Zinsen von dem durch Zahlung zu berichtigenden Teil des Meistgebots, unter Hinzurechnung der Mehrkosten als ein von jenem Beteiligten abgegebenes" Gebot „gilt".

Im neuen Versteigerungstermin gilt somit, ohne Rücksicht darauf, ob jener Beteiligte auch erscheint, kraft Gesetzesfiktion das bisherige Meistgebot mit den eben gedachten Nebenbeträgen als von dem Beteiligten abgegeben.[3])

Änderung der Versteigerungsbedingungen trotz Schluß der Versteigerung.

c) **Die ausnahmsweise nach Schluß der Versteigerung noch zulässige Änderung der festgestellten Versteigerungsbedingungen.**

In der in einem Verfahren erfolgenden Einzelversteigerung mehrerer Grundstücke, welche mit einer Gesamthypothek, Gesamtgrundschuld oder Gesamtrentenschuld belastet, kann ferner der Gesamtgläubiger noch nach Schluß der Versteigerung, aber vor Schluß der Verhandlung, die Änderung der festgestellten Versteigerungsbedingungen und damit die Versagung des Zuschlags auf die bisherigen Meistgebote beantragen und erwirken (§ 76 des Reichsges.).

Dieser nicht ganz leichte Fall ist in dem Sonderparagraphen 31 über die Versteigerung mehrerer Grundstücke eingehend besprochen.

Hier kann deshalb der allgemeine Hinweis genügen, daß jener Fall gegeben ist:

wenn für die einzelnen versteigerten Grundstücke gemäß § 64 Abs. 1 des Reichsges. die einzelnen geringsten Gebote so bestimmt waren, daß in jedem die Gesamtlast nur zu einem Teilbetrage aufgenommen ist. Der Gesamtgläubiger kann dann gemäß § 64 Abs. 2 noch nach Schluß der Versteigerung die sofortige Wiederholung der Versteigerung der einzelnen Grundstücke verlangen, und zwar je auch unter Feststellung eines geringsten Gebots, in welchem nur die seiner Gesamtlast vorgehenden Rechte aufgenommen sind, gleichsam, als wäre der Gesamtgläubiger der betreibende Gläubiger.

d) **Die ausnahmsweise nach Schluß der Versteigerung und zwar bis zur Zuschlagsverkündung zulässige Veränderung in der Person** desjenigen, welchem

[3]) Indessen wird diesem fingierten Gebot im neuen Versteigerungstermin der Zuschlag nicht stets erteilbar sein:

wie ohne weiteres ersichtlich, nicht, falls der Beteiligte überboten wird;

ferner, wenn in dem neuen Versteigerungstermin die Feststellung eines — von dem ersten abweichenden — geringsten Gebots erforderlich wird.

Denn die Feststellung des geringsten Gebots im neuen Termin untersteht ganz den normalen Voraussetzungen; in diesem Termine wird daher das geringste Gebot regelmäßig von dem früheren schon um deswillen abweichen, weil die laufenden Zinsbeträge sich erhöhen. Tritt nun noch der Fall ein, daß unter mehreren betreibenden Gläubigern der bestberechtigte fortfällt, so kann das der Rangordnung des Rechts des zweitbestberechtigten Gläubigers entsprechende geringste Gebot höher sein, als das Meistgebot des ersten Versteigerungstermins. Es würde dann dieses ex fictione abgegebene Meistgebot nach § 44 des Reichsges. unzulässig und, falls ein anderes Gebot nicht abgegeben wird, das Verfahren gemäß § 77 des Reichsges. einstweilen einzustellen sein. Geht diese Einstellung nach § 31 Abs. 2 des Reichsges. schließlich in eine Aufhebung des Verfahrens über, dann kann die Schadensersatzpflicht desjenigen Beteiligten eintreten, welcher die Zuschlagsversagung im ersten Versteigerungstermine veranlaßt hatte (Anm. 1 S. 117).

— nach dem Meistgebot — der Zuschlag zu erteilen ist (§ 81 Abs. 2 u. 3 des Reichsges.). §§ 78—87 des Reichsges.

Das Meistgebot führt dann nicht zur Zuschlagserteilung an den Meistbietenden, wenn:

α) **der Meistbietende** sein Recht aus dem Meistgebot einem andern **abgetreten** und dieser zugleich die Verpflichtung aus dem Meistgebot übernommen hat[4]) (§ 81 des Reichsges.); Abtretung der Rechte aus dem Meistgebot.

β) **der Meistbietende die Erklärung** abgibt, daß er, wenn auch im eigenen Namen, doch **für einen andern** geboten hat. Benennung des vertretenen Bieters.

Beide Erklärungen können nicht nur im Versteigerungstermin, sondern, falls für die Verkündung der Entscheidung über den Zuschlag ein besonderer Termin anberaumt ist, noch bis zur Zuschlagsverkündung in diesem Termin abgegeben werden, aber nur in öffentlich beglaubigter Urkunde.

Beide Erklärungen haben zur bedingenden Voraussetzung ihrer Rechtswirksamkeit, daß sowohl der die Verpflichtung aus dem Meistgebot übernehmende Cessionar, wie der bei Abgabe des Meistgebots Vertretene in ihrer Geschäftsfähigkeit unbeschränkt und zum Grundstückserwerb fähig sind (oben S. 111).

Beide Erklärungen haben den Rechtserfolg, daß der Cessionar wie der Vertretene zwar Ersteher werden, ihnen der Zuschlag zu erteilen ist, neben ihnen aber bleiben der meistbietend gewesene Cedent wie der Vertreter als Gesamtschuldner für die Erfüllung des Meistgebots verpflichtet; und deshalb sind diese beiden Meistbietenden im Zuschlagsbeschlusse auch neben dem Ersteher, also neben dem Cessionar wie neben dem Vertretenen, als für mithaftend zu erklären (§§ 81, 82 des Reichsges., vgl. auch S. 56).

In der Literatur wird angenommen (s. insbesondere Jaeckel, Anm. 3 zu § 81), daß der Cessionar das ihm abgetretene Recht aus dem Meistgebot auch einem Dritten bei Übernahme der Verpflichtung aus dem Meistgebot durch letzteren weiter cedieren kann. Weder die Motive noch die Fassung des § 81 in Verbindung mit den §§ 116, 132 des Reichsges. lassen eine wiederholte, die Grundstücksspekulation begünstigende, Cession der Rechte aus dem Meistgebote zu; in jenen Gesetzesvorschriften ist neben dem Ersteher immer nur der Meistbietende als der zur Erfüllung des Meistgebots mit Verpflichtete erwähnt, nicht aber noch ein Cessionar, der nicht zugleich Ersteher ist.

Dagegen ist die einmalige Abtretung der Rechte aus dem Meistgebot an einen Dritten oder mehrere Dritte zu ideellen Anteilen zulässig

Die letzteren haben aber — der Vorschrift des § 427 BGB. entsprechend — die Verpflichtung aus dem Meistgebot als Gesamtschuldner zu übernehmen und sind als solche zusammen mit dem Abtretenden als mithaftend zu erklären.

3.

Die Entscheidung über den Zuschlag (§§ 78—87 des Reichsges.).

a) Der Zeitpunkt.

Der Zeitpunkt der zu verkündenden — § 87 des Reichsges. — Entscheidung über den Zuschlag, welcher sich an die Erklärungen der Beteiligten über den Zuschlag anschließt, ist: Verkündung des Zuschlags.

---

[4]) Nicht nur die Erklärung der Abtretung der Rechte aus dem Meistgebote auf der einen, sondern auch die ausdrückliche Erklärung der Übernahme der Verpflichtung aus dem Meistgebot auf der andern Seite müssen vorliegen.

entweder der Versteigerungstermin selbst,

oder der im Versteigerungstermin sofort zu bestimmende und zu verkündende Termin zur Verkündung der Entscheidung über den Zuschlag (vgl. § 87 des Reichsges.).

Besonderer Verkündungstermin.

Der Anlaß zur Anberaumung eines „Verkündungstermins" wird regelmäßig in folgenden drei Umständen liegen:

1. Ein **Beteiligter** wird die Aussetzung der Entscheidung erbitten, wenn er als meistbietender Realberechtigter, dessen Recht nicht bestehen bleibt, auf das Grundstück geboten, um dadurch seinen Ausfall zu verhindern oder zu vermeiden, in der Hoffnung, einen Erwerber des Grundstücks zu finden, dem er dann unter Ersparung der Auflassung und ihrer Kosten, einfach sein Recht aus dem Meistgebot abzutreten beabsichtigt.

Diese Abtretung ist ebenso, — wie die Namhaftmachung desjenigen, für welchen der Meistbietende zunächst im eigenen Namen geboten —, noch „nachträglich", somit bis zur Verkündung der Entscheidung über den Zuschlag zulässig. (Vgl. vorstehende Seite 119).

2. Das **Gericht selbst** wird von Amtswegen die Entscheidung aussetzen, wenn schwierige oder umfangreiche Feststellungen zu treffen waren, die zu sichten sind.

3. Endlich **wird dem Gericht** das Hervortreten eines relativen, somit heilbaren Mangels des Verfahrens (s. folgende Seite 124) den Anlaß zu jener Aussetzung bieten, wenn zu erwarten steht, daß der beeinträchtigte Beteiligte das Verfahren genehmigt.

Eine solche Genehmigung ist jedoch, wie hier schon bemerkt sei, in öffentlich beglaubigter Urkunde nachzuweisen (§ 84 Abs. 2 des Reichsges.).

Der Verkündungstermin soll übrigens nicht über eine Woche hinaus bestimmt werden. Außer der Verkündung jenes Termins im Versteigerungstermin soll seine Bekanntmachung durch Anheftung an die Gerichtstafel erfolgen (§ 87 Abs. 2 des Reichsges.).

b)

Die tatsächlichen Grundlagen und ihre richterliche Prüfung.

1. **Die tatsächlichen Grundlagen** für die Entscheidung über den Zuschlag geben, wie schon vorstehend Seite 115 erwähnt, lediglich die bei Schluß der Versteigerung bereits protokollierten Erklärungen und sonstigen Vorgänge des Protokolls über den Versteigerungstermin (§§ 78, 80 des Reichsges.).

[D]ie Grundlagen [d]er Zuschlagsentscheidung.

2. **Die nach Schluß der Versteigerung** nachträglich geltend gemachten Tatsachen und Beweismittel der Beteiligten, welche — wie § 87 Abs. 3 des Reichsges. ausdrücklich hervorhebt — bei Ansetzung eines Verkündungstermins noch in diesem[5]) zulässig sind, natürlich vor Verkündung der Entscheidung, werden durch die Vorschrift des § 81 Abs. 1 des Reichsges. begrenzt:

„Der Zuschlag **ist** dem Meistbietenden zu erteilen." Meistbietender aber ist derjenige, welcher das letzte gültige Gebot auf Grund der festgestellten Ver-

---

[5]) Werden erst im Verkündungstermin neue Tatsachen und Beweismittel vorgebracht, so müssen die Beteiligten über dieselben vor der Verkündung der Entscheidung gehört werden. (§ 87 Abs. 3, vgl. auch Anm. 1 S. 2).

steigerungsbedingungen abgegeben hat. Das Recht des Meistbietenden auf den Zuschlag beruht sonach auf dem Inhalt der Versteigerungsbedingungen. Die letzteren können daher durch Erklärungen der Beteiligten **jetzt** nicht mehr geändert werden. §§ 78—87 des Reichsges.

Die nach Schluß der Versteigerung für die Entscheidung über den Zuschlag noch **ausnahmsweise beachtlichen neuen Tatsachen und Beweismittel** können daher nur bestehen:

α) einmal in den vorstehend, unter 2 (S. 116—119) gedachten Rechtsakten, welche ausnahmsweise noch nach Schluß der Versteigerung zulässig sind,

β) ferner in den zur Ergänzung von Protokollangaben bestimmten Tatsachen und Beweismitteln.

So wird z. B. das Vollstreckungsgericht neue Tatsachen und Beweismittel jetzt noch beachten können und müssen, um aus ihnen eine Feststellung über die zweifelhaft gewordene unbeschränkte Geschäftsfähigkeit des Meistbietenden zu treffen.

Unbedenklich wird, um eine solche Beweiserhebung vorzunehmen, auch eine Vertagung des Verkündungstermins vorgenommen werden können.

3. **Die richterliche Prüfung,** welche auf Grund der vorgedachten Tatsachen darüber, ob der Zuschlag zu erteilen oder zu versagen, zu erlassen ist, hat zu betreffen:

α) liegt überhaupt ein rechtsgültiges Meistgebot vor?

Dies ist — wenn auch das Meistgebot schon zugelassen ist — nochmals von den Gesichtspunkten zu prüfen, welche auf den vorgehenden S. 111, 112 schon dargelegt sind (§ 79 des Reichsges.).

β) liegt einer der Zuschlagsversagungsgründe vor, welche nachfolgend unter **d, e** besprochen und im § 83 des Reichsges. aufgezählt sind.

c)
Die den Zuschlag erteilende Entscheidung.

Form und Inhalt der den Zuschlag erteilenden Entscheidung.

Beispiel[7]) Seite 129.

1. Die **Form** der den Zuschlag[6]) erteilenden Entscheidung ist diejenige des Beschlusses § 87 des Reichsges.

2. Der **Inhalt** dieser Entscheidung hat nach § 82 aufzuführen:

α) **die Bezeichnung des Grundstücks;** diese wird mit der grundbuchmäßigen regelmäßig hinreichend gegeben sein; die Straßenbezeichnung wird, wie im Versteigerungspatent, nur auf Grund urkundlich zuverlässiger Nachweisung und meist nur in dem Falle notwendig sein, wenn von Doppelhäusern das eine versteigert ist.

---

[6]) Über das rechtliche Wesen des Zuschlags, seine Vollstreckbarkeit und den Umfang des Eigentumserwerbs durch Zuschlag s. Teil 1 S. 66 ff.

[7]) Im preußischen Rechtsgebiete ist für den Zuschlagsbeschluß im Formular ZV. Nr. 16 ein Formularvordruck vorhanden, dessen sachgemäße und gerichtsübliche Ausfüllung Seite 129 dargestellt ist.

Die Beifügung des Namen des Subhastaten fügt das preußische Formular ZV. Nr. 16 fürsorglich hinzu.

Die Zubehörstücke, auf welche sich die Versteigerung erstreckt (oben S. 6, 46) sind kraft Gesetzes mit dem Grundstück mit versteigert und deshalb ist eine Aufführung jener Zubehörstücke entbehrlich. Entbehrlich und rechtlich völlig gleichgültig ist andererseits aber auch eine Aufzählung der von der Versteigerung ausgenommenen Zubehörstücke.

Der wirksame Ausschluß einzelner Zubehörstücke von der Mitversteigerung kann, wie schon wiederholt hervorgehoben ist (vgl. S. 46), nur derart erfolgen, daß der Eigentümer derselben bis zum Schlusse der Versteigerung entweder einen Beschluß des Prozeßgerichts vorlegt, oder einen Beschluß des Vollstreckungsgerichts selbst erwirkt, wonach die Einstellung der Zwangsvollstreckung rücksichtlich jener Zubehörstücke angeordnet wird. Und ferner kann durch Feststellung einer Versteigerungsbedingung durch die Beteiligten der Ausschluß einzelner Zubehörstücke von der Versteigerung erfolgen.

Die beiden gedachten Vorgänge muß aber das Protokoll über den Versteigerungstermin ergeben.

Die in der Praxis nicht selten in einzelnen Zuschlagsbeschlüssen sich findenden Vorbehalte über verschiedene von der Versteigerung ausgenommene Zubehörstücke sind somit ebenso rechtlich bedeutungslos, wie sie zu Irrungen über ihre rechtliche Bedeutung Anlaß bieten können.

β) **Der Ersteher ist ferner aufzuführen.**

γ) **Das „Gebot"**, welches der Zuschlagsbeschluß weiter nach § 82 zu bezeichnen hat, ist das abgegebene höchste Bargebot, also die das geringste Gebot im engeren Sinne (oben S. 32) überschreitende Barsumme. Dieses Gebot wird ergänzt durch

δ) **Die Versteigerungsbedingungen,** welche gleichfalls im Zuschlagsbeschlusse zu bezeichnen sind. Diese zu bezeichnenden Bedingungen sind, wie die Motive ergeben — auch Jaeckel, Anm. 2c zu § 82 und Fischer u. Schaefer gegen Wolff zutreffend annehmen — nur die, in Abweichung von den gesetzlichen, getroffenen besonderen Bedingungen.

Die preußische Praxis hat aber, fürsorglich, sich daran gewöhnt, im Zuschlagsbeschlusse sämtliche bestehen bleibende Rechte und ferner, von den gesetzlichen Bedingungen, die der §§ 49 Abs. 2 u. 58 des Reichsges. zu fixieren, also im Beschlusse auszusprechen, daß das gesamte Bargebot vom Zuschlag an mit vier vom Hundert zu verzinsen ist und die Kosten des Zuschlagsbeschlusses dem Ersteher zur Last fallen. Es wird dann hinzugefügt, daß es im übrigen bei den gesetzlichen Bedingungen verbleibt und soweit von diesen abweichende Versteigerungsbedingungen festgestellt sind, werden die letzteren natürlich aufgeführt.

ε) **Endlich ist die Mithaftung** des Dritten, welcher (gemäß § 61 des Reichsges. Teil I S. 52, 56) die Verpflichtung des Erstehers übernommen, die Mithaftung des Meistbietenden, welcher das Recht aus dem Zuschlage dem Ersteher abgetreten (§ 81 Abs. 2, 4 S. 56, 119) und die Mithaftung des Meistbietenden, welcher im eigenen Namen für den Ersteher geboten (§ 81 Abs. 3, 4 des Reichsges. S. 56, 119), im Zuschlagsbeschlusse festzustellen.

§§ 78—87 des Reichsges.

d)

Die auf Versagung des Zuschlags lautende Entscheidung.

Die Entscheidung auf Versagung des Zuschlags.

Die den Zuschlag versagende, in die Form eines Beschlusses zu kleidende Entscheidung ist vom Reichsgesetz formellinhaltlich nicht näher bestimmt; materiell-inhaltlich wird der Beschluß, begriffsnotwendig, mindestens einen Versagungsgrund anzugeben haben.

e)

Die einzelnen Zuschlags-Versagungsgründe.

Der Beschluß auf Erteilung des Zuschlags, wie der Beschluß auf Versagung des Zuschlags können, sofern ein rechtsgültiges Meistgebot vorliegt, nur auf sieben Kategorien von Versagungsgründen gestützt werden, welche der § 83 des Reichsges. unter den Nummern 1—7 aufführt, und zwar:

der den Zuschlag **erteilende** Beschluß **negativ** dahin: es liegt keiner der sieben Versagungsgründe des Zuschlags vor, der letztere ist daher erteilbar;

Diese negative Feststellung bedarf aber als solche einer ausdrücklichen Niederlegung in dem Zuschlagsbeschlusse nur dann, wenn das Vorliegen eines bestimmten Versagungsgrundes von einem Beteiligten behauptet, gerichtsseitig indessen der bezügliche konkrete Einwand verworfen ist.

der den Zuschlag **versagende** Beschluß **positiv** dahin: es liegt mindestens einer der sieben Versagungsgründe des Zuschlags vor, der letztere ist deshalb zu versagen.

Diese Versagungsgründe sind, soweit sie in den Ziffern 6—7 des § 83 aufgeführt, **absolute**; ihr Vorliegen bewirkt unbedingte, absolut unheilbare Nichtigkeit des ganzen Verfahrens.

Das Vorhandensein der übrigen unter Ziffer 1—5 des § 83 bezeichneten Versagungsgründe schafft **nur bedingte**, relative heilbare Nichtigkeit des Verfahrens. Das letztere ist rechtsbeständig und damit der Zuschlag erteilbar, wenn die Voraussetzungen jener fünf Versagungsgründe einem Beteiligten gegenüber zwar vorliegen, dieser **aber** entweder durch den Zuschlag in seinem Rechte nicht beeinträchtigt wird (ein Servitutberechtigter ist nicht geladen, seine eingetragene, allen eingetragenen Rechten vorgehende Grundgerechtigkeit bleibt aber bestehen); **oder** wenn jener Beteiligte das Verfahren genehmigt. (Ein Hypothekengläubiger, dessen Hypothek nicht im geringsten Gebot steht, ist zwar nicht geladen, erscheint aber im Versteigerungstermin und verzichtet auf einen Widerspruch gegen das Verfahren.) § 84 des Reichsges.

Es ist bereits S. 120 erwähnt, daß, wenn eine solche Genehmigung nicht mündlich im Versteigerungstermin oder im Verkündungstermin der Entscheidung über den Zuschlag abgegeben wird, jene Genehmigung in öffentlich beglaubigter Urkunde nachzuweisen ist (§ 84 Abs. 2 des Reichsges.). In dem Augenblick, in welchem die Genehmigung dem Gericht zugeht, ist sie wirksam und damit unwiderruflich geworden (§ 130 Abs. 3 BGB.).

Fraglich ist hier, ob in dem Erscheinen eines Beteiligten im Versteigerungstermin nicht schon eine stillschweigende Genehmigung des Verfahrens liegt? Tritt in diesem der Beteiligte aktiv hervor, z. B. durch einen Antrag auf Sicherheitsleistung, so liegt hierin an sich eine stillschweigende Genehmigung des Verfahrens. In dem bloßen Erscheinen jenes Beteiligten im Versteigerungstermin wollen aber Jaeckel, Anm. 3 zu § 84 Fischer u. Schaefer, Anm. 3 zu § 84, Wolff, Nr. 6 zu § 84 noch keine stillschweigende Genehmigung des Verfahrens erblicken. Aber liegt nicht in der **ununterbrochenen** Anwesenheit in dem Versteigerungstermin, in der widerspruchslosen Gestattung der protokollarischen Aufführung als Beteiligter, in der widerspruchslosen Genehmigung des Protokolls, insbesondere in der Genehmigung der Erklärung, daß jener Beteiligte „über den Zuschlag Erklärungen nicht abgegeben hat", nicht doch eine stillschweigende Genehmigung des Verfahrens? wenn nicht durch konkludente Handlungen, so doch hier nach dem alten Rechtssatze: qui tacet cum loqui debuit ac potuit consentire videtur? (auch ohne bezügliche Frage, trotz der Motive S. 230? Gl. A. Reinhard III zu § 84)

Die absoluten Versagungsgründe.

Die absoluten Versagungsgründe liegen vor:

a) **wenn die Zwangsversteigerung** oder die Fortsetzung des Verfahrens objektiv rechtlich **unzulässig** ist (§ 83 Nr. 6 des Reichsges.);

Z. B.: Die Zwangsversteigerung ist im preußischen Rechtsgebiet gegen den Fiskus wegen einer persönlichen Forderung (vgl. S. 85), oder von einem unzuständigen Vollstreckungsgericht (§ 1 des Reichsges.) eingeleitet; oder das Fehlen der Vollstreckungsklausel in dem Titel des Versteigerungsantrages wird nachträglich festgestellt (§ 16 Abs. 2 des Reichsges.).

b) **wenn die Versteigerungsterminsbestimmung** überhaupt nicht öffentlich im Amtsblatt (§ 39), oder nicht mit sechswöchiger Frist (§ 43 Abs. 1) oder zwar fristgerecht, aber nicht mit den fünf Mußangaben des § 37 bekannt gemacht ist;

sowie:

wenn die einstündige Versteigerungsfrist des § 73 zwischen der Aufforderung zur Abgabe von Geboten und dem (bezüglich sämtlicher zu versteigernder Grundstücke) vorgenommenen Schluß der Versteigerung nicht innegehalten ist (§ 83 Nr. 7).

Die relativen Versagungsgründe.

Die relativen Versagungsgründe betreffen:

a) α) **die Ladung** der Beteiligten: wenn diese unterblieben, oder fristwidrig, die zweiwöchige Zustellungsfrist des § 43 Abs. 2 des Reichsges. nicht beachtend, geschehen; oder endlich, wenn die Ladung in einem nach § 37 des Reichsges. wesentlich formwidrig zugestellten Versteigerungspatent besteht (§ 83 Nr. 1 des Reichsges.);

Die Formwidrigkeit der Ladung wird bei noch ausreichenden klaren Angaben in dem zugestellten Versteigerungspatent über Ort, Zeit und Objekt der Versteigerung regelmäßig nur dann vorliegen, wenn die Angaben welche die Ziffern 4 und 5 des § 37 des Reichsges. vorschreiben, fehlerhaft sind.

β) sowie:

die fehlerhafte Feststellung des geringsten Gebots oder sonstiger — sowohl gesetzlicher, wie verabredeter — **Versteigerungsbedingungen. Die** gesetzlichen Versteigerungsbedingungen sind z. B. falsch festgestellt, wenn sie ohne Beachtung des § 59 des Reichsges. (vgl. S. 44—48) einfach von den gesetzlichen Bedingungen abweichen (§ 83 Nr. 1).

b) Als relativer Versagungsgrund wird im § 83 Nr. 2 weiter ausgeführt: **Das Unterbleiben der Einzelversteigerung** jedes einzelnen Grundstücks bei der Versteigerung mehrerer Grundstücke in demselben Verfahren, wiewohl die anwesenden Beteiligten, deren Rechte im geringsten Gebote unberücksichtigt sind, nicht zustimmten (§ 63 Abs. 5); und andererseits **Unterlassen der Gesamtversteigerung** neben der Einzelversteigerung dem bezüglichen Antrag eines Beteiligten (§ 63 Abs. 2) entgegen (s. hierüber das Nähere Sonderparagraph 30). §§ 78–87 des Reichsges. (§ 86 f. S. 143 d. Verfügungsbeispiel.)

c) **Das Unterbleiben des Hinweises aus § 66 Abs. 2** auf den Ausschluß bisher nicht erfolgter Anmeldungen im Versteigerungstermin (vgl. S. 108, 109) schafft gleichfalls einen relativen Versagungsgrund (§ 83 Nr. 4 des Reichsges.).

In dem Versteigerungstermin tritt mit der Aufforderung zur Abgabe von Geboten kraft Gesetzes (§ 37 Nr. 4) der Ausschluß bisher nicht angemeldeter oder auf Widerspruch des betreibenden Gläubigers nicht glaubhaft gemachter Rechte ein. Ein gerichtsseitiger Hinweis auf diesen Ausschluß soll daher vor der Aufforderung zur Abgabe von Geboten erfolgen. Ist dieser Hinweis unterblieben und eine, nach Aufforderung zur Gebotabgabe erfolgte, Anmeldung eines Rechts nunmehr zurückgewiesen, so wird hierdurch ein relativer Versagungsgrund zu Gunsten des mit seiner Anmeldung zurückgewiesenen Beteiligten geschaffen.[8])

d) **Ferner kann ein der Zwangsversteigerung entgegenstehendes Recht** eines Beteiligten, welches unberücksichtigt geblieben, einen relativen Versagungsgrund entstehen lassen.

Ein solches Recht eines Beteiligten kann der Zwangsversteigerung oder der Fortsetzung des Verfahrens rücksichtlich des ganzen Grundstücks oder eines Teils desselben oder einzelner auf dem Grundstücke im Besitze des Subhastaten befindlichen Mobilien entgegenstehen (§ 83 Nr. 5 des Reichsges.).

Die in der Praxis mitunter verkannte Tragweite der Vorschrift des § 83 Nr. 5 wird deutlich sichtbar durch eine Gegenüberstellung mit der Bestimmung im § 37 Nr. 5. Aus letzterer erhellet, daß hier unter einem „der Zwangsversteigerung entgegenstehenden Recht" zu verstehen ist:

einmal ein eingetragenes Recht, welches von vornherein zur Aufhebung der Versteigerung an dem ganzen oder einem Teil der Immobiliarmasse hätte führen müssen, welches der Vollstreckungsrichter aber übersehen hat;

ferner ein angemeldetes Recht sofern mit Rücksicht auf dasselbe aus § 37 Nr. 5 des Reichsges. ein Aufhebungs- oder Einstellungs-

---

8) **Vgl. auch S. 109 Anm. 21!**

beschluß rücksichtlich des ganzen oder eines Teils der Immobiliarmasse ergangen ist und solche Beschlüsse vom Vollstreckungsrichter übersehen sind. (Vgl. Seite 46.)

e) **Endlich entsteht ein relativer Versagungsgrund infolge Verletzung des Deckungsprinzips in der Versteigerung mehrerer Grundstücke in einem Verfahren.** (§ 83 Nr. 3 des Reichsges.)

Dieser relative Versagungsgrund hat die Besonderheit, daß er trotz gesetzlich rechtmäßigen Verfahrens entsteht, und zwar in der Einzelversteigerung mehrerer mit einer Gesamthypothek, Gesamtgrund-, oder Gesamtrentenschuld belasteten Grundstücke in einem Verfahren. Hat in einem solchen Verfahren der Gesamtgläubiger nach § 64 Abs. 2 u. 3 sein im geringsten Gebot stehendes Gesamtrecht, auf Antrag, quotenmäßig, dem Werte der einzelnen Grundstücke entsprechend auf diese verteilen müssen, so kann er jenen Antrag seinerseits durch den Antrag beseitigen, das geringste Gebot im weiten Sinne[9]) annormal so zu bemessen, als wäre er selbst der betreibende Gläubiger. In diesem Falle wird das geringste Gebot niedriger, als bei dem normalen Falle, in welchem es nach dem Range des Rechts des betreibenden Gläubigers festgestellt wird. Die Folge ist, daß die zwischen dem Gesamtrecht und dem betreibenden Gläubiger stehenden Rechte in jenem Falle nicht mehr (im geringsten Gebote im weiten Sinne) bestehen bleiben. Reicht nun aber zur Befriedigung dieser Rechte auch nicht einmal das höchste **Bar**gebot aus, so können die an diesen Rechten Beteiligten die Versagung des Zuschlags verlangen (§ 83 Nr. 3 des Reichsges.).

Die eigenartige komplizierte Rechtslage, in welcher jener relative Versagungsgrund des § 83 Nr. 3 entsteht, ist im Sonderparagraphen 31 S. 171 eingehend dargelegt.

Ein Protokollbeispiel einer Versteigerungstermins-Verhandlung, welcher der in der Anleitung des vorstehenden Paragraph 21 erwähnte Sachverhalt zu Grunde liegt.

A.) (zu S. 98)

Königliches Amtsgericht.	Brandenburg, den 17ten III. 1904.
Gegenwärtig: Bitter, Amtsgerichtsrat als Richter Pinczakowski, Kanzleirat als Gerichtsschreiber und Rechnungsverständiger.	In dem Verfahren zum Zwecke der Zwangsversteigerung des in Zachow belegenen, im Grundbuche von Zachow, Band I Nr. 1 auf den Namen des Gutsbesitzers Säumig in Zachow eingetragenen Grundstücks erschienen in dem heute anstehenden Versteigerungstermin nach dem Aufrufe der Sache folgende Beteiligte

1. der Kaufmann Wilhelm Schulze in Gortz im Beistande des Justizrat Bathe hier,
2. der Schuldner Säumig in Zachow,
3. die unverh. Anna Müller
4. August Fiedler, Rentner
5. Wilhelm Müller, Büdner
6. die großjährige Anna Heyn

(3.–6.) in Zachow,

[9]) Vergleiche über die Bezeichnung geringstes Gebot im weiten Sinne S. 32.

b) (zu S. 99) Den Erschienenen wurden die das Grundstück betreffenden Nachweisungen bekannt gemacht,

c) (zu S. 99) Ferner wurde bekannt gemacht, dass die Zwangsversteigerung betrieben wird auf Antrag

1. des Wilhelm Schulze in Gortz
wegen eines Anspruchs von 1500 Mark + 67 Mark 50 Pf. rückständiger Zinsen und 50 Mark Kosten

d) (zu S. 99) und dass die erste Beschlagnahme des Grundstücks am 5ten I. 1904 durch Zustellung des das Verfahren der Zwangsversteigerung einleitenden Beschlusses an den Schuldner,
bewirkt ist.

e) (zu S. 100) Über erfolgte Anmeldungen, insbesondere von Rechten und Kündigungen wurde Folgendes mitgeteilt.

1. Die Anmeldungen des Gutsknecht Fritz Fix, Blatt 16 der Akten, über 20 Mark Liedlohnrückstand,
2. des Gemeindevorstehers Thielke in Zachow, Blatt 18, über
   a) Rentenbankrentenrückstände von 6 Mark 20 Pf.,
   b) Gemeindesteuern von . . . . 8 Mark 80 Pf.,
   c) des Wilhelm Müller, Blatt 20 von . . 45 Mark.

Es wurden ferner die Anmeldung des Vorstandes der Feuerversicherungsgesellschaft, Blatt 23, den Feuerversicherungsbeitrag von 50 Mark für die Zeit vom 1. X. 03—1. I. 04 betreffend und die Anmeldung des Dumreich (Fol. 25) von 1000 Mark aus der Hingabe eines Darlehns, welches auf dem Grundstück nicht eingetragen worden, bekannt gemacht und festgestellt, daß diese — letztgedachten beiden — angemeldeten Ansprüche nach § 9 des Reichsges. in einer Grundstücksversteigerung nicht zu berücksichtigen sind.

f) (zu S. 102) Hierauf wurde das geringste Gebot und die Versteigerungsbedingungen nach Anhörungen der anwesenden Beteiligten mit Hilfe des Rechnungsverständigen Kanzleirat Pinczakowski festgestellt.

I Geringstes Gebot.

Das geringste Gebot ergibt sich aus der nachstehenden Aufstellung:

1.	Die Gerichtskosten nach der besonders aufgestellten Kostenrechnung (einschließlich des vom betreibenden Gläubiger Schulz erforderten Kostenvorschusses von 30 M.)	133,— M.
2.	Der Liedlohn des Fritz Fix	20,— "
3.	Die öffentlichen Lasten (der Rentenbankrente und Gemeindesteuern)	15,— "
4.	laufende 4 1/2 % Zinsen der Post Abt. III Nr. 1 von 3 000 M. für die Zeit vom 1. I.—1. IV. 1) 04	33,75 "
5.	rückständige 4 % Zinsen der Post Abt. III Nr. 2 — 1 500 M. für die Zeit vom 1. IX.—31. XII. 04	45,— "
	laufende 4 % Zinsen der Post Abt. III Nr. 2 — 1500 M. für die Zeit vom 1. I.—1. IV. 04	15,— "
		261,75 M.

Der bar zu zahlende Teil des geringsten Gebots beträgt hiernach im Ganzen 261 M. 75 Pf.

II. Versteigerungsbedingungen:

Die folgenden bei der Feststellung des geringsten Gebots berücksichtigten Rechte bleiben als Theil des geringsten Gebots (im weiten Sinne siehe oben) bestehen.

1. Abt. II Nr. 1 das Altenteil für Gottlieb Sasse,
2. Abt. II Nr 2 das Wohnungsrecht für Anna Müller,
3. Abt. III Nr. 1 3000 M. für August Fiedler,
4. Abt. III Nr. 2 1500 M. für Wilhelm Müller,
5. Abt. III Nr. 3 1000 M. für Gottfried Fritzsche.

---

1) Da der Versteigerungerungstermin am 17. März ansteht, so sind die laufenden Zinsen gemäß § 47 des Reichsges. — siehe auch Seite 104 — „für die Zeit bis zum Ablauf von zwei Wochen nach dem Versteigerungstermin zu decken"!

(Vgl. S. 105 bis 107.) Es werden ferner noch die Versteigerungsbedingungen festgestellt:

6. Sofern die Bedingung der Grundschuld Abt. III Nr. 3 von 1000 M., daß der Gläubiger Gottfried Fritzsche das erste theologische Examen bis zum 1. VII. 05 besteht, ausfällt, hat der Ersteher am 1. VII. 05 bare 1000 M. zu zahlen.
7. Sofern das Altenteil des Gottlieb Sasse Abt. II Nr. 1 nicht besteht oder bis zur Verkündung des Zuschlags fortfällt, hat der Ersteher noch 1275 M. zu zahlen, mit 4 % vom Zuschlage an zu verzinsen und 3 Monate nach Kündigung zurückzuzahlen.
8. Sofern das Wohnungsrecht der Anna Müller nicht besteht oder bis zur Verkündung des Zuschlags fortfällt, hat der Ersteher noch 300 M. zu zahlen, mit 4 % vom Zuschlage an zu verzinsen und 3 Monate nach Kündigung zurückzuzahlen.
9. Auf Antrag des Gläubigers Wilhelm Schulze wird endlich festgestellt:

   Auch ohne Übernahme der Last-Abteilung II Nr. 2, — Wohnungsrecht für Anna Müller — dürfen Gebote abgegeben werden, jedoch nur, wenn durch das Fortbestehen der Last das Recht des Antragstellers beeinträchtigt wird. Dies ist durch doppeltes Aufgebot mit und ohne Übernahme der Last Abt. II Nr. 2 festzustellen.
10. Der durch Zahlung zu berichtigende Betrag des Meistgebots ist von dem Zuschlage an mit vier vom Hundert zu verzinsen.[2])
11. Die Kosten des Beschlusses, durch welchen der Zuschlag erteilt wird, fallen dem Ersteher zur Last.[2])

   Versteigerungsbedingungen, die von den gesetzlichen Vorschriften abweichen, sind nicht festgestellt.

z) (zu S. 108) Die erfolgten Feststellungen wurden verlesen.

n) (zu S. 108) Das Gericht wies auf die bevorstehende Ausschliessung weiterer Anmeldungen hin. Weitere Anmeldungen erfolgen nicht.

B.

) (zu S. 109) Sodann forderte das Gericht um 9 Uhr 45 Minuten zu Abgabe von Geboten auf.

Es boten	unter der Bedingung des Erlöschens der Last Abt. II Nr. 2	unter Übernahme der Last Abt. II Nr. 2
1. Der Gutsbesitzer August Niefertig in Zachow	600 Mark	
2. Der Büdner Wilhelm Unzufrieden in Zachow	1 000 "	
Der Gläubiger Wilhelm Schulze verlangte Sicherheitsleistung. Das Gericht erklärte die Sicherheitsleistung für erforderlich und zwar, da 1/10 des Gebots nur 100 Mark beträgt, die Gerichtskosten aber 133 Mark ausmachen, in Höhe von 133 Mark. Unzufrieden leistete die Sicherheit nicht. Es wurde beschlossen und verkündet: das Gebot des Büdner Wilhelm Unzufrieden wird zurückgewiesen.		
3. Es boten ferner: der Nachtwächter und Büdner Nimmerwach in Zachow	—	1 200 Mark
4. der Küfer Sauer in Zachow	1 400 Mark	

Der Küfer Sauer in Zachow
blieb mit dem Gebote eines durch Zuschlag zu berichtigenden Betrages von 1400 Mark — Pf. Meistbietender

) (zu S. 114) Dieses letzte Gebot wurde durch dreimaligen Aufruf verkündet.

---

[2]) Diese Versteigerungsbedingungen, welche das preußische Formular fürsorglich **ausdrücklich** hervorhebt, sind gesetzliche Versteigerungsbedingungen und bedürften als solche — siehe Seite 107 keinerlei besonderen Feststellung.

c) (zu S. 114) Ungeachtet der Aufforderung des Gerichts wurde ein Gebot nicht mehr abgegeben.

d) (zu S. 115) Um 10 Uhr 55 Minuten wurde der Schluß der Versteigerung verkündet.

C.

a) (zu S. 115) Hierauf wurden die anwesenden Beteiligten über den Zuschlag gehört. Erklärungen über den Zuschlag wurden nicht abgegeben.

b) (zu S. 119) Es wurde anliegender Beschluß verkündet.

v. g.

Bitter. Pinczakowski.

Formularbeispiel eines Zuschlagsbeschlusses, welchem der im Paragraph 21 erwähnte Sachverhalt zu Grunde liegt.

Beschluß.

In dem Verfahren zum Zwecke der Zwangsversteigerung des in Zachow belegenen, im Grundbuch von Zachow Band I Nr. 1 auf den Namen des August Müller in Zachow eingetragenen Grundstücks: a) (zu S. 121)

Nachdem der Küfer Sauer in Zachow in dem Versteigerungstermin am 17ten III. 1901 Meistbietender geblieben, wird ihm das im Grundbuche von Zachow Band I Nr. 1 eingetragene Grundstück, b) (zu S. 122β)

für den durch Zahlung zu berichtigenden Betrag von 1400 Mark Pf. (in Buchstaben: Eintausend vierhundert Mark), c) (zu S. 122γ)

und unter folgenden Bedingungen[1]) zugeschlagen: d) (zu S. 122δ)

α) Es bleiben — als im geringsten Gebote (im weiten Sinne)[2]) berücksichtigt — bestehen:

1. das in Abt. II Nr. 1 für den Altsitzer Gottlieb Sasse eingetragene Altenteil;
2. die in Abt. III Nr. 1 für August Fiedler eingetragene, zu 4½% verzinsliche Hypothek von 3000 M.;
3. die in Abt. III Nr. 2 für Wilhelm Müller eingetragene, zu 4% verzinsliche Hypothek von 1500 M.;
4. die in Abt. III Nr. 3 für Gottfried Fritzsche eingetragene, unverzinsliche und bedingte Grundschuld von 1000 M.

β) Der Ersteher ist verpflichtet: Falls das Altenteil des Gottlieb Sasse nicht besteht oder bis zur Verkündung des Zuschlags fortfällt, eine Wertsersatzsumme von 1275 M. mit 4% Zinsen seit dem Tage der Verkündung des Zuschlages, dem 17. März 1901 verzinslich, nach 3monatiger Kündigung zu zahlen. (zu S. 42, 105, 106)

γ) Der Ersteher ist ferner verpflichtet: Im Falle die Bedingung der Grundschuld Abt. III Nr. 3 von 1000 M., daß der Grundschuldgläubiger Gottfried Fritzsche bis zum 1. Juli 1905 das erste theologische Examen besteht, fortfällt, 1000 M. bar, unverzinslich am 2. Juli 1905 fällig, zu zahlen. (zu S. 40, 105)

δ) Das bare Meistgebot ist mit 4% von heute, dem Tage der Zuschlagsverkündung, zu verzinsen. (zu S. 46 Nr. 6)

ε) Die Kosten dieses Beschlusses fallen dem Ersteher zur Last. (zu S. 48 Nr. 10)

Brandenburg, den 17. März 1901.

Königliches Amtsgericht.

Bitter.

---

1) Vgl. S. 122 über die in der Praxis bestehende Übung, einzelne gesetzliche Versteigerungsbedingungen aufzuführen.

2) Vgl. über diese Bezeichnung S. 32.

Paragraph 22.

Das Rechtsmittel der Beschwerde.

(§§ 95—104 des Reichsgeſ.).

Anfechtung der Entſcheidungen vor dem Zuſchlag

I. **Die Entſcheidungen des Vollſtreckungsgerichts vor der Beſchlußfaſſung über den Zuſchlag** ſind regelmäßig ſelbſtändig nicht anfechtbar, können vielmehr nur mit der Anfechtung des Beſchluſſes über den Zuſchlag zur Entſcheidung im Beſchwerdewege an das Land- und Oberlandesgericht gelangen.[1])

Die Anfechtbarkeit derartiger Zwiſchenentſcheidungen würde ja auch dem böswilligen Schuldner eine Verzögerung der Zuſchlagsentſcheidung ermöglichen. Nur **ausnahmsweiſe** unterliegen die der Zuſchlagsentſcheidung voraufgehenden vollſtreckungsgerichtlichen Beſchlüſſe der ſelbſtändigen Anfechtung, und zwar gemäß § 793 CPO. mittels ſofortiger Beſchwerde.

Es **ſind dies** die **Beſchlüſſe, welche die Anordnung, Aufhebung, einſtweilige Einſtellung oder Fortſetzung des Verfahrens** betreffen (§ 95 des Reichsgeſ.).

Das über jene Beſchlüſſe anhängig werdende Beſchwerdeverfahren richtet ſich ganz nach den Beſtimmungen der §§ 567—577 CPO., und nur die eine — dem Prinzip des Offizialbetriebes des Reichsgeſetzes vom 24. März 1897 entſprechende — Ausnahme iſt hier vorhanden: Ladungen, welche eine vom Beſchwerdegericht angeordnete mündliche Verhandlung erforderlich machen, ſind von Amtswegen vorzunehmen (ſiehe Teil I S. 18 Anm. 1).

Die Arten der Beſchwerde.

II. **Die Entſcheidung über den Zuſchlag, alſo ſowohl die auf Erteilung, wie auf Verſagung des Zuſchlags lautende Entſcheidung iſt mit der ſofortigen Beſchwerde anfechtbar,** welche jedoch den Vorſchriften der §§ 567—577, 793 CPO. nur inſoweit unterliegt, als nicht die §§ 96—104 des Reichsgeſ. jene abändern. Hieraus folgt:

1. Die Arten der Beſchwerde ſind:

a) Die **ſofortige Beſchwerde** an das Landgericht gegen die Zuſchlagsentſcheidung des Vollſtreckungsgerichts.

b) Die **weitere ſofortige Beſchwerde** an das Oberlandesgericht (§ 101 Abſ. 2 des Reichsgeſ.), welche nur dann gegeben iſt, wenn das Vollſtreckungsgericht und das Landgericht zu verſchiedenen Entſcheidungen gelangt ſind (§ 568 Abſ. 2 CPO.).

c) Die **beſondere Beſchwerde** des § 577 Abſ. 2 Satz 3 CPO., wenn die Vorausſetzungen der Nichtigkeitsklagen in § 579 Nr. 1—4 CPO. und der Reſtitutionsklagen im § 580 CPO. — deſſen Nr. 2, 4, 5 hier anwendbar ſind, — vorliegen, und zwar innerhalb 5 Jahren ſeit der Rechtskraft der vollſtreckungsgerichtlichen Entſcheidung (§ 586 Abſ. 2 CPO.).

---

[1]) **Die Anrufung des Reichsgerichts im Zwangsverſteigerungs- und -Verwaltungsverfahren iſt ja leider nach § 568 Abſ. 4 CPO. überhaupt ausgeſchloſſen.**

Diese besondere Beschwerde kann freilich den Bestand eines rechtskräftigen Zuschlagsbeschlusses 5 Jahre hindurch in Zweifel stellen, z. B. wenn ein Beteiligter im Verfahren nicht zugezogen war (vgl. § 579 Ziff. 4 CPO.).

Zweifelhaft ist hier übrigens die Tragweite des § 579 Nr. 2 CPO. — der bekanntlich auf § 41 CPO. beruht — insofern, als in Frage kommt, wer hier als „Partei" zu erachten ist. Als solche wird jede im Verfahren auftretende Person zu betrachten sein, auf welche die gerichtliche Tätigkeit auch nur mittelbar oder vorübergehend sich erstreckt, denn die Konsequenzen dieser Tätigkeit sind nicht übersehbar; also z. B. ein Bieter, mag er auch überboten werden, darf mit dem Richter nicht in einer der im § 41 gedachten Beziehungen stehen. (Es wird daher geraten sein, in Fällen der gedachten Art sofort die Leitung der Verhandlung einem andern Richter zu übertragen.)

§ 87 d. Reichsgeś. Seite 119—120
§ 88 d. Reichsges. Seite 140
§ 89 d. Reichsges. Seite 66, 140
§ 90 d. Reichsges. Seite 67—70
§ 91 Abs. 1 des Reichsgesetzes Seite 44
§ 91 Abs. 2 Seite 161, 162
§ 93 d. Reichsges. Seite 71—72
§ 94 d. Reichsges. Seite 47 u. 72
§ 95 — § 104 des Reichsges.

2. Die Beschwerdeberechtigten.

Die Beschwerdeberechtigten.

Die zur Beschwerde Berechtigten sind nach § 97 des Reichsges.:

a) **In allen Fällen,** mithin sowohl bei Erteilung wie bei Versagung des Zuschlags:

α) Der **betreibende Gläubiger;**

β) Der **Bieter,** dessen Gebot nicht erloschen ist (vgl. S. 110), sowie der **Cessionar** oder der **Machtgeber** desselben gemäß § 81 Abs. 2, 3 des Reichsges.

Die zu β Genannten werden mit der Beschwerde bei Erteilung des Zuschlags an einen Andern geltend machen können, daß ihnen bezw. dem Cessionar oder Machtgeber das Grundstück zuzuschlagen war; bei Versagung des Zuschlags nicht minder dartun können, daß ihnen bezw. den in § 81 Abs. 2, 3 Gedachten der Zuschlag zu erteilen ist.

b) **In Fällen der Erteilung des Zuschlags** sind **außer** den zu a Genannten noch beschwerdeberechtigt:

α) Jeder **Beteiligte,** also z. B. der Schuldner.

Auch derjenige Beteiligte, welcher ein Recht angemeldet, bisher aber nicht glaubhaft gemacht, ist unter Nachholung der Glaubhaftmachung beschwerdeberechtigt (§ 97 Abs. 2).

Die Bedeutung dieses § 97 Abs. 2: „im Falle des § 9 Abs. 2 genügt es, wenn die Anmeldung und Glaubhaftmachung des Rechts bei dem Beschwerdegericht erfolgt" ist zweifelhaft. Eine Exemplifikation wird die prozeßrechtliche Bedeutung dieses § 97 Abs. 2 sofort klarstellen.

Der Beschwerdeführer X hat eine nicht eingetragene (nach Art. 187 Einf.Ges. zum BGB., §§ 13 ff. ALR. I, 22 seit 1890, mithin auch jetzt noch), zu Recht bestehende Grundgerechtigkeit, welche dem Rechte des betreibenden Gläubigers sogar vorgeht, zwar angemeldet, aber den Vorrang vor dem Rechte des Gläubigers nicht glaubhaft gemacht, wiewohl von letzterem die bezügliche Glaubhaftmachung verlangt war. Die Grundgerechtigkeit ist deshalb gemäß §§ 37 Abs. 4, 44 des Reichsges. nicht unbedingt in das geringste Gebot aufgenommen; vielmehr ist nach § 59 des Reichsges., § 9 Abs. 2 des Einf.Ges. zum RZVG. und Art. 6 Abs. 2 des preuß. Ausf.Ges. zum RZVG. ein doppeltes Ausgebot mit und ohne Übernahme der Grundgerechtigkeit — (vgl. Seite 33, 34) — normiert worden und hierauf nur ein Meistgebot ohne Übernahme der Grundgerechtigkeit abgegeben worden; der Zuschlag ist daher ohne Übernahme der Grundgerechtigkeit erteilt.

Der Beschwerdeführer X kann nun nicht mehr in der Beschwerdeinstanz die Glaubhaftmachung des Vorranges der Grundgerechtigkeit vor dem Recht des betreibenden Gläubigers nachholen und nun mit der Beschwerde erfordern, daß der Zuschlag versagt wird, damit in einem neuen Versteigerungstermin seine Grundgerechtigkeit, als bestehen bleibend, im geringsten Gebot aufgenommen wird.

Der Rechtserfolg der prozessualen Versäumnis der Glaubhaftmachung des Vorrangs der Grundgerechtigkeit ist vor dem Vollstreckungsgericht zu Recht eingetreten und bleibt deshalb unangreifbar bestehen.

Der Beschwerdeführer kann aber wohl nunmehr seine angemeldete Grundgerechtigkeit glaubhaft machen, damit gemäß § 9 Abs. 2 des Reichsges. sich als unbedingt Beteiligter legitimieren und als solcher einen mit jener vorinstanzlichen Säumnis nicht in Verbindung stehenden Zuschlagsversagungsgrund durch Beschwerde geltend machen, z. B. der Ersteher sei noch minderjährig.

β) **Der Ersteher und der für zahlungspflichtig erklärte Dritte** (§§ 61, 82 des Reichsges.).

Der Ersteher erhebt in praxi meist die Beschwerde, weil ihm unter anderen, als den festgestellten Bedingungen der Zuschlag erteilt ist (vgl. über die Voraussetzungen des Erfolges einer solchen Beschwerde die folgenden Ziffern 7 u. 8).

Der für zahlungspflichtig erklärte Dritte wird zur Beschwerde auch veranlaßt, wenn anstatt des Erstehers einem Andern der Zuschlag zu erteilen war und er um deswillen von seiner Zahlungspflicht befreit sein will.

c) **In Fällen der Versagung des Zuschlags** sind:

α) **regelmäßig nur die zu a Genannten** beschwerdeberechtigt, sonst niemand.

In der Praxis wird dies nicht stets erkannt; und namentlich kehrt die Annahme oft wieder, daß doch der Schuldner — namentlich dann, wenn sich für ihn eine hyperocha ergeben — auch gegen eine den Zuschlag versagende Entscheidung zur Beschwerde berechtigt sein müßte. Allein der Reichsgesetzgeber steht auf dem Standpunkt, daß — ungeachtet der entstandenen Kosten einer vergeblichen Zwangsversteigerung — der Schuldner wie seine Realberechtigten (den betreibenden Gläubiger ausgenommen) zufrieden sein sollten, wenn der bisherige Eigentümer im Grundstückseigentum verbleibt.

β) **In einem ganz singulären,** überaus seltenen Falle der Versagung des Zuschlags **erweitert** das Reichsgesetz hier im § 102 den **Kreis** der Beschwerdeberechtigten.

Es ist dies der singuläre Fall, wo das Vollstreckungsgericht den Zuschlag erteilt und auch den Versteigerungserlös bereits verteilt hat, das landgerichtliche Beschwerdegericht aber sodann auf Beschwerde gegen den Zuschlagsbeschluß den Zuschlag versagt.

In diesem besonderen Falle sind (außer den zu a Genannten) zur weiteren Beschwerde an das Oberlandesgericht alle Beteiligte berechtigt, welchen der Barerlös „zugeteilt" ist[2]) (§ 102 des Reichsges.).

Die Beschwerdefristen.

3. Die Beschwerdefristen.

Die Beschwerdefrist für die sofortige, für die sofortige weitere Beschwerde und für die besondere Beschwerde: ist für die beiden erstgenannten die zweiwöchige des § 577 CPO., für die letztgedachte Beschwerde die einmonatige Notfrist des § 586 Abs. 1 CPO. Der Beginn der Beschwerdefrist ist aber für die drei Beschwerden verschieden, und insbesondere für die sofortige und die

---

[2]) Über den Begriff der Zuteilung des Versteigerungserlöses siehe unseren Paragraph 24.

sofortige weitere Beschwerde in Abweichung von dem Beschwerdeverfahren der CPO. bestimmt: § 95 – § 104 des Reichsges.

a) **Die sofortige Beschwerde gegen den Beschluß des Vollstreckungsgerichts:**

α) Der **auf Versagung** des Zuschlags lautende Beschluß des Vollstreckungsgerichts setzt mit seiner Verkündung für alle Beschwerdeberechtigten die Beschwerdefrist in Lauf (§ 98 Satz 1 des Reichsges.).

Hierbei ist aber nicht zu übersehen, daß der eine Erteilung des Zuschlags an einen Ersteher enthaltende Beschluß für **den** Bieter, dessen Gebot nicht erloschen ist (vgl. S. 110) — und welcher die Zuschlagserteilung als unbegründet erachtet — implicite eine Versagung des Zuschlags enthält.

Jenem Bieter gegenüber beginnt daher die Beschwerdefrist mit der Verkündung des Zuschlagsbeschlusses. Gl. A., wenn auch aus anderem Grunde Jaeckel Anm. 2 d zu § 98. A. M. Wolff Anm. 1 zu § 98. Gl. A. Reinhard I a zu § 98.

β) Der **auf Erteilung des Zuschlags** lautende Beschluß bringt die Beschwerdefrist in Lauf:

αα) **mit seiner Zustellung:** denjenigen Personen gegenüber, für welche eine Zustellung des Zahlungsbeschlusses vorgeschrieben ist. Es sind dies nach § 88 des Reichsges.:

Die Beteiligten, welche weder im Versteigerungstermine noch im Verkündungstermine erschienen sind.

Der Ersteher.

Die zahlungspflichtigen Dritten (§ 61).

Die Meistbietenden, welche Cedenten oder Bevollmächtigte des Erstehers sind und neben demselben im Zuschlagsbeschlusse für die Erfüllung der Verpflichtung aus dem Meistgebot als gesamtschuldnerisch mithaftend erklärt werden (§§ 81, 82 des Reichsges., siehe auch Seite 119).

ββ) **mit seiner Verkündung** bringt der den Zuschlag erteilende Beschluß die Beschwerdefrist in Lauf für die Beteiligten, welche in dem Versteigerungstermin oder in dem besonders anberaumten Verkündungstermin anwesend waren.

Dieser Beschwerdefristbeginn besteht auch dem Bieter gegenüber, dessen Gebot nicht erloschen ist, wie soeben unter a α erwähnt.

b) **Die sofortige weitere Beschwerde gegen den landgerichtlichen Beschluß:** Dieser läßt stets mit seiner Zustellung die Beschwerdefrist beginnen (§ 103 des Reichsges. in Verbindung mit § 96), auch bei Verkündung des Beschlusses nach stattgehabter mündlicher Verhandlung. Gl. A. Jaeckel Anm. 3 zu § 98, Fischer und Schaefer Anm. 1 zu § 98. A. M. Wolff Anm. 5 zu § 98; dieser § 98 gilt aber — wie Jaeckel zutreffend hervorhebt — inhaltlich nur für die sofortige Beschwerde gegen die vollstreckungsgerichtliche Entscheidung.

c) **Die besondere Beschwerde des § 577 Abs. 2 Satz 3 der CPO.:** Die einmonatige Notfrist derselben beginnt mit dem Tage der Kenntnis des Anfechtungsgrundes seitens des beschwerdeberechtigten Beteiligten (§ 586 Abs. 2 CPO.).

Das prozessuale Verfahren im allgemeinen.

4. Das prozessuale Verfahren der Beschwerdeinstanz im allgemeinen erfolgt: nur auf Grund der Akten und der eingelegten Beschwerde. Eine schriftliche Äußerung der Beteiligten kann aber erfordert oder eine mündliche Verhandlung anberaumt werden.[3])

Mehrere Beschwerden sind übrigens mit einander zu verbinden (§ 99 Abs. 2 des Reichsges.).

Der Beschwerdegegner.

5. Der Beschwerdegegner.

Der Beschwerdegegner, der schriftlich oder mündlich zu hören ist, muß vom Beschwerdegericht bestimmt werden (§ 99 des Reichsges.).

In Abweichung vom ordentlichen Rechtsstreit mit seinen festbestimmten Parteien erstreckt sich ja das Zwangsversteigerungsverfahren mit seinem Zuschlag auf einen mehr oder weniger großen Kreis von Beteiligten. Nicht alle dieser Beteiligten werden von der Beschwerde in ihrer Rechtssphäre betroffen und deshalb hat das Beschwerdegericht nach Lage des Einzelfalles den konkreten Beschwerdegegner zu bezeichnen.

Wer ist nun richtig als Beschwerdegegner zu bestimmen? Regelmäßig derjenige oder diejenigen, welche, falls die mit der Beschwerde erstrebte Entscheidung in erster Instanz vom Vollstreckungsgericht ergangen wäre, hiergegen beschwerdeberechtigt wären.

In dem in praxi häufigsten Fall der Einlegung einer Beschwerde gegen die Erteilung des Zuschlags, um dessen Versagung zu erzielen, sind daher jedenfalls der Subhastat, der Ersteher, sowie alle aus dem erzielten Meistgebot zur Befriedigung gelangenden Beteiligte Beschwerdegegner.

In der Praxis besteht auffälligerweise wenig Neigung, als — vom Beschwerdegericht bestimmter — Beschwerdegegner sich zu äußern. Sind auch alle Kontumazialfolgen als solche ausgeschlossen, so wird es doch angängig sein, den Beschwerdegegner von vornherein darauf hinzuweisen, daß das Beschwerdegericht auf Grund des § 286 CPO. aus dem Schweigen für die zutreffenden Feststellungen Folgerungen ziehen kann.

Die beschwerdeinstanzliche Offizialprüfung.

6. Die in der Beschwerdeinstanz nur auf Antrag und die von Amtswegen zu prüfenden Sachmomente.

Der Sachverhalt, welcher infolge der Beschwerde dem Beschwerdegericht zur Entscheidung unterliegt, wird

a) durch die **Angaben** der Beschwerde begrenzt;

b) von **Amtswegen** ist — ausnahmsweise — anläßlich einer erhobenen Beschwerde nur zu prüfen und zu entscheiden, ob die im § 83 Nr. 6 und 7 des Reichsges. aufgeführten sogen. absoluten Zuschlagsversagungsgründe vorliegen (S. 124 § 100 Abs. 3 des Reichsges.).

Jede eingelegte Beschwerde erfordert daher zunächst und unbedingt von dem Beschwerdegericht eine Prüfung und Entscheidung: War die Zwangsversteigerung oder die Fortsetzung des Verfahrens — von dem entgegenstehenden Rechte eines Beteiligten abgesehen — überhaupt zulässig? (S. 124.) Ist das Versteigerungspatent frist- und formgerecht publiziert? (§§ 37,

---

[3]) Schriftliche Erklärungen können die Parteien zwar selbst abgeben. Für eine vom Beschwerdegericht angesetzte Verhandlung besteht aber Anwaltszwang.

43 Abs. 1 des Reichsges. S. 124). Hat zwischen der Aufforderung zur Abgabe von Geboten und dem Zeitpunkt des Versteigerungsschlusses auch mindestens eine Stunde dazwischen gelegen? (§ 73 des Reichsges.) § 95—§ 104 des Reichsges.

Ist eine dieser Hauptfragen zu verneinen, so **muß** das Beschwerdegericht — ohne in eine Prüfung der Beschwerde einzutreten, nur vorausgesetzt natürlich, daß dieselbe fristgerecht eingelegt ist — die Entscheidung des Vollstreckungsgerichts aufheben.

Das Vollstreckungsgericht, an welches die Akten zurückgehen, hat selbstverständlich von neuem einen Versteigerungstermin anzusetzen.

7. **Die aprioristischen Voraussetzungen der Prüfbarkeit der Angaben der Beschwerden** sind: Die Kardinalvoraussetzungen der Prüfbarkeit der Beschwerdeangaben.

a) Die **Angaben** der Beschwerden müssen auf **Vorgänge in dem Versteigerungstermin** sich stützen **und** aus dem **Protokoll** über den Versteigerungstermin ersichtlich sein (§ 80 des Reichsges., über dessen Tragweite in der Beschwerdeinstanz in der Litteratur fast Einstimmigkeit besteht, vgl. Jaeckel Anm. 3 zu § 100).[4])

Eine Beschwerde, welche sich unter Laudierung von Zeugen, nur auf nicht protokollierte Terminsvorgänge stützt, ist daher von vornherein abzuweisen.

Zweifelhaft ist, wie weit die Bestimmung des § 80 des Reichsges. durch die Vorschrift des § 370 CPO., welche für die Beschwerdeinstanz die Anführung neuer Tatsachen und Beweismittel gestattet, hier ergänzt wird.

Ob es zulässig ist, die aus den protokollarischen Vorgängen **zutreffend** vom Vollstreckungsgericht gewonnenen Feststellungen durch nova zu beseitigen?

In Übereinstimmung mit den Kommissionsverhandlungen wird man hier als leitenden Gesichtspunkt zu erachten haben, daß die aus den protokollarischen Angaben erster Instanz zutreffend vom Vollstreckungsgericht entnommenen Feststellungen Rechtsfolgen haben eintreten lassen, die nicht beseitigt werden können.

Hat daher z. B. der Vollstreckungsrichter aus den ihm unterbreiteten protokollierten Vorgängen zutreffend angenommen, daß die Legitimation des Bietenden als Vertreter eines Dritten geführt (§ 71 Abs. 2), daß der Meistbietende rechtsgiltig und -zeitig seine Rechte aus dem Meistgebot an einen Dritten abgetreten (§§ 81 Abs. 2, 87 Abs. 2, 3), so können diese Feststellungen durch postexistent gewordene nova nicht mehr beseitigt werden.

Dagegen ist es umgekehrt in der Beschwerdeinstanz statthaft, solche vollstreckungsgerichtlichen, zur Zeit der erstinstanzlichen Verhandlung zweifelfreien Feststellungen, wenn sie durch Beschwerdeangaben als objektiv nicht ganz **zutreffend** getroffen hingestellt werden, auf Grund der präexistent gewesenen, in den Angaben eines Beschwerdegegners enthaltenen nova als unbedenklich zutreffend getroffen, zu erachten. Gl. A. Jaeckel zum Teil Anm. 3 zu § 100.[5])

---

[4]) Vgl. auch S. 115, 120.

[5]) Jaeckel geht aber hier insofern weiter, als er z. B. bei Zuschlagserteilung den Mangel einer in erster Instanz nicht geführten Bevollmächtigung, wenn deren Nachweis ex post erbracht wird, für unerheblich erachtet, „da es auf einen Formalismus hinauslaufen würde, auch dann noch den Zuschlag aufzuheben". Das hiermit zum Ausdruck gebrachte Prinzip ist gerade für das Zwangsversteigerungsverfahren nicht begründbar. Nur dann, wenn aus den protokollarischen Vorgängen zutreffende Feststellungen gezogen sind, ist damit auch die auf diesen Feststellungen beruhende Entscheidung über den Zuschlag zutreffend und nicht aufhebbar! In dem von Jaeckel gewählten Beispielsfalle erhellet — insbesondere wenn man die §§ 67 u. f. des Reichsges. berücksichtigt —, daß die Person des Bieters den Beteiligten gegenüber **von vornherein** feststehen muß. Der vorstehenden Meinung anscheinend auch Fischer und Schaefer Anm. 1 zu § 100. Reinhard II 1 zu § 100.

Neue Tatsachen und Beweismittel — deren unbeschränkte Zulässigkeit nach § 570 CPO. im Rahmen eines ordentlichen Rechtsstreits gegeben — sind daher **hier** nur insoweit statthaft, als sie protokollierte Terminsvorgänge — welche das Vollstreckungsgericht festgestellt, eine Beschwerdepartei bestreitet — ergänzen oder voll erweisen sollen. Dagegen können hier durch nova erstinstanzlich bereits zutreffend eingetretene Präjudizial- und Säumnisfolgen nicht mehr beseitigt werden.

b) Die **Angaben** des Beschwerdeführers — und deshalb auch seines Beschwerdegegners — müssen ferner die **Verletzung eines den Genannten zustehenden Rechts** dartun, um zu einer Berücksichtigung zu führen (§§ 100 Abs. 2 und 84 des Reichsges.).

Von jüngeren Juristen wird dies meistens übersehen und oft, auffällig, die nicht rechtzeitige Ladung des Schuldners gemäß § 43 Abs. 2 des Reichsges. als ein Beschwerdegrund erachtet, welcher auf Beschwerde des betreibenden Gläubigers zur Versagung des Zuschlags führen müßte.

c) Die **Angaben** des Beschwerdeführers dürfen endlich solche Vorkommnisse **nicht betreffen,** welche **bereits** von ihm gemäß § 84 des Reichsges. **genehmigte**[6]) Verfehlungen enthalten (vgl. §§ 84 und 100 des Reichsges. und über die Zulässigkeit der Annahme einer Genehmigung S. 124).

Die einzelnen Beschwerdegründe.

8. Die einzelnen Beschwerdegründe, auf welche eine Beschwerde überhaupt nur gestützt werden kann.

Die einzelnen zulässigen Beschwerdegründe sind im § 100 Abs. 1 des Reichsges. vollständig aufgezählt. Es sind dies:

a) **Rechtswidrige Feststellung des Meistbietenden** und deshalb rechtsungiltige Erteilung des Zuschlags an jenen.

Hier kommt die unrichtige Bejahung oder Verneinung der Bietungsfähigkeit in Betracht, wie z. B. die Zulassung eines Geschäftsunfähigen oder Minderjährigen zum Bieten (vgl. S. 110 und 121), das unrichtige Erfordern oder Erlassen einer Sicherheitsleistung (§ 70 des Reichsges. S. 113), das Verkennen der Erlöschungsgründe eines Gebots (§ 72 S. 110).

b) **Eine Gruppe von Beschwerdegründen** wird durch die einzelnen sogen. **relativen**[7]) Zuschlagsversagungsgründe gebildet, welche § 83 unter 1—5 des Reichsges. aufgezählt sind (vgl. S. 124—126).[7a])

---

[6]) Die Genehmigung der Beeinträchtigung des Rechts eines Beteiligten muß aber entweder aus dem Versteigerungsterminsprotokoll hervorgehen oder durch eine öffentlich beglaubigte Urkunde nahegewiesen werden (vgl. § 84 des Reichsges.).

[7]) Unter vorstehender Nr. 6 ist bereits dargetan, daß die sogen. absoluten Zuschlagsversagungsgründe der Nr. 6 und 7 des § 83 des Reichsges., sobald eine Beschwerde fristgerecht erhoben, stets von Amtswegen zu berücksichtigen, und daß beim Vorliegen der Voraussetzungen der absoluten Zuschlagsversagungsgründe, die vollstreckungsgerichtliche Entscheidung auf Zuschlagserteilung stets aufzuheben ist, ohne Rücksicht darauf, ob das Recht des Beschwerdeführers dadurch verletzt ist, oder ob jene Verstöße von den Beteiligten genehmigt sind.

[7a]) Das S. 124 bis S. 126 Gesagte gilt natürlich auch hier.

Über die Beschwerde gegen den Zuschlagsbeschluß im Falle der Versteigerung mehrerer mit einer Gesamthypothek belasteten Grundstücke siehe Sonderparagraph 31.

c) **Ein** — in der Praxis nicht seltener — **Beschwerdegrund** besteht endlich in der **Nichtkongruenz der Bedingungen** des Zuschlagsbeschlusses mit den der Versteigerung zu Grunde gelegten Bedingungen (§ 100 Abs. 1 des Reichsges.). **§ 95—§ 104 des Reichsges.**

9. **Die Form und der Inhalt der in den Beschwerdeinstanzen ergehenden Entscheidungen.** **Form und Inhalt der Beschwerdeentscheidungen.**

a) **Den Entscheidungen** in der Beschwerde- und der weiteren Beschwerdeinstanz **gemeinsam** ist:

α) die Form der Entscheidung muß stets die des Beschlusses sein;

β) die Entscheidung hat die Sache selbst zu erledigen.

Die Vorschrift des § 575 CPO., welche im Rahmen eines ordentlichen Rechtsstreits die Zurückverweisung der Sache unter Aufhebung der Vorentscheidung zur anderweitigen Entscheidung gestattet, ist hier unanwendbar (§ 101 Abs. 1 des Reichsges.).

Im übrigen differiert die Beschlußfassung der landgerichtlichen und oberlandesgerichtlichen Entscheidung in folgenden Fällen:

b) Der **landgerichtliche Beschluß** bietet in seiner **Fassung keine Besonderheiten.** **Der Landesgerichtsbeschluß insbesondere.**

α) **Ist die eingelegte Beschwerde unbegründet,** so hat die landgerichtliche Entscheidung einfach auf Zurückweisung der Beschwerde zu lauten, die vollstreckungsgerichtliche Entscheidung mag auf Erteilung oder Versagung des Zuschlags gehen.

β) **Ist die Beschwerde begründet,** so ist:

αα) Die Erteilung des Zuschlags vom Landgericht auszusprechen, wenn das Vollstreckungsgericht den Zuschlag versagt hat.

ββ) Die Versagung des Zuschlags ist vom Landgericht aber zu erklären, unter Aufhebung der vollstreckungsgerichtlichen Entscheidung, falls dieses den Zuschlag erteilt hatte.

c) Der **oberlandesgerichtliche Beschluß** ist aber in seiner Fassung durch § 101 Abs. 2 des Reichsges. besonders bestimmt. **Der oberlandesgerichtliche Beschluß insbesondere.**

α) Ist vom **Vollstreckungsgericht der Zuschlag erteilt,** vom **Landgericht versagt** und erachtet das Oberlandesgericht die Versagung für unbegründet, die Erteilung des Zuschlags für begründet, so **muß** der Oberlandesgerichtsbeschluß gemäß § 100 Abs. 2 dahin erlassen werden:

Die gegen die Erteilung des Zuschlags erhobene Beschwerde wird, unter Aufhebung des Beschlusses des landgerichtlichen Beschwerdegerichts, zurückgewiesen.[8])

---

[8]) Jaeckel macht übrigens Anm. 3 zu § 100 hier mit Recht darauf aufmerksam, daß die im § 101 Abs. 2 enthaltene Vorschrift über den Inhalt des oberlandesgerichtlichen Beschlusses dann nicht anwendbar ist, wenn die Beschwerde unstatthaft, z. B. verspätet eingelegt sei, in diesem Falle ist, wenn der Zuschlag vom Vollstreckungsgericht erteilt, vom Landgericht (zu Unrecht) versagt ist, der oberlandesgerichtliche Beschluß nur dahin zu formulieren, „die Beschwerde wird unter Aufhebung der sie zulassenden Entscheidung der Vorinstanz als unzulässig **verworfen**". Es folgt dies aus § 574 CPO.

Das Reichsgesetz will durch diese Fassung außer Zweifel stellen, daß der vollstreckungsgerichtliche Zuschlagungsbeschluß und seine mit seiner Verkündung (§ 87) eingetretenen Rechtsfolgen, ungeachtet des landgerichtlichen Intermezzos, ex tunc endgiltig aufrecht erhalten sind.

β) Ist vom **Vollstreckungsgericht der Zuschlag versagt,** vom **Landgericht erteilt** und erachtet das Oberlandesgericht die landgerichtliche Zuschlagserteilung für unbegründet, die amtsgerichtliche Zuschlagsversagung für begründet, so wird der oberlandesgerichtliche Beschluß korrekt dahin zu fassen sein:

Die gegen die Versagung des Zuschlags erhobene Beschwerde wird, unter Aufhebung des auf Erteilung des Zuschlags lautenden landgerichtlichen Beschlusses zurückgewiesen.

Zustellung der Beschwerdebeschlüsse.

10. Die Zustellung der in der Beschwerdeinstanz ergangenen Beschlüsse.

Der **Beschluß des Beschwerdegerichts muß** nach § 103 des Reichsges. **zugestellt** [9]) werden, und zwar von Amts wegen seitens des Beschwerdegerichts, sofern

a) **die Aufhebung oder Abänderung des angefochtenen Beschlusses** ausgesprochen ist:

α) **allen Beteiligten;**

Zustellungsbedürftig sind somit alle im § 9 des Reichsges. Genannten, gleichviel ob sie bei Aufhebung oder Erteilung des Zuschlags mit ihren Ansprüchen nur nach dem geringsten Gebot im weiten Sinne übernommen oder durch Barzahlung zur Hebung gelangen oder nach dem aufgehobenen oder erteilten Zuschlag ausfallen.

β) **dem Bieter,** welchem der **Zuschlag erteilt oder verweigert** ist;

Hierbei ist, wie schon erwähnt, nicht zu übersehen, daß die Zuschlagserteilung an den einen implicite eine Zuschlagsverweigerung an einen andern enthält. Hat das Vollstreckungsgericht dem A, das Beschwerdegericht dem B den Zuschlag erteilt, dann hat das letztere zugleich dem A den Zuschlag verweigert.

γ) dem **zahlungspflichtig erklärten Dritten,** welcher bei Bewilligung von Zahlungsfristen an den Ersteher, gemäß § 61 für diesen die dem letzteren obliegende Zahlung übernommen;

δ) dem **Meistbietenden,** welcher Cedent des Erstehers rücksichtlich seiner Rechte aus dem Meistgebot ist, oder als Meistbietender Vertreter des Erstehers ist. Die beiden sind ja auch gemäß § 81 Abs. 2 u. 3 bei Zuschlagserteilung mit dem Ersteher Gesamtschuldner für die Erfüllung der Verpflichtung aus dem Zuschlag.

b) **Ist die Beschwerde zurückgewiesen,** so ist der Beschwerdebeschluß
dem **Beschwerdeführer,**
dem **Beschwerdegegner** (vorstehende Nr. 5)
nur zuzustellen.

---

[9]) Auch im Falle mündlicher Verhandlung ist der § 329 CPO. somit durch § 103 des Reichsges. abgeändert.

Für alle übrigen Beteiligten liegt ja bei Zurückweisung der Beschwerde eine beschwerdeinstanzliche res integra vor. § 95—§ 104 des Reichsges.

11. Der Zeitpunkt der Wirksamkeit der in der Beschwerdeinstanz ergehenden Zuschlagserteilung.

Zeitpunkt der Wirksamkeit beschwerdeinstanzlicher Zuschlagserteilung.

In der Beschwerdeinstanz erteilt den Zuschlag

a) das Landgericht, wenn dasselbe auf Beschwerde den auf Versagung des Zuschlags lautenden vollstreckungsgerichtlichen Beschluß aufhebt;

b) das Oberlandesgericht, wenn das Vollstreckungsgericht den Zuschlag erteilt, das Landgericht ihn versagt, und die landgerichtliche Entscheidung auf weitere Beschwerde aufgehoben wird.

Zu a. Der **Zeitpunkt der Rechtswirkung**[10]) der Zuschlagserteilung in der **landgerichtlichen** Beschwerdeinstanz tritt nun nach § 104 des Reichsges. mit der Zustellung an den **Ersteher** ein.

Diese Bestimmung des § 104 war erforderlich, weil Beschwerdebeschlüsse gemäß § 103 stets[11]) zuzustellen sind, mithin ein **hier** ergehender, den Zuschlag erteilender, Beschluß nicht schon wie die Zuschlagsentscheidung des Vollstreckungsgerichts mit der Verkündung wirksam wird. § 89 d. Reichsges. Da nun die Zustellung des, — in Abweichung von der vollstreckungsgerichtlichen Entscheidung — den Zuschlag erteilenden Beschlusses an alle einzelne Beteiligte erfolgen muß, und dies natürlich zu verschiedenen Zeitpunkten geschehen kann, so bedurfte es daher hier der Festlegung eines bestimmten Zeitpunkts für den Eintritt der Zuschlagswirksamkeit.

Zu b. Der **Zeitpunkt der Rechtswirkung** der inhaltlich auf Zuschlagserteilung gehenden **oberlandesgerichtlichen** Entscheidung ist aber ein anderer:

Nach § 101 Abs. 2 muß dieser zu b gedachte oberlandesgerichtliche Beschluß — wie vorstehend unter 9c erwähnt — dahin gefaßt werden: die gegen die Erteilung des Zuschlags erhobene Beschwerde wird unter Aufhebung des Beschlusses des landesgerichtlichen Beschwerdegerichts zurückgewiesen.

Es ist diese Beschlußfassung — wie wir unter 9c gesehen — vom Gesetz bestimmt um dadurch klarzustellen, daß die Rechtswirkung der nunmehr unanfechtbar gewordenen vollstreckungsgerichtlichen Zuschlagserteilung ex tunc, mit ihrer erstinstanzlichen Verkündung (§ 89), aufrecht bleibt.

Die Rechts**wirkung** der inhaltlich auf eine Zuschlagserteilung gehenden oberlandesgerichtlichen Entscheidung tritt nachher nicht erst mit ihrer Zustellung an den Ersteher ein, sondern geht materiellrechtlich auf den Zeitpunkt der vollstreckungsgerichtlichen Zuschlagsverkündung zurück.

---

[10]) z. B. die des Eigentumsüberganges (§ 90).

[11]) auch wenn das Landgericht den Zuschlagsbeschluß nach (fakultativer) mündlicher Verhandlung erteilt.

Paragraph 23.

Die vollstreckungsgerichtlichen Akte vor Anberaumung des Erlösverteilungstermins.

(§ 105, § 106 des Reichsges.)

I.

Zustellung des Zuschlagsbeschlusses.

Das Vollstreckungsgericht hat nach Erteilung des Zuschlags zunächst die Zustellung des Zuschlagsbeschlusses gemäß § 88 des Reichsges. zu verfügen:

1. **Diese Zustellung hat unbedingt** zu erfolgen an den **Ersteher,** an den für zahlungspflichtig erklärten Dritten (§§ 61, 82), an die neben dem Ersteher gesamtschuldnerisch haftenden meistbietend gebliebenen Cedenten und Bevollmächtigten des Erstehers (§§ 81, 82).

2. **Die Zustellung hat ferner** an **die** Beteiligten zu erfolgen, welche weder im Versteigerungs- noch — falls ein Verkündungstermin nach § 87 anberaumt — im Verkündungstermin erschienen sind.

Nicht zu übersehen ist hierbei, daß unter der eben gedachten Voraussetzung der Zuschlagsbeschluß auch den Beteiligten zuzustellen ist, welche ein angemeldetes Recht noch glaubhaft zu machen haben.

Der Zuschlagsbeschluß ist aber den einzelnen Bietern nicht zuzustellen, auch wenn deren Gebote nicht erloschen sind[1]) (vgl. S. 133 α); es ergibt sich dies schon aus § 98 des Reichsges.

Streitig ist, ob auf die Zustellung des Zuschlagsbeschlusses, welche in den vorgedachten Fällen zu I 1 und 2 nach § 88 des Reichsges. zu geschehen hat, verzichtet werden kann. Jaeckel, Anm. 3, und Reinhard, Anm. 4 zu § 88, bejahen die Frage; Wolff, Anm. 2 und Fischer u. Schaefer — wenn nicht zugleich auf das Rechtsmittel der Beschwerde verzichtet wird — verneinen. Die Vorschrift des § 88 ist indessen eine Verfahrensvorschrift, welche im öffentlichen Interesse gegeben, deshalb einem Verzicht der Beteiligten nicht unterliegen kann. Dies ist auch nach der Fassung des § 88 des Reichsges. anzunehmen. (Vgl. auch Entsch. des RG. Bd. 2 S. 397, Bd. VIII S. 371, Bd. X S. 362.)

II.

Anberaumung des Erlösverteilungstermins.

Mit der Anordnung der erforderlichen Zustellung des Zuschlagsbeschlusses erfolgt regelmäßig in der Praxis zugleich die Anberaumung des Termins zur Erlösverteilung und ergehen die Ladungen zu diesem Termin. Denn:

1. Die **Anberaumung des Verteilungstermins** ist an sich **statthaft,** sobald der Zuschlagsbeschluß vom Vollstreckungsgericht verkündet (§ 89) ist.[2])

Das Vollstreckungsgericht ist jedoch gemäß § 572 Abs. 2 CPO. berechtigt, im Falle einer gegen die Zuschlagserteilung eingelegten Beschwerde, die Ansetzung

---

[1]) A. M. Jaeckel, Anm. 3b, hervorhebend, daß Bieter, deren Gebot nicht erloschen ist, zu den Beteiligten zählen, was konstruktionell mit Rücksicht auf § 9 des Reichsges. unbegründet ist.

[2]) Hat das Beschwerdegericht den Zuschlag erst erteilt, so muß die Zustellung des letzteren natürlich aktenmäßig dargetan sein (§ 103).

des Verteilungstermins auszusetzen, und letzteren, falls er bereits anberaumt, wieder aufzuheben. § 105 — § 106 des Reichsges.

Das Vollstreckungsgericht wird auch umsichtigerweise bei Beschwerdeerhebung von Abhaltung des Verteilungstermins absehen und zwar aus zweifachem Grunde:

a) Einmal können, sofern der Zuschlagsbeschluß noch nicht rechtskräftig, der Ersteher, wie der für zahlungspflichtig erklärte Dritte (§ 61), auch der meistbietend gewesene Bevollmächtigte und der meistbietend gebliebene Cedent des Erstehers (§ 81 Abs. 2 u. 3) den Antrag stellen, die „Ausführung" des Teilungsplans bis zur Rechtskraft des Zuschlags auszusetzen (§ 116 des Reichsges.). Das Vollstreckungsgericht braucht diesem Antrag zwar nicht stattzugeben, wird aber ohne gegen die Intention des Gesetzgebers zu verstoßen, kaum je in der Lage sein, den Antrag abzulehnen.

Das Vollstreckungsgericht würde sonach, sobald ein Antrag aus § 116 gestellt, zwar einen Teilungsplan aufstellen, auch über ihn mit Beteiligten verhandeln können. Für die Ausführung des Teilungsplans, also behufs Auszahlung des gezahlten Barerlöses, oder bei Nichtzahlung des Erlöses behufs Übertragung der Forderung gegen den Ersteher (vgl. S. 59 und nachfolgenden Paragr. 24) würde aber das Vollstreckungsgericht einen neuen Termin anzusetzen haben, um der Absicht des Gesetzgebers zu entsprechen. Ein solches Verhandeln in zwei Terminen wäre mindestens unpraktisch.

b) Andererseits wird das Vollstreckungsgericht sich zu vergegenwärtigen haben, daß, falls die gegen den Zuschlagsbeschluß erhobene Beschwerde Erfolg hat und zur Zuschlagsversagung führt, nachdem sogar bereits die Erlösverteilung vollständig ausgeführt ist, die verwickelsten Prozesse eintreten können.

Der Ersteher müßte im ordentlichen Prozesse die ausgezahlte Barsumme seines Meistgebots von den Beteiligten zurückfordern. Die Berichtigung des Grundbuchs könnte nicht minder, mangels einer Einigung, erst im Wege eines ordentlichen Prozesses erreicht werden.[3])

Im übrigen kann nicht nur das Vollstreckungsgericht, sondern auch das Beschwerdegericht gemäß § 572 Abs. 2, 3 CPO. die Aufhebung des bereits angesetzten Verteilungstermins anordnen.

2. **Der Zeitpunkt für die Anberaumung** des Verteilungstermins ist zwingend nicht vorgeschrieben. Terminszeitpunkt.

Indessen ist bei seiner Anberaumung darauf Bedacht zu nehmen, daß zwei Wochen vor dem Termin die Ladung zu demselben dem Ersteher, einem zahlungspflichtigen Dritten (§ 61), einem meistbietend gebliebenen Bevollmächtigten und Cedenten des Erstehers (§ 81 Abs. 2, 3) zugestellt sein muß.

Diese genannten Personen können indessen die Nichtinnehaltung jener Frist genehmigen; geschieht dies nicht, so muß ein neuer Termin anberaumt werden (§ 105 Abs. 4 des Reichsges.).

---

[3]) Ist eine Sicherheit durch Hinterlegung von Wertpapieren für die Erfüllung des Bargebots gemäß § 67 geleistet, und wird die Barsumme des Meistgebots mit Rücksicht auf eine gegen den Zuschlag eingelegte Beschwerde in dem anberaumten Erlösverteilungstermin nicht gezahlt, so könnte zwar das Vollstreckungsgericht die hinterlegten Papiere gemäß § 108 Abs. 1 veräußern und wenigstens diesen Erlös an die Beteiligten zur Verteilung bringen. Allein auch diese Maßnahme „soll" auf Antrag desjenigen, welcher die Sicherheit geleistet, unterbleiben, sofern der Zuschlagsbeschluß noch nicht rechtskräftig ist (§ 108 Abs. 2 des Reichsges.).

Aushang-Publikation des Verteilungstermins. 3. **Die öffentliche Bekanntmachung** des Verteilungstermins hat — instruktionellerweise — nur durch Aushang an der Gerichtstafel zu erfolgen (§ 105 Abs. 3 des Reichsges.).

Die Geladenen. 4. **Die zum Termin zu ladenden Beteiligten** sind außer dem Ersteher (und den bereits unter 2 erwähnten Personen der §§ 61, 81 Abs. 2 u. 3 des Reichsges.) alle Beteiligte, welche § 9 Nr. 1 u. 2 des Reichsges. aufführt (oben S. 14) und zwar auch die Beteiligten, welche ein angemeldetes Recht noch glaubhaft zu machen haben.

Vorbereitung des Verteilungstermins. 5. **Die Vorbereitung des Verteilungstermins, in** welchem nach § 113 des Reichsges. erst formellrechtlich der Teilungsplans aufzustellen ist, wird in der Praxis durch den zugezogenen Rechnungsverständigen (§ 113 cit.) meist, sozusagen offiziös, vorgenommen.

Derselbe frägt bei den Beteiligten an, ob dieselben beabsichtigen, Rechte, welche aus dem Barerlös zur Hebung gelangen, und daher erlöschen müssen, etwa durch Vereinbarung mit dem Ersteher an dem Grundstücke bestehen zu lassen (§ 91 Abs. 2 des Reichsges.). Der Rechnungsverständige erinnert auch verständigerweise an noch ausstehende oder zu berichtigende Anmeldungen.

Das Vollstreckungsgericht kann jedoch schon in der Ladung zum Verteilungstermin die Beteiligten auffordern, binnen zwei Wochen eine Berechnung ihrer Ansprüche einzureichen.

Die Nichtbeachtung dieser Aufforderung hat aber keine Nachteile zur Folge. Ergeht eine solche Aufforderung, so ist auf Grund der infolge der Aufforderung eingehenden Anmeldungen ein **provisorischer** Teilungsplan anzufertigen und spätestens drei Tage vor dem Termin auf der Gerichtsschreiberei zur Einsicht der Beteiligten niederzulegen (§ 106 des Reichsges.).

Dieser provisorisch aufgestellte Teilungsplan dient aber nur zur vorläufigen Information der Beteiligten; soweit Anmeldungen der letzteren im Plan aufgenommen sind, können diese Anmeldungen doch im Verteilungstermine wieder geändert werden.

Die Verfügung nach Erlaß des Zuschlags: hat — auf Grund der Darlegung im vorstehenden Paragraphen 23 — zu bestimmen:

1. Der Zuschlagsbeschluß ist zuzustellen:

a) dem Ersteher — dem zahlungspflichtig erklärten Dritten, dem Cedenten und Bevollmächtigten des Erstehers [vgl. im vorstehenden Paragraphen I, 1].

b) den Beteiligten, welche weder im Versteigerungstermin noch im besonders anberaumten Verkündungstermin erschienen sind [vgl. vorst. Paragr. I, 2].

2. Der Termin zur Erlösverteilung wird anberaumt auf:

3. Der Termin ist durch Aushang an der Gerichtstafel bekannt zu machen [vorst. Paragr. II, 3].

4. Zu laden durch Zustellung der Terminsbestimmung sind:

der Ersteher (zahlungspflichtige Dritte, Cedent und Bevollmächtigte des Erstehers), die übrigen Beteiligten [vorsteh. Paragr. II, 4].

NB. Die zu ladenden Beteiligten hat der Vollstreckungsrichter einzeln festzustellen und zu bezeichnen! Siehe Teil I S. 18.

5. Die Akten sind 3 Wochen vor dem Termin wieder vorzulegen, zwecks Feststellung, ob die zu 1a der Verfügung Genannten dem § 105 Abs. 4 des Reichsges. gemäß fristgerecht geladen sind [vorst. Paragr. II, 2].

(NB. Bei nicht fristgerechter Ladung wird das Vollstreckungsgericht den Ersteher bezw. die anderen unter 1a genannten 3 Personen zur Erklärung auffordern, ob sie der Abhaltung des Termins zustimmen. Wird die Zustimmung nicht erteilt, so wird — korrekter Weise — sofort ein neuer Termin anberaumt.)

6. Die Akten gehen an den Rechnungsverständigen zur Vorbereitung des Teilungsplans.

7. (Nur bei umfangreicheren Sachen sachentsprechend.)

a) Die Beteiligten sind gemäß § 106 des Reichsges. aufzufordern, binnen 2 Wochen eine Berechnung ihrer Ansprüche einzureichen.

b) Der — provisorisch — angefertigte Teilungsplan ist spätestens 3 Tage vor dem Erlösverteilungstermin zur Einsicht der Beteiligten auf der Gerichtsschreiberei niederzulegen (vorsteh. II, 5).

Die Verfügung nach Versagung des Zuschlags: hat natürlich die Reproduktion der Akten nach 15 Tagen anzuordnen, um zunächst die Rechtskraft des Beschlusses zu konstatieren.

Nach eingetretener Rechtskraft des Zuschlagsversagungs-Beschlusses entscheidet dann sein Inhalt:

a) ob: die Fortlegung der Akten zu verfügen, weil das Verfahren als unzulässig durch den Versagungsbeschluß aufgehoben ist [vgl. Teil I S. 75, 78, auch S. 116].

b) ob: eine sechsmonatige Frist aus § 31 Abs. 2, § 33 des Reichsges. zu verfügen ist, weil das Verfahren durch den Versagungsbeschluß nur einstweilen eingestellt ist [vgl. Teil I S. 78 und z. B. S. 117].

c) oder ob endlich: die Anberaumung eines neuen Versteigerungstermins zu verfügen ist, weil die Fortsetzung des Verfahrens zulässig und die Zuschlagsversagung nur aus einem gesetzlichen Versagungsgrund erfolgt ist (S. 78, 123—126).

Paragraph 24.

Die Verteilung des Versteigerungserlöses.

(§§ 105—134 des Reichsges.)

Allgemeines.

1. **Der Begriff des Versteigerungserlöses**[1]) fällt, wie wir uns aus dem Paragraphen 12 Teil I S. 55 u. f. erinnern, nicht mit dem der Barsumme des Meistgebots zusammen. Wie unter Erlös der Gesamtgehalt einer Gegenleistung für etwas Empfangenes begriffen wird, so ist unter Versteigerungserlös die volle Gegenleistung des Erstehers zu verstehen.

Die letztere besteht aber einmal in der Übernahme der im geringsten Gebot im weiten Sinne[2]) enthaltenen, nicht erlöschenden Rechte seitens des Erstehers, andererseits in der bar zu zahlenden Summe des Meistgebots. Beide Leistungen des Erstehers bilden daher auch den Gegenstand der Verhandlung über die Verteilung des Versteigerungserlöses, wie § 113 Abs. 2 des Reichsges. ausdrücklich hervorhebt. Die begriffliche und positiv gesetzliche Notwendigkeit

[1]) Rücksichtlich der materiellrechtlichen Grundsätze über den Versteigerungserlös, über die an ihm bis zur Zahlung Berechtigten, die Folgen der Nichtzahlung vgl. Teil I Paragraph 12.

[2]) Vgl. über diese Bezeichnung S. 32.

über die bestehen bleibenden Rechte des geringsten Gebots zu verhandeln und das bare Meistgebot zu „verteilen", bestimmt das Wesen und den Inhalt des hierzu bestimmten Verteilungstermins und damit den Terminsgegenstand.

Wesen des Verteilungstermins.

2. **Das formellrechtliche Wesen des Verteilungstermins** unterscheidet sich zunächst von demjenigen des Versteigerungstermins. Die dem letzteren eigenen, für die Beteiligung der Beteiligten an dem Versteigerungsverfahren präjudizierlichen Terminsabschnitte wie z. B. derjenige der Aufforderung zur Abgabe von Geboten nach vorherigem Hinweis auf den zu erwartenden Ausschluß weiterer Anmeldungen, sind für das Verteilungsverfahren nicht bestimmt.

Erst mit dem Schluß des Verteilungstermins ist der einzelne Beteiligte von der Terminsbeteiligung ausgeschlossen; bis zu jenem Momente können sogar Änderungen bereits protokollierter Feststellungen durch das spätere Erscheinen und Verhandeln einzelner Beteiligter beantragt und veranlaßt werden.

Inhalt des Verteilungstermins.

3. **Der Inhalt des Verteilungstermins** ist einmal durch den Hinweis der Motive gegeben: daß die Wahrung der Rechte im Verteilungsverfahren Aufgabe des Vollstreckungsgerichts ist.

Die unter Beachtung jenes Hinweises, nach den gesetzlichen Bestimmungen der Rangordnung der Rechte (§§ 10, 114) und ihrer rechtzeitigen Anmeldung (§ 37 Ziff. 4, 5) vom Vollstreckungsgericht „aufgestellte" (§ 113 des Reichsges.) Verteilung ist jedoch zunächst noch nicht eine endgültige, wird dies vielmehr erst durch die Verhandlung mit den Parteien (§ 115 des Reichsges.), insbesondere durch Nichterhebung eines Widerspruchs oder Zurücknahme eines solchen seitens einzelner Beteiligter.

Die einzelnen Terminsabschnitte.

4. **Die begrifflich notwendigen Abschnitte** des Erlösverteilungstermins sind — nach dem soeben dargelegten — dahin gegeben:

Erster Abschnitt: Die Feststellung der Teilungsmasse.

Zweiter Abschnitt: Die Feststellung der an dem Versteigerungserlöse Beteiligten und insbesondere aus dem Barerlöse Hebungsberechtigten.

Dritter Abschnitt: Die Verhandlung über den Teilungsplan, welcher aufgestellt ist, sobald die zu verteilende Masse und die an ihr Berechtigten festgestellt sind.

Vierter Abschnitt: Die Ausführung des Teilungsplans.

Um die Abwicklung eines Erlösverteilungstermins leichter zu veranschaulichen, ist auch diesem Paragraphen ein Protokollbeispiel einer Erlösverteilungsverhandlung S. 174—180 beigefügt, in welchem die vorerwähnten Abschnitte mit A, B, C, D bezeichnet sind.

I.

Der erste Abschnitt des Erlösverteilungstermins.

Die Feststellung der Teilungsmasse. (§ 107.)

Die Teilungsmasse.

Die Teilungsmasse ist gebildet, sobald zur Feststellung gelangt sind (§ 107 des Reichsges.):

§ 107 — § 125 des Reichsges.

A.

Die im Verteilungstermin bar zu zahlenden Beträge.

(Beispiel S. 174, 175 unter A).

§ 108 des Reichsges. S. 112, 141.
§ 109 des Reichsges. S. 22, 23.
§ 112 des Reichsgesetzes Sonderparagraph 30—31.
§ 116 des Reichsges. S. 141.
§ 118 des Reichsges. S. 59, 61.
§ 122, § 123 Sonderparagr. 30—31.

Es zählen zu diesen:

1. **Die vom Ersteher bar zu zahlende Summe:** Diese bildet:

a) Der bar zu zahlende Betrag des Meistgebots, also schlankweg die Barsumme des Meistgebots, welche mindestens die Summe des geringsten Gebots im engen Sinne ausmachen muß. Vgl. Teil I S. 32—33.

b) Die Summe des Zinsbetrages von 4 Proz. von der Barsumme des Meistgebots tritt hinzu, und zwar seit dem Tage der Wirksamkeit des Zuschlags, also regelmäßig seit dem Tage seiner Verkündung (§§ 89, 104 des Reichsges., § 246 BGB.).

2. **Der Summe des baren Meistgebots kann ferner,** — anstatt des soeben erwähnten Zinsbetrages, vgl. Teil I S. 46 unter 6 —, falls die Meistgebotssumme vom Ersteher hinterlegt ist (§ 49 Abs. 3 des Reichsges.) die Summe der landesgesetzlichen Hinterlegungszinsen hinzutreten; im preußischen Rechtsgebiete $2^1/_2$ Proz. (Hinterlegungsordn. vom 14. März 1879, §§ 9, 10 VO. v. 21. Mai 1879, vgl. auch Art. 84 Ausf.Ges. zum BGB.).

3. **Die Barsumme des Meistgebots kann sich ferner ausnahmsweise** um die Summe des noch unverteilbar gebliebenen Revenüenbetrags einer neben der Zwangsversteigerung stattgehabten Zwangsverwaltung erhöhen (s. hierüber Paragraph 41).

4. **Die Summen der Feuerversicherungsgelder** für abgebrannte Gebäude, sowie für durch Feuer oder andere Unglücksfälle, namentlich Hagelschlag, zerstörte oder beschädigte Früchte **„können"** weiter noch die bar zu zahlende Summe des Barerlöses erhöhen (vgl. Teil I S. 70).[1])

5. **Der bar zu zahlenden Summe** des Versteigerungserlöses **treten endlich** die Erlöse derjenigen Sachen und Forderungen hinzu, deren besondere Versteigerung, außerhalb des Versteigerungstermins des Grundstücks, das Gericht gemäß § 65 des Reichsges. angeordnet hatte (Teil I S. 53).

B.

Die nach dem Verteilungstermine erst bar zu zahlenden Beträge.

Wir erinnern uns hier aus dem ersten Teil (vgl. S. 38), daß auf Grund des Deckungsprinzips des § 44 des Reichsges. in dem geringsten Gebot im weiten Sinne[1a]) als vom Ersteher zu übernehmende Rechte auch solche einzustellen sind, deren Rechts- oder Fortbestand noch unsicher, z. B. bedingte Rechte. Auf Grund der §§ 50, 51 des Reichsges. ist aber rücksichtlich solcher Rechte zugleich durch Einstellung einer Versteigerungsbedingung in das geringste Gebot im

[1]) Über den seltenen Fall der Erhöhung des Versteigerungserlöses durch die infolge des Surrogationsprinzips entstandenen Entschädigungsbeträge im Falle der Enteignung vgl. Art. 35—41 des preuß. Ausf.Ges. zum RZVG. und insbesondere Art. 41 letzter Absatz.

[1a]) Über diese Bezeichnung siehe auch hier Seite 32.

weiten Sinne die Verpflichtung des Erstehers festzustellen, bei Fortfall jener zunächst von ihm übernommenen Rechte, zur Ausgleichung eine Ersatzzahlung zu leisten.

Die Ersatzzahlung.

Diese Ersatzzahlung des Erstehers bildet gleichfalls einen Teil der Teilungsmasse und ist mit dieser zu verteilen.

Wir erinnern uns, daß eine solche Ersatzzahlung

1. bei Fortfall einer Hypothek-Grundschuld, Rentenschuld in dem Kapitalsbetrag dieser Lasten besteht, welcher nach den für diese festgesetzten Kündigungs-, Zahlungs- und Zinsbedingungen, zahlbar und verzinslich ist,

2. bei Fortfall eines anderen Rechts in der — gerichtsseitig festzusetzenden — Summe besteht, um welche der Wert des Grundstücks infolge Fortfalls der Rechte sich erhöht, und daß diese Summe drei Monate nach erfolgter Kündigung vom Ersteher zu zahlen und bis dahin vom Zuschlag ab mit 4 Proz. zu verzinsen ist.

Eine Ersatzzahlung des Erstehers kann danach allerdings im Verteilungstermin schon fällig sein und ist dann selbstverständlich im Termin einfach wie die Barsumme des Meistgebots zu verteilen.

Z. B. eine gemäß § 50 vom Ersteher übernommene, aufschiebend bedingte (unverzinsliche) Grundschuld von 1000 M. fällt zwei Tage nach dem Zuschlage, welcher am 2. April 1903 verkündet ist, fort, sie war für den Fall des Eintritts der Bedingung sofort zahlbar; der Erlösverteilungstermin wird am 2. Mai 1903 abgewickelt; in diesem Termin hat daher der Ersteher die Ersatzzahlung von 1000 M. zu leisten.

Eine Ersatzzahlung des Erstehers gemäß §§ 50, 51 cit. wird aber regelmäßig im Erlösverteilungstermin überhaupt nur der Gegenstand einer noch bedingten Verpflichtung des Erstehers bilden. (Der Fortfall der Rechte im geringsten Gebot, für welche die Ersatzzahlungspflicht zur Ausgleichung festgestellt ist, wird regelmäßig im Verteilungstermin noch nicht feststehen.)

Die Teilungsmasse wird daher dann außer in dem Betrage einer Barsumme noch in einer gemäß §§ 50, 51 bedingten Forderung gegen den Ersteher bestehen, welche bei Ausführung des Teilungsplans freilich, wie im Abschnitt IV zu zeigen ist, eine besondere Maßnahme erheischt.

II.

Der zweite Abschnitt des Erlösverteilungstermins.

Die Feststellung der an dem Versteigerungserlöse beteiligten, insbesondere aus dem Barerlöse zu befriedigenden Rechte.

1.

Die Feststellung der Rangordnung.

Die Rangordnung der zu befriedigenden Ansprüche.

Die Rangordnung der einzelnen zu befriedigenden Rechte an sich ist auch hier an der Hand der acht Rangklassen des § 10 des Reichsges. gegeben.

Die Rangordnung der eingetragenen Rechte in den Klassen 4 und 6 unter sich wird natürlich durch die Eintragungsreihenfolge im Grundbuch bestimmt.

2.

Die Feststellung der einzelnen gesetzrangmäßig beteiligten Rechte.
(§§ 110, 114.)

§ 107—§ 125 des Reichsges.

Beispiel S. 175 bis 178 unter B.

Die Feststellung der zu befriedigenden Rechte.

Die **Grundlagen** für die Feststellung der einzelnen rangmäßig zu befriedigenden Rechte gibt zunächst

Das Grundbuch.

a) **das Grundbuch:**

Wie bei der Feststellung des geringsten Gebots, so werden auch im Verteilungstermin **von Amtswegen,** d. h. ohne jede Anmeldung, aus dem Grundbuch, hier jedoch natürlich sämtliche[2]) zur Zeit der Eintragung des Vollstreckungsvermerks eingetragenen Rechte, und auch hier — ohne jede Anmeldung — mit den laufenden Beträgen[3]) ihrer wiederkehrenden Leistungen ohne weiteres in den Teilungsplan aufgenommen, alle übrigen Ansprüche aber, also auch rückständige Zinsen und Kosten eingetragener Rechte (§ 114) bedürfen

Die Anmeldungen.

b) **der Anmeldung:**

α) **eine den gesetzmäßigen Rang eines Anspruchs erhaltende Anmeldung** ist aber nur diejenige, welche spätestens **im Versteigerungstermin,** — nachdem das Gericht auf die bevorstehende Ausschließung weiterer Anmeldungen hingewiesen hat, — **vor der gerichtsseitig geschehenen Aufforderung zur Abgabe von Geboten, erfolgt und auf Widerspruch des betreibenden Gläubigers glaubhaft gemacht ist** (s. oben S. 37 Anm. 11 und S. 108, § 110 des Reichsges.).

Hier zeigt sich somit die Wirkung des Präjudizes, welches gemäß § 37 Ziff. 4 des Reichsges. die öffentlich bekannt gemachte Terminsbestimmung, das sog. Versteigerungspatent, enthält.

Ein Liedlohnberechtigter, der seinen an sich in Klasse 2 des § 10 zu befriedigenden Anspruch erst nach dem eben gedachten Zeitpunkte anmeldet, kann somit nunmehr erst hinter den Rechten aller acht Klassen des § 10 Befriedigung fordern, wird somit infolge seiner Säumnis gewöhnlich ausfallen.

Es bedarf aber andererseits die bereits bis zu jenem Zeitpunkt rechtzeitig geschehene Anmeldung auch jetzt keiner Wiederholung.

Im übrigen ist nur zu beachten, daß die Angabe der Ansprüche des betreibenden Gläubigers im Versteigerungsantrag — ohne formelle Anmeldung im Versteigerungstermin — als solche gilt (§ 114 des Reichsges.).

Die nicht rechtzeitigen Anmeldungen.

β) **eine im Versteigerungstermin bis zur Aufforderung zur Abgabe von Geboten unterbliebene Anmeldung** kann jetzt allerdings noch geschehen, aber sie wahrt den gesetzmäßigen Rang des angemeldeten Rechts nicht mehr, kann dessen Befriedigung vielmehr nur hinter den acht Rangklassen des § 10 des Reichsges.,

---

[2]) Die Aufnahme derjenigen im Grundbuche eingetragenen Rechte in den Teilungsplan, welche als Hauptrechte, dem Rechte des betreibenden Gläubigers vorgehend, um deswillen nach dem geringsten Gebot im weiten Sinne bestehen bleiben, hat natürlich zunächst — s. aber S. 157d — nur den Zweck der im § 113 Abs. 2 des Reichsges. vorgeschriebenen Konstatierung. Vgl. vorstehende S. 143.

[3]) Über den für die Annahme laufender oder rückständiger Beträge maßgebenden Zeitpunkt s. Teil I S. 11.

10*

somit nur nach vorheriger Befriedigung aller in jenen acht Klassen aufgeführten Ansprüche ermöglichen.

Keine Glaubhaftmachung.

γ) **Eine Glaubhaftmachung der Anmeldungen** hat im **Verteilungstermin nicht** zu erfolgen, auch nicht rücksichtlich der verspäteten soeben unter β gedachten Anmeldungen.

Gerichtsseitig kann sie nicht erfordert werden, weil in jenem Termin lediglich die Aufstellung eines Teilungsplans unter Beachtung der gesetzlichen Rangordnung behufs Genehmigung durch die Beteiligten die Aufgabe des Gerichts bildet; die Beteiligten aber, welche das Bestehen oder die Rangordnung eines in den Teilungsplan eingestellten Rechts nicht anerkennen wollen, können dies gemäß § 115 des Reichsges. nur durch Erhebung eines Widerspruchs geltend machen. Selbstverständlich kann der Widerspruch eines Beteiligten sich auch gegen ein im geringsten Gebote aufgenommenes, sonach nach den Versteigerungsbedingungen bestehen bleibendes Recht richten (s. folgende S. 156 ff.).

δ) **Das Erfordernis der Anmeldung** eines Rechts zwecks dessen Berücksichtigung ist sonach auch hier durch die **allgemeine Bestimmung** der Nr. 2 des § 9 des Reichsges. festgestellt (vgl. Teil I S. 15 ff.).

Der Übersicht willen sei deshalb hier nur kurz rekapituliert:

Die einzelnen anmeldungsbedürftigen Ansprüche.

Der Anmeldung bedürftig sind:

αα) Ansprüche, welche überhaupt im Grundbuch nicht eingetragen sind,

ββ) Ansprüche, welche im Grundbuch erst nach Eintragung des Vollstreckungsvermerks eingetragen sind;

γγ) Ansprüche, welche zwar im Grundbuch eingetragen sind, deren Betrag oder Höchstbetrag[4]) aber aus dem Grundbuch nicht ersichtlich ist.

Hierunter ist — wie die Entstehungsgeschichte (vgl. Ber. S. 12) zeigt — nur ein Geldbetrag zu verstehen (vgl. §§ 37 Ziff. 4, 110, 114 des Reichsges.). Vgl. vor allem hier auch Kurlbaum S. 11.

Altenteile, welche mit dem Hauptanspruche oder auch nur mit ihren laufenden oder rückständigen Nebenansprüchen aus dem Barerlöse Befriedigung erhalten sollen, und ebenso Grundgerechtigkeiten und gleichartige nicht auf einen Geldbetrag gerichtete Rechte erfordern also, selbst wenn sie im Grundbuch eingetragen sind, soweit sie aus dem Barerlöse zu befriedigen sind, eine ihren Wert in einem Geldbetrage angebende Anmeldung.

Es ist somit den einer sochen Anmeldung bedürftigen **Rechten der rangmäßige Anspruch auf Zahlung aus dem Barerlöse entzogen, wenn die Anmeldung nicht im Versteigerungstermin bis zur Aufforderung zur Abgabe von Geboten geschehen und auf Widerspruch des betreibenden Gläubigers glaubhaft gemacht ist;** und sogar **jeder Anspruch auf Zahlung** aus dem Barerlöse — selbst hinter allen Rechten der acht Klassen des § 10 (vgl. vorstehend b β)

---

[4]) Die sogen. Maximalhypotheken des § 1190 BGB. müssen daher stets zunächst nach dem Grundbuch und ihrem Maximalbetrag in den Teilungsplan eingestellt werden. Über die Zahlungen auf Maximalhypotheken vgl. aber Anm. 12 S. 39.

ist jenen Rechten im Zwangsversteigerungsverfahren (s. aber S. 74!) verloren gegangen, wenn eine ihren Wert enthaltende Anmeldung eines Geldbetrages **auch im Verteilungstermin bis zur Erlösverteilung unterblieben ist.** § 107 — § 125 des Reichsges.

Diese — gewiß harte — reichsgesetzliche Bestimmung ist aus den §§ 37 Ziff. 4, 110, 114 und vollends aus der Entstehungsgeschichte dieser Paragraphen zu folgern.

In der Theorie wie in der Praxis hat sich nun an diese Bestimmung der §§ 37 Ziff. 4 110, 114 eine für die Beteiligten jener Rechte — welche meist unerfahrene Laien sind und deshalb die vorgedachte Anmeldung unterlassen — hochbedeutsame Kontroverse angeknüpft. Die Kontroverse über die Rechte des § 51 des Reichsgesetzes.

Um den Inhalt dieser Kontroverse zu erfassen, erinnern wir uns aus dem Teil I S. 41, und aus der Anleitung S. 102, daß für Rechte, welche nicht auf einen Geldbetrag gerichtet und im Range dem Rechte des betreibenden Gläubigers vorgehen, deshalb nach dem geringsten Gebot im weiten Sinne bestehen bleiben, stets von Amts wegen gerichtsseitig ein ihrem Werte entsprechender Geldbetrag gemäß § 51 festzusetzen ist.

Wir erinnern uns weiter (Teil I S. 33), daß im preußischen Rechtsgebiete — auf Grund des beneficium speciale des § 9 Einf.Ges. zum RZVG. und des Art. 6 des preuß. Ausf.Ges. zum RZVG. — bestimmte Rechte: (nämlich die als Leibzucht, Altenteil oder Auszug eingetragenen Reallasten, sowie die alten, nicht eingetragenen Grunddienstbarkeiten [§ 12 des preuß. Ges. v. 5. Mai 1872]) zunächst bestehen bleiben, bezw. in das geringste Gebot im weiten Sinne als bestehen bleibend aufzuführen sind, auch wenn sie dem Rechte des betreibenden Gläubigers nachstehen. Das Ergebnis eines beantragten Doppelausgebots (vgl. S. 35) kann aber schließlich bewirken, daß jene Rechte nicht bestehen bleiben, vom Ersteher schließlich doch nicht übernommen werden und daher aus dem Barerlöse zu befriedigen sind.

Auch für diese Rechte des § 9 u. Art. 6 cit. hat daher das Vollstreckungsgericht schon im Versteigerungstermin gemäß § 51 des Reichsges., da sie nicht auf einen Geldbetrag gehen, stets einen ihrem Werte entsprechenden Geldbetrag festzusetzen.

Die vorerwähnte Kontroverse betrifft nun die Frage: Müssen für nicht auf einen Geldbetrag gerichtete Rechte, — welche aber gemäß § 51 des Reichsges. **bereits im Versteigerungstermin zu einem Geldbetrage wertsmäßig festgestellt** sind — **doch Anmeldungen** eines Geldbetrags seitens der Berechtigten vorliegen? Können nur solche Anmeldungen **in der Erlösverteilung** auch jenen Rechten einen Anspruch aus dem Barerlöse sichern?

Nach der vorstehenden Darlegung muß die Frage bejaht werden; und die Frage wird auch von Jaeckel, Anm. 4 zu § 114, Fischer u. Schaefer, Anm. 5 zu §§ 113, 114 gleichfalls bejaht. Verneint wird die Frage aber von Schöller, S. 35, Wolff, Anm. 19, Reinhard, Anm. II 3; gewiß ist, daß die vorstehend dargelegte Konsequenz der §§ 37 Ziff. 4, 110, 114 die humane Absicht des preußischen Gesetzgebers im Art. 6 des preuß. Ausf.Ges. zum RZVG. vereitelt, allein dies kann leider die einmal in den §§ 37 Ziff. 4, 110, 114 niedergelegte Rechtsregel nicht beseitigen. **Jene Wertsfestsetzung, welche der Vollstreckungsrichter im Versteigerungstermin vornimmt, ist nur für die Bezifferung des geringsten Gebots bestimmt,** soll in Ausführung des Deckungsprinzips nur feststellen, welcher Geldbetrag möglicherweise mindestens für die bestehen bleibenden Rechte herauszubieten ist (vgl. auch S. 33).[5] **Für die Erlösverteilung gilt ausschließlich die vorgedachte Vorschrift des § 114 des Reichsgesetzes!**

δδ) Endlich sind Ansprüche anzumelden, welche Kosten und rückständige Beträge[6]) wiederkehrender Hebungen (z. B. rückständige Hypothekenzinsen)

[5]) Die Wertfeststellungen des Vollstreckungsgerichts aus § 51 für den Fortfall der in diesem Paragraphen gedachten Rechte sind daher — falls die gedachten Rechte endgültig fortfallen — demnächst, zwar für den Umfang der Ersatz-Zahlungspflicht des Erstehers, nicht aber auch für die Beteiligten bindend.

[6]) Vgl. Teil I S. 38.

betreffen, selbst wenn die Hauptansprüche jener Nebenansprüche im Grundbuch eingetragen sind, und — wie die Nebenansprüche selbst — auf einen Geldbetrag gehen.

Denn wie vorstehend unter a erwähnt, mit eingetragenen Hauptansprüchen sind nur deren laufende Beträge von Amts wegen zu berücksichtigen.

Die Aufstellung des Teilungsplans ist sonach erfolgt, wenn der Feststellung der Teilungsmasse gegenüber die Feststellung der rangmäßig eine Befriedigung suchenden Rechte geschehen ist.

Die letzteren sind vollzählig aufzuführen, auch wenn der Barerlös offensichtlich zur Befriedigung aller Rechte nicht hinreicht. Denn immerhin bleibt ja — wie wir S. 156 f. alsbald sehen werden — für die Berechtigten dieser Rechte die Möglichkeit, Widerspruch gegen eine Befriedigung der ihnen rangmäßig vorgehenden Beteiligten zu erheben, und wenn der Widerspruch prozeßgerichtlich begründet befunden wird, einen Betrag aus dem Versteigerungserlöse zu erstreiten.

Allein nur die Feststellung der Teilungsmasse, nicht auch die Feststellung der beteiligten Rechte, ist stets schon nach den vorgedachten Regeln möglich. Die Feststellung der beteiligten Rechte erfordert vielmehr in folgenden einzelnen Fällen:

3.

Besondere Feststellungen zwecks Erlösbefriedigung (§§ 92, 111, 119—121, 126).

Berechnung des Werts der nicht auf einen Geldbetrag gerichteten Rechte.

a) **Eine in der Erlösverteilung gebotene besondere Feststellung wird zunächst behufs Bezifferung eines Wertsersatzbetrages für Rechte erforderlich, welche nicht auf einen Geldbetrag** gerichtet sind und nach den Versteigerungsbedingungen erlöschend, aus dem Barerlöse zu befriedigen sind.

Die Beteiligten solcher Rechte haben — wie schon vorstehend erwähnt — gemäß §§ 37 Ziff. 4, 110, 114 des Reichsges. einen dem Wert jener Rechte entsprechenden Geldbetrag anzumelden.

Dieser angemeldete Geldbetrag bedarf nun der Feststellung durch das Vollstreckungsgericht, das letztere hat die Feststellung nach Verhandlung mit den Beteiligten zu treffen.[7])

Diese Feststellung geschieht:

α) **Regelmäßig durch die Fixierung** einer zu zahlenden **Kapitalssumme**, durch welche Rechte, welche nicht auf eine Geldsumme gerichtet sind, aus dem Barerlöse befriedigt werden; so ist z. B. eine Kapitalssumme festzusetzen für eine aus dem Barerlöse zu befriedigende eingetragene Wegegerechtigkeit (welche nach den Versteigerungsbedingungen nicht bestehen bleibt, zu deren Befriedigung aber der Betrag des Barerlöses ausreicht) (§ 92 Abs. 1 des Reichsges.).

---

[7]) Rechte, welche ablösbar sind, werden hierbei in Höhe der für sie festgesetzten Ablösungssumme zwecks Befriedigung aus dem Barerlöse in Ansatz gebracht (§ 92 Abs. 3 des Reichsges., vgl. auch §§ 1199 Abs. 2, 1200 Abs. 2 BGB. und für das preußische Rechtsgebiet Art. 30 Ausf.Ges. zum BGB. und §§ 50 ff. des Ges. vom 2. März 1850).

β) **Ausnahmsweise** hat aber die **Festsetzung einer Rente** zu geschehen, um folgende Rechte wertsgemäß aus dem Barerlöse zu befriedigen, nämlich: **§ 107 — § 125 des Reichsgeſ.**

einen Nießbrauch,

eine beschränkte persönliche Dienstbarkeit,

eine Reallast von unbestimmter Dauer (§ 92 Abs. 2 des Reichsges.).

Diesen Rechten ist ja die Gewährung fortlaufender oder wenigstens in bestimmten Terminen wiederkehrender Leistungen eigentümlich. Dem trägt das Reichsgesetz im § 92 Abs. 2 durch den Wertsersatz**modus** Rechnung: für das Erlöschen jener Rechte als Ersatz die Gewährung einer in dreimonatigen Pränumerandoraten zahlbaren Geldrente, dem Jahreswert der Rechte entsprechend, festzusetzen.

Die Gewährung einer Rente erfordert aber die Festlegung eines Kapitals.

Die ziffernmäßige Feststellung des für die Gewährung einer solchen Rente **erforderlichen Kapitals** geschieht nun durch Zusammenzählen der Wertssummen aller zukünftigen Jahresleistungen[8]) des einzelnen Rechts, jedoch nicht über den fünfundzwanzigfachen Betrag hinaus, § 121 Abs. 1 des Reichsges.

Die für den **Fortbezug** der Rente aber **erforderliche Sicherung des festgestellten Kapitals** läßt das Reichsgesetz im § 121 Abs. 2 — dann bei Ausführung des Teilungsplanes, vgl. Abschn. IV — durch **Hinterlegung** des Kapitals geschehen.

Die im Verteilungstermine richterlicherseits vorzunehmende besondere Feststellung für erlöschende aus dem baren Verteilungserlöse zu befriedigende Nießbrauchsrechte, beschränkte persönliche Dienstbarkeiten und Reallasten unbestimmter Dauer besteht sonach: in der **Bezifferung** einer werterſetzenden Kapitalssumme behufs ihrer **Hinterlegung** mit der **Bestimmung**, daß aus jener Summe einschließlich ihrer auflaufenden Zinsen für die Beteiligten eine Jahresrente, entsprechend dem Werte der Jahresleistungen jener Rechte, in dreimonatigen Pränumerandoraten gezahlt wird.

---

[8]) Die herrschende Ansicht (vgl. Jaeckel Anm. 1 zu § 121) läßt hier aber (für zeitlich unbestimmte Rechte, also insbesondere für Altenteile) die für den Rentenbezug erforderliche Kapitalswertsberechnung **stets** nach der wahrscheinlichen Lebensdauer der Berechtigten — diese nach den Lebenstabellen der Lebensversicherungsgesellschaften angenommen — eintreten. Diese Berechnung ist nach § 3 CPO., § 121 des Reichsges. nicht begründet (vgl. Teil I S. 41) und führt sehr oft dazu, namentlich einzelne Altsitzer gerade am Abend ihres Lebens in Not zu bringen, da bei einer solchen Berechnung das zu niedrig bemessene sogen. Deckungskapital, aus welchem die einzelnen Jahresrenten zu bezahlen sind, zu schnell verbraucht ist. Nach der herrschenden Ansicht würde z. B., wenn die wahrscheinliche Lebensdauer eines Altsitzers nur 7 Jahre beträgt, der Wert der Jahresleistung eines aus dem Barerlöse zu befriedigenden Altenteils auf 400 M. festgestellt ist, nur ein Deckungskapital von 7 × 400 M. = 2800 M. aus dem Barerlöse zwecks Befriedigung des Altenteils (in Form von Jahresrenten) festzusetzen und zu hinterlegen sein (vgl. Abschn. IV dieses Paragraphen und § 121 des Reichsges.). Dieses Deckungskapital mit seinen Depositalzinsen ist begreiflich nach 7 Jahren bald aufgezehrt. Bei Anwendung der §§ 3 CPO., 121 des Reichsges. (dieser Paragraph schließt nach seiner Entstehung aus § 32 Abs. 1 Satz 2 des preuß. Gesetzes vom 13. Juli 1883 hier die subsidiäre Anwendbarkeit des § 9 CPO. aus) ist jenes Deckungskapital aber auf 25 × 400 = 10 000 M. zu beziffern. Und daher erscheint es **mindestens** angezeigt, für die Wertsberechnung jener Rechte durch Verhandlung mit den Parteien eine den konkreten Umständen anpaßbare Mitte zwischen den beiden Summen (der nach der Wahrscheinlichkeit der Lebensdauer und derjenigen nach dem Höchstbetrage der §§ 3, 124 zit. berechneten) zu ziehen. Die vollstreckungsgerichtliche Feststellung kann ja jederzeit durch Widerspruchsklage der Beteiligten (Abschn. III) zu prozeßrichterlicher endgiltiger Entscheidung gebracht werden. Gl. A. z. T. Fischer und Schaefer Anm. 1 zu 121.

Dieses **sogen. Deckungskapital** kann natürlich unverbraucht übrig bleiben und diese Möglichkeit erfordert daher hier noch eine weitere besondere Feststellung, welche nachfolgend unter e noch erwähnt ist.

Befriedigung betagter Forderungen.

b) **Betagte Forderungen machen ferner**, behufs ihrer **Befriedigung** aus dem Barerlös in der Erlösverteilung, eine **besondere Feststellung** bei Aufstellung des Teilungsplanes notwendig.

Da ihr dies in dem Verteilungstermin noch nicht gekommen, so müßten betagte Ansprüche an sich — da noch nicht fällig — zur Zeit ungezahlt bleiben.

Das Reichsgesetz läßt aber im § 111 das Vollstreckungsgericht den grundbuchmäßigen **dinglichen**[9]) Inhalt jener Rechte, im Interesse „endgiltiger" Erledigung der Verteilung, dahin ändern, daß **betagte Ansprüche als fällige** gelten, sofort durch Zahlung zu tilgen sind. In voller Höhe der betagten Anspruchssumme ist aber auf diese eine sofortige Zahlung im Termine nur dann zu leisten, wenn die Ansprüche verzinslich; sind sie unverzinslich, so ist von der Summe des Anspruchs das Interusurium nach der bekannten Hoffmannschen Methode abzuziehen.

Ist der dies des betagten Anspruchs zugleich ein incertus an, dann ist der betagte Anspruch ein aufschiebend bedingter.

Schon hieraus erhellet weiter:

Die Berichtigung bedingter Ansprüche aus dem Barerlöse.

c) **Der auf bedingte Rechte aus dem Barerlöse**[10]) **nach dem Teilungsplan entfallende Betrag** macht in der Erlösverteilung, **bei Aufstellung des Tilgungsplanes**, gleichfalls eine **besondere Feststellung** erforderlich. Das Vollstreckungsgericht könnte, streng genommen, auf solche Rechte den an sich auf diese entfallenden Betrag bei der Ausführung des Plans nicht eher zahlen, als bis die Bedingung sich entschieden.

Mit einer einfachen Konstatierung dieser Tatsache bei Aufstellung des Teilungsplans wäre aber die dem Gericht obliegende Pflicht rangordnungsmäßiger **bestimmter** Bezeichnung der an dem Versteigerungserlöse mit ihren Rechten Beteiligten nicht erfüllt.

Es muß daher bei bedingten Rechten schon bei Aufstellung des Teilungsplans die Feststellung der Person erfolgen, welche, neben dem Bedingtberechtigten als Erstberechtigten, der Zweitberechtigte zur Hebung des Erlösteiles ist, welcher auf das bedingte Recht entfällt, (falls die Suspensivbedingung fortfällt, die Resolutivbedingung eintritt) (§ 119).

Dieser Zweitberechtigte ist — wie ohne weiteres ersichtlich — derjenige oder diejenigen, welche nach beendeter Planaufstellung mit ihrem Rechte an erster Stelle sich als ausfallend ergeben.[11])

---

[9]) Der neben dem eingetragenen Recht bestehende betagte persönliche Anspruch wird natürlich noch nicht fällig.

[10]) Über die Behandlung der im geringsten Gebot bestehen bleibenden bedingten Rechte in der Ausführung des Teilungsplans (s. S. 39, 40, 146 und S. 165.)

[11]) Auch hier sei aber darauf hingewiesen, daß der Zweitberechtigte bei bedingten **Hypotheken** regelmäßig der Grundstückseigentümer sein wird (vgl. § 1163 Abs. 1 BGB. und Teil I S. 40 Anm. 13).

Nachdem **die Feststellung eines solchen Zweitberechtigten bei der Aufstellung des Teilungsplanes** geschehen, erfolgt dann die Ausführung der letzteren nach § 119 des Reichsges. dahin: der auf das bedingte Recht entfallende Betrag des Barerlöses wird dem Bedingtberechtigten als Erstberechtigten, zugleich aber auch (eventuell) dem festgestellten Zweitberechtigten „zugeteilt"; an beide Berechtigte natürlich unter entsprechender Bedingung. **§ 107 — § 125 des Reichsges.**

Diese Zuteilung an den Zweitberechtigten nennt man die sogen. Eventualzuteilung.

Die Wirkung der sogen. Eventualzuteilung ist aber für die **Ausführung** des Teilungsplanes eine verschiedene. **Die sogen Eventualzuteilung.**

α) **Bei resolutiv bedingten Rechten** hindert die Eventualzuteilung nicht, daß der auf jene Rechte zugeteilte Betrag sofort an den Resolutivberechtigten ausgezahlt wird.

Das Reichsgesetz hat es leider abgelehnt, den Zweitberechtigten im Rahmen des Verteilungsverfahrens zu sichern; es überläßt es vielmehr dem Zweitberechtigten, auf Grund der materiellen Bestimmungen der §§ 160 Abs. 2, 232 ff. BGB. und §§ 916 ff. CPO. sich außerhalb des Vollstreckungsverfahrens, z. B. durch Arrestierung der auszuzahlenden Beiträge zu sichern.

β) **Bei suspensiv bedingten Rechten** hat aber die Eventualzuteilung die Wirkung, daß der zugeteilte Betrag nicht an den Suspensivberechtigten ausgezahlt, vielmehr von dem Vollstreckungsgericht für den Erst- und Zweitberechtigten hinterlegt wird.[12])

Freilich ist auch in diesem Falle, sofern erst nach beendetem Verfahren Ausfall oder Eintritt der Suspensivbedingung sich entscheidet, je dem Erstberechtigten oder Zweitberechtigten — ohne Vermittelung des Vollstreckungsgerichts — es überlassen, die Zustimmung seines Partners zur Abhebung der für beide hinterlegten Summen sich zu beschaffen, und falls jene Zustimmung verweigert wird, durch Klage im ordentlichen Prozesse zu erzwingen (§ 120 des Reichsges.).

Recht dankenswert verfährt indessen, um die letztgedachte Eventualität zu vermeiden, die Praxis, welche im Falle des § 120 cit. in der Hinterlegungserklärung dem Gericht die Anweisung zur Auszahlung der hinterlegten Summe vorbehält; bei Eintritt bezw. Fortfall der Bedingung vermittelt dann das Gericht die erforderliche Zustimmung des Erst- und Zweitberechtigten zur Auszahlung der hinterlegten Summe an den schließlich unbedingt Berechtigten wie die Auszahlung selbst, und zwar regelmäßig erfolgreich ohne Prozeß zwischen den Beteiligten.

γ) **Eine für suspensiv- wie resolutivbedingte Rechte gleiche Wirkung** erzielt aber die Eventualzuteilung dann, wenn der Ersteher den bar zu zahlenden Versteigerungserlös nicht zu zahlen vermag.

In diesem Falle ist dem allgemeinen Grundsatz des Reichsgesetzes (siehe Teil I S. 59) gemäß in Höhe des, auf das suspensiv- oder resolutivbedingte Recht, entfallenden Betrages des Erlöses eine Forderung gegen den Ersteher gemäß § 118 Abs. 1 des Reichsges. zu übertragen. Diese Forderungsübertragung erfolgt aber an den Erst- und Zweitberechtigten gemeinsam, und für beide gemeinsam — jedoch für jeden unter entsprechender Bedingung — wird auch zur Sicherung jener Forderung eine Sicherungshypothek eingetragen.

(Siehe übrigens hier als Beispiel der **Formulierung** einer **ähnlichen** Eventualzuteilung S. 167 Anm. 12)

---

12) Die Art der Hinterlegung hat übrigens der Zweitberechtigte zu bestimmen (§ 120 Abs. 2), was in der Praxis oft übersehen wird! Im übrigen haben während der Schwebezeit der Bedingungen Erst- und Zweitberechtigter an der hinterlegten Summe, z. B. rücksichtlich ihrer Kündigung und Einziehung, nur ein gemeinsames Verfügungsrecht, entsprechend den Vorschriften der §§ 1077—1079 BGB. (Siehe betreffs Formulierung einer Eventualzuteilung das S. 178 Anm. aufgeführte Beispiel.)

Einem bedingten Recht in der Erlösverteilung rechtlich gleichstehend [13]) erachtet das Reichsgesetz im § 126 ein Recht, dessen Berechtigter der Person nach unbekannt ist.

Es ist daher, sobald

Die Maßnahmen bei Unbekanntsein des Hebungsberechtigten.

d) **auf ein Recht, dessen Berechtigter der Person nach unbekannt ist, aus dem Barerlöse ein Betrag entfällt;**

auch die soeben unter c gedachte Feststellung eines zu jenem Barerlösbetrage Zweitberechtigten bei **Aufstellung des Teilungsplans** vorzunehmen. Die Ausführung des Teilungsplans geschieht dann auch hier wie unter c durch sogen. Eventualzuteilung, also Zuteilung des auf jenes Recht entfallenden **Barbetrages** [14]) an seinen unbekannten Berechtigten und zugleich — auch an den festgestellten Zweitberechtigten. Der Erlösbetrag selbst aber wird zunächst hinterlegt.

Ein Unbekanntsein der Person des Berechtigten eines Realrechts hat ja auch meist seinen Grund in einem längst geschehenen Erlöschen des — somit zu Unrecht noch eingetragenen — Rechts.

Nur eine Abweichung besteht hier von dem Falle zu c. Dem Vollstreckungsgericht liegt zunächst nach beendeter Erlösverteilung die Amtspflicht ob, die Person des unbekannten Berechtigten eines aus dem Barerlöse zu befriedigenden Rechtes zu ermitteln. (§ 135 des Reichsges.) Siehe darüber Paragraph 28 S. 185.

Die Maßnahmen das sogen. Deckungskapital betreffend.

e) **Endlich erwächst in der Erlösverteilung für das Vollstreckungsgericht** — hier im Abschnitte der Aufstellung des Teilungsplans — **die Notwendigkeit einer Feststellung des mehrerwähnten sogen. Zweitberechtigten, sobald zur Befriedigung von „Nießbrauchsrechten beschränkten persönlichen Dienstbarkeiten und Reallasten von unbestimmter Dauer“** zwecks Befriedigung derselben in Form von Renten, ein sogen. **Deckungskapital** festzustellen ist (vorstehend a β).

Die Bezifferung der Höhe dieses Deckungskapitals bis zum 25 fachen Betrage des Werts der einzelnen Jahresleistung [15]) zeigt, daß bei einer Lebenszeit

---

[13]) Endlich mag hier schon — der leichteren Übersichtlichkeit halber — erwähnt sein, daß das Reichsgesetz im § 124 einem aus dem Barerlöse zu berichtigenden (wie einem bestehen bleibenden vgl. S. 165) Rechte die **Rechtslage des suspensiv Bedingtseins in der Erlösverteilung noch in dem letzten Abschnitt der Ausführung des Teilungsplans zulegt,** sobald gegen ein zu befriedigendes Recht **Widerspruch** seitens eines Beteiligten erhoben ist. Das Reichsgesetz behandelt dann den Berechtigten wie einen Bedingterstberechtigten, den Widersprucherheber wie einen Zweitberechtigten.

Beiden wird — wie im vorstehenden Falle unter c — der auf jene Rechte entfallende Betrag zugeteilt; dem Berechtigten unter der Bedingung, daß der Widerspruch im ordentlichen Prozeß für unbegründet erachtet, dem Widerspruchерheber unter der Bedingung, daß sein Widerspruch für begründet erachtet wird. Der auf das Recht — dessen Befriedigungsbefugnis widersprochen — entfallende Erlösbetrag wird hinterlegt, und erst das rechtskräftige Urteil im Widerspruchsprozeß entscheidet endgiltig, welchem der beiden Interessenten der Erlösbetrag aus der Hinterlegung auszuzahlen ist (vgl. Abschn. IV S. 159).

Beispiel S. 178 Anm.

[14]) Über die Frage, wie zu verfahren ist, wenn der Teilungsplansberechtigte eines bestehen bleibenden Rechts unbekannt ist, siehe Paragraph 28 Anm. 1 S. 185.

[15]) Oder wie die herrschende Meinung will, nach der Lebenswahrscheinlichkeitsdauer des Berechtigten (vgl. Anm. 8 S. 151.).

über 25 Jahre das Kapital zwar aufgezehrt (und damit die Rente erloschen) sein kann; daß aber andererseits bei kürzerer Lebenszeit jener Berechtigten, von dem, ihren Rentenbezug ermöglichenden Kapital ein unverbrauchter Restbetrag übrig bleiben kann. § 107—§ 125 des Reichsges.

Die Nießbrauchs-, Dienstbarkeits- und Reallastenberechtigten haben an jener Rente und somit **mittelbar** an dem dieser zu Grunde liegenden Kapital zwar **an sich** ein unbedingtes Recht. An dem Kapital als **ganzem** ist aber das Recht jener Berechtigten andererseits insofern ein betagtes und aufschiebend bedingtes, als nicht feststeht, ob nicht in Rücksicht auf die Lebenszeit der Berechtigten ein Betrag jenes Kapitals unverbraucht bleibt.

Mit Rücksicht auf diese Möglichkeit behandelt das Reichsgesetz im § 121 das **Recht der Nießbrauchs-, Dienstbarkeits- und Reallastberechtigten** unbestimmter Dauer an dem aus dem Barerlöse (zu ihrer Deckung in Form eines Rentenbezuges) zu entnehmenden Kapital **wie ein aufschiebend bedingtes.**

Wie in dem Falle zu c ist daher bei Aufstellung des Teilungsplanes **festzustellen,** daß an jenem Deckungskapital ein **Zweitberechtigter** vorhanden.

Als solcher ist — natürlich auch hier — der Berechtigte festzustellen, welcher nach beendeter Planaufstellung sich als an erster Stelle mit einem Anspruch ausgefallen erweist. An diesen erfolgt also die sogen. — zu c schon erwähnte — Eventualzuteilung in Höhe des etwa bei Ableben des Erstberechtigten noch unverbraucht gebliebenen Restes des sogen. Deckungskapitals.

In der Teilungsplan**ausführung** ist dann bei Anordnung der Hinterlegung des Deckungskapitals, dessen Eventualzuteilung an den — nunmehr konkret namhaft zu machenden — Zweitberechtigten der Hinterlegungsstelle gegenüber zum Ausdruck zu bringen (vgl. vorstehende S. 151, § 121 des Reichsges.).[16])

Mit der Feststellung der Teilungsmasse und der rangmäßigen Feststellung der Berechtigten, sowie — in den soeben unter 3 gedachten Fällen — auch der Zweitberechtigten[17]) ist der Teilungsplan fertig gestellt.

Der fertig gestellte Plan zeigt, mit der Barsumme der festgestellten Teilungsmasse, gegenüber der Summe der Ansprüche sämtlicher Beteiligter zugleich die sogen. Ausfallssumme, d. h. den Betrag, mit welchem Beteiligte

---

[16]) Nur eine Abweichung ist hier im § 121 des Reichsges. von §§ 119, 120 des Reichsges., dem Fall sub c (vgl. Anm. 12 S. 153), vorhanden. Die Art der Anlegung des zu hinterlegenden Kapitals bestimmen die **Erstberechtigten,** also die Nießbrauchsdienstbarkeits- und Reallastberechtigten; sie haben ja auch an den Renten, unbedingt an dem Kapital — wenn auch nicht als ganzem — an sich ein unbedingtes Recht.

[17]) In der Praxis wird vielfach die Feststellung des vorstehend unter c bis e erwähnten Zweitberechtigten erst im 4. Abschnitte des Verteilungstermins, also bei Ausführung des Teilungsplans vorgenommen. Dies ist unrichtig: die Verhandlung der Beteiligten über den Teilungsplan, im 3ten Abschnitte des Termins, hat die Feststellung aller Berechtigten, mithin auch die der Zweitberechtigten, zu betreffen, diese müssen deshalb zuvor im Teilungsplan festgestellt sein; nur dann erst ist die Genehmigung des letzteren in seiner Totalität möglich.

mit ihren Ansprüchen aus dem Barerlöse bei Ausführung des Teilungsplans nicht zur Hebung gelangen.

Hiermit schließt der zweite Abschnitt des Erlösverteilungstermins, und es folgt:

III.

Der dritte Abschnitt des Erlösverteilungstermins.

Beispiel S. 178 unter C.)

Die Verhandlung über den Teilungsplan.

1.

Der Gegenstand der Verhandlung im allgemeinen.

Der Verhandlungsgegenstand im allgemeinen.

Die Verhandlung über den Teilungsplan betrifft den rechnerischen, sogen. kalkulatorischen und den materiellrechtlichen Inhalt desselben:

a) **Der rechnerische Inhalt des Plans,** welcher in der Praxis gemäß § 113 des Reichsges. regelmäßig mit Hilfe eines Rechnungsverständigen aufgestellt ist, wird meist ohne weiteres die Zustimmung der sämtlichen Beteiligten finden.

Nur bei der Fixierung des Endpunkts, bis zu welchem laufende Beträge wiederkehrender Hebungen, namentlich laufende Zinsen zu berechnen und aus dem Barerlöse zu zahlen sind, treten in der Praxis fortgesetzt Unklarheiten hervor.

Der gedachte Endpunkt ist für jene Beträge der nach dem geringsten Gebot im weiten Sinne bestehen bleibenden Hauptrechte ein anderer als für Beträge der nicht bestehen bleibenden, aus dem Barerlös zu befriedigenden Hauptansprüche. Zu den mit der Zuschlagsverkündung auf den Ersteher übergehenden Lasten gehören natürlich auch die laufenden Beträge wiederkehrender Hebungen, also insbesondere die Zinsen, der bestehen bleibenden Rechte. Jene laufenden Beträge dieser Rechte sind daher in der Erlösverteilung[1]) nur bis zum Zuschlagstage liquidierbar und aus dem Barerlös zahlbar. Laufende Beträge der aus dem Barerlöse zu berichtigenden Hauptansprüche aber müssen wie diese vollständig im Verteilungstermin bar gezahlt werden (natürlich sofern der Barerlös ausreicht) und sind deshalb bis zu diesem Zeitpunkt zu berechnen.

b) **Der materiellrechtliche Inhalt des Plans,** d. h. also die in diesem, behufs Genehmigung durch die Beteiligten, aufgestellten Hebungsberechtigungen der letzteren bilden sehr oft den Gegenstand von Bemängelungen.

Die Funktion des Vollstreckungsgerichts.

Nicht eine Entscheidung auf die erhobenen Bemängelungen, sondern eine vermittelnde Tätigkeit, die Beteiligten durch Vergleich oder Verzichtleistung zu einer Beseitigung der geltend gemachten Bemängelungen zu veranlassen, bildet hier die Aufgabe des Vollstreckungsgerichts.

Hierbei haben die §§ 876—882 CPO. entsprechend Anwendung zu finden (§ 115 Abs. 1 des Reichsges.). Daraus ergibt sich:

---

[1]) Daß bei Feststellung des geringsten Gebots jene laufenden Beträge gemäß § 47 des Reichsges. für die Zeit bis zum Ablauf von zwei Wochen nach dem Versteigerungstermine zu decken" sind, hat seinen besonderen legislatorischen, auf dem sogen. Deckungsprinzip beruhenden Grund, wie wir Seite 127 Anm. 1 gesehen.

2.

Die Form der Bemängelung des Teilungsplans.

§ 107 – § 125 des Reichsges.

Der Widerspruch.

a) **Die Erhebung eines Widerspruchs** nach Maßgabe der §§ 876 ff. CPO. ist der Rechtsbehelf, durch welchen der einzelne Beteiligte dem aufgestellten Teilungsplan die Genehmigung zu versagen hat und dadurch dessen entsprechende Ausführung verhindert.

b) **Die Form der Erhebung eines Widerspruchs** ist:

α) die mündliche Erklärung im Verteilungstermin;

β) ausnahmsweise die schriftliche Anmeldung eines Anspruchs seitens eines Beteiligten vor dem Verteilungstermin.

Eine solche schriftliche Anmeldung erachtet das Reichsgesetz ex praesumptione des Abs. 2 des § 115 als einen Widerspruch, wenn im Verteilungstermin der angemeldete Anspruch in Abweichung von der schriftlichen Anmeldung ganz oder zum Teil im Verteilungsplan unberücksichtigt bleibt.

Die Widerspruchsberechtigten.

c) **Die Widerspruchsberechtigten** sind die sämtlichen Beteiligten, zu denen, wie schon eben erwähnt, auch der Schuldner gehört, nicht minder der im Laufe des Verfahrens eingetretene neue Eigentümer (Teil I S. 16).

Mieter und Pächter haben indessen — als an der Erlösverteilung völlig rechtlich uninteressiert — auch kein Widerspruchsrecht.

Die herrschende Ansicht nimmt an (vgl. Jaeckel, Anm. 3 zu § 115, Fischer u. Schaefer, Anm. 2 zu § 115), daß der neu eingetretene Eigentümer zur Berücksichtigung seines Anspruchs diesen anzumelden und glaubhaft zu machen hat. Dies ist zutreffend, aber nur für den nach Aufforderung zur Abgabe von Geboten im Versteigerungstermin neu eingetretenen Eigentümer. Der vor jenem Moment neu eingetretene und sein Eigentumsrecht anmeldende Eigentümer wahrt durch diese Anmeldung schon, sofern sie ohne Glaubhaftmachung vom betreibenden Gläubiger zugelassen ist, ex argumento des § 37 Ziff. 4 sein Beteiligungsrecht an dem Verfahren, gleichviel, welcher konkrete Anspruch in letzterem aus dem angemeldeten Eigentumsrecht durch dessen Verletzung in der Erlösverteilung existent wird.

Inhalt und Wirkung des Widerspruchs.

d) **Der Inhalt des Widerspruchs** erfordert lediglich Angabe des Anspruchs des Widersprechenden, der durch das aufgestellte Liquidat eines anderen Anspruchs oder durch die Feststellung des Bestehenbleibens eines Rechts als beeinträchtigt erachtet wird. Eine Begründung des Widerspruchs hat zu seiner Rechtswirksamkeit nicht zu erfolgen.

e) **Die Wirkung des Widerspruchs** besteht — von dem Widerspruch des Schuldners zunächst abgesehen — in Hinderung der Ausführung des Teilungsplanes aber nur in dem Umfange, als derselbe eine Befriedigung des Anspruchs beabsichtigt, gegen welchen der Widerspruch sich richtet.

Hat der Widerspruch somit nicht die Existenz oder die Höhe eines Anspruchs bestritten, sondern nur die angewiesene **Rangstelle bemängelt,** es reicht aber selbst in der, im Widerspruch dem angegriffenen Anspruche nur zugebilligten Rangstelle für diesen wie für den Anspruch des Widersprechenden der Barerlös aus, so ist der Widerspruch natürlich gegenstandslos.

Der Widerspruch des Schuldners gegen den Bestand seines Anspruchs.

f) **Die Wirkung des Widerspruchs des Schuldners** — und ihm steht der neue Eigentümer gleich, wenn gegen ihn ein vollstreckbarer Schuldtitel ergangen, oder der gegen den Schuldner ergangene Schuldtitel vollstreckbar ist (§§ 325, 727 CPO.) — ist verschiedenartig: sofern der schuldnerische Widerspruch sich gegen den Bestand eines Anspruchs oder nur gegen den Rang eines Anspruchs richtet; und ferner ist die Wirkung des Widerspruchs des Schuldners verschieden, sofern der letztere einem vollstreckbaren oder einem nicht vollstreckbaren Anspruch widerspricht.

Schuldnerischer Widerspruch gegen vollstreckbare Ansprüche.

α) **Der Widerspruch des Schuldners** einem Anspruche gegenüber, für welchen der Berechtigte[2]) bereits einen **vollstreckbaren Titel** hat, ist einflußlos, hindert also die Zuteilung und Auszahlung eines Betrages aus dem Barerlöse auf jenen Anspruch nicht.

Der Schuldner kann vielmehr die Ausführung des Teilungsplanes rücksichtlich eines vollstreckbaren Anspruchs nur dann verhindern, wenn er eine aus §§ 707, 713, 719, 769 CPO. erwirkte Entscheidung des Prozeßgerichts oder (in eiligen Fällen) des Vollstreckungsgerichts vorlegt, welche die Einstellung der Zwangsvollstreckung aus dem vollstreckbaren Titel jenes Anspruchs anordnet (§ 115 Abs. 3 des Reichsges.).

Und selbst die Ausführung des Teilungsplans rücksichtlich eines Anspruchs in einem vorläufig vollstreckbaren Titel, in welchem dem Schuldner nachgelassen ist, durch Sicherheitsleistung die Zwangsvollstreckung abzuwenden, wird durch Erhebung eines Widerspruchs seitens des Schuldners noch nicht gehindert.[3])

In dem letztgenannten Falle verhindert der Schuldner die Ausführung des Teilungsplans betreffs des vollstreckbaren Anspruchs nur dann, wenn er dem Titel gemäß die Sicherheit geleistet oder die Hinterlegung ausgeführt und dies nachweist (§ 115 Abs. 4 des Reichsges.).

Zweifel sind hier in der Praxis mitunter aufgetaucht, wie zu verfahren ist, wenn im Erlösverteilungstermin der Schuldner oder ein zur Befriedigung des betreibenden Gläubigers berechtigter Dritte, den betreibenden Gläubiger vollständig befriedigt.

Die Konsequenz der Aufhebung des Verfahrens, welche in solchem Fall der § 75 des Reichsges. für den Versteigerungstermin eintreten läßt, ist in diesem Abschnitt des Verfahrens auch nicht entsprechend möglich. Das Versteigerungsobjekt ist ja dem Eigentum des Schuldners bereits entnommen.

Unbedenklich aber ist, daß der jetzt den betreibenden Gläubiger vollbezahlende Schuldner an Stelle desselben der Hebungsberechtigte wird.[4])

---

[2]) Neben dem betreibenden Gläubiger, welcher ja stets einen vollstreckbaren Schuldtitel gegen den Schuldner haben muß, ist ein solcher auch oft schon von anderen Realberechtigten gegen den Schuldner erstritten worden.

[3]) Das Reichsgesetz hat eine Vorschrift, wie sie § 720 CPO. für die Mobiliarzwangsvollstreckung gibt, nicht aufgenommen.

[4]) Dies wird sofort klar, wenn wir uns hier aus Teil I S. 59 erinnern, daß die Forderung auf den baren Versteigerungserlös dem Schuldner zusteht, belastet mit einem fälligen Forderungspfandrecht des aus dem Barerlöse hebungsberechtigten bisherigen Realberechtigten; mit dem infolge Befriedigung des betreibenden Gläubigers eingetretenen Erlöschens jenes Forderungspfandrechts des Gläubigers (— und falls derselbe nur ein Personalgläubiger war seines Beschlagnahmeanspruchs — S. 9 —) an der Forderung des Schuldners auf den Barerlös steht letzterer nunmehr insoweit dem Schuldner zur Einziehung offen.

β) **Der Widerspruch des Schuldners gegen einen nicht vollstreckbaren Anspruch** steht aber dem Widerspruch jedes anderen Beteiligten rechtlich völlig gleich. § 107—§ 125 des Reichsges. Schuldnerischer Widerspruch gegen nicht vollstreckbare Ansprüche.

γ) **Nicht minder ist der Widerspruch des Schuldners** — wie der jedes anderen Beteiligten — mit der Rechtswirkung, die bezügliche Ausführung des Teilungsplans zu verhindern, ausgestattet, wenn er den von einem Beteiligten für seinen Anspruch erforderten und bei Planaufstellung bewilligten **Rang betrifft.** Der Widerspruch des Schuldners gegen den Rang eines Anspruchs.

In diesem Falle ist es gleichgültig, ob für den rücksichtlich seines Rangs vom Widerspruch betroffenen Anspruch ein vollstreckbarer Titel vorliegt oder nicht. Ein solcher Vollstreckungstitel stellt ja nur die Exekutierbarkeit seines Anspruchs, nicht aber dessen Rangstelle fest.

Der Rechtsgrund für die Beachtlichkeit jenes Widerspruchs des Schuldners liegt darin, daß letzterer für einzelne eingetragene Rechte auch persönlich verhaftet und daher daran interessiert sein kann, daß die einzelnen Rechte in höherer Rangstelle eingestellt und dadurch auch zur Befriedigung gelangen. Gl. A. Jaeckel, Anm. 2 zu § 115, Fischer u. Schaefer, Anm. 2 zu § 115 u. a.

g) **Jeder nach dem Dargelegten zulässige Widerspruch schafft — wie schon im Abschnitt II S. 153 A. 13 erwähnt — für das von dem Widerspruch betroffene Recht die Rechtslage eines bedingten Rechts.**

Bedingte Ansprüche aber erfordern — wie auch schon S. 152 kurz erwähnt ist — besondere Maßnahmen in der Ausführung des Teilungsplans.

Der letzte Abschnitt der Erlösverteilung — die Ausführung des Teilungsplans — wird somit in seiner Gestaltung bedingt durch das Ergebnis der vorangegangenen Verhandlung über den Teilungsplan, je nachdem in letzterer Nichterhebung bezw. Beseitigung von Widersprüchen oder Bestehenbleiben von Widersprüchen konstatiert werden.

IV.

Der vierte Abschnitt des Erlösverteilungstermins.

Die Ausführung des Teilungsplans (§ 116).

Allgemeines.

1. **Die Zulässigkeit der Planausführung** ist, wie die Anberaumung des Erlösverteilungstermins, an sich statthaft, wenn auch jetzt die Rechtskraft des Zuschlagsbeschlusses noch nicht eingetreten sein sollte (S. 140—141). Die Zahlungsempfangsberechtigung.

Das Vollstreckungsgericht „soll" aber jetzt noch die Ausführung des Teilungsplans bis zur Rechtskraft des Zuschlagsbeschlusses aussetzen, sofern dies der Ersteher oder der zahlungspflichtige Dritte (§§ 61, 81 Abs. 2, 3 S. 56) beantragen (§ 116 des Reichsges.).

2. **Die allgemeinen Kategorien, unter denen sich die Planausführung vollzieht,** sind Zahlung, die Konstatierung der einer Zahlung gleichstehenden Akte der Aufrechnung (S. 65), der Verrechnung (S. 66), der vereinbarten

Übernahme eines (an sich erloschenen) Rechts, die Hinterlegung, die Übertragung einer Forderung gegen den Ersteher (§§ 91, 118 des Reichsges.).

3. **Die Zahlung selbst geschieht an das Gericht** (§ 107 des Reichsges.).

4. **Die Abführung hinterlegter Beträge** kann auch in der Weise geschehen, daß den einzelnen Hebungsberechtigten Anweisungen an die Hinterlegungsstelle in Höhe der ihnen zugeteilten Beträge erteilt werden (§ 117 Abs. 3 des Reichsges.).

I.

Die Ausführung des ganz oder zum Teil widerspruchslos genehmigten Teilungsplans, sofern

A.

Die Zahlung des baren Versteigerungserlöses durch den Ersteher erfolgt.
(§ 117).

1. a) **Die Feststellung der Zahlungsempfangsberechtigung** ist das erste, was dem Vollstreckungsgericht bei Auszahlung der einzelnen Beträge an die Hebungsberechtigten nach Maßgabe des Plans obliegt; diese Feststellung erfordert

α) Feststellung der Geschäftsfähigkeit und Identität des Zahlungsempfängers,

β) Feststellung der Vollmacht des zur Zahlungsempfangnahme Bevollmächtigten.

Das Reichsgesetz hat eine Form der Vollmacht des Zahlungsempfangsvertreters eines Beteiligten ausdrücklich vorgeschrieben.

Das Rechtsprinzip, welches die §§ 84 Abs. 2, 91 Abs. 2 zum Ausdruck bringen (vgl. Anm. 1 S. 2) — in der Literatur ist man darüber auch fast einig — erfordert aber eine öffentliche oder öffentlich beglaubigte Form jener Vollmacht; denn unmittelbar enthalten ja auch die Rechtsakte des Zahlungsempfanges in der Zwangsversteigerung regelmäßig abschließende Verfügungsakte über noch ungelöschte Rechte, zum Zwecke ihrer Löschung.

γ) **Ferner ist der Besitz und die Vorlegung eines gebildeten Hypotheken- Grundschuld- oder Rentenschuld-Briefes** zu konstatieren, falls auf die Hauptsumme eingetragener Rechte Zahlungen an den Berechtigten (oder seinen legitimierten Vertreter) zu leisten sind.

Eine Zahlung von Zinsen- und Kosten-Beträgen eingetragener, verbriefter Rechte ist aber mit Rücksicht auf § 1159 BGB. auch ohne Vorlegung der über die Rechte gebildeten Dokumente angängig.

Zahlung an abwesende Berechtigte.

b) **Die Abführung der einzelnen Barbeträge an abwesende Hebungsberechtigte** hat das Gericht von Amts wegen anzuordnen (§ 117 Abs. 2 des Reichsges.).

Die Anordnung wird selbstverständlich nur erlaßbar sein, wenn gebildete Dokumente über zu bezahlende eingetragene Reste wenigstens bei den Akten sind.

Die Art der Geldabführung an abwesende Beteiligte überläßt das Reichsgesetz im § 117 Abs. 2 den Landesgesetzen.

Im preußischen Rechtsgebiete werden gemäß Art. 11 des Ausf.Ges. zum RZVG.: § 107—§ 125 des Reichsges.

Beträge bis zu 300 Mark ohne Antrag an die nichterschienenen Beteiligten innerhalb des deutschen Reichs abgesandt,

Beträge von über 300 Mark bis zu 3000 Mark werden auf einfachen Antrag der Beteiligten an diese innerhalb des deutschen Reichs übersandt,

Beträge von über 3000 Mark oder in das Ausland zu übersendende Beträge (letztere ohne Rücksicht auf ihre Höhe) werden nur auf unterschriftlich, öffentlich beglaubigten Antrag der Beteiligten an diese versandt.

Die Unterschrift der Beteiligten kann von jeder zur öffentlichen Beglaubigung von Unterschriften kompetenten Behörde oder Urkundsperson des Inlands bezw. Auslands beglaubigt werden.

Die Hinterlegung.

c) **Ist eine Auszahlung zu zahlender Beträge nicht möglich, eine Absendung nicht auszuführen,** so sind diese für die Hebungsberechtigten zu hinterlegen (§ 117 Abs. 2 und 3 des Reichsges.).

2. **Die Ausführung des Teilungsplans durch gerichtliche Empfangnahme und Weiterzahlung des Barerlöses wird aber durch Konstatierung eines die Barzahlung ersetzenden Rechtsakts der Verrechnung und Aufrechnung ersetzt.**

Verrechnung und Aufrechnung.

a) **Duas personas retinet** — wie im Teil I S. 65—66 gezeigt — der Ersteher, soweit er zur Zahlung des Versteigerungserlöses verpflichtet, aus diesem aber selbst hebungsberechtigt ist (ein Hypothekengläubiger hat seine Hypothek herausgeboten). Der Ersteher ist in diesem Fall als Schuldner zur Zahlung des Versteigerungserlöses an den Subhastaten, als Gläubiger (zu Händen des Gerichts) verpflichtet, und andererseits ist der Ersteher kraft seines Forderungspfandrechts zur Einziehung des Versteigerungserlöses (wenn auch durch die vermittelnde Hand des Gerichts § 107 Abs. 2 des Reichsges.), als (Pfand-)Gläubiger in Höhe seines Liquidats, gegen sich selbst berechtigt; in dieser Höhe kann deshalb der Ersteher anstatt der Zahlung des Versteigerungserlöses diesen in Höhe seines Liquidats **verrechnen.**

b) **Dieselbe Rechtslage ist gegeben,** wenn gegen den Ersteher ein dritter Beteiligter — (kraft seines Forderungspfandrechts an der Versteigerungserlösforderung des Subhastaten — vgl. Teil I S. 59 — gegen den Ersteher) — in Höhe seines Liquidats Anspruch auf Zahlung eines Versteigerungserlösbetrages (zu Händen des Gerichts) hat, der Ersteher aber diesem Zahlungsanspruche des Beteiligten gegenüber an Letzteren seinerseits eine Forderung hat.

Der Ersteher kann in diesem Falle mit seiner Forderung gegen den Hebungsanspruch des Beteiligten **aufrechnen** und dadurch insoweit die Summe des baren Versteigerungserlöses begleichen.[1])

Vereinbartes Nichterlöschen von Rechten.

3. **Die Ausführung des Teilungsplans** durch gerichtliche Empfangnahme und Weiterzahlung des Barerlöses wird ferner durch die Konstatierung einer die Barzahlung ersetzenden **Vereinbarung ersetzt,** welche der Ersteher mit dem Berechtigten eines nach den Versteigerungsbedingungen erloschenen Rechts an

[1]) Diese Aufrechnungsberechtigung des Erstehers wird, wie wir im Teil I S. 58, 59 gesehen, von denjenigen bestritten, welche ein Recht der Berechtigten erloschener Realrechte an dem baren Versteigerungserlöse nicht anerkennen.

dem Grundstücke,[2]) über dessen ferneres Bestehenbleiben trifft oder schon getroffen hat. § 91 Abs. 2 des Reichsges.

Eine solche Vereinbarung ist aber rechtswirksam nur dann, wenn sie entweder von dem Ersteher und dem Beteiligten mündlich zum Verteilungsterminsprotokoll getroffen wird, oder zu diesem in öffentlich beglaubigter Urkunde nachgewiesen wird.[3])

Wie nun aber, wenn

B.

Die Zahlung des baren Versteigerungserlöses durch den Ersteher unterbleibt. (§ 118.)

Die Ausführung des Teilungsplans bei unterbliebener Zahlung des baren Versteigerungserlöses geschieht durch die protokollarische Konstatierung der **Übertragung einer Forderung** gegen den Ersteher an die Beteiligten erloschener Rechte, soweit diese aus dem Barerlöse zur Befriedigung zu gelangen hatten.

Übertragung [e]iner Forderung gegen den Ersteher.

Diese Übertragung einer Forderung gegen den Ersteher — deren konstruktionelle Begründung nicht nur jüngeren Juristen erhebliche Schwierigkeiten bereitet — läßt sich aus der Darlegung des Teils I S. 59, 60 konstruktionell leicht erkennen.

Wie S. 59 dargetan wurde, steht die Forderung gegen den Ersteher auf Zahlung des Barerlöses dem Subhastaten zu; ferner war dort dargetan, daß jene Forderung des Subhastaten gegen den Ersteher mit einem Forderungspfandrecht der Beteiligten belastet ist zur Sicherung der Ansprüche der Letzteren auf Zahlung eines Betrages aus dem Barerlös für ihre infolge Zuschlages erloschenen Rechte.

Gemäß § 1282 des BGB. begründen diese Forderungspfandrechte der einzelnen Beteiligten für diese fällige Zahlungsansprüche gegen den Ersteher in Höhe der Summenbeträge ihrer erloschenen Rechte, soweit hierfür der Barerlös ausreicht.

---

[2]) Die Zahlung der Ansprüche, welche nur Befriedigung „aus dem Grundstücke gewähren" ohne an demselben zu bestehen (§ 10 Ziff. 1—3 des Reichsges., vgl. S. 16 d, 22—25) kann somit durch eine Vereinbarung aus § 91 Abs. 2 des Reichsges. nicht ersetzt werden.

[3]) Im Übrigen kann die Vereinbarung aus § 91 Ziff. 2 schon im Versteigerungstermin und sogar noch nach dem Verteilungstermin bis zu dem Zeitpunkte getroffen werden, wo das Grundbuch auf Ersuchen des Vollstreckungsgerichts aus § 130 des Reichsges. berichtigt wird.

Die Rechtswirkung der Vereinbarung ist diejenige der „Befriedigung der Beteiligten aus dem Grundstücke". Also z. B. dem bisherigen persönlichen Schuldner gegenüber oder rücksichtlich der Mithaftung anderer Grundstücke, wird durch die Vereinbarung die Rechtslage geschaffen, welche die Zahlung auf das Recht jenes Beteiligten gebracht hätte; die mithaftenden Grundstücke werden daher gemäß § 1181 Abs. 2 BGB. frei, oder soweit die Voraussetzungen des § 1182 des BGB. vorliegen, erwirbt der Subhastat an dem mithaftenden Grundstück eine Ersatzforderungs-Hypothek.

Streitig ist, ob die Abrede des Bestehenbleibens eines Rechts an dem Grundstücke nur den dinglichen Fortbestand des Rechts an dem Grundstücke bewirkt, oder auch falls für dieses der Subhastat auch persönlich verpflichtet war, eine Übernahme dieser persönlichen Verpflichtung durch den Ersteher erzeugt wird, wie solche nach § 53 des Reichsges. bei dem Bestehenbleiben der im geringsten Gebot enthaltenen Rechte eintritt. Jaeckel Anm. 3 zu § 91 verneint, Wolff Anm. 8 zu § 53, Anm. 3—5 zu § 91 bejaht. Unter „Recht" läßt sich nur die konkrete Rechtsgestaltung verstehen und da diese „bestehen" bleiben soll, so hätte eine Beschränkung nur auf den dinglichen Bestand der konkreten Rechtsgestaltung ausdrücklich in dem Gesetze zum Ausdruck gebracht werden müssen.

Nach § 107 Abs. 2 des Reichsges. sollte der **Ersteher zwar für jene Beteiligten, aber zu Händen des Vollstreckungsgerichts, zunächst den Barerlös zahlen.** § 107 – § 125 des Reichsges. **Unterbleibt nun die Zahlung** des Barerlöses Seitens des Erstehers im Verteilungstermin, so **überträgt jetzt eben das Vollstreckungsgericht** jenen hebungsberechtigten Beteiligten ihre Forderungen gegen den Ersteher auf quotenmäßige Zahlung des Versteigerungserlöses **zu nunmehriger selbständiger Einziehung.**

An diese Übertragung ist — wie Teil I S. 60 auch schon erwähnt — für jene übertragenen Forderungen gegen den Ersteher dann zu ihrer Sicherung die Eintragung von Sicherungshypotheken auf dem versteigerten Grundstück anzuschließen; diese Hypotheken sind — wie wir S. 60 sahen — ebenso wie die durch sie gesicherten und übertragenen Forderungen der Beteiligten gegen den Ersteher vollstreckbar.[4]) (§§ 118, 128 des Reichsges.)

Der Zeitpunkt, in welchem das Vollstreckungsgericht die Eintragung jener Sicherungshypotheken veranlaßt, ist dann derjenige, in welchem (vgl. folgenden Paragraph 25) nach beendeter Planausführung, mithin nach Schluß des Verteilungstermins, das Vollstreckungsgericht die Berichtigung des Grundbuchs durch bezügliches Ersuchen veranlaßt. (§§ 130, 132 des Reichsges.)

2.

Die Ausführung des Teilungsplans, sofern und soweit ein Widerspruch erhoben ist.
(§§ 115, 124.)

A.

Die Zahlung des Versteigerungserlöses durch den Ersteher erfolgt.

Die Ausführung des durch einen Widerspruch betroffenen Teils des Teilungsplans erfolgt von dem — schon im vorstehenden Abschn. II S. 153 Anm. 13 erwähnten — rechtlichen Gesichtspunkte aus: bei erhobenem Widerspruch sind die an dem baren Versteigerungserlöse zu befriedigenden Rechte — gegen welche der Widerspruch gerichtet — **wie aufschiebend bedingte zu behandeln** (§ 124 des Reichsges.). Widerspruch gegen Ansprüche aus dem Barerlöse.

Aufschiebend bedingte Rechte sind aber — wie im Abschnitt II S. 152 erwähnt — zu einer gegenwärtigen, **endgiltigen Befriedigung nicht geeignet,** können vielmehr nur eine demnächst erst angängig werdende, zukünftige Befriedigung erhalten.

Und da diese zukünftige mögliche Befriedigung in futuro sich ganz erübrigen könnte, so muß — wie wir S. 152 gesehen, wie rücksichtlich der von vornherein suspensiv bedingten Rechte schon bei Aufstellung des Teilungsplans — **jetzt hier** neben dem Berechtigten des infolge Widerspruchs suspensivbedingt gewordenen Rechts, der sogen. Zweitberechtigte festgestellt werden, welchem bei demnächstigen Fortfall des suspensivbedingten Rechts, die diesem zugedachte Befriedigung aus dem Barerlöse zufällt.

---

[4]) Über die materiell-rechtliche Wirkung der Übertragung einer Forderung gegen den Ersteher und die Eintragung einer Sicherungshypothek s. Teil I S. 60, 61. Der Rang der einzelnen einzutragenden Sicherungshypothek ist der Rang des einzelnen Rechts, welches nach § 91 Abs. 1 infolge Zuschlags erloschen, nun durch den Barerlös zu befriedigen war.

Die sogen. Eventualverteilung

Dieser durch einen Widerspruch geschaffenen Rechtslage entspricht die bezügliche **Ausführung des Teilungsplans** in Form der sogen. **Eventualverteilung.**

Der auf den widersprochenen Anspruch aus dem Barerlöse entfallene Betrag wird hinterlegt.

Die Art der Hinterlegung bestimmt der Berechtigte, welchem nur infolge[5]) des erhobenen Widerspruchs die Rechtsstellung eines Suspensivberechtigten aufgedrungen ist.

Dem (vom Widerspruch betroffenen) Berechtigten wird der hinterlegte Betrag unter der Bedingung zugeteilt, daß der Widerspruch prozeßgerichtlich für unbegründet erachtet wird.

(Beispiel S. 178 Anm. 5)

Dem Widerspruchserheber wird als sogen. Zweitberechtigten der hinterlegte Betrag aber gleichfalls zugeteilt, und zwar unter der Bedingung, daß der von ihm erhobene Widerspruch prozeßgerichtlich für begründet erachtet wird (§§ 115, 124 des Reichsges.).

Nachträgliche Planausführung.

Die nachträgliche Ausführung des infolge Widerspruchs unerledigt gebliebenen Teils des Teilungsplans geschieht nun:

a) entweder schon nach Monatsfrist, vom Terminstage zählend, falls in dieser Frist der widersprechende Beteiligte es unterlassen, den Nachweis der Erhebung der Widerspruchsklage gegen den beteiligten Berechtigten dem Vollstreckungsgericht durch Einreichung der mit Terminsbestimmung versehenen Klage nebst Zustellungsurkunde zu erbringen;

b) oder nach rechtskräftiger Entscheidung des Prozeßgerichts über den Widerspruch, nach Maßgabe dieser Entscheidung (§§ 878—882 CPO.).

Hierbei darf nicht übersehen werden:

Zu a. Die einmonatige Frist ist keine Notfrist, sondern eine einfach gesetzliche; als solche kann sie zwar nicht vom Richter, dagegen durch Vereinbarung der Beteiligten verlängert werden (§ 224 CPO.). Gl. A. Jaeckel, Komm. S. 394 Anm. 6.

Zu b. In dem Widerspruchprozeß wird nur über die Berechtigung entschieden, ob das Liquidat, welchem der Widerspruch gilt, dem Erheber des letzteren oder dem liquidierenden Beteiligten zusteht. Wird letzteres in dem ergehenden Urteil verneint, so gebührt der Liquidatbetrag nur dem Widerspruchserheber, die Gläubiger ausgefallener Zwischenposten bleiben außer Betracht, wenn diese auch im Range dem Rechte des Widerspruchserhebenden vorgegangen (vgl. Entsch. des RG. Bd. 26 S. 420).

B.

Die Zahlung des Barerlöses ist unterblieben (§ 128).

Die Widerspruchbehandlung bei Nichtzahlung des Barerlöses.

Die Ausführung des Teilungsplans erfordert hier, wie ohne weiteres ersichtlich: eine **Kombination** der Maßnahme der sogen. Übertragung einer Forderung gegen den Ersteher (vorstehend unter 1 B) mit der Maßnahme der sogen. Eventualübertragung (vorstehend unter 2 A), **sofern** der Ersteher die Barzahlung des Erlöses unterläßt und **soweit** der Hebungsberechtigung eines Anspruchs am Erlöse widersprochen wird (§§ 118—120, 124 des Reichsges.).

[5]) Diese abweichende Befugnis des eben nur infolge Widerspruchs suspensivbedingt Berechtigten von derjenigen des Berechtigten, dessen Recht an sich a priore suspensivbedingt ist (vgl. Abschn. II S. 153 Anm. 12), wird in der Praxis mitunter übersehen (vgl. § 124 Abs. 2 zweiter Satz).

In diesem Falle hat das Vollstreckungsgericht die Übertragung einer Forderung gegen den Ersteher, und zu deren Sicherung die Eintragung einer Sicherungshypothek für den vom Widerspruch betroffenen Berechtigten (als Erstberechtigten) und zugleich für den Widerspruchserheber (als Zweitberechtigten) zu konstatieren und zu veranlassen. § 107—§ 125 des Reichsges.

Beide werden zunächst Forderungsberechtigte auf Berichtigung des — bisher ungezahlten — Betrages des Barerlöses gegen den Ersteher, Beide werden zunächst als Sicherungshypothekengläubiger eingetragen; der Erstberechtigte unter der Bedingung, daß der erhobene Widerspruch prozeßgerichtlich für unbegründet erachtet wird; der Zweitberechtigte unter der Bedingung, daß der erhobene Widerspruch prozeßgerichtlich für begründet erachtet wird.

Die Entscheidung des Prozeßgerichts macht dann den Erstberechtigten oder den Zweitberechtigten zum schließlich definitiven Forderungsberechtigten und Sicherungshypothekengläubiger.[6])

3.[7])

Die Ausführung des Teilungsplans, bestehen bleibende Rechte betreffend, wenn diese rechtsunbeständig oder von einem Widerspruch betroffen sind (§§ 118, 125, 128).

A.

Die nach den Versteigerungsbedingungen bestehen bleibenden rechtsunbeständigen Rechte.

Die hier in Betracht kommenden Maßnahmen sind die kompliziertesten des ganzen Verfahrens; zu ihrer Klarstellung werden wir uns aus dem Teil I S. 39—42 zu erinnern haben: Beispiel S. 179 b 2.

Im geringsten Gebot im weiten Sinne sind[8]) — sofern dem Rechte des betreibenden Gläubigers vorgehend — als bestehen bleibend auch Rechte unsicheren Fortbestands, z. B. bedingte, aufzuführen. Das Reichsgesetz berücksichtigt aber, daß bei demnächstigen Fortfall solcher rechtsunbeständigen Rechte der Ersteher einen ungerechtfertigten Vorteil erhielte (die Summe seines Bargebots beziffert der Ersteher ja nach der Summe der bestehen bleibenden Rechte!). Die bestehenbleibenden rechtsunbeständigen Rechte in der Planausführung.

Es ist deshalb — um eine unberechtigte Bereicherung des Erstehers zu vermeiden — vom Reichsgesetz in den §§ 50, 51 bestimmt: Bleiben rechtsunbeständige Rechte nach dem geringsten Gebot im weiten Sinne bestehen, so ist durch Versteigerungsbedingung eine Ersatzzahlungspflicht des Erstehers festzustellen.

---

[6]) Sache der obsiegenden Prozeßpartei wird es dann noch sein, auf Grund des rechtskräftigen Urteils die Berichtigung der eingetragenen Sicherungshypothek durch Eintragung seiner definitiven Berechtigung bei dem Grundbuch zu beantragen; wird die Zulässigkeit einer solchen Berechtigung nicht schon durch die Urteilsformel des Widerspruchsprozesses ausgesprochen, so kann freilich da ein neuer Prozeß auf Einwilligung zu der gedachten Grundbuchberichtigung entstehen.

[7]) Keiner besonderen Darlegung bedarf hier die Ausführung des Teilungsplans, wenn dessen Aufstellung die Bildung eines sogen. Deckungskapitals enthält, oder Feststellungen über den Befriedigungsmodus trifft, unter welchem — **von vornherein** — Bedingtberechtigte aus dem Barerlöse befriedigt werden; die bezügliche Planausführung ergibt sich ohne weiteres teils aus der Darlegung im Abschn. II unter 3 e S. 154, teils aus dem soeben unter 2 A S. 163 Gesagten.

[8]) Über diese Bezeichnung sei an S. 32 erinnert.

Diese Ersatzzahlungspflicht, die sogen. „Verpflichtung zur Erhöhung des Bargebots“, geht dahin:

α) fallen rechtsunbeständige, bestehen bleibende Hypotheken, Grund- und Rentenschulden demnächst fort, so hat der Ersteher ihren Kapitalsbetrag unter den bisherigen Zahlungs- und Zinsbedingungen (der fortgefallenen Post) zu zahlen;

β) fallen andere rechtsunbeständige, bestehen bleibende Rechte demnächst fort, so hat der Ersteher ihren Wertbetrag, und zwar nach dreimonatiger Kündigung zu zahlen, bis dahin mit 4 Proz. zu verzinsen.[9])

Eine Ersatzzahlung des Erstehers aus §§ 50, 51 des Reichsges. bildet daher auch — wie im vorstehenden Abschn. I, B (S. 145) **erwähnt — einen Teil der Teilungsmasse.**

Bei Aufstellung des Teilungsplans ist daher einerseits die Ersatzzahlung aus §§ 50, 51 erst zu erwähnen, und andererseits sind dieser Ersatzzahlung gegenüber die Hebungsberechtigten zu bezeichnen; und zwar als solche diejenigen zu erwähnen, welche aus der baren Erlössumme (ohne die Ersatzzahlungssumme, § 119 des Reichsges.) an erster Stelle noch nicht zur Hebung gelangt.

Die fällige Ersatzzahlung.

Hier in der Ausführung des Teilungsplans ist daher nunmehr — (nach dem durch Verhandlung mit den Beteiligten die Aufstellung des Teilungsplans und damit sowohl der Betrag der Ersatzzahlung, als auch die Hebungsberechtigung der erst ausfallenden Beteiligten festgestellt ist) — auch die Ersatzzahlung zu „verteilen“.

Das Rechts- und Zahlungsverhältnis der Ersatzzahlung des Erstehers kann aber zur Zeit der Planausführung ein **dreifach** verschiedenes sein und daher kann eine bezügliche dreifach verschiedene Planausführung statthaben.

α) **Die Ersatzzahlung** kann im Verteilungstermin bereits **unbedingt entstanden und fällig sein.**

Beispiel. 1000 Mark Grundschuld für M, falls er am 1. **März** 1904 das Rennen zu B. gewinnt, zahlbar am 2. März 1904, Versteigerungstermin 1. **Februar** 1904 (die Grundschuld bleibt bedingt bestehen). M. verliert aber am 1. März 1904 das Rennen; Erlösverteilungstermin **3.** März 1904. Die Grundschuld ist fortgefallen, die Ersatzzahlung mithin unbedingt entstanden und fällig.

In solchem Falle vermehrt die Summe der Ersatzzahlung einfach die Barsumme des Meistgebots, wird daher zu dieser schon bei Feststellung des Teilungsmasse hinzugerechnet (S. 145) und wird mit dieser — ohne besondere weitere Maßnahme — verteilt.

Die entstandene, aber noch nicht fällige, durch Sicherungshypothek zu sichernde Ersatzzahlung.

β) **Die Ersatzzahlung kann aber auch im Verteilungstermin zwar schon unbedingt entstanden, aber noch nicht fällig sein.**

Beispiel wie zu α) nur soll die Grundschuld, falls M das Rennen am 1. März 1904 gewinnt, erst am 1. April 1904 zahlbar und bis dahin vom 1. März 1904 ab mit 3 Proz.

[9]) Über das Fortfallen von Hypotheken vgl. aber § 1163 Abs. 1 BGB. S. 40 Anm. 13; Das hier Gesagte gilt auch für die sogen. Maximalhypothek. Daraus ergibt sich zugleich: Ist eine durch Maximal- (früher sogen. Kautions-) Hypothek gesicherte, im **Verteilungstermin endgiltig** entstandene Forderung bar zu zahlen und fällig, und es wird eine **geringere Summe als der Höchstbetrag der Hypothek liquidiert,** so gebührt die Differenz dem Grundstückseigentümer; **und zwar dem Eigentümer zur Zeit der Begründung der Kautions-Hypothek,** soweit ihre Forderung über die liquidierte Summe hinaus bis zum Höchstbetrag der Hypothek **nicht** entstanden; **soweit dies der Fall gewesen,** die Forderung aber in quanto wieder erloschen, steht sie insoweit dem **Eigentümer und Subhastaten** zu. § 1163 Abs. 1 BGB., vgl. auch Turnau u. Förster I S. 749, Entsch. des RG. 51 S. 398; abweichend Reinhard im Recht 1902 S. 32.

verzinslich sein. Die Ersatzzahlung ist dann, wenn M das Rennen am 1. März 1904 verloren, zwar am 1. März 1904 unbedingt entstanden, aber sie ist erst am 1. April 1904 fällig, mithin im Verteilungstermin vom 3. März 1904 noch nicht fällig. § 107 — § 125 des Reichsges.

Die Ersatzzahlung vermehrt in solchem Falle zwar schon die Barsumme des Versteigerungserlöses, ist aber in Abweichung von dieser im Verteilungstermin noch nicht zu zahlen.

Es fragt sich daher, wie geschieht die Planausführung rücksichtlich **dieses** im Verteilungstermin **noch nicht zahlbaren** Erlösbetrages? Die Antwort ergibt Teil I S. 65 dahin: das Reichsgesetz läßt in §§ 118, 128, wie im Falle schuldhafter Nichtzahlung des Barerlöses (vorstehender Abschnitt 1 B), so auch in jedem anderen Falle der Nichtzahlung des Versteigerungserlöses die Übertragung einer Forderung gegen den Ersteher unter Eintragung einer Sicherungshypothek vornehmen.

In diesem Falle erfolgt daher nunmehr die Planausführung gemäß §§ 50, 118, 128 dahin: dem Hebungsberechtigten der Ersatzzahlung wird in Höhe seines Anspruchs (soweit die Ersatzzahlungssumme natürlich ausreicht) eine **Forderung gegen den Ersteher übertragen, unter den Zins- und Zahlungsbedingungen der fortgefallenen Post,** für welche die Ersatzzahlung festgestellt ist. Diese übertragene Forderung wird **durch eine Sicherungshypothek** auf dem versteigerten Grundstück gesichert. Der Rang der einzutragenden Sicherungshypothek ist aber derjenige des erloschenen Rechts des Ersatzzahlungs-Berechtigten.[10])

γ) **Endlich kann die Ersatzzahlung des Erstehers** aus §§ 50, 51 im Verteilungstermins **noch bedingt und als solche natürlich auch noch nicht fällig** sein. Die noch bedingte durch bedingte Sicherungshypothek zu sichernde Ersatzzahlung. (Protokollbeispiel S. 179 b 2).

Beispiel: 1000 M. Grundschuld für M, falls dieser am 1. Juli 1904 zu Doberan das Rennen gewinnt, zahlbar dann nach 3monatiger Kündigung. Versteigerungstermin 1. **Februar** 1904 (die Grundschuld bleibt bedingt bestehen); Verteilungstermin 2. **März** 1904 (die Grundschuld bleibt — rechtsunbeständig — bestehen) unter der Bedingung des Rennen-Gewinnens am 1. Juli 1904; nur bei Nichteintritt dieser Bedingung, also nur **bedingt** besteht die Ersatzzahlung des Erstehers von 1000 M., nur eine bedingte Ersatzforderung läßt sich daher durch Übertragung verteilen.

Es ist dann in diesem Falle eine Planausführung dahin nur statthaft: Das — auch im Verteilungstermin — noch rechtsunbeständige übernommene Recht bleibt zunächst bestehen. Nur unter der Bedingung demnächstigen Fortfalls dieses Rechts, also nur eine **bedingte** Ersatzforderung gegen den Ersteher ist dem bisher aus dem Barerlöse erst ausgefallenen Beteiligten zu übertragen; nur eine **bedingte** Sicherungshypothek zur Sicherung jener bedingten Ersatzforderung ist einzutragen.[11])

---

[10]) In dem Beispielsfalle zu β wird also die Planausführung dahin festzustellen sein: die bedingte Grundschuld des M von 1000 M. ist am 1. März 1904 fortgefallen. Die Ersatzzahlung des Erstehers in Höhe von 1000 M. ist deshalb am 1. März 1904 unbedingt entstanden, aber erst am 1. April 1904 fällig; es wird deshalb in Gemäßheit der §§ 50, 118 dem Hebungsberechtigten X auf seinen infolge des Zuschlags erloschenen und deshalb bar zu befriedigenden, an erster Stelle ausgefallenen Anspruch, — z. B. aus der Post Abt. III Nr. 20. von 1500 M. — die Ersatzforderung gegen den Ersteher von 1000 M. übertragen. Diese Forderung ist vom 1. März 1904 bis April 1904 mit 3 % verzinslich am 1. April 1904 zahlbar.

Für diese Forderung des X ist mit dem Range der erloschenen Post des X Abt. III Nr. 20 eine Sicherungshypothek auf dem versteigerten Grundstück einzutragen. § 128 d. Reichsges.

[11]) In dem Beispielsfall zu γ wird also die Planausführung dahin festzustellen sein: die bedingte Grundschuld des M von 1000 M. bleibt als solche bestehen. Sollte die Grund-

B.
Ein nach den Versteigerungsbedingungen bestehen bleibendes Recht wird von einem Widerspruch besprochen.

Der Widerspruch gegen bestehen-bleibende Rechte.

Die soeben unter γ beschriebene Planausführung ist auch vorzunehmen, wenn gegen ein bestehen bleibendes (an sich unbedingtes) Recht im Verteilungstermin Widerspruch erhoben wird. Ein Widerspruch versetzt ja nach reichsgesetzlicher Auffassung — wie schon erwähnt — das von ihm betroffene Recht in den Rechtszustand des aufschiebend Bedingtseins.

Der Fortbestand des Rechts wird aufschiebend bedingt von dem Ergebnis des demnächstigen Widerspruchsprozesses. Wie für bestehen bleibende — von vornherein aufschiebend bedingte — Rechte schon im Versteigerungstermin eine bedingte Ersatzzahlung des Erstehers festgestellt wird (vorstehende S. 165), bei Ausfall der Bedingung des Rechts und damit verbundenem Fortfall desselben, seinen Kapitals- oder Wertbetrag (§§ 50, 51) zu zahlen, so wird eine solche Ersatzzahlung auch nunmehr festgestellt und — wie unter A — bestimmt verteilt.

Die Planausführung erfolgt sonach dahin, wie vorstehend unter A: das übernommene — von einem Widerspruch betroffene — Recht bleibt bestehen. Es wird aber unter der Bedingung demnächstigen Fortfalls jenes Rechts infolge des Widerspruchs-Prozeßurteils eine sonach bedingte Ersatzzahlungsforderung gegen den Ersteher festgestellt. Diese bedingte Ersatzzahlungsforderung gegen den Ersteher wird dem Widersprucherheber übertragen und für diesen durch Eintragung einer bedingten Sicherungshypothek gesichert. (Die prozessuale Form dieser Planausführung und das fernere rechtliche Schicksal auch dieser bedingten Sicherungshypothek ist aus umseitiger Anm. 11 entnehmbar.)

Die materielle, wie prozessuale Erledigung des Widerspruchs geschieht hier aber nicht nach den §§ 878—882 CPO., vgl. Reichsger.E. 42 S. 245 und § 125 Abs. 2 des Reichsges.

---

schuld am 1. Juli 1904 aber erlöschen, weil M an diesem Tage das Doberan-Rennen nicht gewinnt, so hat unter dieser Bedingung eine Ersatzzahlung von 1000 M. (nach dreimonatiger Kündigung fällig) seitens des Erstehers einzutreten; unter der gedachten **Bedingung** wird eine Ersatzforderung von 1000 M., zahlbar 3 Monate nach Kündigung, dem Hebungsberechtigten X übertragen, zur (teilweisen) Befriedigung seiner gemäß § 91 Abs. 1 erloschenen, mithin bar zu befriedigenden Hypothek von 1500 M., Abt. III Nr. 20. Mit dem Range der letztgenannten Post ist eine **bedingte** Sicherungshypothek zur Sicherung der vorgedachten **bedingten** Forderung von 1000 M. gegen den Ersteher auf dem von diesem durch Zuschlag erworbenen Grundstück für X einzutragen. (Vgl. auch S. 229.)

Was geschieht nun mit der bedingten Sicherungshypothek des X, wenn M das Rennen am 1. Juli 1904 gewinnt? Dann muß X die bedingte Sicherungshypothek löschen lassen, weigert er sich, kann der Ersteher auf Löschung klagen!

Was geschieht, wenn M das Rennen am 1. Juli 1904 verliert? Dann muß M seine Grundschuld von 1000 M. löschen lassen, und X kann verlangen, daß seine bisher bedingte Sicherungshypothek in eine unbedingte Hypothek umgewandelt wird, oder er kündigt seine — nun unbedingt gewordene — ihm gegen den Ersteher übertragene Forderung und verlangt Zahlung der 1000 M. vom Ersteher. Zahlt der Ersteher, dann muß X natürlich auch die bedingte Sicherungshypothek löschen lassen.

Man kann nicht sagen, daß diese Vorschriften der §§ 50, 51, 118, 128 volkswirtschaftlich praktisch sind!

Der Schluß

des Erlösverteilungstermins wird durch die Verlesung des unter Hinzuziehung eines Gerichtsschreibers (§ 165 CPO., siehe auch § 127 Abs. 3 des Reichsges.) aufgenommenen Protokolls gebildet.

§ 126 des Reichsges. S. 179.
§ 127 des Reichsges.
Der Terminsschluß.

Im Protokoll sind die Vermerke zu fixieren, welche auf verlegte Urkunden zu setzen sind und welche der folgende Paragraph 25 bespricht (vgl. § 127 Abs. 3 des Reichsges.).

Die Praxis läßt das Protokoll mindestens von den Beteiligten, welche Zahlungen erhalten haben, zwecks Zahlungsbekenntnisses unterschreiben, was nicht nur statthaft, sondern auch angemessen ist.

Überflüssig aber ist die Übung der Praxis, die infolge der Zwangsversteigerung erforderliche Grundbuchberichtigung schließlich im Protokoll von den Beteiligten beantragen zu lassen.

Diese Grundbuchberichtigung hat das Vollstreckungsgericht von Amts wegen zu veranlassen (siehe folgende S. 171 und § 132 des Reichsges.).

Paragraph 25.

Die nach Ausführung des Teilungsplans vorzunehmende Urkundenbehandlung.

(§ 127 des Reichsges.)

I. **Die Urkunden der infolge der Versteigerung erlöschenden** Rechte sind nach der Bestimmung des Reichsgesetzes im § 127 dem Vollstreckungsgericht **vorzulegen,** und falls sie nicht vorgelegt werden, vom Gericht **einzufordern** — ohne daß indessen die Vorlegung erzwingbar ist.

Die Vorlegung der Urkunden erloschener Rechte.

II. **Die Urkunden** derjenigen Rechte, welche nach den Versteigerungsbedingungen **bestehen bleiben,** oder infolge Abrede des Gläubigers mit dem Ersteher gemäß § 91 Abs. 2 des Reichsges. bestehen bleiben, bedürfen sonach nicht eines Vermerkes, auch darüber nicht, daß laufende oder rückständige Beträge ihrer wiederkehrender Hebungen, z. B. der Hypothekenzinsen aus dem Versteigerungserlöse, berichtigt worden sind.

III. **Die Behandlung der Urkunden** der infolge der Versteigerung erloschenen Rechte ist eine verschiedene, je nachdem sie

a) Hypotheken=, Grundschuld=, Rentenschuldbriefe, oder
b) vollstreckbare Titel sind.

Zu a. 1. **Hypotheken=, Grund= und Rentenschuldbriefe ganz erloschener Rechte werden nur unbrauchbar** gemacht.

Die Behandlung der Hypotheken-, Grund- und Rentenschuldbriefe.

Die Art der Unbrauchbarmachung ist im Reichsgesetz nicht bestimmt.

In der Literatur (vgl. Jaeckel Anm. 1 zu § 127, Altmann Anm. 2a zu § 127) wird eine analoge Anwendung des § 42 der Allg. Verf. v. 20. Nov. 1899 zur Ausführung der

RGBO. im preußischen Rechtsgebiete für zulässig erachtet. Der § 42 cit. setzt aber einen vorherigen grundbuchmäßigen Löschungsvermerk voraus.

Die Unbrauchbarmachung der Briefe kann vielmehr durch jeden als solchen erkennbaren Vernichtungsmodus geschehen; der Brief ist dann zu den Akten zu nehmen, die Schuldurkunde demjenigen zurückzugeben, welcher sie eingereicht hat.

In der Praxis ist mitunter, nach Vernichtung des Briefes, die diesem angehängt gewesene Schuldurkunde dem Subhastaten zugesandt worden, falls die betreffende Hypothek, Grund- oder Rentenschuld aus der Bargebotssumme voll berichtigt und deshalb erloschen ist.

Dies ist — wie auch Reinhard Anm. II zu § 127 hervorhebt — schon um deswillen unzulässig, weil der Fortbestand eines persönlichen Anspruchs nicht stets im konnexen Zusammenhange mit der Existenz eines mit ihm verbunden gewesenen dinglichen Rechts steht.

Der § 122 Abs. 3 des preußischen Gesetzes, welcher jenes Verfahren positiv rechtlich gestattete, ist im § 127 vom Reichsgesetz nicht adoptiert worden.

Ein Vermerk über das Erlöschen der Rechte braucht — gleichviel ob eine Zahlung oder ein völliger oder teilweiser Ausfall statthatte — auf die Briefe nicht gesetzt zu werden.

Zwei Ausnahmen praeter legem.

Praeter legem — wie in der Literatur besonders von Jaeckel mit Recht hervorgehoben wird — sind hier aber zwei Ausnahmen zu machen:

α) ein gemäß § 66 der R.Grundbuchordn. über mehrere Hypotheken gebildeter Hypothekenbrief kann beim Erlöschen nur einer oder mehrerer, nicht aber aller Hypotheken nicht unbrauchbar gemacht werden;

β) ein nach § 59 der R.Grundbuchordn. über eine Gesamthypothek gebildeter Hypothekenbrief kann gleichfalls nicht unbrauchbar gemacht werden, wenn die Gesamthypothek nur auf dem versteigerten, nicht auch auf mithaftenden Grundstücken (§ 1182 BGB.) erloschen ist. (Vgl. Sonderparagraph 31.)

In diesen beiden Ausnahmefällen sind **anstatt der Kassation der Briefe auf diese Vermerke** über das Erlöschen des einzelnen Rechts an dem versteigerten Grundstück zu setzen.

Die Behandlung vollstreckbarer Titel.

2. **Hypotheken- (Grund- und Rentenschuld-) Briefe nur zum Teil erloschener Rechte** werden nicht unbrauchbar gemacht, sondern **nur mit einem Vermerk** über den Betrag versehen, in dessen Höhe die Rechte erloschen sind.

Dieser Vermerk gehört nicht — wie mitunter geschehen — auf die Schuldurkunde, sondern ausschließlich auf den Brief.

Zu b. **Vollstreckbare Titel** dürfen niemals unbrauchbar gemacht werden.

1. Wird auf den Anspruch des vollstreckbaren Titels **ein Betrag nicht „zugeteilt"**, so wird der Titel vom Vollstreckungsgericht einfach demjenigen **zurückgegeben**, von welchem er eingereicht wurde.

2. Wird auf den Anspruch des vollstreckbaren Titels aber ein Betrag **zugeteilt**,

α) entweder in voller Höhe des Anspruchs oder

β) zu einem Teilbetrage des Anspruchs,

so ist in beiden Fällen der **Umfang des zugeteilten Betrages**, und zwar danach, ob er durch Zahlung oder Hinterlegung oder Übertragung einer Forderung gedeckt, auf dem Titel zu vermerken.

Der vollstreckbare Titel wird sodann im Falle zu α) ex argumento des § 757 CPO. dem Schuldner ausgehändigt (was oft übersehen wird), im Falle zu β) ex argumento e contrario des § 757 cit. dem Einreicher zurückgereicht.

Die auf die Hypotheken-, Grundschuld- und Rentenschuldbriefe, wie die auf die vollstreckbaren Titel „zu setzenden" Vermerke sind ihrem Wortlaute nach im Verteilungsprotokoll aufzuführen und damit festzustellen, § 127 Abs. 2 des Reichsges., gleichviel ob die Urkunden im Termin schon vorgelegt oder erst noch vorzulegen sind.

§ 128 des Reichsges. (s. auch S. 57, 59 u. f., 166 bis 167, 179 A. 6.)

Das Letztere nimmt Jaeckel Anm. b. zu § 127 anscheinend nicht an, der Wortlaut des Paragraphen begründet die Jaeckel'sche Annahme noch nicht, der legislatorische Zweck der Vorschrift spricht dagegen, die Praxis ist nicht der Jaeckel'schen, sondern der vorstehend vertretenen Ansicht.

§ 129 des Reichsges. S. 63.
§ 130 des Reichsges. (s. auch S. 72.)
§ 131 des Reichsges.

Paragraph 26.

Die Berichtigung des Grundbuchs auf vollstreckungsgerichtliches Ersuchen.

(§ 130 des Reichsges.)

1. **Nach Ausführung des Teilungsplans** hat das Vollstreckungsgericht die Berichtigung des schon mit dem Zuschlage unrichtig gewordenen Grundbuchs zu veranlassen und zwar durch Ersuchen des Grundbuchamts (§§ 130, 131 des Reichsges.).

Der Zeitpunkt des Ersuchens an das Grundbuch.

Dieses Ersuchen ist vor Ausführung des Teilungsplanes unzulässig, aber auch nach diesem Zeitpunkt erst zulässig, nachdem der Zuschlag rechtskräftig ist.

Der Vollstreckungsrichter hat deshalb vor Erlaß des Ersuchens die Akten insbesondere daraufhin durchzusehen, ob die Zustellung des Zuschlagsbeschlusses an die weder im Versteigerungstermin noch im Verkündungstermin erschienenen Beteiligten erfolgt ist, und seit der Zustellung zwei Wochen verstrichen sind (§§ 88, 96 des Reichsges.).

Die Form.

2. **Die Form des Ersuchens** ist im Reichsgesetz nicht bestimmt.

Im preußischen Rechtsgebiete muß das Ersuchen gemäß Art. 9 des preuß. Ausf.Ges. z. R.Grundbuchordn. v. 26. Sept. 1899 mit richterlicher Unterschrift, Siegel oder Stempel versehen sein.

Der Inhalt.

3. **Inhaltlich muß das Ersuchen** zunächst

α) Die **Eintragung des Erstehers** erfordern.

Im preußischen Rechtsgebiete wird hierbei gemäß § 10 Ziff. 3 des Just.Min.-Erlasses vom 20. Nov. 1899 die Ausführung der Grundbuchordnung betreffend JMBl. S. 349 der Tag des Zuschlagsbeschlusses anzugeben sein (wie jetzt auch vom Kammergericht betont wird).

Ist der Schuldner der Ersteher, so muß um seine erneute Eintragung als Eigentümer auf Grund des Zuschlagsbeschlusses ersucht werden. Dies folgt aus der konstitutiven Wirkung des Zuschlagsbeschlusses, auf Grund dessen das nunmehrige Eigentumsrecht des früheren Eigentümers qualitativ und quantitativ von seinem früheren Eigentum verschieden ist (vgl. Teil I S. 31, 67).

β) Die **Löschung des Zwangsversteigerungsvermerks** und

γ) Die **Löschung der durch den Zuschlag erloschenen Rechte** sind ferner zu erfordern.

Unter den letztgenannten Rechten sind alle diejenigen zu verstehen, welche weder nach den Versteigerungsbedingungen noch nach einer Vereinbarung zwischen

Berechtigten und Ersteher bestehen bleiben, § 91 Abs. 1, 2 des Reichsges., wie schon wiederholt erwähnt ist.

Schwierigkeiten verursachen hier in der Praxis — besonders jüngeren Juristen — die Rechte, welche auf dem versteigerten Grundstücke haftend gewesen, auf diesem durch den Zuschlag erlöschen, außer auf diesem aber noch auf anderen, nicht mitversteigerten Grundstücken zur Gesamthaft eingetragen sind.

Der § 1182 BGB. zeigt, daß eine Gesamthypothek, welche auf einem versteigerten Grundstück erlischt, dessen ungeachtet nicht unbedingt auch auf den mithaftenden Grundstücken zum Erlöschen gelangt. Ob im Einzelfalle dies geschehen, ist eine Frage materiellrechtlicher Natur, deren Feststellung mithin im Zwangsversteigerungsverfahren nicht erfolgen kann.

Der Vollstreckungsrichter hat deshalb bei Erlöschen einer Gesamthypothek auf einem versteigerten Grundstück nur die Löschung jener Hypothek auf letzterem zu veranlassen, und im übrigen dem Grundbuchrichter (§ 49 Ziff. 2 R.Grundbuchordn.) und den Beteiligten es zu überlassen, die grundbuchmäßige Verlautbarung der Folgen jenes Erlöschens bei den mithaftenden Grundstücken zu veranlassen.

δ) Endlich hat das **Ersuchen die Eintragung der Sicherungshypotheken**[1]) zu veranlassen, in Fällen, wo infolge der unterbliebenen Berichtigung der Barsumme des Meistgebots durch den Ersteher gegen Letzteren Forderungen auf die Berechtigten übertragen sind, welche durch bezügliche Sicherungshypotheken auf dem versteigerten Grundstücke zu sichern sind, §§ 118, 128 des Reichsges. (vorstehend. Paragraph 24, vgl. auch S. 59—66).

Bei Eintragung dieser Hypotheken soll der Grundbuchrichter im Grundbuche vermerken, daß sie auf Grund des Zwangsversteigerungsverfahrens erfolgt ist. Dies um die Rechtswirkungen dieser Hypotheken ersichtlich zu machen, §§ 130 Abs. 1 Satz 2, 129, 118 Abs. 2 des Reichsges., vgl. Teil I S. 60 ff.

ε) **Ausnahmsweise hat das Ersuchen inhaltlich im Interesse des Erstehers auch die Löschung derjenigen Rechte zu erfordern, welche im geringsten Gebot zunächst berücksichtigt sind,** deren Nichtexistentwerden oder Erlöschen aber nachträglich sich ergeben, § 130 Abs. 2 des Reichsges.

[1]) Über das materiellrechtliche Wesen der Sicherungshypotheken siehe Teil I S. 59 ff.

Die Sicherungshypothek, welche nicht durch Einigung des Gläubigers mit dem Ersteher entsteht, ist vielmehr eine Zwangshypothek im Sinne des § 867 CPO.; als solche entsteht sie durch die Eintragung, vgl. § 128 Abs. 3 des Reichsges.

Der Rang der Sicherungshypothek ist nach dem Range des Anspruchs zu bestimmen, zu dessen Sicherung sie eingetragen wird. Vgl. die Beispiele Anm. 10 u. 11 S. 167, 168, 179 b **und Anm. 6 S. 179.**

Die **Sicherungshypothek** wird daher regelmäßig **hinter** den nach dem geringsten Gebot im weiten Sinne bestehen bleibenden Rechten einzutragen sein.

Ist aber der durch Sicherungshypothek zu sichernde Anspruch **vor** den bestehenbleibenden Rechten bevorrechtigt (z. B. für einen Liedlohnanspruch muß, da der Barerlös nicht gezahlt wird, eine Sicherungshypothek eingetragen werden, vgl. S. 63), so ist der Vorrang in das Grundbuch einzutragen. Einer Vorlegung der Urkunden der danach im Vorrecht zurück tretenden Rechte bedarf es auch hier nicht, §§ 128, 131 des Reichsges.

Im Übrigen ist das eingetretene Vorrecht **einzelner** Sicherungshypotheken nur ein befristetes, wie wir im Teil I S. 63, 64 gesehen.

Für eine **nicht gezahlte Hyperocha** ist eine Sicherungshypothek für den Grundstückseigentümer zur Zeit des Zuschlags einzutragen, § 128 Abs. 2 des Reichsges.

Selbstverständlich müssen aber die eine solche Löschung inhaltlich und formgerecht (§§ 40, 41, 60, 67, 68 der RGrundb.O.) rechtfertigenden Urkunden dem Vollstreckungsrichter vorliegen.

3. B. im geringsten Gebot ist ein Altenteil eingestellt, im Verteilungstermin überreicht ein Beteiligter die Sterbeurkunden der Altsitzer.

5. **Anlagen sind dem Ersuchen nicht beizufügen,** weder der Zuschlagsbeschluß, noch die Erlösverteilungsverhandlung sind in Ausfertigung beizulegen, — (wie § 124 Abs. 1 des preuß. Ges. v. 13. Juli 1883 vorschrieb) — und ebensowenig sind die Urkunden derjenigen Rechte beizufügen, um deren Löschung ersucht wird; jene Urkunden sind ja vom Vollstreckungsgericht zu vernichten (vorstehender Paragraph 25); ihre Nichtvorlegung hindert aber ein Löschungs-Ersuchen nicht, § 131 des Reichsges.

Nur in dem Falle, daß das Ersuchen ausnahmsweise (vorstehend unter 4) auf Löschung von Rechten gerichtet ist, die im geringsten Gebot noch berücksichtigt wurden, sind die Urkunden jener Rechte dem Ersuchen beizufügen.

6. **Die Prüfung des Ersuchens durch den Grundbuchrichter ist unstatthaft;** der Letztere hat dem Ersuchen einfach nachzukommen.

Freilich gilt dies nur, wenn das Ersuchen, auf dem Zuschlagsbeschluß beruhend, sich der Erlösverteilung in ihrem gesetzlichen Inhalte anschließt.

In der Literatur wird allerdings die Ansicht vertreten, der § 91 Abs. 2 des Reichsges. gestatte den Parteien, zu Protokoll des Vollstreckungsrichters rücksichtlich bestehen bleibender Rechte Rechtsakte zu erklären, nicht nur Zins- und Kündigungsbestimmungen jener Rechte zu ändern, sondern z. B. auch ihre Rangordnung neu zu bestimmen.

Der § 91 Abs. 2 gibt für die Zulässigkeit solcher Rechtsakte im Verteilungstermin nicht den mindesten Anhalt. Nur die Abrede des „Bestehenbleibens" eines Rechts mit seinem planmäßig zu berücksichtigenden Grundbuchinhalt, an Stelle der bezüglichen Barerlösverteilung fällt nach dem Abs. 2 des § 91 in den Rahmen der Erlösverteilung.

Jede andere Abrede liegt mithin außerhalb der zur Kompetenz des Vollstreckungsrichters gehörigen Erlösverteilung, kann daher garnicht in der erleichterten Form des Verteilungsprotokolls giltig zur Beurkundung gelangen. Alle jene anderen Abreden bedürfen vielmehr zu ihrer formgiltigen Beurkundung der Beachtung der Vorschriften des Reichsges. vom 17. Mai 1898 über die Angelegenheiten der **freiwilligen Gerichtsbarkeit,** zu dessen Anwendung der Vollstreckungsrichter nicht berufen ist.

Die Interessenten, welche nicht selten nach stundenlanger Verhandlung der Erlösverteilung in dieser mit solchen Abreden hervortreten, erleiden auch keinerlei Nachteile, wenn jene Abreden von einem Notar oder dem Richter der freiwilligen Gerichtsbarkeit nach Beendigung des Verteilungstermins erst aufgenommen und ungesäumt dem Grundbuchamt eingereicht werden.

Diese besonderen Beurkundungen jener Abreden sind auch außerhalb des Versteigerungsverfahrens, noch vor Eintragung des Erstehers als Eigentümer im Grundbuch, nach § 130 Abs. 3 des Reichsges. rechtsbeständig, und anderseits gelangen jene Abreden, selbst wenn sie von dem Vollstreckungsrichter in dem Verteilungstermin beurkundet würden, doch, wie § 130 Abs. 3 cit. zeigt, erst zur Eintragung, nachdem zuvor das Ersuchen des Vollstreckungsrichters behufs Grundbuchberichtigung (nach Maßgabe der Versteigerungsbedingungen und des § 91 Abs. 2 des Reichsges. in der vorgedachten strikten Auslegung) eingetragen ist.

Wollte der Vollstreckungsrichter im Verteilungstermin die ebengedachten Abreden beurkunden, so müßte er den bezüglichen Teil des Protokolls dem Grundbuchrichter übermitteln und sich insoweit mit dem Prüfungsrecht auch die Bemängelungen des Grundbuchrichters gefallen lassen.

7. **Die Ausführung seines Ersuchens durch den Grundbuchrichter hat der Vollstreckungsrichter festzustellen.**

In der Praxis überwacht dies der Vollstreckungsrichter mittels einer bezüglichen Reproduktionsverfügung, bei Wiedervorlegung der Akten in Verfolg dieser Verfügung durch Einnerungsersuchen, nötigenfalls durch ein Berichtigungsersuchen an den Grundbuchrichter.

8. **Die Irrtümer**, welche dem Vollstreckungsgericht in seinem Ersuchen auf Grundbuchberichtigung unterlaufen, kann das Vollstreckungsgericht beseitigen, indem es um Eintragung eines Widerspruchs ersucht.

Dieses Ersuchen hat das Grundbuch weder zu prüfen, noch darf dasselbe das Ersuchen ablehnen (vgl. Rechtsprechungen des OLG. Bd. 6 S. 99).

Ein Protokollbeispiel eines Erlösverteilungstermins zu der Darlegung Seite 143 bis Seite 169.

(Der Sachverhalt ist derjenige unserer Anleitung [S. 102 bis S. 107] zur Feststellung des geringsten Gebots.)

Königliches Amtsgericht. Brandenburg a./H., den 16ten April 1904.

Gegenwärtig:
Bitter, Amtsgerichtsrat
als Richter
Pinczakowski, Kanzleirat
als Gerichtsschreiber
und Rechnungsbeamter.

In
der Zwangsversteigerungssache von Zachow
Band I Nr. 1
K. 8. 5. 03
steht heute Termin zur Verteilung des Versteigerungserlöses an.

Nach Aufruf der Sache meldeten sich

1. der betreibende Gläubiger Wilhelm Schulze aus Gortz im Beistande des Justizrat Bathe hier.
2. der Schuldner Säumig
3. der Ersteher Küfer Sauer
4. die unverehel. Anna Müller
5. der Rentner August Fiedler
6. der Büdner Wilhelm Müller
7. die großjährige Anna Heyn
8. die großjährige Anna Müller

(2.–8.) sämtlich aus Zachow.

Der Justizrat Bathe überreichte eine Sterbeurkunde des Standesbeamten zu Zachow, wonach der Altsitzer Gottlieb Sasse daselbst am 15ten III. 1904, somit 2 Tage **vor**[2]) dem Versteigerungstermine vom 17. III. 04 verstorben ist.

Abschnitt A. Feststellung der Teilungsmasse.

Abschnitt A.

Mit den Erschienenen wurde wie folgt verhandelt:

Das auf den Namen des Säumig aus Zachow im Grundbuch von Zachow Band I Nr. 1 eingetragene Grundstück ist durch Beschluß vom 17ten III. 04 dem Küfer Sauer für ein Bargebot von 1400 Mark und unter den Bedingungen zugeschlagen worden, daß die Lasten der Abteilung II Nr. 1, Abteilung III Nr. 1, 2 u. 3 bestehen bleiben.

Zu S. 145.

Da nach der Gesetzesvorschrift des § 49 Abs. 2 des Reichsges. § 246 BGB. das Bargebot von 1400 Mark von dem Zuschlag ab mit 4 vom Hundert zu verzinsen ist, so beträgt das vom Ersteher bar zu zahlende Gebot

	1400 Mark
	+ 4 Mark 67 Pf.
In Summa	1404 Mark 67 Pf.

[2]) Über die Rechtslage, welche der **nach** dem Versteigerungstermin eingetretene Tod des Altsitzers geschaffen s. Teil I S. 42.

(Vgl. Teil I S. 42).

Nach der Feststellung im Versteigerungstermin, welche der Zuschlagsbeschluß vom 17. III. 04 wiedergibt, hat der Ersteher jedoch, sofern das Altenteil des Gottlieb Sasse Abteilung II Nr. 1 nicht besteht oder bis zur Verkündung des Zuschlages fortfällt, noch 1275 Mark zu zahlen, mit 4 % vom Zuschlag ab zu verzinsen und drei Monate nach Kündigung zurückzuzahlen.

(Vgl. §§ 50, 51 des Reichsges. Teil I S. 41, 42.)

Da Sasse am 15. III. 04 somit vor der Verkündung des Zuschlags verstorben, so hat der Ersteher außer der vorgedachten Bargebotssumme unbedingt noch 1275 Mark zu zahlen, die jedoch erst drei Monate nach erfolgter Kündigung fällig, aber vom Verkündungstage des Zuschlages, den 17. III. 04 ab, mit 4 % jährlich zu verzinsen sind.

Abschnitt B. Feststellung der Ansprüche. Zu S. 146—156.

Abschnitt B.

I.

Gegen diese vorhandene bare, — wie erwähnt heute jedoch nur im Betrage von 1404 Mark 67 Pf. zu zahlende Teilungsmasse werden inhaltlich des Grundbuchs und der Anmeldungen folgende Ansprüche erhoben bezw. von Amts wegen zum Ansatz gebracht, und zwar bei Bezifferung der rückständigen und laufenden Beträge der wiederkehrenden Hebungen der Hauptansprüche, unter Berücksichtigung des Umstandes, daß die Beschlagnahme des versteigerten Grundstücks am 5. Jan. 1904 durch die an diesem Tage geschehene Zustellung des Einleitungsbeschlusses an den Schuldner erfolgt ist.

(Vgl. § 13 des Reichsges. S. 13 und S. 99 Anm. 4.)

Es nehmen daher gemäß § 13 Abs. 1 des Reichsges. die laufenden Beträge ihren Anfang von dem letzten Fälligkeitstermin vor dem 5. I. 04, während die Rückstände von demselben Zeitpunkt zurückgerechnet werden.

(Vgl. S. 147.)

Unter Zugrundelegung der Rangordnung des § 10 des Reichsges. ergibt sich folgende Reihenfolge der Rechte und Ansprüche der Beteiligten der Teilungsmasse gegenüber.

(Teil I S. 22.)

a) (allen Klassen vorweg gehend)

1. für die Königliche Gerichtskasse zu Brandenburg die aus der Masse vorweg zu entnehmenden Kosten des Verfahrens, welche nach der besonders aufgestellten Kostenrechnung noch betragen . . . . 113,— M.
2. der von dem betreibenden Gläubiger Schulze laut Kostenrechnung 10980 gezahlte und auf die Gerichtskosten angerechnete Kostenvorschuß[3]) von . . . . 20,— „

Klasse I; Klasse II (s. S. 24.); Klasse III (S. 24, 25.)

b) (Klasse 1 vacat, daher folgt sofort aus Klasse 2)

3. der Liedlohn des Knechtes Fritz Fix von. . . 20,— „
4. die Gemeindekasse zu Zachow wegen der Gemeindesteuern mit. . . . . 8,80 „
5. die Kreiskasse zu Belzig wegen der Rentenbankrentenrückstände mit . . . . 6,20 „

Klasse IV (Teil I S. 25—28, II S. 108, 148.)

6. von der für August Fiedler in Abt. III Nr. 1 eingetragenen und bestehen bleibenden Hypothek von 3000 Mark die laufenden Zinsen für die Zeit vom 1. I. 04—17. III. 04 mit . 25,67 „

(Vgl. Teil I S. 37 Anm. 11, Teil II S. 108, 147.)

Fiedler meldet zwar jetzt im Verteilungstermine noch Zinsrückstände seiner Post für die Zeit vom 1. VII.—31. XII. 03 mit 45 M. an. Diese Zinsrückstände sind aber im Versteigerungstermine, ausweislich des Versteigerungsprotokolls vom 17. III. 04 vor der Aufforderung zur Abgabe von Geboten trotz des vorangegangenen Hinweises aus § 66 Abs. 2 des Reichsges. nicht angemeldet worden.

Gemäß §§ 37 Ziff. 4, 110 des Reichsges. können jene Zinsrückstände daher erst hinter Klasse 8 d. § 10 d. Reichsges. zum Ansatz kommen.

---

3) Schon im Teil I S. 23 ist darauf hingewiesen, daß der erforderte Kostenvorschuß ein anticipiendum der Gerichtskosten ist, und mit dem Letzteren deshalb auch rücksichtlich der Erlösverteilung gleichen Rang hat.

7. Das jetzt gemäß § 879 Abs. 1 Satz 2 BGB. hinter der Post Abt. III Nr. 1 einzustellende Altenteil des Gottlieb Sasse, von welchem Rückstände nicht angemeldet, hat außer Betracht zu bleiben, da laufend gewesene Beträge schon vorweg berichtigt waren. Der Altsitzer ist **vor** dem Versteigerungstermin verstorben.

(Siehe S. 40, 42, 165.)

Es wird deshalb rücksichtlich dieses Altenteils gemäß §§ 50, 51 des Reichsges. die auf 1275 M. festgestellte Wertsersatzsumme unter II dieses Abschnitts B verteilt werden.

8. Von der für Wilhelm Müller in Abt. III Nr. 2 eingetragenen und bestehen bleibenden Hypothek von 1500 Mark

a) laufende Zinsen zu 4 % für die Zeit vom 1. I. 04—17. III. 04 mit . . . 12,83 M.

b) rückständige Zinsen zu 4 % für die Zeit vom 1. IV. 03—31. XII. 03 mit . . . 45,— „ 57,83 M.

9. Die Post Abt. III Nr. 3 von 1000 M. Grundschuld für Gottfried Fritzsche ist bis zum 1. VII. 05 zinslos.

(s. S. 40, 167 γ.)

Die für diese Grundschuld im geringsten Gebot (im weiten Sinne)[1]) wegen der aufschiebenden Bedingung dieser Post, gemäß §§ 50, 51 des Reichsges. für den Fall des Ausfalls der Bedingung festgesetzte, somit bedingte Ersatzzahlung des Erstehers wird in Abschnitt D dieses Protokolls gemäß § 125 des Reichsges. eventuell verteilt.

10. Die für den betreibenden Gläubiger Wilhelm Schulze in Abt. III Nr. 4 eingetragene Hypothek von . . . . 1500,— „

dazu 4 % rückständige Zinsen für die Zeit vom 1. I. 03—31. 12. 03 mit . . . . 60,— „

dazu 4 % laufende Zinsen für die Zeit vom 1. I. 04—16. IV. 04 mit . . . . 17,67 „ 1577,67 „

11. Für die Anna Heyn in Abt. III Nr. 5 eingetragene Hypothek von . . . . . . 2500,— „

dazu 5 % laufende Zinsen für die Zeit vom 1. I. 04—16. IV. 04 mit . . . . 36,80 „ 2536,80 „

12. Endlich ist für die Anna Müller an Stelle ihres Wohnungsrechts, Abt. II Nr. 2, welches im Range sämtlichen übrigen eingetragenen Rechten nachsteht und infolge der festgestellten Versteigerungsbedingungen erloschen ist, mit Rücksicht darauf, daß der Jahreswert des Wohnungsrechts auf 112 Mark sich beläuft und angemeldet, gemäß § 121 des Reichsges. hier ein mit dem 25fachen Betrag des Jahreswerts von 12 Mark, sonach auf . . . . 300,— „ 300,— „ zu berechnendes Kapital in Ansatz zu bringen.

(Vgl. S. 41 u. S. 151 Anm. 8 **auch** S. 149!)

Klasse V . . . . . . vacat, da der betreibende Gläubiger als eingetragener Gläubiger bereits in Klasse IV zu befriedigen ist.

Klassen VI—VIII . . vacant.

Hinter Klasse VIII

13. sind noch von der vorerwähnten für August Fiedler in Abt. III Nr. 1 eingetragenen und bestehen bleibenden Hypothek von 3000 Mark Rückstände der Zinsen für die Zeit vom

[1]) Über diese Bezeichnung s. S. 32.

1. VII. 03—31. XII. 03 mit . . . . . . aufzuführen; diese Zinsrückstände sind, wie bereits erwähnt, erst im Verteilungstermin angemeldet und rangieren deshalb gemäß §§ 37 Ziff. 4, 110 des Reichsges. erst hinter Klasse VIII		45 M.
Die Summe sämtlicher Liquidate für die voraufgeführten Rechte beträgt		4510,97 M.
Zur sofortigen Barverteilung ist nur eine Summe von		1404,67 „
Es fallen mithin Liquidate in Höhe von . . . aus.		3306,30 M.
Dieser Ausfall trifft		
1. das Liquidat des August Fiedler zu II Nr. 13 in ganzer Höhe mit	45,— M.	
2. das Liquidat der Frau Anna Müller zu II Nr. 12 in ganzer Höhe mit	300,— „	
3. das Liquidat der Anna Heyn zu II Nr. 11 vorst. in ganzer Höhe mit	2536,80 „	
4. das Liquidat des Gläubigers Wilhelm Schulze zu II Nr. 10 vorstehend im Betrage von . . . . 1577,67 M. in Höhe von . . . . 424,50 „	424,50 „	
sodaß darauf nur . . . . . 1153,17 M. zur Hebung kommen.		
sind obige		3306,30 M.

II.

Vgl. S. 42, 145 C, 166β. Vgl. S. 40, 167γ.

Die in Abschnitt A bereits erwähnte unbedingt eingetretene Erhöhung des Bargebots ist unbedingt, sowie die im Abschnitt B schon gedachte bedingte Erhöhung des Bargebots ist bedingt durch sogen. Eventualzuteilung wie folgt zu verteilen:

a) Der Ersteher hat, wie im Abschnitt A aufgeführt, für das bereits — unbedingt vor der Verkündung des Zuschlags fortgefallene Altenteil des Gottlieb Sasse Abteilung II Nr. 1 eine Wertsersatzzahlung von 1275 Mark nebst 4 % Zinsen seit dem Tage der Verkündung des Zuschlags, mithin seit dem 17. III. 01 nach dreimonatiger Kündigung zu leisten.

Diese Forderung gegen den Ersteher von . .	1275,— M.	
nebst 4 % Zinsen vom 17. März 1904 bis heute mit	4,25 „	
wird: Zusammen . .		1279,25 M.

Vgl. Teil I S. 59, 65.

gemäß § 118 des Reichsges. den zuerst ausfallenden Gläubigern, und zwar:

α) Wilhelm Schulze in Höhe von . . . zur ganzen Deckung seines Kapitalausfalles von 424,50 M. und	424,50 M.
β) der Anna Heyn in Höhe von . . . . zur teilweisen Deckung ihres Kapitalausfalles von 2536,80 M.	854,75 „

zu übertragen sein, so daß Anna Heyn's Ausfall sich auf 1682,05 M. vermindert, sofern der aufgestellte Teilungsplan widerspruchslos genehmigt wird.

Vgl. Teil I S. 59, 65, 167γ.

b) Der Ersteher hat ferner für den Fall, daß die Bedingung der bestehen bleibenden Post Abt. III Nr. 3 von 1000 M. Grundschuld für Gottlieb Fritsche — nämlich, daß der Gläubiger Fritsche bis zum 1. Juli 1905 das erste theologische Examen besteht — ausfällt, 1000 M. bar unverzinslich am 2. Juli 1905 fällig zu zahlen;

	wegen dieses, bedingt zahlbaren Kapitalbetrags von 1000 M. wird in Gemäßheit der §§ 50, 118, 125 des Reichsges. eine Forderung von 1000 M., zahlbar am 2. Juli 1905, gegen den Ersteher der Anna Heyn in ganzer Höhe mit	1000,— M.
	zur teilweisen Deckung ihres Kapitalausfalls von	1682,05 „

und zwar unter der Bedingung zuzuteilen und zu übertragen sein, daß Gottfried Fritsche bis 1. Juli 1905 das erste theologische Examen nicht besteht.

Im Falle diese eben gedachte bedingte Zuteilung zur unbedingten wird, würde der schließliche Ausfall der Anna Heyn nur . . . . . 682,05 „ betragen, sofern der Teilungsplan widerspruchslos genehmigt wird.

Abschnitt C. Verhandlung über den Teilungsplan. Zu Seite 155 bis Seite 159.

Abschnitt C.

Es wurde nunmehr mit den Erschienenen über den Teilungsplan verhandelt.

Weitere Ansprüche, als die im Abschnitt B gedachten wurden zwar nicht aufgestellt.

Der betreibende Gläubiger Schulze erhob aber gegen das Liquidat zu 8 mit der Behauptung Widerspruch, daß der Eigentümer mit dem Gläubiger Müller in notariellem Vertrage vom 28. IX. 99 die Herabsetzung des Zinsfußes auf 2 % vereinbart habe; das Liquidat zu 8 mithin nur in Höhe von 28 Mark 92 Pf. und nicht noch in fernerer Höhe von 28 Mark 91 Pf., also zusammen mit 57 Mark 83 Pf. festzustellen sei. Es wurde über diesen Widerspruch verhandelt und derselbe vom Gläubiger Schulze, nachdem der Gläubiger Müller den notariellen Vertrag vom 28. IX. 99 vorgelegt hatte, zurückgenommen.[5]

Abschnitt D. Ausführung des Teilungsplans. Zu Seite 159 bis Seite 168.

Abschnitt D.

Auf Grund des von allen Beteiligten anerkannten Teilungsplans wurde derselbe nunmehr ausgeführt: und zwar

a.

Vgl. S. 160–162.

Die heute vom Ersteher bar zu zahlende Summe des Meistgebots, welche der Ersteher, Küfer Sauer, nunmehr mit 1404,67 M. an den Vollstreckungsrichter bar zahlte, wurde, wie folgt, weiter gezahlt:

1. an den mitunterzeichneten Kanzleirat Pinczakowski zwecks Abführung an die Gerichtskasse zu Brandenburg auf das Liquidat zu B Nr. 1 vorstehend mit . . . . 113,— M.
2. an den betreibenden Gläubiger Schulze auf das Liquidat zu B I Nr. 2 mit . . . . 20,— „
3. an den Knecht Fritz Fix auf das Liquidat zu B I Nr. 3 vorstehend mit . . . . 20,— „

---

[5]) **Würde der Widerspruch nicht zurückgenommen,** so würde der Hebungsanspruch des Beteiligten Müller im Betrage von 28 Mark 91 Pf. durch den Widerspruch in die Rechtslage eines aufschiebend bedingten Rechts gedrängt worden sein. Vgl. S. 154 Anm. 13, S. 163. Der Widerspruch würde die Teilungsplanausführung in Höhe von 28 Mark 91 Pf. hindern. Das Vollstreckungsgericht würde vielmehr nunmehr im folgenden Abschnitt D, dem vierten Abschnitt der Erlösverteilung, infolge des Widerspruchs eine sog. **Eventualzuteilung** vorzunehmen haben. Diese hätte zu lauten:

Der auf das Liquidat des Beteiligten Müller (Nr. 8) von 57 Mark 83 Pf. in dieser Höhe in Ansatz gebrachte Betrag wird mit nur 28 Mark 92 Pf. an Müller ausgezahlt. Der Restbetrag von 28 Mark 91 Pf. ist zu hinterlegen. Dieser Betrag wird dem Müller unter der Bedingung zugeteilt, daß der Widerspruch des Gläubigers Schulze im ordentlichen Rechtsstreite als unbegründet festgestellt wird. Zugleich wird jener Betrag von 28 Mark 91 Pf. aber auch dem Gläubiger Schulze zugeteilt, und zwar unter der Bedingung, daß sein Widerspruch im ordentlichen Rechtsstreite als begründet festgestellt wird.

(Seite 161.) 4. an die Gemeindekasse in Zachow auf das Liquidat zu B I Nr. 4 vorstehend, mittels Postanweisung abzusenden durch den mitunterschriebenen Kanzleirat Pinczakowski, mit 8,80 M.
5. an die Kreiskasse zu Belzig auf das Liquidat zu B I Nr. 5 vorstehend, mittels Postanweisung abzusenden durch den mitunterschriebenen Kanzleirat Pinczakowski, mit . 6,20 „
6. an August Fiedler auf das Liquidat zu B I Nr. 6 mit 25,67 „
7. an Wilhelm Müller auf das Liquidat zu B Nr. 8 mit . 57,83 „
8. an Wilhelm Schulze auf das Liquidat zu B Nr. 10, soweit dasselbe zur Hebung gelangt ist, mit . . . . . 1153,17 „

Somit ist die gesamte heut bar gezahlte Teilungsmasse von 1404,67 M. verteilt und verzahlt.

b.

Vgl. S. 166 β, 167 γ. Rücksichtlich der unter B II a u. b bereits erwähnten Ersatzzahlungen werden behufs Ausführung des Teilungsplans die bezüglichen Forderungen gegen den Ersteher mit den unter B II a u. b gedachten Beträgen und Zahlungsbedingungen den daselbst aufgeführten Beteiligten hiermit endgiltig übertragen.

Ferner ist die Eintragung folgender Sicherungshypotheken vom Vollstreckungsgericht zu veranlassen: und zwar ist einzutragen:

1. Zu B II a.

Eine Sicherungshypothek von 1279,25 M. mit 4% vom 16. April 1904 ab verzinslich und drei Monate Kündigung rückzahlbar, zur Sicherung Vgl. S. 167. einer gegen den Ersteher übertragenen Forderung und zwar

α) für Wilhelm Schulze in Höhe von 424,50 M. mit dem Range der Post Abt. III Nr. 4 und

β) für Anna Heyn[6]) in Höhe von 854,73 M. mit dem Range der Post Abt. III Nr. 5.

2. Zu B II b.

Ferner ist eine Sicherungshypothek von 1000 M. einzutragen mit dem Range der Post Abt. III Nr. 5 unverzinslich und am 2. Juli 1905 zahlbar für die Anna Heyn zur Sicherung einer Forderung derselben gegen den Ersteher, jedoch nur unter der Bedingung: daß die Grundschuld von 1000 M., eingetragen für Gottfried Fritzsche in Abt. III Nr. 3 erlischt, weil die Grundschuld-Bedingung, daß der Grundschuldgläubiger Fritzsche bis zum 1. VII. 05 das erste theologische Examen besteht, nicht eintritt.

Vgl. S. 169—170. Auf den vorgelegten Hypothekenbrief über die Hypothek des Wilhelm Schulze (Abt. III Nr. 4) von 1500 M. wird folgendes Attest gesetzt.

Attest.

In der Zwangsversteigerungssache Zachow Band I Blatt Nr. 1 wird beurkundet, daß im heutigen Erlösverteilungstermin aus vorstehendem Hypothekenbrief liquidiert sind:

a) Kapital	1500,— M.
b) Zinsen bis heute	77,67 „
Zusammen . . .	1577,67 M.
Darauf sind durch Zahlung zur Hebung gelangt . .	1153,17 „
und der Rest mit	424,50 M.

ausgefallen.

Auf diesen Ausfall ist dem Gläubiger (von dem, seitens des Erstehers für das weggefallene Altenteil des Gottlieb Sasse zu zahlenden Ersatzkapital) ein Betrag von 424,50 M., welcher seit dem 16. April 1904 mit 4% zu verzinsen und nach dreimonatlicher Kündigung zu zahlen ist, zugeteilt, und zwar durch Übertragung einer bezüglichen Forderung gegen den Ersteher.

Brandenburg, den 16. April 1904.

Königl. Amtsgericht.

(L. S.) gez. Bitter.

---

[6]) War aber die Post der Anna Heyn Nr. 5 mit einem Recht, z. B. einem Pfandrecht, belastet und dieses im Grundbuch eingetragen, so muß bei Eintragung der Sicherungshypothek für den Anspruch aus der Post Nr. 5 auch jenes Pfandrecht mit eingetragen werden! § 128 Abs. 1 Satz 2 des Reichsges.

Vgl. S. 169, 171. Die im übrigen erforderliche Grundbuchberichtigung wird das Vollstreckungsgericht durch Ersuchen an das Grundbuchamt veranlassen.

Die Empfänger unterschreiben in Quittungsleistung rücksichtlich der ihnen ausgezahlten Beträge wie folgt.

v. g. u.

Wilhelm Schulze.
Fritz Fix.
August Fiedler.

Geschlossen.

Bitter. Pinczakowski.

Die Verfügung, welche den vorstehenden Darlegungen gemäß, nach Schluß des Erlösverteilungstermins regelmäßig zu ergehen hat, wird dahin lauten:

1. Das Grundbuchamt ist durch Schreiben mit richterlicher Unterschrift, Siegel und Stempel (vorstehend S. 171, 2) zu ersuchen,
   a) den Ersteher X als Eigentümer auf Grund des Zuschlagsbeschlusses vom 17. III. 04 einzutragen;
   b) in Abteilung II den Vollstreckungsvermerk z. B. Nr. 3 zu löschen; die Posten z. B. Nr. 1 u. 2 zu löschen (falls dieser in infolge des Zuschlags, vgl. § 91 Abs. 1 des Reichsges. Teil **I** S. 44, II Ziff. 1, erloschen);
   c) in Abteilung III
      1. die Posten pp. zu löschen (welche infolge des Zuschlags gemäß § 91 Abs. 1 des Reichsges. erloschen und auch nicht infolge Vereinbarung zwischen Ersteher und Beteiligten gemäß § 91 Abs. 2 des Reichsges. bestehen bleiben (vgl. vorstehend S. 162 Anm. 2, 3),
      2. die folgenden Sicherungshypotheken pp. einzutragen
         α) falls der zu zahlende Barerlös nicht gezahlt ist, vgl. S. 59 und S. 162, für die Beteiligten, welche aus dem Barerlöse zur Hebung gelangt wären; (die Formulierung der Eintragung einer solchen Sicherungshypothek ist aus vorstehendem Protokollbeispiel unter D b 1 S. 179 ersichtlich);
         β) falls Ersatzzahlungen des Erstehers aus §§ 50, 51 des Reichsges. festgestellt, deshalb bedingte Forderungen gegen den Ersteher übertragen und bedingte Sicherungshypotheken daher einzutragen sind für die Beteiligten der letzteren, vgl. S. 40 und S. 167 γ; (die Formulierung der Eintragung einer solcher Sicherungshypothek ist aus vorstehendem Protokollbeispiel unter D b 2 S. 179 ersichtlich).

   In dem Ersuchen ist zu bemerken: „Im Kosteninteresse wird hinzugefügt, daß der Zuschlagzwang für ein Bargebot von 1400 Mark erteilt ist und daß nach den Versteigerungsbedingungen die Posten der Abt. III (z. B. 1—3) von zusammen (z. B. 8000) Mark, sowie die Post der Abt. II (z. B. Nr. 2 ein Altenteil im Jahreswerte von z. B. 100 Mark) bestehen bleiben."

II. Das Liquidat z. B. Nr. 11 von **150 Mark** (Zinsen einer Post, welche bestehen bleibt) ist per Postanweisung unter Kürzung des Portobetrages an den Empfangsberechtigten X abzusenden (vgl. S. 160 b, 161).

III. Das Liquidat z. B. Nr. 12 von **450 Mark** (Hypothekenzinsen bestehen bleibender Post, deren Übersendung bisher nicht beantragt) ist zur vorläufigen Berechnung zu nehmen (vgl. S. 160 b, 161).

IV. Das Liquidat z. B. Nr. 4 von 1600 Mark (rücksichtlich dessen gegen die Hebungsberechtigung des Beteiligten X ein anderer Beteiligter Widerspruch erhoben) ist an die Hinterlegungsstelle abzuführen mit dem Vermerke, welchen das Erlösverteilungsprotokoll über die bezügliche Feststellung einer Eventualverteilung enthält (vgl. S. 157 u. Anm. 5 S. 178):

V. Die Hypotheken- (Grund- oder Rentenschuld-) Briefe über die erloschenen Hypotheken — gleichviel ob sie ganz oder zum Teil ausgefallen oder voll zur Hebung gelangten — sind zu vernichten und vernichtet zu den Akten zu nehmen: die Schuldurkunden sind aber abzutrennen und den Beteiligten auszuhändigen, welche die Briefe eingereicht haben (vgl. S. 169 III Ziff. 1).

§ 131 d. Reichsgef. Seite 173
§ 132 d. Reichsgef. S. 60, 65, 73, 74.
§ 133 d. Reichsgef. S. 71, 72.

VI. Die Hypotheken- (Grund- oder Rentenschuld-) Briefe der Posten, welche nur zum Teil erloschen, sind mit dem entsprechenden Vermerke zu versehen, welchen das Erlösverteilungsprotokoll angibt und den betreffenden Gläubigern zurückzugeben (vgl. S. 170 III Ziff. 2).

§ 134 d. Reichsgef. S. 52, 53, 64.
§§ 135—141 des Reichsgef. folg. S. 185—196.

VII. Auf den vollstreckbaren Titeln bei den Akten sind die auf ihre Ansprüche zugeteilten Beträge zu vermerken, nach Maßgabe der im Protokoll enthaltenen Vermerke (vgl. S. 170 zu b).

§ 142 d. Reichsgef. folg. S. 197.
§ 143 — § 145 des Reichsgef.

Die Titel, deren Ansprüche voll beglichen, erhält der Subhastat, die übrigen Titel erhalten die Einreicher desselben.

VIII. Der Hypothekengläubiger (z. B. zu Abt. III Nr. 8), dessen Post erloschen, ist aufzufordern, seinen Hypothekenbrief binnen 7 Tagen zwecks Vernichtung einzureichen (vgl. S. 169 I).

IX. Nach 8 Tagen zu II und VIII, nach 2 Wochen zu I (zwecks Kontrolle, daß das Grundbuch das Ersuchen erledigt hat, vgl. S. 174 Ziff. 7).

X. Nach einem Monat (im Falle einer Verfügung zu IV) zwecks Feststellung, ob die Widerspruchsklage fristgerecht erhoben (vgl. S. 164).

XI. Akten wegzulegen (im preußischen Rechtsgebiete) nach Maßgabe der Allg. Verf. vom 6. Sept. 1900 kassieren.

Paragraph 27.

Der Fortfall der gerichtlichen Erlösverteilung.

(§§ 143—145 des Reichsgef.)

A.

Einigung und Befriedigung.

1. **Eine gerichtliche Verteilung des Erlöses findet nicht statt bei einem durch öffentliche oder öffentlich beglaubigte Urkunden erbrachten Nachweis**

a) einer „**Einigung**“ der Beteiligten über die Verteilung des Erlöses,

b) einer „**Befriedigung**“ der Berechtigten, deren Ansprüche durch das Gebot gedeckt sind seitens des Erstehers oder

einer **Annahme des Erstehers als alleiniger Schuldner** seitens der mit ihren Ansprüchen durch das Gebot gedeckten Berechtigten.

Diese in den §§ 143—145 des Reichsgef. getroffenen Vorschriften gehören zu den unklarsten und deshalb auch bestrittensten Vorschriften des ganzen Gesetzes.

2. **In beiden Fällen erübrigt sich** aber nur der gerichtliche Akt der Verteilung des Erlöses, **nicht aber die Anberaumung und Abhaltung eines Verteilungstermins.**

In diesem sind Dritte — wie bei der normalen gerichtlichen Erlösverteilung — zur Anmeldung von Rechten, wie zur Erhebung von Widersprüchen gegen eine sie nicht berücksichtigende Erlösbegleichung nach §§ 114, 115 des Reichsgef. berechtigt.

Dies ist allerdings kontrovers, wird aber von Günther ZVG. S. 170, Wolff Anm. 2 u. 3 zu § 143, Anm. 12 zu § 144 gegen Jaeckel Anm. 3 zu § 145, Anm. 10 zu § 145 und Schöller ZVG. S. 51, jetzt auch („durch überzeugende Gründe" Jaeckel's von seiner früheren Ansicht abweichend) Reinhard 5c zu § 143, Fischer u. Schaefer Anm. 2 zu § 143, mit Recht aus § 114 des Reichsges. hergeleitet. Wenn Jaeckel annimmt, daß der Erlösverteilungstermin nicht im Interesse unbekannter Beteiligter vorgeschrieben, so ist dies eine nach dem Inhalt des § 114 noch zu beweisende Annahme. Die Tatsache, daß eine öffentliche Aufforderung zu Anmeldungen von Ansprüchen, wie im § 37 für den Versteigerungstermin, für den Verteilungstermin nicht vorgeschrieben ist, stützt jene Jaeckel'sche Annahme schon um deswillen nicht, weil nach der öffentlichen Bekanntgabe des Versteigerungstermins bereits auf die regelmäßig nachfolgende Anberaumung eines Verteilungstermins implicite öffentlich hingewiesen und dadurch den bisher unbekannten oder untätig gebliebenen Beteiligten Anlaß geboten ist, auf einen solchen Terminstag regelmäßig zu rechnen.

Es fehlt auch an jedem gesetzlichen Grunde zur Beseitigung des Rechtsmittels des „Widerspruchs" — welches als solches nur im Falle eines Verteilungstermins wirksam — gegen **bestehenbleibende Rechte** aus dem Grunde, daß die Hebungsberechtigten des Barerlöses sich über letzteren einigen.

B.

Die Einigung.

Die Einigung. 3. **Das Wesen der eine gerichtliche Erlösverteilung beseitigenden „Einigung"** der Beteiligten liegt darin, daß alle diejenigen, welche auf den Barerlös möglicherweise Anspruch erheben könnten, wechselseitig über eine Befriedigung einig sind.

a) **Alle Beteiligten,** nicht nur die bei genauer kalkulatorischer Berechnung — welche eben vermieden werden soll —, aus dem Barerlös hebungsberechtigten, sondern mithin auch die mit ihren Ansprüchen ausgefallenen Beteiligten, müssen daher eine Einigung über eine Erlösverteilung öffentlich urkundlich oder öffentlich beglaubigt urkundlich erklären.

Beteiligte, welche am Barerlös nicht berechtigt sein können, wie z. B. Mieter, kommen ebensowenig in Betracht, wie mithaftende Meistbietende (§ 81), zahlungspflichtig erklärte Dritte (§ 61).

Der Ersteher ist zwar nicht Beteiligter im vorgedachten Sinne, seine Zustimmung zu der Einigung der Beteiligten ist aber begriffsnotwendige Voraussetzung zu jener Einigung. Denn der Ersteher ist ja (oben S. 160, 161) anstatt der Barerlösverteilung zur Aufrechnung etwaiger Forderungen gegen hebungsberechtigte Beteiligte berechtigt. Erst wenn zwischen letzteren und dem Ersteher abredegemäß feststeht, was an Barerlös zu entrichten, kann eine Einigung über den Erlös zur Perfektion gelangen.

Jaeckel Anm. 1 zu § 145 erachtet eine Zustimmung des Erstehers nicht für erforderlich, wie er denn auch ein Recht der Beteiligten gegen den Ersteher rücksichtlich dessen Verpflichtung zur Erlöszahlung nicht annimmt (Teil I S. 57, 58).

b) **Die urkundlich beglaubigte Einigung ist dem Gericht einzureichen.** Der gerichtsseitigen Prüfung unterliegt nur:

α) Ob alle Beteiligte rechtsverbindlich der Einigung zugestimmt; hierzu ist die Einreichung der den Beteiligten erteilten Hypothekenbriefe allerdings erforderlich, ebenso müssen Vollmachten, die Zustimmungserklärungen Dritter, z. B. des Vormundschaftsgerichts (in beglaubigter Form S. 2 Anm. 1), vorgelegt werden. § 135—141 des Reichsges. S. 185—196.

β) Ob der bare Erlösbetrag voll durch die Einigung betroffen ist, also der Barbetrag des Versteigerungserlöses + 4% Zinsen seit dem Zuschlagstage durch die Einigung als beglichen anerkannt wird. § 142 d. Reichsges. S. 197. § 143—§ 145 des Reichsges.

Jaeckel Anm. 2 zu § 145 nimmt hier an, daß dem Gericht die auf die einzelnen Beteiligten entfallenden Beträge anzugeben seien; das Gericht hätte Abschrift der Einigung dem Ersteher mitzuteilen. Für letzteren Akt fehlt es im Gesetze an jeder Grundlage, wie Jaeckel selbst zugibt; das Erfordernis der Bezifferung der auf einzelne Beteiligte entfallenden Beträge zur Information des Erstehers ist aber auch überflüssig, da letzterer — wie bereits erwähnt — der Einigung der Beteiligten zuzustimmen hat und hierbei schon die den Beteiligten zugedachten Einzelbeträge erfährt.

Der hier vertretenen Ansicht sind zum Teil auch Wolff Anm. 6 zu § 143, Reinhard II Ziff. 1 zu § 143 (der letztere aber anscheinend nur aus Zweckmäßigkeitsgründen).

γ) **Die urkundlich niedergelegte Einigung** der Beteiligten ist übrigens für diese gegen den Ersteher vollstreckbar (§ 145 des Reichsges.), jedoch nicht durch Sicherungshypothek im Sinne des § 128 des Reichsges. sicherbar, deren Eintragung nur im Rahmen einer gerichtlichen Erlösverteilung vom Vollstreckungsgericht zu veranlassen ist.

δ) **Nach Abhaltung des Verteilungstermins** hat das Gericht auf Grund der Einigung der Beteiligten wie nach ordentlicher gerichtlicher Erlösverteilung (vgl. S. 169—174):

die eingereichten Urkunden zu vernichten,
die Grundbuchberichtigung zu veranlassen.

ε) **Widersprüche,** welche gegen die Einigung im Verteilungstermin erhoben — z. B. ein Beteiligter erfährt nachträglich, daß ein nach den Versteigerungsbedingungen bestehen bleibendes Recht längs erloschen —, müssen rechtskonsequenterweise die Rechtsakte nach sich ziehen, welche bei Widersprüchen in der ordentlichen Erlösverteilung zu erfolgen haben (vgl. z. B. § 124 des Reichsges., vorstehend S. 159, 163).

C.

Die Befriedigung der Berechtigten.

4. **Anstatt mit allen Beteiligten eine außergerichtliche Einigung über eine Begleichung** des baren Erlösbetrages zu treffen, kann der Ersteher sich darauf beschränken, **denjenigen Beteiligten, welche aus dem Barerlös zur Hebung gelangen, die ihnen zukommende Befriedigung zu gewähren.**[1])

Diese kann in Zahlung an die Hebungsberechtigten oder in Abrede des Bestehenlassens ihrer Rechte nach § 91 Abs. 2, oder endlich in der einfachen

---

[1]) Ist dem Ersteher der Zuschlag unter Bewilligung von Zahlungsfristen derart erteilt, daß ein Dritter die Verpflichtung zur Zahlung des Barerlöses übernommen und dieser Dritte im Zuschlag für zahlungspflichtig erklärt (§§ 61, 82 des Reichsges. S. 56, 64), so ist wie der Ersteher, so auch jener Zahlungspflichtige zu einer außergerichtlichen Befriedigung der Beteiligten befugt (§ 144 Satz 1 des Reichsges.).

direkten Übernahme der Ansprüche der Hebungsberechtigten durch den Ersteher als Schuldner bestehen.

Eine außergerichtliche Befriedigung aller hebungsberechtigten Beteiligten erfordert aber eine korrekte Berechnung ihrer Ansprüche.

Eine solche außergerichtliche Berechnung wird aber nicht stets die kalkulatorische Richtigkeit haben, wie die gerichtliche Berechnung im ordentlichen Verteilungsverfahren. Es können bei jener außergerichtlichen Feststellung hebungsberechtigter Ansprüche Irrungen vorkommen, welche zur Folge haben, daß hebungsberechtigte Beteiligte außer Betracht gelassen werden.

Dem hat das Reichsgesetz im § 144 Rechnung getragen.

Wird ein öffentlicher oder öffentlich beglaubigter Nachweis über die außergerichtliche Befriedigung hebungsberechtigter Beteiligter überreicht, so wird dadurch die gerichtliche Erlös**verteilung noch nicht beseitigt.**

Das Vollstreckungsgericht hat vielmehr die **Urkunden** über jene außergerichtliche Befriedigung **auf der Gerichtsschreiberei auszulegen,** hiervon sämtliche **Beteiligte (also auch die ausgefallenen) zu benachrichtigen** und diese zugleich **aufzufordern, ihre Erinnerungen** binnen zwei Wochen geltend zu machen.

a) Werden nun **Erinnerungen** fristgerecht **erhoben,** so tritt ohne weiteres die **ordentliche Erlösverteilung** durch das Gericht ein.

b) Werden **Erinnerungen nicht erhoben,** so **ersetzt** jener außergerichtliche Befriedigungsnachweis die **gerichtliche Verteilung.**

Der in jedem Falle (S. 182) **anzusetzende Verteilungstermin** (gl. A. Wolff a. a. O. gegen Jaeckel a. a. O.) hat aber, erklärlicher Weise, je einen **andern Verhandlungsgegenstand.**

Zu **a.** Bei erhobener Erinnerung steht eine ordentliche Erlösverteilung zur Verhandlung.

Zu b. Bei nicht erhobener Erinnerung besteht die Verhandlung:

1. Zunächst in der Verteilung des Erlöses derjenigen Gegenstände, deren besondere Verwertung etwa gemäß § 65 des Reichsges. angeordnet worden ist. Ferner sind, falls Widersprüche erhoben werden, die Feststellungen aus §§ 118 oder 124 oder 125 des Reichsges., welche vorstehend S. 163—165 schon besprochen sind, vorzunehmen.[2])

2. Ferner ist die Rückgabe einer gestellten Sicherheit anzuordnen, soweit hiergegen Widerspruch seitens der Beteiligten nicht erhoben wird.

---

[2]) Widersprüche sind — wie wohl „Erinnerungen" gegen die außergerichtliche Befriedigung nicht erfolgten — doch noch gegen letztere insofern erhebbar, als jetzt — nachträglich — die Hebungsberechtigung bereits außergerichtlich befriedigter Ansprüche bemängelt werden können. Wird in einem dem Widerspruch und Verteilungstermin folgenden ordentlichen Prozesse der Widerspruch für begründet erachtet, dann bleibt natürlich dem Ersteher überlassen, den außergerichtlich bereits gezahlten Betrag von dessen Empfänger ex causa der grundlosen Bereicherung zurückzufordern. Mit diesem Risiko muß ein Ersteher, der außergerichtliche Befriedigung Beteiligter vornimmt, rechnen. Gl. A. Jaeckel.

3. Endlich hat das Vollstreckungsgericht, falls ein Zahlungspflichtiger statt des Erstehers die außergerichtliche Befriedigung der Beteiligten veranlaßt, für diesen gemäß § 134 des Reichsges. die Eintragung einer Sicherungshypothek gegen den Ersteher auf dem versteigerten Grundstück zu veranlassen (vgl. Teil I S. 64). § 135 — § 141 des Reichsges.

4. Schließlich ist vom Vollstreckungsgericht die Vernichtung der eingereichten Urkunden und die Berichtigung des Grundbuchs wie nach ordentlicher Erlösverteilung zu veranlassen.

Paragraph 28.

Die der Erlösverteilung nachfolgende, durch das Unbekanntsein eines Berechtigten veranlaßte Tätigkeit des Vollstreckungsgerichts.

(§§ 135—141 des Reichsges.)*)

I.

Die Voraussetzungen.

Eine vollstreckungsgerichtliche Tätigkeit nach beendeter Erlösverteilung hat zur Voraussetzung:

a) Die Person des Berechtigten zu einem Anspruch muß unbekannt sein. Unbekanntsein eines Hebungsberechtigten.

b) Dem Anspruch des unbekannten Berechtigten muß aus dem **bar**[1]) zu zahlenden Versteigerungserlös ein Betrag zugeteilt sein.

*) Die §§ 135—141 sind hier mit Rücksicht auf die großen Schwierigkeiten, welche ihre Anwendung der Praxis bereiten, besonders eingehend besprochen.

[1]) Streitig ist, ob die §§ 135—141 **entsprechend** anwendbar sind, wenn ein Berechtigter eines nach dem geringsten Gebot im weiten Sinne (vgl. S. 32) bestehen bleibenden (Haupt-)Rechts unbekannt ist.

Fischer u. Schaefer Anm. 1 zu §§ 135 ff. bejahen die Frage, sie ist aber zu verneinen, da der Inhalt der §§ 135—141 des Reichsges. eine offensichtliche Abweichung von dem § 137 des preußischen Gesetzes vom 13. Juli 1883 erkennen läßt.

Ist der Berechtigte eines bestehen bleibenden Rechts unbekannt und glaubt ein an erster Stelle ausfallender Beteiligter, daß jenes Unbekanntsein seinen Grund in dem Erloschensein des — somit zu Unrecht noch eingetragenen — Rechts hat, so muß jener Beteiligte Widerspruch gegen das Bestehenbleiben jenes Rechts im dritten Abschnitt der Erlösverteilung erheben. Vgl. Seite 168. Infolge dieses Widerspruchs wird das bestehen bleibende Recht in die Rechtslage eines bedingten Rechts gedrängt. Die Folge hiervon ist die Feststellung einer bedingten Ersatzzahlung des Erstehers gemäß §§ 50, 51 des Reichsges. und die Übertragung einer bedingten Forderung gegen den Ersteher an den (bisher) ausgefallenen Beteiligten und Widerspruchserheber und dessen Sicherung durch Eintragung einer bedingten Sicherungshypothek, wie wir Seite 168 gesehen. Hiermit ist für diesen Beteiligten die Legitimation geschaffen, außerhalb des Zwangsversteigerungsverfahrens auf Grund der §§ 887, 1104, 1112, 1170, 1192, 1200 BGB. das Aufgebot des unbekannten Berechtigten des bestehen gebliebenen Rechts nach § 984 Abs. 2, § 988 CPO. zu beantragen. Allerdings wird jener Beteiligte gemäß § 984 Abs. 2 letzter Satz CPO. zuvor gegen den Grundstückseigentümer einen vollstreckbaren Schuldtitel auf Anerkennung seiner bedingten Befriedigung aus dem Grundstück sich

Zu a. Das Unbekanntsein der Person des Berechtigten ist selbstverständlich nicht identisch mit dem Unbekanntsein des Aufenthalts oder Wohnorts eines Berechtigten.

Zu b. Die Zuteilung eines Betrages auf einen Anspruch setzt stets die Berücksichtigung aus dem bar zu zahlenden Erlös voraus.

Bei Unbekanntsein des Berechtigten eines aus dem **bar** zu zahlenden Erlöse zu befriedigenden Anspruchs ist nun, wie S. 154 dargestellt — und hier kurz rekapituliert sei —, gemäß § 126 des Reichsges. dahin zu verfahren:

α) bei **Zahlung** des Barerlöses durch den Ersteher ist der gezahlte Betrag für den unbekannten Berechtigten zu hinterlegen, zugleich aber ist für den Fall, daß der Berechtigte nicht ermittelt wird, somit eventl. der hinterlegte Betrag den Beteiligten zuzuteilen, welche mit Fortfall der Berechtigten noch aus dem Erlös Befriedigung erhalten können;

β) bei **Nichtzahlung** des Barerlöses seitens des Erstehers aber wird gegen denselben eine Forderung übertragen und zur Sicherung der letzteren die Eintragung einer Sicherungshypothek vorgenommen, und zwar in erster Linie für den unbekannten Berechtigten eines Anspruchs in Höhe des auf diesen entfallenden Perzipiendums aus dem Barerlös. Die bezügliche Forderungsübertragung gegen den Ersteher mit der betreffenden Sicherungshypothek wird aber für den Fall, daß der unbekannte Berechtigte nicht ermittelt wird, somit eventl. auch für die Realinteressenten vorgenommen bezw. eingetragen (vgl. § 126 des Reichsges.), welche mit Fortfall des Unbekannten noch Befriedigung aus dem Barerlös beanspruchen können.

Um nun diese Ungewißheit, ob der unbekannte Berechtigte ermittelbar und damit hebungsberechtigt aus dem bar zu zahlenden Erlöse ist, oder ob dies nicht der Fall und deshalb aus dem Erlöse die sogen. Eventualberechtigten zur Befriedigung gelangen, zu beseitigen, überträgt nun das Reichsgesetz im § 135 dem Vollstreckungsgericht.

II.

Die bei Unbekanntsein eines Hebungsberechtigten — von Amts wegen — vorzunehmende vollstreckungsgerichtliche Maßnahme:

Die Bestellung eines Ermittelungsvertreters.

Bei Unbekanntsein der Person eines Berechtigten, dessen Anspruch aus dem bar zu zahlenden Versteigerungserlöse zur Hebung gelangt, hat das Vollstreckungsgericht zur Ermittelung jenes Unbekannten einen **Vertreter zu bestellen.** Dieser Ermittelungsvertreter hat die Funktionen eines Zustellungsvertreters.[2]) (Vgl. S. 20.) Die Auslagen und Gebühren desselben setzt das Vollstreckungsgericht fest und zahlt sie aus dem Hebungsbetrage des unbekannten Berechtigten.

---

zu verschaffen haben. (Denn die auf Grund der §§ 50, 51 des Reichsges. erfolgte Übertragung einer bedingten Forderung gegen den Ersteher ist ebensowenig wie die bedingte Sicherungshypothek vollstreckbar. Vgl. S. 65.) Gl. A. z. T. Jaeckel A. 1 zu § 135. Wolff A. 1 zu § 135.

[2]) Hat der Ersteher den Barbetrag des Versteigerungserlöses nicht gezahlt und ist deshalb für den unbekannten Berechtigten (und die Eventualberechtigten) eine Sicherungshypothek eingetragen, so muß von dieser, in Höhe der Vergütung und Auslagen des Ermittelungsvertreters dem letzteren sodann ein Betrag überwiesen und umgeschrieben werden.

III.

§ 135 — § 141 des Reichsges. S. 185—196. § 142 — § 145 des Reichsges. § 143 — § 145 des Reichsges.

Die nach Bestellung eines Ermittelungsvertreters vorzunehmenden vollstreckungsgerichtlichen Akte.

A.

Die innerhalb drei Monaten nach Bestellung des Ermittelungsvertreters geschehene Ermittelung des Unbekannten.

Die Entscheidung nach fristgerechte Ermittelung des unbekannten Hebungsberechtigten.

Wird nun der unbekannte Berechtigte innerhalb 3 Monate nach Bestellung des Ermittelungsvertreters **ermittelt,** so liegt dem Vollstreckungsgericht in diesem Falle ob, „den Tilgungsplan weiter auszuführen" (§ 137 Abs. 1 des Reichsges.).

Dies erfordert, die **Entscheidung über die Identität** des Ermittelten mit dem bisher unbekannt gebliebenen Berechtigten zu treffen, und ferner die **Anordnung** zu erlassen, entweder auf Auszahlung der hinterlegten Summe an den Ermittelten oder auf Änderung der eingetragenen Sicherungshypothek dahin, daß diese fortan nur noch dem Ermittelten, nicht auch mehr eventl. dem Eventualberechtigten zusteht (S. 186, siehe **aber schon hier** umstehend S. 188 unter d).

a) **Diese Entscheidung und Anordnung kann schriftlich oder in einem Verhandlungstermin erfolgen** (vgl. §§ 137 und 139 des Reichsges.).

Wird eine mündliche Verhandlung nicht anberaumt, so ist eine vorherige **Anhörung** der hier interessierenden Beteiligten geboten.

Zu den als hier interessiert zu ladenden oder vorher zu hörenden Beteiligten gehören der Zustellungsvertreter, der bezw. die Eventualberechtigten, der Eigentümer zur Zeit des Zuschlags; falls gegen den **Anspruch** des bisher unbekannt gewesenen Berechtigten schon im Erlösverteilungstermine Widerspruch aus § 115 des Reichsges. erhoben worden, auch der Widerspruchserheber (vgl. § 124 des Reichsges.).

Die **Ladung oder Anhörung** der genannten Interessenten ist um deswillen geboten, weil diese Beteiligten sonst der Geltendmachung derjenigen Rechtsbehelfe, insbesondere der Einwendungen, verlustig werden können, welche sie im Erlösverteilungstermin erhoben, wenn die Person des nachträglich ermittelten Berechtigten von vornherein feststand.

b) **Die Form der Entscheidung über die Identität** des nachträglich Ermittelten und die endgiltige Ausführung des Teilungsplans ist diejenige des Beschlusses[3]) bei schriftlichem Verfahren, andernfalls diejenige der nachträglichen Planaufstellung.

Der außerhalb eines Termins ergehende Beschluß ist um deswillen zuzustellen (§ 329 CPO.).

Der Beschluß ist von dem Zustellungsvertreter, den Eventualberechtigten (wie auch von dem Widerspruchserheber) und dem Eigentümer zur Zeit des Zuschlags mit der sofortigen Beschwerde gemäß § 793 CPO. anfechtbar.

---

[3]) Jaeckel Anm. 3 zu § 137 hält den Erlaß eines Beschlusses nur bei „zweifelhafter oder streitiger Sachlage" für erforderlich; allein diese Voraussetzung ist ohne vorherige Anhörung der genannten Interessenten aktenmäßig mindestens nicht stets sicher feststellbar; wenn Jaeckel die Entbehrlichkeit eines Beschlusses aber auf § 138 Abs. 2 des Reichsges. stützt, so ist dabei übersehen, daß dieser Abs. 2 des § 138 nur die **formelle** Aufhebung der erteilten Ermächtigung zum Aufgebot kurz und schnell durch die Benachrichtigung von der Ermittelung des bisher unbekannten Berechtigten ersetzen will.

Ein Zweifel besteht hier übrigens — also bei Ermittelung des bisher unbekannten Berechtigten —, ob in der nachträglichen Ausführung des Teilungsplans rücksichtlich des Anspruchs des nun ermittelten Berechtigten noch ein Widerspruch aus § 115 des Reichsges. erhoben werden kann, wie wohl ein solcher in dem (ordentlichen) Erlösverteilungstermin unerhoben geblieben.

Es wird hier zu unterscheiden sein: Ein Widerspruch, welcher sich gegen den objektiv-dinglichen Bestand des Anspruchs richtet, ist jetzt nicht mehr zulässig; ein solcher Widerspruch mußte nach der prozessualen ratio des § 115 des Reichsges. im Verein mit § 877 CPO. im ordentlichen Erlösverteilungstermin erhoben werden und ist daher jetzt präkludiert.

Im übrigen aber ist ein Widerspruch gegen die Hebungsberechtigung des jetzt erst erkennbar gewordenen Berechtigten nach § 876 CPO. im nachträglichen Planausführungstermin statthaft. Gl. A. Wolff Anm. 1 zu § 138. A. M. Jaeckel Anm. 4 zu § 139, z. T. hier wohl auch Reinhard nach der Bem. II Ziff. 2 c zu § 139.

c) **Die Vollziehung seiner Beschlußentscheidung,** soweit diese auf Ausführung des Teilungsplanes geht, wird das Vollstreckungsgericht vorsichtig bis nach Eintritt der Rechtskraft des Beschlusses auszusetzen haben, auch wenn sämtliche Interessenten über die beschlossene Ausführung des Teilungsplans einig sind.

d) **Die Vollziehung jener Beschlußentscheidung muß** aber stets ausgesetzt bleiben, wenn gegen den Anspruch des bisher unbekannten Berechtigten im Erlösverteilungstermine und soweit nach vorstehendem zulässig, nachträglich gemäß § 115 des Reichsges. Widerspruch erhoben war.

Beim Vorliegen **eines, im Erlösverteilungstermin schon erhobenen Widerspruchs** muß schon, sobald der unbekannt gewesene Berechtigte ermittelt, hiervon dem Widerspruchserheber Nachricht gegeben werden, und zwar gegen Zustellungsurkunde. Mit dem Zugehen dieser Benachrichtigung läuft nunmehr gegen den Widerspruchserheber die einmonatige Frist zur Erhebung der Widerspruchsklage aus § 878 CPO. gegen den jetzt erst bekannt gewordenen Berechtigten (§ 137 Abs. 2).

Beim Vorliegen eines **nachträglichen Widerspruchs** läuft die Frist des § 878 CPO. vom **nachträglichen Verteilungsterminstage,** bei nur schriftlicher nachträglicher Planausführung von **Zustellung des diese enthaltenden Beschlusses.**

Die **Vollziehung des Beschlusses** des Vollstreckungsgerichts erfolgt daher im Falle eines erhobenen Widerspruchs

α) nach einem Monat — von den eben genannten drei Zeitpunkten abgerechnet — falls die Widerspruchsklage nicht rechtzeitig erhoben ist.

β) ist aber die Widerspruchsklage rechtzeitig erhoben und dies zu den Vollstreckungsakten nachgewiesen, dann kann die Vollziehung des vollstreckungsgerichtlichen Beschlusses erst nach Eingang und nach Maßgabe des Urteils im Widerspruchsprozeß geschehen.

B.

Die Nichtermittelung des unbekannten Berechtigten innerhalb drei Monaten seit dem Verteilungstermin.

Die nicht fristgerechte Ermittelung des Unbekannten.

1. **Die nichtfristgerechte Ermittelung des Unbekannten** gibt zunächst dem **Vollstreckungsgericht keinen** Anlaß zu einer Offizialtätigkeit.

Der hinterlegte Betrag verbleibt einfach in der Hinterlegung. Die für den unbekannten Berechtigten und für den Eventualberechtigten eingetragene Sicherungshypothek bleibt einfach in der Fassung der Alternativberechtigung intabuliert. Vgl. auch §§ 382, 1171 Abs. 3 und 1170 BGB., und für das preußische Rechtsgebiet auch § 142 der Hinterlegungsordn. und Art. 84 des preuß. Ausf.Ges. zum BGB.

Die Ermächtigung zum Aufgebot.

2. **Die Nichtermittelung des Unbekannten** innerhalb drei Monaten berechtigt aber **den Beteiligten,** welchem der dem unbekannten Berechtigten zugeteilte Betrag „anderweit zugeteilt ist“, zu dem Antrage an das Vollstreckungsgericht, ihn mit Rücksicht auf den Ablauf der dreimonatigen Frist zu ermächtigen, das Aufgebotsverfahren zum Zwecke des Ausschlusses des unbekannten Berechtigten

von der Befriedigung aus dem zugeteilten Betrage zu beantragen (§ 138 Abs. 1 des Reichsges.)[4]). § 135—§ 141 des Reichsges.

a) **Der Zweck dieser Aufgebotsermächtigung** liegt in der für den antragstellenden Eventualberechtigten geschaffenen Möglichkeit, noch **vor** Ablauf der normalen langen Fristen der §§ 382 und 1170 BGB. durch ein Aufgebot aus §§ 138, 140 des Reichsges. den unbekannten Berechtigten mit einem Anspruch auf den ihm zugeteilten Betrag auszuschließen.

b) **Die Wirkung der Aufgebotsermächtigung** liegt somit in der durch diese

---

[4]) Die Erteilung dieser Ermächtigung bereitet nun der Theorie wie der Praxis in dem Falle **eine besonders große**, deshalb hier zu erörternde **Schwierigkeit**, wo der erteilte Brief einer gemäß § 91 Abs. 1 des Reichsges. erloschenen (um deswillen aus dem Barerlöse zu befriedigenden) Hypothek (bezw. Grund- oder Rentenschuld) nicht vorgelegt und deshalb angenommen wurde, daß der Berechtigte jenes Hauptanspruchs unbekannt ist. (Betreffs der Berichtigung eines Nebenanspruchs s. aber S. 160. 161 γ.)

Diese Annahme ist im Hinblick auf § 1154 BGB. zunächst berechtigt und daher ist es auch zunächst begründet, daß in jenem Falle im Erlösverteilungstermin (vgl. S. 154) der auf jenen erloschenen Anspruch zugeteilte Betrag gemäß § 126 des Reichsges. dem unbekannten Berechtigten als Erstberechtigten und dem an erster Stelle ausfallenden Beteiligten als Zweitberechtigten eventuell zugeteilt wurde und sodann nach beendeter Erlösverteilung (vorstehende S. 166) ein Ermittelungsvertreter ernannt wurde.

Es ist aber nun vollständig streitig, wie weiter zu verfahren ist, wenn drei Monate nach Bestellung eines Ermittelungsvertreters der Zweitberechtigte den Antrag auf Ermächtigung zum Aufgebotsverfahren aus § 138 Abs. 1 des Reichsges. stellt, zugleich aber aktenmäßig ist, daß der Berechtigte, welcher den Hypotheken- (Grund- oder Rentenschuld-) Brief nicht vorzulegen vermochte, dessen Aufgebot rite beantragt hat.

Dieses Briefaufgebot ist — vgl. § 1024 CPO. — unbedenklich statthaft. Allerdings ist die Post ja schon erlassen und kann auf vollstreckungsgerichtliches Ersuchen aus § 131 des Reichsges. (S. 173) im Grundbuch sogar schon gelöscht sein. Indessen bestimmt § 136 des Reichsges. zur Beseitigung jedes Zweifels, daß trotzdem das Aufgebotsverfahren eines Briefes einer gemäß § 91 Abs. 1 des Reichsges. erloschenen Post statthaft ist.

Hat nun das Vollstreckungsgericht die Ermächtigung zwecks Ausschließung des unbekannten Berechtigten aus § 138 cit. — (wiewohl dieser zum Nachweise seiner Hebungsberechtigung an der erloschenen Post das Briefaufgebot schon beantragt) — dem Zweitberechtigten stets zu erteilen?

Wolff Anm. 2, Fischer und Schaefer Anm. 7 zu §§ 135—141, neuerdings Altmann 2 zu § 136 bejahen die Frage. Jaeckel Anm. 7 zu § 138, Reinhard Anm. II Ziff. 4 verneinen, wenn Antrag und ordnungsmäßiger Betrieb des Briefaufgebots nachweisbar vorliegen.

Wenn irgendwo, so haben hier die Motive S. 317: da sie vereinbar mit dem Wortsinne des § 138 zit. sind, einen Anspruch auf entscheidende Bedeutung. Hiernach ist die Nichtermittelung eines Berechtigten erst dann annehmbar, wenn „bis zu einem gewissen Grade als wahrscheinlich anzusehen ist, daß für den Anspruch ein Gläubiger nicht nachgewiesen werden kann". Die Wahrscheinlichkeit des Nachweises des Erstberechtigten als Gläubigers wird aber schon durch seine — vom Aufgebotsrichter für glaubhaft erachtete — (§ 1007 Nr. 2 CPO.!) Berechtigung zum Briefaufgebot dargelegt.

Das Vollstreckungsgericht k a n n mithin mit Rücksicht auf ein anhängig gewordenes Briefaufgebot eine aus § 138 des Reichsges. nachgesuchte Ermächtigung zum Aufgebot zum Zwecke des Ausschlusses des unbekannten Berechtigten versagen.

Über die Wirkung eines schwebenden Briefaufgebots auf das weitere Aufgebotsverfahren aus § 138 Abs. 1 s. Anm. 1 S. 193.

geschaffenen Legitimation des Eventualberechtigten für das Aufgebotsverfahren aus §§ 138, 140 des Reichsges.

Die inhaltliche Bestimmung der zu erteilenden Aufgebotsermächtigung (und damit Inhalt, Wirkung des auf Grund der letzteren demnächst ergehenden Ausschlußurteils) ist aber in Theorie wie Praxis zweifelhaft, sobald mehrere Eventualberechtigte vorhanden, von welchen aber nur einer oder einige die Aufgebotsermächtigung beantragen.

Sind z. B. für einen unbekannten Berechtigten A auf Haupt- und Nebenansprüche 1275 M. zur Hebung gelangt und hinterlegt.

Und ist dieser dem A zugeteilte Betrag von 1275 M. gemäß § 126 des Reichsges. im Teilungsplan für den Fall der Nichtermittelung A's eventl. verteilt auf:

B wegen seines Haupt- und Nebenanspruchs von 750 M. in Höhe von 750 M.,

C wegen seines Haupt- und Nebenanspruchs von 1500 M. in Höhe des Restes mit 525 M.;

so frägt sich: wenn B die Erteilung der Ermächtigung zum Aufgebotsverfahren aus § 138 des Reichsges. beantragt, wie ist diese Ermächtigung inhaltlich zu erteilen?

Der Inhalt der zu erteilenden Ermächtigung hängt zunächst von der Frage ab, ob das von einem der mehreren Eventualberechtigten beantragte Aufgebot die Ausschließung des unbekannten Berechtigten auch gegenüber den anderen Eventualberechtigten — die einen Antrag nicht gestellt — bewirken kann.

Die Frage — welche Wolff Anm. 4 zu § 138 bejaht — ist unbedenklich zu verneinen; das Aufgebotsverfahren mit dem Ausschlußurteil kann nur zwischen den Parteien, also zwischen dem Antragsteller und verschweigendem unbekannten Dritten Recht schaffen. Gl. A. Jaeckel Anm. 3 zu § 138, Fischer u. Schaefer Anm. 7 zu §'135 CPO.

Die Ermächtigung ist mithin einem antragstellenden Eventualberechtigten dahin zu erteilen, seinem Anspruche gegenüber den unbekannten Berechtigten durch Aufgebot auszuschließen.

Fraglich ist nun aber weiter, ob trotzdem der Eventualberechtigte zunächst zum Aufgebot des ganzen eventual verteilten Betrages, vorliegend also des ganzen Betrages von 1275 M., oder nur zum Aufgebot **des** Betrages des eventl. verteilten Betrages zu ermächtigen ist, welcher **ihm** insbesondere eventl. zugeteilt ist? (Vorliegend also nur zum Aufgebot des Betrages von 750 M.)

Die Aufgebotsermächtigung kann inhaltlich nur soweit gehen, als erforderlich ist, um unter der präklusivischen Wirkung des demnächstigen Ausschlußurteils die Befriedigung des Antragstellers in Höhe des ihm eventl. zugeteilten Betrages — vorliegend also von 750 Mk. — **zu ermöglichen.**

Freilich können nun hier noch Kosten des Ermittelungsvertreters, des Aufgebotsverfahrens, der nachträglichen Planausführung hinzukommen. Diese Kosten müssen gedeckt sein, bevor an den Antragsteller 750 M. gezahlt werden können.

Die Aufgebotsermächtigung an den Antragsteller ist daher inhaltlich dahin zu fassen: Der Antragsteller wird ermächtigt, zum Aufgebot aus §§ 138—140 des Reichsges. zwecks Ausschließung des Anspruchs des unbekannten Berechtigten an einem für diesen zugeteilten Betrage (vorliegend von 1275 M.), in Höhe eines Betrages (vorliegend von 750 M.) und eines noch nicht bezifferbaren Betrages an Kosten für das Verfahren aus §§ 138—141 des Reichsges.[5])

---

[5]) Jaeckel Anm. 3 zu § 138 will den einzelnen Eventualberechtigten ausdrücklich zum Aufgebot des ganzen Betrages berechtigen, auch wenn von letzterem ihm nur ein Teilbetrag zugeteilt ist, da nicht übersehbar, welche Rechte im Aufgebotsverfahren angemeldet, im Ausschlußurteil vorzubehalten sind und wie viel daher dann für den zugeteilten Betrag des Antragstellers übrig bleibt. Dies ist richtig; da aber das Aufgebotsverfahren **bestimmte Präklusionsfolgen** zwischen dem **unbekannten Berechtigten der qu. Post und dem Eventualberechtigten** festzustellen hat, so muß dem entsprechend auch die Aufgebotsermächtigung **formell** lauten. Werden nun Rechte angemeldet, welche jener Präklusionsfolge entgegenstehen, dann **muß hier**

§ 135 – § 141 des Reichsges.

IV.

Der unbekannte Berechtigte wird zwar nach stattgehabter Ermächtigung zum Aufgebot, mithin während schwebenden Aufgebotsverfahrens, indessen vor Erlaß des Ausschlußurteils ermittelt.

Die Ermittelung des Unbekannten während des Aufgebotsverfahrens aber vor Erlaß des Ausschlußurteils.

Die **Ermittelung** des unbekannten Berechtigten während eines auf Grund erteilter Ermächtigung aus § 138 des Reichsges. anhängig gewordenen Aufgebotsverfahren ist vom Vollstreckungsgericht dem (bez. den) **Ermächtigten mitzuteilen** (§ 138 des Reichsges.).

Diese benachrichtigende Mitteilung bringt die erteilte Ermächtigung zum Erlöschen (§ 138 Abs. 2 des Reichsges.).

Die **Rechtslage** ist nunmehr dieselbe, **wie** bei Ermittelung der bisher unbekannten Berechtigten **innerhalb drei Monaten** seit dem Erlösverteilungstermin. Es gilt daher das unter III a bereits vorgelegte:

Das Vollstreckungsgericht hat mithin den Teilungsplan weiter auszuführen.

Die Art der Ausführung des Teilungsplans kann auch hier in doppelter Weise geschehen:

α) Das Vollstreckungsgericht kann sich darauf beschränken, ohne Anberaumung eines Termins die sämtlichen Beteiligten (vorstehend III A a über die in Aussicht genommene Teilungsplanausführung vor derselben zu einer schriftlichen Erklärung zu veranlassen. Dies **muß** jedoch, wie unter III A a vorstehend erwähnt, geschehen.

β) Das Vollstreckungsgericht kann indessen auch einen Termin zur weiteren Ausführung des Teilungsplans anberaumen (§ 139 Abs. 1 des Reichsges.).

Die — schriftliche S. 187 C — vollstreckungsgerichtliche Teilungsplan-Ausführung erfolgt in Form eines Beschlusses, die mündliche Planausführung in Form der Aufstellung eines Teilungsplans (S 187).

Der Beschluß kann von sämtlichen Beteiligten angefochten werden. Zu letzteren gehört der Ermittelungsvertreter des unbekannten Berechtigten; das Rechtsmittel ist das der sofortige Beschwerde.

Die Vollziehung des Beschlusses wird das Vollstreckungsgericht bis zu seiner Rechtskraft regelmäßig aussetzen, wenn nicht sämtliche Beteiligte über die Vollziehung einig sind.

Die Vollziehung des Beschlusses **muß** aber ausgesetzt werden, wenn gegen den **Anspruch** des bisher unbekannt gewesenen Berechtigten im Erlösverteilungstermin, oder nachträglich (S. 188), gemäß § 115 des Reichsges. Widerspruch erhoben ist.

In **einem Punkte unterscheidet sich die nachträgliche Planausführung** bei Ermittelung des bisher unbekannten Berechtigten innerhalb 3 Monaten seit dem Erlösverteilungstermin, von derjenigen, welche erst nach Erteilung der Ermächtigung zum Aufgebot erfolgt.

Im ersten Falle hat derjenige, welcher aus § 115 des Reichsges. Widerspruch gegen den Anspruch des unermittelten Berechtigten erhoben, gegen letzteren die Widerspruchsklage binnen 1 Monat nach Benachrichtigung von der Ermittelung des Berechtigten zu erheben. Im zweiten Falle, wo also erst nach Ermächtigung zum Aufgebot der bisher unbekannte Berechtigte ermittelt ist, läuft die einmonatige Frist zur Erhebung der Widerspruchsklage dann nicht vom Zeitpunkt der Benachrichtigung über die Ermittelung des Berechtigten, sondern erst vom Termin zur nachträglichen Ausführung des Teilungsplans, falls ein solcher anberaumt wird (§ 139 Abs. 2 des Reichsges. und dagegen § 137 Abs. 2 des Reichsges.).

---

die Ermächtigung zum Aufgebot — da ihre Voraussetzungen fortgefallen — überhaupt zurückgenommen werden (§ 138 Abs. 2 des Reichsges.) oder das Aufgebotsverfahren muß hier gemäß § 953 CPO. ausgesetzt werden (Anm. 7 S. 193). Werden aber Rechte hier angemeldet, welche den Eintritt jener Präklusionsfolge nicht hindern, den Anspruchsbetrag des unbekannten Berechtigten aber doch mindern, z. B. es wird ein Pfandrecht bis zur halben Höhe jenes Anspruchsbetrags angemeldet, so erhält der zum Aufgebot Ermächtigte unbedenklich den Rest jenes Anspruchsbetrags bis zur Befriedigung seiner in der Aufgebotsermächtigung angegebenen Anspruchssumme, — ihre kalkulatorische Richtigkeit vorausgesetzt.

V.

Der unbekannte Berechtigte bleibt nach Ermächtigung zum Aufgebot weiter unbekannt und das infolge der Ermächtigung anhängig gewordene Aufgebotsverfahren wird durch Ausschlußurteil beendet. (§ 140 des Reichsges.)

Das infolge Ermächtigung statthabende Aufgebotsverfahren.

Das, infolge der Ermächtigung aus § 138 des Reichsges., beantragte und eingeleitete Aufgebotsverfahren unterliegt den allgemeinen Vorschriften der §§ 947—956 CPO. Es treten aber gemäß § 140 des Reichsges. und § 112 des Einf.Ges. zum RZVG. folgende Änderungen ein:[6])

a) **Das Vollstreckungsgericht ist für das Aufgebotsverfahren zuständig,** wie die Motive begründend anführen in Rücksicht auf den engeren Zusammenhang dieses Verfahrens mit dem Zwangsversteigerungsverfahren (§ 140 Abs. 1).

b) **Der Aufgebotsantrag,** welcher nach § 947 Abs. 1 CPO. schriftlich oder zu Protokoll des Gerichtsschreibers gestellt werden kann, wird durch die **Bezugnahme auf die Vollstreckungsakten** einfach sich begründen lassen.

Der Antrag muß aber die Angabe über die dem Antragsteller bekannten Rechtsnachfolger desjenigen enthalten, welcher bisher als „letzter" Berechtigter des Anspruchs ermittelt ist, dessen gegenwärtiger Berechtigte eben unbekannt ist (§ 140 Abs. 2).

c) **Das zu erlassende Aufgebot,** die sogen. Proklama, hat als Rechtsnachteil beim Unterbleiben einer Anmeldung (§ 947 Nr. 3 CPO.) anzudrohen: Der unbekannte Berechtigte wird aufgefordert, sein Recht spätestens im Aufgebotstermin anzumelden, widrigenfalls seine Ausschließung von der Befriedigung aus dem zugeteilten Betrage erfolgen werde.

d) **Die öffentliche Bekanntmachung** kann nach § 12 des Einf.Ges. zum RZVG. landesgesetzlich abweichend von den Vorschriften der §§ 948, 950 CPO. zu erfolgen haben.

Im preußischen Rechtsgebiet geschieht, auf Grund des § 12 cit., die öffentliche Bekanntmachung gemäß Art. 14 des preuß. Ausf.Ges. zum RZVG. in doppelter Abweichung von den §§ 948, 950 CPO.

α) **Die Art der Bekanntmachung** ist die „für die öffentliche Bekanntmachung eines Versteigerungstermins", welche in den §§ 39, 40 des Reichsges. bestimmt ist.

Das Aufgebot muß daher durch Einrückung in den Anzeiger des Amtsblatts (Art. 5 des preuß. Ausf.Ges. zum RZVG.) und durch Aushang an der Gerichtstafel erfolgen. Die Einrückung im Amtsblatt-Anzeiger kann aber dem § 39 Abs. 2 des Reichsges. entsprechend ersetzt werden durch Anheftung der Proklama an der für amtliche Bekanntmachungen bestimmten Stelle der Gemeinde, in deren Bezirk das Grundstück belegen ist.

Dieser Ersatz der Amtsblattpublikation ist aber natürlich auch hier nur statthaft, wenn der **Anspruch** des unbekannten Berechtigten geringfügig ist.

β) **Die sogen. Aufgebotsfrist,** d. h. die Frist, welche zwischen Amtsblattpublikation bezw. Gemeindeaushang und dem Aufgebotstermin liegen muß, beträgt mindestens drei Monate (Art. 14 Abs. 2 a. a. O.).

e) **Als Anmeldungen von Rechten zum Aufgebotsverfahren** gelten auch diejenigen Anmeldungen, welche bereits im Vollstreckungsverfahren erfolgt sind (§ 140 Abs. 5 des Reichsges.).

f) **Die Kosten des Aufgebotsverfahrens** hat zwar auch hier der Antragsteller gemäß §§ 44, 89 des deutschen Gerichtskostenges. vom 14. Juni 1878/20. Mai 1898 zu tragen und nach §§ 44, 89 a a. O. vorzuschießen. Der Antragsteller kann aber nach § 140 Abs. 6 des Reichsges. die Kosten des Verfahrens aus dem zugeteilten Betrage erstattet verlangen (vgl. vorstehend S. 190).

Ein zu beherzigender Wink für die Praxis wird von Jaeckel mit dem Vorschlag gegeben, die gesamten Aufgebotsverhandlungen den Zwangsversteigerungsverhandlungen einzuver-

---

[6]) Vgl. auch Daude, Das Aufgebotsverfahren III. Aufl. S. 234— 239.

leiben; andernfalls könnten, wie aus dem oben erwähnten § 140 Abs. 5 des Reichsges. erhellet, leicht Anmeldungen übersehen werden. § 135—§ 141 des Reichsges.

Die Fassung der Aufgebotsproklama aus § 140 des Reichsges. scheint der Praxis schwer zu fallen; sie hat zu lauten:

Der Kaufmann Wilhelm Müller zu Plaue a. H. hat das Aufgebot beantragt zum Zwecke der Ausschließung des unbekannten Berechtigten: der Post Abteilung III Nr. 4 von 6000 Mark, Darlehen nebst 5 Proz. Zinsen seit dem 1. April 1874, rückzahlbar drei Monate nach Kündigung, auf Grund der gerichtlichen Schuldurkunde vom 1. März 1874 für August Hintze in Plaue eingetragen im Grundbuch von Plaue Bd. I Nr. 11.

Bei der Zwangsversteigerung dieses Grundstücks in den Akten K. 14. 03 des Amtsgerichts Brandenburg ist auf die gedachte Post an Haupt- und Nebenansprüchen der Betrag von 6150 M. bar zugeteilt worden.

Von diesem Betrage von 6150 M. ist zugleich auch der Betrag von 3075 M. dem Antragsteller Müller event. zugeteilt auf seinen Anspruch aus der Post Abteilung III Nr. 8 von 3000 M., eingetragen auf vorgedachtem Grundstück.

Wegen des gedachten Betrages von 3075 M., eines noch nicht bezifferbaren Kostenbetrages (vgl. vorstehend III S. 190) ist der Antragsteller Wilhelm Müller nach § 138 des Reichsges. vom 24. März 1897 ermächtigt, das Aufgebotsverfahren zum Zwecke der Ausschließung des unbekannten Berechtigten der Post Abteilung III Nr. 4 des Grundbuchs von Plaue Bd. I Nr. 11 von 6000 M. zu beantragen.

Der eben gedachte unbekannte Berechtigte wird daher aufgefordert: spätestens in dem auf den 14. April 1904 10 Uhr vormittags Zimmer 46 vor dem unterzeichneten Gericht anberaumten Aufgebotstermine sein Recht anzumelden, widrigenfalls seine Ausschließung von der Befriedigung aus dem zugeteilten Betrage von 6150 M in Höhe von 3075 M. und eines noch nicht bezifferbaren Kostenbetrages erfolgen wird.

Brandenburg a. H., den 27. Dezember 1903.

Kgl. Amtsgericht.
Bitter.

VI.

Das dem Ausschlußurteil folgende Verfahren zur weiteren Ausführung des Teilungsplans.

1. **Das Ausschlußurteil**[1]) ist mit seiner Verkündung rechtskräftig (§§ 310, 311, 957, 958 Abs. 2 CPO.). Die Ausführung des Teilungsplans nach verkündetem Ausschlußurteil.

Die nach §§ 957, 958 CPO. gegen das Ausschlußurteil zulässige Anfechtungsklage beseitigt die Rechtswirksamkeit des Ausschlußurteils nicht, wenn nicht etwa der Anfechtungskläger eine bezügliche einstweilige Verfügung aus §§ 937 ff. CPO. erwirkt.

---

[1]) **Ein Ausschlußurteil braucht übrigens nicht stets zu ergehen.**

Die Anmeldung eines Rechts, welche das Recht des zum Aufgebot Ermächtigten bestreitet, kann vielmehr gemäß § 953 CPO. Anlaß bieten, das Aufgebotsverfahren, bis zur endgiltigen Entscheidung über das angemeldete Recht im ordentlichen Prozesse, auszusetzen.

Eine solche Aussetzung des Aufgebotsverfahrens wird insbesondere in dem in Anm. 4 S. 189 gedachten Falle sich rechtfertigen.

Die Entscheidung im ordentlichen Prozesse kann übrigens das ganze Aufgebotsverfahren aus §§ 138, 140 des Reichsges. beseitigen, wenn der aufzubietende bisher unbekannte Berechtigte einer erloschenen und aus dem Barerlöse zu befriedigenden Post in jenem Prozesse nunmehr „ermittelt", d. h. festgestellt wird (vgl. § 138 Abs. 2 des Reichsges.).

Ein im Ausschlußurteil auf Grund der Anmeldung eines Rechts gemäß § 953 CPO. gemachter Vorbehalt berechtigt übrigens den Anmelder jenes Rechts im Termin zur weiteren

2. **Der Verkündung des Ausschlußurteils gegen den bisher unermittelten unbekannten Berechtigten muß** daher das fernere Verfahren zur weiteren Ausführung des Teilungsplans von Amts wegen angeschlossen werden.

a) **Die materiellrechtlichen Grundlagen** dieses Verfahrens werden durch die zwei rechtlichen Gesichtspunkte bestimmt:

α) Der bisher unbekannte Berechtigte ist rücksichtlich des auf seinen Anspruch zugeteilten Betrags dem Eventualberechtigten gegenüber insoweit ausgeschlossen, als derselbe zum Aufgebotsantrage ermächtigt worden ist (vgl. oben S. 190).

β) Dem Eventualberechtigten und Aufgebotsantragsteller fällt nunmehr auf seinen Anspruch und zwar in Höhe desselben einschließlich der nachträglich entstandenen Kosten (vorseitig III B S. 190), der in erster Linie dem unbekannten Berechtigten auf seinen Anspruch zugeteilte Betrag (ganz bezw. zu einem Teilbetrage) zu.

Dieser, jenem Eventualberechtigten zufallende Betrag, kann ihm jetzt nicht mehr durch einen Widerspruch streitig gemacht werden, welcher darauf sich stützt, daß der Anspruch des unbekannten Berechtigten objektiv, d. h. seinem dinglichen Bestande nach nicht besteht (vgl. S. 188).

Im übrigen können Widersprüche gegen die Hebungsberechtigung des Eventualberechtigten auch jetzt noch erhoben werden.

b) **Die prozessualen Vorschriften des Verfahrens** im § 141 des Reichsges. erfordern

α) **Das Vollstreckungsgericht muß hier nach Erlaß eines Ausschlußurteils einen Termin ansetzen,** um in diesem die weitere Ausführung des Teilungsplans vorzunehmen.

β) **Die zum Termin zu Ladenden** sind:

der Antragsteller, also der Eventualberechtigte, welcher infolge Ermächtigung das Aufgebot beantragt hat;

die Personen, welchen im Ausschlußurteil Rechte vorbehalten sind;

der Ermittelungsvertreter des bisher unbekannten Berechtigten;

der Eigentümer zur Zeit des Zuschlags des Grundstücks.

(nachträglichen) Ausführung des Teilungsplans (§ 141 des Reichsges., folgende S. 195) Widerspruch gegen die Hebungsberechtigung desjenigen zu erheben, welcher den Erlaß des Ausschlußurteils beantragt und erzielt.

Der Widerspruch vereitelt dann wieder zunächst, trotz des Ausschlußurteils, die endgiltige nachträgliche Ausführung des Teilungsplans (vgl. S. 154) bis zur Urteilsverkündung im Widerspruchsprozeß.

Ein Ausschlußurteil kann weiter — was aber nur selten vorkommen wird — auf erhobene Anfechtungsklage aufgehoben werden, bevor die weitere Ausführung des Teilungsplans erfolgt ist, welche dann natürlich zu unterbleiben hat. Gl. A. Fischer u. Schaefer Anm. 11 zu § 141.

Endlich kann trotz eines erlassenen Ausschlußurteils die nachträgliche Ausführung des Teilungsplans einstweilen durch Erlaß einer einstweiligen Verfügung (§§ 937 ff. CPO.) verhindert werden.

γ) **Die jetzt noch eingehenden Anmeldungen** von Rechten können ohne Glaubhaftmachung zur Verhandlung gestellt werden. § 135 — § 141 des Reichsges.

Die Vorbehalte angemeldeter Rechte im Ausschlußurteil machen aber eine nochmalige Anmeldung entbehrlich.

δ) **Der Teilungsplan hat aufzuführen:**

1. Die Gebühren und Auslagen des Ermittelungsvertreters, die Kosten des Aufgebotsverfahrens, einschließlich der bezüglichen außergerichtlichen des Aufgebotsantragstellers (§ 140 letzter Absatz), die Kosten der nachträglichen Verteilung.

2. Die ganze Forderung des Eventualberechtigten, also seine Haupt- und Nebenansprüche, für welche ihm die Ermächtigung zum Aufgebotsantrag erteilt worden war.

Die zu 1 gedachten Kosten kommen gemäß § 109 bezw. § 12 Nr. 1 des Reichsges. in erster Linie und sodann erst die Ansprüche zu 2 gemäß § 12 Nr. 2 u. 3 zur Berichtigung.

Ist der dem unbekannten Berechtigten zugeteilt gewesene Betrag höher als die schließlich feststellbare Summe der Ansprüche zu 1 und 2, so bleibt der überschießende Restbetrag einfach außer Betracht (vgl. Anm. 5 S. 190).

Ist aber der dem unbekannten Berechtigten zugeteilt gewesene Betrag geringer als die zu 1 und 2 gedachten Beträge, so fällt der Hauptanspruch des Eventualberechtigten gemäß § 12 Ziff. 3 cit. in entsprechender Höhe natürlich aus.

ε) **Die Art der Ausführung des Teilungsplans ist vierfach möglich:**

αα) **Gegen die Hebungsberechtigung des Eventualberechtigten wird Widerspruch nicht erhoben:**

1. War der dem unbekannten Berechtigten zugeteilte Betrag des Versteigerungserlöses vom Ersteher **bar gezahlt** und demgemäß nach § 126 des Reichsges. für jenen Berechtigten und den Eventualberechtigten hinterlegt worden, so wird nunmehr an den letzteren der ihm zukommende Betrag der hinterlegten Summe **einfach ausgezahlt.**

2. War infolge **Nichtzahlung** des baren Versteigerungserlöses seitens des Erstehers eine Forderung gegen letzteren dem unbekannten Berechtigten und zugleich dem Eventualberechtigten übertragen und für beide eine Sicherungshypothek[8]) eingetragen, so geschieht in diesem Falle die Ausführung des Teilungsplans dahin, daß die **Sicherungshypothek** für den Eventualberechtigten, in Höhe seines Anspruchs, als **Alleinberechtigter umgeschrieben** wird.

ββ) **Gegen die Hebungsberechtigung des Eventualberechtigten wird nunmehr im nachträglichen Planausführungstermin Widerspruch[9]) erhoben:**

1. Ist in diesem Falle der dem unbekannten Berechtigten zugeteilte Betrag des Barerlöses vom Ersteher **gezahlt** (und mit Rücksicht auf das Unbekanntsein des Ersteren über) für den unbekannten Berechtigten und den Eventualberech-

---

[8]) Die Sicherungshypothek war für den unbekannten Berechtigten als Erstberechtigten, für den Eventualberechtigten aber als Zweitberechtigten ja einzutragen gewesen (vgl. S. 165).

[9]) Die rechtliche Zulässigkeit eines solchen Widerspruchs ist unter 2 a β S. 194, s. auch S. 188, schon besprochen.

tigten hinterlegt worden (§ 126), so greift infolge des jetzt erhobenen Widerspruchs § 124 des Reichsges. ein.

Der hinterlegte Betrag bleibt — nach Berichtigung der Kosten (δ *1*) — hinterlegt; aber, unter Fortfall jedes Anspruchs des durch Ausschlußurteil ja ausgeschlossenen unbekannten Berechtigten, wird der hinterlegte Betrag nunmehr **dem Eventualberechtigten in erster Linie und in zweiter Linie dem Widerspruchserheber zugeteilt**; und je nach dem der Widerspruch vom Prozeßgericht für begründet oder unbegründet erachtet wird, kann dann der Erstere oder Zweite den hinterlegten Betrag demnächst fordern.

2. War aber infolge **Nichtzahlung** des bar zu zahlenden Versteigerungserlöses seitens des Erstehers gegen letzteren (wie soeben unter αα *2* erwähnt) eine Forderung übertragen und eine Sicherungshypothek zur Eintragung gelangt, und zwar für den unbekannten Berechtigten als Erstberechtigten, für den Eventualberechtigten aber als Zweitberechtigten, dann geschieht hier die Ausführung des Teilungsplans dahin: Das Vollstreckungsgericht ersucht das Grundbuch, den unbekannten Berechtigten als Erstberechtigten der Sicherungshypothek zu löschen; der Eventualberechtigte und **Aufgebotsantragsteller wird nunmehr als Erstberechtigter** der Sicherungshypothek eingetragen, als ihr **Eventualberechtigter jetzt der Widerspruchserheber** (§ 128 des Reichsges.).

Je nachdem das Prozeßgericht dann den Widerspruch als begründet oder unbegründet feststellt, wird dann die Sicherungshypothek ausschließlich für den Aufgebotsantragsteller oder für den Widerspruchserheber als Alleinberechtigten umzuschreiben sein.

Zu ββ *1* u. *2*.

Selbstverständlich hat auch hier — wie in der ordentlichen Erlösverteilung — der Widerspruchserheber binnen einem Monat seit dem Termin die Widerspruchsklage aus § 878 CPO. zu erheben, und daß dies geschehen, zu den Vollstreckungsakten nachzuweisen.

Wird der Nachweis nicht fristgerecht erbracht, so ordnet das Vollstreckungsgericht im Falle ββ *1* die Auszahlung des hinterlegten Betrages an den Aufgebotsantragsteller an und läßt ferner im Falle ββ *2* für diesen als Alleinberechtigten die Sicherungshypothek umschreiben.[10])

---

[10]) Kommt es zum Widerspruchsprozeß, bezw. fristgerecht erhobener Widerspruchsklage, so ist es streng genommen Sache des obsiegenden Teils, auf Grund des ergangenen vollstreckbaren Urteils die Auszahlung der hinterlegten Summe (ββ *1*) bei der Hinterlegungsstelle, oder die Umschreibung der Sicherungshypothek (ββ *2*) auf den obsiegenden Teil als Alleinberechtigter bei dem Grundbuchamt zu veranlassen. In der Praxis vermittelt hier aber meist das Vollstreckungsgericht ex nobili officio.

Paragraph 29.

§ 142 des Reichsges. § 143—§ 145 Reichsges. vorgeh. Seiten S. 181—S. 18

Das Erlöschen der Rechte auf die einzelnen, im Laufe eines Erlösverteilungsverfahrens hinterlegten Beträge.

(§ 142 des Reichsges.)

I. **Die einzelnen Fälle**, in welchen in der Erlösverteilung Beträge zu hinterlegen sind, werden veranlaßt durch:

a) das Nichterscheinen eines bekannten Hebungsberechtigten in dem Verteilungstermin (§ 117 Abs. 2 des Reichsges. S. 160 u. 161);

b) die aufschiebende Bedingtheit eines Anspruchs, auf welchen aus dem Barerlös ein Betrag zugeteilt ist (§§ 119, 120 S. 153);

c) die Notwendigkeit infolge Erlöschens eines Nießbrauchs, einer beschränkten Dienstbarkeit, einer Reallast von unbestimmter Dauer, den einzelnen hierzu Berechtigten aus dem Barerlös durch eine Rente Ersatz zu gewähren und hierzu ein Kapital zu berechnen und zu hinterlegen (§ 121 des Reichsges.). S. 154, 155. Erlöschen der Ansprüche auf hinterlegte Beträge.

An diesem Kapital haben bei Ableben jener Berechtigten, soweit dasselbe dann noch unverbraucht, nachstehende (Eventual-)Berechtigte ja — vgl. S. 154, 155 — einen Anspruch (§ 121 des Reichsges.).

d) die Erhebung eines Widerspruchs gegen einen Anspruch, auf welchen aus dem Barerlös ein Betrag zugeteilt ist (§ 124 des Reichsges. S. 154 Anm. 13 S. 164);

e) die Zuteilung eines Betrages aus dem Barerlös an einen der Person nach unbekannten Berechtigten (§ 126 des Reichsges. S. 154).

II. **Die einzelnen hinterlegten Beträge** sollen nun die einzelnen Empfangsberechtigten nur während 30 Jahren zu beanspruchen haben.

III. **Diese Frist** für die Geltendmachung der Ansprüche des Empfangsberechtigten beginnt mit dem Zeitpunkte der Hinterlegung und nur in den Fällen der §§ 120, 121 mit dem Eintritte der Bedingung.

IV. **Der mit Ablauf der dreißigjährigen Frist** zur Hebung der hinterlegten Berechtigte ist der Eigentümer zur Zeit des Zuschlags des Grundstücks. Der Hebungsanspruch des Eigentümers zur Zeit des Zuschlags.

V. **Die Hebungsberechtigung** des Eigentümers kann nach Art. 145 Einf.Ges. zum BGB., § 2 Einf.Ges. zum RZVG. landesgesetzlich befristet werden (jedoch nicht unter ein Jahr herunter). Im preußischen Rechtsgebiete ist auf Grund der eben gedachten Vorschriften durch Art. 84 unter XI., XIII. des Ausf.Ges. zum BGB. in die Hinterlegungsordn. vom 14. März 1879 der § 58 b eingeschoben, der § 64 geändert worden.

Der Hebungsanspruch des Eigentümers zur Zeit des Zuschlags auf 30 Jahre lang hinterlegt gewesene Beträge wird durch jene Vorschriften insofern auf ein Jahr befristet, als nach Ablauf von 31 Jahren seit der Hinterlegung bezw. seit Eintritt der Bedingung (vorstehende Nr. III) zu Gunsten des Fiskus ein gerichtliches Aufgebotsverfahren der hinterlegten Massen stattfinden kann.

VI. **Die fördernde und vermittelnde Tätigkeit**, welche der Reichsgesetzgeber dem Vollstreckungsgericht zuweist, wird übrigens dem Vollstreckungsrichter Anlaß geben, eine Reproduktion der Akten in den unter I gedachten Fällen einer Hinterlegung zu verfügen, und zwar auf den Zeitpunkt von höchstens 29 Jahren nach beendetem Verfahren; behufs Feststellung der Person des Hebungsberechtigten zu dem einzelnen Hebungsbetrag, bezw. der Person oder der Erben des Eigentümers zur Zeit des Zuschlags. Die bezüglichen Berechtigten auf die ihren Ansprüchen drohende Präklusivfrist hinzuweisen, dürfte ein nobile officium judicis sein.

Sonderparagraph 30.

Die Versteigerung mehrerer Grundstücke und die Erlösverteilung auf mehrere Grundstücke in einem Verfahren.

Abschnitt I.

Die Voraussetzungen der Zulässigkeit der Zwangsversteigerung mehrerer Grundstücke in einem Verfahren.

(§ 2 des Reichsges.)

Die Voraussetzungen der Verbindungen.

1. **Das Zwangsversteigerungsverfahren hat regelmäßig nur ein Grundstück** zu umfassen.

2. **Die Zwangsversteigerung mehrerer Grundstücke**[1]) **in einem Verfahren** ist nur **ausnahmsweise** zulässig, und zwar nach § 18 des Reichsges.:

a) **Wenn eine vollstreckbare persönliche Forderung**[2]) des betreibenden Gläubigers gegen einen Schuldner vorliegt, sofern diesem **mehrere** Grundstücke gehören.

Mehrere Grundstücke mehrerer persönlicher Gesamtschuldner eines Gläubigers — wenn letzterer auch gegen seine Gesamtschuldner einen vollstreckbaren Schuldtitel erstritten — sind mithin in verschiedenen einzelnen Verfahren zu versteigern.

b) **Auf Grund einer vollstreckbaren Forderung, welche dinglich auf mehreren Grundstücken** haften, können aber mehrere Grundstücke in einem Verfahren zur Versteigerung gelangen, auch wenn die Grundstücke mehreren Eigentümern gehören.

---

[1]) Die an sich zulässige (vgl. S. 4 unter 5) Versteigerung einer Grundstücksquote steht im Sinne des § 18 der Versteigerung eines ganzen Grundstücks gleich. Es kann daher mit letzterer die Versteigerung einer Quote eines anderen Grundstücks verbunden werden; auch die Versteigerungen mehrerer Quoten desselben Grundstücks in einem Verfahren kann erfolgen; immerhin liegen aber auch im letzteren Falle mehrere verbundene Versteigerungen vor, was für die Anwendung des alsbald zu erwähnenden § 63 des Reichsges. nicht übersehen werden darf.

[2]) Nicht minder können mehrere vollstreckbare persönliche Forderungen des betreibenden Gläubigers gegen einen Schuldner die Zwangsversteigerung mehrerer Grundstücke des letzteren in einem Verfahren statthaft machen. (Offensichtlich hat nach der ratio des § 18 cit. das Wort „einer" Forderung nur eine stylistische, nicht entscheidende Bedeutung.) Gl. A. Fischer u. Schaefer Anm. 1a zu § 18, Wolff Anm. 2. A. M. Jaeckel anscheinend in Anm. zu § 18.

3. **Diese ausnahmsweise Verbindung** mehrerer Versteigerungen in einem Verfahren kann nach der Fassung des § 18 des Reichsges. Sonderparagraph § 18, § 63 des Reichsges.

a) von Amts wegen angeordnet werden;

b) auf Antrag eines Beteiligten.

Dem Antrage muß aber nicht stattgegeben werden; derselbe ist vielmehr ablehnbar, sofern eine Verbindung mehrerer Versteigerungen faktische oder rechtliche Schwierigkeiten oder Nachteile für einzelne Beteiligte bringen würde.[3])

4. **Der späteste Zeitpunkt für den Erlaß des Beschlusses auf Verbindung bisher gesonderter Verfahren** zu einem ist nach dem Gesetze nicht zweifelfrei. Der Zeitpunkt der Verbindung

a) Der Verbindungsbeschluß von Amts wegen ist nicht mehr angängig, wenn in einer der zu verbindenden Versteigerungen bereits ein Versteigerungstermin ansteht und nur bei Aufhebung desselben die Verbindung möglich ist (weil sonst die sogen. Versteigerungsfrist für die anderen zu verbindenden Versteigerungen nicht mehr gewahrt werden kann, vgl. § 43 des Reichsges.). Das Rechtsmittel gegen den Verbindungsbeschluß.

Jene Terminsverlegung würde hier eine Fristbewilligung an den zu exekutierenden Subhastaten enthalten, zu welcher das Vollstreckungsgericht nicht befugt ist.

b) Auf Antrag oder mit Zustimmung des betreibenden Gläubigers kann der Verbindungsbeschluß auch nach Anberaumung eines Versteigerungstermins in einer Sache unter Aufhebung des letzteren erfolgen.

Freilich kommt durch Antrag oder Bewilligung der Aufhebung des Versteigerungstermins eine einstweilige Einstellung des Verfahrens zu stande (§ 30 Abs. 2 des Reichsges.), so daß damit das Recht des Gläubigers, die Versteigerung des einen Grundstücks noch einmal einstweilen einstellen zu lassen, verloren geht (vgl. S. 76).

Abschnitt II.

Das Versteigerungsverfahren mehrerer — nicht gesamtbelasteter — Grundstücke in einem Verfahren.

1.

Die Art des Ausgebots mehrerer Grundstücke in einem Verfahren.

(§§ 18, 63 des Reichsges.)

Ausgebot mehrerer — nicht gesamtbelasteter — Grundstücke eines Verfahrens.

A.

Der leitende Gesichtspunkt.

Die Verbindung der Versteigerung mehrerer Grundstücke in einem Verfahren wird von dem rechtlichen Gesichtspunkt beherrscht: für jedes einzelne Grundstück ein einzelnes Versteigerungsgeschäft.

---

[3]) Kontrovers ist, ob und welches Rechtsmittel gegen einen Verbindungsbeschluß gegeben ist. Fischer u. Schaefer Anm. 2 zu § 18 verneinen die Zulässigkeit einer Beschwerde, Wolff Anm. 4 zu § 18 gewährt die sofortige Beschwerde aus § 95 des Reichsges., Jaeckel Anm. 2 zu § 18 gibt die sofortige Beschwerde aus § 793 CPO. Das zunächst zulässige Rechtsmittel

B.

Die rechtliche Konsequenz des leitenden Gesichtspunkts.

Die Regel.

I. **Die Regel** ist: Jedes einzelne Grundstück ist einem Verfahren einzeln auszubieten, wenn letzteres auch die Versteigerung mehrerer Grundstücke betrifft (§ 63 Abs. 1 des Reichsges.).

II. **Die Ausnahmen** von der Regel normiert das Reichsges. unter besonderen Voraussetzungen in dreifacher Richtung:

1. Anstatt der Einzelausgebote der einzelnen Grundstücke nur ein Gesamtausgebot aller Grundstücke (§ 63 Abs. 5).
2. Neben dem Einzelausgebot der einzelnen Grundstücke ein Gesamtausgebot aller Grundstücke (§ 63 Abs. 2).
3. Neben dem Einzelausgebot der einzelnen Grundstücke, und neben dem Gesamtausgebot aller Grundstücke noch ein Gesamtausgebot einiger Grundstücke (§ 63 Abs. 2).

Die drei Ausnahmen.

A. Die Voraussetzungen der Ausnahmen:

Zu 1: Der Fortfall der Einzelausgebote der einzelnen Grundstücke und an ihrer statt die Vornahme nur eines Gesamtausgebots aller Grundstücke muß eintreten, wenn die im Versteigerungstermin „anwesenden Beteiligten, deren Rechte bei der Feststellung des geringsten Gebots nicht zu berücksichtigen sind", dem Unterbleiben des Ausgebots zustimmen.

Diejenigen, deren Rechte und Ansprüche durch das geringste Gebot gedeckt sind, brauchen sonach nicht zu stimmen.

Das Vorliegen der Zustimmung aller übrigen **anwesenden** Beteiligten zum Unterlassen der Einzelausgebote, macht diese unzulässig und zwingt zur Vornahme eines Gesamtausgebots. Es ist klar, daß außer dem anwesenden betreibenden Gläubiger auch der anwesende Schuldner zustimmen muß, mit Rücksicht auf sein Recht auf eine eventuelle Hyperocha.

Kontrovers ist, ob ein anwesender Mieter und Pächter zustimmen muß. Dies wird nach der ratio des § 63 Abs. 2 zu verneinen sein; er hat im Sinne dieses Paragraphen nicht: „von dem Gesamtausgebot ein angemessenes Ergebnis zu erwarten." Gl. A. Jaeckel, Anm. 2 zu § 64; a. M. Wolff, Anm. 4 zu § 63.

Zu 2: Neben dem Einzelausgebot der einzelnen Grundstücke muß gleichzeitig ein Gesamtausgebot aller Grundstücke vorgenommen werden, wenn auch nur ein „Beteiligter" einen Antrag auf ein solches doppeltes Ausgebot stellt.

Zweifelhaft ist hier wiederum, wer ist im Sinne des Abs. 2 des § 63 des Reichsges. ein „Beteiligter"? Ist es nur ein Beteiligter, dessen Anspruch nicht im geringsten Gebot berücksichtigt ist (wie im § 63 Abs. 5 vorstehend zu 1), oder auch ein Beteiligter, dessen Anspruch im geringsten Gebot berücksichtigt ist? Nach dem

---

ist indessen das der Erinnerung aus § 766 CPO., denn der Verbindungsbeschluß betrifft „das vom Vollstreckungsgericht (vgl. Entsch. des RG. Bd. XVI S. 317) zu beobachtende Verfahren". Erst gegen die auf die Erinnerung erlassene vollstreckungsgerichtliche Entscheidung ist die sofortige Beschwerde gegeben (vgl. die cit. Entsch. des RG. Bd. XVI S. 319). Zu der Erinnerung und Beschwerde ist jeder Beteiligte legitimiert (vgl. Entsch. des RG. Bd. XXXIV S. 378).

Wortlaut des Abs. 2 des § 63 müßte auch der Letztgenannte hier als antragsberechtigt erachtet werden.[4]) Nach der autentischen Interpretation der Denkschrift wird man die Frage aber mit der herrschenden Ansicht zu verneinen haben. **Sonderparagraph § 18, § 63 des Reichsges.**

In der Praxis ist ferner zweifelhaft, ob ein Antrag aus § 63 Abs. 2 auf Vornahme eines Gesamtausgebots neben den Einzelausgeboten auch schriftlich vor dem Versteigerungstermin stellbar ist. Auch das ist zu bejahen; einmal kennt das Reichsgesetz eine technisch-prozessualmündliche Verhandlung im Sinne der CPO. überhaupt nicht (S. 2 Anm. 1!), und ferner ist eine Beschränkung wie im Abs. 5 des § 63 im Abs. 2 dieses Paragraphen nicht gemacht.

Zu 3: Neben dem Einzelausgebote mehrerer Grundstücke und neben dem Gesamtausgebot aller Grundstücke

α) **muß** ferner noch ein Gesamtausgebot **einiger** Grundstücke vorgenommen werden, sofern die „letzteren mit einem und demselben Rechte", also **korrealiter** belastet sind und ein Beteiligter ein solches Gesamtausgebot beantragt;

β) **kann** noch ein Gesamtausgebot **einiger** Grundstücke vorgenommen werden, wenn diese auch nicht **korrealiter** belastet sind, ein Beteiligter aber ein solches Gesamtausgebot beantragt und das Vollstreckungsgericht auch ein solches Gesamtausgebot für angemessen erachtet.[5])

Antragsberechtigt ist auch in diesem Falle zu 3 jeder Beteiligte, wie aus dem zu 2 dargelegten erhellet, dessen Recht im geringsten Gebot (im weiten Sinne, S. 32) **nicht** berücksichtigt ist.[6])

Eine Exemplifikation[7]) zu dem Dargelegten: **Ein Beispiel.**

	auf 4 Grundstücken stehen			
	a	b	c	d
	Abt. III.	Abt. III.	Abt. III.	Abt. III.
im geringsten Gebot	1. 1000 M. für A	1. 2000 M. für B	1. 4000 M. für C	1. 5000 M. für D
	2. vakat	2. 6000 M.	2. 6000 M.	2. vakat
		für H		
	3. 800 M. für K			3. 600 M. für J

Betreibender Gläubiger **Personal**gläubiger N Eigentümer O (im Termin sind alle anwesend).

[4]) Jaeckel, Anm. 3 zu § 64, Fischer u. Schaefer Anm. 2 zu § 63.

[5]) Das Vollstreckungsgericht braucht also dem Antrage zu 3 β nicht stattzugeben.

[6]) Jaeckel Anm. 3 b spricht in den vorstehenden Fällen zu 3 β eine Antragsberechtigung nicht nur den Beteiligten ab, deren Rechte im geringsten Gebote berücksichtigt sind, sondern auch den Beteiligten, welche ihre „Befriedigung nur aus Grundstücken zu suchen haben, auf denen das Recht nicht mithaftet." Für diese letztere Beschränkung in den vorstehenden Fällen zu 3 β gegenüber den Fällen zu 2 fehlt, wenn die weitergreifende Vorschrift des Abs. 5 des § 63 berücksichtigt wird, jede positivgesetzliche wie legislatorische Begründung. Gl. A., aber nur z. T., Reinhard Anm. II 3 a zu § 63. Fischer u. Schaefer Anm. 2 c β: „wenn der nicht aus der Gesamtbelastung Berechtigte in Ansehung eines der von dem Antrage betroffenen Grundstücks Beteiligter ist und an dem Gesamtausgebote ein mögliches (!) Interesse hat". Allein wenn eine solche Beschränkung im Abs. 2 Satz 2 des § 63 vom Gesetz gewollt wäre, müßte sie nicht ex eadem causa auch für Abs. 5 des § 63 gelten? Dies letztere ist aber bei der zweifelsfreien Fassung des Abs. 5 bisher noch nicht vertreten worden!

[7]) Die zahlreichen Exemplifikationen dieses und des folgenden Sonderparagraphen werden durch die Schwierigkeiten der Gesamtversteigerung gerechtfertigt.

Liegt die Zustimmung des K, J, N, O vor, so hat das Einzelausgebot zu unterbleiben und nur das Gesamtausgebot hat zu erfolgen (Vorstehend zu 1).

Auf Antrag jedes der genannten Beteiligten K oder J oder N oder O **muß** Einzelausgebot und daneben Gesamtausgebot **aller** Grundstücke vorgenommen werden (vorstehend zu 2).

Auf Antrag jedes der genannten 4 Beteiligten muß neben Einzelausgebot, neben Gesamtausgebot **aller** Grundstücke auch noch ein Gesamtausgebot, **jedoch nur der beiden korrealiter** belasteten Grundstücke b und c erfolgen (vorstehend zu 3). (Nach der Jaeckelschen Ansicht könnte bei vorliegendem Sachverhalt ein Gesamtausgebot der beiden Grundstücke b und c nur auf Grund eines Antrags des betreibenden Gläubigers N und des Eigentümers O **obligatorisch** werden. Denn Jaeckel versagt ein bezügliches Antragsrecht der anderen Beteiligten K und J, weil sie „ihre Befriedigung nur aus Grundstücken zu suchen haben, auf denen das Gesamtrecht **nicht** mithaftet.")

Auf Antrag eines jeden der genannten Beteiligten K, J, N und O kann das Vollstreckungsgericht neben Einzelausgebot, Gesamtausgebot aller Grundstücke, dem Gesamtausgebot der Grundstücke b und c, wie auch noch z. B. ein Gesamtausgebot nur der Grundstücke a und b beschließen.

Die mit ihren Rechten im geringsten Gebot berücksichtigten Beteiligten A, B, C, H und D aber **können keinen** der gedachten Anträge stellen.

Das Vollstreckungsgericht wird aber in allen Fällen **nicht obligatorisch** gebotener Gesamtausgebote solche **nur aus zwingenden Gründen** beschließen. Denn die Häufung mehrfacher Ausgebote bringt bietungslustigen Forensen aus Laienkreisen schwer übersehbare Kompliziertheiten.

Ein Blick auf die bei mehrfachen Ausgeboten notwendige Fassung des Versteigerungsprotokolls wird dies sofort zeigen.

Im umseitigen Falle zu 3 α müßte z. B. im vorliegenden Beispielsfalle das Protokoll schon dahin gefaßt werden:

Es boten:

1 auf das Grundstück a	2 auf das Grundstück b	3 auf das Grundstück c	4 auf das Grundstück d	5 auf d. sämtlichen Grundstücke abcd	6 auf die Grundstücke b c
Müller 400 M.	Schulze 600 M.	Gottfurt 1000 M.	Müller 2000 M.	Schröder 4000 M.	Schneider 8000 M.
Schulz 800 M.	Müller 800 M.	Mayer 500 M.	Constantin 4000 M.	Hesse 6000 M.	Topp 15 000 M.

Nun braucht zu diesem sozusagen formellrechtlichen 6fachen Ausgebot nur noch je ein materiellrechtliches Doppelausgebot z. B. gemäß § 9 des Einf.Ges. zum RZVG. und Art. 6 des preuß. Ausf.Ges. zum RZVG. mit oder ohne Übernahme eines Altenteils (vgl. S. 34) hinzukommen, dann wären sofort 12 Ausgebote zu formulieren, also:

1 auf das Grundstück a		2 auf das Grundstück b		
mit Übernahme des Altenteils	ohne Übernahme des Altenteils	mit Übernahme des Altenteils	ohne Übernahme des Altenteils	usw.
Müller 400 M.	Schulz 450 M.	Schulze 600 M.	Mayer 700 M.	

Es ist klar, daß derartige Kompliziertheiten die Bietungslust herabmindern.

Art und Folge der Einzelausgebote neben Gesamtausgebote.

B. Die ausnahmsweise Vornahme von Gesamtausgeboten neben Einzelausgeboten kann so geschehen, daß erstere vor oder nach den letzteren geschehen (§ 63 Abs. 3 des Reichsgeſ.).

Beide Ausgebote können aber unbedenklich auch gleichzeitig geschehen.

Der Schluß der Versteigerung mit beiden Arten der Ausgebote muß aber gleichzeitig geschehen.

Nur wenn letzteres geschieht, ist ja zweifelsfrei feststellbar, welches der beiden Ausgebote das höchste Ergebnis gebracht hat.

Sonderparagraph § 18, § 63 des Reichsges.

Denn:

C. Die Vornahme von Gesamtausgeboten neben Einzelgeboten wird von dem leitenden Gesichtspunkte: für jedes einzelne Grundstück ein einzelnes Ausgebot, auch insofern beherrscht: als auf ein Gesamtausgebot ein Zuschlag nur dann erteilt werden darf, wenn dasselbe höher ist, als die Summen, also das Gesamtergebnis aller Einzelausgebote (§ 63 Abs. 4 des Reichsges.).

C.

Die Formulierung des geringsten Gebots in der Versteigerung mehrerer — nicht gesamt-belasteter — Grundstücke in einem Verfahren.[8])

Die Formulierung des geringsten Gebots.

a.

Die einzelnen Grundstücke werden nur einzeln ausgeboten.

Das allein statthabende Einzelausgebot einzelner (nicht korrealiter belasteter) Grundstücke in einem Verfahren veranlaßt, wie ohne weiteres klar, **keine Besonderheit** für die Formulierung des geringsten Gebots.

Nur Einzelausgebote werden vorgenommen.

Das geringste Gebot wird für jedes einzelne Grundstück gesondert und genau so formuliert, als wäre nur das einzelne Grundstück zu versteigern.

b.

Die einzelnen Grundstücke werden nur gesamt ausgeboten.

Nur ein Gesamtausgebot erfolgt.

Das allein statthabende Gesamtausgebot der verschiedenen Grundstücke veranlaßt die Formulierung des geringsten Gebots so, **als bildeten die letzteren nur ein Grundstück.**

Die einzelnen Rechte, welche bei dem Einzelausgebot des einzelnen Grundstücks in das geringste Gebot gehören, werden zusammen gefaßt in ein geringstes Gebot eingestellt.

Die Grundstücke A und B werden gemeinsam versteigert.

Bei Einzelausgebot des A		Bei Einzelausgebot des B	
bliebe bestehen: Abt. III Nr. 1	10 000 M.	bliebe bestehen: Abt. III Nr. 1	2000 M.
an Kosten rc. wären bar zu zahlen	2 000 M.	an Kosten rc. wären bar zu zahlen	50 M.

Die Versteigerungsbedingungen für das **Gesamt**ausgebot haben danach zu lauten:

Es bleiben bestehen:

1. Auf dem Grundstück A die Post Abteilung III Nr. 1 von 1000 M.
2. „ „ „ B „ „ „ III „ 1 „ 2000 „

die bar zu zahlende Summe: also das geringste Gebot (im engen Sinne, vgl. S. 32) beträgt 200 M.
\+ 50 M.
= 250 M.

---

[8]) Über die Formulierung des geringsten Gebots bei der Versteigerung mehrerer korrealiter belasteter Grundstücke vgl. folgenden Paragraph 31.

c.

Einzelausgebote und Gesamtausgebote erfolgen.

Die Grundstücke werden einzeln zu je einem Einzelausgebot und daneben insgesamt zu einem Gesamtausgebot versteigert.

Das neben dem Einzelausgebot der einzelnen Grundstücke zugleich statthabende Gesamtausgebot aller (oder einiger) Grundstücke erfordert aber die Formulierung des geringsten Gebots dahin:

Das **geringste Gebot** ist **für jedes einzeln** ausgebotene Grundstück zu formulieren, wie vorstehend unter a erwähnt.

Daneben ist das **geringste Gebot für das Gesamtausgebot** der gemeinsam versteigerten Grundstücke zu formulieren, wie vorstehend unter b erwähnt.

Die Rechtsregel des § 63 Abs. 4 des Reichsges.

Allein im Laufe der Versteigerung mit einem Einzelausgebot neben einem Gesamtausgebot hat das zunächst festgestellte geringste Gebot des letzteren in einem Falle **eine Erhöhung** zu erfahren, welche der Abs. 4 des § 63 des Reichsges. wie folgt bestimmt:

„Wird bei dem Einzelausgebot auf eines der Grundstücke ein Meistgebot abgegeben, das mehr beträgt als das geringste Gebot für dieses Grundstück, so erhöht sich bei dem Gesamtausgebote das geringste Gebot (im engeren Sinne S. 32) um den Mehrbetrag."

Diese Bestimmung — nicht nur für jüngere Juristen nach Inhalt und Grund eine wahres Kreuz — ist an einer Exemplifikation am schnellsten verständlich:

Ein Beispiel.

Es stehen mit Einzelausgebot und auch mit Gesamtausgebot zur Versteigerung die Grundstücke:

A	A
Auf A stehen:	**Auf B stehen:**
Abt. III Nr. 1 1000 M. für M,	Abt. III Nr. 1 2000 M. für O,
Nr. 2 4000 M. für N	Nr. 2 1500 M. für P.

Das geringste Gebot besteht bei beiden Grundstücken nur in einem Barbetrag an Kosten und zwar bei jedem von je 200 M., die Hypotheken bleiben mithin nicht bestehen.

Das geringste Gebot beträgt mithin:

Beim Einzelausgebot:		**Beim Gesamtausgebot:**
für Grundstück A 200 M.	für Grundstück B 200 M.	für Grundstück A und B 400 M.

Es wird geboten zunächst für A 3700 M.

sofort ist im **Gesamtausgebot im geringsten Gebot** einzufügen:

Das geringste Gebot hat sich gemäß § 63 Abs. 4 erhöht um 3500 M.

Mehrbetrag des Einzelausgebots für Grundstück A über dessen geringstes Gebot.

Es wird ferner geboten für B 1300 M.

sofort ist **im Gesamtausgebot im geringsten Gebot** einzufügen:

Das geringste Gebot hat sich gemäß § 63 Abs. 4 weiter erhöht um 1100 M.

Mehrbetrag des Einzelausgebots für Grundstück B über dessen geringstes Gebot.

Es wird schließlich geboten für Grundstück A und B 6100 M.

Der Zuschlag ist nun (vgl. vorhergehende Seite unter 203) gemäß § 63 Abs. 4 letzter Satz auf das Gesamtausgebot für beide Grundstücke auf das Gesamtgebot von 6100 M. zu erteilen, da dieses höher als die einzelnen Einzelausgebote zusammen (die eben nur 5000 M. betragen). **Sonderparagraph. §§ 18, 63, 112 des Reichsges.**

Warum schreibt nun § 63 Abs. 4 die vorerwähnten Erhöhungen des geringsten Gebots beim Gesamtausgebot vor?

Die Antwort ergibt der § 112 des Reichsges., welcher bestimmt: bei der Erlösverteilung rücksichtlich mehrerer zu einem Gesamtgebot zugeschlagener Grundstücke sind zunächst aus dem Gesamterlös die Kosten des Verfahrens zu berichtigen. Der Rest des Gesamterlöses wird im Verhältnisse des Werts[9]) der zugeschlagenen Grundstücke auf diese anteilsweise verteilt; reicht dieser auf das einzelne Grundstück entfallende Erlösanteil nicht aus, um die „Ansprüche (auf dem einzelnen Grundstücke) zu befriedigen, welche durch das bei dem Einzelausgebot für das Grundstück erzielte Meistgebot gedeckt werden", so ist der Anteil des einzelnen Grundstücks am Gesamterlös um den Fehlbetrag zu erhöhen[10]).

Wiederum wird eine Exemplifikation diese Vorschrift des § 112 und damit den Grund des § 63 Abs. 4 klarer stellen:

Die Grundstücke A und B des eben gedachten Beispiels wollen wir als gleichwertig annehmen.

Wären nun die Vorschriften des § 63 Abs. 4 und § 112 nicht vorhanden, dann wäre die Erlösverteilung vorzunehmen gewesen: **Eine Exemplifikation der Tragsweite des § 63 Abs. 4.**

Gesamtgebots-Erlös 6100 M.
ab 400 „ Kosten
= 5700 M.

verteilt zu je 1/2 auf Grundstück A mit 2850 M.	auf Grundstück B mit 2850 M.
die Hypothekengläubiger auf Grundstück A erhielten	die Hypothekengläubiger auf Grundstück B erhielten
der M 1000 M.	der O 2000 M.
der N 1850 „	P 850 „
N fiel aus mit 1150 „	P fiel aus mit 650 „

Das Ergebnis wäre doch offensichtlich ungerecht, denn der Hypothekengläubiger N auf dem Grundstück A fällt mit 1150 M. aus, wiewohl im **Einzelausgebot** auf das Grundstück A **allein** schon 3700 M. geboten war. N hätte somit — wenn das Grundstück A allein versteigert worden wäre — auf seine Forderung erhalten 3700 M.
— 200 „ (Kosten)
— 1000 „ (Hypothekenforderung des vorgehenden M)
bleibt 2500 M.
wäre also nur mit 500 M. ausgefallen.

---

[9]) Die Wertsermittelung der Grundstücke wird nur in den Fällen der §§ 64, 112 des Reichsges. in der Zwangsversteigerung erforderlich. Reichsgesetzlich sind Grundsätze über die Wertsermittelung nicht aufgestellt; die bezüglichen Vorschriften überläßt § 11 des Einf.Ges. zum RZVG. der Landesgesetzgebung. Im preußischen Rechtsgebiete ist gemäß Art. 8 des Ausf.Ges. zum RZVG. der Wert des Grundstücks auf den 40fachen Betrag des Grundsteuer-Reinertrags und das 25fache des Gebäudesteuer-Nutzungswerts zu beziffern. Diese Art der Wertsermittelung ist aber oft nicht zutreffend. Der Art. 8 cit. ermächtigt deshalb das Vollstreckungsgericht, wo Bedenken gegen die Richtigkeit jenes Wertsbestimmungsmodus sich ergeben, den Wert nach freiem Ermessen, nötigenfalls unter Zuziehung von Sachverständigen, festzustellen (vgl. S. 2 Anm. 1).

[10]) Der weitere Inhalt des § 112 bezieht sich auf die Erlösverteilung bei dem Gesamtgebot auf korrealiter verhaftete Grundstücke. Hierüber S. 220 ff.

Um einen solchen unberechtigten Nachteil bei einem Gesamtausgebot zu vermeiden, ist § 63 Abs. 4 des Reichsges. geschaffen, damit wie die Denkschrift sagt: „Die Deckung, welche ein Beteiligter durch das Einzelgebot gefunden hat, ihm auch für das Gesamtausgebot gesichert wird."

Nach § 63 Abs. 4 im Verein mit § 112 des Reichsges. erfolgt dagegen die Erlösverteilung im Beispielsfalle wie folgt:

Gesamtgebots-Erlös 6100 M.
davon gehen ab 400 „ Kosten
bleiben 5700 M.

Diese 5700 M. **zunächst** im Wertsverhältnisse, also mit:

1/2	1/2
auf Grundstück A	auf Grundstück B

verteilt, ergibt zunächst

auf Grundstück A	auf Grundstück B
2850 M.	2850 M.

Hierauf aber ist mit Rücksicht auf den vorgedachten Grund und Inhalt des § 63 Abs. 4 zit. zu prüfen:

Erreicht die einzelne (nach seinem **Wert** berechnete) Anteilssumme des Einzelgrundstücks an der Gesamtbarerlössumme auch den Betrag der auf das **einzelne** Grundstück gebotenen Einzelgebotssumme?

Da zeigt sich denn im Beispiel, daß auf das Grundstück A über das geringste Gebot desselben von 200 M. (Kosten) hinaus **3500** M. geboten wurden.

Auf das Grundstück A wären mithin, wenn nur Einzelausgebot erfolgt wäre, 3500 M. verteilt worden. Infolge des Gesamtausgebots kommt aber als wertsmäßiger Anteil des Grundstücks A in der Gesamtausgebotssumme nur 2800 M. in Ansatz, also der Einzelausgebotssumme gegenüber 650 M. weniger.

(Dieses Minus einer wertanteilsmäßigen Summe eines Einzelgrundstücks an der Gesamtbarerlössumme — gegenüber seiner Einzelgebotssumme — soll ja aber nach § 63 Abs. 4 vermieden und deshalb aus der Gesamtbarerlössumme ersetzt werden. Diese **muß** ja hierzu stets ausreichen, eben weil hier ihr geringstes Gebot — wie wir gesehen — sich fortgesetzt um die Summen erhöht, welche im Einzelausgebot auf die einzelnen Grundstücke geboten werden.)

Es sind daher gemäß § 63 Abs. 4, 112 nunmehr zu verteilen:

auf Grundstück A	auf Grundstück B
zu 2850 M.	2850 M.
noch 650 „	davon ab 650 „ (zu Gunsten A's)[11]
= 3500 M.	bleiben 2200 M.

Der M bekommt daher auf seine 1000 M. am Grundstück A voll 1000 M., der N bekommt auf seine 3000 M. am Grundstück A den Rest mit 2500 M. N fällt also nur mit 500 M. aus, also nur mit dem Betrage aus, mit welchem er auch ausgefallen wäre, wenn das Grundstück A allein zu einem Einzelausgebot versteigert worden wäre.

Die weittragende, gerecht ausgleichende Bedeutung des lapidar kurzen § 63 Abs. 4 — welcher in praxi so schwer erfaßt wird — dürfte hiernach augenfällig sein!

Mit der soeben erfolgten Besprechung des § 112 Abs. 3 des Reichsges. ist zum Teil schon dargestellt:

Die Erlösverteilung bei der Versteigerung mehrerer — nicht gesamtbelasteter Grundstücke in einem Verfahren.

2.

Die Erlösverteilung bei der Versteigerung mehrerer — nicht gesamt belasteter — Grundstücke in einem Verfahren.

(§ 112 des Reichsges.)

a.

Die einzelnen Grundstücke sind nur einzeln ausgeboten und einzeln zugeschlagen.

Die Grundstücke sind nur einzeln ausgeboten und zugeschlagen.

Sind die **einzelnen Grundstücke** auf **Einzelausgebot einzeln** zugeschlagen, dann erfolgt natürlich auch eine **für jedes einzelne Grundstück** einzelne Erlösverteilung genau so, wie im gewöhnlichen Verfahren.

---

[11]) Auf das Grundstück B war im Einzelausgebot nur 1300 M. geboten, da **zunächst**

Sonderparagraph. § 112 b. Reichsges.

b.

Die einzelnen Grundstücke sind zu einem Gesamtgebot zugeschlagen.

Die Grundstücke sind zu einem Gesamtgebot zugeschlagen.

Sind die einzelnen Grundstücke auf ein **Gesammtausgebot zusammen zugeschlagen,** dann muß — wie wir schon erwähnt — der Gesamterlös auf die einzelnen Grundstücke **nach dem Verhältnisse ihrer Werte verteilt** werden.

Dem Gesamterlös wird aber vor der Verteilung der Betrag der Kosten des Verfahrens abgezogen. Der erst hiernach verbleibende Überschuß des Gesamterlöses wird auf die einzelnen Grundstücke nach ihrem Werte verteilt (§ 112 Abs. 1.)

Der Wert der einzelnen Grundstücke, welcher ihren Anteil am Gesamterlös bestimmt, wird, wie Anm. 9 S. 205 erwähnt, nach dem 40fachen Betrage des Grundsteuer-Reinertrags und dem 25fachen Betrage des Gebäudesteuernutzungswerts event. nach richterlichem Ermessen bestimmt.

Diese Feststellung des Werts der einzelnen Grundstücke einerseits und des Versteigerungserlösbetrages andererseits ergeben aber nur **dann schon den Anteil** des einzelnen Grundstücks am Gesamterlös, wenn letzterer lediglich in einer **baren Summe** besteht und die **Grundstücke nicht mit bestehen bleibenden Rechten** belastet sind.

Der materiell rechtliche Begriff des Versteigerungserlöses besteht doch (wie S. 55 erwähnt) in dem Entgelt für das einzelne Grundstück. Dieser Entgelt setzt sich daher zusammen aus dem Betrage der bestehen bleibenden Rechte + der Barsumme des Meistgebots.

Es ist doch klar, daß, wenn Jemand z. B. ein Grundstück erwirbt, in dem er 9000 M. bestehen bleibende Rechte übernimmt und 9000 M. bar zahlt, er das Grundstück mit 18000 M. entgeltlich erworben hat, den Wert des einen Grundstücks auf 18000 M. beziffert hat.

Es ergibt sich hieraus daher, daß, wenn die einzelnen **zu einem Gesamtausgebot** zugeschlagenen Grundstücke mit bestehen bleibenden Rechten belastet sind (§ 91 des Reichsges.)[12]), der Gesamterlös solcher Grundstücke — wie § 112 Abs. 2 folgerichtig bestimmt — aus der **Summe der bestehen bleibenden Rechte zusammengerechnet mit dem Gesamtbarerlösbetrag** besteht.

Sind:

	Grundstück A		**Grundstück B**	
mit	Abt. III 1 1000 M.		Abt. III 1 2000 M.	belastet, welche
	„ III 2 2000 M.		„ III 2 3000 M.	bestehen bleiben.

Der Gesamtbarerlös für beide Grundstücke (nach Abzug der Kosten des Verfahrens) beträgt 4000 M.:

Dann ist der Gesamterlös der beiden Grundstücke 1000 + 2000 + 2000 + 3000 + 4000 = 12000 M.

2850 M. auf B vom Gesamterlös zu verteilen sind, so bedarf, wie augenfällig, der Erlösanteil des Grundstücks B keiner Erhöhung; jene 2850 M. reichen vielmehr — (über die Einzelausgebotssumme des Grundstücks B hinaus) — zu einem Abzug von 650 M. zu Gunsten des Erlösanteils des Grundstücks A aus!

[12]) Nur der nach § 91 Abs. 1, nicht auch die nach § 91 Abs. 2 auf Abrede zwischen Ersteher und Gläubiger bestehen bleibenden Rechte können hier in Betracht kommen. Rücksichtlich

Es muß sonach, wie § 112 Abs. 2 bestimmt, bei dem Gesamtausgebot von Grundstücken mit bestehen bleibenden Rechten, um zunächst den Quotenanteil des einzelnen Grundstücks am Gesamterlös und damit schließlich am Gesamt**bar**erlös zu erhalten:

α) **zunächst** der zu verteilende Gesamterlös dahin beziffert werden, daß **die Summe aller bestehen bleibenden Rechte und die Summe des Gesamtbarerlöses zusammen**gerechnet werden.

Diese Gesamtsumme wird zunächst nach dem Verhältnisse der Werte der einzelnen Grundstücke auf diese **verteilt.**

Nun haben aber an **diesem** Betrage der **Gesamt**summe des Versteigerungserlöses die einzelnen Grundstücke in Höhe der je auf ihnen bestehen bleibenden Rechte doch schon einen Betrag **jener** Gesamtsumme sozusagen vorweg erhalten.

Soll daher nunmehr der **bare Quotenanteil** am **baren Gesamt**erlös für jedes einzelne Grundstück gefunden werden, so muß:

β) **der nach dem Wertsverhältnisse des einzelnen Grundstücks** auf dieses **verteilte Betrag** jener **Gesamt**summe des Versteigerungserlöses **um die Summe der Rechte**[13]) **gekürzt werden, welche auf dem einzelnen Grundstück bestehen bleiben;** damit ist dann der Anteil des einzelnen Grundstücks an dem Gesamt**bar**erlös erst richtig gefunden.

Um in dem gedachten Beispiel stehen zu bleiben:

Auf den Grundstücken A und B, welche zusammen zugeschlagen sind und deren Wertsverhältnisse 1 : 2 sind, müssen auf

A	B
bestehen bleiben	bestehen bleiben
Abt. III 1 1000 M.	Abt. III 1 2000 M.
2 2000 „	2 3000 „

Gesamt**bar**erlös 4000 M. (nach Abzug der Kosten des Verfahrens).
Gesamt**versteigerungs**erlös 1000 + 2000 + 2000 + 3000 + 4000 = **12000** M.
Verteilt im Wertsverhältnisse der Grundstücke von 1 : 2 ergibt:

zu 1/3 auf A		zu 2/3 auf B	
gibt 4000 M.		gibt 8000 M.	
davon gehen ab 1000 „	(Post Abt. III 1)	davon gehen ab 2000 „	(Post Abt. III 1)
+ 2000 „	(Post Abt. III 2)	+ 3000 „	(Post Abt. III 2)
bleibt 1000 M.		bleibt 3000 M.	

Diese Summen sind sonach die Anteile[14]) der beiden gesamt zugeschlagenen Grundstücke an dem **Gesamtbar**erlöse, und jede dieser Summen ist nun auf die einzelnen Rechte des einzelnen Grundstücks zu verteilen, welche nicht bestehen geblieben, daher nach § 91 Abs. 1 des Reichsges. erlöschen und deshalb aus dem Barerlöse zu befriedigen sind.

---

der nach § 91 Abs. 2 bestehen bleibenden Rechte (vgl. S. 162 Anm. 3) ist der endgiltige Fortbestand — mindestens in quanto — erst nach Schluß des Erlösverteilungstermins außer Zweifel. Gl. A. Jaeckel Anm. 2 zu § 112; a. M. Fischer-Schaefer Anm. 3 zu § 112, Günther I S. 134.

[13]) Sind die bestehen bleibenden Rechte nicht Hypotheken, Grund- oder Rentenschulden, so muß ihr Wert abgezogen werden (vgl. § 51 des Reichsges.).

[14]) Daß von diesem also gewonnenen Anteil des einzelnen Grundstücks aber unter Umständen noch ein Betrag zu Gunsten des Anteils des anderen Grundstücks nach Maßgabe des Abs. 3 des § 112, § 63 Abs. 4 des Reichsges. abzuziehen ist, wenn neben dem Gesamtausgebot auch Einzelausgebote statthatten, darüber siehe das vorgehend (S. 205, 206) Gesagte.

Das Zwangsversteigerungsverfahren mehrerer Grundstücke in einem Verfahren braucht aber nicht stets zum Zuschlag und hiernach zur Erlösverteilung rücksichtlich aller Grundstücke zu führen. Denn § 76 des Reichsges. bestimmt:

Sonderparagraph. § 76 d. Reichsges.

Abschnitt III.

Die bei der Versteigerung mehrerer Grundstücke in einem Verfahren ausnahmsweise Einstellung der Versteigerung einiger Grundstücke bei Deckung des Gläubigers durch ein Einzelausgebot.

(§ 76 des Reichsges.)

Einstellung der Mitversteigerung einzelner Grundstücke.

I. **Die Versteigerung mehrerer Grundstücke kann ohne weiteres beantragt werden und muß eingeleitet werden,** ohne daß dem Vollstreckungsgericht die Befugnis gegeben ist — etwa wie in der Mobiliarzwangsvollstreckung gemäß § 803 CPO. — eine Ausdehnung der Zwangsvollstreckung auf alle Grundstücke abzulehnen.[15])

Den **Fortgang der Versteigerung mehrerer Grundstücke in einem Verfahren hat aber das Vollstreckungsgericht von Amts wegen gemäß § 76 des Reichsges. zu hemmen,** sofern auf eines oder einige Grundstücke soviel geboten ist, daß der Anspruch des Gläubigers gedeckt ist und die Versteigerung aller Grundstücke auch sonst nicht durch das berechtigte Interesse des Gläubigers geboten ist.[16])

Bei dem Vorliegen dieser Voraussetzungen ist vom Vollstreckungsgericht das Verfahren rücksichtlich derjenigen Grundstücke, deren fernere Versteigerung entbehrlich, einstweilen einzustellen.

Diese einstweilige Einstellung des Verfahrens nimmt jedoch dem betreibenden Gläubiger nicht das Recht, binnen drei Monaten nach dem Verteilungstermin (Abweichung von § 31 Abs. 2 des Reichsges.!) die Fortsetzung des Verfahrens zu beantragen, wenn er daran ein berechtigtes Interesse hat, z. B. wenn schließlich in der Erlösverteilung über das versteigerte Grundstück sich herausstellt, daß der Anspruch des betreibenden Gläubigers noch nicht voll gedeckt ist.

Bei der Nichtstellung des Antrags auf Verfahrensfortsetzung binnen drei Monaten sieht das Reichsgesetz den Versteigerungsantrag als zurückgenommen an, was dann die Aufhebung des Verfahrens durch besonders zuzustellenden Beschluß (§ 32) zur Folge hat (§ 76 des Reichsges.).

Die einzelnen Voraussetzungen

II. **Die prozessualen Voraussetzungen dieses § 76 im einzelnen** sind infolge seiner zu vagen Fassung zweifelhaft und werden deshalb in der Theorie durch deduktive Ergänzungen bestimmt; welche nicht stets zweifelsfreie sind.

---

[15]) Das Reichsgesetz trägt eben dem alten Erfahrungssatze Rechnung, daß Grundstückswerte nicht von vornherein schätzbar, Subhastationsergebnisse unbestimmbar sind.

[16]) Diese Bestimmung des § 76 entspricht dem § 818 CPO., sie ist — wie ohne weiteres ersichtlich — unanwendbar, wenn nur ein Gesamtausgebot der Grundstücke erfolgt.

a) **Die Anordnung einer einstweiligen Einstellung aus § 76 hat von Amts wegen zu geschehen.**

Ein Antrag ist weder seitens des Gläubigers, noch seitens des Schuldners erforderlich.

α) **Ein Widerspruchsrecht** gegen die beabsichtigte Einstellung **verdient** für die zu erlassende Entscheidung **Berücksichtigung** nur:

sofern der betreibende Gläubiger geltend macht, daß er ein berechtigtes Interesse an der Nichteinstellung der Versteigerung der einzelnen Grundstücke hat.

β) Dem Schuldner ist ein, **rechtlich** beachtliches, Widerspruchsrecht gegen die Einstellung im § 76 nicht gewährt. Es ist richtig, daß der § 76 im Interesse des Schuldners geschaffen ist, allein so, wie der § 76 lautet, überträgt er die Wahrnehmung des Schuldnerinteresses ausschließlich dem Vollstreckungsgericht.[17])

γ) Auch anderen Beteiligten ist gegen eine beabsichtigte Einstellung aus § 76 eine **rechtlich** zu beachtende Widerspruchsberechtigung in diesem Paragraph nicht beigelegt.[18]) (Die Rechtsbehelfe dieser Beteiligten enthalten die §§ 268, 1150 BGB.)

b) **Der Inhalt der zwei Bedingungen für die Einstellung aus § 76 erfordert:**

α) **Deckung des Anspruchs des betreibenden Gläubigers aus dem Gebot auf eins oder einige Grundstücke.**

Die Berechnung einer solchen Deckung bestimmt das Reichsgesetz nicht.

Es ist aber klar, daß hierzu eine approximative Wahrscheinlichkeitsrechnung anzustellen ist.

Der Anspruch des Gläubigers nach dem Inhalt des Einleitungsbeschlusses oder Beitrittsbeschlusses ist nur dann gedeckt, wenn das Gebot ausreicht, um die Kosten des Verfahrens, die Barbeträge des geringsten Gebots (vgl. § 49 Abs. 1, § 52 des Reichsges.) **und** den Einleitungs- und Beitrittsbeschlußanspruch zu decken.

Hierbei macht die Berechnung laufender Zinsen des Anspruchs des betreibenden Gläubigers Schwierigkeiten. Bis zu welchem Zeitpunkte sind sie zu berechnen, da sie ja bis zum Erlösverteilungstermin fortlaufen, in diesem erst gezahlt werden, ein solcher noch nicht anberaumt ist? Das Gericht wird hier zwecks Berechnung der laufenden Zinsen behufs Feststellung einer vollständigen Deckung des Anspruchs des Gläubigers sofort die Ansetzung eines Erlösverteilungstermins für die Grundstücke, deren Versteigerung nicht eingestellt wird, in Aussicht nehmen müssen.

β) **Ein mit der Einstellung nicht im Widerspruch stehendes berechtigtes Interesse des betreibenden Gläubigers** bietet die zweite Bedingung für die Einstellung des Verfahrens.

---

[17]) A. M. ohne ausreichende Begründung Jaeckel Anm. 4 zu § 76, welcher die Einstellung aus § 76 „nicht gegen den Willen des Schuldners erfolgen lassen will".

[18]) Jaeckel ist auch hier Anm. 3 zu § 76 anscheinend anderer Ansicht, er konzediert z. B. einem Korrealgläubiger (welcher **nicht betreibender Gläubiger** ist), welchem aber, außer einer Korrealhypothek, im Range hinter dem betreibenden Gläubiger eine Einzelhypothek zusteht, behufs Deckung der letzteren (!), ohne positivrechtliche Begründung, ein Widerspruchsrecht, gegen die Einstellung der Zwangsversteigerung des einzelbelasteten Grundstücks.

Ein solches berechtigtes Interesse des **betreibenden Gläubigers** an der **Durchführung** der Versteigerung aller Grundstücke — trotz Deckung seiner beizutreibenden Forderung — kann (zwar nicht durch § 1132 Abs. 1 BGB. dagegen) durch den Zweck gegeben sein, andere Rechte des Gläubigers an den einzelnen Grundstücken zu sichern oder zur Hebung zu bringen; jenes berechtigte Interesse kann ferner in begründetem Zweifel über die Zahlungsfähigkeit der Meistbietenden liegen; nicht minder kann jenes berechtigte Interesse vorliegen, wenn eine Anfechtbarkeit des Zuschlags rücksichtlich desjenigen Grundstücks in Aussicht steht, auf welches die Versteigerung gemäß § 76 beschränkt werden soll, wodurch die Befriedigung des betreibenden Gläubigers mindestens verzögert werden kann (Denkschr. S. 54).

Sonderparagraph. § 76 d. Reichsges.

Dagegen hat ein berechtigtes Interesse anderer Beteiligter, wie schon erwähnt, hier ganz außer Betracht zu bleiben.[19])

c) **Der Zeitpunkt einer Einstellung aus § 76** ist in diesem nicht ausdrücklich bestimmt. Die Fassung des § 76 im Reichsgesetze, wie im Entwurfe desselben, läßt allerdings zu, die Einstellung der eingeleiteten Mitversteigerung anderer Grundstücke noch vor Schluß der Versteigerung auszusprechen.

Der Zeitpunkt der Einstellung.

Es wird aber das Vollstreckungsgericht verständig und umsichtig nur dann verfahren, wenn es erst nach Schluß der Versteigerung und nach Anhörung des Beteiligten über den Zuschlag gemäß § 74, die Einstellung ausspricht, und zwar gemäß § 33 des Reichsges. durch Versagung des Zuschlags.

Erst mit diesem Zeitpunkte ist sicherer übersehbar, ob überhaupt ein giltiges Gebot und ferner ein den Anspruch des betreibenden Gläubigers deckendes Gebot auf ein oder einige Grundstücke abgegeben ist, so daß die Einstellung des Verfahrens betreffs der übrigen Grundstücke unbedenklicher erscheint.

Nicht zu übersehen ist auch, daß bei Einstellung der Mitversteigerung von Grundstücken vor Versteigerungsschluß, die bisher auf letztere **abgegebenen Gebote erlöschen** (§ 72 Abs. 3); eine selbst für begründet erachtete Beschwerde gegen den Einstellungsbeschluß aus § 95 würde somit ein Neubieten erfordern; bleibt das Bietungsergebnis in dem neuen Termin hinter dem des früheren zurück, so können hieraus **an sich** Regreßansprüche der Beteiligten gegen den Vollstreckungsrichter gegeben sein.

Bei einer Einstellung nach Schluß der Versteigerung durch Versagung des Zuschlags mittels Beschlusses erlöschen aber erst nach Rechtskraft des letzteren die bisher abgegebenen Gebote; das Beschwerdegericht bleibt mithin auf eingelegte Beschwerde in der Lage, unter Aufhebung des Einstellungsbeschlusses betreffs der in diesem gedachten Grundstücke den Zuschlag zu erteilen.[20])

---

[19]) Vgl. die vorstehenden Anm. 17 und 18. Ein solches Interesse dritter Beteiligter ist bei dem Regelfalle der Versteigerung nur **eines** Grundstücks in **einem** Verfahren vom Gesetz nicht anerkannt; es kann z. B., wenn auf Antrag eines betreibenden Gläubigers nur ein Grundstück zum Versteigerungsverfahren gestellt ist, niemals ein Beteiligter die Aussetzung dieses Verfahrens beantragen, um die Mitversteigerung eines korrealiter mitbelasteten Grundstücks zu veranlassen. Es fehlt daher hier — ex argumento e contrario — an einem rechtlichen Grunde, in dem zunächst anhängig gemachten Verfahren der Versteigerung mehrerer Grundstücke die Rückkehr zu dem Regelfalle der Versteigerung nur **eines** Grundstücks an die Bedingung der Nichtexistenz eines entgegenstehenden Rechtsinteresses Dritter zu knüpfen.

[20]) Kontrovers, teils zweifelhaft ist die Anfechtungsberechtigung gegenüber dem Beschlusse

Die Auswahl der Grundstücke.

d) **Die Auswahl derjenigen Grundstücke, welche nach § 76 nicht mitversteigert werden sollen,** hat das Reichsgesetz nicht geregelt.

Das — wenn auch dingliche — Veräußerungsrecht des Gläubigers rücksichtlich aller zur Versteigerung gestellter Grundstücke wird aber mit dem **Eintritt** der Voraussetzungen des § 76 zu einem wahlweisen.

Die Rechtsanalogie des § 262 BGB. kann daher unbedenklich dazu führen, dem Schuldner die Auswahl zwischen den einzelnen von der Mitversteigerung auszuschließenden Grundstücke zu gestatten, sofern auf jedes oder einige ein zur Deckung des Anspruchs des Gläubigers ausreichendes Gebot erzielt ist.[21])

Die Nichtvornahme der Wahl durch den Schuldner bis zur Verkündung der Entscheidung aus § 76 überträgt dann ex analogia des § 264 BGB. dem Gläubiger die Wahl.

Beim Mangel einer Erklärung des Schuldners wie des Gläubigers ist das Vollstreckungsgericht zur Bestimmung der nicht mitzuversteigernden Grundstücke berechtigt.

Das Gericht wird hier verständigerweise auf die aktenmäßigen Tatsachen Rücksicht nehmen, aus welchen die für den Schuldner vorteilhafteste Zwangsversteigerung erhellet.

Paragraph 31.

Die Gesamthypothek, Gesamtgrundschuld und Gesamtrentenschuld in der Versteigerung und Erlösverteilung.

(§§ 18, 64, 112, 122, 123 des Reichsges.)

Abschnitt I.

Allgemeines.

I. **Die Einleitung eines Zwangsversteigerungsverfahrens wird bereits durch das Bestehen von Gesamtrechten insofern beeinflußt,** als behufs Befriedigung

---

aus § 76 auf Einstellung oder Ablehnung einer Einstellung. Die Einstellung kann der betreibende Gläubiger unbedingt nach § 95 oder § 97 des Reichsges. anfechten. Ein Bieter, dessen Gebot nicht erloschen, ist aber zur Beschwerde gegen den die Einstellung der Versteigerung enthaltenden Zuschlagsversagungsbeschluß **hier** gemäß § 97 des Reichsges. nicht berechtigt. Denn der Fall liegt rechtsanalog demjenigen, wo der betreibende Gläubiger während des Versteigerungsakts eines Grundstücks in einem Verfahren den Versteigerungsantrag überhaupt zurücknimmt. Gl. A. (mit anderer Begründung) Jaeckel Anm. 8 zu § 76. A. M. Wolff Anm. 6 zu § 76 und Fischer u. Schaefer Anm. 5 zu § 76. Aus gleichem Gesichtspunkte hat auch der Schuldner der Einstellung gegenüber kein Beschwerderecht (vgl. vorstehende Nr. II unter a β auch S. 132 c). Dagegen kann der Schuldner die mit der Erteilung des Zuschlags implicite ausgesprochene Ablehnung einer Einstellung der Mitversteigerung einzelner Grundstücke mit Beschwerde anfechten (vgl. §§ 97 und 83 Ziff. 5 des Reichsges.).

[21]) Jaeckel Anm. 4 zu § 76 ist hier insofern a. M., als er dem Schuldner ein „Widerspruchsrecht" gegen eine bestimmte Auswahl gewährt, welche ihm weniger vorteilhaft als eine

dieser Rechte die Zwangsversteigerung **mehrerer** Grundstücke in **einem** Verfahren — wie erwähnt (vgl. Paragraph 30 S. 198 2 b) — auch dann angeordnet werden kann, wenn jene Grundstücke verschiedenen Schuldnern gehören (§ 18 des Reichsges.).

Sonderparagraph. §§ 18, 64, 112, 122, 123 d. Reichsges.

II. **Die besonderen Maßnahmen, welche die Gesamtbelastungen der Abt. III**[1] **in der Zwangsversteigerung nach dem Reichsgesetz veranlassen,** haben zur Voraussetzung, daß jene Gesamtrechte auf den zu **versteigernden** Grundstücken ruhen.

Die Mitbelastung von Grundstücken, welche in dem Zwangsversteigerungsverfahren nicht einbezogen sind, bleibt für das Vollstreckungsgericht völlig außer Betracht.

Eine einzige Ausnahme macht hier der § 50 in Verbindung mit § 123[2]) des Reichsges. insofern, als er Rechte, welche gemäß § 44 des Reichsges. bestehen bleiben und welche auch auf einem nicht mitzuversteigernden Grundstücke ruhen, wie bedingte Rechte behandelt und zwar mit Rücksicht darauf, daß sie an dem zu versteigernden Grundstück nach den besonderen Vorschriften über die Gesamthypothek gemäß §§ 1173 Abs. 1, 1181, 1175 BGB., erlöschen können (vgl. auch S. 165).

III. **Die Kardinalvoraussetzung für eine besondere Behandlung der Gesamtrechte der Abt. III** — ihr Ruhen auf mehreren zu versteigernden Grundstücken — hat natürlich zur Folge, daß die Vorschriften über die Versteigerung mehrerer Grundstücke in einem Verfahren in erster Linie hier in Betracht kommen.

Die Vorschriften des Zwangsversteigerungsverfahrens mehrerer — auch nicht korrealiter belasteter — Grundstücke sind zunächst maßgebend.

Es kommen also auch für Versteigerung mehrerer korrealiter belasteter Grundstücke **die Vorschriften zunächst** zur Anwendung, welche im vorstehenden Paragraphen 30 bereits dargelegt — um kurz zu rekapitulieren — über:

α) die Regel der Einzelversteigerung jedes Grundstücks in einem Verfahren (S. 200 I);

β) die ausnahmsweise Vornahme nur einer Gesamtversteigerung auf Grund eines Gesamtausgebots (S. 200 II 1);

γ) Die mehrfachen Ausgebote auf Grund eines Einzelausgebots, neben einem Gesamtausgebot aller Grundstücke und einem Gesamtausgebot nur einiger Grundstücke (S. 200 II 2, 3 u. 201);

δ) die Formulierung des geringsten Gebots bei Einzelausgebot, bei Gesamtausgebot (ersterenfalls für jedes Grundstück nach gewöhnlicher Regel, letzterenfalls, wie wenn alle Einzelgrundstücke ein Grundstück bilden) (S. 203), wobei jedoch zu beachten ist:

ε) die besondere Erhöhung des geringsten Gebots eines Gesamtausgebots, neben einem Einzelausgebot, um den Betrag, welcher im Einzelausgebot auf ein einzelnes Grundstück über den Betrag des geringsten Gebots desselben geboten ist (§ 68 Abs. 4, § 112 Abs. 3, S. 204);

ζ) die Erlösverteilung beim Zuschlag mehrerer Grundstücke zu einem Gesamtgebot nach Maßgabe der Einzelwerte der einzelnen Grundstücke; jedoch unter Beachtung des Grundsatzes der, im Paragraphen 30 schon erörterten § 63 Abs. 4, § 112 Abs. 3, daß bei der Erlösverteilung mindestens soviel auf das einzelne Grundstück zu verteilen ist, als auf dasselbe bereits im Einzelausgebot (über sein geringstes Gebot hinaus) geboten ist (S. 207, 208);

η) die einstweilige Einstellung der Versteigerung in einzelne bisher zur Versteigerung stehende Grundstücke, wenn auf ein einzelnes oder einige Grundstücke schon soviel geboten ist, als zur Deckung des Anspruchs des betreibenden Gläubigers erforderlich ist (S. 209—212).

---

andere ist, z. B. weil er nur für dingliche Rechte auf einzelnen Grundstücken auch persönlich haftet. Vgl. hiergegen S. 210 α, β.

[1]) Die besonderen Vorschriften des Reichsgesetzes über besondere Behandlung der auf den zu versteigernden Grundstücken haftenden Gesamthypotheken, Gesamtgrundschulden, Gesamtrentenschulden, beziehen sich nicht auch auf die anderen Gesamtlasten, z. B. die der Abteilung II; **nur die Vorschriften in den §§ 18 u. 51, 112, 122, 125 des Reichsges. beziehen sich auf alle Gesamtlasten.**

[2]) Siehe über § 123 den Abschnitt II unter 2 c S. 229.

Abschnitt II.

Die besonderen Vorschriften, welche die Bestimmungen über die Versteigerung mehrerer Grundstücke in einem Verfahren ergänzen, falls auf den mehreren Grundstücken Gesamt-Hypotheken-Grundschulden und -Rentenschulden ruhen.

(§ 64.)

A.

Die Versteigerungsbedingungen, insbesondere das geringste Gebot.

1.

Die in einem Verfahren erfolgende Gesamtversteigerung gesamt belasteter Grundstücke unter einem Gesamtausgebot.

Gesamtausgebot korrealiter belasteter Grundstücke.

Ein Gesamtausgebot der einzelnen, selbst korrealiter belasteten Grundstücke in einem Verfahren hat nichts besonderes. Bei einem Gesamtausgebot werden — wie wir schon S. 203 b sahen — alle dem betreibenden Gläubiger vorgehenden Rechte auf dem einzelnen Grundstücke eben als bestehen bleibend einfach aufgeführt, wie wenn alle Rechte nur auf einem (aus allen einzelnen Grundstücken bestehenden) Grundstücke ständen. Die **Korrealrechte** werden hierbei, wie augenfällig klar, eben nur als **ein Recht** gezählt.

Stehen auf Grundstück A	auf Grundstück B
Abt. III 1 1000 M. für M (+ 40 M. Zinsen)	Abt. III 1 1500 M. für O (+ 60 M. Zinsen)
III 2 2000 M.	III 2 2000 M.

korrealiter für N
(+ 80 M. Zinsen und Kosten)

so ist: Das geringste Gebot (im weiten Sinne, vgl. S. 32), falls nur ein Gesamtausgebot beider Grundstücke erfolgt, einfach dahin zu bestimmen:

Es bleiben bestehen: 1000 M. Abt. III 1 auf Grundstück A für M,
1500 M. Abt. III 1 auf Grundstück B für O,
2000 M. Abt. III 2 auf Grundstück A u. D korrealiter für N.

Das geringste Gebot (im engen Sinn wie wir es nennen S. 32) setzt sich zusammen aus
30 M. Gerichtskosten,
40 M. Zinsen der Post Abt. III 1 auf Grundstück A,
60 M. Zinsen der Post Abt. III 1 auf Grundstück B,
80 M. Zinsen der Post Abt. III 2 u. III 2 auf Grundstück A u. B.

zusammen 210 M.

2.

Einzelausgebot korrealiter belasteter Grundstücke in einem Verfahren.

Die in einem Verfahren erfolgende Einzelversteigerung mehrerer korrealiter belasteter Grundstücke unter Einzelausgeboten.

Der legislatorische Gesichtspunkt.

In der Einzelversteigerung mehrerer[3]) **korrealiter belasteter Grundstücke** müßte nun **an sich** bei jedem Grundstück eine Korreallast der Abt. III — welche dem Rechte des betreibenden Gläubigers vorgeht — bestehen bleiben, wie wenn die Last nicht korrealiter haftete. Es folgt dies aus § 1132 Abs. 1 des BGB.

---

[3]) Also bei der Einzelversteigerung jedes einzelnen Grundstücks unter je einem Einzelausgebot.

Im vorstehenden Beispiel müßten **an sich** die Versteigerungsbedingungen im Einzelausgebot der Grundstücke A und B lauten:

Sonderparagraph. §§ 18, 64, 112, 122 123 d. Reichsges.

Es bleiben bestehen:

Auf Grundstück A:	Auf Grundstück B:
Abt. III 1. 1000 M. für M,	Abt. III 1. 1500 M. für O,
Abt. III 2. 2000 M. für N,	Abt. III 2. 2000 M. für N.

korrealiter.

Es ist klar, daß das Bestehenbleiben einer Korreallast der Abt. III auf jedem, der einzeln zu versteigernden Grundstücke, deren Einzelerwerb in der Zwangsversteigerung erschweren, ja sogar auch unmöglich machen kann.

Diese Schwierigkeit beseitigt nun das Reichsgesetz, den § 1132 Abs. 1 des BGB. ändernd, im § 64, indem es bei der Einzelversteigerung mehrerer Grundstücke mit Gesamthypotheken[4]) im geringsten Gebot im weiten Sinne[5]) — auf Antrag eines Beteiligten (vgl. S. 217 1) — deren Verteilung auf die einzelnen Grundstücke (ihrem Einzelwerte gegenüber dem Gesamtwert aller Grundstücke entsprechend) gestattet (§ 64 Abs. 1).

Eine solche Verteilung einer bestehen bleibenden Gesamthypothek enthält nun offensichtlich einen schweren Eingriff in das Recht des Gesamtgläubigers. Derselbe erhält anstatt einer Gesamthypothek Einzelhypotheken mit Einzelbeträgen auf jedem Grundstück.

Es ist daher ausgleichend gerecht, wenn das Reichsgesetz im § 64 Abs. 2 andererseits dem Gesamtgläubiger gestattet, anstatt einer beantragten Zerteilung seiner Gesamthypothek in bestehen bleibende Einzelhypotheken die Barzahlung seiner Gesamthypothek zu verlangen.

a.

Die prozessuale Ausführung der Vorschriften des Abs. 1 und Abs. 2 des § 64 des Reichsges. und ihre Voraussetzungen im Allgemeinen.

Die Bestimmungen des § 64 über die Verteilung eines bestehen bleibenden Gesamtrechts in Einzelrechte oder die Barzahlung des Gesamtrechts.

Der Modus, unter welchem das Reichsgesetz den Antrag des Beteiligten auf Verteilung einer Gesamthypothek in Einzelhypotheken einerseits ausführt, dem gegenüber andererseits das Recht des Gesamtgläubigers, anstatt Zerteilung seiner Gesamthypothek deren Bareinzahlung zu verlangen, verwirklicht, ist auch hier der Modus des **doppelten Ausgebots.**

Die Auswahl desjenigen Ausgebots, unter welchem bei Schluß der Versteigerung der Zuschlag zu erteilen, und damit schließlich die Entscheidung: ob Teilhypotheken anstatt der Gesamthypothek oder deren Barzahlung einzutreten haben, steht aber schließlich dem Gesamtgläubiger zu.

---

[4]) Der Kürze halber wird im folgenden von Gesamthypotheken nur gesprochen; daß ihnen Gesamtgrundschulden und Gesamtrentenschulden gleichstehen, ist bereits wiederholt hervorgehoben (§ 64 Abs. 3 des Reichsges.).

[5]) Über die Bezeichnung geringstes Gebot im weiten Sinne sei auch hier wieder auf S. 32 verwiesen.

Eine Exemplifikation wird dies sofort klarlegen:

Es stehen: auf Grundstück A:	auf Grundstück B:	(Zinsen, Kosten mögen außer Betracht bleiben)
Abt. III 1. 1000 M. für M,	Abt. III 1. 2000 M. für O,	
2. 1500 M.	2. 1500 M.	

korrealiter für N.

3. 3000 M. für P,
4. 1000 M. für R.

(Der betreibende Gläubiger) P:

Stellt R nun den Antrag aus § 64 Abs. 1, auf Grundstückswertgemäße Verteilung der Gesamthypothek und es ergibt eine Berechnung (deren Modus alsbald unter b 3 beschrieben ist), daß von dem Gesamtwerte beider Grundstücke, 1/3 auf A, 2/3 auf B zu rechnen ist, so ist dann die Gesamthypothek in zwei Einzelhypotheken zu verwandeln, welche

auf Grundstück A mit 500 M. — auf Grundstück B mit 1000 M.

bestehen bleiben.

Wird demgegenüber aber von dem Korrealgläubiger N der Antrag aus § 64 Abs. 2 gestellt, bei Feststellung des geringsten Gebots für die einzelnen Grundstücke nur die seinem Anspruche vorgehenden Rechte zu berücksichtigen, dann müssen die Grundstücke A und B mit folgenden Versteigerungsbedingungen — doppelt — ausgeboten werden.

I		II	
1	2	3	4
das Grundstück A mit den Versteigerungsbedingungen:	das Grundstück B mit den Versteigerungsbedingungen:	das Grundstück A mit der Versteigerungsbedingung:	das Grundstück B mit der Versteigerungsbedingung:
Es bleiben bestehen:	Es bleiben bestehen:	Es bleibt nur bestehen:	Es bleibt nur bestehen:
Abt. III Nr. 1 1000 M.	Abt. III Nr. 1 2000 M.	Abt. III Nr. 1 1000 M.	Abt. III Nr. 1 2000 M.
Abt. III Nr. 2 500 M.	Abt. III Nr. 2 1000 M.		

Die am Schlusse der Versteigerung zu treffende Entscheidung, auf welches der doppelten Ausgebote der Zuschlag zu erteilen:

ob unter Bestehenbleiben von Einzelhypotheken auf einzelnen Grundstücken an Stelle der bisherigen Gesamthypothek,

oder unter völligem Fortfall der Gesamthypothek an allen Grundstücken, sodaß dieselbe nur aus dem Versteigerungsbarerlös zu befriedigen ist,

α) **hat sonach auf Grund der Erklärung des Gesamtgläubigers zu erfolgen.**

Er kann also im Beispielsfalle wählen, ob unter den Versteigerungsbedingungen zu I 1, 2, oder unter den Versteigerungsbedingungen zu II 1, 2 die Grundstücke zu A und B zuzuschlagen sind.

β) **bei Nichtabgabe einer Erklärung seitens des Korrealgläubigers,** trotz Aufforderung seitens des Vollstreckungsgerichts, hat dagegen das letztere den Zuschlag der einzelnen Grundstücke unter der Versteigerungsbedingung zu erteilen, daß an Stelle der bisherigen Gesamthypothek **nur Einzelhypotheken je auf dem einzelnen Grundstücke** bestehen bleiben.

Selbstverständlich muß die Summe dieser Einzelhypothek genau die Kapitalssumme der früheren Gesamthypotheken ausmachen.

Sonderparagraph. §§ 18, 64, 112, 122, 123 d. Reichsges.

b.

Die prozessuale Ausführung der Vorschriften des Absatz 1 und Absatz 2 des § 64 des Reichsges. und ihre Voraussetzungen im einzelnen.

Die einzelnen prozessualen Voraussetzungen:

einerseits einer Verteilung einer Gesamthypothek im geringsten Gebot in bestehenbleibenden Einzelhypotheken;

andererseits dem gegenüber die Festsetzung des geringsten Gebots nur unter Berücksichtigung der Rechte, welche der Gesamthypothek vorgehen;

und schließlich der Feststellung: ob zuzuschlagen ist: entweder unter Übernahme mehrerer Einzelhypotheken anstatt einer Gesamthypothek oder unter Barzahlung der letzteren,

und zwar — wie vorstehend unter a schon erwähnt:

auf Grund der Entscheidung des Gesamtgläubigers, und falls diese unterbleibt,

auf Grund der Entscheidung des Vollstreckungsgerichts,

sind:

Die Antragsberechtigten des § 64.

1. **Der Antrag auf Verteilung der Gesamthypothek in Einzelhypotheken** aus Abs. 1 des § 64 kann gestellt werden: vom betreibenden Gläubiger, dem Eigentümer, jedem Hypothekengläubiger, welcher dem Korrealhypothekengläubiger gleich- oder nachsteht; auch wenn der Hypothekengläubiger mit seiner Hypothek im geringsten Gebot (im weiten Sinne) bestehen bleibt.

Der Zeitpunkt des Antrags aus § 64.

2. **Der Zeitpunkt, bis zu welchem der Antrag** aus Abs. 1 möglich, liegt bis zum Schlusse der Versteigerung.

In der Praxis wird es ja nicht selten zunächst versucht, die Grundstücke **einzeln** unter voller Übernahme der ganzen Gesamthypothek durch **einen** Meistbietenden für alle Grundstücke erstehen zu lassen.

Erst die Ergebnislosigkeit eines solchen Versuchs führt dann zu einem Antrag aus Abs. 1.

Freilich darf nicht unterlassen werden, das nach Abs. 1 formulierte Ausgebot von neuem zu verlesen, es ändert ja die bisherigen Versteigerungsbedingungen.

Die Grundstückswertsermittelungen zwecks Verteilung eines Gesamtrechts in bestehenbleibende Einzelrechte.

3. **Die für die Verteilung der Gesamthypothek in Einzelhypotheken** auf einzelne Grundstücke nach ihrem Wert zum Gesamtwert aller Grundstücke **erforderlichen Wertsberechnungen.**

Diese Feststellung des Werts des einzelnen Grundstücks geschieht zunächst — wie schon mehrfach erwähnt (vgl. Anm. 9 S. 205) — durch die 40 fache Multiplikation des Grundsteuerreinertrags und die 25 fache Multiplikation des Gebäudesteuernutzungswerts. Läßt im Einzelfall diese Berechnungsart die Richtigkeit der also gefundenen Grundstückswerte bedenklich erscheinen, so wird der Wert durch richterliche Feststellung bestimmt.

Ergibt sich also danach für Grundstück A ein Wert von 3000 M., für Grundstück B ein Grundstückswert von 6000 M., sind mithin beide Grundstücke zusammen 9000 M. wert, dann repräsentiert A $^1/_3$ des Gesamtwerts, B $^2/_3$ des Grundstückswerts. Eine Gesamthypothek von 1500 M. müßte daher mit 500 M. auf A, mit 1000 M. auf B verteilt werden.

Es ist doch nun aber klar, daß diese Grundstückswerte an sich dann nicht für die Verteilung einer Gesamthypothek maßgebend sein können, wenn der letzteren Lasten vorgehen.

Ist Grundstück

A an sich 3000 M. wert, aber mit 1000 M. vor der Gesamthypothek belastet,	**B** an sich 6000 M. wert, aber mit 5000 M. vor der Gesamthypothek belastet,

so leuchtet doch ein, daß für die **Gesamthypothek**

Grundstück A: nur noch einen Wert von 3000 — 1000 = 2000 M.	Grundstück B: nur noch einen Wert von 6000 — 5000 = 1000 M.

haben.

Der **konkrete** für die Gesamthypothek maßgebende Wert des einzelnen Grundstücks stellt sich daher in **diesem** Falle

bei dem Grundstück **A** auf 2000 M.	bei dem Grundstück B auf 1000 M.

Der Gesamtwert beider Grundstücke **für** die **Gesamthypothek** beträgt daher 2000 + 1000 = 3000 M.

Das **Wertsverhältnis des einzelnen Grundstücks** an dem Gesamtwert beider Grundstücke von 3000 M. **für die Gesamthypothek** beträgt daher

für **A** $^2/_3$,	für **B** $^1/_3$.

Eine Gesamthypothek von 1500 M. müßte daher **mit Rücksicht auf jene ihr vorgehenden Lasten** (wiewohl Grundstück A an sich 3000 M., Grundstück B an sich 6000 M. wert ist) doch

auf **A** mit 1000 M. ($^2/_3$ von 1500)	auf **B** mit 500 M. ($^1/_3$ von 1500)

verteilt werden.

Das Reichsgesetz bestimmt deshalb auch in gerechter Würdigung einer logisch-arithmetischen Wertskalkulation in § 64, daß bei der Berechnung des Werts des einzelnen Grundstücks zu dem Werte sämtlicher Grundstücke, der Wert des einzelnen Grundstücks unter Abzug der Belastungen zu berechnen ist, welche einer zu verteilenden Gesamthypothek im Range vorgehen und bestehen bleiben.

4. **Der Antrag des Gesamthypothekengläubigers aus Abs. 2** des § 64 auf Feststellung des geringsten Gebots lediglich unter Berücksichtigung der seinem Gesamtrecht vorgehenden Rechte ist vom Gesamtgläubiger **selbständig** nicht stellbar; d. h. jener Antrag hat zur Voraussetzung, daß zuvor ein Antrag auf Verteilung der Gesamthypothek in Einzelhypotheken der einzelnen Grundstücke aus Abs. 1 gestellt worden.

Den Nachteil dieses Antrags aus Abs. 1 für den Gesamtgläubiger soll jener Antrag aus Abs. 2 ja nur paralysieren. Der Antrag des Gesamtgläubigers ist im übrigen bis zum Schluß der Versteigerung (§ 64 Abs. 2, vgl. S. 118 c) statthaft.

Freilich sind die infolge des Antrags aus Abs. 2 erst im Laufe der Versteigerung geänderten Versteigerungsbedingungen zu verlesen, bevor auf dieselbe Gebote abgegeben werden.

Sonderparagraph. §§ 18, 64, 83 Ziff. 3, 112, 122, 123 d. Reichsgesf.

5. **Die Entscheidung über den zu erteilenden Zuschlag**

a) **im Falle des Abs. 1** des § 64, der Umgestaltung der Gesamthypothek in Einzelhypotheken auf die einzelnen Grundstücke, ist **wie im normalen** Verfahren der Einzelversteigerung ohne Besonderheit;

Die Zuschlagsentscheidung im Falle des § 64 hat das Deckungsprinzip in besonderer Weise zu wahren.

b) **im Falle des Abs. 2** des § 64 (also bei endgiltiger Erklärung des bisherigen Gesamtgläubigers, den Zuschlag auf die Meistgebote zu verteilen, deren geringstes Gebot nur die der bisherigen Gesamthypothek vorgehenden Rechte berücksichtigt) macht aber **das sogen. Deckungsprinzip** des § 44 des Reichsgesf. **eine besondere Prüfung und Feststellung** noch erforderlich.

Dieses Deckungsprinzip gestattet einen Zuschlag nur, wenn die dem Rechte des betreibenden Gläubigers vorgehenden Rechte[6]) gedeckt werden.

Diese Deckung der vorgehenden Rechte hat bei der normalen Einzelversteigerung nur eines Grundstücks in einem Verfahren bekanntlich (vgl. S. 32) derart zu geschehen, daß jene Rechte einfach stehen bleiben (ihre Nebenleistungen [§ 12] einschließlich der Kosten des Verfahrens bar gezahlt werden müssen). Auch hier in dem Besonderfalle des § 64 Abs. 2 muß das Deckungsprinzip als solches gewahrt werden, jedoch ist die Art seiner Ausführung eine andere als bei der Normalversteigerung, wie in Ergänzung des § 64 Abs. 2 der § 83 Nr. 3 des Reichsgesf. bestimmt.

Nach diesem § 83 Ziff. 3 müssen die Korrealhypothek und alle ihr gleich- oder nachstehenden, dem Rechte des betreibenden Gläubigers aber vorgehenden Rechte — wenn sie auch infolge eines Antrags aus Abs. 2 § 64 bar zu zahlen sind — doch unbedingt durch die Höhe des Meistgebots gedeckt, d. h. durch Zahlung voll bar begleichbar sein, sonst darf der Zuschlag nicht erteilt werden.

Stehen auf

Grundstück A	Grundstück B
1000 M. (Zinsen 30 M.) für M.,	2500 M. (Zinsen 60 M.) für N.,
2000 M.	2000 M.

korrealiter (Zinsen 65 M.) für O,
3000 M. (Zinsen 40 M.) für P,
1000 M. des betreibenden Gläubigers, R,
ist der Betrag der Kosten des Verfahrens 45 M.,

und hat der Gesamthypothekengläubiger O — (nachdem zuvor der betreibende Gläubiger R die Verteilung der Gesamthypothek in Einzelhypotheken aus § 64 Abs. 1 beantragt hat) — den Antrag aus § 64 Abs. 2 gestellt, so darf der Zuschlag nur erteilt werden:

---

[6]) Als dem Rechte des betreibenden Gläubigers vorgehende und zu deckende Rechte kommen natürlich auch die Lasten der Abt. 2 in Betracht; sind diese Lasten infolge eines Antrags aus § 64 Abs. 2 bar abzufinden, so sind die — mit Rücksicht auf den möglichen Fortfall solcher Rechte, wie wir S. 41 gesehen — stets festzusetzenden Kapitalsbeträge des § 51 des Reichsgesf. einzusetzen.

wenn einmal natürlich die Posten des M von 1000 M., des N von 2500 M. bestehen bleiben, und
wenn ferner das Bargebot mindestens hinreicht, um:

an Kosten . . .	45 M.,	
an Zinsen M's	30 „	
an Zinsen N's	60 „	
an Hauptforderung und Zinsen O's	2065 „	
an Hauptforderung und Zinsen P's	3040 „	zu decken,[7]) also
	= 5240 M. beträgt.	

B.

Die Erlösverteilung in der Versteigerung mehrerer gesamtbelasteter, in einem Verfahren versteigerter Grundstücke.

1.

Die Grundstücke sind in einem Verfahren zu einem Gesamtgebot zugeschlagen und Gesamtrechte[8]) bleiben bestehen. (§ 112 des Reichsges.)

Die Abweichungen, welche hier von dem gewöhnlichen Verfahren der Erlösverteilung eintreten, wo ein Gesamtrecht auf mehreren Grundstücken haftet und **bestehen bleibt,** welche zu einem Gesamtausgebot zugeschlagen, sind zum Teil schon S. 207—208 dargelegt. Denn:

Der Einzelanteil mehrerer, korrealiter belasteter, gesamt zugeschlagener Grundstücke am Gesamtbarerlös.

1. **Die Besonderheiten,** welche hier eintreten, sind nur **unbedeutende Ergänzungen der Erlösverteilung,** welche für — **nicht korrealiter belastete** — **zu einem Gesamtgebot zugeschlagene Grundstücke** vorzunehmen ist.

Wir haben uns daher in Rekapitulation des im Paragraph 30 S. 207, 208 Dargelegten, zu vergegenwärtigen:

Um bei einem Gesamtausgebot **nicht korrealiter belasteter** Grundstücke für das einzelne Grundstück den Quotenanteil an dem Gesamtbarerlöse festzustellen, bestimmt § 112 des Reichsges.:

Vom Gesamtbarerlös sind zunächst die Kosten des Verfahrens abzuziehen.

Dem Rest des Gesamtbarerlöses wird sodann der Summenbetrag aller auf allen Grundstücken bestehen bleibenden Rechte zugezählt.

---

[7]) Das sogen. Deckungsprinzip muß selbstverständlich auch in der Beschwerdeinstanz gewahrt bleiben. Hat das Vollstreckungsgericht nach Maßgabe des § 64 Abs. 2 den Zuschlag auf z. B. 3 Einzelmeistgebote und 3 Grundstücke erteilt, weil die Gesamtsumme aller 3 Einzelmeistgebote die Gesamthypothek sowie alle ihr gleich- oder nahestehenden, dem Rechte des betreibenden Gläubigers vorgehenden Rechte decken, so ist an sich die Beschwerde gegen den Zuschlag auch nur eines Grundstücks statthaft. Das Beschwerdegericht kann auch den einzelnen Zuschlag eines Grundstücks versagen. Sind aber dann die Beträge der 2 — unangefochtenen — Einzelmeistgebote für die 2 andern Grundstücke unzureichend, um die Gesamthypothek sowie die anderen Rechte (vor dem des betreibenden Gläubigers) auf diesen 2 Grundstücken zu decken, so muß das Beschwerdegericht zugleich die Einzelzuschläge bezüglich der beiden anderen Grundstücke versagen, wenn diese auch durch Beschwerde nicht angefochten sind.

[8]) Der vorstehend besprochene § 112 des Reichsges. findet nicht nur auf Gesamthypotheken, Gesamtgrundschulden und Gesamtrentenschulden, sondern auch auf andere Gesamtlasten Anwendung, als Wert derselben ist der nach § 51 des Reichsges. festzusetzende Betrag abzuziehen. Vgl. Teil I S. 41, 221.

Diese Gesamtsumme wird dann, nach Verhältnis des Werts[9]) des einzelnen Grundstücks zum Gesamtwert aller Grundstücke, auf das einzelne Grundstück verteilt.

Sonder-paragraph. §§ 18, 64, 112, 122 123 d. Reichsges[.]

Von dieser also zu findenden Einzelsumme für das einzelne Grundstück wird aber die Summe der einzelnen auf dem einzelnen Grundstück bestehen bleibenden Rechte wieder abgezogen und was dann von einer Einzelsumme für das einzelne Grundstück übrig bleibt, ist dessen Quotenanteil an dem Gesamt**bar**erlöse für alle Grundstücke.

2. Die Ergänzungen, welche diese Berechnungsart hier erfordert, wenn bestehen bleibende **Gesamt**rechte auf den gesamtzugeschlagenen Grundstücken ruhen, betreffen nun 2 Punkte:

Ohne weiteres ist doch verständlich:

Wenn bei dem Gesamtzuschlage — nicht gesamtbelasteter — Grundstücke § 112 des Reichsges. vor der zu 1. geschilderten Verteilung der Gesamtbarerlössumme von dieser zunächst die Kosten des Verfahrens abzieht und dann erst die Gesamterlössumme (abzüglich der Kosten) verteilen läßt, so geschieht dies, weil die Kosten des Verfahrens unbedingt allen Grundstücken zur Last fallen müssen.

Die Vorabgäng[e] vom Gesamtbar erlöse.

Unbedingt sämtlichen Grundstücken fallen aber auch die Barbeträge, z. B. Hypothekenzinsen des geringsten Gebots, zur Last, falls diese von Rechten zu entrichten sind, welche auf sämtlichen Grundstücken ungeteilt bestehen bleiben.

a) der § 112 Abs. 1 i. f. des Reichsges. bestimmt, deshalb für die Gesamt-erlös-Verteilung bei gesamtzugeschlagenen Grundstücken, welche mit **demselben Korrealrecht ungeteilt belastet** sind:

Die Kosten des Verfahrens werden vorabge zogen.

Von der Gesamterlössumme sind vorweg zu kürzen

1. **außer den Kosten des Verfahrens**
2. **noch die Barbeträge des geringsten Gebots, welche auf bestehen bleibende,** die **sämtlichen** Grundstücke **ungeteilt belastende Rechte zu zahlen** sind.

Die Barbeträg[e] bestehen bleiben-der Gesamtrecht[e] werden vorabge zogen.

Nehmen wir an: Grundstück A ist 6000 M. wert, Grundstück B ist auch 6000 M. wert. Beide **einem** Eigentümer gehörige Grundstücke sind zu einem Gesamtbarerlöse von 8000 M. unter den Bedingungen zugeschlagen, daß folgende Rechte auf den beiden Grundstücken bestehen bleiben.

Auf Grundstück A	Auf Grundstück B
Abt. III 1 1000 M. für A. (20 M. Zinsen)	Abt. III 1 2000 M. für B. (40 M. Zinsen)
Abt. III 2 500 „ (25 M. Zinsen)	Abt. III 2 500 „ (25 M. Zinsen)

korrealiter für C

Es stehen noch eingetragen:

auf A	auf B
Abt. III 3 2500 M. für D.	Abt. III 3 3000 M. für E.

D. und E. sind die dinglichen **und** persönlichen (S. 198 2 a) betreibenden Gläubiger. Die Kosten des Verfahrens betragen 30 M. Von dem Gesamtbarerlös von 8000 M. sind zunächst 30 „ Kosten abzuziehen.

[9]) Die Art, wie dieser Grundstückswert gefunden wird, ist bereits wiederholt erwähnt, vgl. S. 205 Anm. 9.

Dieser Betrag von 30 M. wäre der einzige Abzug, wenn die Grundstücke A und B nicht korrealiter belastet, die Posten in Abt. III unter Nr. 2 mithin 2 Einzelhypotheken wären.

Nun sind diese Posten aber eine Gesamthypothek beider Grundstücke.

Es sind deshalb gemäß § 112 Abs. 1 i. f. ferner von der Gesamterlössumme noch die 25 M. Hypothekenzinsen der Korrealhypothek von 500 M. abzuziehen.

Im vorstehenden Beispiel gehen also von der Gesamterlössumme

	von 8000 M.	
ab	30 „	Kosten
ab	25 „	Zinsen der Korreallast für C.
Von der Gesamterlössumme bleiben daher zur Verteilung auf die einzelnen Grundstücke . .	7945 M.	

b) **Die zweite Ergänzung zu der Gesamterlösverteilung** bei **nicht korrealiter belasteten Grundstücken** betrifft die S. 208 beschriebene Vorschrift § 112 Abs. 2 des Reichsges. über die Berechnung des Anteils des einzelnen Grundstücks an dem Gesamterlöse.

Um diesen Anteil zu finden, wird — wie S. 208 erwähnt —, wenn Grundstücke mit bestehen bleibenden **Einzel**hypotheken zu einem Gesamtgebot zugeschlagen sind — mit der Gesamtbarerlös-Summe folgende Rechnung aufgestellt:

α) der baren Gesamterlös-Summe (abzüglich der Kosten des Verfahrens) wird zugezählt:

β) die . . . . Summe sämtlicher bestehen bleibenden Rechte aller Grundstücke.

Diese aus den Beträgen zu α und β gebildete Generalsumme wird verteilt in:

γ) Einzelsummen auf die einzelnen Grundstücke, und zwar: entsprechend dem Werte des einzelnen Grundstücks zum Gesamtwerte aller Grundstücke.

δ) Die in dieser Weise zu γ gefundene Einzelsumme für das einzelne Grundstück wird vermindert um die Summe der einzelnen auf dem Einzelgrundstück **bestehen** bleibenden Einzelrechte.

Hiermit ist — dem § 112 gemäß — schließlich der verteilbare Einzelanteil des einzelnen Grundstücks an dem Gesamtbarerlöse für alle Grundstücke herausgerechnet.

Hier bei der Berechnung des Einzelanteils des einzelnen Grundstücks an dem Gesamtbarerlöse für alle — durch bestehen bleibende Gesamtrechte belasteten — Grundstücke haben nun die vorstehenden Berechnungen zu α, β, γ, δ besonderes. Nur:

zu α): daß die Gesamtbarerlös-Summe abzüglich der Kosten des Verfahrens **und** abzüglich der Barbeträge der auf allen Grundstücken bestehen bleibenden Rechte (vgl. a) einzustellen ist,

zu β): sofort klar liegend ist auch, daß bei der **Addition** der Summe sämtlicher bestehen bleibender Rechte zur Gesamtbarerlös-Summe ein **bestehen bleibendes Gesamtrecht nur als ein Recht** in Zahlung kommt.

Im Beispiel würde also dem Gesamterlös von 7945 M. hinzutreten:

	1000 „	(Post des a auf Grundstück A),
	2000 „	(Post des b auf Grundstück B),
(und nur einmal)	500 M.	(Korrealpost des C) auf beide Grundstücke,
ergibt	11 445 M.	

Zu γ): Nachdem nun die Generalsumme (Gesamtbarerlös-Summe + Summe aller bestehen bleibenden Rechte) — nach Verhältnis des Werts der Einzelgrundstücke zum Gesamtwert aller Grundstücke — in Einzelsummen für jedes Grundstück verteilt worden ist, Sonderparagraph. §§ 18, 84, 112, 122, 123 d. Reichsges.

in unserem Beispielsfalle würden, da die Grundstücke A und B gleich groß, von der voraufgeführten Generalsumme von 11 445 M.

auf A	auf B
5722 M. 50 Pf.,	5722 M. 50 Pf. kommen,

entsteht nun aber die Frage:

Zu δ): Wie ist — da von der Einzelsumme jedes Grundstücks die Summe der auf ihm bestehen bleibenden Rechte abzuziehen ist — ein mehrere Grundstücke belastendes Gesamtrecht bei dem einzelnen Grundstücke abzuziehen?

Es ist klar, daß **an sich** bei jedem Grundstücke die bestehen bleibende Korreallast zum vollen Betrage abgezogen werden müßte.

Es ist aber auch nicht minder klar, daß dann dadurch die zur Verteilung übrig bleibende einzelne Barerlössumme für das einzelne Grundstück eine überaus geringe wäre.

Bestehenbleibende Gesamtrechte werden bei dem einzelnen Grundstück zwecks Berechnung seines Anteils am Gesamtbarerlöse nur proportionell in Ansatz gebracht.

Das Reichsgesetz bestimmt deshalb im § 112 Abs. 2 Satz 4: **Bei der Gesamterlösverteilung für korrealiter belastete Grundstücke ist eine bestehen bleibende Gesamtlast bei jedem einzelnen Grundstück** nicht voll, sondern **nur zu dem Betrage** anzurechnen, welcher **dem Verhältnisse des Werts des Einzelgrundstücks** zum Verhältnisse des Gesamtwerts aller Grundstücke entspricht.

In unserem Beispiel sehen wir, daß Grundstück A = 6000 M., Grundstück B = 6000 M., beide also 12 000 M. wert sind, daß das Verhältnis des Werts des Einzelgrundstücks zu dem Gesamtwert also je ½ ist.

Die Summe des Gesamtbarerlöses (abzüglich Kosten des Verfahrens und Zinsen der bestehen bleibenden Korreallast) betrug 7950 M.

Der Betrag dieser Gesamtbarerlös-Summe von 7950 M. + dem Betrage aller bestehen bleibenden Ansprüche aller Grundstücke betrug 11 445 M.

Diese Gesamtsumme zunächst, auf die gleich großen Grundstücke, deshalb gleich verteilt mit ½

auf A	auf B
ergab 5722 M. 50 Pf.	ergab 5722 M. 50 Pf.

Nunmehr sind abzuziehen

auf A	auf B
von 5722 M. 50 Pf.	von 5722 M. 50 Pf.
1000 M.	2000 M.
(Post des A, bestehen bleibend)	(Post des B, bestehen bleibend),

und nun ist ferner nach § 112 Abs. 2 Satz 4 die Korreallast von 500 M. nach Verhältnis des Werts des Einzelgrundstücks zum Gesamtwert aller Grundstücke, also **hier** mit je ½ bei jedem Grundstücke (da diese gleich groß sind) abzuziehen; das ergibt

250 M.	250 M.

Danach bleibt

für A	für B
5722 M. 50 Pf.	5722 M. 50 Pf.
— 1000 „	— 2000 „
— 250 „	— 250 „
4472 M. 50 Pf.	3472 M. 50 Pf.

je als der **Einzelbarerlös**, welcher — von dem Gesamtbarerlöse von 8000 M. für beide Grundstücke — nunmehr gemäß § 112 des Reichsges. je auf das Einzelgrundstück behufs Verteilung auf dessen einzelne Realinteressenten fällt.

2.

In einem mehrere Grundstücke umfassenden Verfahren sind Gesamtrechte aus dem Barerlöse zu befriedigen (§ 122 des Reichsges.),

und zwar:

a.

Der Ersteher zahlt den Barerlös.

Die Befriedigung der Gesamtrechte aus dem Barerlöse.

1. **Für die Verteilung des baren Versteigerungserlöses mehrerer Grundstücke auf Gesamtlasten** ist es, wie ohne weiteres ersichtlich, **gleichgiltig**, ob die mehreren Grundstücke **auf ein Gesamtausgebot zu einem Gesamtgebot zugeschlagen sind, oder ob, auf Grund von Einzelausgeboten, die Einzelgrundstücke zu Einzelgeboten zugeschlagen** wurden.

Bei einem Gesamtzuschlag mehrerer Grundstücke ist ja — wie vorstehend S. 205, 220 dargestellt — behufs Verteilung des Gesamtbarerlöses, dieser stets in Einzelbarerlöse für die einzelnen Grundstücke nach § 112 des Reichsges. zu zerlegen.

Bei dem Einzelzuschlag einzelner Grundstücke in einem Verfahren ist aber für jedes einzelne Grundstück je der Einzelbarerlös ohne weiteres gegeben.

Es gelten daher **dieselben Regeln** für die Verteilung des **Bar**erlöses mehrerer versteigerter Grundstücke auf Gesamtrechte, die Grundstücke mögen **gesamt oder einzeln zugeschlagen** sein.

2. **Für die Einzellasten, welche nach einer Gesamtlast erst aus den einzelnen Barerlösen** der einzelnen Grundstücke zu befriedigen sind, ist aber von Bedeutung, **in welcher Höhe der Gesamtgläubiger** mit seiner Gesamtlast bei der **einzelnen** baren Versteigerungserlössumme zur Befriedigung gelangt, und deshalb regelt diese § 122 des Reichsges.[10])

Nun ist allerdings der Gesamtberechtigte — **als Gesamthypotheken-, Grund- oder Rentenschuldgläubiger** nach § 1132 Abs. 1 Satz 2 des BGB. — welchen der § 122 des Reichsges. auch für die Erlösverteilung ausdrücklich aufrecht erhält — befugt, ganz „nach seinem Belieben die Berichtigung seines Gesamtanspruchs ganz oder zum Teil" aus dem Einzelbarerlöse jedes Grundstücks „zu suchen".

Allein von der „ausgleichenden und fördernden Tätigkeit" des Vollstreckungsgerichts erwartet der Reichsgesetzgeber, daß **auch dieser Gesamtberechtigte regelmäßig**[11]) **veranlaßt werden** wird, die **Berichtigung seines Gesamtanspruchs nur in Bruchteilen je aus den einzelnen** Grundstücksbarerlösen zu nehmen.

---

[10]) Der vorstehend besprochene § 122 des Reichsges. findet also nicht nur auf Gesamthypotheken, Gesamtgrundschulden und Gesamtrentenschulden, sondern auch auf andere Gesamtrechte Anwendung. Da für letztere die Vorschrift des § 1132 Abs. 1 Satz 2 des BGB. aber nicht gilt, so **so sind die letztgedachten Rechte nach § 122 cit. stets zu verteilen, die ersteren nur mit Zustimmung ihrer Berechtigten.**

[11]) Freilich kann der Gesamtgläubiger im Einzelfalle ein durchaus berechtigtes Interesse haben, den Gesamtanspruch nur aus einem Grundstückserlöse zu liquidieren, wenn er z. B. bei dem Erlöse eines anderen Grundstücks einen Einzelanspruch liquidieren will, welcher auf diesem Grundstück seinem Gesamtanspruch nachsteht, und wenn bei einer Verteilung des letzteren auf das zweite (mitbelastete) Grundstück der Einzelanspruch ausfällt. In derartigen Fällen wird dem Gesamtgläubiger gerichtsseitig nicht zugemutet werden können, auf seine Liquidationsbefugnis aus § 1132 BGB. zu verzichten.

Sonderparagraph §§ 18, 64, 112, 122, 123 des Reichsges.

Also: für Gesamtrechte, welche **nicht** Gesamt-Hypotheken, -Grundschulden, -Rentenschulden sind, unbedingt, für die letztgedachten Rechte, falls ihre Berechtigten einverstanden, gibt das Reichsgesetz im § 122 eine bezügliche Vorschrift für die Aufstellung des Teilungsplans.

Die Gesamtrechte stehen nicht an erster Stelle.

Der leitende Gesichtspunkt ist auch hier wieder,[12]) **die Gesamtforderung ist bei den Einzelgrundstückserlösen in dem Verhältnisse zur Befriedigung anzusetzen, welches der Höhe der Einzelerlöse zu einander entspricht.**

α) **Das macht gar keine Schwierigkeiten,** wenn die **Gesamtforderung** bei allen einzelnen Grundstücken **sofort an erster Stelle** je aus dem Einzelerlöse des einzelnen Grundstücks zur Berichtigung gelangt.

Nehmen wir an, daß an Ansprüchen, welche aus dem Barerlöse zu berichtigen, eingetragen sind:

auf Grundstück A	auf Grundstück B	auf Grundstück C
Abt. III 1. 3000 M.	III 1. 3000 M.	III 1. 3000 M.
	korrealiter für a,	
Abt. III 2. 2000 M. für b,	III 2. 1500 M. für c,	III 3. 2500 M. für d

u. s. w.

Die Einzelbarerlöse betragen:

für Grundstück A	für Grundstück B	für Grundstück C
6000 M.	12 000 M.	18 000 M.

Dann ergibt sich aus § 122 ohne weiteres:

Das Verhältnis der Einzelerlöse zu einander ist 6 : 12 : 18, oder wie 1/6 : 2/6 : 3/6.

Die Gesamthypothek von 3000 M. ist deshalb zu berichtigen aus dem Einzelbarerlöse:

des Grundstücks A	des Grundstücks B	des Grundstücks C
mit 1/6 = 500 M.	2/6 = 1000 M.	3/6 = 1500 M.

Der Rest der Einzelbarerlöse von 5500 M. bezw. 11 000 M. bezw. 16 500 M. gelangt dann auf die Einzelansprüche auf den einzelnen Grundstücken zur Verteilung.

Die Gesamtrechte stehen an erster Stelle.

β) **Gelangt der Gesamtanspruch bei den Einzelerlösbeträgen aber erst zur Berichtigung, nachdem ihm vorgehende Ansprüche beglichen** sind, dann ist zu beachten, daß für **eine Verteilung** der Gesamtforderung auf die Einzelerlöse nicht mehr deren **ursprüngliche** Barsummen und ihr Verhältnis zu einander maßgebend sein können, sondern dann können hier nur noch die Einzelbarerlössummen **abzüglich der aus ihnen bereits berichtigten Summen** der — dem Anspruch des Gesamtrechtes — vorgehenden Ansprüche in Betracht kommen.

Dies bestimmt in lapidarer Kürze der § 122 Abs. 1 Satz 2 dahin: „Der Erlös wird unter Abzug des Betrages der Ansprüche berechnet, welche dem — auf mehreren Grundstücken haftenden — Anspruch des Beteiligten (Gesamtgläubigers) vorgehen". Die logisch-arithmetische Richtigkeit dieser Bestimmung wird aus einer Exemplifikation sofort ersichtlich:

[12]) Ähnlich wie bei der Anrechnung bestehenbleibender Gesamtlasten, S. 223 vorstehend, behufs Feststellung der Summe des Einzelgrundstückserlöses vom Gesamtgrundstückserlöse.

Nehmen wir wieder an:

Es betragen die Einzelbarerlöse:

6000 M.	12 000 M.	18 000 M.
für	für	für
Grundstück A.	Grundstück B.	Grundstück C.

Es stehen aber vor einer Gesamtlast von 3000 M. eingetragen:

Abt. III 1	Abt. III 1	Abt. III 1
2000 M. für M.	10 000 M. für N.	15 000 M. für P.

Es folgt dann erst die Korrealhypothek

2. 9000 M.	2. 9000 M.	2. 9000 M.
	korrealiter für O,	

so ist doch klar, daß die einzelne Versteigerungserlössumme, welche **je für eine Verteilung der Gesamtlast auf das einzelne Grundstück** nunmehr in Betracht kommt

bei Grundstück A	bei Grundstück B	bei Grundstück C
nicht mehr 6000 M.	nicht mehr 12 000 M.	nicht mehr 18 000 M.
sondern 6000 M.	sondern 12 000 M.	sondern 18 000 M.
— 2000 M. (Post des M.)	— 10 000 M. (Post des N.)	— 15 000 M. (Post des P.)
= 4000 M.	= 2 000 M.	= 3 000 M.

beträgt.

Es ist sonach in diesem Falle die Gesamtlast von 9000 M. auf die einzelnen Grundstücke nicht mehr im Verhältnisse der ursprünglichen Einzelerlösbeträge, also im Verhältnisse von 6000 : 12 000 : 18 000 M., d. h. von $^1/_6 : {}^2/_6 : {}^3/_6$ verteilbar. Die Gesamtlast muß vielmehr mit Rücksicht auf die Summen der ihr auf jedem Grundstücke vorgehenden Ansprüche, also nach Absetzung dieser Summen von den ursprünglichen Einzelbarerlösbeträgen nach **Verhältnis dieser Restbeträge zu einander,** also nunmehr im Verhältnisse von 4000 : 2000 : 3000 auf A B C, oder im Verhältnisse von $^4/_9$ $^2/_9$ $^3/_9$ verteilt werden. Geschieht das, dann entfallen (von der Korrealhypothek von 9000 M. zwecks ihrer Barbefriedigung):

auf A	auf B	auf C
$^4/_9$ von 9000 = 4000 M.	$^2/_9$ von 9000 = 2000 M.	$^3/_9$ von 9000 = 3000 M.

Die zwingende Richtigkeit einer solchen Verteilung der Gesamtlast im Verhältnisse derjenigen Summen, welche, **nach Abzug der einer Gesamtlast vorangehenden Anspruchsbeträge** von den ursprünglichen Einzelerlösbeträgen, sich ergeben, zeigt sich im vorstehenden Beispiele.

Wäre die Summe der **ursprünglichen** Einzelerlösbeträge für jedes Grundstück für die Verteilung der Gesamtlast maßgebend, dann müßten z. B. $^3/_6$ von 9000 M. der Korreallast, also 4500 M. auf Grundstück C in Anrechnung kommen; hier sind aber, nachdem die Post Abt. III Nr. 1 von 15 000 M. vorweg befriedigt ist (und zu befriedigen war), überhaupt nur noch 3000 M. auf die Korreallast Abt. III 2 von 9000 M. von dem Einzelerlösbetrage des Grundstücks C noch zahlbar.

b.

Der Ersteher zahlt den Barerlös für die in einem Verfahren versteigerten Grundstücke nicht, aus deren Barerlöse Gesamtrechte zu befriedigen waren.

Der zur Befriedigung von Gesamtrechten bestimmte Barerlös wird überhaupt nicht gezahlt.

und zwar:

α.

Der ganze Barerlös wird nicht gezahlt.

Die Nichtzahlung der **sämtlichen** baren Einzelerlössummen, welche für die **sämtlichen** einzelnen Grundstücke in Ansatz [13]) kommen, aus denen eine Gesamt=

last, nach Maßgabe des § 122 Abs. 1 des Reichsges. anteilsweise **bar** zu befriedigen ist, hat zunächst die allgemeinen Rechtsfolgen der §§ 118, 128 des Reichsges. **Sonderparagraph §§ 18, 24, 112, 122, 123 des Reichsges.**

Dem Gesamtanspruchsberechtigten wird in Höhe seines Anspruchs, soweit derselbe aus den sämtlichen Einzelerlössummen bar zur Berichtigung zu gelangen hatte, **eine Forderung** gegen die sämtlichen Ersteher (bez. den Ersteher sämtlicher Grundstücke) übertragen und diese durch **Eintragung einer Gesamtsicherungshypothek auf sämtlichen Einzelgrundstücken** gesichert.

Das bar zu zahlende, aber nicht bar gezahlte Gesamtrecht auf allen Einzelgrundstücken muß sich eben rechtsfolgerichtig gemäß §§ 118, 128 in eine Gesamtforderung gegen den oder die Ersteher und in eine Gesamtsicherungshypothek an sämtlichen Einzelgrundstücken verwandeln.

Das Reichsgesetz bringt diesen materiellrechtlichen Rechtssatz von dem prozeßrechtlichen Gesichtspunkte der Aufstellung des Teilungsplans aus, wiederum in lapidaren kurzen Worten zum Ausdruck, deren Vollinhalt sich aus einer bildlichen Exemplifikation aber schnell ergibt.

Der Abs. 2 des § 122 bestimmt: „Unterbleibt die Zahlung eines auf den Anspruch des Beteiligten (Gesamtgläubigers) zugeteilten Betrages, so ist der Anspruch bei **jedem** Grundstück in Höhe dieses Betrages in den Plan aufzunehmen."

Nehmen wir an, der Einzelbarerlös beträgt:

für Grundstück A	für Grundstück B	für Grundstück C
3000 M.	6000 M.	9000 M.

Es kommt bei allen 3 Grundstücken eine Gesamthypothek von 6000 M. an **erster** Stelle (vgl. S. 225 a) aus den Einzelbarerlösen zur Hebung.

Die Gesamthypothek ist dann also gemäß Abs. 1 des § 122 im Verhältnis von 3 : 6 : 9 oder von 1 : 2 : 3, also von $^1/_6$: $^2/_6$: $^3/_6$ auf die einzelnen Grundstücke zu verteilen, mithin:

auf Grundstück A	auf Grundstück B	auf Grundstück C
mit $^1/_6$ von 6000 = 1000 M.	mit $^2/_6$ von 6000 = 2000 M.	mit $^3/_6$ von 6000 = 3000 M.

Unterbleibt nun die Zahlung aller Einzelerlöse aller Grundstücke, so ergibt sich:

auf A	auf B	auf C
Es bleiben die hier zugeteilten . . . . 1000 M.	Es bleiben die hier nicht gezahlten . . 2000 M.	Es bleiben die hier nicht gezahlten . . 3000 M.
Es sind aber hier ferner noch einzustellen . . . . . 2000 „ (nicht gezahlt bei B)	Es sind aber ferner noch einzustellen . 1000 „ (nicht gezahlt bei A)	Es sind ferner einzustellen . . . . . 2000 (nicht gezahlt bei B)
Und es sind weiter noch einzustellen . 3000 „ (nicht gezahlt bei C)	Und es sind noch weiter aufzustellen 3000 „ (nicht gezahlt bei C)	Und es sind weiter einzustellen . . . . 1000 „ (nicht gezahlt bei C)
Also . . . 6000 M.	6000 M.	6000 M.

ist die Summe der Forderung, welche **bezüglich aller 3 Grundstücke** nach Abs. 2 des § 122

[13]) Auch hier, **wo es sich also um Befriedigung einer Gesamtlast aus dem Barerlöse handelt** (vgl. vorstehend 224 uner 1), ist es, wie ohne weiteres ersichtlich, gleichgültig,

in Verbindung mit §§ 118 und 128 als **Gesamtforderung** gegen den Ersteher dem Gesamtgläubiger zu übertragen und für welche Gesamtforderung daher auch eine **Gesamthypothek einzutragen** ist.[14])

β.

Der Barerlös der versteigerten Grundstücke wird nur rücksichtlich einzelner[15]) Grundstücke nicht gezahlt.

Der zur Befriedigung von Gesamtrechten bestimmte Barerlös wird rücksichtlich einzelner Grundstücke nicht gezahlt.

Die Nichtzahlung einer (oder nur einzelner) baren Einzelerlössumme eines Grundstücks, aus welchem zusammen mit anderen mitversteigerten Grundstücken ein Gesamtrecht nach § 122 Abs. 1 anteilsweise zu befriedigen ist, hat nach Abs. 2 des § 122 die — nach dem soeben dargelegten, leicht ersichtliche — Folge, daß der auf das einzelne Grundstück zugeteilte und hier nicht gezahlte Anteil des Korrealanspruchs **bei den andern Einzelgrundstücken** im Verhältnisse ihrer Einzelbarerlöse in den Teilungsplan aufzunehmen ist.

In dem vorstehenden Beispielsfalle würde daher, falls der auf das Grundstück A zugeteilte Anteil von 1000 M. von der Gesamthypothek von 6000 M. nicht gezahlt wird, jene Summe von 1000 M. im Verhältnisse von 6000 : 9000 (Einzelerlössumme des Grundstücks B und Grundstücks C), also von 2 : 3 oder von $^2/_5 : ^3/_5$, also mit 400 M. bei Grundstück B, mit 600 M. bei Grundstück C noch nachträglich in den Teilungsplan einzusetzen sein.

Bei Nichtzahlung der 1000 M. bei A würden im obigen Beispielsfalle mithin bei Grundstück B 2000 + 400 M., bei Grundstück C 3000 + 600 M. auf die Gesamthypothek von 6000 M. zu zahlen sein.

---

ob ein **Gesamt**barerlös nicht gezahlt wird, der ja in Einzelerlössummen zu zerteilen ist, oder ob Einzelbarerlöse insgesamt nicht gezahlt sind.

[14]) Das obige Beispiel weist übrigens auf einen Zweifel hin, welcher in Praxis und Theorie hier aufgetaucht ist, wo die **Nichtzahlung** der Einzelerlössummen der einzelnen Grundstücke **für den Gesamtgläubiger eines nicht gezahlten Gesamtanspruchs**, die Übertragung einer Gesamtforderung gegen den Ersteher und die Eintragung einer Gesamtsicherungshypothek erforderlich macht.

Im obigen Beispielsfalle hatte der Ersteher des Grundstücks A einen baren Versteigerungserlös von überhaupt nur 3000 M. zu zahlen; da er aber diesen nicht zahlt, auch die Ersteher von B und C nicht zahlen, und nunmehr eine Gesamtsicherungshypothek von 6000 M. auf alle drei Grundstücke einzutragen ist, so erhellet, daß die Gesamtsicherungshypothek von **6000** M. schon bei dem Grundstück A weit über die Summe von **3000** M. hinausgeht, welche der Ersteher von A überhaupt nur bar geboten hat. Schöller S. 102 und Jaeckel Anm. 5 zu § 122 zum Teil auch Fischer u. Schaefer S. 425 wollen deshalb in solchen Fällen eine Herabsetzung der aus § 128 des Reichsges. vorzunehmenden Gesamtbelastung eintreten lassen. Allein hierfür gibt der § 122 des Reichsges. auch nicht den mindesten Anhalt. Wer auf eines von mehreren korrealiter belasteten und zusammen versteigerten Grundstücken bietet, muß mit der vorgedachten Konsequenz einer mora solutionis ex, § 122 des Reichsges., eben rechnen. **Materiellrechtlich** kann diese Konsequenz indessen **nachträglich** auf Grund der §§ 812, 1182 BGB. in Verbindung mit § 118 Abs. 2 des Reichsges. wieder beseitigt werden.

[15]) Dieser Fall kann eintreten, wenn mehrere korrealiter belastete Grundstücke zu Einzelmeistgeboten mehreren Einzelerstehern zugeschlagen sind, von welchen einer oder einige den Barerlös nicht zahlen. Wird der **Gesamt**barerlös oder werden die **Einzel**barerlöse rücksichtlich **sämtlicher** Grundstücke (von **einem** Ersteher sämtlicher Grundstücke) zum Teil gezahlt, zum Teil nicht gezahlt, so kommt, **soweit die Zahlung erfolgt** ist, das vorstehend unter 2a Dargelegte in Betracht, **soweit die Zahlung unterblieben** gilt das vorstehend unter 2b α Gesagte.

c.

Die sogen. Eventualübertragung, welche in der Erlösverteilung festzustellen ist, wenn Gesamtrechte an mehreren Grundstücken nach den Versteigerungsbedingungen oder infolge Nichtzahlung des Barerlöses bestehen bleiben. (§§ 123, 125 des Reichsgeſ.)

Sonderparagraph §§ 18, 64, 112, 122, 123, 125 des Reichsgeſ.

Die sogen. Eventualübertragung.

Die Gesamtrechte, welche auf dem (oder den) versteigerten Grundstücke ruhen, machen schließlich in der Erlösverteilung noch den besonderen Verteilungsakt der sogen. Eventualübertragung erforderlich.

Dieser Rechtsakt der sogen. Eventualübertragung ist hier — **ausnahmsweise** (vgl. S. 213 II) — vorzunehmen, gleichviel ob die nach dem geringsten Gebot im weiten Sinne (S. 32) bestehen bleibenden Gesamtrechte nur auf dem (oder den) versteigerten Grundstücke oder zugleich **auch auf nicht mitversteigerten** Grundstücken lasten. Und ferner kommen hier ausnahmsweise Gesamt-Hypotheken-, Grundschulden und Rentenschulden, wie andere Gesamtrechte in Betracht.

Ein Gesamtrecht, welches an mehreren Grundstücken haftet, gewährt ja dem Gesamtberechtigten die Befugnis, seine Befriedigung auch nur aus einem der Grundstücke oder nur von einem der mehreren Grundstückseigentümer zu erlangen.

Geschieht dies, so erlischt das Gesamtrecht **regelmäßig** auch auf den anderen mitverhaftet gewesenen Grundstücken für deren Eigentümer sozusagen unentgeltlich.

Dies hat das Reichsgesetz bedacht und vermieden durch die Bestimmung in dem § 50.

A **In diesem Paragraphen verordnet das Reichsgesetz — zunächst für den Fall, daß Gesamtlasten, auf mehreren Grundstücken haftend, bestehen bleiben,** weil sie dem Rechte des betreibenden Gläubigers vorgehen — die Aufstellung einer besonderen Versteigerungsbedingung zu Lasten des Erstehers.

Diese Versteigerungsbedingung geht bekanntlich (vgl. S. 40) dahin: erlöschen Rechte, welche auf dem **versteigerten** Grundstück und zugleich (korrealiter) auf einem anderen Grundstücke ruhen, auf **ersterem** „nach den besonderen Vorschriften über die Gesamthypothek," so hat der Ersteher außer der Summe seines baren Meistgebots noch einen Betrag (vgl. S. 40, 41) für das erlöschende Recht bar zu zahlen.

B **Dem Falle, daß eine Gesamtlast, als dem Rechte des betreibenden Gläubigers vorgehend,** von vornherein auf einem versteigerten Grundstück bestehen bleibt, ist **völlig rechtsanalog der Fall der Eintragung einer Sicherungshypothek für ein Gesamtrecht auf dem versteigerten Grundstücke** unter gleichzeitigem Bestehenbleiben der ursprünglichen Eintragung des Gesamtrechts auf den nicht mitversteigerten Grundstücken, und zwar, weil der auf die Gesamtlast entfallende Betrag des baren Versteigerungserlöses vom Ersteher nicht gezahlt worden ist.

Für diese beiden Fälle des Bestehenbleibens einer Gesamtlast auf versteigertem Grundstücke bringen daher — in Ausführung der §§ 50, 51 — die §§ 123; 125 des Reichsges. hier eine **Ausführungsvorschrift der Erlösverteilung:** Die §§ 50, 51 verordnen — um nochmals zu rekapitulieren —: Bleibt ein Anspruch auf einem versteigerten Grundstück haftend und zwar korrealiter auf einem anderen Grundstück, so ist für den Fall des Erlöschens jenes Anspruchs auf dem versteigerten Grundstück „nach den besonderen Vorschriften über die Gesamthypothek" der Ersteher verpflichtet, den Betrag (§ 50 S. 40, 41) bezw. den Entgelt (§ 51 S. 41) jenes Anspruchs bar zu zahlen.

Korrespondierend dieser bedingten Verpflichtung des Erstehers, ist daher in der Erlösverteilung, im Teilungsplan, eine bezügliche bedingte Forderung gegen den Ersteher zu übertragen (wie in den übrigen Fällen der §§ 50, 51 des Reichsges., vgl. S. 165—168).

Die Einzelvoraussetzungen dieser sogen. Eventualübertragung der §§ 123, 125 sind demnach:

a) **Bestehenbleiben eines Gesamtrechts** auf einem versteigerten Grundstück und entweder auf einem anderen mit versteigerten oder auf einem anderen nicht mit versteigerten Grundstück.[10])

b) **Der Grund des Bestehenbleibens** eines Gesamtrechts kann darin liegen, daß ein Gesamtrecht **dem Rechte des betreibenden Gläubigers rangmäßig** vorgehend (§ 44) bestehen bleibt oder

daß auf dies Gesamtrecht ein aus dem baren Versteigerungserlöse zugeteilter Betrag nicht gezahlt ist, für das Gesamtrecht daher gemäß § 128 eine Gesamtsicherungshypothek eingetragen wird.

c) **Die Bedingung, unter welcher die Eventualübertragung einer Forderung** gegen den Ersteher erfolgt, ist das Eintreten einer gesetzlichen Voraussetzung, unter welcher das an dem versteigerten Grundstück bestehen gebliebene bezw. aus § 128 cit. eingetragene Gesamtrecht, als solches, auf letzterem sozusagen unentgeltlich erlischt.

Jene gesetzlichen Voraussetzungen sind in den materiellrechtlichen Vorschriften über das Erlöschen von Gesamthypotheken enthalten, vgl. §§ 1173 Abs. 1, 1174, 1175, 1181 BGB., z. B. der Gesamtberechtigte läßt ein bisher nicht versteigertes (mit dem versteigerten Grundstücke) korrealiter verhaftetes Grundstück nunmehr versteigern und erhält aus letzterem volle Befriedigung seines Gesamtrechtes.

d) **Die in der Eventualübertragung als bedingt forderungsberechtigt zu bezeichnenden Personen** sind die Beteiligten, welche bisher aus dem Versteigerungserlös mit ihren Ansprüchen ausgefallen sind.

Die rangmäßig ersten unter ihnen kommen natürlich an erster Stelle zur Berücksichtigung.

Beispiel: (Fall A umstehend.) Auf Grundstück A stehen Abt. III 1. 4000 M. **Grundschuld** (vgl. aber auch S. 40 Anm. 13, S. 166 Anm. 9) zu 4 Proz. verzinslich 6 Monate nach Kündigung rückzahlbar für M.

Diese Grundschuld haftet auch korrealiter auf einem nicht mit versteigerten Grundstück B. Diese Post ist gemäß § 44 bestehen geblieben.

Abt. III 3. 6000 M. für N, welche völlig ausgefallen sind.

---

[10]) Daß in den Bestimmungen der §§ 50, 51, 123, 125 das Reichsgesetz darauf Rücksicht nimmt, daß Gesamtlasten auf Grundstücken ruhen, welche von dem Verfahren gar nicht berührt werden, ist bereits oben S. 213 II erwähnt.

Die Eventualübertragung[17]) aus § 123 hat zu lauten: Dem Hypothekengläubiger N, welcher mit seiner Post Abt. III 3 von 6000 M. bei dem Versteigerungserlöse vollständig ausgefallen ist, wird eine Forderung gegen den Ersteher auf Zahlung von 4000 M. zu 4 Proz. verzinslich, rückzahlbar 6 Monate nach Kündigung, unter der Bedingung übertragen, daß, bez. soweit die Gesamt-Grundschuld des M von 4000 M. auf diesem Grundstück A nach Maßgabe der besonderen Vorschriften über die Gesamthypothek erlöschen sollte. § 143 des Reichsgeſ.

Für diese bedingte Forderung wird auch eine bedingte Sicherungshypothek mit dem Range der erloschenen Post Abt. III Nr. 6 für N auf dem versteigerten Grundstück eingetragen (§ 128 des Reichsges.; vgl. auch über die materiellrechtliche Wirkung dieser Sicherungshypothek S. 65, auch Entsch. des RG. Bd. 42 S. 245; über die materiellrechtliche Wirkung einer im vorstehenden Falle B aber einzutragenden Sicherungshypothek vgl. S. 60 u. S. 162, S. 163).

Abschnitt II.

Das Zwangsverwaltungsverfahren.

Paragraph 32.

Das Wesen der Zwangsverwaltung.

1. **Die Zwangsverwaltung ist ein auf Befriedigung** eines Gläubigers aus den Einkünften eines Grundstücks gerichtetes Zwangsvollstreckungsverfahren.

2. **Die Zwangsverwaltung ist auch neben einem gleichzeitig anhängigen Zwangsversteigerungsverfahren** statthaft (§ 866 Abs. 2 CPO.).

Das Reichsgesetz hatte freilich nach der Konstruktion des Zwangsverwaltungsverfahrens vorausgesetzt, daß nur letzteres regelmäßig gewählt werden würde, um an Stelle einer Zwangsversteigerung, unter Belassung des Eigentums des Schuldners, doch eine Befriedigung des Gläubigers aus den Einkünften zu ermöglichen.

Das Rechtsleben hat dem legislatorischen Bestreben nicht Rechnung getragen. Ziemlich planlos werden Zwangsversteigerung und -verwaltung gleichzeitig beantragt. Die Gerichtspraxis hat dem gegenüber — wie alsbald gezeigt wird — die Geschäftsakte des Zwangsverwalters möglichst beschränkt und eine **tatsächliche** Verbindung des Zwangsverwaltungsverfahrens mit dem Zwangsversteigerungsverfahren eintreten lassen. Denn: Die tatsächliche Verbindung einer Zwangsverwaltung mit einer Zwangsversteigerung.

3. **Ein rechtlicher Zusammenhang zwischen Zwangsverwaltung und Zwangsversteigerung** ist nur in folgenden Punkten **ausnahmsweise** vorhanden:

a) Die Bestellung eines Amtsgerichts zum gemeinsamen Vollstreckungsgericht nach § 2 des Reichsges. gilt, falls für das Zwangsversteigerungsverfahren erfolgt, auch implicite für das Zwangsverwaltungsverfahren und umgekehrt.

b) Die **bis zum Zuschlage** fortdauernde Zwangsverwaltung bewirkt für ihren betreibenden Gläubiger den bevorrechtigten Ersatzanspruch (rücksichtlich seiner Ausgaben

---

[17]) Die Kündigungs- und Zinsbedingungen einer solchen Eventualübertragung enthalten die §§ 50, 51 des Reichsges., vgl. S. 41.

für Erhaltung und nötige Verbesserung des Grundstücks) nach § 10 Nr. 1 des Reichsges. in der Zwangsversteigerung vgl. S. 23.

c) Ist eine Zwangsverwaltung vor einer Zwangsversteigerung (nicht umgekehrt) eingeleitet, so gilt die Beschlagnahme in der Zwangsverwaltung für die Zwangsversteigerung als die **erste** in dem Sinne des § 13 Abs. 3 des Reichsges., so daß für die Versteigerung der Beschlagnahmemoment in der Zwangsverwaltung den Zeitpunkt für Bestimmung der rückständigen wie der laufenden Beträge wiederkehrender Hebungen abgibt (vgl. oben S. 13); vorausgesetzt, daß die Zwangsverwaltung bis zur Beschlagnahme des Immobile in der Zwangsversteigerung fortgedauert hat.

4. **Die Verschiedenheit zwischen Zwangsverwaltung und Zwangsversteigerung besteht** darin, daß die letztere die Entnahme des Grundstückseigentums, die erstere nur die Entnahme der Grundstückseinkünfte dem Schuldner gegenüber vollzieht.

5. **Das gemeinsame des Zwangsverwaltungs- und des Zwangsversteigerungsverfahrens** liegt in der Eigenschaft beider Verfahren, ein Zwangsvollstreckungsverfahren zu sein.

6. **Die gedachte Verschiedenheit des Zwecks der Zwangsverwaltung** von dem der Zwangsversteigerung hat zur Folge, daß erstere in den S. 85 gedachten Fällen einer unzulässigen Zwangsversteigerung statthaft ist[1]) und daß ferner die Zwangsverwaltung auch nicht den **reichsgesetzlichen** Versteigerungsbeschränkungen der §§ 772, 773 CPO. (vgl. S. 83) unterliegt.

7. **Das der Zwangsverwaltung mit der Zwangsversteigerung gemeinsame Wesen eines** Zwangsvollstreckungsverfahrens berücksichtigt das Reichsgesetz, indem es

Die Punkte rechtlichen Zusammenhangs beider Verfahren.

a) die allgemeinen Vorschriften der §§ 1—14 inhaltlich, wie auf das Zwangsversteigerungs- so auch auf das Zwangsverwaltungsverfahren für anwendbar erachtet;

b) die übrigen Vorschriften über die Zwangsversteigerung auf die Zwangsverwaltung als „entsprechend" anwendbar erklärt;

c) nur in den §§ 147—151 sind für die Zwangsverwaltung als ein Einkünfteverteilungsverfahren besondere Vorschriften gegeben!

Im preußischen Rechtsgebiete kommt neben diesen gesetzlichen Vorschriften für die Zwangsverwaltung noch das Just.-Min.-Reskript vom 8. Dez. 1899, JMBl. 791, über die Geschäftsführung und Vergütung der Verwalter in Betracht.

Hiernach gestalten sich zunächst:

Paragraph 33.

Die Voraussetzungen des Zwangsverwaltungsverfahrens.

(§ 146 des Reichsges.)

1. **Wie das Zwangsversteigerungsverfahren erfordert auch das Zwangsverwaltungsverfahren, als Zwangsvollstreckungsverfahren, einen zugleich die**

---

[1]) Im preußischen Rechtsgebiete ist aber auch eine Zwangsverwaltung wegen persönlicher Forderungen unzulässig gegen Fiskus, Landgemeinde, Amtsverbände einschließlich Kirchen- Schul- und Synagogengemeinden (vgl. S. 85).

allgemeinen Voraussetzungen des letzteren dartuenden Vollstreckungsantrag (§ 146 des Reichsges.). § 146, § 147 des Reichsges.

Dieser Antrag muß daher, wie der Zwangsversteigerungsantrag, der S. 79 besprochen ist, an ein Amtsgericht, als zuständiges Vollstreckungsgericht (§§ 1, 2, 15 des Reichsges.) gerichtet sein und inhaltlich und an Anlagen (§§ 15, 16 des Reichsges.) **regelmäßig** dasselbe enthalten, was ein Zwangsversteigerungsantrag wiedergibt, also: Der Zwangsverwaltungsantrag.

1. die Bezeichnung des Grundstücks, in welches die Zwangsverwaltung nachgesucht wird, unter
2. Bezeichnung des eingetragenen Eigentümers, gegen welchen
3. aus einem anzugebenden Anspruch;
4. auf Grund eines beizufügenden, vollstreckbaren Titels, die Zwangsverwaltung erfolgen soll;
5. unter Beifügung der Urkunden, die für den Beginn der Zwangsvollstreckung erforderlich sind; außer diesen Urkunden ist endlich
6. a) ein grundbuchamtliches Zeugnis über die Eintragung des Eigentümers zu überreichen; ist das Vollstreckungsgericht jedoch zugleich das Grundbuchamt, so genügt die Bezugnahme auf das Grundbuch.
b) Ist aber der Schuldner des vollstreckbaren Titels der Erbe des eingetragenen Eigentümers, so müssen auch die Urkunden überreicht werden, durch welche die Erbfolge glaubhaft gemacht wird, sofern diese bei dem Gericht nicht offenkundig ist.

Das Beispiel eines Zwangsversteigerungsantrags, welches Blatt 80 abgedruckt ist, gibt sonach den regelmäßigen Inhalt auch eines **Zwangsverwaltungs**antrages mit der selbstverständlichen Änderung wieder, daß anstatt Zwangsversteigerung die Zwangsverwaltung beantragt wird.

2. **In einem materiellrechtlichen Punkte weichen aber die Voraussetzungen eines Zwangsverwaltungsverfahrens von denen eines Zwangsversteigerungsverfahrens ab.** Der Schuldner

Das letztere ist nur zulässig gegen den eingetragenen Eigentümer eines Grundstücks, oder gegen dessen — wenn auch noch nicht eingetragene — Erben.

Die Zwangsverwaltung kann auch gegen einen Eigenbesitzer eines Grundstücks angeordnet werden, indessen nur dann, wenn aus der Zwangsverwaltung der Anspruch aus einem eingetragenen Rechte (also z. B. aus einer Hypothek, nicht also aus einem Liedlohnanspruch oder aus öffentlichen Gefällen der Nr. 3 des § 10 des Reichsges.) zu befriedigen ist (§ 147 des Reichsges.).

Der Eigenbesitzer ist derjenige, welcher das Grundstück als ein ihm gehöriges, somit animo domini, indessen nicht stets schon mit dem Bewußtsein, bereits auch Eigentümer zu sein, besitzt (vgl. §§ 900, 937 BGB., Leske, Vergl. Darstellung Bd. I § 106 S. 358).

Der Eigenbesitz eines Grundstücks ist übrigens nicht schon — wie in der Praxis vielfach angenommen wird — dadurch aufgegeben, daß der bisherige Eigenbesitzer das Grundstück verlassen und sein gegenwärtiger Aufenthalt unbekannt ist (vgl. ad analogiam § 303 Satz 2 des BGB.).

Ein Nießbraucher, Pächter oder Mieter ist daher ein Eigenbesitzer.

Die Einleitung der Zwangsverwaltung gegen einen Eigenbesitzer gehört nicht — wie von jüngeren Juristen nicht selten angenommen wird — nur zu den abstrakt-theoretischen Möglichkeiten. Das zeigt sich, wenn die zahlreichen Fälle berücksichtigt werden, in denen bankerotte Grundstückseigentümer ihr Immobile einem Dritten verkaufen, zum Fruchtgenuß übergeben, ohne bis auf weiteres auch die Auflassung vorzunehmen. Die Zwangsverwaltung ist in solchem Falle gegen den Grundstückseigentümer nicht ausführbar, weil der letztere sich nicht in dem, den Fruchtgenuß begründenden Besitz befindet; der Dritte könnte an sich einer gegen den Grundstückseigentümer eingeleiteten Zwangsverwaltung gegenüber ganz unbedenklich durch Erhebung der Widerspruchsklage aus § 771 CPO. sich im Besitze des Grundstücks behaupten.

Auf Grund des § 147 cit. ist nun in solchen Fällen die Zwangsverwaltung gegen den Eigenbesitzer ausführbar, selbstverständlich unter der Voraussetzung, daß der dem Zwangsverwaltungsantrag zu Grunde liegende vollstreckbare Titel den Eigenbesitzer zur Duldung der Zwangsverwaltung in das Grundstück, behufs Befriedigung des Antragstellers, rücksichtlich seines Anspruchs aus einem eingetragenen Recht, verurteilt.

Der Eigenbesitz ist, sofern er nicht gerichtsoffenkundig ist, durch „Urkunden" also auch Privaturkunden, glaubhaft zu machen.

3. **In einer prozessualen Voraussetzung — wenigstens im preußischen Rechtsgebiete — unterscheidet der Antrag auf Zwangsverwaltung** von dem Zwangsversteigerungsantrag sich insofern, als es der Beifügung neuester Katasterauszüge nicht bedarf. Diese haben ja auch nur für eine Versteigerung eine informatorische Bedeutung (vgl. § 5 Einf.Ges. zum RZVG. Art. 4 des preuß. Ausf.Ges.).

Paragraph 34.

Die Prüfung des Antrags auf Zwangsverwaltung.

(§ 147 des Reichsges.)

Die Prüfung des Antrages.

Wie der Antrag auf Zwangsversteigerung macht auch der Zwangsverwaltungsantrag die Prüfung erforderlich, welche S. 80, 81 erörtert ist.

Es wird also, um in kurzen Zügen zu rekapitulieren, auch hier zu prüfen sein: die Zuständigkeit des angegangenen Amtsgerichts, die Prozeßfähigkeit und Legitimation des Antragstellers, die Eintragung des Schuldners als Eigentümer des unter Zwangsverwaltung zu stellenden Grundstücks, oder der Nachweis seines Eigenbesitzes, die Identität des durch Zwangsverwaltung zu sichernden Anspruchs mit dem des überreichten Vollstreckungstitels, die Vollstreckbarkeit desselben nach §§ 724, 725, 750 CPO.

Nicht minder, wie rücksichtlich des Zwangsversteigerungsantrags, können auch bei dem Zwangsverwaltungsantrag die rechtlichen Besonderheiten vorliegen, welche S. 81 ff. einzeln aufgeführt wurden.

Nach Feststellung der Zulässigkeit des Zwangsverwaltungsantrages ergeht:

Paragraph 35.

Der Zwangsverwaltungsbeschluß, sogen. Einleitungsbeschluß.

(§ 146 des Reichsges.)

Der Einleitungsbeschluß.

Der Einleitungsbeschluß könnte gesetzlich ausreichend wie der Einleitungsbeschluß in der Zwangsversteigerung lauten. Dieser Beschluß würde also inhaltlich dem Gesetze genügen, wenn er auf die Angaben der Parteien, den

Anspruch des Vollstreckungstitels des Gläubigers, und die Anordnung der Zwangsverwaltung des von dem Antrag betroffenen Grundstücks sich beschränkt. **In dem Zwangsverwaltungsverfahren muß indessen außer dem Erlaß des Einleitungsbeschlusses auch noch die Ernennung und Benennung eines Zwangsverwalters erfolgen,** um die Einleitung der Zwangsverwaltung in die Wege zu leiten (§ 150 des Reichsges.). § 146, § 147 des Reichsges.

Im preußischen Rechtsgebiete ist aber — wie für den Zwangsversteigerungsbeschluß — ein Formularvordruck (ZV. Nr. 18) vorhanden, dessen fürsorglich bestimmter Inhalt jüngeren Juristen meist nicht ohne weiteres verständlich ist; der Beschluß mag deshalb hier zur Darstellung gelangen; er hat danach zu lauten:

Auf Antrag des Kaufmann Wilhelm Schulze in Gartz,
vertreten durch den Justizrat Bathe in Brandenburg, Gläubigers,
gegen den Gutsbesitzer Säumig in Zachow Schuldner,
wird wegen des dem Gläubiger zustehenden Anspruchs im Betrage von 1500 Mark und 4 Proz. Zinsen seit dem 1. Januar 1903
auf Grund des vollstreckbaren Urteils des Königl. Landgerichts in Potsdam vom 1ten XI. 1903
die Zwangsverwaltung des in Zachow
belegenen, im Grundbuche von Zachow Bd. 1 Nr. 1
auf den Namen des Schuldners
eingetragenen (im Eigenbesitze des Schuldners) befindlichen Grundstücks angeordnet.

Dieser Beschluss gilt zu Gunsten des Gläubigers als Beschlagnahme des Grundstücks

Durch die Beschlagnahme wird dem Schuldner die Verwaltung und Benutzung des Grundstücks entzogen.

Als Verwalter wird Herr Vorsichtig hier ernannt.

Das Grundstück soll dem Verwalter durch den Gerichtsvollzieher Schulz hier übergeben werden.

(oder Der Verwalter wird ermächtigt, sich selbst den Besitz des Grundstücks zu verschaffen.)

Brandenburg, den 22ten XI. 1903

Königliches Amtsgericht.

Bitter.

Die **ausdrückliche Anführung des Beschlußformulars,** daß der Beschluß „zu Gunsten des Gläubigers als Beschlagnahme des Grundstücks gilt", ist ein superfluum ad firmandam memoriam der Beteiligten. Diese Wirkung (vgl. Teil I S. 10) hat der Beschluß ex lege.

Nicht minder liegt ein superfluum in der Formular-Angabe: daß „durch die Beschlagnahme (hier in der Zwangsverwaltung vgl. S. 7 Anm. 1 und folgenden Paragraph 36) dem Schuldner die Verwaltung und Benutzung des Grundstücks entzogen wird; auch dies ist eine gesetzliche Folge.

Die Angabe des Beschlußformulars endlich über die Übergabe des Grundstücks an den Zwangsverwalter durch einen Beamten oder über die Ermächtigung des Verwalters, sich selbst den Besitz des Grundstücks zu verschaffen — § 150 Abs. 2 des Reichsges. und folgende (Paragraph 37) — ist nach dem Formular schon in den Beschluß eingefügt mit Rücksicht auf § 1 des preuß. Just.Minist.Reskripts vom 8. März 1899. Dieser Paragraph bestimmt: daß „der vom Gericht bestellte Verwalter zu seiner Legitimation eine Ausfertigung des Beschlusses, durch welchen die Zwangsverwaltung angeordnet und seine Bestallung erfolgt ist, erhält".

Paragraph 36.

Die durch den Zwangsverwaltungsbeschluß geschaffene Beschlagnahme des Grundstücks.

(§§ 146, 148, 151 des Reichsgeſ.)

Der Zeitpunkt der Wirksamkeit der Beschlagnahme.

1. **Der Grundregel des § 146 des Reichsgeſ. gemäß,** bewirkt der Einleitungsbeschluß in der Zwangsverwaltung, wie derjenige in der Zwangsversteigerung, eine Beschlagnahme der Immobiliarmasse, also ihres Hauptgegenstands, wie ihrer Nebengegenstände (§ 20 Abs. 1 u. 2 des Reichsgeſ. S. 3, 6—8). Wesen, Beginn und Wirkung der Beschlagnahme bestimmen sich auch hier mithin, dem § 146 cit. gemäß, nach den allgemeinen Rechtsregeln, welche schon S. 9 ff. dargelegt sind.

2. **Die Wirksamkeit in der Beschlagnahme beginnt aber in der Zwangsverwaltung** nicht nur mit dem Moment der Zustellung des Einleitungsbeschlusses an den Schuldner und nicht nur mit dem Moment des beim Grundbuch eingehenden Ersuchens um Eintragung des Vollstreckungsvermerks; als drittes die Wirksamkeit der Beschlagnahme bedingendes Moment kommt hier der Augenblick hinzu, in welchem **der Verwalter den Besitz** des Grundstücks erlangt (§ 151 Abs. 1 des Reichsgeſ.).

Der Umfang der Beschlagnahme.

3. **Der Umfang der Beschlagnahme in der Zwangsverwaltung** ist nach §§ 21, 23, 148 des Reichsgeſ. — wie auch schon im Teil I S. 7 berührt worden — verschieden von dem Beschlagnahmeumfang der Zwangsversteigerung.

a) **Gemäß ihrem Zwecke, die Befriedigung eines Gläubigers aus Grundstückseinkünften zu erzielen,** umfaßt die Beschlagnahme in der Zwangsverwaltung zunächst (vgl. auch § 99 BGB.) sämtliche forst- und landwirtschaftliche Grundstückserzeugnisse, und zwar nicht nur die zur Zeit der Beschlagnahme mit dem Grundstück noch verbundenen, sondern auch diejenigen, welche zur Zeit der Beschlagnahme bereits vom Grundstück getrennt sind.[1])

b) **Dem Surrogationsprinzip gemäß begreift die Beschlagnahme in der Zwangsverwaltung auch die Versicherungsforderungen** für sämtliche zu a gedachten Erzeugnisse. Der Zwangsverwalter hat mithin diese Forderungen, sofern sie fällig sind oder während der Zwangsverwaltung fällig geworden, einzugehen und wie die Erzeugnisse selbst zur Befriedigung der Beteiligten zu verwenden. (Siehe S. 244, 245.)

c u. d) **Die Miets- und Pachtzinsforderungen, sowie die Ansprüche auf wiederkehrende Hebungen aus den mit dem Eigentum an dem Grundstücke ver-**

---

[1]) Die Beschlagnahme in der Zwangsversteigerung umfaßt jene zur Zeit der Beschlagnahme schon getrennten Grundstückserzeugnisse nur soweit, als diese Zubehör sind (§ 21 des Reichsgeſ., § 98 Nr. 2 des BGB.); auf die zur Zeit der Beschlagnahme vom Grundstück noch nicht getrennte Erzeugnisse erstreckt sich die Zwangsversteigerungsbeschlagnahme allerdings mit, aber nur, weil jene Erzeugnisse eben noch wesentliche Bestandteile des Grundstücks sind (vgl. § 94 BGB. oben S. 6).

bundenen Rechten, welche in der Zwangsversteigerung, natürlich nur bis zum Zuschlage, dem Subhastaten verbleiben, werden von der Beschlagnahme in der Zwangsverwaltung mit erfaßt. § 48, § 149, § 150 des Reichsgef.

Nach den materiellrechtlichen Bestimmungen der §§ 1123, 1124, 1126 BGB. richtet es sich, inwieweit vor der Beschlagnahme fällig gewordene, noch nicht berichtigte Beträge noch zur Zwangsverwaltung einziehbar sind, und andererseits, inwieweit über den Beschlagnahmezeitpunkt hinaus durch Einziehung oder von anderweitiger Verfügung betroffene Beträge noch zur Zwangsverwaltungsmasse zurückzufordern sind.

e) **Die Beschlagnahme in der Zwangsverwaltung verstrickt endlich sämtliche einmal beschlagnahmte Stücke dauernd zur Immobiliarmasse.** In der Zwangsversteigerung verbleibt ja dem Schuldner Verwaltung und Benutzung des Grundstücks innerhalb der Grenzen einer ordnungsmäßigen Wirtschaft und damit in diesen Grenzen die Befugnis zur Veräußerung der einzelnen Stücke, trotz ihrer Beschlagnahme (§§ 22, 55, 90 des Reichsges. oben S. 7 Anm. 1, S. 45).

Die Zwangsverwaltung aber entzieht dem Schuldner die Verwaltung und Benutzung der Immobiliarmasse, welche auf den Verwalter übergehen (§ 148 des Reichsges.).

Paragraph 37.

Die mit dem Zwangsverwaltungsbeschluß zu verbindenden richterlichen Entscheidungen.

(§§ 149, 150 des Reichsges.)

1. **Wie im Zwangsversteigerungsverfahren, so ergeht auch im Verfahren der Zwangsverwaltung die Anordnung:**

der Zustellung des Einleitungsbeschlusses an den Gläubiger und an den Schuldner, des Ersuchens an das Grundbuchamt um Eintragung des Zwangsverwaltungsvermerks.[1]) Die Bestellung des Verwalters.

2. **In der Zwangsverwaltung sind aber noch bei Erlaß des Einleitungsbeschlusses weitere Entscheidungen zu treffen über:**

a) die (schon erwähnte) **Auswahl und Bestellung des Zwangsverwalters** (§ 150 Abs. 1 des Reichsges.), welchem der Einleitungsbeschluß zuzustellen ist.

In der **Regel** sind für das Amt des Zwangsverwalters **bestimmte Persönlichkeiten designiert.** Das Vollstreckungsgericht ist aber bei Bestellung eines Verwalters für eine einzelne Zwangsverwaltung **nicht gehindert,** unter Umgehung der allgemein designierten Personen, **eine andere** geeignete Persönlichkeit zum Verwalter zu bestellen.

Nicht geeignet als Verwalter sind, wie die Motive zutreffend hervorheben, der betreibende Gläubiger, der Schuldner; auch andere Realberechtigte werden regelmäßig nicht in Betracht kommen.

---

[1]) Im preußischen Rechtsgebiet geschieht das Ersuchen nach dem Formularvordruck, welcher S. 86, 87 vorstehend abgedruckt ist; (mit der selbstverständlichen Änderung, daß es statt „Zwangsversteigerung" Zwangsverwaltung heißt!)

Immerhin sind Ausnahmefälle möglich, welche zur Ernennung auch eines der Beteiligten nötigen können und dem sorgfältigen Ermessen des Gerichts wird dann die Festsetzung erforderlicher Kautelen anheim fallen.

Die vom Gericht **getroffene Ernennung** eines einzelnen Verwalters ist eine konkret geartete Zwangsvollstreckungsmaßregel, die als solche selbstverständlich durch Erhebung von Erinnerungen nach Maßgabe des § 766 CPO. **bemängelt werden kann**, und nicht minder klar ist, daß die auf die Erinnerung ergehende Entscheidung des Vollstreckungsgerichts durch sofortige Beschwerde von allen Beteiligten angefochten werden kann. Vgl. Entsch. d. RG. Bd. XVI S. 319.

Ob zu den Beteiligten in dem eben gedachten Sinne auch der bereits ernannte Zwangsverwalter gehört, gegen dessen Ernennung Erinnerung mit **Erfolg** erhoben, ist streitig. Jaeckel Anm. 2 zu § 150 und Wolff Anm. 6 zu § 153 gewähren dem wieder entsetzten Verwalter deswegen die sofortige Beschwerde. Indessen es hat niemand ein Recht auf Ernennung, sowie auf eine Tätigkeit als Zwangsverwalter (so wenig jemand zur Übernahme des Amts als Zwangsverwalter verpflichtet ist). Es ist nicht ersichtlich, weshalb die einmal erfolgte Ernennung nur eine aus sachlichen Gründen widerrufbare, im übrigen vor Beendigung des Verfahrens eine unwiderrufliche sein soll. Der § 153 Abs. 2 des Reichsges. spricht jedenfalls nicht für eine solche Annahme.

Die Besitzübertragung an den Verwalter.

b) **Das Vollstreckungsgericht hat ferner bei Erlaß des Einleitungsbeschlusses über die Art sich zu entscheiden, in welcher dem Zwangsverwalter der Besitz des unter Zwangsverwaltung gestellten Grundstücks zu verschaffen ist.**[2]) § 150 Abs. 2 des Reichsges.

Die Art dieser Besitzverschaffung ist eine **mehrfache:**

Das Gericht kann zunächst den **Verwalter einfach ermächtigen, sich selbst** den Besitz des Grundstücks zu verschaffen.

Es kann ferner die Übergabe des Grundstücks an den Verwalter **durch einen Gerichtsvollzieher** anordnen.

Ferner kann die Grundstücksübergabe seitens des Gerichts durch einen Gerichtsschreiber, selbst **einen nicht gerichtlichen Beamten,** z. B. den Dorfschulzen, veranlaßt werden.

Im preußischen Rechtsgebiete soll gemäß § 5 Abs. 2 der Allg. Verf. v. 8. Dez. 1899, wo bei größeren Amtsgerichten durch den Oberlandesgerichtspräsidenten ein Gerichtsschreiber zum sogen. Zwangsverwaltungsinspektor ernannt ist, dieser in der Regel mit der Besitzübergabe des Grundstücks an den Zwangsverwalter beauftragt werden.

---

[2]) Wiewohl der Besitz des Grundstücks auf den Zwangsverwalter übergeht, sind übrigens **dem Schuldner,** sofern er oder seine Haushaltsmitglieder **auf dem Grundstücke** zur Zeit der Beschlagnahme wohnen, die ihm für seinen Hausstand **unentbehrlichen Räume** zu belassen. **Gefährdet** aber der Schuldner oder eines seiner Hausstandsmitglieder das Grundstück oder die Verwaltung (z. B. durch Abhalten der Bediensteten), so hat das Gericht auf Antrag, — und zwar sowohl des Verwalters, wie eines Beteiligten — dem Schuldner die **Räumung** des Grundstücks aufzugeben. § 149 des Reichsges.

Diese Vorschrift des § 149 enthält eine Exekutionsbeschränkung, welche ihre Rechtsanalogie in der Mobiliarzwangsvollstreckung in den Vorschriften des § 811 Nr. 1, 2, 3 CPO. findet; wie diese Vorschriften durch Rücksichten auf pekuniäre Vorteile des Gläubigers, oder andere Nützlichkeitsgründe, nicht außer Anwendung gesetzt werden können, so muß dies auch von der Bestimmung des § 149 gelten. Gl. A. Jaeckel Anm. 1 zu § 149, Wolff Anm. 3 a. a. O. A. M. ohne rechtliche Begründung Badstübner S. 334 zu § 149 (wenn bei Nichtanwendung des § 149 durch Steigerung der Mietseinnahmen eine Zwangsversteigerung abwendbar sei!).

Im übrigen sind die § 811 Nr. 1, 2, 3 CPO., wenn sie auch für die Mobiliarzwangsvollstreckung erlassen sind, hier (vgl. S. 2) **entsprechend** anwendbar. Gl. A. Jaeckel Anm. 1 zu § 149, Wolff Anm. 3 zu § 149. A. M. Fischer u. Schaefer Anm. 4 zu § 149.

Und endlich kann **der Vollstreckungsrichter selbst das Grundstück dem Verwalter übergeben,** hierbei kann behufs Absetzung des Übergabeprotokolls auch ein Gerichtsschreiber als Protokollführer hinzugezogen werden (vgl. Gruchot Bd. 33 S. 1113). Indessen wird die Zuziehung eines Protokollführers stets eine besondere Rechtfertigung erfordern.

Es ist **nicht sachentsprechend,** wenn die Art der Besitzverschaffung in der Praxis vielfach sozusagen **formularmäßig verfügt wird.** Die schnelle, vollständige Besitzergreifung in Verbindung mit sofortiger Erteilung der erforderlichen Verwaltungsanweisungen (vgl. über diese folgenden Paragraph 38) bedingt, bei der Sequestration größerer Etablissements, oft nicht nur den Erfolg der Zwangsverwaltung sondern vielfach auch die Erreichung des legislatorisch erwünschten Zwecks der letzteren, die Vermeidung einer Zwangsversteigerung.

Dem Zwangsverwalter wird sachgemäß nur bei kleinen Immobilien die Ermächtigung zu erteilen sein, sich selbst den Besitz zu verschaffen.

Die Grundstücksübergabe durch einen Gerichtsschreiber wird sich in Fällen empfehlen, wo Lagerbestände die Aufstellung eines zuverlässigen Inventars erforderlich machen.

Einem Gerichtsvollzieher wird die Übergabe des Grundstücks an den Verwalter dann aufzutragen sein, wenn Widersetzlichkeiten zu erwarten stehen, vgl. § 892 CPO.

Endlich wird der Vollstreckungsrichter selbst sich der Übergabe des Immobile an den Verwalter zu unterziehen haben, wenn größere Etablissements unter Zwangsverwaltung zu stellen sind, deren Umfang, Bewirtschaftungsart, deren Nebengegenstände dem Richter bekannt sein müssen, um sachgemäße Verwaltungsanweisungen (§ 153 des Reichsges., folgende S. 246) erteilen zu können.

Im **preußischen Rechtsgebiete** ist nach **§ 2 der Geschäftsanweisungen vom 8. Dez. 1899** JMBl. S. 791 **bei Übergabe** eines zu verwaltenden Grundstücks durch einen „Beamten", also auch durch den Vollstreckungsrichter, an den Verwalter, der betreibende Gläubiger und der Schuldner, wenn tunlich, hinzuzuziehen; über die Übergabe selbst ist ein Protokoll aufzunehmen, welches die unter a—f des genannten § 2 aufgeführten Punkte zu enthalten hat.

Über diese Punkte hat der Verwalter, falls er ohne Übergabe, sich selbst den Besitz des Grundstücks verschafft, zu berichten.

Im **Preußischen Rechtsgebiete werden ferner,** wie das S. 235 abgedruckte Beschlußformular zeigt, die **Entscheidungen zu 2 a und b** über Ernennung des Verwalters und die Art der Besitzverschaffung desselben schon **im Einleitungsbeschluß** mit aufgenommen.

c) **Bei Erlaß des Einleitungsbeschlusses und des Ersuchens an das Grundbuch um Eintragung des Zwangsverwaltungsvermerks hat das Vollstreckungsgericht zu entscheiden,** ob — wie in der Zwangsversteigerung S. 86 III — das Grundbuch auch um Übersendung der im § 19 Abs. 2 des Reichsges. gedachten **beglaubigten Abschriften zu ersuchen** ist, oder ob die Übersendung dieser Abschriften vorläufig oder ganz **entbehrlich** ist. Das Ersuchen an das Grund buch.

Das Letztere ist der Fall, wenn neben der Zwangsverwaltung auch Zwangsversteigerung beantragt, oder in Aussicht steht. Es können dann bei etwaigen Verteilungen in der Zwangsverwaltung — wie noch näher zu zeigen ist — die Abschriften in den Zwangsversteigerungsakten benutzt, auch der Verteilungstermin der Verwaltung am Tage der Erlösverteilung in der Versteigerung statthaben, vgl. unten S. 264.

Die Übersendung der beglaubigten Urkunden des § 19 Abs. 2 wird — wie im Zwangsversteigerungsverfahren — zu veranlassen sein, sofern voraussichtlich nur ein Zwangsverwaltungsverfahren über ein Grundstück statthaben wird.

d) **Das Vollstreckungsgericht hat endlich bei Erlaß des Einleitungsbeschlusses die Anordnung an den ernannten Zwangsverwalter zu erlassen,** Die Anordnun des Berichts de Verwalters.

über die gesamten Realverhältnisse zu den Zwangsverwaltungsakten zu **berichten.**

Dieser Bericht ist **stets zu erstatten — soweit er nicht bei Übergabe** des Grundstücks an den Verwalter durch das Übergabeprotokoll **ersetzt** wird. Vgl. für das preußische Rechtsgebiet auch § 2 letzter Abs. der Allg. Verf. v. 8. Dez. 1899.

Denn dieser Bericht, und falls eine Besitzübergabe an den Verwalter erfolgte, in Verbindung mit dem Besitzübergabeprotokoll, enthält die Grundlagen für die Abwicklungsart des ganzen Verfahrens.

Die Verfügung, welche nach den vorstehenden Darlegungen auf einen Zwangsverwaltungsantrag zu ergehen hat, wird lauten:

I. Der Einleitungsbeschluß ist anliegend abgesetzt (vgl. S. 235).

(Derselbe enthält zugleich:

a) Die Ernennung des Zwangsverwalters (vorstehender Paragraph S. 237 unter 2).

b) Die Entscheidung:

α) ob der Zwangsverwalter ermächtigt wird, sich selbst den Besitz des Grundstücks zu verschaffen,

β) oder ob ein bestimmter Gerichtsvollzieher, Gerichtsschreiber, ein nicht gerichtlicher Beamter oder, an Amtsgerichten, bei welchen ein Zwangsverwaltungs-Inspektor ernannt ist, dieser die Übergabe des Immobile an den Zwangsverwalter zu bewirken hat (S. 238, 239);

γ) oder endlich, ob der Vollstreckungsrichter selbst die Übergabe des Immobile an den Zwangsverwalter vornehmen wird. (S. 239.)

Im letzten Falle ist zugleich der Termin zur Übergabe „in loco" zu bestimmen, von welchem Gläubiger und Eigentümer und natürlich der Verwalter regelmäßig besonders zu benachrichtigen sind; ist zu erwarten, daß die Zustellung des Einleitungsbeschlusses noch vor dem Übergabetermin erfolgt, so kann jene Terminsbestimmung schon im Einleitungsbeschluß verfügt werden.)

II. Der Beschluß ist zuzustellen

a) dem Gläubiger (bezw. seinem Anwalt, S. 19 Anm. 3).

b) dem Schuldner (bezw. seinem Anwalt, S. 19 Anm. 3),

c) dem Verwalter (vorstehender Paragraph S. 237 unter 2),

d) dem Gerichtsvollzieher, oder Gerichtsschreiber, oder Zwangsverwaltungs-Inspektor, oder Gemeindevorsteher zwecks Besitzübergabe an den Verwalter; (falls der Einleitungsbeschluß die vorstehende Entscheidung b β enthält).

III. Ersuchen nach Formular an das Grundbuch um Eintragung, daß die Zwangsverwaltung angeordnet ist unter

α) dem ferneren Ersuchen um Mitteilung der im § 19 Abs. 2 des Reichsges. gedachten Abschriften, falls **nur** Zwangsverwaltung, nicht auch Zwangsversteigerung beantragt ist (vorstehend S. 239 c).

β) oder ohne Ersuchen um Mitteilung der ebengedachten Abschriften (vorstehender Paragraph S. 239 c falls auch Zwangsversteigerung beantragt ist).

IV. Im Falle zu I b α, wo der Zwangsverwalter ermächtigt ist, sich selbst den Besitz des Grundstücks zu verschaffen, wird es sachgemäß sein: den Verwalter zum sofortigen Bericht über die gesamten Verhältnisse der Immobile aufzufordern.

V. Nach 5 Tagen zu III und eventl. IV.

§ 151 des Reichsges. S. 23[illegible]
§ 152 – § 154 des Reichsges.

Paragraph 38.

Die dem Zwangsverwalter vom Vollstreckungsgericht zu erteilenden Anweisungen in Rücksicht auf die Rechtsstellung des Verwalters und die Aufsicht des Vollstreckungsgerichts.

(§§ 152—154 des Reichsges.)

A.

Die Rechtsstellung des Zwangsverwalters.

Die Rechtsstellung des Zwangsverwalters bedingt nicht nur den Gesamtinhalt seiner Tätigkeit, sondern auch die Anweisungen, welche ihm vom Vollstreckungsgericht zu erteilen sind, und nicht minder die Art der Aufsicht, welche das Gericht über den Zwangsverwalter zu üben hat.

1. **Die Rechtsstellung des Zwangsverwalters im allgemeinen**[1]): ist vielfach als die eines Beamten bezeichnet worden.

Diese rechtliche Charakterisierung entbehrt noch der Entstehungsgeschichte (vgl. Motive S. 329, 330), wie nach dem Inhalt der §§ 152—154 des Reichsges. einer rechtfertigenden Grundlage.

Der Zwangsverwalter ist vielmehr nur **ein öffentlich-rechtliches Organ**, dessen **Funktionieren auf einer gerichtlich-obrigkeitlichen Ermächtigung** im und zum Zwecke einer Zwangsvollstreckung beruht.

Diese Zwangsvollstreckung besteht in der Verwaltung einer Vermögensinbegriffquote, nämlich der Immobilienmasse unter Suspension des Verwaltungsrechts ihres Eigentümers zum Zwecke der Befriedigung der an jener Masse Beteiligten[2]). Der Zwangsverwalter hat somit als öffentlich-rechtliches Organ kraft gerichtlicher Ermächtigung doch rein privatrechtliche Verwaltungs- und Vertretungsakte rücksichtlich der Immobiliarmasse für die an ihr Beteiligten auszuüben.

---

[1]) **Wie für den früheren Rechtszustand,** so ist auch für das Reichsgesetz die rechtliche Stellung des Zwangsverwalters **streitig.**

Die Gleichstellung des Zwangsverwalters **mit dem Konkursverwalter** ist zur Charakterisierung der Rechtsstellung des ersteren **unzureichend,** schon um deswillen, weil Ernennung und Entlassung des Zwangsverwalters allein dem Gericht obliegt, der Konkursverwalter von der Gläubigerversammlung ernannt und nur auf ihren Antrag entlassen wird; lediglich bis zu der ersten Gläubigerversammlung, in ihrer Vertretung, vollzieht das Gericht die Ernennung des Konkursverwalters (§§ 150, 153 des Reichsges., §§ 80, 84 der Konkursordn.). Der letztere hat zudem den gesamten zur Zeit der Konkurseröffnung vorhandenen Vermögensinbegriff eines Schuldners zu verwalten.

[2]) Beteiligte in diesem Sinne müssen daher — worauf Jaeckel Anm. 1 zu § 154 aufmerksam macht — alle diejenigen sein, zu welchen der Verwalter in Rücksicht auf die Immobiliarmasse in Rechtsbeziehung getreten ist.

Dies bedingt und begrenzt

2. **die Rechtsstellung des Zwangsverwalters im besonderen**, nämlich

Stellung des Verwalters dem Realberechtigten gegenüber.

a) **den Realbeteiligten gegenüber.** Die Vertretung der letzteren übt der Verwalter nicht auf Grund einer Vollmacht derselben (die ja sonst widerruflich wäre), sondern kraft der ihm erteilten gerichtlichen Ermächtigung aus.

Der Verwalter ist daher an Weisungen der Realberechtigten nicht gebunden, wenn er diesen auch für eine sachgemäße Verwaltung privatrechtlich verantwortlich ist[3]), wie dies § 154 Satz 1 des Reichsges. vorschreibt.

Stellung des Verwalters Dritten gegenüber.

b) **Den Dritten gegenüber,** mit welchen der Verwalter anläßlich seiner Verwaltungstätigkeit als Kontrahent gegenübertritt, wird der Verwalter aus seinen die Immobiliarmasse betreffenden Rechtsakten — kraft der ihm erteilten gerichtlichen Verwaltungsermächtigung — zur **selbständigen Geltendmachung** der aus jenen Rechtsakten erwachsenen Ansprüchen **berechtigt** (vgl. RG.Entsch. Bd. 24 S. 304).

Die **Immobiliarmasse** ist aber das — aus der Vertretung des Verwalters — berechtigte und verpflichtete **Rechtssubjekt**[4]).

Der **Zwangsverwalter** selbst wird aus den im Rahmen seiner Verwaltung getätigten Rechtsakten **persönlich weder berechtigt noch verpflichtet.**

Die Frage, ob die konkreten Rechtsakten des Verwalters **im Rahmen einer zwangsweisen Verwaltung** der Immobiliarmasse liegen, wird oft freilich nach den **jedesmaligen Umständen** unter Berücksichtigung des Inhalts der Geschäftsakte zu beurteilen sein, welche der — alsbald zu erwähnende — § 152 des Reichsges. dem Zwangsverwalter überträgt.

Da die außerhalb der Rechtssphäre der Immobiliarmasse liegenden Rechtsbeziehungen der Vertretungsmacht des Verwalters nicht unterliegen, so wird z. B. der Verwalter nicht in persönliche Schuldverhältnisse des Eigentümers einzutreten haben, wenn diese auch in Hinblick auf den Immobiliarbesitz des Eigentümers von diesem eingegangen sind.

---

[3]) Diese privatrechtliche Verantwortlichkeit aus einer Verwaltungs- und Vertretungstätigkeit des Verwalters bedingt für diesen eine dem § 276 BGB. entsprechende Haftung für Vorsatz und Fahrlässigkeit.

Für Stellvertreter, welcher der Verwalter nur in dringenden Notfällen sich bedienen darf, wie für das preußische Rechtsgebiet § 14 der Allgem. Verf. vom 14. Dez. 1899 ausdrücklich erwähnt, haftet der Verwalter nach § 278 BGB., für Gehilfen gemäß § 831 BGB.

[4]) **Streitig** ist auch die **Aktiv- und Passiv-Legitimation** des Zwangsverwalters (vgl. Jaeckel Note 3 g zu § 152, Altmann Anm. 2 f zu § 153, gegen Peiser S. 113, Wolff Anm. 5 zu § 152).

Ein fest umschriebener rechtlicher Gesichtspunkt läßt sich hier nicht aufstellen; soweit Rechts- und Besitzverhältnisse betroffen werden, welche mit der vorstehend unter a—d beschriebenen allgemeinen Geschäftstätigkeit auch nur mittelbar zusammenhängen, ist der Verwalter aktiv wie passiv legitimiert. Daneben kann aber auch de jure, wie de possessione der Eigentümer aktiv wie passiv legitimiert sein (Altmann a. a. O. scheint dies zu verneinen). Ist ein Rechsstreit vor Einleitung der Zwangsverwaltung mit dem Eigentümer schon anhängig, so kann der Verwalter in diesen nur als Nebenintervenient eintreten, dies schon aus dem prozessualen Grunde, weil ein anderes in den §§ 239—252 CPO. nicht bestimmt ist, andernfalls aber hätte bestimmt sein müssen. Gl. A. Jaeckel a. a. O.

Mehrjährige Kartoffellieferungen, welche der Eigentümer beispielsweise abgeschlossen, sind vom Verwalter nicht zu erfüllen. §152 – §154 des Reichsges.

3. **Die Rechtsstellung des Zwangsverwalters dem Vollstreckungsgericht gegenüber** ist die zur Befolgung von **Anweisungen** seines Machtgebers **unbedingt verpflichteten** Bevollmächtigten. Stellung des Verwalters dem Gerichte gegenüber.

Im **preußischen Rechtsgebiet** ist dieser Rechtssatz **auch im § 4 der Allg. Verf.** vom 8. Dez. 1899 zum Ausdruck gelangt.

Der Zwangsverwalter ist zwar im Rahmen der ihm erteilten Anweisungen zu selbständiger Tätigkeit berechtigt; dies bedeutet aber nur, daß die Vornahme der aus Anlaß der Zwangsverwaltung vorzunehmenden wirtschaftlichen Akte, nicht das Gericht, sondern der Zwangsverwalter auszuführen hat; er z. B. und nicht das Gericht hat die Mietsverträge zu schließen, die Mietszinsen zu erheben.

Allein die Vorbedingung der einzelnen wirtschaftlichen Verwaltungsakte, die Entscheidung, daß die Vornahme der einzelnen Akten zweckmäßig ist, kann von dem Vollstreckungsgericht mit bindender Wirkung für den Verwalter festgestellt werden.

Die im Konkursverfahren bestehende Streitfrage, ob dem Gericht auch die Entscheidung über die Zweckmäßigkeit der vom Verwalter auszuführenden Akte **zusteht**, wird nach dem gedachten Inhalt der §§ 152, 153, 154 des Reichsges. und ihrer legislatorischen Vorgeschichte für das Zwangsverwaltungsverfahren in dem vorgedachten Sinne fast überwiegend in der Literatur bejahend entschieden (vgl. Jaeckel, Anm. 2 zu § 153, Wolff, Anm. 4 zu § 153).

4. **Die mit der Rechtsstellung des Zwangsverwalters durch das Gesetz verbundene Tätigkeit** hat nach § 152 des Reichsges. zu bestehen in: Die gesetzlich bestimmte Tätigkeit des Verwalters.

a) **Erhaltung des wirtschaftlichen Bestands des Grundstücks:** Darunter begreift sich die Erhaltung des Grundstücks in einem, seiner konkreten wirtschaftlichen Bestimmung entsprechenden Normalzustand.

α) **Ein Haupterhaltungsakt** des wirtschaftlichen Grundstücksbestands liegt in der üblichen **Versicherung** der Gegenstände der Immobiliarmasse gegen Brandschaden oder sonstige Unfälle.

Im preußischen Rechtsgebiet wird deshalb durch § 12 Abs. 3 der Allg. Verf. dem Zwangsverwalter die Vornahme solcher Versicherungen ohne Rücksicht auf seinen Einnahmebestand zur Pflicht gemacht.[5])

β) **Die Erhaltung des konkretwirtschaftlichen Normalzustandes des Grundstücks** kann ferner **Ausbesserungen und Erneuerungen** notwendig machen, welche aber regelmäßig nur insoweit vorzunehmen sind, als sie mit gewöhnlichen Unterhaltungskosten bestreitbar sind.

Im **preußischen Rechtsgebiet** schreibt dies § 13 der Allg. Verf. vom 8. Dez. 1859 mit dem Hinzufügen ausdrücklich vor, daß die **Aufwendung außergewöhnlicher Unterhaltungskosten der Genehmigung des Gerichts** zu unterbreiten sind, nachdem der Verwalter zuvor bezügliche Erklärungen des Schuldners und Gläubigers eingefordert und dem Gericht unterbreitet hat. Grundstückserhaltung.

---

[5]) Die Geldbeträge für die Berichtigung der zunächst fälligen Versicherungsprämien wird der betreibende Gläubiger vorzuschießen haben, sofern der Kassenbestand des Verwalters nicht ausreicht. Unterbleibt jene Geldzahlung des betreibenden Gläubigers, so kann das ganze Zwangsverwaltungsverfahren nach Maßgabe des § 161 Abs. 3 des Reichsges. vom Gericht aufgehoben werden. Eine Sicherung des Gläubigers für jene Zahlung gibt das Vorrecht des § 10 Ziff. 1 des Reichsges. Vgl. auch S. 23.

Das Gericht wird außergewöhnliche Unterhaltungskosten indessen nur dann bewilligen können, soweit sie zur Wiederherstellung des konkret-normalen Zustands des Immobile notwendig sind. Neubauten, wenn sie auch noch so lukrativ erscheinen, entfallen selbst bei längerer Dauer einer Zwangsverwaltung dem Zwecke derselben und können daher höchstens mit Zustimmung aller Beteiligten gerichtsseitig genehmigt werden.

Bei eingetretenen Brandschäden, wo die gezahlten Versicherungsgelder kraft des Surrogationsprinzips an Stelle des versicherten Gegenstands, und damit in die Verhaftung für eingetragene Rechte treten (vgl. auch §§ 1128, 1130 BGB.), kommt in Frage, ob die Pflicht zur Erhaltung des Grundstücksbestands den Verwalter zur **Wiederherstellung** des dem Brandschaden vorgehenden Zustands mit Hilfe der Versicherungsgelder verpflichtet. Die Frage wird nur **nach Lage des Einzelfalls und nach dem Brandschadenumfang** zu beantworten sein. Der letztere kann so groß sein, daß seine Beseitigung die Neuschaffung eines ganzen Immobile bedingt, welche außerhalb „der Erhaltung des Bestandes" Immobile, damit außerhalb des Verwaltungszwecks liegt. Das schließt nicht aus, daß bei einem großen Gebäude- und Besitzkomplex ein einzelnes Gebäude mit den Versicherungsgeldern wiederherzustellen ist.

Zu **Brandschadenreparaturen** ist der Verwalter **unbedingt** verpflichtet (vgl. auch unten unter c).

Grundstücksbenutzung.

b) **Ordnungsmäßige Benutzung des Grundstücks:** bildet ferner den Gegenstand allgemeiner Handlungstätigkeit des Zwangsverwalters.

α) **Hierunter** fällt zunächst die **Beibehaltung des Nutzungsmodus,** welchen der Grundstückseigentümer bisher gewählt hatte, indessen mit der selbstverständlichen Modifikation, daß, wo bisher ordnungs- und regelwidrige Praktiken vom Eigentümer gewählt wurden — wie nicht selten bei Grundstücken, welche zur Zwangsverwaltung gelangen — ordnungs- und regelmäßig zu wirtschaften ist, wie dies für den Nießbraucher § 1036 BGB. vorschreibt.

Die ordnungsmäßige Grundstücksbenutzung erfordert auch eine hierfür konkret unentbehrliche Zahl von Angestellten und Bediensteten. Es ist daher — wie Peiser § 36 rechtlich zutreffend, vorstehend Anm. 2 S. 241, (nicht nur praktisch bedürfnisgerecht, wie Jaeckel Anm. 2 b anzunehmen scheint) ausführt — der Zwangsverwalter verpflichtet, in die Dienstverträge der **unentbehrlichen** Grundstücksbediensteten einzutreten. Die vom Eigentümer über das unentbehrliche Maß hinaus engagierten Personen behalten als ihren Gegenkontrahenten lediglich den Eigentümer.

Sind die für die Grundstücksbenutzung unentbehrlichen Bediensteten nicht vorhanden, so hat sie der Zwangsverwalter anzunehmen, die hierfür notwendigen Kosten der betreibende Gläubiger vorzuschießen.

β) **Dem Verwalter** liegt ferner **nutzbare Bestellung** der Ländereien ob, und sodann das **Einernten** der Früchte nach den Regeln einer ordnungsmäßigen Wirtschaft. Eine Abweichung von diesen Regeln ist unstatthaft, wie der klare Wortlaut des § 152 des Reichsges. zeigt (vgl. auch § 1039 des BGB.)

Ist eine nutzbare Bestellung der Ländereien nicht tunlich oder für die Verwaltung nach den Verhältnissen nicht lohnend, hat

γ) **der Verwalter** die **Verpachtung und Vermietung** einzelner land- und forstwirtschaftlicher Grundstücke nutzbar vorzunehmen, auch wenn der Eigentümer bisher solche Vermietungen und Verpachtungen nicht vorgenommen hatte.

Diese Grundsätze spricht im preußischen Rechtsgebiete der § 6 der Allgem. Verf. vom 8. Dez. 1899 ausdrücklich aus, dessen § 7 zugleich die Bedingungen für die vom Verwalter abzuschließenden Miet- und Pachtverträge aufstellt. **§ 152 — § 154 des Reichsges.**

c) **In der Geltendmachung der von der Beschlagnahme erfaßten Ansprüche besteht ferner** eine gesetzliche Tätigkeit des Zwangsverwalters. **Geltendmachung der Beschlagnahme.**

α) Hier kommt in erster Linie die **Einziehung der Pacht- und Mietszinsen** in Betracht, deren Einforderung, nach dem Zwecke der Verwaltung und Tätigkeit des Verwalters, dem letzteren zusteht.[6])

β) Nicht minder ist der Verwalter zur **Einziehung von Versicherungsgeldern** berechtigt. Diese Versicherungsgelder treten nach dem Surrogationsprinzip — welches im § 1127 BGB. anerkannt ist — an die Stelle der durch den Versicherungsschaden zerstörten Gegenstände der Immobiliarmasse; da diese in natura in den Besitz des Zwangsverwalters überzugehen haben, so auch ihre Surrogate.

Mit der Berechtigung zur Einziehung deckt sich aber nicht — wie schon S. 244 erwähnt — die Befugnis zur Verwendung der eingezogenen Versicherungsgelder.

Die **Verwendung** der Versicherungssumme kann dem Verwalter nur insoweit zustehen, **als er zur Verwendung der Gegenstände der Immobiliarmasse berechtigt** ist, an deren Stelle die Versicherungsgelder getreten.

Daraus folgt: Versicherungsbeträge für Früchte können wie letztere vom Verwalter als Einkünfte der Zwangsverwaltung verteilt werden.

Die an Stelle des immobilen Hauptgegenstandes tretenden Versicherungsbeträge sind entweder zur Restaurierung des Hauptgegenstandes zu verwenden (vgl. S. 243 4a, S. 244) oder, wie der Hauptgegenstand, in Besitz zu nehmen und nutzbar zu verwalten, also sicher zinsbar anzulegen. Die Zinsen solcher Kapitalsanlage gehören zu verteilbaren Verwaltungseinkünften, wie die Nutzungen des Hauptgegenstands selbst dazu gehört haben. Gl. A. Jaeckel S. 506, Wolff Anm. 9 zu § 152. A. M. indessen ohne ausreichende Begründung Peiser S. 141.

d) **Die Umsetzung der Nutzungen in Geld, soweit letztere für die Verwaltung entbehrlich,** bildet schließlich eine allgemeine Geschäftshandlung des Zwangsverwalters. **Versilberung der Nutzungen.**

Der Verwaltungszweck der Befriedigung des betreibenden Gläubigers aus Grundstücksnutzungen erfordert, soweit letztere in Naturalien bestehen, deren Umsetzung in Geld.

Andererseits soll aber die Befriedigung des Gläubigers nur unter gleichzeitiger ordnungsmäßiger Benutzung entsprechender Erhaltung des wirtschaftlichen Grund-

---

[6]) Hierbei ist aber nicht zu übersehen, daß nur diejenigen Miet- und Pachtverträge des Eigentümers, welche bereits vor der Beschlagnahme zu einer **Überlassung** an den Mieter oder Pächter geführt haben, nach § 152 Abs. 2 des Reichsges. dem Verwalter gegenüber wirksam bleiben. Ist jene Voraussetzung nicht gegeben, so braucht der Verwalter jene Verträge nicht zu erfüllen, und dem Kontrahenten des Eigentümers bleibt gegen letzteren nur ein Schadensersatzanspruch übrig.

Im preußischen Rechtsgebiete machen die §§ 8 und 9 der Allgem. Verf. noch besonders auf die rechtzeitige Einziehung der Miet- und Pachtzinsen und die Geltendmachung der Unwirksamkeit vorweg eingezogener Zinsen (§§ 1123—1125 BGB.) durch den Verwalter aufmerksam.

stücksbestands erfolgen, soweit hierzu Grundstücksnutzungen erforderlich, sind sie zu jenem Zweck zu verwenden.

In der Praxis bereitet hier die Frage Schwierigkeiten, ob und inwieweit der Zwangsverwalter berechtigt ist, **in überreicher Zahl vorgefundene Objekte**, deren jedes einzelne Stück ein Zubehörstück sein kann, zu veräußern. Nicht selten beruht die Anschaffung solcher zahlreicher Mobilien auf einer Liebhaberei des Eigentümers, z. B. für Pferde, seltene Hühner 2c. Nutzungen im Sinne des § 100 BGB. sind jene Sachen, soweit sie angeschafft sind, mithin **insgesamt** nicht; ebensowenig sind sie **sämtlich** Zubehörstücke gemäß § 97 BGB. Die für den wirtschaftlichen Immobiliarzweck völlig entbehrlichen Gegenstände sind vielmehr rechtlich Mobiliareigentumsstücke des Eigentümers, welche sich zwar auf dem Grundstücke befinden, von der Beschlagnahme aber doch nicht ergriffen werden (§ 97 Abs. 1 Satz 2 a. a. O.!). Der Zwangsverwalter kann diese offensichtlichen entbehrlichen Objekte daher **nicht veräußern** (z. T. nur gl. A. Fischer u. Schaefer Anm. 4 zu § 152, a. M. anscheinend Jaeckel S. 506 unter f., Wolff Anm. 8 zu § 152), dem betreibenden Gläubiger muß vielmehr überlassen bleiben, in jene Objekte die Mobiliarzwangsvollstreckung zu veranlassen.

B.

Die Anweisungen des Vollstreckungsgerichts.

1. **Die allgemeine gesetzliche Tätigkeit des Verwalters**, welche der § 152 des Reichsges. umschreibt, erfordert für einzelne Fälle die Erteilung umsichtiger **Direktiven**, welche in Form von konkreten Anweisungen dem Verwalter zu erteilen, dem Vollstreckungsgericht obliegt.

2. **Die prozessuale Voraussetzung** für die Erteilung vollstreckungsgerichtlicher Anweisungen an den Zwangsverwalter ist die der **vorherigen Anhörung des betreibenden Gläubigers und des Schuldners** (§ 153 des Reichsges.).

Voraussetzungen und Anfechtbarkeit vollstreckungsgerichtlicher Anweisungen.

Diese Beteiligten können nur schriftlich oder in einem Termin gehört werden.

Die Zuziehung oder Anhörung des Zwangsverwalters ist nicht obligatorisch, aber empfehlenswert.

Im **preußischen Rechtsgebiete** ist nach § 5 Abs. 3 der Allgem. Verf. vom 8. Dez. 1899 der bei den größeren Amtsgerichten durch den Oberlandesgerichtspräsidenten zum **Zwangsverwaltungsinspektor** ernannte Gerichtsschreiber bei Erteilung der Anweisungen **zuzuziehen.**

3. **Die rechtliche Natur der vollstreckungsgerichtlichen Anweisung** an den Zwangsverwalter ist die einer Zwangsvollstreckungsmaßregel im Sinne des § 766 CPO.

Die Anfechtbarkeit vollstreckungsgerichtlicher Anweisungen.

4. **Die Anfechtung der vollstreckungsgerichtlichen Anweisung** an den Verwalter steht nur dem Gläubiger und Schuldner zu, und zwar zunächst lediglich mit dem Rechtsbehelfe der Einwendungen und Erinnerungen aus § 766 CPO. Erst gegen die auf diesen Rechtsbehelf erlassene Entscheidung des Vollstreckungsgerichts ist jenen Beteiligten das Rechtsmittel der sofortigen Beschwerde gegeben (§ 793 CPO.).

Jaeckel Anm. 2 zu § 153 will jenen Beteiligten sogleich die sofortige Beschwerde gegen eine vollstreckungsgerichtliche Anweisung zugestehen, wenn diese nach mündlicher Anhörung der Beteiligten in einem anberaumten Termin erlassen ist. Dies ist jedoch nur dann zutreffend, wenn im Termin die Beteiligten bereits formell Einwendungen oder Erinnerungen im Sinne des § 766 CPO. erhoben haben, und über diese Rechtsbehelfe bereits ausdrücklich in der ergangenen Anweisung mitentschieden ist. §152 – §154 des Reichsges.

5. **Unanfechtbar sind vollstreckungsgerichtliche Anweisungen dem Zwangsverwalter gegenüber.** Gl. A. Jaeckel Anm. 1 zu § 153, Reinhard Anm. II, 1, Altmann Anm. 1 zu § 153. A. M. Wolff Anm. 2. Das Beschwerderecht des Zwangsverwalters.

Der Zwangsverwalter ist der vom Vollstreckungsgericht ausgewählte Verwaltungsgehilfe, welcher dem Gericht unbedingt untergeben ist (vgl. vorstehend S. 243), die Hand des Richters.[7]) Dasselbe muß übrigens im preußischen Rechtsgebiete auch von einem ernannten Zwangsverwaltungsinspektor gelten (§ 5 der Allgem. Verf. vom 8. Dez. 1899), auch diesem kann ein Beschwerderecht gegen Anordnungen des Vollstreckungsgerichts nicht zustehen.

6. **Die Verpflichtung des Zwangsverwalters** zur Befolgung der ihm erteilten vollstreckungsgerichtlichen Anweisungen gestattet eine Abweichung von letzterer nur dann, wenn Gefahr im Verzuge und der Verwalter nach den Umständen deshalb annehmen konnte, daß das Vollstreckungsgericht bei Kenntnis der Sachlage die Abweichung billigen würde.

Liegen diese Voraussetzungen nicht vor, erachtet aber der Verwalter eine Änderung erteilter Anweisungen für geboten, so hat er hierüber ungesäumt an das Vollstreckungsgericht zu berichten und dessen Verfügung abzuwarten. Vgl. § 665 BGB. Gl. A. Jaeckel Anm. 1 zu § 153, Fischer u. Schaefer Anm. 2a zu § 153.

C.

Die Aufsicht des Vollstreckungsgerichts und die mit ihr zusammenhängenden Maßnahmen.

1. **Der Zwangsverwalter untersteht in seiner ganzen Tätigkeit der Aufsicht** des Vollstreckungsgerichts (§ 153 des Reichsges.).

Diese Beaufsichtigung bezieht sich nicht nur auf die gesetzmäßige, sondern **auch** auf die **zweckmäßige** Geschäftsführung des Zwangsverwalters (vgl. vorstehend S. 243), entsprechend seiner Stellung als wirtschaftender Gehilfe des Gerichts. Der Inhalt der vollstreckungsgerichtlichen Aufsicht.

Die Beaufsichtigung wird inhaltlich in der fortgesetzten Prüfung bestehen, ob die allgemeinen Geschäftshandlungen des § 152 des Reichsges., und soweit ergänzende vollstreckungsgerichtliche Anweisungen ergangen, auch diese ausgeführt werden.

Insbesondere wird die Einziehung fälliger Miets- und Pachtzinsen, der erforderliche Abschluß von Miets- und Pachtverträgen zu überwachen sein.

Nicht minder wird die Zahl der beibehaltenen oder angenommenen Hilfskräfte auf ihre Unentbehrlichkeit zu prüfen sein.

Und endlich wird festzustellen sein, ob alle für die Erhaltung des Immobile notwendigen Maßregeln, insbesondere die Abschlüsse üblicher Versicherungsverträge erfolgt sind.

---

[7]) Im übrigen ist das Beschwerderecht des Zwangsverwalters sehr bestritten. Nach seiner Stellung zum Vollstreckungsgericht kann ihm nur bei Maßregeln, welche in seine Vermögensverhältnisse eingreifen, ein **Beschwerderecht** zustehen, also **nur bei Festsetzung von Ordnungsstrafen oder der Auferlegung einer Sicherheitsleistung.** Gl. A. Jaeckel. Letzterer will freilich dem Verwalter auch gegen die seine Entsetzung aussprechende Anordnung ein Beschwerderecht zugestehen. Dies widerspricht der unbeschränkten Widerrufbarkeit der Ernennung des Verwalters als Gehilfen des Richters (vgl. vorstehend S. 238).

Zu diesem Zwecke werden, je nach dem Umfange der einzelnen Verwaltung, in kürzeren oder längeren Zeitabschnitten Berichte einzufordern, Beläge von Rechnungen einzusehen, Kassenbestände zu prüfen sein.

Unterlassungen können hier für den Vollstreckungsrichter unübersehbare Folgen, insbesondere auch civilrechtliche Schadensersatzansprüche wachrufen.

Für die kalkulatorischen Prüfungen, aber auch erforderlichenfalls vor Erlaß wirtschaftlicher Anweisungen, kann das Vollstreckungsgericht Sachverständige zuziehen (§ 153 des Reichsges.).

Im preußischen Rechtsgebiete kann das Vollstreckungsgericht sich bei Beaufsichtigung des Zwangsverwalters der Hilfe des bei größeren Amtsgerichten bestellten (S. 238) Zwangsverwalterinspektors bedienen.

Der letztere hat zudem mindestens einmal im Jahre eine außerordentliche Prüfung der Bücher, Akten und Kassenbestände des Verwalters vorzunehmen (§ 5 Abs. 4 u. 5 der Allgem. Verf. vom 8. Dez. 1899).

2. **Aus dem Beaufsichtigungsrecht entspringt die Befugnis des Vollstreckungsgerichts zur Auferlegung einer Sicherheitsleistung** seitens des Verwalters.

Die Sicherheitsleistung des Zwangsverwalters.

Diese Sicherheitsleistung haftet für die Erfüllung der Verpflichtungen des Verwalters nicht nur dem Gläubiger und Schuldner, sondern allen Beteiligten, da er diesen nach § 154 des Reichsges. bei Erfüllung seiner Pflichten verantwortlich ist (vgl. S. 242, 2 a u. A. 3).

Die einmal, wenn auch auf Anordnung des Vollstreckungsgerichts, geleistete Sicherheit tritt sofort in eine Verhaftung zu Gunsten sämtlicher Beteiligter und kann daher nur mit deren Zustimmung gemindert oder zurückgegeben werden. Gl. A. Peiser. Jaeckel nimmt dies anscheinend nur an, wenn bereits konkrete Ansprüche aus der Verwaltung den Beteiligten gegen den Verwalter erwachsen sind. Allein die negotiorum gestio, welche das Vollstreckungsgericht vorgenommen, als es aus begründetem Anlaß die Sicherheit erforderte, hat an dieser die Beteiligten berechtigt.

Die Ordnungsstrafe.

3. **Ein Ausfluß des Beaufsichtigungsrechts** des Vollstreckungsgerichts ist die Befugnis des letzteren, **Ordnungsstrafen** gegen den Verwalter zu verhängen.

Die einzelne Ordnungsstrafe darf den Betrag von 200 Mark nicht übersteigen, eine Haftsubstitution ist unzulässig.

Die Festsetzung ist für einen begangenen Verstoß ebenso wie zur Abhaltung etwa zu besorgender Verfehlungen zulässig.

Die Verhängung der Strafe ist im Gesetz an keinerlei Formalvoraussetzungen gebunden, insbesondere nicht an eine vorherige Androhung (§ 153 des Reichsges.). Gl. A. Jaeckel Anm. 3 zu § 153, Fischer u. Schaefer Anm. 36 α. A. M. Wolff Anm. 5 zu § 153, Peiser S. 164.

Die festzusetzende Vergütung des Verwalters.

4. **Im Zusammenhange mit dem Aufsichtsrecht** des Vollstreckungsgerichts steht dessen Befugnis zur **Festsetzung der Vergütung** des Verwalters.

Die Art der Festsetzung der Vergütung ist die des Beschlusses, welcher auf Grund des § 793 CPO. durch sofortige Beschwerde seitens des Gläubigers und Schuldners wie seitens des Zwangsverwalters (Anm. 7 S. 247) angefochten werden kann.

Die rechtliche Natur der festgesetzten Vergütung des Verwalters wird in der Praxis nicht immer richtig erkannt.

Die Vergütung bildet nicht einen Teil der Gerichtskosten, sondern einen Teil der „Ausgaben der Zwangsverwaltung". §152—§154 des Reichsges.

Die Berichtigung der festgesetzten Vergütung kann daher niemals der Staatskasse zur Last fallen.[8])

In erster Linie hat die Berichtigung der Vergütung vielmehr aus den Einkünften des Grundstücks zu erfolgen (§ 155 des Reichsges.).

In zweiter Linie sind der betreibende Gläubiger und der Eigentümer zur Zahlung der festgesetzten Vergütung dem Verwalter verpflichtet.

Der Letztere muß bei Verweigerung der Zahlung diese gegen beide im ordentlichen Rechtsstreite erfordern.

Gegen den Eigentümer wollen Jaeckel Anm. 8, Wolff Anm. 8 auf Grund des § 788 CPO. den gerichtlichen Festsetzungsbeschluß über die Festsetzung der Vergütung als vollstreckbaren Titel erachten.

Allein **die Natur der hier in Rede stehenden Vollstreckungshandlung,** die Festsetzung einer nicht stets nach festen Sätzen, sondern ex arbitrio judicis bestimmten Leistung — für das preußische Rechtsgebiet vgl. §§ 16, 17 der Allgem. Verf. vom 8. Dez. 1899 — schließt die Anwendbarkeit des § 788 CPO. aus. Gl. A. Fischer u. Schaefer Anm. 2c zu § 153; vgl. auch Gruchot Bd. 38 S. 4.

Der **Auslagenbetrag der vom Gläubiger berichtigten Vergütung** wird in der Praxis vielfach rechtlich unrichtig beurteilt.

Dieser Auslagenbetrag zählt regelmäßig zu den Kosten der Rechtsverfolgung im Sinne des § 10 Abs. 2 des Reichsges. und hat daher mit der Hauptforderung des Gläubigers den gleichen Rang in Klasse 4, und wenn der betreibende Gläubiger nur ein Personalgläubiger ist, in Klasse 5 des § 10 des Reichsges.

Das Vorrecht der Klasse 1 im § 10 kann jenem Auslagenbetrag nur in den Ausnahmefällen zukommen, wo weniger behufs Befriedigung des Gläubigers als vielmehr in erster Linie zur Erhaltung des Grundstücks im Interesse aller Beteiligten, also z. B. zur Verhütung von Devestationen, die Zwangsverwaltung in Antrag gebracht ist (vgl. Entsch. des RG. Bd. 25 S. 227 und JMBl. 1890 S. 147; siehe auch S. 23).

Im Reichsgesetz sind Sätze für die Bemessung der Vergütung des Verwalters nicht aufgestellt.

Im preußischen Rechtsgebiete sind für diese Festsetzung der Vergütung im § 16 der Allgem. Verf. vom 8. Dez. 1899 **ganz bestimmte Sätze** angegeben, welche regelmäßig in Teilbeträgen der vom Verwalter eingenommenen Miet- und Pachtzinsen bestehen. Sind solche Zinsen vom Verwalter nicht vereinnahmt, so unterliegt die Normierung der Vergütung dem **freien Ermessen des Gerichts.** Dieses kann in besonderen Fällen auch die regelmäßigen Vergütungstaxsätze der Allgem. Verf. vom 8. Dez. 1899 mindern oder erhöhen.

5. **Im preußischen Rechtsgebiete** hat ferner in Ausübung seines Aufsichtsrechts das Vollstreckungsgericht darüber zu wachen, daß demselben vor Ablauf der Monate Januar, April, Juli und Oktober vom Zwangsverwalter ein **Auszug des Kontobuchs** eingereicht wird, welches der Verwalter für jede Verwaltung zu führen hat. Die Einreichung der Kontobuchauszüge.

---

[8]) Dies war streitig, wird aber jetzt zutreffend überwiegend angenommen. Jaeckel Anm. 4 zu § 153, Wolff Anm. 8 zu § 153 u. a. A. M. Eccius bei Gruchot Bd. 33 S. 744, hier wird aber von der — nach den Motiven S. 330, vgl. auch vorstehend S. 241 — unerweisbaren Annahme einer Beamtenqualität des Zwangsverwalters ausgegangen.

Dieser Auszug hat den Inhalt des letzten Vierteljahrskontos wörtlich wiederzugeben, und zwar ist dieses Konto immer mit dem 15. Tage der Monate Januar, April, Juli, Oktober abzuschließen (vgl. §§ 21, 23 der Allg. Verf. vom 8. Dez. 1899).

6. **Im Anschluß an das Aufsichtsrecht des Vollstreckungsgerichts über den Zwangsverwalter hat § 154 des Reichsges. endlich dem Gericht aufgelegt, die Rechnungslegung des Verwalters an Gläubiger und Eigentümer zu vermitteln.**

Die Rechnungslegung des Zwangsverwalters.

Die Zeitpunkte, in welchen vom Zwangsverwalter dem Gläubiger und Eigentümer Rechnung[9]) zu legen ist, sind nach § 154 des Reichsges.

a) **der Jahresablauf** nach Beginn der Zwangsverwaltung,

Im preußischen Rechtsgebiet verordnet hierzu der § 24 der Allg. Verf. vom 8. Dez. 1899, daß am Schlusse des ersten Kalendermonats des auf den Beginn der Verwaltung folgenden vierten Rechnungsvierteljahres die Rechnung einzureichen ist.

b) **die Beendigung der Verwaltung.**

Das Verfahren dieser Rechnungslegung[10]) beginnt mit der Einreichung der Rechnung an das Gericht.

Das Gericht teilt die Rechnung dem Gläubiger und Eigentümer mit, und zwar **schriftlich** und ebenso die Äußerung dieser Beteiligten wie die Rückäußerungen.

Das Gericht kann aber **auch einen Termin** zur Verhandlung mit dem Verwalter, Gläubiger und Eigentümer über die Rechnung anberaumen.

Der Inhalt der Rechnungslegung ist durch § 259 BGB. bestimmt.

Die Tätigkeit des Gerichts hat zunächst in einer **Vorprüfung** der Rechnung, vor ihrer Mitteilung, an die Beteiligten zu bestehen.

Im preußischen Rechtsgebiete wird bei den Amtsgerichten, bei welchen Zwangsverwaltungsinspektoren gemäß § 5 der Allg. Verf. vom 8. Dez. 1899 bestellt sind, dieser die Rechnung zuerst vorzuprüfen haben.

Ergibt die gerichtliche Vorprüfung der Rechnung **offenbare administrative Verstöße und Mängel,** so ist deren Abstellung gemäß § 153 des Reichsges. vom Vollstreckungsgericht durch **Ordnungsstrafen** anzuordnen.

In allen Fällen, wo aber der Verwalter seiner Verpflichtung zur Anerkennung der gerichtlichen Bemängelungen der Verwaltungsrechnung von **zivilrechtlichen Gesichtspunkten** nicht nachkommt, bleibt nur übrig, entweder den Verwalter zu entlassen, oder den Beteiligten zu überlassen, die einzelnen Bemängelungen im **ordentlichen Rechtsstreit** zur Feststellung zu bringen.

Die weitere Tätigkeit des Gerichts besteht darin, die Anerkennung der Rechnung seitens des Gläubigers und Eigentümers dem Verwalter gegenüber zu **vermitteln,** Rechnungspunkte, die anerkannt sind, festzustellen, bestrittene unter

---

[9]) Da das Zwangsverwaltungsverfahren eine Befriedigung des betreibenden Gläubigers aus Grundstückseinkünften des Eigentümers bezweckt, so gewährt das Reichsgesetz nur diesen Beteiligten einen Anspruch auf Rechnungslegung gegen den Zwangsverwalter.

[10]) Daß das Vollstreckungsgericht im Laufe des Verfahrens zur Ausübung seiner Aufsicht jeder Zeit vom Verwalter Rechnungslegung erfordern kann, ist bereits erwähnt.

genauer Feststellung derselben zum ordentlichen Prozesse zwischen den Genannten zu verweisen. § 152—§ 154 des Reichsges.

Insbesondere muß der vom Gläubiger oder Eigentümer erhobene, vom Verwalter nicht anerkannte Anspruch auf Leistung des Offenbarungseides aus § 259 BGB. durch den ordentlichen Prozeßrichter festgestellt werden.

Paragraph 39.

Die beiden Hauptabschnitte des Zwangsverwaltungsverfahrens.

Der erste Abschnitt des Verfahrens

I. **Der erste Abschnitt** des Zwangsverwaltungsverfahrens umfaßt: den Erlaß des Einleitungsbeschlusses (Paragraph 37 S. 238 vorstehend) und seine Zustellung an Gläubiger, Eigentümer (oder Eigenbesitzer) und Verwalter; ferner die Besitzübergabe oder Besitznahme seitens des Verwalters (Paragraph 37 S. 238 vorstehend), weiter das Ersuchen an das Grundbuchamt, gemäß § 19 des Reichsges. (S. 239 c), weiter den Eingang des erforderten Berichts des Zwangsverwalters und endlich die hierauf ihm erteilten Verwaltungsanweisungen.

Der zweite Abschnitt des Verfahrens

II. **Der zweite Abschnitt** des Verfahrens besteht in den Verteilungen der Einkünfte der Zwangsverwaltung.

Eingeleitet wird dieser Abschnitt durch die vom Grundbuchamt eingehenden gemäß § 19 Abs. 2 des Reichsges. erteilten Nachrichten.

Mit Eingang dieser Nachrichten hat das Vollstreckungsgericht zunächst sämtliche Beteiligte (§ 9 des Reichsges., vgl. auch S. 14, 15) von der Anordnung der Zwangsverwaltung zu benachrichtigen (§ 146 Abs. 2 des Reichsges.).

Die **Abwicklungsart des zweiten Abschnitts** des Zwangsverwaltungsverfahrens gestaltet sich — man kann sagen im Anschluß an den Hinweis in den Motiven — nach Juristenrecht verschieden, je nachdem nur eine Zwangsverwaltung vorliegt oder neben derselben auch eine Zwangsversteigerung beantragt oder in Aussicht gestellt ist.

Das preußische Gesetz vom 13. Juli 1883 ließ im letzten Falle die in einem gleichzeitig schwebenden Zwangsverwaltungsverfahren aufgekommenen Nutzungen nach Abzug der Ausgaben und Kosten des Verfahrens, zur Versteigerungserlösmasse des Zwangsversteigerungsverfahrens abführen und hier mit verteilen.

Das Reichsgesetz hat bedauerlicherweise eine solche Verbindung der Verteilung in der Zwangsverwaltung mit der Erlösverteilung in einer gleichzeitig schwebenden Zwangsversteigerung abgelehnt.

Die tatsächliche Verbindung und Abkürzung der Verteilung in der Zwangsverwaltung bei schwebender Zwangsversteigerung nimmt indessen die Praxis in annormaler Weise vor; behufs Klarstellung der letzteren ist jedoch zunächst der normale Gang des Verfahrens darzutun.

1. **Die Verfügung, welche nach der Einleitungsverfügung** (vgl. S. 240), **zunächst in dem ersten Abschnitt des Verfahrens** zu erlassen, wird nach Eingang des erforderten Berichts

des Zwangsverwalters (S. 239 d) und falls der Vollstreckungsrichter selbst die Besitzübergabe an den Verwalter vorgenommen (S. 239), auf Grund des Protokolls notwendig.

Um eine ungesäumte ordnungsmäßige Verwaltung zu ermöglichen und die hierzu erforderlichen Anweisungen zu erteilen, ist zu verfügen:

I. Abschrift des Berichts des Zwangsverwalters bezw. des Übergabeprotokolls
a) dem Gläubiger (bezw. seinem Rechtsanwalt, S. 19 Anm. 3),
b) dem Eigentümer (bezw. seinem Rechtsanwalt, S. 19 Anm. 3)
gemäß § 153 des Reichsges. (vorstehend S. 246 unter 2) zur schleunigen Äußerung über die dem Verwalter zu erteilenden Anweisungen
zu a): Mit dem Zusatze, den nach Schätzung des Verwalters erforderlichen Vorschuß diesem binnen 7 Tagen seit Zustellung dieser Verfügung einzuzahlen, widrigenfalls das Verfahren gemäß § 161 Abs. 3 des Reichsges. aufgehoben wird **(vgl. folgende S. 271 zu c β!).**

II. Nachricht zu I a: Dem Zwangsverwalter mit der Auflage, den Eingang des Vorschusses sofort anzuzeigen.

III. Nach 8 Tagen mit Zustellungsurkunden zu I wieder vorzulegen.

2. **Die Verfügung, welche nach Eingang der Anzeige über Zahlung des erforderten Vorschusses und nach Eingang der Erklärungen des Gläubigers und Schuldners über zu erteilende Anweisungen an den Verwalter ergeht,** wird zu bestimmen haben:

I. Die für die Bewirtschaftung und Nutzungsart des Immobile „erforderlichen" Anweisungen werden wie folgt erteilt.
(Die Notwendigkeit wie der Inhalt der Anweisungen sind aus dem Bericht des Verwalters, oder der Übergabeverhandlung (vgl. S. 239) und den Äußerungen des Gläubigers und Schuldners zu entnehmen und können natürlich konkret unzählig verschieden sein.
Die einzelnen leitenden Gesichtspunkte für die zu erteilenden Anweisungen ergibt die Darstellung unter **A 4** S. 243—246 des vorstehenden Paragraph 38.)

II. (Im preußischen Rechtsgebiete) wieder vorzulegen Ende Januar (bezw. April, Juli, Oktober fut. bezw. curr) bezüglich der Einreichung der Kontobuchauszüge gemäß § 23 der Allgem. Verfügung vom 8. Dez. 1899 (vgl. im vorstehenden Paragraph 38 unter 5 S. 249).

III. a) Wieder vorzulegen nach Jahresfrist wegen der Einreichung der Jahresrechnung des Verwalters (vorstehender Paragraph 38 unter 6 S. 250).
b) Ist neben der Zwangsversteigerung aber bereits eine Zwangsversteigerung anhängig, so wird zu verfügen sein:
Wieder vorzulegen am Versteigerungsterminstage der bereits anhängigen Zwangsversteigerung (vgl. 251 u. folgende Seite 264).

3. **Die Verfügung (welche den Zweitabschnitt des Zwangsverwaltungsverfahrens** (vgl. vorstehenden Paragraph 39 unter II) **einleitet) hat nach Eingang der Nachrichten des Grundbuchamts** (vorstehend S. 251 II) zu ergehen und anzuordnen:

I. Die aus den Grundbuchnachrichten entnehmbaren (vom Vollstreckungsrichter festzustellenden, vgl. S. 18) Beteiligten sind von der Anordnung der Zwangsverwaltung unter Bezeichnung des betreibenden Gläubigers und seines Anspruchs, sowie des Zwangsverwalters zu benachrichtigen

II. Nach 3 Tagen mit den Zustellungsurkunden.

4. **Die Verfügung, welche nach Eingang der Zustellungsurkunden über die geschehene Benachrichtigung sämtlicher Beteiligten über die Anordnung der Zwangsverwaltung,** umsichtiger Weise zu ergehen hat, wird bestimmen:
Wieder vorzulegen nach 8 Wochen
zwecks Feststellung, ob der Verwalter ausreichenden Einnahmebestand hat, um die Ausgaben der Zwangsverwaltung, die Kosten des Verfahrens und die Beträge der öffentlichen Lasten zu berichtigen (vgl. nachfolgenden Paragraph 40 unter IV S. 256).

§ 155 — § 159 des Reichsges.

Paragraph 40.

Der normale Inhalt und Gang des Verteilungsverfahrens in der Zwangsverwaltung.

(§§ 155—159 des Reichsges.)

Der leitende Gesichtspunkt für das Verteilungsverfahren.

I. **Der leitende Gesichtspunkt für das Verteilungsverfahren ist:** Entnahme des Grundstücks aus Besitz und Bewirtschaftung des Eigentümers mit dem Moment der Beschlagnahme, um von diesem Momente ab den betreibenden Gläubiger **aus den Grundstückseinkünften** zu befriedigen, aber **nur bei ordnungsmäßiger Bewirtschaftung** und wirtschaftlicher Bestandserhaltung des ganzen Grundstücks (§ 151).

Als **ordnungsmäßiges** Verfahren erachtet aber das Reichsgesetz, daß in erster Linie die **Ausgaben** der Zwangsverwaltung aus den Revenüen **gedeckt** sein müssen, bevor die letzteren anderweit verteilt werden.

Und ferner: der Verwalter hat — unbekümmert um frühere Säumnis des Eigentümers — jetzt **nur laufende Hebungen** wiederkehrender Hebungen, also z. B. die Hypothekenzinsen aller Posten zu begleichen, und erst wenn dies geschehen, ist der Anspruch des betreibenden Gläubigers zu befriedigen.

In Ausführung dieser Grundsätze statuiert das Reichsgesetz — gegenüber dem Zwangsversteigerungsverfahren — in dem Zwangsverwaltungsverfahren:

Die Rangordnung der zu befriedigenden Ansprüche.

II. **Die Änderung des Rangs der zu befriedigenden Ansprüche und ihres Umfangs in dem Zwangsverwaltungsverfahren.**

a) **Eine erste Klasse** wird den acht Klassen des § 10 des Reichsges. vorausgestellt, nämlich:

Die Ausgaben der Zwangsverwaltung.

b) **Der Umfang der dann** im Range des § 10 des Reichsges. folgenden Ansprüche erhält von den vorgedachten Gesichtspunkten ordnungsmäßiger Zwangsverwaltung die Beschränkung, daß **Kapitalszahlungen — mit zwei Ausnahmen — nicht** zu machen, **rückständige Beträge wiederkehrender Hebungen nicht** zu berichtigen, vielmehr **nur laufende Beträge** der letzteren zu bezahlen sind.

Die ausnahmsweis auszuführenden Kapitalszahlungen.

c) **Die nun — in zwei Fällen ausnahmsweise — vorzunehmenden Kapitalszahlungen** betreffen:

α) den **Anspruch des betreibenden Gläubigers,** bestehend in seiner Hauptforderung, seinen Kosten und seinen rückständigen Zinsen.

Aber — wie erwähnt — dieser Anspruch gelangt erst zur Befriedigung, wenn sämtliche laufenden Beträge wiederkehrender Hebungen bezahlt sind, also auch von solchen Hauptansprüchen, welche im Range dem Anspruch des bebetreibenden Gläubigers vorgehen.

β) eine **Revenüenhypothek** kann ferner nach Art. 13 des preuß. Ausf.Ges. zum RZVG. außer mit ihren laufenden auch mit ihren rückständigen Beträgen ihrer wiederkehrenden Hebungen und ihrem Hauptanspruch zur Zahlung gelangen und zwar in Klasse 4 des § 10 des Reichsges.

Die Voraussetzung dieser Befriedigung einer Revenüenhypothek ist aber, daß sie im Range dem Rechte des betreibenden Gläubigers vorgeht; ist das nicht der Fall, dann kommt vor ihr erst das Recht des betreibenden Gläubigers zur Befriedigung und dieser Befriedigung hat die Aufhebung des Verfahrens nachzufolgen.

III. Die besondere Rangordnung der in der Zwangsverwaltung zu befriedigenden Ansprüche ist daher (§ 155 des Reichsges.):

A. An erster Stelle stehen die Ausgaben der Zwangsverwaltung.

Die Ausgaben der Zwangsverwaltung.

Der Begriff der Ausgaben der Verwaltung besteht in den vom Verwalter bezahlten und, soweit sein derzeitiger Kassenbestand nicht ausreicht, von ihm vorgeschossenen Beträgen zur Aufwendung aller Unkosten, welche die ordnungsmäßige Bestanderhaltung und Benutzung des Grundstücks erfordern.

Reparaturkosten, Arbeiterlohn, Aussaatkosten gehören hierher. Solche Materialien und Arbeiten zunächst auf Kredit zu entnehmen, kann ebenso eine ordnungsmäßige Wirtschaft erfordern, wie die letztere auch die kreditweise Entleihung von Geldbeträgen verlangen kann, z. B. um nur gegen Barzahlung mögliche Schäden sofort zu beseitigen.

Der Verwalter, der solche Geldbeträge von sich selbst entnimmt, sustinet duas personas.

Die **Vorschüsse, welche der Verwalter selbst** für die Verwaltung leistet, sind daher zweifellos Ausgaben der Verwaltung, welche als solche ohne weiteres (s. folgende S. 256 IV 1) aus den Grundstückseinkünften vom Verwalter an sich selbst zurückzahlbar sind. Gl. A. Jaeckel auf Grund historischer Interpretation des Abs. 2 des § 155 Anm. 4. A. M. Wolff und Günther zu § 155.

Die geleisteten Vorschüsse müssen aber auch konkret erforderlich sein. § 670 BGB.

Im **preußischen Rechtsgebiet** ist jedoch der Verwalter zur Vornahme eigener Vorschüsse nur mit Genehmigung des Gerichts berechtigt. § 12 letzter Abs. der Allg. Verf. v. 8. Dez. 1899.

Im preußischen Rechtsgebiet ist ferner der Zwangsverwalter gehalten, Ausgabe=Verpflichtungen nur im Verhältnis zu bereits gemachten oder sicheren Einnahmen einzugehen; soweit letztere Voraussetzungen nicht vorliegen, hat der Verwalter vor Eingehung von Verpflichtungen Anzeige an das Vollstreckungsgericht zu erstatten, welches im Aufsichtswege das Kontrahieren solcher Verpflichtungen untersagen kann. § 12 Abs. 2 und Abs. 4 a. a. O.

Die **Vorschüsse, welche der betreibende Gläubiger** zu Ausgaben der Verwaltung in dem vorgedachten Umfang dem Verwalter leistet, sind gleichfalls Ausgaben der Verwaltung.

Die Vorschüsse des Gläubigers können daher vom Verwalter ohne weiteres aus Grundstückseinkünften gezahlt werden.

Die Vorschüsse des Gläubigers, welche aus den Einkünften vom Verwalter nicht ohne weiteres gezahlt werden, sind dann erst nach Aufstellung eines Teilungsplans zahlbar, aber — wie vorstehend S. 253 schon erwähnt — mit dem Vorrecht der Klasse 1.

Ferner gehören **Liedlöhne** in der Zwangsverwaltung zu Ausgaben der Verwaltung.

Die Dienste der Liedlohnberechtigten sind zur Erhaltung des Grundstücks ja erforderlich, aber wie vorstehend S. 244 schon gezeigt, nur die für die ordnungsmäßige Bewirtschaftung ganz unentbehrlichen.

Dies macht in der Praxis für den Zwangsverwalter eine dreifache — oft nicht sogleich verständliche — rechtliche Behandlung von Liedlohnberechtigten erforderlich.

α) Die Liedlohnberechtigten, welche für die Verwaltung als **unentbehrlich** vom Verwalter bei Beginn der Zwangsverwaltung vorgefunden werden, sind in dieser überhaupt nicht zu berücksichtigen, sie haben sich mit ihren Ansprüchen an den Eigentümer zu halten.

β) Die für die Zwangsverwaltung unentbehrlichen, bei Übernahme der Verwaltung vom Verwalter beibehaltenen Liedlohnberechtigten haben für den laufenden Liedlohnanspruch also für den Lohnanspruch vom letzten Fälligkeitstermin ab bis zum Tage der Beschlagnahme (§ 13 des Reichsges.), den bevorrechtigten Anspruch in Klasse 2 (s. nebenstehend S. 255). Dieser Teil des Liedlohnanspruchs ist mithin erst nach Aufstellung eines Teilungsplans zahlbar.

γ) Nur die vom Tage der Beschlagnahme ab laufenden Liedlohnansprüche sind Ausgaben der Zwangsverwaltung und als solche ohne weiteres aus den Grundstückseinkünften vom Verwalter zu berichtigen. § 155, § 156, § 157, § 158, § 159

δ) Endlich zählt **auch die Vergütung des Zwangsverwalters** zu den Ausgaben der Verwaltung. **des Reichsges.**

Den Ausgaben der Zwangsverwaltung folgen:

B. **Die Kosten des Verfahrens**, welche nun vorweg — auch hier vgl. S. 22 — zu befriedigen sind: **Die Kosten des Verfahrens.**

Zu den Kosten des Verfahrens gehören auch hier nicht die Kosten der Anordnung des Verfahrens und des Beitritts zu letzterem, welche auch hier Kosten der Befriedigung aus dem Grundstücke natürlich bleiben und als solche mit dem Range des Anspruchs des betreibenden Gläubigers zu befriedigen sind (vgl. S. 23).

Den Kosten des Verfahrens folgen:

C. **Die Ansprüche der Beteiligten aus § 10 sodann** in folgender Änderung: **Die übrigen fünf Klassen.**

1te **Klasse die Verwaltungsausgaben** des betreibenden Gläubigers (vgl. aber vorstehend unter A),

2te **Klasse** die laufenden Liedlohnansprüche (jedoch nur bis zur Beschlagnahme vorstehend unter A),

3te **Klasse die laufenden Beträge der öffentlichen Lasten,**

4te **Klasse**[1]) **die laufenden Beträge wiederkehrender Leistungen**[2]) der an dem Grundstück bestehenden Rechte (nach der Rangordnung der Hauptrechte S. 27 b),

5te **Klasse der Anspruch der betreibenden Gläubiger** an Kosten, rückständigen und laufenden Beträgen (sofern diese letzteren nicht schon in Klasse 4 berücksichtigt sind) und sein Hauptanspruch.

Die Klassen 6—8 des § 10 fallen mithin in der Zwangsverwaltung **fort.**

Ein Beispiel wird die vorstehenden Rechtssätze am klarsten erkennen lassen. **Ein Beispiel zur Feststellung des Umfangs und des Rangs der im Zwangsverwaltungsverfahren zu befriedigenden Ansprüche.**

In einer Zwangsverwaltung sind folgende Rechte auf dem Grundstück eingetragen:

Abteilung III Nr. 1	2000	M.	zu	5	Proz.
„ 2	4000	„	„	5	„
„ 3	1000	„	„	5	„
„ 4	6000	„	„	5	„

Der **betreibende Gläubiger** ist der Hypothekengläubiger Abt. III 3 wegen der Hauptsumme von 1000 M. nebst 5 Proz. seit 1. April 1903 bis 1. Jan. 1904 mit 37 M. 50 Pf. + 20 M. Kosten.

Die **Beschlagnahme** ist am 1. Febr. 1904 erfolgt.

Der **am 1. April 1904 zu verteilende Revenüenbetrag** beläuft sich auf 662 M. 50 Pf.

Die am ersten jedes Vierteljahrs zahlbaren Zinsen sämtlicher eingetragener Ansprüche sind seit dem 1. April 1903 **rückständig.**

Die **Verwaltungsausgaben und Kosten** des Verfahrens betragen 30 M.

Die laufenden Zinsen der Posten III 1, III 2, III 3, III 4 beginnen, da die Beschlagnahme 1. Febr. 1904 erfolgt, mithin gemäß § 13 des Reichsges. vom 1. Jan. 1904 ab.

---

[1]) Jaeckel Anm. 5 zu § 155 macht hier mit Recht darauf aufmerksam, daß in einer vom Gesetz nicht erwähnten Zwischenklasse zwischen Klasse 4 und 5 die laufenden Beträge der etwa vorhandenen Rechte einzuschalten sind, welche, wie im Teil I dargestellt, sozusagen per legem ohne jede ausdrückliche Erwähnung stets im geringsten Gebot im weiten Sinne enthalten sind (vgl. S. 33 und § 914 BGB.).

[2]) Sind Revenüenhypotheken vorhanden, dann kommen diese auch mit zweijährigen Rückständen und dem Hauptanspruch hier in Klasse 4 zur Befriedigung, wie zu I c erwähnt ist.

Wiewohl nun von sämtlichen Posten Zinsen seit 1. April 1903 rückständig sind, gestaltet sich trotzdem die Verteilung des Revenüenbetrags von 662 M. 50 Pf. — der Modus der Verteilung wird alsbald hier unter IV dargestellt — am 1. April 1904 wie folgt:

Es sind zu zahlen

a)	auf Verwaltungsausgaben und Kosten des Verfahrens	30,— M.
b)	„ die Post III 1 von 2000 M. **nur** die **laufenden** Zinsen seit 1. Jan. 1904 mit	25,— „
c)	„ „ „ III 2 „ 4000 „ „ „ „ „ „ 1. „ 1904 „	50,— „
d)	„ „ „ III 3 „ 1000 „ (**hier**) „ „ „ „ 1. „ 1904 „ (betreibender Gläubiger)	12,50 „
e)	auf die Post III 4 von 6000 „ nur „ „ „ „ 1. „ 1904 „	74,— „
	Summa . . .	162,50 M.

bleiben 662,50 M.
— 162,50 „
vom Revenüenertrag = 500,— M. übrig.

Diese 500 M. werden nunmehr auf den Anspruch des betreibenden Gläubigers von

1000,— M. Hauptanspruch,
37,50 „ rückständige Zinsen seit dem 1. April 1903 bis 1. Jan. 1904,
20,— „ Kosten

verteilt, und zwar — nicht zu vergessen! — gemäß § 12 des Reichsges.

sind die Kosten zuerst mit 20 M., dann sind die rückständigen Zinsen mit 37 M. 50 Pf. zu zahlen und hierauf erst ist auf den Hauptanspruch von 1000 M. eine Zahlung zu leisten.

Der Hauptanspruch bleibt mithin noch in Höhe von 557 M. 50 Pf. unberücksichtigt und es ist deshalb wegen dieses Restbetrages das Zwangsverwaltungsverfahren fortzusetzen.

Hätte sich nun aber in dem vorstehenden Beispielsfalle ein Revenüenbetrag — nicht nur von 662 M. 50 Pf., sondern — von 1662 M. 50 Pf. ergeben, dann wäre der betreibende Gläubiger auch mit seinem ganzen Hauptanspruch befriedigt worden und es wäre zudem nach Befriedigung des betreibenden Gläubigers noch von der Revenüensumme ein Rest von 442 M. 50 Pf. übrig geblieben.

Diese Restsumme von 442 M. 50 Pf. wäre aber nicht etwa auf die rückständigen Zinsen der Posten Abt. III Nr. 1, Nr. 2 und Nr. 4 zu verteilen gewesen; jener Rest von 442 M. 50 Pf. wäre vielmehr an den Grundstückseigentümer auszuhändigen und das Zwangsverwaltungsverfahren, da der betreibende Gläubiger befriedigt, aufzuheben.

In der Praxis wird bei diesem Beispiel von jüngeren Juristen fast regelmäßig die Frage gestellt, ob denn die Hypothekengläubiger gar kein Rechtsmittel hätten, um die Auszahlung des unverteilten Restbetrages der Revenüen von 442 M. 50 Pf. an den Grundstückseigentümer zu verhinden. Die Antwort gibt klar der § 828 CPO. Jene Hypothekengläubiger müssen den gedachten Revenüenrest mobiliar pfänden und sich zur Einziehung überweisen lassen.

Der Befriedigungsmodus der Ansprüche

IV. Der Modus der Befriedigung der einzelnen Ansprüche aus den Revenüen.

ohne Vermittelung des Gerichts.

1. Die Befriedigung der Beteiligten durch den Verwalter ohne vermittelnde Tätigkeit des Gerichts.

Die **Ausgaben** der Zwangsverwaltung, die **Kosten** des Verfahrens und die laufenden **Beträge öffentlicher** Lasten können vom Zwangsverwalter ohne weiteres aus vorhandenen Grundstückseinkünften berichtigt werden.

Hierbei wird aber der Verwalter zu beachten haben, daß dieses freien Zahlungsmodus ungeachtet, öffentliche Lasten erst in der 3. Klasse (umseitig III C 3) rangieren, mithin den in Klasse 1 und 2 stehenden Ansprüchen rangmäßig nachgehen. Nur wenn für die Berichtigung der letzteren nach Aufstellung des Teilungsplans ein ausreichender Kassenbestand vorhanden, wird daher der Verwalter schon vor Aufstellung des Teilungsplans die öffentlichen Lasten zahlen dürfen.

2. Die Befriedigung aller übrigen Beteiligten durch den Verwalter muß unter Vermittelung des Vollstreckungsgerichts erfolgen.

Diese gerichtliche Vermittelung geschieht: § 155, § 156, § 157, § 158, § 159 des Reichsges.

A. **Durch Aufstellung eines Teilungsplans** und Ladung der Beteiligten[3]) zu einem Termin behufs Verhandlung über den Teilungsplan. unter Vermittelung des Gerichts

B. **Durch Erteilung einer Anweisung** an die Verwalter nach aufgestelltem Teilungsplan zur Ausführung des letzteren.

A.

Der Teilungsplan und seine Aufstellung.

a) Die Voraussetzungen der Aufstellung eines Teilungsplans.

Der Teilungsplan.

α) Die **Nachrichten des Grundbuchamts** gemäß § 19 des Reichsges. über die erfolgte Eintragung des Zwangsverwaltungsvermerks unter Mitteilung der beglaubigten Grundbuchabschrift, der im Grundbuch Bezug genommenen Urkunden, der Wohnung und des Wohnorts der eingetragenen Beteiligten und der Vertreter müssen eingegangen sein.

β) **Die Feststellung** muß dem Vollstreckungsgericht, es sei auf Grund eines Berichts des Verwalters oder auf Grund seiner eingereichten Beläge, Berichte 2c. vorliegen, daß:

nach Berichtigung oder kassenmäßigen Deckung der Ausgaben der Verwaltung, der Kosten des Verfahrens und der öffentlichen Lasten, Aussicht gegeben ist, daß auch auf die Ansprüche der übrigen fünf Klassen (S. 255 C III), also insbesondere auf die laufenden Hypothekenzinsen Zahlungen geleistet werden können.

Nicht eine **schon vorhandene** aus den Einkünften erzielte Zahlungsmasse — wie bei der Erlösverteilung in der Zwangsversteigerung — ist sonach hier die Voraussetzung des Verteilungsverfahrens. Das letztere ist **hier** einzuleiten, sobald zu erwarten ist, daß z. B. am nächsten Quartalsersten zur Zahlung auf laufende Hypothekenzinsen ausreichende Überschüsse vorhanden sein werden.

Im preußischen Rechtsgebiete ist zur Erstattung einer bezüglichen Anzeige an das Gericht der Verwalter nach § 10 Abs. 2 der Allg. Verf. vom 8. Dez. 1899 verpflichtet.

Das Gericht kann aber auch, wie erwähnt, von Amts wegen das Verteilungsverfahren einleiten, sobald die Voraussetzung des letzteren aus dem Berichte oder den Kassennachweisungen des Verwalters sich ergibt.

b) Der Zweck des Teilungsplans.

In Abweichung von dem Teilungsplan in der Zwangsversteigerung bezweckt hier der Teilungsplan nicht eine Verteilung der Masse, sondern nur die **Feststellung des Ranges, des Betrages der Fälligkeit der einzelnen Ansprüche für die ganze Dauer des Verfahrens**; nach dieser Feststellung hat dann der Verwalter, sobald und so oft er Einkünftesummen zur Verfügung hat, zu zahlen.

---

[3]) Zu den Beteiligten gehören auch hier diejenigen, welche angemeldete Ansprüche erst glaubhaft zu machen haben, § 156 Abs. 2, § 105 Abs. 2 des Reichsges.

c) **Die Aufstellung des Teilungsplans.**

α) **Die Vorbereitung des erst „im Termin aufzustellenden Teilungsplans"** kann, wie die Aufstellung im Termin selbst, mit Hilfe eines Rechnungsverständigen erfolgen. Es können auch die Beteiligten veranlaßt werden, schon vor dem Termin die Berechnungen ihrer Ansprüche einzureichen.

Eine Aufforderung des Gerichts an die Beteiligten bei der Ladung zum Termin, zwei Wochen vor demselben eine Berechnung ihrer Ansprüche einzureichen, und eine Niederlegung des danach bereits entworfenen Plans drei Tage vor dem Verteilungstermin — wie § 106 für die Erlösverteilung in der Zwangsversteigerung vorschreibt — erfolgen in der Zwangsverwaltung nicht.

β) **Die Grundlagen für die Aufstellung des Teilungsplans** geben auch hier der Inhalt der beglaubigten **Grundbuchabschrift** und die **Anmeldungen** ab, welche letztere der Regel des § 9 des Reichsges. gemäß auf Erfordern des Gerichts oder eines Beteiligten glaubhaft zu machen sind (§ 156 Abs. 2, § 114).

d) **Die Verhandlung über den Teilungsplan.**

Die Verhandlung über den Teilungsplan mit den Beteiligten vor dem Vollstreckungsgericht ist der Verhandlung über den Versteigerungserlös völlig gleichartig (vgl. S. 156—159).

Das Gericht hat also auch hier darauf hinzuwirken, eine Einigung der Beteiligten über den Plan durch die Verhandlung zu erzielen.

Der Teilungsplan ist zur Ausführung durch den Verwalter festgestellt, sobald oder soweit über denselben die Beteiligten einig sind.

Die Form, die Ausführung des Plans ganz oder zum Teil zu verhindern, ist auch hier nur die Erhebung eines Widerspruchs (§ 156 Abs. 2, § 115 S. 157).

Der Rechtsakt, welchen ein erhobener, nicht beseitigter Widerspruch erforderlich macht, ist auch hier die sogen. Eventualverteilung (§ 156 Abs. 2, § 124 S. 164).

Die Hinderung der Ausführung des Teilungsplans und in Verbindung hiermit die Vornahme einer Eventualverteilung sind auch dann gegeben, wenn die Person eines hebungsberechtigten Beteiligten unbekannt ist (§ 156 Abs. 2, § 126 oben S. 154) und auch hier in der Zwangsverwaltung schließt sich an diese Eventualverteilung dann das Nachtragsermittelungs- und Verteilungsverfahren der §§ 135—142 an (vgl. § 157 Abs. 2 und S. 185 ff.).

Es mag hier aber wiederholt werden, daß laufende Hypotheken- und Grundschuldzinsen wie Rentenschuldleistungen zahlbar sind, auch wenn die über jene Rechte gebildeten Dokumente nicht vorgelegt sind (§§ 1159, 1160 BGB. oben S. 160 1γ).

B.

Die Anweisung zur Ausführung des Teilungsplans.

a) **Die Ausführung** des festgestellten Teilungsplans durch den Verwalter **erfordert** in allen Fällen (auch in dem unter folgender Ziff. 3 erwähnten Sonderfalle) eine **Anweisung des Vollstreckungsgerichts**, welche entweder auf Zahlung[4])

---

[4]) **Eine Schwierigkeit,** welche neuerdings von Lafrenz in Gruchots Beiträgen Bd. 47 S. 376 ff. besprochen wird, entsteht hier, wenn der Kassenbestand des Zwangsverwalters, aus periodisch eingehenden Nutzungen bestehend, zur Berichtigung eines Teils der laufenden An-

oder Hinterlegung, letztenfalls bei Erhebung eines Widerspruchs oder Unbekanntsein des hebungsberechtigten Beteiligten. § 155, § 156, § 157, § 158, § 159 des Reichsges.

Die Anweisung des Gerichts hat im Anschluß an den Teilungsplan die einzelnen Hebungsberechtigten, die Beträge ihrer Hebungen zu bezeichnen (§ 157 des Reichsges.).

b) **Die Voraussetzungen der, behufs Planausführung,** vom Verwalter zu leistenden Zahlungen sind einmal **Fälligkeit** der einzelnen Ansprüche der in der gerichtlichen Anweisung aufgeführten Beteiligten, ferner ein zur Berichtigung jener Ansprüche, nach Deckung der Ausgaben der Verwaltung und der entstandenen Kosten des Verfahrens ausreichender Bestand an Einkünften (§ 157 Satz 2).

c) **Aus der Aufsichtspflicht** des Vollstreckungsgerichts folgt dann, daß dasselbe nach den planmäßig geleisteten Zahlungen die **Quittungen** der Hebungsberechtigten einzufordern und zu prüfen hat.

3. **Ausnahmsweise erfordert die Befriedigung der Beteiligten nicht nur die Aufstellung eines Teilungsplans und die Anweisung zur Ausführung des** Der Zahlungstermin für Kapitalszahlungen

---

sprüche auf wiederkehrende Leistungen (also insbesondere laufende Hypothekenzinsen) ausbricht, von letzteren aber nur einzelne fällig sind.

Diese Ansprüche sind — wie schon S. 255 dargetan und durch die Beispiele S. 255 u. 256 illustriert ist — rangmäßig zu befriedigen. Wie ist nun aber zu verfahren z. B.:

wenn die Beschlagnahme am 1. Aug. 1905 geschehen,

eine Hypothek Abt. III Nr. 1 von 6000 M. vom 1. Juli 1903 ab nur alle zwei Jahre z. B. mit 5 Proz. verzinslich ist, Zinsen also erst am 1. Aug. 1907 auf jene Hypothek fällig und zahlbar werden,

eine Hypothek Abt. III Nr. 2 von 30000 M. vom 1. Juli 1905 ab mit 5 Proz. an allen Quartalsersten verzinslich ist, also am 1. Okt. 1905 auf jene Hypothek 375 M. Zinsen fällig werden,

am 1. Okt. 1905 ein Kassenbestand vorhanden, welcher nach Berücksichtigung der Ausgaben der Verwaltung, der Kosten des Verfahrens und der Beträge der öffentlichen Lasten noch 200 M. beträgt.

Darf der Verwalter auf die fälligen Zinsen der Hypothek Abt. III Nr. 2 am 1. Okt. 1905 200 M. zahlen?

Oder muß der Verwalter die 200 M. zur Deckung der — wenn auch noch nicht fälligen — Zinsen der rangmäßig der Post Nr. 2 vorgehenden Post Nr. 1 reservieren?

Lafrenz a. a. O. bejaht dies. Die erste Alternative ist aber vom allgemein legislatorischen wie positiv gesetzlichen Gesichtspunkte aus zu bejahen.

Die Zwangsverwaltung überträgt die Verwaltung des Immobile dem Zwangsverwalter, damit dieser wie ein **ordnungsmäßig wirtschaftender,** nur dinglich verpflichteter Eigentümer verfährt. So wenig der letztere am 1. Juli 1905 — mit Rücksicht auf noch betagte Zinsansprüche vorgehender Rechte — die Zahlung **fälliger** Zinsen nachstehender Rechte verweigern darf, ebensowenig der Zwangsverwalter. Und ferner verordnet § 157 Satz 2 des Reichsges. die „Auszahlungen zur Zeit ihrer Fälligkeit" — gewiß rangmäßig — auf die fälligen Beträge. Fälligkeit **und** planmäßige Rangmäßigkeit bedingen aber die **einzelne Zahlungsleistung;** daß aber bei Fortfall der ersten Voraussetzung eine Hinterlegung einzutreten habe, ist im § 157 des Reichsges. nicht bestimmt.

In Erwägung könnte kommen, ob § 111 des Reichsges. gemäß § 146 entsprechend anwendbar wäre, allein § 111 wird offensichtlich durch § 157 cit. ersetzt.

Teilungsplans, sondern auch noch die Anberaumung eines vollstreckungsgerichtlichen Zahlungstermins, nämlich, wenn:

Kapitalszahlungen, welche, wie S. 253 unter II c erwähnt, in der Zwangsverwaltung nur auf **Hauptanspruch** (nebst Kosten und rückständigen Nebenbeträgen), des **betreibenden Gläubigers** oder eines **Revenüenhypothekengläubigers** statthaft, zu erfolgen haben.

Der Zwangsverwalter hat die Anberaumung jenes Termins zum Zwecke der Kapitalzahlungen zu beantragen.

In diesem Termin hat der Verwalter **vor** dem Vollstreckungsgericht jene Kapitalszahlungen an die Hebungsberechtigten zu zahlen.

Die Abwicklung dieses Termins wird in der Praxis, zum Teil auch in der Litteratur, schon nach der Fassung des Gesetzes, nicht richtig verstanden.

In Abweichung von der Zahlung des Versteigerungserlöses in der Versteigerung erfolgen jene Kapitalszahlungen **nicht an** das Gericht, welches nunmehr an die berechtigten Zahlungsempfänger weiterzahlt, sondern **vor** dem Gericht. („Zur Leistung von Zahlungen"!)

Der **Zwangsverwalter ist daher verpflichtet, in dem Termin zu erscheinen,** und nötigenfalls hierzu durch Ordnungsstrafen gemäß § 153 Abs. 2 des Reichsges. anzuhalten; der Verwalter ist daher nicht berechtigt — wie Jaeckel Anm. 1 zu § 158 annimmt — schon vor dem Termin die zu zahlende Summe an das Gericht abzuführen und diesem die Weiterzahlung jener Summen zu überlassen.

Die **zahlungsempfangsberechtigten Beteiligten sollen in dem Termin erscheinen,** erzwingbar ist ihr Erscheinen allerdings nicht.

Das Nichterscheinen der einzelnen Hebungsberechtigten hat aber nicht die Folge, daß der Verwalter nunmehr die jenen zukommenden Beträge an das Gericht zu zahlen, und letzteres gemäß § 117 des Reichsges. (im preußischen Rechtsgebiet auch gemäß Art. 11 des preuß. Ausf.Ges.) die Abführung jener Summen an die Berechtigten zu veranlassen bezw. jene zu hinterlegen hat. (Jaeckel nimmt das a. a. O. an; ebenso Reinhard II 2 zu § 158. Fischer u. Schaefer Anm. 2 zu § 158 aber erachten das Gericht nur für befugt, nicht „verpflichtet", Übersendung oder Hinterlegung jener Summen für den Verwalter zu bewirken).

Die „entsprechende" Anwendung des § 117, welche § 158 Abs. 3 des Reichsges. vorschreibt, hat vielmehr nur die Folge, daß der Zwangsverwalter nach Maßgabe des § 117 (bezw. Art. 11) cit. die sichere Abführung bezw. Hinterlegung jener Summen zu veranlassen hat und hierzu vom Gericht anzuweisen ist.[5])

Freilich folgt schon aus der Aufsichtspflicht des Vollstreckungsgerichts und seiner Verpflichtung zur Ausführung des alsbald zu erwähnenden Abs. 2 des § 158, daß das Gericht die urkundlichen Nachweise über die gedachten Zahlungen bezw. Hinterlegungen zu erfordern hat.

Die Änderungen des Teilungsplans der Anweisungen.

4. Die zum Zwecke der Ausführung des Teilungsplans dem Zwangsverwalter gemachten vollstreckungsgerichtlichen Anweisungen können aber nachträglich eine Änderung erfordern (§ 159 des Reichsges.).

a) Die Änderung der erteilten Anweisungen an den Zwangsverwalter wird notwendig:

---

[5]) Das Gesetz läßt allerdings mit Rücksicht darauf, daß Kapitalszahlungen auf eingetragene Rechte deren Löschungen im Grundbuch zur Folge haben (§ 158 Abs. 2 des Reichsges.), jene Kapitalszahlungen vor Gericht erfolgen. Ist aber der im Zahlungstermin ausgebliebene Gläubiger mit Empfangnahme jener Zahlungen im Verzug, so liegt nach § 300 Abs. 2 BGB. für das Gericht kein Anlaß mehr vor, die Art der Ausführung jener Kapitalszahlung selbst zu überwachen oder gar auszuführen.

α) in den Fällen, wo rechtskräftige Feststellungen im ordentlichen Rechtsstreite die Änderung des aufgestellten Teilungsplans anordnen. § 155, § 156, § 157, § 158, § 159 des Reichsges.

Derartige prozeßgerichtliche Entscheidungen sind hier — **wie** in der Erlösverteilung der **Zwangsversteigerung** — möglich, nachdem zuvor gegen den Plan ein Widerspruch und sodann eine demselben nachfolgende Widerspruchsklage erhoben worden (§ 115 des Reichsges., § 879 CPO.).

β) Es kann hier aber **jeder Beteiligte** durch rechtskräftige prozeßgerichtliche Entscheidung die Änderung des Teilungsplans gemäß § 159 des Reichsges. **auch dann** erreichen, wenn er selbst in dem Verhandlungstermin über die Aufstellung des Teilungsplans gegen den letzteren **nicht Widerspruch** erhoben hatte. Auch der Erlaß einer solchen prozeßgerichtlichen Entscheidung macht die Änderung der erteilten Planausführungsanweisung notwendig.

γ) Endlich kann die nachträgliche Zulassung eines Beitritts eines anderen Gläubigers[6]) (vgl. S. 87) die Änderung der erteilten Anweisung erfordern (§ 157 des Reichsges.).

δ) Es wird aber auch — worauf Jaeckel Anm. 3 zu § 157 zutreffend aufmerksam macht — das Vollstreckungsgericht **von Amts wegen** eine Änderung seiner Anweisung vorzunehmen haben, und zwar in den Fällen, wo dem Plan zu Grunde gelegte Rechtsverhältnisse sich ändern, z. B. eine Grundschuld, und damit der Zinsbezug des Grundschuldgläubigers fortfällt, an Stelle eines Hypothekengläubigers dessen Erben treten.

b) Die **Art der Ausführung einer Änderung** der erteilten Anweisungen bestimmt das Reichsgesetz nicht.

Die Änderung der erteilten Anweisung ist daher durch einfache Verfügung an sich zulässig.

---

[6]) Der Beitritt eines nur **persönlichen** Gläubigers wird eine Ergänzung der erteilten Anweisung lediglich dahin erfordern: Erst nach Berichtigung der laufenden Beträge und sodann nach Begleichung des Hauptanspruchs eines betreibenden dinglichen Gläubigers können (vgl. Beispiel S. 256) Zahlungen auf den Anspruch des beigetretenen — persönlichen — Gläubigers erfolgen. Dieselbe — einfache — Ergänzung der erteilten Anweisung wird auch nur zu ergehen haben, wenn der (erste) betreibende Gläubiger ein persönlicher ist. Denn des letzteren Anspruch muß dann gleichfalls **vor** dem des betreibenden Gläubigers zur Befriedigung gelangen, weil jenem Anspruch infolge der für ihn früher erfolgten Beschlagnahme in der Zwangsverwaltung die Priorität der Befriedigung zukommt.

Ist aber ein **beitretender Gläubiger ein dinglicher** und ebenso der betreibende Hauptantragsteller, dann hat das Vollstreckungsgericht zu der dem Verwalter erteilten Anweisung auf Grund des § 11 **Abs. 1** des Reichsges. die ändernde Feststellung zu erlassen, welcher der Ansprüche der dinglich besser berechtigte und deshalb zuerst zu befriedigende ist (vgl. S. 27 b). Gl. A. Jaeckel Anm. 2 zu § 157. A. M. Fischer u. Schaefer Anm. 2 zu § 157, welche **hier** ohne Rücksicht auf § 11 **Abs. 1** u. Abs. 2, und mithin ohne Rücksicht auf die dingliche Rangstelle des Anspruchs des beitretenden Gläubigers, letzteren stets dem Anspruch des Hauptantragstellers nachstellen wollen. Dies ist nach § 146 Abs. 2 des Reichsges., nach welchem auch hier in der Zwangsverwaltung der § 11 **Abs. 1** wie Abs. 2 (vgl. auch S. 29) entsprechend anwendbar, unberechtigt; vgl. auch Lafrenz in Gruchots Beiträgen Bd. 47 S. 380.

α) eine **vorherige — neue — Verhandlung** aus § 156 wird sich aber empfehlen, wenn die eingetretenen Rechtsänderungen des ursprünglichen Plans für mehrere Beteiligte wirksam sein können, z. B. eine Grundschuld erlischt, andere Gläubiger treten dem Zwangsverwaltungsverfahren bei, welche im Range dem Hauptgläubiger vorgehen.

Diese erneute Verhandlung und die Zuziehung aller Beteiligter zu dieser ist schon um deswillen angemessen, weil andernfalls die Anfechtung eines anders aufgestellten Teilungsplans seitens eines Beteiligten regelmäßig durch eine Klage aus § 159 des Reichsges. erfolgen wird, welche das Vollstreckungsgericht durch vermittelnde Verhandlung meist abwenden kann.

β) **ohne vorherige Verhandlung,** vielmehr durch einfache Verfügung wird eine Änderung der erteilten Anweisung sich in den Fällen nur empfehlen, wo einfache Rechtsnachfolgen betreffs einzelner festgestellter Ansprüche hinter den im Teilungsplan aufgeführten Beteiligten statthaben, z. B. an Stelle eines Hypothekengläubigers treten dessen Erben.

c) **Eine spätere Änderung des Plans ist aber im übrigen wirkungslos,** sofern — bisher — planmäßig geleistete Zahlungen schon geleistet sind.

Eine Zurückforderung solcher Zahlungen ist im Rahmen des Zwangsverwaltungsverfahrens unzulässig (§ 159 des Reichsges.). Indessen können solche rechtswidrig geschehenen Zahlungen im ordentlichen Prozesse zurückgefordert werden; so auch die herrschende Ansicht (vgl. Teil I S. 74).

Grundbuchberichtigungen in der Zwangsverwaltung.

5. **Die nach Kapitalszahlungen in der Zwangsverwaltung vorzunehmenden vollstreckungsgerichtlichen Akte.**

In den Fällen, wo der Zwangsverwalter nach Aufstellung des Teilungsplans und gerichtlicher Anweisung auf Planausführung in einem von ihm beantragten Termin Kapitalszahlungen[7]) vor dem Vollstreckungsgericht leistet, schließen sich noch zwei vollstreckungsgerichtliche Rechtsakte an:

In den eben gedachten Fällen hat das Vollstreckungsgericht, wie bei der Erlösverteilung in der Zwangsversteigerung (S. 171)

die vorgelegten Urkunden der durch Zahlung ganz berichtigten, deshalb erloschenen Ansprüche zu vernichten; „soweit" deren Gläubiger nur zum Teil Befriedigung erlangt haben, ist dies auf den vorgelegten Urkunden zu vermerken, entsprechend dem Falle des § 131 des Reichsges. (vgl. S. 170 unter 2); sind über jene Ansprüche vollstreckbare Titel vorhanden, so ist auf diesen die vollständige, wie die teilweise Befriedigung der Ansprüche zu vermerken (S. 170 zu b).

Nicht vorgelegte Urkunden sind einzufordern.

Über den Verbleib der gedachten Urkunden gilt das S. 170 Gesagte.

ferner ist, soweit jene Gläubiger befriedigt sind, das Grundbuch um Löschung jener Rechte zu ersuchen.[8])

---

[7]) Also wie vorstehend dargestellt, Kapitalszahlungen leistet auf die eingetragenen Rechte einer Hypothek, Grundschuld oder auf die Ablösungssumme einer Rentenschuld; Zahlungsempfänger können — um zu rekapitulieren — nur betreibende Gläubiger oder Revenüenhypothekengläubiger sein! (S. 253 c.)

[8]) Führt die Kapitalszahlung zur vollständigen Befriedigung der betreibenden Gläubiger,

Eine kleine Änderung tritt hier gegenüber der in der Zwangsversteigerung statthabenden Erlösverteilung auf Kapitalssummen insofern ein, als hier Ausfertigung des Protokolls dem Grundbuchamt mitzuteilen ist. Beispiel eines Teilungsplans

Beispiel eines in einem Zwangsverwaltungsverfahren aufzustellenden Teilungsplans.

Königliches Amtsgericht.

Gegenwärtig:
Bitter, Amtsgerichtsrat als Richter.
Pinczakowski, Kanzleirat als Gerichtsschreiber und Rechnungsverständiger.

Verhandelt Brandenburg, den 4. Mai 1904.

In dem Zwangsverwaltungsverfahren
über
das
Grundstück des Gutsbesitzers Säumig
Band 4 Blatt Nr. 1 des Grundbuchs von Gorz L. 4. 04.

steht heute Termin zur Aufstellung eines Teilungsplans an, da der Zwangsverwalter — (wie sein am 28ten April 04 eingereichter Auszug aus dem Kontobuch pro Quartal I 04 zeigt) — die zutreffende Anzeige aus § 10 der Allgem. Verf. v. 8. XII. 1899 erstattet hat: nach Deckung der Verwaltungsausgaben, der Kosten des Verfahrens und der laufenden Beträge der öffentlichen Lasten wird voraussichtlich noch ein Betrag von etwa 400 Mark an Überschüssen der Verwaltungseinnahmen am 1. Juli 04 vorhanden sein, aus welchen Zahlungen an Berechtigte geleistet werden können. (zu S. 257 α, β, 249 Ziff. 5.)

Es waren erschienen:

a) der Zwangsverwalter Prompt,
b) der betreibende Gläubiger Unerbittlich.

Der Teilungsplan wurde wie folgt festgestellt:

(zu S. 236 unter 1.) Die erste Beschlagnahme des Grundstücks ist durch die am 21ten März 04 geschehene Zustellung des Einleitungsbeschlusses an den Eigentümer an jenem Tage bereits erfolgt.

(zu S. 253 I.) Es nehmen daher für die laufenden Beträge wiederkehrender Hebungen, welche — von dem Hauptanspruch des betreibenden Gläubigers abgesehen — in der Zwangsverwaltung allein zu befriedigen sind, von dem letzten Fälligkeitstermin vor dem 21ten März 04 ihren Anfang.

Auf dem Grundstück stehen eingetragen:

In Abteilung III unter:

Nr. 1 2000 Mk. für A mit 3% jährlicher, seit dem 1. V. 02 an den Quartalsersten zahlbarer Zinsen,
Nr. 2 4000 Mk. für B zu 4% jährlicher am 1. IV. und 1. X. stets zahlbarer Zinsen,
Nr. 3 10000 Mk. für Unerbittlich, den betreibenden Gläubiger, zu 5% jährlicher an den Quartalsersten zahlbarer Zinsen.

Unerbittlich betreibt auf Grund des vollstreckbaren Urteils des Landgerichts Potsdam vom 2. II. 04, welches den Eigentümer zur Zahlung von 10000 Mk. nebst 5% Zinsen seit dem 1. I. 03 verurteilt hat, die Zwangsverwaltung.

(zu S. 257 b) Hiernach ist der Teilungsplan für die aus den Einkünften des Grundstücks vom Zwangsverwalter zu leistenden Zahlungen für die ganze Dauer des Verfahrens (vorbehaltlich jedoch etwa später notwendig werdender Änderungen, welche dann durch entsprechende Ausführungsanweisungen des Gerichts festzustellen sein werden) wie folgt, aufzustellen: (zu S. 260 unter 4.)

(zu S. 254, 255.) Der Verwalter hat zu zahlen:

I. An erster Stelle die Ausgaben der Verwaltung, soweit diese zur ordnungsmäßigen Verwaltung des Grundstücks erforderlich sind (§ 155 des Reichsges.).
II. An zweiter Stelle die Kosten des Verfahrens (§ 155 des Reichsges.).
III. An dritter Stelle Ansprüche des betreibenden Gläubigers, falls letzterer etwa im Laufe des Verfahrens Ausgaben zur Erhaltung oder nötigen Verbesserung des Grundstücks zu machen hat — bis-

---

dann ist natürlich noch die Aufhebung des ganzen Zwangsverwaltungsverfahrens durch Beschluß gemäß § 161 des Reichsges. auszusprechen, und zugleich auch das Grundbuch um Löschung des eingetragenen Zwangsverwaltungsvermerks zu ersuchen (vgl. folgende S. 273).

her sind solche nicht erwachsen — und gemacht hat (§ 146, § 10 Ziff. 1 des Reichsges.).

IV. An vierter Stelle die laufenden Beträge der öffentlichen Lasten, deren einzelne Empfänger der Verwalter an der Hand des § 10 Nr. 3 des Reichsges. und Art. 1—3 des preuß. Ausf.Ges. vom 24. März 1897 einzeln festzustellen hat.

Es kommen hier zur Zeit nur die an den Quartalsersten fälligen, von dem Gemeindevorstand zu Gorz angemeldeten

a) Staatssteuern von 40 Mark pro Quartal,
b) Gemeindesteuer von 18 Mark pro Quartal,
c) Gebäudesteuerzuschlag von 6 Mark pro Quartal

in Betracht.

(Vgl. S. 253 I.) V. An fünfter Stelle an den Hypothekengläubiger A auf Grund der Post Abt. III Nr. 1 von 2000 Mk. 3% jährlicher Zinsen mit 15 Mk. pro Quartal je am Quartalsersten zahlbar und zwar zuerst die am 1. I. 04 und 1. IV. 04 fällig gewordenen Raten.

(Vgl. S. 253 unter I S. 13.) VI. An sechster Stelle an den Hypothekengläubiger B auf Grund der Post Abt. III Nr. 2 von 4000 Mk. 4% jährlicher Zinsen mit je 80 Mk. je am 1. IV. und 1. XI. zahlbar und zwar zuerst die am 1. XI. 03 und am 1. IV. 04 fällig gewordenen Raten.

VII. An siebenter Stelle an den Hypothekengläubiger und betreibenden Unerbittlich auf Grund seines vollstreckbaren Hypothekenanspruchs von 10000 Mk nebst 5% seit 1. I. 03

(zu S. 253, 255, 256.)

a) zunächst die laufenden Zinsen seit dem 1. I. 04 mit 125 Mk.,
b) dann die rückständigen Zinsen seit dem 1. I. 03—1. I. 04 mit 500 Mk.,
c) schließlich den vollstreckbaren Anspruch von 10000 Mk.

Die zur Ausführung dieses Teilungsplans erforderlichen Anweisungen des Vollstreckungsgerichts werden besonders ergehen.

Nach Verlesung der vorstehenden Feststellungen wurde Widerspruch nicht erhoben.

Geschlossen.

Bitter. Pinczakowski.

Die Verfügung zur Ausführung des Teilungsplans wird zu lauten haben:

I. Abschrift des Protokolls erhält der Zwangsverwalter mit der Anweisung, in Gemäßheit des in dem Protokoll festgestellten Teilungsplans die entsprechenden Zahlungen zu leisten und die Quittungen einzureichen.
II. Wiedervorzulegen am 5. VII. cr. mit den Quittungen.

Paragraph 41.

Die Abwickelung des Verteilungsverfahrens in der Zwangsverwaltung bei gleichzeitig schwebender Zwangsversteigerung.

1. **Die Praxis** läßt — **einem Hinweis** in den Motiven folgend — bei gleichzeitig schwebendem Zwangsversteigerungsverfahren eine **tatsächliche Verbindung** mit dem Zwangsverwaltungsverfahren eintreten.

2. **Der Anlaß zu einer solchen tatsächlichen Verbindung** liegt darin, daß mit dem relativ nahen Tage der Zuschlagsverkündung die Beendigung der Zwangsverwaltung[1]) eintritt, da mit jenem Tage Lasten und Nutzungen des Grundstücks auf den Ersteher übergehen; es empfiehlt sich deshalb nicht, in der

[1]) Über den Unterschied zwischen Beendigung der Zwangsverwaltung und Beendigung des Zwangsverwaltungsverfahrens siehe S. 269 ff.

Zwangsverwaltung einen Termin zur Aufstellung eines Teilungsplans und zur Verhandlung über diesen anzusetzen, welchem alsbald der Termin zur Erlösverteilung in der Versteigerung für dieselben Beteiligten beider Verfahren folgt. **(Gleichzeitig anhängiges Zwangsversteigerungsverfahren.)**

3. **Die Ausführung der tatsächlichen Verbindung der Zwangsverwaltung mit der Zwangsversteigerung** geschieht nach doppelter Richtung:

Die Termine der Zwangsverwaltung, also der Termin zur Aufstellung eines Teilungsplans und zur Verhandlung über diesen (§ 156), der Termin zur ausnahmsweisen Zahlung auf Kapitalssummen eingetragener Rechte (§ 158), der Termin zur Vorlegung und Abnahme der auf den Zuschlagstag abzustellenden Schlußrechnung an den betreibenden Gläubiger und Subhastaten unter Vermittelung des Gerichts (§ 154, vgl. S. 250, 273) **werden auf einen Terminstag zusammengezogen.**[2])

dieser eine Terminstag wird **auf den Tag des Termins zur Verteilung des Versteigerungserlöses** in der Versteigerung bestimmt.

Mit der Ladung der Beteiligten zu letzterem Termin in der Zwangsversteigerung wird zugleich die Ladung der Beteiligten zu dem gleichzeitig anstehenden vorgedachten Termin in der Zwangsverwaltung verbunden.

4. **Die aktenmäßige Ausführung jener tatsächlichen Verbindung** beider Verfahren geht in der Weise vor sich, daß zunächst die Vorlegung der Zwangsverwaltungsakten — auf bezügliche Reproduktionsverfügung — am Tage der Zuschlagsverkündung erfolgt.

An diesem Tage wird in den gleichzeitig vorliegenden Zwangsversteigerungsakten die Ladung der Beteiligten zur Erlösverteilung in der Zwangsversteigerung und zugleich zur Abwickelung der zusammengezogenen Termine aus §§ 156, 158 und 154 des Reichsges. (vorstehend zu 3!) in der Zwangsverwaltung auf einen Terminstag verfügt.

In den vorgelegten Zwangsverwaltungsakten werden diese Geschehnisse registriert.

5. **Die Verhandlung in dem einen für die Zwangsversteigerung und die Zwangsverwaltung anberaumten Terminstag** wickelt sich **zunächst** derart ab, als stände nur in der Zwangsverwaltung Termin an, freilich — wie erwähnt — zugleich zur Ausführung des § 156, des § 158 und des § 154 des Reichsges.

Die Zusammenziehung dieser drei Terminsverhandlungen auf einen Terminstag hat, da die Zwangsverwaltung bereits am Zuschlagstage beendet, das ganze Zwangsverwaltungs**verfahren**[3]) an jenem einen Terminstage ein Ende

---

[2]) Vgl. Freund S. 211. Unzuträglichkeiten, wie solche Lafrenz in Gruchots Beiträgen Bd. 47 S. 383 aus einer vorerwähnten Verbindung der beiden Verfahren als möglich befürchtet, sind — wenigstens bei **einem** Amtsgericht — während eines zehnjährigen Zeitraums, weder unter dem alten preußischen Gesetze noch jetzt unter dem Reichsgesetz feststellbar gewesen.

[3]) Vgl. S. 267.

erreichen soll, **folgende Modifikationen des normalen Verfahrens** (vorstehender Paragraph 40) zur Folge:

Die **Aufstellung des Teilungsplans und die Verhandlung** über denselben geschehen wie im **normalen** (vorstehende S. 256—258) Verfahren.

Die **Anweisung** an den Zwangsverwalter zur Ausführung des Teilungsplans durch Zahlung auf Beträge wiederkehrender Hebungen, also z. B. auf Hypothekenzinsen, geschieht **sofort** im Termin.

Im **Termin erfolgen** dann vor dem Vollstreckungsgericht die planmäßigen **Zahlungen auf jene Beträge.**

Die **Kapitalszahlungen,** welche nach dem Teilungsplan etwa auf eingetragene Rechte des betreibenden Gläubigers oder auf Revenüenhypotheken (vorstehender Paragraph 40, S. 259 Ziff. 3) vom Verwalter zu machen sind, erfolgen **gleichfalls sofort „vor"** dem Vollstreckungsgericht.

Mit diesen Rechtsakten ist zugleich die Schlußrechnung des Verwalters nicht nur vorgelegt, sondern auch ausgeführt und genehmigt, sofern nicht noch ein bezüglicher Widerspruch erhoben wird, dessen Beseitigung nicht gelingt.[4])

6. **Die der Verhandlung in der Zwangsverwaltung sich anschließende Verhandlung über die Erlösverteilung in der Zwangsversteigerung** hat nun die Ergebnisse der ersteren zu berücksichtigen.

Sind in der Zwangsverwaltungsverhandlung z. B. laufende Zinsbeträge einzelner Hypothekenforderungen beglichen worden, so ist dies in dem Protokoll über die Erlösverteilung zu registrieren, in dieser werden mithin Zahlungen auf jene Zinsbeträge nicht geleistet, und die bezüglichen Summen werden daher zur Verteilung für andere, nachstehende Liquidate frei.[5])

[4]) Ein nicht beseitigter Widerspruch gegen die Schlußrechnung als solche muß, wie schon erwähnt, natürlich zwischen dem Verwalter und dem Gläubiger bezw. Subhastaten im ordentlichen Prozeß entschieden werden; ein solcher Widerspruch hält aber weder die Beendigung der Zwangsverwaltung noch der gleichzeitig schwebenden Zwangsversteigerung auf (vgl. S. 164, 258).

[5]) **Schwierigkeiten** entstehen, wenn in der Zwangsverwaltung erst **nach dem Terminstage fällig werdende Revenüenbeträge zu verteilen** sind.

Z. B. der gemeinsame Terminstag ist der 28. Februar, der Tag des verkündeten Zuschlags in der Zwangsversteigerung der 10. Februar, und es sind in der Zwangsverwaltung Mietszinsen für die Zeit vom 1. Jan. bis 1. April zu verteilen, welche erst am 1. April fällig werden. In diesem Falle gehören gemäß § 101 Nr. 2 BGB. die Quote der Mietszinsen für die Zeit vom 1. Jan. bis 9. Febr. zur Zwangsverwaltung, die Quote der Mietszinsen für die Zeit vom 10. Febr. bis 1. April gemäß § 56 des Reichsges. dem Ersteher. In der Zwangsverwaltung wird daher die Mietszinsquote für die Zeit vom 1. Jan. bis 9. Febr. durch Abtretung sogen. Überweisung zur Einziehung des Mietsquotenanspruchs an einen Hebungsberechtigten erteilt. Da jene Mietszinsquote aber erst am 1. April fällig, erlangt der gedachte Hebungsberechtigte Zahlung in Höhe jener Mietsquote erst am 1. April. Dies kann in der Erlösverteilung der Zwangsversteigerung zur Zurücksetzung jenes Beteiligten gegenüber einem ihm im Range nachstehenden Berechtigten führen. Z. B. von 6 Hypothekengläubigern, die an einem Grundstück berechtigt, sind nur die 3 ersten mit ihren laufenden Zinsbeträgen in der Zwangsverwaltung bar zur Hebung gelangt, der dritte Hypothekengläubiger aber nur durch Überweisung jener erst am 1. April fälligen Mietsquote; infolgedessen entfällt in der Erlösverteilung in der

§ 160 des Reichsges.

Paragraph 42.

Die außergerichtliche Verteilung in der Zwangsverwaltung.

(§ 160 des Reichsges.)[1])

In der Zwangsversteigerung kann die gerichtliche Verteilung des Versteigerungserlöses nach §§ 143—145 **ersetzt** werden; entweder indem alle Beteiligte des Verfahrens über die Erlösverteilung sich einigen, oder indem der **Ersteher** oder an seiner Stelle (bei Zahlungsbefristung des Meistgebots) der **zur Zahlung des Erlöses verpflichtete** Dritte die Hebungsberechtigten befriedigt, oder endlich, indem die **letzteren** einfach in Höhe der auf sie entfallenden Hebungsbeträge den Ersteher oder den Dritten als alleinigen Schuldner annehmen (vgl. S. 181 bis 185.)

Jene, wie schon S. 181 erwähnt, überaus streitigen Vorschriften der §§ 143—145 können nach § 160 des Reichsges. in der Zwangsverwaltung Anwendung finden, aber nur „entsprechend".

Im Falle außergerichtlicher Verteilung der Zwangsverwaltungseinkünfte modifiziert sich danach das Zwangsverwaltungsverfahren in doppelter Weise, je nachdem eine „Einigung" aller Beteiligten über die Revenüenverteilung vorliegt, oder je nachdem letztere durch „Befriedigung" der Hebungsberechtigten erfolgt.

a.

Die Einigung der Beteiligten.

Die Einigung.

α) **Die Voraussetzung einer Einigung** der Beteiligten über die Revenüenverteilung ist, daß der Zwangsverwalter, wie im normalen Gang der Zwangsverwaltung, zunächst die Ausgaben der Verwaltung, die Kosten des Verfahrens und die öffentlichen Lasten aus den Revenüen berichtigen kann und berichtigt.

β) **Der Modus der Einigung** der Beteiligten besteht in der Feststellung der Einigung der Beteiligten in öffentlich oder öffentlich beglaubigter Urkunde, welche dem Vollstreckungsgericht einzureichen ist.

Zwangsversteigerung noch auf den vierten Hypothekengläubiger ein Betrag; der letztere Gläubiger erhält dann **sofort** bar einen Betrag, während der Gläubiger der vorgehenden dritten Hypothek auf den laufenden Zinsbetrag erst am 1. April durch Einziehung der erst an diesem Tage fälligen Mietsquote Barbefriedigung erhält.

In der Praxis hilft man sich in diesem Falle derart, daß man in der Zwangsverwaltungsverhandlung die Feststellung von den Beteiligten vereinbaren läßt: die erst nach dem Terminstage fällig werdenden Revenüeneinkünfte werden dem in der Erlösverteilung der Zwangsversteigerung erst ausfallenden Beteiligten zur Einziehung überwiesen. Dies ist inkorrekt, denn es liegt darin die Abführung eines Teils der Zwangsverwaltungsmasse zur Erlösmasse der Zwangsversteigerung, und dies gestattet das Reichsgesetz nicht (S. 251). Indessen nur durch diesen inkorrekten Modus läßt sich die vorgedachte rechtliche Schwierigkeit umgehen, zu deren korrekter Lösung das Reichsgesetz selbst keine Handhabe bietet.

[1]) Die Anwendung der wenig geklärten Vorschriften des § 160 ist in der preußischen Praxis — nach der Lafrenzschen Darlegung im Recht 1901 S. 133 ff. anscheinend in Abweichung von der Hamburger Gerichtspraxis — eine seltene.

γ) **Die Wirkung der Einigung** der Beteiligten liegt in der Beseitigung der gerichtlichen Aufstellung eines Teilungsplans und des zur Verhandlung über denselben (im normalen Verfahren) anzusetzenden gerichtlichen Termins gemäß § 156.

Das Gericht hat — wie in der Zwangsversteigerung (vorstehend S. 182) zu **prüfen:**

ob die Einigung in öffentlicher oder öffentlich beglaubigter Form abgeschlossen ist;

ob sämtliche Beteiligte des Verfahrens der Einigung beigetreten;

ob die Einigung sich auf den ganzen — nach Begleichung der Ausgaben der Verwaltung, der Kosten des Verfahrens und der öffentlichen Lasten übrig gebliebenen — Revenüenbetrag erstreckt.

Eine weitere gerichtliche Tätigkeit beim Vorliegen einer form- und inhaltrichtigen Einigung aller Beteiligten über die Revenüenverteilung tritt **nur dann** ein, wenn durch jene Einigung auch die ausnahmsweise **Berichtigung von Kapitalssummen** (S. 259 Ziff. 3) eingetragener Rechte betroffen wird (§ 158 Abs. 1 des Reichsges.).

Das Gericht hat in diesem Falle in einem anzuberaumenden Termin unter Ladung des Verwalters und der eingetragenen, durch die Einigung betroffenen Berechtigten zu Protokoll **nur** zu konstatieren, inwieweit eine Berichtigung ihrer Kapitalsbeträge durch jene Einigung zweifelsfrei betroffen wird, um im Anschluß hieran die Grundbuchberichtigung gemäß § 158 Abs. 2 zu veranlassen.

Jaeckel in Anm. zu § 160 und Fischer u. Schaefer Anm. 1 zu § 160 nehmen an, daß das Gericht, soweit durch die Einigung laufende Beträge wiederkehrender Beträge berichtigt werden, noch Zahlungsanweisungen aus § 157 an den Verwalter zu erlassen. Allein dies ist unrichtig, mindestens ein völliges superfluum, da das Gericht ja Zahlungsanweisungen, welche von dem Inhalt der Einigung abweichen, gar nicht erlassen darf; und ebensowenig ist nach einer Einigung über Berichtigung von Kapitalssumme eingetragener Rechte noch regelmäßig die Möglichkeit einer „Zahlung vor Gericht" auf jene Summen gegeben.

Die vom Gericht form- und inhaltrichtig befundene Einigung beendet, soweit sie reicht, jedes weitere Verteilungsverfahren.

b.

Die Befriedigung

Die Befriedigung der Berechtigten.

Sind nicht alle Beteiligten eines Zwangsverwaltungsverfahrens — gleichviel, ob sie aus den aufgekommenen Revenüen zur Hebung gelangen oder nicht, vgl. S. 182 Ziff. 3 a — über eine außergerichtliche Verteilung der Einkünfte einig, so kann das gerichtliche Verteilungsverfahren nur dann entbehrlich werden, wenn durch öffentliche oder öffentlich beglaubigte Urkunde der Nachweis erbracht ist, daß die einzelnen aus dem vorhandenen Revenüenbetrag Hebungsberechtigten auch aus diesem **„befriedigt"** sind (§§ 144, 160 des Reichsges.).

Der, nach § 160 nur **entsprechend** anwendbare, § 144 gewährt die Befugnis, durch außergerichtliche Befriedigung der hebungsberechtigten Beteiligten ein normales gerichtliches Verteilungsverfahren zu beseitigen, nur dem „Ersteher" und „dem zur Zahlung des Barerlöses verpflichteten Dritten". § 161 des Reichsges.

In der Zwangsverwaltung wird mithin durch außergerichtliche Befriedigung der Berechtigten ein gerichtliches Verteilungsverfahren **nur dann entbehrlich**, wenn neben dem Zwangsverwaltungsverfahren zugleich ein Zwangsversteigerungsverfahren schwebt und in diesem der **Zuschlag bereits verkündet** ist.

Das Verfahren bei außergerichtlicher Befriedigung der Berechtigten in der Zwangsverwaltung ist dasselbe, wie das bei einer außergerichtlichen Befriedigung der Hebungsberechtigten in der Zwangsversteigerung. Es kann daher hier auf die S. 183—185 umsomehr verwiesen werden, als in der Literatur die entsprechende Anwendbarkeit des § 144 für das Zwangsverwaltungsverfahren trotz der Darlegung Lafrenz' im „Recht" 1901 S. 133 ff. vielfach bestritten wird, ja die Möglichkeit einer außergerichtlichen Befriedigung von Berechtigten zur Vermeidung des ordentlichen Verteilungsverfahrens einfach in Abrede gestellt ist.

Paragraph 43.

Die Aufhebung und die Einstellung des Zwangsverwaltungsverfahrens.

(§ 161 des Reichsges.)

A.

Die Aufhebung.

Der Zeitpunkt der Aufhebung des Zwangsverwaltungsverfahrens wird in der Praxis und in der Theorie — namentlich bei gleichzeitig schwebendem Zwangsversteigerungsverfahren — zum Teil nicht richtig bestimmt. Zeitpunkt.

Die richtige Bestimmung jenes Zeitpunkts ist nur möglich, wenn hier festgehalten wird, daß Zwangsverwaltung und Zwangsverwaltungsverfahren nicht dasselbe sind.

Die **Zwangsverwaltung** ist der Rechtszustand der wirtschaftlichen Erhaltung und Bewirtschaftung eines Immobile zum Zwecke der Befriedigung eines Gläubigers aus den Grundstückseinkünften durch einen Zwangsverwalter.

Das **Zwangsverwaltungsverfahren** hat zum Zweck, die **Erzielung** jenes Rechtszustandes der Zwangsverwaltung, der auch den Hauptgegenstand des Verfahrens bildet.

Mit der Erzielung der Zwangsverwaltung entstehen aber zugleich anläßlich der Tätigkeit des Zwangsverwalters, wie aus dem vorstehenden Paragraphen 38 S. 241 ff. ohne weiteres ersichtlich, die verschiedensten Rechtsbeziehungen; und die Abwicklung der letzteren unter gerichtlicher Aufsicht und Leitung bilden neben dem Rechtszustand der eigentlichen Zwangsverwaltung den ferneren Gegenstand des Zwangsverwaltungsverfahrens.

Der Fortfall des Hauptgegenstands des Zwangsverwaltungsverfahrens, also die Beendigung der Zwangsverwaltung kann sonach noch nicht den Fortfall des Nebengegenstandes des Zwangsverwaltungsverfahrens, d. h. die Beendigung der unter gerichtlicher Aufsicht noch abzuwickelnden, anläßlich der Zwangsverwaltung entstandenen Rechtsbeziehungen zur Folge haben.

Es ergibt sich hieraus: die Aufhebungsgründe der Zwangsverwaltung sind zwar auch Aufhebungsgründe des Zwangsverwaltungsverfahrens.

Der Zeitpunkt der Aufhebung der Zwangsverwaltung fällt aber nicht zusammen mit dem Zeitpunkt der Aufhebung des Zwangsverwaltungsverfahrens. Der letztere tritt gesetzmäßig erst mit dem gerichtlichen Beschluß auf Aufhebung des Verfahrens ein. Dieser ist aber erst zu erlassen, wenn feststeht, daß die anläßlich der Zwangsverwaltung entstandenen Rechtsverhältnisse ordnungsmäßig abgewickelt sind.

In der Theorie wie in der Praxis ist die vorstehend festgestellte Unterscheidung zwar angedeutet, aber nicht scharf durchgeführt.

Vgl. hierzu auch die Entsch. des RG. Bd. 24 S. 306 und vom 11. Mai 1887 abgedruckt im preuß. JMBl. von 1887 S. 251, Gruchots Beiträge, Bd. 32 S. 398.

Die Aufhebungsgründe.

2. **Die Aufhebungsgründe der Zwangsverwaltung und des Zwangsverwaltungsverfahrens lassen sich in drei Gruppen einteilen, in**

a) die **Aufhebungsgründe des Zwangsversteigerungsverfahrens,**

b) die **„allgemeinen" Aufhebungsgründe** der an konkreten Objekten bestehenden Rechtsverhältnisse,

c) die **nur dem Zwangsverwaltungsverfahren eigentümlichen** Aufhebungsgründe.

Zu a:

Wie für das Zwangsversteigerungsverfahren, so wird auch für das Zwangsverwaltungsverfahren eine Aufhebung veranlaßt durch:

α) das Bekanntwerden eines dem Zwangsverwaltungsverfahren als einem Zwangsvollstreckungsverfahren entgegenstehenden aus dem Grundbuch ersichtlichen Rechtes; vgl. S. 75 § 161 Abs. 4 und § 28 des Reichsges.,

β) die Zurücknahme des Zwangsverwaltungsantrags seitens des betreibenden Gläubigers (§ 161 Abs. 2, § 29 oben S. 75),

γ) die Befriedigung des Gläubigers (§ 161 Abs. 2 des Reichsges.),

Das Reichsgesetz erwähnt diesen — auch dem Zwangsversteigerungsverfahren eigentümlichen — Aufhebungsgrund im § 161 Abs. 2 cit. ausdrücklich, wohl nur, weil die Befriedigung des Gläubigers im Zwangsverwaltungsverfahren auch durch den Zwangsverwalter (vgl. aber S. 259 Ziff. 3) geschehen kann. Im preußischen Rechtsgebiete wird für diesen Fall dem Zwangsverwalter in § 15 Abs. 2 der Allg. Verf. vom 8. Dez. 1899 sofortige Anzeige an das Gericht zur Pflicht gemacht.

δ) die in den §§ 775 Nr. 1, 2, 3 u. 776 der CPO. aufgeführten Gründe, welche entweder einer, die Aufhebung eine Vollstreckungsmaßregel aussprechenden Entscheidung enthalten, oder (§ 775 Ziff. 3) veranlassen.

Zu b:

Die allgemeinen Aufhebungsgründe sind:

α) Der Untergang des Immobile bewirkt selbstverständlich die Aufhebung des ganzen Zwangsverwaltungsverfahrens.

β) Die Enteignung des Grundstücks zieht gleichfalls die Aufhebung der anhängigen Zwangsverwaltung und damit des ganzen Zwangsverwaltungsverfahrens nach sich. § 161 des Reichsges.

Kraft des Surrogationsprinzips (vgl. Art. 52, 53, 109 des Einf.Ges. zum BGB.) bleibt die im Enteignungsverfahren festgestellte und zu hinterlegende Entschädigungssumme den Realberechtigten des enteigneten Grundstücks verhaftet. Jene Summe kann aber im preußischen Rechtsgebiet nur im Wege eines zu beantragenden gerichtlichen Verteilungsverfahrens zur Befriedigung jener Realberechtigten verwendet werden (vgl. Art. 35—41 des preuß. Ausf.Ges. zum RZVG. und unseren Paragraph 50).

Zu c:

Die dem Zwangsverwaltungsverfahren eigentümlichen Aufhebungsgründe sind:

α) die Verkündung des Zuschlags in einem gleichzeitig schwebenden Zwangsversteigerungsverfahren an den Ersteher. Denn mit dem Zuschlage gehen das Eigentum an dem Grundstücke und mit diesem die Nutzungen auf den Ersteher über (§ 56 des Reichsges.);

β) die Nichtzahlung eines Vorschusses, welcher für besondere, zur ordnungsmäßigen Fortsetzung des Verfahrens erforderliche Ausgaben vom Gläubiger erfordert, aber nicht gezahlt wird, **kann** dem Vollstreckungsgericht Anlaß bieten, das Verfahren aufzuheben (§ 161 Abs. 3 des Reichsges.).

3. **Die Wirkung der eingetretenen Aufhebungsgründe besteht:** Die Wirkung eingetretener Aufhebungsgründe

α) **für die Zwangsverwaltung:** in der **Festlegung des Moments,** mit welchem die Befugnis des Verwalters zur Hebung hiernach fällig werdender Einkünfte fortfällt.

Der **Besitz** des Verwalters wird aber durch den Eintritt der einzelnen Aufhebungsgründe noch nicht beseitigt. Wie der Beginn des Besitzes der Verwaltung auf der Erteilung einer bezüglichen gerichtsseitigen Ermächtigung beruht, so ist auch die Beendigung des Besitzes des Verwalters von der **Rücknahme jener Ermächtigung** seitens des Gerichts abhängig, welche erst durch den Beschluß über Aufhebung des Verfahrens ausgesprochen wird.

Auch die mit Verkündung des Zuschlags in gleichzeitig schwebender Zwangsversteigerung eintretende Aufhebung der Zwangsverwaltung beendet den Besitz des Zwangsverwalters noch nicht zu Gunsten des Erstehers.

Die **nach Aufhebung** der Zwangsverwaltung noch gebotene ordnungsmäßige Abwicklung der durch das Zwangsverwaltungsverfahren entstandenen Rechtsverhältnisse — vorstehend unter 1 — erfordert weiter die allerdings zu beschleunigende Verteilung der vom Verwalter eingezogenen Einkünfte und die schnelle **Umsetzung** der eingezogenen Nutzungsmaterialien[1]) in Geld, jedoch nur **zum Zwecke der Verteilung** noch auf die Beträge der **Ausgaben** der Verwaltung, der **Kosten** des Verfahrens und der **laufenden öffentlichen** Lasten aus den vorhandenen Beträgen der Einkünfte.

---

[1]) Daß von den vorhandenen Naturalien die im § 98 Nr. 2 BGB. gedachten Quantitäten auf dem Immobile zurückbleiben müssen, ist selbstverständlich.

Die Hyperoche.

Eine hyperocha der Einkünfte über jene Beträge ist dem Eigentümer zurückzugeben.

Die mit dem Einleitungsbeschluß der Zwangsverwaltung eingetretene, für alle Beteiligten objektiv wirksame Beschlagnahme (vgl. Teil I S. 13) dauert zwar formell bis zum Beschluß der Aufhebung des Zwangsverwaltungsverfahrens fort; mit Eintritt eines Aufhebungsgrundes der Zwangsverwaltung ist aber auch der durch diese entstandene Befriedigungsanspruch der Beteiligten materiell rechtlich aufgehoben.

Die noch zu berücksichtigenden Ansprüche.

Und nur die mit ihrer Fälligkeit **ohne weiteres sofort** in der Zwangsverwaltung befriedigungsberechtigt gewordenen (§§ 155 Abs. 1, 156 Abs. 1 des Reichsges.) Ansprüche auf Berichtigung von Verwaltungsausgaben, Kosten des Verfahrens und Beträge öffentlicher Lasten sind daher — wie soeben erwähnt — noch nach Eintritt eines Aufhebungsgrundes aus Einkünften der Verwaltung zu begleichen.

β) **Für das ganze Zwangsverwaltungsverfahren** veranlassen die gedachten Aufhebungsgründe, bevor auf Grund der letzteren der Beschluß auf Aufhebung des Verfahrens zu ergehen hat, eine schleunige gerichtliche Prüfung von Aufsichtswegen über das gesamte Tätigkeitsergebnis des Zwangsverwalters.

Die Feststellung der gesetzmäßigen, ordnungsmäßigen Geschäftsführung des Zwangsverwalters ist sicher erst nach Legung der Schlußrechnung und ihrer Anerkennung seitens des Gläubigers und Schuldners gewinnbar.

Aus den Bemängelungen der letzteren, deren Beseitigung bezw. aus der Nichterhebung von Erinnerung, ergibt sich erst für das Gericht, in welchen Punkten noch ein Eingreifen im Aufsichtswege erforderlich, bezw. ob die Entlassung des Verwalters und danach die Aufhebung des Verfahrens unbedenklich.

Der Zeitpunkt der Schlußrechnung.

Die Praxis verfährt daher gesetzmäßig, wenn sie — in allen Fällen, auch wenn der Aufhebungsgrund in Verkündung eines Zuschlags liegt — die Aufhebung des Zwangsverwaltungsverfahrens erst nach — schriftlich, oder in einem besonderen Termin — (vgl. S. 250) gelegter Schlußrechnung bezw. nach Beseitigung der gegen dieselben erhobenen Erinnerungen (soweit diese im Rahmen des Verfahrens möglich, vgl. S. 250) beschließt.[2])

Die Form der Aufhebung.

4. **Die Form der Aufhebung des Zwangsverwaltungsverfahrens** ist diejenige des Beschlusses. Dieser Beschluß ist sämtlichen Beteiligten des Verfahrens (§ 146 Abs. 2 des Reichsges. in Verbindung mit § 329 Abs. 3 der CPO.), dem Zwangsverwalter, dem Dritten, welcher die Anordnung der Aufhebung beantragt hat, und schließlich den Drittschuldnern, an welche ein Zahlungsverbot ergangen ist (vgl. S. 11) zuzustellen. Gl. A. Reinhard III 3 zu § 161.

---

[2]) Jaeckel läßt die Aufhebung des Zwangsverwaltungsverfahrens schon vor Eingang der Schlußrechnung zu (Anm. 3 zu § 161). Es ist aber nicht ersichtlich, aus welchem Rechtsgrunde dann gegen den mit der Aufhebung des Verfahrens entlassenen Zwangsverwalter noch Ordnungsstrafen aus § 153 Abs. 2 verhängt werden können, und insbesondere durch letztere noch die Einreichung der Schlußrechnung erzwingbar sein soll.

5. **Nach Erlaß des Aufhebungsbeschlusses** ist das Grundbuch um Löschung des Zwangsverwaltungsvermerks zu ersuchen (§§ 130, 146 des Reichsges.). § 161 des Reichsges.

Die **Verfügung** nach aktenmäßiger Konstatierung eines der gedachten Aufhebungsgründe hat dahin zu ergehen: Die Verfügungen.

I. Nachricht von dem (konkreten) Aufhebungsgrund der Zwangsverwaltung (also z. B. dem Aufhebungsantrag des Gläubigers) dem Verwalter mit der Auflage die Schlußrechnung einzureichen.

II. Nach 7 Tagen.

Die **Verfügung** nach Eingang der Schlußrechnung hat zu bestimmen:

A. **Bei offenbaren administrativen Verstößen und Mängeln** — vgl. S. 250b — der Schlußrechnung:

I. Der Verwalter ist z. B. zur Einreichung der fehlenden Beläge binnen 3 Tagen aufzufordern.

II. Nach 3 Tagen.

B. **Bei administrativer Ordnungsmäßigkeit der Schlußrechnung bezw. nach Beseitigung administrativer Mängel und Verstöße**

entweder: wenn die Anberaumung eines Schlußrechnungstermins nicht erforderlich erscheint (vgl. S. 250b):

I. Die Abschrift der eingereichten Schlußrechnung erhalten:
a) der betreibende Gläubiger;
b) der beigetretene Gläubiger;
c) der Eigentümer zur Äußerung binnen 8 Tagen;

II. nach 8 Tagen;

oder: wenn die Anberaumung eines Schlußrechnungstermins — bei größeren Sachen — angezeigt erscheint (vgl. S. 250b):

I. Termin zur Vorlegung der Schlußrechnung am . . . .

II. Zu laden der Haupt-, Nebenantragsteller, der Verwalter, der Eigentümer.

Dieser Termin kann — bei gleichzeitig anhängiger Zwangsversteigerung — mit dem Erlösverteilungstermin in dieser verbunden werden (vgl. S. 264, 265).

Die **Verfügung** nach stattgehabter Vorlegung der Schlußrechnung hat — mithin ohne die Rechtskraft des Aufhebungsbeschlusses abzuwarten — zu verordnen:

I. Der Aufhebungsbeschluß ist anliegend besonders ergangen. (Derselbe lautet wie der Aufhebungsbeschluß in der Zwangsversteigerung (vgl. S. 78 Anm. 3), selbstverständlich die „Zwangs**verwaltung**" anstatt der Zwangsversteigerung aufhebend.)

II. Der Beschluß ist zuzustellen:
a) dem Zwangsverwalter;
b) dem Eigentümer;
c) dem betreibenden Haupt- und Nebengläubiger;

d) dem Zwangsverwalter mit der Auflage, die ihm seiner Zeit zu seiner Legitimation erteilte Ausfertigung des Einleitungsbeschlusses zurückzureichen;

e) dem dritten Antragsteller (welcher die Aufhebung des Verfahrens beantragt hat);

f) den sämtlichen Beteiligten (welche der Vollstreckungsrichter aus der beglaubigten Grundbuchabschrift festzustellen hat, vgl. S. 18);

g) dem Drittschuldner (an welchen Zahlungsverbote erlassen sind, vgl. S. 11).

(Es empfiehlt sich, die Zustellungen gegen Zustellungsurkunden zu veranlassen.)

III. An das Grundbuch ist das Ersuchen um Löschung des Zwangsverwaltungsvermerks zu richten.

IV. Akten weglegen.

V. Nach 10 Tagen mit der Nachricht des Grundbuchs zu III der Verfügung.

B.

Die Einstellung.

1. Die **Voraussetzungen** einer einstweiligen Einstellung des Zwangsverwaltungsverfahrens werden gegeben durch:

a) Durch die Entscheidungen, welche auf Grund der Bestimmungen des achten Buchs der CPO. erlaßbar sind, also vor allem in den Fällen des § 732, der §§ 767, 769, 771, 775, 778, vgl. im übrigen S. 76 und §§ 28, 161 Abs. 4 des Reichsges.

b) Durch die Stundung des betreibenden bezw. durch einfachen Antrag des betreibenden Gläubigers wird eine einstweilige Einstellung des Verfahrens nach allgemeiner Rechtsregel veranlaßt.

2. Der **Eintritt der einstweiligen Einstellung** des Verfahrens geschieht erst durch einen bezüglichen Beschluß des Vollstreckungsrichters.

3. Die **Wirkung der Einstellung** des Verfahrens

a) läßt unberührt den Besitz und die Verwaltung des Zwangsverwalters;

b) nur die Verteilung der Einkünfte auf die betreibenden Gläubiger als solche wird sistiert.

Indessen erfordert die Fortdauer[3]) ordnungsmäßiger Verwaltung des Verwalters, daß auch im Falle einstweiliger Einstellung des Verfahrens, die Ausgaben der Verwaltung, nicht minder die Kosten des Verfahrens, ferner die öffentlichen Lasten die Liedlohnbeträge und die Beträge wiederkehrender Hebungen vom Verwalter aus den Einkünften zu berichtigen sind.

4. Die **Dauer der Einstellung** des Verfahrens ist unbeschränkt, und nicht minder ist eine wiederholte Einstellung möglich, da die §§ 30 ff. des Reichsges. hier nicht entsprechend anwendbar sind.

Die von vornherein befristete Einstellung des Verfahrens verliert mit Fristablauf ihre Wirkung.

[3]) Die Vollstreckungsmaßregel der Zwangsverwaltung selbst ist ja nicht aufgehoben.

§ 161—§ 171 des Reichsges.

Abschnitt III.

Die Zwangsversteigerung in Schiffe.

(§§ 162—171 des Reichsges.)

Paragraph 44.

Allgemeines.

a.

Die Vorschriften.

Die in Betracht kommenden Vorschriften.

Die Vorschriften über den Gang, die Voraussetzungen und den Inhalt des ganzen Zwangsversteigerungsverfahrens sind nicht nur in den §§ 162—171 des Reichsges. — nach welchem das ordentliche Verfahren „entsprechend" anwendbar ist — enthalten.

Es kommen vielmehr als ergänzende Bestimmungen in Betracht: die §§ 1259—1271 des BGB.; die §§ 484—488, 510, 754, 777 des Reichshandelsges.,[1]) das Gesetz, betreffend die Nationalität der Kauffahrteischiffe vom 25. Okt. 1867, RGBl. S. 65, in der abgänderten Form des Reichsges. vom 23. Dez. 1888, RGBl. S. 300; die §§ 1—19, 97, 102—116, 119, 120 des Reichsges., betreffend die privatrechtlichen Verhältnisse der Binnenschiffahrt vom 15. Juni 1895 in der Fassung vom 20. Mai 1898.

---

[1]) Die vielfachen Unklarheiten, welche in der Praxis der Zwangsversteigerung von Schiffen bemerkbar sind, beruhen zum Teil auf Verfehlungen gegen folgende Rechtsbegriffe und Rechtsgrundsätze:

a) Den Eigentümer eines demselben zum Erwerbe durch Seefahrt dienenden Schiffes nennt das RHGB. im § 484 Rheder.

b) Den Eigentümer eines zur Schiffahrt auf Flüssen und andern Binnengewässern bestimmten und hierzu verwendeten Schiffes nennt das Binnenschiffahrtsges. im § 1 Schiffseigner.

c) Der sogen. Ausrüster eines Schiffes ist der Nichteigentümer eines Schiffes, welcher ein in seinem Besitze befindliches Schiff zum Erwerbe durch Seefahrt oder Binnenschiffahrt für seine Rechnung entweder persönlich verwendet oder durch Führung seitens eines angenommenen Schiffes verwendet.

Dieser Ausrüster steht rechtlich innerhalb der durch die gedachte Schiffsverwendung begründeten Rechtsverhältnisse dem Schiffseigentümer gleich; wie gegen diesen können daher auch gegen den Ausrüster mit Rechtswirksamkeit sogen. Schiffsschulden mit dinglicher Verhaftung des Schiffes entstehen (§§ 484—488, 510 des RHGB., §§ 1—6 des Binnenschiffahrtsges.).

d) Der Schiffer ist diejenige Person, welcher vom Rheder oder Schiffseigner oder Ausrüster die Führung eines Schiffs übertragen ist: §§ 511 ff. des RHGB., §§ 7 ff. des Binnenschiffahrtsges. Der Schiffer ist, sobald das Schiff den Heimatshafen oder Heimatsort verlassen, ex lege der Vertreter des Rheders, Schiffseigners und Ausrüsters, so daß gegen ihn mit Rechtswirksamkeit für jene Personen und mit dinglicher Verhaftung des Schiffs Schiffsschulden begründet werden können (§ 754 Nr. 8 RHGB., § 102 Nr. 5 des Binnenschiffahrtsges.).

b.

Die Kardinalvoraussetzung immobiler Schiffszwangsversteigerung.

Die Voraussetzung registerlicher Eintragung.

Die **Hauptvoraussetzungen für eine immobiliare**, also nach dem Reichsgesetz sich richtende Zwangsversteigerung[2]) in ein Schiff ist die Eintragung (nicht also schon die Eintragungspflichtigkeit)[3]) desselben im Schiffsregister.

Eingetragen werden nur:

α) Die zum Erwerbe durch die Seefahrt bestimmten Schiffe, sogen. Kauffahrteischiffe, § 1 des Gesetzes vom 25. Okt. 1867/23. Dez. 1888.

β) Die zu Binnenschiffahrt dienenden Dampfschiffe und andere Schiffe mit eigener Triebkraft, deren Tragfähigkeit mehr als 15 000 Kilogramm beträgt, ferner sonstige Schiffe mit einer Tragfähigkeit von mehr als 20 000 Kilogramm (§ 119 des Binnenschiffahrtsges.).

c.

Die Bedeutung des Schiffsregisters.

Die Bedeutung des Schiffsregisters.

Das **Schiffsregister tritt an die Stelle des Grundbuchs** — mit einer unter e erwähnten Ausnahme —. Das Ersuchen um Eintragung wie um Löschung des Versteigerungsvermerks (§§ 17, 34), sowie um Berichtigung nach beendetem Verfahren aus § 130 des Reichsges. gehen an das Schiffsregister.

Die Eintragung der Berechtigten in das Schiffsregister erfordert deren Berücksichtigung von Amtswegen, wie in der Grundstücksversteigerung dies eine Eintragung im Grundbuch bedingt.

Der Inhalt des Schiffsregisters endlich kann nach Maßgabe des § 28 dem Vollstreckungsgericht Anlaß zur Aufhebung oder einstweiligen Einstellung des Verfahrens bieten.

d.

Das zuständige Vollstreckungsgericht.

Das zuständige Gericht.

Das für das Verfahren zuständige Vollstreckungsgericht ist das Amtsgericht, in dessen Bezirk sich das Schiff befindet (§ 163 des Reichsges.).

e.

Der Schuldner.

In einem, zugleich die erheblichste Besonderheit der Schiffszwangsversteigerung enthaltenden, Punkte ist aus materiellrechtlichem Grunde das Schiffsregister dem Grundbuch nicht gleichstehend, und zwar in der Bezeichnung des Schuldners im Zwangsversteigerungsverfahren.

---

[2]) Anders bei ausländischen Schiffen (folgende S. 287).

[3]) Im Teil I S. 6 α ist bereits erwähnt, daß eine Zwangsverwaltung in ein selbst eingetragenes Schiff nicht statthaft ist (§ 170 des Reichsges.), wie auch die dritte Art immobiliarer Zwangsvollstreckung, die Eintragung einer Sicherungshypothek (§ 866 CPO.) gegen Schiffe unzuläſsig ist.

Schiffsparten eingetragener Schiffe unterliegen, wie nicht eingetragene Schiffe überhaupt, nur der mobiliaren Zwangsvollstreckung (S. 6 β).

Ein Arrest ist gleichfalls gegen Schiffe — selbst wenn sie eingetragen sind — nur durch mobiliare Pfändung ausführbar (vgl. § 931 CPO.).

Der Schuldner der Zwangsversteigerung — also der Subhastat in dem Sinne, daß ein gegen denselben gerichteter vollstreckbarer Schuldtitel den Gläubiger des letzteren zum Antrage auf Zwangsversteigerung eines Schiffs berechtigt — wird hier nicht durch die Eintragung als Eigentümer im Schiffsregister bezeichnet. § 162—§ 171 des Reichsges. Der Schuldner im Zeitpunkt der Anordnung des Verfahrens.

Der Subhastat in dem eben gedachten Sinne ist vielmehr:

1. **Der Eigenbesitzer**[4]) **des Schiffes**, wenn auch nicht er, sondern ein anderer als Eigentümer im Schiffsregister vermerkt ist (§ 164 des Reichsges.). Der Eigenbesitzer.

Die nur für die Eintragung eines Grundstückseigentums gegebene Vorschrift des § 891 BGB. kann auf Schiffe nicht anwendbar sein, da deren Eigentumserwerb nach den Vorschriften der mobiliaren Eigentumsübertragung der §§ 929 ff. des BGB. sich bestimmt.

Ausnahmsweise perfiziert sich ja der Eigentumserwerb an einem Seeschiffe sogar schon durch die einfache bezügliche Vertragsabrede des § 474 RHGB.

Nur die vertragsmäßige **Verpfändung** eingetragener Schiffe — was jüngeren Juristen oft entfällt — erfordert gemäß §§ 1260 ff. des BGB. Einigung des Schiffseigentümers und Gläubigers, daß letzteren ein Pfandrecht zustehen soll und Eintragung des Pfandrechts im Schiffsregister.

Die Eintragung als Eigentümer eines Schiffes konstituiert aber kein Schiffseigentum, soll das letztere vielmehr nur regelmäßig (vgl. § 126 des Binnenschiffahrtsges.) deklarieren.[5])

2. **Der Schiffer**[6]) kann ferner ausnahmsweise der Subhastat sein in dem Sinne, daß ein gegen ihn von einem Gläubiger erlangbarer und erlangter vollstreckbarer Schuldtitel zur Anordnung der Zwangsversteigerung ausreicht. Der Schiffer.

Einen solchen vollstreckbaren Titel[7]) können erlangen:

α) rücksichtlich der Seeschiffe alle in den §§ 696, 751 des RHGB. aufgeführten Schiffsgläubiger gegen den Schiffer aus den in den §§ 696, 751 gedachten Rechtsverhältnissen, in welchen ihnen eben auch der Schiffer als gesetzlicher Vertreter des Rheders gegenübersteht (§ 761 des RHGB.);

---

[4]) Eigenbesitzer ist, wie schon S. 233 dargelegt, derjenige, welcher das Schiff als ein ihm gehöriges, somit animo domini, indessen nicht stets schon mit dem Bewußtsein, bereits Eigentümer zu sein, besitzt (vgl. § 872 BGB.); wie S. 233 gleichfalls schon erwähnt, beseitigt der Umstand der Entfernung des Eigenbesitzers, wie selbst das Unbekanntsein seines Aufenthaltsortes, noch nicht die Annahme des Fortbestands des einmal entstandenen Eigenbesitzes.

Die Eintragung als Rheder oder Schiffseigner im Schiffsregister genügt sonach einfach nicht, die **Anordnung** des Zwangsversteigerungsverfahrens gegen jene Personen vorzunehmen, wenn nicht zugleich glaubhaft gemacht wird, daß sie auch Eigenbesitzer des Schiffes sind; und andererseits ist hier, wie die vorstehenden Ziff. 2—5 zeigen, der eingetragene Eigentümer nicht stets auch der Subhastat.

[5]) Ist der Eigenbesitzer nun de facto et jure nicht der wahre Eigentümer, so muß dieser gemäß § 771 CPO. sein Eigentum anmelden und die Aufhebung der Zwangsversteigerung veranlassen.

[6]) Über den Begriff vgl. vorstehende Anm. 1 S. 275.

[7]) Diese **gegen den Schiffer als solchen ergangenen vollstreckbaren Schuldtitel** haben eine ganz besonders eigentümliche Rechtseigenschaft und Wirkung:

Da der Schiffer als gesetzlicher Vertreter des Schiffs, sozusagen als rechtlicher mit dem Rheder bezw. Schiffseigner verbundener Zwilling verurteilt wird, jene beiden implicite mit verurteilt sind, so kann der Gläubiger auf Grund des Titels gegen den Schiffer die Vollstreckungsklausel sich auch ohne weiteres gegen den Rheder bezw. Schiffseigner erteilen lassen β) rücksichtlich der Binnenschiffe können Schiffsgläubiger, wenn sie Ansprüche aus einer Bergung oder Hilfe auf Erstattung der bezüglichen Kosten haben, gegen den Schiffer einen vollstreckbaren Schuldtitel erzielen (§ 97 des Binnenschiffahrtsges.).

3. **Der Ausrüster**[8]) **eines See- wie Binnenschiffes kann ferner ausnahmsweise der Subhastat** sein, sofern von einem Gläubiger gegen ihn, aus den durch die Verwendung des Schiffes zum Erwerb entstandenen Rechtsverhältnissen ein vollstreckbarer Titel erlangt wird.

Der Rheder bezw. Schiffseigentümer kann der aus solchem Titel angeordneten Zwangsversteigerung des Schiffes nur dann widersprechen, wenn er nachweist, daß der Ausrüster das Schiff ihm gegenüber widerrechtlich zum Erwerb verwendet hat und der Gläubiger des Ausrüsters nicht im guten Glauben war (§ 510 des RHGB., § 2 des Binnenschiffahrtsges.).

Der Besitzer.

4. **Endlich kann der einfache Besitzer Subhastat** oder Schuldner in dem mehrgedachten Sinne sein allen Schiffsgläubigern gegenüber, welchen für ihre Schiffsansprüche der §§ 751, 754 des RHGB., des § 102 des Binnenschiffahrtsges., ein nach § 755 Abs. 2 bezw. § 103 Abs. 2 a. a. O. „gegen jeden dritten Besitzer des Schiffs verfolgbares gesetzliches Pfandrecht zusteht".

5. **Die Schuldnerrolle fällt aber den zu 1—4 Genannten nur insoweit** zu, als es sich um die **Anordnung** des Verfahrens handelt.[9])

Der Schuldner nach eingeleitetem Verfahren.

Im **weiteren Verlaufe** des Verfahrens hat die rechtliche Stellung als Schuldner nur der **Rheder oder Schiffseigner**, vorausgesetzt, daß sie als Eigentümer im Schiffsregister eingetragen sind, oder falls dies nicht der Fall, ihr Eigentum anmelden und glaubhaft machen.

Beim Fernbleiben des Rheders oder Schiffseigners im Verfahren tritt dann erst ihre Vertretung durch den das Schiff führenden Schiffer ein.

---

und dann gegen diese von vornherein den Zwangsversteigerungsantrag richten (§ 166 des Reichsges.). Gl. A. Jaeckel Anm. 1 zu § 166. Reinhard Anm. III zu § 164.

Der Schiffer hat aber die gesetzliche Vertretungsmacht des Schiffes mit der Wirkung, daß gegen ihn — zugleich mit Rechtswirksamkeit gegen den Rheder und Schiffseigner — die Anordnung der Zwangsversteigerung und damit die Beschlagnahme des Schiffes rechtswirksam erfolgen kann, nur dann, **wenn er und so lange er das Schiff führt** (§ 166 des Reichsges.).

Hieraus ergibt sich:

Endigt die Führung des Schiffes durch den Schiffer **vor** Anordnung des Verfahrens, so muß vor Fortgang des Verfahrens gegen den neuen Schiffer die Vollstreckungsklausel gemäß § 727 CPO. erteilt werden (wenn nicht eben der Gläubiger nun vorzieht, sofort gegen den Rheder bezw. Schiffseigner sich einfach die Vollstreckungsklausel erteilen zu lassen).

Endigt die Führung des Schiffes durch den Schiffer **nach** Anordnung des Verfahrens, so ist, da eben gemäß § 166 des Reichsges. die Beschlagnahme auch gegen den Rheder bezw. Schiffseigner wirksam geworden, das Verfahren einfach fortzusetzen.

[8]) Über den Begriff vgl. vorstehende Anm. 1 S. 275.

[9]) In den vorstehend unter 1—4 aufgeführten Fällen haben die genannten Gläubiger ein Befriedigungsrecht aus dem sogen. Schiffsvermögen; aus diesem Grunde läßt das Reichsgesetz in Übereinstimmung mit dem RHGB. und dem Binnenschiff.Ges. gegen die 4 jeweiligen Vertreter dieses Vermögens die Schiffszwangsversteigerung anordnen.

Ein nach Anordnung des Verfahrens neu eintretender Schiffer muß sich freilich als solcher — also als führender — anmelden und auf Verlangen die Anmeldung glaubhaft machen. § 162—§ 171 des Reichsges.

f.

Die übrigen Beteiligten.

1. **Der Kreis der Beteiligten** wird auch hier gebildet: Die übrigen Beteiligten.

α) durch **Eintragung** im Schiffsregister;

β) durch **Anmeldung** (§ 9 des Reichsges.), welche auf Verlangen glaubhaft zu machen ist, wie im ordentlichen Zwangsversteigerungsverfahren (vgl. aber S. 282);

γ) **ausnahmsweise gelten ohne Eintragung und ohne Anmeldung** als Beteiligte die Berufsgenossenschaften und Versicherungsanstalten der Invaliditäts- und Altersversicherung (§ 163 Abs. 3 des Reichsges.).

2. **Die Rangordnung der Beteiligten** erfährt hier insofern eine Änderung als:

α) die Ansprüche der nicht eingetragenen gesetzlichen Pfandgläubiger des § 754 des RHGB. (bei Seeschiffen), des § 102 des Binnenschiffahrtsges. (bei Binnenschiffen) in erster Linie;

β) die Ansprüche der Berufsgenossenschaften und Versicherungsanstalten an zweiter Stelle;

γ) die Ansprüche der eingetragenen Pfandgläubiger an letzter Stelle rangieren.

Diese Rangordnung der Beteiligten ist aber erst in der Erlösverteilung von Bedeutung (vgl. schon hier S. 284, 285).

Denn:

g.

Die Feststellung eines geringsten Gebots

ist in dem Schiffszwangsversteigerungsverfahren **nicht vorzunehmen.** Der Fortfall des geringsten Gebots.

Das Schiff ist pfandfrei zu versteigern, das ganze Meistgebot mithin bar zu zahlen (§ 169 des Reichsges.).

In dem einen Falle allein, wo die Zwangsversteigerung aus § 182 Abs. 3 des Reichsges. zum Zwecke der Aufhebung einer Gemeinschaft erfolgt, verbleibt es bei der Regel der Feststellung eines geringsten Gebots.

Paragraph 45.

Die einzelnen Akten des Zwangsversteigerungsverfahrens in Schiffe.

a.

Der Zwangsversteigerungsantrag.

Der Zwangsversteigerungsantrag erfordert:

α) den **gewöhnlichen Voraussetzungen** jeder Zwangsversteigerung gemäß auch hier

die Angabe eines durch die Versteigerung zu befriedigenden Anspruchs, die Überreichung eines vollstreckbaren Titels,

die Beifügung der Urkunden, welche für den Beginn der Zwangsvollstreckung erforderlich sind (vgl. S. 79 ff.);

β) den **besonderen Voraussetzungen** der Zwangsversteigerung in Schiffe entsprechend hat der Antrag zu enthalten:

1. Die Angabe, daß das angegangene Amtsgericht als Vollstreckungsgericht zuständig, weil das **Schiff in seinem Bezirk** sich befindet, unter Überreichung der diese Tatsachen glaubhaft machenden Urkunden.

2. Die Bezeichnung des Schuldners als Eigenbesitzer, Schiffer, Ausrüster oder Besitzer unter Darlegung der **konkreten,** im vorstehenden Paragraphen 44 dargelegten **Tatsachen,** aus welchen die Zulässigkeit des Verfahrens gegen den einzelnen der genannten Personen erhellet. Auch diese Tatsachen sind glaubhaft zu machen (§ 164 des Reichsges.).

3. Aus dem **Schiffsregister ist ein Auszug** endlich beizufügen.

Im übrigen sind bei Prüfung des Antrags dieselben Rechtsmomente in Betracht zu ziehen, welche bei dem gewöhnlichen Zwangsversteigerungsantrag (S. 80, 81) zu prüfen sind.

b.

Die Anordnung der Zwangsversteigerung.

α) **Der Erlaß des Einleitungsbeschlusses,** die Zustellung dieses Beschlusses, das Ersuchen — freilich anstatt an das Grundbuch — an die Registerbehörde um Eintragung des Zwangsversteigerungsvermerks und Mitteilung der Urkunden des § 19 des Reichsges. erfolgen wie im ordentlichen Verfahren (S. 85, 86).

Die Bewachungs- u. Verwahrungsanordnung im Einleitungsbeschluß.

β) **In dem Zwangsversteigerungsverfahren ein Schiff betreffend, muß aber mit der Anordnung** des Einleitungsbeschlusses von Amts wegen die Bewachung und Verwahrung des Schiffes angeordnet werden (§ 165 des Reichsges.).

Diese Maßregel wird in der Praxis leicht übersehen, sie ist mit Rücksicht auf die leichte mobiliare Eigentumsübertragung an Schiffen vom Gesetz mit gutem Bedacht getroffen; das Unterlassen jener Maßregel kann für den Vollstreckungsrichter erhebliche zivilrechtliche Schadensersatzansprüche begründen.

Die Ausführung jener Maßregel erfolgt zweckmäßig durch Ernennung eines bewachenden Verwahrers durch das Vollstreckungsgericht, und die Beauftragung des Gerichtsvollziehers zur Übergabe des Schiffes an den Verwahrer.

Im preußischen Rechtsgebiete kann hier § 80 der Geschäftsanweisung für Gerichtsvollzieher vom 1. Dez. 1899 entsprechend anwendbar sein.

Die Kosten dieser Maßregel sind vom Gläubiger vorzuschießen (vgl. auch § 109 des Reichsges.). Das einstweilige Belassen des Schuldners und seiner Familie im Schiffe wird nach §§ 24, 25 des Reichsges. sich richten, indessen regelmäßig nicht ohne besondere Kautelen statthaft erscheinen.

Die Anordnung der Bewachung und Verwahrung des Schiffes[1]) hat zugleich eine rechtliche Bedeutung für:

---

[1]) Die Anordnung der Bewachung und Verwahrung des Schiffs tritt an die Stelle der Zwangsverwaltung, welche hier, wie erwähnt, unzulässig ist. Jene Maßregel erlischt regelmäßig mit dem Zuschlag. Auf Antrag eines aus dem Versteigerungserlös zur Hebung ge-

§ 162—§ 171 des Reichsges.

c.

Die Beschlagnahme.

Die Beschlagnahme.

Die Beschlagnahme des Schiffes wird auch mit Vollziehung der angeordneten Bewachung und Verwahrung des Schiffs wirksam.

Im übrigen bestimmt sich der Zeitpunkt der Wirksamkeit der Beschlagnahme ebenso, wie im gewöhnlichen Verfahren (Teil I S. 19).

Die **Verfügung** auf den Zwangsversteigerungsantrag ist entsprechend derjenigen, welche im ordentlichen Verfahren ergeht, zu erlassen.

Der § 165 des Reichsges., nebenstehend S. 280, erfordert aber in dem Einleitungsbeschluß (S. 86) den **Beschlußzusatz**:

> Mit der Bewachung und Verwahrung des Schiffs wird der Schleusenmeister (event. der Gerichtsvollzieher) beauftragt, welcher sich selbst in den Besitz des Schiffes zu setzen ermächtigt wird.

Die Verfügung wird somit lauten (vgl. S. 87):

I. Der Einleitungsbeschluß (wie der S. 86 abgedruckte zu fassen unter Bezeichnung des Schiffes, wie in dem Versteigerungspatent in folgender S. 282) ist zuzustellen:
   a) dem Antragsteller bezw. seinem Rechtsanwalt (S. 19 Anm. 3);
   b) dem Schuldner „ „ „ „ ;
   c) dem Schleusenmeister (bezw. Gerichtsvollzieher) mit der Auflage, schleunigst über die ergriffenen Maßnahmen zu berichten.

II. Ersuchen mit Formular 2 (S. 86, 87) an das Schiffsregister.

III. Nach 1 Woche zu II, nach 3 Tagen zu I c.

d.

Das Versteigerungspatent.

Das Versteigerungspatent in dem Schiffe betreffenden Zwangsversteigerungsverfahren **weicht von dem ordentlichen ab**, und zwar:

Der Inhalt des Versteigerungspatents.

1. Der Inhalt des Versteigerungspatents.

Die Bezeichnung des Schiffs.

α) Die Bezeichnung des Schiffes hat zunächst nach dem Schiffsregister zu erfolgen (§ 167 Abs. 1 des Reichsges.)

Der Fortfall des geringsten Gebots beseitigt für die Schiffsversteigerung die in der gewöhnlichen, S. 93 abgedruckten Proklama aufzunehmende Aufforderung aus § 37 Nr. 4 des Reichsges.:

Rechte, soweit sie zur Zeit der Eintragung des Versteigerungsvermerks aus dem Grundbuch nicht ersichtlich, sind spätestens im Versteigerungstermin vor der Aufforderung zur Abgabe von Geboten anzumelden, und wenn der Gläubiger widerspricht, glaubhaft zu machen, widrigenfalls die Rechte bei der Feststellung des geringsten Gebots nicht berücksichtigt und bei der Verteilung des Versteigerungserlöses dem Anspruch des Gläubigers und den übrigen Rechten nachgesetzt werden.

Die besondere Aufforderung zur Anmeldung von Rechten.

β) **An die Stelle der Aufforderung aus § 37 Ziff. 4 tritt** nach § 167 Abs. 2 des Reichsges.:

> die Aufforderung an die Schiffsgläubiger und die sonstigen Berechtigten, ihre Rechte, soweit sie zur Zeit der Eintragung des Ver-

---

langenden Beteiligten kann das Gericht aber Bewachung und Verwahrung des Schiffs fortdauern lassen, bis zur Zahlung oder Hinterlegung des Meistgebots. Die Kosten fallen dem Ersteher zur Last, indessen hat sie der Antragsteller vorzuschießen; unterbleibt dies, so ist die Maßregel vom Gericht aufzuheben (§ 170 des Reichsges.); siehe auch S. 288.

steigerungsvermerks aus dem Schiffsregister nicht ersichtlich waren, **spätestens im Verteilungstermin anzumelden,** widrigenfalls die Rechte bei der Verteilung des Versteigerungserlöses nicht berücksichtigt werden (§ 167 Abs. 2 des Reichsges.).

Diese, von der Aufforderung des § 37 Ziff. 4 inhaltlich wesentlich verschiedene, Aufforderung bereitet der Praxis, auffällig, Schwierigkeiten. Es sei deshalb rekapituliert: Jene Verschiedenheit hat zur Folge:

Erst der Schluß des Termins zur Erlösverteilung präkludiert zwar, wie S. 279 erwähnt, hier die bis dahin nicht angemeldeten, im Schiffsregister nicht eingetragenen Rechte (vgl. hiergegen für das ordentliche Verfahren Anm. 11 S. 37). Daraus folgt aber nicht, daß nicht im Versteigerungstermin, und zwar im ganzen Verlaufe desselben, bereits Anmeldungen erfolgen können und vom Richter zu protokollieren sind.

Eine Glaubhaftmachung nicht eingetragener und deshalb angemeldeter Rechte kann allerdings im Versteigerungstermin wie im Verteilungstermin von **keiner Seite erfordert** werden. Das einzige Mittel, Rechte und Ansprüche als unbegründet von einer Berücksichtigung zunächst auszuschließen, ist daher die Erhebung eines Widerspruchs aus § 115 des Reichsges. (S. 157, 163). Der Rechtsnachteil der Nichtanmeldung jener Rechte ist aber vollständige Nichtberücksichtigung:

Ein Beispiel eines Versteigerungspatents.

Das Versteigerungspatent der Schiffsversteigerung, für welches auch im preußischen Rechtsgebiete ein Formularvordruck leider nicht besteht, wird daher zu lauten haben:

Zwangsversteigerung.

Im Wege der Zwangsversteigerung soll das im Schiffsregister des Amtsgerichts in Danzig unter Nr. 125 verzeichnete, zur Zeit der Eintragung des Versteigerungsvermerks auf den Namen des Schiffseigners Fahrgut in Danzig eingetragene, zur Zeit im Gerichtsbezirk Brandenburg an der Schleuse Nr. 13 befindliche Schiff
am 23. Mai 1904 vormittags 9 Uhr durch
das unterzeichnete Gericht an Gerichtsstelle
Zimmer Nr. 46 versteigert werden.

Das Schiff „Adler XXII 75“, Oderkahn aus Birkenholz gebaut, mit einem Mast, ohne festes Verdeck, ist vermessen auf 42 Tonnen zu 1000 Kilogramm und erbaut auf der Werft von Carl Woermann in Stettin, sein Heimatsort ist Danzig.

Der Versteigerungsvermerk ist am 12. April 1904 in das Schiffsregister eingetragen.

Es ergeht die Aufforderung an die Schiffsgläubiger und die sonstigen Berechtigten, ihre Rechte, soweit sie zur Zeit der Eintragung des Versteigerungsvermerks aus dem Schiffsregister nicht ersichtlich waren, spätestens im Verteilungstermine anzumelden, widrigenfalls die Rechte bei der Verteilung des Versteigerungserlöses nicht berücksichtigt werden würden.

Diejenigen,[2]) welche ein der Versteigerung entgegenstehendes Recht haben, werden aufgefordert, vor der Erteilung des Zuschlags die Aufhebung oder einstweilige Einstellung des Verfahrens herbeizuführen, widrigenfalls für das Recht der Versteigerungserlös an die Stelle des versteigerten Gegenstands tritt.

Brandenburg, den 25. Februar 1904.

Königliches Amtsgericht.
Bitter.

---

[2]) Wie die vorstehende Proklama zeigt, hat diese sonach auch in dem, Schiffe betreffenden Zwangsversteigerungsverfahren das öffentliche Aufgebot zur Anmeldung von Rechten, welche der Versteigerung entgegenstehen, zu enthalten, wie im gewöhnlichen Verfahren (vgl. S. 15 u. 93).

Der § 37 Nr. 5 des Reichsges. ist also für die Zwangsversteigerung von Schiffen nicht — wie oft irrtümlich angenommen wird — durch § 167 ausgeschlossen; im vorliegenden Verfahren, dessen Anordnung nur den Nachweis des Eigenbesitzes des Schuldners erfordert, das

2. **Die öffentliche Bekanntmachung des Versteigerungspatents:** muß stets im Amtsblatt erfolgen. § 162—§ 171 des Reichsges.

Die öffentliche Bekanntmachung

Eine Bekanntmachung durch **Aushang findet nicht statt,** und daher entfällt die Möglichkeit, bei offensichtlich kleinen Schiffen die Amtsblattpublikation zu unterlassen (§ 168 Abs. 2 des Reichsges.).

Die Bekanntmachung „soll" aber auch im Amtsblatt desjenigen Amtsgerichts erfolgen, in dessen Bezirk der Heimatshafen und Heimatsort des Schiffes sich befindet, falls das letztere von einem anderen Amtsgericht, weil es in dessen Bezirk sich befindet (§ 163 vorstehend S. 280) — versteigert wird (§ 168).

Die **Verfügung** nach Absetzung des Versteigerungspatents hat, wie die im ordentlichen Verfahren erlassene, S. 97 abgedruckte, zu ergehen:

Indessen sind hier noch folgende Anordnungen zu treffen:

Zu 1 der Verfügung S. 97:

Das Versteigerungspatent ist auch in dem Amtsblatt des Amtsgerichts des Heimatshafens bezw. Heimatsorts des Schiffs bekannt zu machen, falls der letztere außerhalb des Bezirks des Vollstreckungsgerichts liegt (vorstehende Ziff. 2).

Zu 3 der Verfügung S. 97.

Durch Zustellung des Versteigerungspatents sind auch zu laden:

α) der eingetragene Reeder bezw. Schiffseigner (falls der Zwangsversteigerungsantrag gegen eine der vorstehend S. 277, 278 unter 1—4 genannten Personen als Schuldner gestellt ist),

β) die Berufsgenossenschaft für die Unfallversicherung, die Versicherungsanstalt für Invaliditäts- und Altersversicherung (vorstehend S. 279 f 2 β),

γ) der Verwahrer des Schiffs mit der Auflage seiner Gebühren- und Ausgabenberechnung mitzubringen (vorstehend S. 280 b β).

e.

Der Gang des Versteigerungstermins.

Der Gang des Versteigerungstermins wird durch den **Fortfall des geringsten Gebots** und die **Erstreckung der Anmeldebefugnis** rücksichtlich der zur Zeit der Eintragung des Versteigerungsvermerks im Schiffsregister nicht eingetragenen Rechte bis zum Verteilungstermin hier **geändert;** Die Änderungen im ersten Abschnitte der Versteigerungsverhandlung.

α) Dem **Aufruf** der Sache sind die **Bekanntgabe der Nachweisungen,** welche das Schiff betreffen, anzuschließen; hierauf die Bekanntmachungen der das Verfahren **betreibenden Gläubiger.**

Das letztere darf mit Rücksicht auf § 75 des Reichsges. nicht unterbleiben.

β) In **Fortfall kommt** aber natürlich die Verhandlung über das **geringste Gebot** (§ 66 oben S. 101) und nicht minder (oft übersehen!) **muß** der **Hinweis** des Gerichts aus § 66 Abs. 2 auf die bevorstehende Ausschließung weiterer Anmeldungen unterbleiben (oben S. 108). Diese sind ja hier, wie erwähnt, bis zum Schlusse des Erlösverteilungstermins zulässig.

Das ganze Meistgebot ist ja hier — S. 279 g — bar zu zahlen, § 169 des Reichsges.

---

ja sogar gegen Schiffer, Ausrüster und einfache Besitzer möglich (vorstehend S. 277, 278) ist vielmehr die Befolgung der Vorschrift des § 37 Ziff. 5 von ganz besonderer Bedeutung; denn der öffentliche Aufruf aus § 37 Ziff. 5 soll ja den wahren Eigentümer zur Wahrung seines Eigentumsrechts aufrufen.

γ) **Im übrigen regelt** und gestaltet sich das Verfahren, wie es S. 98—126 zur Darstellung gebracht ist, von unbedeutenden, aus vorstehendem sich ergebenden Modifikationen abgesehen.[3])

Zweifel sind in der Praxis aufgetaucht:

αα) ob auch ein nicht einmal die Gerichtskosten deckendes Bargebot zulässig ist. Die §§ 162 ff. ergeben keinen Anhalt für die Verneinung der Frage.

Für die durch das Gebot nicht gedeckten Kosten haftet der Antragsteller (vgl. für das preußische Rechtsgebiet §§ 1 und 133 des preuß. Gerichtskostenges. vom 6. Okt. 1899).

ββ) Ferner ist zweifelhaft geworden, ob das Bestehenbleiben vertragsmäßiger eingetragener Pfandrechte, wie der gesetzlichen Pfandrechte des § 754 des RHGB. und des § 102 des Binnenschiffahrtsges. als Versteigerungsbedingung vereinbar ist.

Auch diese Frage ist nach §§ 59, 91 des Reichsges. ganz unbedenklich zu bejahen, selbstverständlich erfordert die Feststellung der Zulässigkeit jener Bedingung ein doppeltes Ausgebot nach § 59 cit. (oben S. 49 u. 107).

Die Verfügung nach Erlaß, wie nach Versagung des Zuschlags ist diejenige, welche im ordentlichen Verfahren ergeht und S. 142 u. 143 abgedruckt ist.

d.

Der Gang und Inhalt des Erlösverteilungstermins.

Die Rangordnung der Ansprüche in der Erlösverteilung.

α) **Der Gang und der Inhalt des Erlösverteilungstermins** entspricht den allgemeinen Vorschriften (oben S. 143 ff.); auch hier unter Berücksichtigung des für die Schiffsversteigerung bestimmten Fortfalls eines geringsten Gebots.[4])

β) **Die Rangordnung der zu befriedigenden Rechte** ist aber hier mit Rücksicht auf die gesetzlichen — den vertragsmäßig eingetragenen — vorgehenden Pfandrechte der Schiffsgläubiger eine andere als im gewöhnlichen Verfahren:

1. **In allen Fällen,** es mögen See- oder Binnenschiffe versteigert sein, gelangen die Kosten des Verfahrens aus dem Versteigerungserlöse vorweg zur Berichtigung (§§ 109, 165 des Reichsges.).

Im übrigen differiert die Rangordnung rücksichtlich der Seeschiffe und der Binnenschiffe.

---

[3]) Die teils unerheblichen, teils nach vorstehenden selbstverständlichen Modifikationen einzeln aufzuzählen, ist hier entbehrlich; ihr Hauptgrund liegt im Fortfall des geringsten Gebots.

In ebenso mühsamer, wie theoretisch dankenswerter Statistik macht Jaeckel Anm. 1 zu § 169 darauf aufmerksam, daß

unberührt die §§ 49 Abs. 2, 3, 55—58, 63 (mit Ausnahme des fortfallenden Abs. 4 Satz 1), 65 Abs. 1, 66 (nur bis zu den Worten: „die Zeit der Beschlagnahme" bei Fortfalls des Rests), 67, 68 Abs. 1, 69—76, 77 Abs. 1, 2 Satz 1, 78—82, 86—93, 95—104 bleiben;

völlig fortfallen: die §§ 44—48, 50, 51, (auch!) 52, 53, 54, 64, 94;

modifiziert sind ferner: die §§ 49 Abs. 1, 59 (Änderung der Versteigerungsbedingungen unter Ausschluß des fortfallenden geringsten Gebots), 60, 61 (Zahlungsbefristung des ganzen Gebots!), 65 Abs. 2, 83—85.

[4]) Es fallen daher hier in dem Erlösverteilungsverfahren fort: §§ 110, 112 Abs. 2 Satz 2—4, Abs. 3, 113 Abs. 2 (vgl. aber vorstehend unter e γ), 125, 128 (ersetzt durch § 169 Abs. 2!), 129, 130 Abs. 2, 131, 132 Abs. 1 Satz 2, 136.

§ 162 – § 171 des Reichsges.

Bei Seeschiffen.

2. **Bei Seeschiffen** gelangen zur Befriedigung in der:

Schiffsgläubiger

1. Klasse: Bewachungs- und Verwahrungskosten des § 754 Ziff. 1 in Verbindung mit § 766 RHGB.
2. Klasse: Öffentliche Schiffsgefälle, § 754 Ziff. 2 RHGB. (vgl. aber auch §§ 767, 768 Ziff. 1 a. a. O.).
3. Klasse: Schiffsbesatzungsansprüche, § 754 Ziff. 3 RHGB. (vgl. aber auch §§ 767, 769 a. a. O.).
4. Klasse: a) Lotsengelder und ihnen gleichgestellte Kosten, § 754 Ziff. 4 RHGB. (vgl. auch §§ 767, 768, 769 a. a. O.).
   b) Große Havereibeiträge, § 754 Ziff. 5 (vgl. auch §§ 767, 768, 769 a. a. O.).
   c) Bodmereiansprüche und ihnen gleichstehende Ansprüche, § 754 Ziff. 6 (vgl. auch §§ 767—769, auch § 673 Abs. 2 a. a. O.).
5. Klasse: Nichtablieferungs- oder Beschädigungsansprüche von Gütern, § 754 Ziff. 7 RHGB. (vgl. auch §§ 767 – 769).
6. Klasse: Die Ansprüche aus anderen als den vorstehenden Rechtsgeschäften des Schiffers kraft seiner Vertretungsmacht nach §§ 486, 754 Ziff. 8, 767, 768 a. a. O.
7. Klasse: Ansprüche aus Verschulden der Schiffsbesatzung.
8. Klasse: Die Forderungen der Berufsgenossenschaft und der Versicherungsanstalt, §§ 754 Ziff. 10, 770 RHGB.
9. Klasse: Die im Schiffsregister eingetragenen Pfandrechte, diese unter sich mit dem Range ihrer Eintragung nach §§ 1261, 879 bis 881, 1151 des BGB.
10. Klasse: Der Anspruch des Gläubigers, auf dessen Antrag die Zwangsversteigerung angeordnet ist, sofern er nicht schon einer der vorgehenden Klassen angehört.

Bei Binnenschiffen.

3. **Bei Binnenschiffen** gelangen zur Befriedigung in der:

Schiffsgläubiger

1. Klasse: Die Schiffsgefälle, § 102 Ziff. 1 des Binnenschiffahrtsges. (vgl. auch §§ 106, 107).
2. Klasse: Die Schiffsbesatzungsansprüche, § 102 Ziff. 1 bezw. §§ 106, 107 a. a. O.
3. Klasse: Die Lotsengelder und die ihnen gleichstehenden Kosten:
   die großen Havereibeiträge,
   die Ansprüche aus Notgeschäften des Schiffers,
   § 102 Ziff. 3, auch §§ 106, 107 a. a. O.
4. Klasse: Nichtablieferungs- oder Beschädigungsansprüche von Gütern, § 102 Ziff. 4, auch §§ 106, 107 a. a. O.
5. Klasse: Die Ansprüche aus anderen als den vorstehenden Rechtsgeschäften des Schiffers kraft seiner Vertretungsmacht, § 102 Ziff. 5, auch §§ 106, 107, 15, 16, 4 Ziff. 2 a. a. O.
   Die Ansprüche aus dem Verschulden einer Schiffsbesatzungsperson, §§ 102 Ziff. 5, 3, 4 Ziff. 3 a. a. O.
6. Klasse: Die Ansprüche der Berufsgenossenschaft, der Versicherungsanstalt und — hier auch — der Gemeinden- und Krankenkasse aus der Krankenversicherung gegen den Schiffseigner, §§ 102 Ziff. 6, 106, 107 a. a. O.
7. Klasse: Die vertragsmäßigen eingetragenen Pfandrechte.
   Diese gehen jedoch hier den gesetzlichen Pfandansprüchen der Klassen 4—6 vor, falls sie vor Entstehung der letzteren schon eingetragen waren, § 109 des Binnenschiffahrtsges.
8. Klasse: Die betreibenden Gläubiger, vgl. auch S. 28 unter 5., S. 29.

γ) Die Nichtzahlung des Versteigerungserlöses im Versteigerungstermin.

Wie in dem gewöhnlichen Zwangsversteigerungsverfahren, wird auch hier bei Nichtzahlung des Versteigerungserlöses seitens des Erstehers gegen den letzteren den Beteiligten in Höhe ihrer zur Hebung gelangenden Beträge eine **Forderung übertragen.** Diese übertragene Forderung ist auch hier gemäß § 133 gegen den Ersteher vollstreckbar.

Die Sicherung dieser gegen den Ersteher übertragenen Forderung geschieht aber dadurch, daß das Vollstreckungsgericht für jene Forderung ein **Pfandrecht** an dem versteigerten Schiff eintragen läßt.

Dieses Pfandrecht[5]) ist vom Registerrichter wie ein vertragsmäßig bestelltes gemäß §§ 1259—1271 BGB. **einzutragen.**

Die Rechtswirksamkeit des Pfandrechts beginnt zwar erst mit seiner Eintragung im Schiffsregister, sie tritt aber selbst dann ein, wenn der Ersteher nach dem Zuschlage das Schiff an einen Dritten veräußert hat, selbst wenn der Letztere rücksichtlich des Zahlungsrückständigkeit des Erstehers in gutem Glauben war (§ 169 des Reichsges.).

g.

Die Urkundenbehandlung.

Die Urkundenbehandlung. Die Registerberichtigung.

Die nach stattgehabter Erlösverteilung vorzunehmende Behandlung der Urkunden über die auf dem Schiffe eingetragen gewesenen Ansprüche, wie der auf das Schiff bezüglichen vollstreckbaren Titel richtet sich nach § 127 des Reichsges. (vgl. S. 169).

Auch Abs. 1 des § 127 des Reichsges. wird entsprechend anwendbar sein, wenn über eingetragene Pfandforderung Urkunden vorhanden sind; diese können von dem Registerrichter mit einem Vermerk nach Maßgabe des § 120 Abs. 2 des Reichsges. über die Angelegenheiten der freiwilligen Gerichtsbarkeit vom 17. Mai 1898 versehen werden. (In der Litteratur wird dies anscheinend, vgl. Jaeckel Anm. 3 zu § 169, auch Reinhard Anm. 8 zu § 169, nicht angenommen).

h.

Die Registerberichtigung.

Die **Berichtigung des Schiffsregisters** ist vom Vollstreckungsgericht unter entsprechender Anwendung des § 130 des Reichsges. zu veranlassen (vgl. S. 171).

Die **Verfügung** nach stattgehabter Erlösverteilung wird daher wie die im ordentlichen Verfahren ergehende, S. 180 abgedruckte, an das **Schiffsregister** zu erlassen sein. Indessen ist regelmäßig — vgl. S. 279 g, S. 283, aber auch S. 284 ββ —, um Löschung aller eingetragenen Pfandrechte zu sichern, und bei Zahlungsrückstand des Erstehers ist anstatt um Eintragung von Sicherungshypotheken um die Eintragung von Pfandrechten zu ersuchen.

---

[5]) Dieses Pfandrecht tritt hier an die Stelle der im ordentlichen Falle einzutragenden Sicherungshypothek.

§ 171 des Reichsges.

Paragraph 46.

Die Zwangsversteigerung ausländischer Schiffe.
(§ 171 des Reichsges.)

Die Zwangsversteigerung ausländischer Schiffe.

Prozessuale Abweichungen.

1. **Die prozessualen Abweichungen** des Zwangsversteigerungsverfahrens in ausländische Schiffe von dem gewöhnlichen immobiliaren Schiffszwangsversteigerungsverfahren werden durch die Nichteintragung ausländischer Schiffe in einem inländischen Schiffsregister veranlaßt. Dies bewirkt:

a) **Die Voraussetzung** der immobiliaren Zwangsversteigerung der Ausländern gehörigen Schiffe besteht daher — anstatt im Nachweis ihrer schiffsregisterlichen Eintragung — in dem Nachweis derjenigen Eigenschaften, welche deutsche Schiffe eintragungspflichtig macht.

Der Zwangsversteigerungsantrag — vorstehend S. 279 — hat mithin an Stelle der Überreichung eines Schiffsregisterauszuges die Glaubhaftmachung zu enthalten: daß das Schiff zum Erwerb durch die Seefahrt bestimmt ist, oder daß es ein Binnendampfschiff oder Schiff mit eigener Triebkraft mit einer Tragfähigkeit von mehr als 15 000 Kilogramm ist, oder ein sonstiges Schiff mit einer Tragfähigkeit von mehr als 20 000 Kilogramm ist (vgl. vorstehend S. 276 b).

b) **Das Ersuchen um Eintragung** des Zwangsversteigerungsvermerks in ein Schiffsregister ist sonach unausführbar (§ 163 Abs. 2 also unanwendbar).

c) **Das Versteigerungspatent** kann an Stelle der Bezeichnung nach dem Schiffsregister nur die aus vorliegenden zuverlässigen Nachweisungen zu entnehmende Individualisierung des Schiffes aufnehmen.

Die **öffentliche Aufforderung** des Patents aus § 167 Abs. 2 muß mit Rücksicht auf den Mangel des Schiffsregisters und damit eines schiffsregisterlichen Versteigerungsvermerks anders gefaßt werden.

Das vorstehend S. 282 aufgeführte Versteigerungspatent ist daher im Abs. 4 dahin zu fassen:

Es ergeht die Aufforderung an die Schiffsgläubiger und die sonstigen Berechtigten, ihre Rechte im Verteilungstermin anzumelden, widrigenfalls die bis dahin dem Vollstreckungsgericht nicht bekannt gewordenen Rechte bei der Verteilung des Versteigerungserlöses nicht berücksichtigt werden würden.

d) **Die Zustellung der Terminsbestimmung,** also des Versteigerungspatents, kann außer an den Antragsteller nur an die aus den dem Vollstreckungsgericht eingereichten Schiffspapieren ersichtlichen Schiffsgläubiger und sonstigen Beteiligten erfolgen, jedoch nur, „soweit es ohne erhebliche Verzögerung des Verfahrens tunlich ist" (§ 171 des Reichsges.).

Ist eine **auswärtige Registerbehörde** vorhanden, welche im Auslande über das Schiff ein Register führt, so erhält auch jene Behörde die Zustellung der Terminsbestimmung.

e) Über die hier eintretende Änderung des § 170 des Reichsges. vgl. sofort folgende Ziff. 2.

Materiell-rechtliche Abweichungen.

2. **Die materiellrechtlichen Abweichungen** in der Zwangsversteigerung ausländischer Schiffe gegenüber der Rechtswirkung in der Zwangsversteigerung inländischer Schiffe liegen in der Rechtskonsequenz, daß die konstitutive Urteilskraft des Zuschlagsbeschlusses nur für das Inland eintritt (vgl. Laband, Staatsrecht Bd. II S. 195, auch Teil I S. 66).

Eigentumsrecht und Pfandfreiheit sind bezüglich des Schiffes durch den Zuschlag für den Ersteher **nur im Inland** eingetreten; das ausländische Eigentum wie die ausländischen Pfandrechte am Schiffe bleiben unberührt.

Verständigerweise wird daher nur derjenige ein ausländisches Schiff in der Zwangsversteigerung erwerben, welcher das Schiff zum Erwerbe im Inlande zu benutzen gedenkt.

Die **Eintragung eines Pfandrechts** an dem Schiffe gemäß § 169 Abs. 2 des Reichsges. bei Nichtzahlung des Versteigerungserlöses für die aus diesem hebungsberechtigten Beteiligten ist, da ein inländisches Schiffsregister nicht vorhanden, **nicht möglich**.

Das Reichsgesetz begründet aber im § 171 Abs. 3 des Reichsges. zu Gunsten jener hebungsberechtigten Beteiligten insofern ein **mittelbares Zwangsmittel** zur Berichtigung des Versteigerungserlöses, als die bei Erlaß des Einleitungsbeschlusses von Amts wegen angeordnete Überwachung und Verwahrung des Schiffes (§ 165 des Reichsges., vorstehend S. 280 b β) bei einem auswärtigen Schiff auch nach dessen Zuschlag — ohne Antrag, also in Abweichung von § 170 — fortdauert, bis der Ersteher entweder die Zahlung des Versteigerungserlöses oder die Einwilligung der Beteiligten zur Aufhebung der gedachten Maßregel nachweist.

Abschnitt IV.

Zwangsversteigerung und Zwangsverwaltung in besonderen Fällen.

Paragraph 47.

Zwangsversteigerung und Zwangsverwaltung auf Antrag des Konkursverwalters.

(§§ 172—174 des Reichsges.)

A.

Der leitende Gesichtspunkt.

Leitender Gesichtspunkt.

Der leitende Gesichtspunkt für die Zwangsversteigerung auf Antrag des Konkursverwalters liegt darin, daß dieser Antrag nicht ein ordentliches, als solches auf Beitreibung einer Geldforderung gerichtetes Versteigerungsverfahren anhängig macht, sondern nur, unter entsprechender Anwendung der §§ 1—145 des RZVG., ein Verfahren veranlaßt, um den Grundstücksverkauf des Konkursverwalters aus § 126 der Konk.O. zu erzielen, § 172 des Reichsges. § 172—§ 174 des Reichsges.

Dies bedingt:

B.

Die Abweichungen vom ordentlichen Verfahren auf Grund der §§ 172—174 des Reichsges.

1.

Der Zwangsversteigerungsantrag.

Der Zwangsversteigerungsantrag.

Der **Antrag** auf Zwangsversteigerung weicht von dem normalen insofern ab, als er einen vollstreckbaren Anspruch nicht enthalten kann.

Den Nachweis eines solchen ersetzt der Nachweis, daß der Antragsteller Konkursverwalter des Eigentümers ist, und zur Konkursmasse des letzteren das Grundstück gehört, dessen Zwangsversteigerung der Verwalter beantragt.

Die Überreichung der Bestallung des Konkursverwalters, die Bezugnahme auf das Grundbuch, in welchem der Gemeinschuldner wie der Konkursvermerk regelmäßig bereits eingetragen sind, genügen hier zur Begründung des Zwangsversteigerungsantrags, welchem im preußischen Rechtsgbiete ein das Grundstück betreffender neuester Auszug aus der Grundsteuermutterrolle und der Gebäudesteuerrolle auch hier beizuliegen hat (vgl. S. 80).

Falls aber der Gemeinschuldner der Erbe des eingetragenen Eigentümers ist, würden natürlich die im § 17 Abs. 3 des Reichsges. gedachten Urkunden zur Glaubhaftmachung der Erbfolge des Gemeinschuldners vom Verwalter beizufügen sein (vgl. S. 80).

2.

Die Beschlagnahme des Grundstücks.

Die Beschlagnahme.

a.

Die materiellrechtliche Wirkung.

Die materiell-rechtliche Wirkung.

Die materiellrechtliche Wirkung der Beschlagnahme in einem auf Antrag des Konkursverwalters eingeleiteten Verfahren ist **ausgeschlossen** (§ 173 Satz 1 des Reichsges.).

Die im ordentlichen Verfahren mit der Beschlagnahme verbundene Rechtswirkung eines Veräußerungsverbots gegen den Eigentümer zu Gunsten des betreibenden Gläubigers behufs Sicherung der Beitreibung seiner Forderung, ist hier teils entbehrlich, teils ausgeschlossen.

Der Eigentümer des Grundstücks hat bereits mit der Konkurseröffnung gemäß § 6 der Konk.O., wie über sein ganzes Vermögen, so auch über das zu demselben gehörige Grundstück die Verwaltungs- und Verfügungsbefugnis verloren.

Der Konkursverwalter hat einerseits keine beizutreibende Forderung, welche zu sichern wäre, andererseits vielmehr ein Veräußerungsrecht über alle Vermögensstücke des Grundstückseigentümers, daher auch über sein Grundstück.

Diese Veräußerungsbefugnis über das letztere wird übrigens nicht dadurch berührt, daß der Verwalter durch den Versteigerungsantrag aus § 172 die demnächstige Veräußerung des Grundstücks durch Zuschlag intendiert.

Der **Konkursverwalter bleibt** mithin auch **während des von ihm beantragten Zwangsversteigerungsverfahrens zur Veräußerung von Teilen** der Immobiliarmasse **berechtigt,** welche Nebengegenstände der letzteren sind, hier aber nicht — wie im ordentlichen Verfahren — zu Gunsten aller Realbeteiligten, anläßlich des Verfahrens zusammengehalten, **materiellrechtlich** beschlagnahmt sind (vgl. S. 13 und das folgende unter b).

In der Praxis wird dies oft übersehen. Die Realberechtigten müssen daher die Rechtsakte des Zwangsverwalters überwachen und nötigenfalls gegen ihn auf Grund des § 1134 BGB. oder 771 CPO. einschreiten, wenn sie nicht in der Lage sind, bezw. vorziehen, sich einen vollstreckbaren Titel gegen den Konkursverwalter zu verschaffen und ihrerseits das ordentliche Zwangsversteigerungsverfahren zu veranlassen (vgl. auch Ziff. 7).

Die prozeßrechtliche Wirkung.

b.
Die prozeßrechtliche Wirkung.

Die **prozessual-formellrechtliche Wirkung der Beschlagnahme** ist hier aber die gleiche, wie in der ordentlichen Zwangsversteigerung (§ 173 Satz 2 des Reichsges.):

α) Der **Zeitpunkt** der Zustellung des Einleitungsbeschlusses an den Konkursverwalter bestimmt den Zeitpunkt, von welchem ab die laufenden und rückständigen Beträge wiederkehrender Hebungen, also insbesondere der Hypothekenzinsen zu berechnen sind (§ 13 des Reichsges., s. S. 13).

β) Der **Moment der Zustellung des Einleitungsbeschlusses an den Konkursverwalter fixiert** ferner sozusagen den **Originalumfang** der Immobiliarmasse (S. 3, 15 u. 46), in welchem dieselbe durch den Zuschlag auf den Ersteher zu Eigentum übergeht, allerdings **nur insoweit,** als die soeben unter a gedachte, auch nach der Beschlagnahme fortdauernde Veräußerungsbefugnis des Konkursverwalters die Masse nicht vermindert.

Diese Veräußerungsbefugnis des Verwalters erlischt aber selbstverständlich mit der Verkündung des Zuschlags (§ 55 des Reichsges. und § 173 Satz 2).

γ) Der **Zeitpunkt der Wirksamkeit der Beschlagnahme** nach gedachter prozessualrechtlicher Richtung ist **ausschließlich** der Moment der Zustellung des Einleitungsbeschlusses an den Konkursverwalter.

Die im ordentlichen Verfahren bestimmten Momente des Wirksamwerdens der Beschlagnahme Dritten gegenüber: mit Kenntnis des Versteigerungsantrags, und mit der Eintragung des Versteigerungsvermerks (vgl. S. 9 ff.), stehen dort mit der materiellrechtlichen Wirkung der Beschlagnahme als eines Veräußerungsverbots im Zusammenhange; jene Momente entfallen daher — vorstehendes unter a! — hier.

δ) Die **grundbuchliche Eintragung der Beschlagnahme,** also des Versteigerungsvermerks, hat daher hier auch nur die prozessualrechtliche Bedeutung, die

Beteiligten „zur Zeit der Eintragung des Vollstreckungsvermerks" im Sinne der §§ 9, 37 Ziff. 4, §§ 45, 114 des Reichsges. zu fixieren, mithin besonders die Beteiligten zu fixieren, deren eingetragene Ansprüche im Versteigerungs- und Erlösverteilungstermin von Amts wegen zu berücksichtigen sind. § 172 — § 174 des Reichsges.

3.

Der Kreis der Beteiligten.

Der Kreis der Beteiligten.

Der Kreis der Beteiligten des Verfahrens modifiziert sich insofern, als der Eigentümer des Grundstücks rücksichtlich seiner Befugnisse von dem Konkursverwalter vertreten wird.

Der **Konkursverwalter** hat — wie bei allen Rechtsakten des ganzen Konkursverfahrens, **den Schuldner und die Gläubiger vertretend** —, auch hier die Schuldnerrolle und zugleich die Rolle des betreibenden Gläubigers. Hierbei müssen aber die Befugnisse des Gläubigers im ordentlichen Verfahren insoweit entfallen, als die Beitreibung einer Forderung in Betracht kommt (vgl. z. B. § 76 des Reichsges.).

Der Grundstückseigentümer und Gemeinschuldner bleibt aber neben dem Konkursverwalter immerhin noch Schuldner und als solcher stets zu ladender Beteiligter, freilich **hier** von Ausübung solcher Befugnisse ausgeschlossen, durch welche er in die Verwaltungs- und Verfügungsmacht des Konkursverwalters eingreift. Vgl. zur Analogie § 144 Abs. 2 der Konk.Ordn. Gl. A. (wenn auch in anderer Begründung) Reinhardt, Anm. I 1 zu § 172. A. M. Jaeckel, Anm. 1 u. 2 zu § 172.

4.

Der Einleitungsbeschluß.

Der Einleitungsbeschluß.

Der **Einleitungsbeschluß** weicht in seinem gesetzlich notwendigen Inhalt nicht von dem des ordentlichen Verfahrens ab.

Im **preußischen Rechtsgebiete** besteht, wie S. 86 gezeigt, im Formular ZV. Nr. 1 für den Einleitungsbeschluß des ordentlichen Verfahrens ein Formularvordruck, welcher die in jenem Verfahren ex lege eintretende Rechtsfolge: „daß der Beschluß zu Gunsten des Gläubigers als Beschlagnahme des Grundstücks gilt," zum Ausdruck bringt.

Diese Rechtsfolge tritt hier, nach der vorstehenden Darlegung unter 3, nicht ein, und deshalb lautet im preußischen Rechtsgebiete nach dem Formularvordruck ZV. Nr. 25 **hier** der Einleitungsbeschluß:

Ein Beschlußbeispiel.

Beschluss.

Auf Antrag des Verwalters in dem Konkursverfahren über das Vermögen des Gastwirt Albert Müller, des Stadtrat Westphal, hier
wird die Zwangsversteigerung des zur Konkursmasse gehörenden, in Brandenburg, Steinstraße 101
belegenen, im Grundbuch von Neustadt-Brandenburg, Bd. I Nr. 1
auf den Namen des Albert Müller
eingetragenen Grundstücks
angeordnet.

Brandenburg, den 2ten Februar 1904.

Königliches Amtsgericht.

Bitter.

In der Praxis ist dies oft übersehen worden, und hier anstatt des Formulars ZV. Nr. 25 das Formular ZV. Nr. 1 für den Einleitungsbeschluß benutzt worden.

Die **Verfügung** auf den Zwangsversteigerungsantrag nach Erlaß des Einleitungsbeschlusses ist wie im ordentlichen Verfahren zu erlassen, vgl. S. 87; sie hat die Zustellung des Beschlusses an den Konkursverwalter und den Grundstückseigentümer anzuordnen (vorstehende Ziffer 3!)

5.

Das Versteigerungspatent.

Das Versteigerungspatent.

Das **Versteigerungspatent** bedingt eine von dem im ordentlichen Verfahren **abweichende Formulierung** insofern, als ein betreibender Gläubiger mit einem Forderungsanspruche, welchem, bei nicht rechtzeitiger Anmeldung, Beteiligte nicht eingetragener Rechte mit letzteren nach Maßgabe des § 37 Ziff. 4 des Reichsges. nachgesetzt werden, nicht vorhanden ist.

Im **preußischen Rechtsgebiete** wird dem insofern Rechnung getragen, als für das hier zu erlassende Versteigerungspatent im Formular ZV. Nr. 26 ein besonderer Formularvordruck vorhanden ist.

Dieser weicht von dem Vordruck ZV. Nr. 7 für das ordentliche Verfahren (abgedruckt S. 93) insofern ab, als er in Ausführung der Ziff. 3 u. 4 des § 37 des Reichsges. im ersten Absatz beginnt:

„Auf Antrag des Verwalters in dem Konkursverfahren über das Vermögen"

Der vorletzte Absatz bringt die Vorschrift des § 37 Ziff. 4 des Reichsges., hier **entsprechend geändert**, dahin zum Ausdruck:

Ein Muster zum Versteigerungspatent.

„Es ergeht die Aufforderung, Rechte, soweit sie zur Zeit der Eintragung des Versteigerungsvermerks aus dem Grundbuch nicht ersichtlich waren, spätestens in dem Versteigerungstermin vor der Aufforderung zur Abgabe von Geboten anzumelden und wenn der **Antragsteller** widerspricht, glaubhaft zu machen, widrigenfalls sie bei Feststellung des geringsten Gebots nicht berücksichtigt und bei der Verteilung des Versteigerungserlöses **den übrigen Rechten** nachgesetzt werden.

(Vgl. hiergegen das Versteigerungspatent S. 93.)

6.

Das geringste Gebot.

Die Feststellung des geringsten Gebots.

Das geringste Gebot ist zunächst nach den Regeln des gewöhnlichen Verfahrens zu bestimmen, als stände an Stelle des Konkursverwalters ein betreibender Gläubiger auf Grund eines persönlichen vollstreckbaren Anspruchs gegen den Grundstückseigentümer.

Die sämtlichen zur Zeit der Eintragung des Versteigerungsvermerks eingetragenen oder durch Eintragung gesicherten, oder rechtzeitig nach Maßgabe des § 37 Ziff. 4, § 66 Abs. 2 des Reichsges. angemeldeten Ansprüche haben sonach im geringsten Gebot Aufnahme zu finden.

Das Reichsgesetz hat aber erwogen, einmal daß die Grundstücke bankbrüchiger Eigentümer **meist über ihren Wert belastet** sind, und daß ferner die sogen. Schornsteinhypothekengläubiger ein Interesse haben, **einen Ausfall** ihrer Hypotheken in einer Zwangsversteigerung **zu konstatieren,** um in Höhe ihrer ausgefallenen Hypothekenforderung dann noch gemäß §§ 64, 154 der Konk.O. als nunmehrige — nicht mehr absonderungsberechtigte — einfache Personalgläubiger im Konkursverfahren des Grundstückseigentümers eine Konkursdividende zu erhalten. Dem trägt die Vorschrift des § 174 des Reichsges. Rechnung. § 172—§ 174 des Reichsges.

Ein Gläubiger, d. h. **hier** ein Gläubiger des im Konkurs befindlichen Eigentümers, der um deswillen zu den Absonderungsberechtigten der §§ 48 und 64 der Konk.O. zählt, weil für seinen persönlichen Anspruch das zu versteigernde Grundstück verhaftet ist, kann verlangen, daß bei **Bemessung des geringsten Gebots nur die seinem Anspruch vorgehenden Rechte berücksichtigt** werden (§ 174 des Reichsges.). Der Antrag aus § 174.

a) **Die Voraussetzungen** dieses bis zum Schlusse der Verhandlung im Versteigerungstermin zulässigen Antrags sind danach:

α) Das **Bestehen einer persönlichen Forderung** des Gläubigers gegen den Gemeinschuldner und Eigentümer, dessen Grundstück mithin für jene persönliche Forderung dinglich haftet.

Ist neben dem dinglichen Anspruch an dem Grundstück nicht auch ein persönlicher gegen den Grundstückseigentümer vorhanden, dann ist eine Möglichkeit, daß der Gläubiger Konkursgläubiger in Höhe eines Ausfalls gemäß §§ 64, 154 der Konk.O. werden könnte, ausgeschlossen, und damit für einen Antrag aus § 174 rechtlich kein Raum.

Ein Grundschuldgläubiger wird daher regelmäßig — vgl. S. 45 Abs. 2 — zu jenem Antrage nicht berechtigt sein.

β) Ferner muß eine **Anerkennung des Konkursverwalters** rücksichtlich der dinglich auf dem Grundstück gesicherten persönlichen Forderung als solcher vorliegen; nur ein solches Anerkenntnis konstatiert ja die persönliche Schuld des Grundstückseigentümers.

Dieses Anerkenntnis muß in einem richterlichen Protokoll abgegeben sein, wenn nicht etwa schon nach stattgehabtem Prüfungstermin eine auszugsweise Ausfertigung aus der Konkurstabelle überreicht wird, in welcher in Spalte 8 die Forderung des Antragstellers zugleich in Höhe des etwaigen Ausfalls in der Zwangsversteigerung auch als persönliche einfache Konkursforderung festgestellt ist.

b) **Die rechtliche Natur des Antrags** aus § 174 des Reichsges. ist die eines Rechtsbehelfs zur Abänderung des geringsten Gebots, ein Analogon zu dem Antrage im § 64 des Reichsges. Ein Beitritt zum Verfahren wird durch jenen Antrag nicht veranlaßt. Die rechtliche Natur und Folge eines Antrags aus § 174.

c) **Die Rechtsfolge des aus § 174 gestellten Antrags** besteht in der nunmehrigen Notwendigkeit eines doppelten Ausgebots:

einmal ist das Grundstück mit einem geringsten Gebot auszubieten, als wäre der Konkursverwalter betreibender Gläubiger (vorstehender erster Absatz), also unter dem Bestehenbleiben aller dinglichen nicht oder noch nicht auf Befriedigung durch Zahlung aus dem Grundstücke gerichteten Ansprüche (Teil I S. 32);

daneben ist unter einem geringsten Gebot (im weiten Sinne, S. 32) auszubieten, als wäre der Antragsteller aus § 174 betreibender Gläubiger, somit nur unter Bestehenbleiben der dem Anspruche des Antragstellers vorgehenden Rechte.

Der Zuschlag ist wie auch hier gemäß § 81 Abs. 1 des Reichsges. dem Meistbietenden zu erteilen.

Zweifellos ist, falls auf jedes der zwei Ausgebote Gebote abgegeben werden, Meistbietender derjenige, welcher sein Gebot unter Übernahme aller bestehen bleibenden Rechte abgibt. (Gl. A. Wolff, Anm. 6 zu § 174, Reinhard, Anm. a III 1 zu § 174.) Dies ist schon eine logisch-arithmetische Schlußfolge!

Jaeckel aber exemplifiziert hier in Anm. 4 zu § 174: in Abt. III stehen für A 2000 M., ür B 1000 M. für C 300 M., C hat den Antrag aus § 174 gestellt; beim doppelten Ausgebot bietet X unter Übernahme aller Ansprüche, also 3300 M., Y bietet (dem zweiten Ausgebot gemäß) außer Übernahme der Posten des A und B, also von zusammen 3000 M. noch 50 M.; Y müsse den Zuschlag erhalten, wenn das Grundstück derart minderwertig ist, daß das einfache Bestehenbleiben der dem C zustehenden 300 M. — (auf Grund des ersten Ausgebots) — für C wertlos sei.

Diese Jaeckelsche Annahme ist völlig unvereinbar mit § 81 Abs. 1 des Reichsges.; eine Suspension dieses Paragraphen hier im Verfahren aus §§ 171—174 hätte im Gesetze ausdrücklich ausgesprochen sein müssen; zudem erfordert die Jaeckelsche Annahme eine **materiell**-rechtliche Entscheidung des Vollstreckungsrichters über einen Grundstückswert, welche nur im ordentlichen Prozesse getroffen werden kann!

7.

Der Beitritt zum Verfahren.

Der Beitritt.

Der Beitritt in einem auf Antrag des Konkursverwalters eingeleiteten Zwangsversteigerungsverfahren ist statthaft, und zwar ist als Beitritt gemäß § 27 des Reichsges. **jeder** während jenes Verfahrens eingehende gewöhnliche Antrag auf Zwangsversteigerung zuzulassen.

In diesem Falle sind aber **rechtlich zwei besondere Verfahren** anhängig, das annormale aus §§ 172—174, das normale nach Maßgabe der §§ 15 ff.; das letztere äußert dem ersteren gegenüber, als einem Verkaufsmodus des Konkursverwalters, Rechtswirkungen unter entsprechender Anwendung der ordentlichen Verfahrensnormen.[1])

Die Rechtsfolge hiervon tritt bei Feststellung des geringsten Gebots hervor, welches durch den Beitritt beeinflußt wird, sofern der Beitritt rechtzeitig erfolgt ist (§ 44 Abs. 2 des Reichsges., vgl. S. 43, 99).

Sind eingetragen in Abteilung III:

unter 1 für A 2000 M.
„ 2 „ B 3000 „
„ 3 „ C 4000 „
„ 4 „ D 5000 „

ist B als betreibender Gläubiger dem auf Antrag des Konkursverwalters eingeleiteten Verfahren beigetreten,

hat C den Antrag aus § 174 gestellt,

[1]) Nimmt nach zugelassenem Beitritt der Konkursverwalter seinen Antrag zurück, so ist das Verfahren einfach auf Antrag des beigetretenen Gläubigers wie jedes ordentliche fortzu-

so ist das Grundstück (von Kosten und Zinsen abgesehen) **doch** mit einem geringsten Gebot im weiten Sinne (S. 32) auszubieten, nach welchem nur eine Post von 2000 M. (Post des A) bestehen bleibt. **§ 175—§ 179 des Reichsges.**

Stellt A den Antrag aus § 174, dann freilich kann B seinerseits nicht hindern, daß das Grundstück auch ohne Übernahme der Post des A ausgeboten wird.

γ) **Auch die übrigen Befugnisse eines betreibenden Gläubigers des ordentlichen Verfahrens** stehen im Falle eines Beitritts zu einem Verfahren auf Antrag des Konkursverwalters hier dem beigetretenen Gläubiger zu (vgl. §§ 37 Ziff. 4, 67 Abs. 2, 76 des Reichsges.).

8.

Das weitere Verfahren.

Von den vorstehend unter 1—7 aufgeführten Abweichungen abgesehen, gelten im übrigen auch für das Zwangsversteigerungsverfahren auf Antrag des Konkursverwalters die Bestimmungen des gewöhnlichen Verfahrens.

Paragraph 48.

Zwangsversteigerung eines Nachlaßgrundstücks.

(§§ 175—179 des Reichsges.)

1.

Der legislatorische Grund des Verfahrens.

Der legislatorische Grund.

Der **legislatorische Grund** des Verfahrens der Zwangsversteigerung eines Nachlaßgrundstücks ist derselbe wie bei dem im vorstehenden Paragraphen 47 beschriebenen Verfahren auf Antrag des Konkursverwalters.

Auch hier soll die Feststellung ermöglicht werden, ob bezw. in welcher Höhe Realberechtigte des zu versteigernden Grundstücks — hier zur Erbschaftsmasse gehörig — noch an eine mobiliare Vermögensmasse — hier den Mobiliarnachlaß — sich wegen ihrer dinglich gesicherten persönlichen Forderungen halten können.

Auch hier wird daher nur unter **entsprechender** Anwendung der Vorschriften des ordentlichen Zwangsversteigerungsverfahrens ein Veräußerungsgeschäft des Antragstellers, regelmäßig des Erben, perfiziert.

Das Reichsgesetz läßt deshalb hier die Vorschriften über das Verfahren auf Antrag des Konkursverwalters „entsprechende" Anwendung finden (§ 176 des Reichsges.).

2.

Die Abweichungen des Verfahrens aus §§ 175—179 des Reichsges. von dem Verfahren auf Antrag des Konkursverwalters.

Die Abweichungen des Verfahrens, hier, von dem Zwangsversteigerungsverfahren auf Antrag des Konkursverwalters werden dadurch bedingt, daß es

---

setzen, ob aber schon im angesetzten Versteigerungstermin geboten und zugeschlagen werden kann, hängt davon ab, ob der Beitrittsbeschluß gemäß § 43 Abs. 2 rechtzeitig zugestellt ist.

sich hier um Exnexuierung eines mobilen **Nachlasses** von einer persönlichen Forderung handelt, für welche auch der immobile **Nachlaß**[1]) haftet.

3.

Die Voraussetzungen des Verfahrens.

Die Voraussetzungen des Verfahrens.

a) **Die Voraussetzung** des Verfahrens aus §§ 175—179 des Reichsges. ist daher das Bestehen einer persönlichen Forderung an den mobilen Nachlaß auf Seiten eines Nachlaßgläubigers, welchem für jene Forderung auch das Nachlaßgrundstück verhaftet ist.

Die für die Berichtigung der rein persönlichen Nachlaßschulden notwendige Feststellung des Umfangs der Letzteren — falls der Immobiliarnachlaß zum Teil dinglich mit verhaftet ist — soll hier durch das Verfahren nach §§ 175—178 erleichtert werden.[2])

b) **Das Verfahren ist daher unzulässig:**

α) sofern für die auf dem Nachlaßgrundstück haftenden Rechte nicht auch persönliche Forderungen an den Mobiliarnachlaß bestehen, z. B. es sind ausschließlich Grundschulden eingetragen (vgl. aber S. 45);

β) sofern die auf dem Nachlaßgrundstücke ruhenden persönlichen Forderungen **als solche** gegen den Mobiliarnachlaß nicht mehr erhoben werden können.[3])

Dies ist der Fall, wenn der auch dinglich berechtigte Nachlaßgläubiger im Aufgebotsverfahren nach § 1973 des BGB. ausgeschlossen ist, oder erst fünf Jahre nach dem Erbfall die persönliche Forderung dem Erben gegenüber erhebt (§ 1974 BGB.);

γ) ferner ist ein Verfahren aus §§ 175 f. unstatthaft, wenn die Geltendmachung einer persönlichen Forderung an den Mobiliarnachlaß um deswillen ausgeschlossen ist, weil bereits ein Nachlaßkonkursverfahren geschwebt und mit Ausschüttung der Masse geendet hat (§ 1989 BGB.);

δ) und endlich ist das Verfahren aus §§ 175 ff. ausgeschlossen, sofern eine auf dem Nachlaßgrundstück haftende, ursprünglich auch persönliche Mobiliarnachlaßforderung nicht mehr eine solche ist; dies ist der Fall, sobald der Erbe die ihm ex lege nur auferlegte beschränkte Haftung für die Nachlaßschulden (so jetzt Leske, Vergl. Darstell. II S. 1057—1059 und mit ihm die herrschende Ansicht,

---

[1]) Das Verfahren aus §§ 175 ff. findet auch auf Schiffe (gl. A. Jaeckel, a. M. Wolff zu § 175) und ebenso auf selbständige Gerechtigkeiten Anwendung; letzteres verneint mit Wolff auch Jaeckel, weil § 870 Abs. 1 CPO. nur für die Zwangsvollstreckung gelte. Allein in dem Verfahren der §§ 175—179 vollzieht sich ein prozessuales Analogon der Zwangsversteigerung (vgl. § 176 des Reichsges.). Gl. A. (wenn auch mit anderer Begründung) Fischer u. Schaefer Anm. 5 zu § 175, Reinhard I 2 zu § 175.

[2]) Man kann daher sagen, das Verfahren aus §§ 175—178 des Reichsges. dient zur Ergänzung des Aufgebots der persönlichen Nachlaßgläubiger nach §§ 1970—1974 des BGB.

[3]) Es ist dann ja der Verfahrenszweck der Exnexuierung der Mobiliarnachlaßmasse nicht gegeben.

vgl. auch Gruchot Bd. 43 S. 603 ff.) ausnahmsweise verloren und **allen** Nachlaßgläubigern unbeschränkt haftet[4]) (vgl. § 175 Abs. 2 des Reichsges.). § 175 — § 179 des Reichsges.

4.

Die Antragsberechtigten.

Antragsberechtigte zu dem Verfahren aus §§ 175 ff. sind alle diejenigen, welche ein rechtliches Interesse haben, eine Mobiliarnachlaßmasse von der Mithaft für Rechte, welche auch auf der Immobiliarnachlaßmasse haften, zu befreien.

Der **Kreis** dieser Interessierten fällt zusammen mit dem Kreis der **zum Aufgebot der Nachlaßgläubiger Berechtigten** (§ 175 Abs. 1 Satz 2 des Reichsges.).

Die Antragsberechtigten sind daher: Die Antragsberechtigten.

a) Der **Erbe** — auch jeder Miterbe —, wie § 175 Abs. 1 Satz 1 in erster Linie bestimmt, sofern er die Erbschaft angenommen hat, was, von konkludenten bezüglichen Handlungen abgesehen (vgl. Leske, Vergl. Darstell. § 248 S. 1043), mit Ablauf der Ausschlagefrist geschehen ist (vgl. §§ 1942, 1944 BGB.).

b) Der **Nachlaßpfleger** (ein solcher ist ja auch der Nachlaßverwalter) und der oder die Testamentsvollstrecker nach Annahme der Erbschaft, sofern ihnen die Verwaltung der letzteren ganz oder wenigstens rücksichtlich ihrer immobiliaren Bestandteile zusteht (§ 991 CPO.).

(Den Genannten liegt ja die Regulierung der Nachlaßmasse ob.)

c) Der **Ehemann ebenso wie die Ehefrau,** falls ein der letzteren angefallener Nachlaß zum eingebrachten oder Gesamtgut gehört (§ 999 CPO.).

(Denn der Ehemann hat ja mit Rücksicht auf sein Nießbrauchsrecht bezw. mit Rücksicht auf sein Gesamteigentum ein Interesse daran, festzustellen, wie hoch das angefallene Mobiliarnachlaßvermögen seiner Ehefrau — nach Exneruierung von den Immobiliarschulden — sich beläuft. Dieses Interesse besteht für den Ehemann bei dem Gesamtgut auch nach Aufhebung der Gemeinschaft mit Rücksicht auf § 1459 Abs. 2 BGB., weshalb der Ehemann zum Versteigerungsantrag aus § 175 noch nach Aufhebung der Gemeinschaft selbständig berechtigt ist.)

d) Der **Erbschaftskäufer ist ebenso, wie noch, als Erbschaftsverkäufer, der Erbe** antragsberechtigt (§ 1000 CPO.).

(Beide haften ja den Nachlaßgläubigern, und haben beide aus diesem Grunde ein rechtliches Interesse daran, die mobiliare Nachlaßmasse klarzustellen (vgl. § 2382 BGB., Leske, Vergl. Darstell. S. 1314 Anm. 7).

5.

Die Glaubhaftmachung der einzelnen Voraussetzungen des Verfahrens.

Die glaubhaft zu machenden Voraussetzungen.

Die Voraussetzungen des Verfahrens aus §§ 175 ff. sind durch — wenn auch unbeglaubigte — **Urkunden glaubhaft** zu machen, so weit die bezüglichen Tatsachen nicht gerichtsoffenkundig sind.

---

[4]) Die unbeschränkte Haftung des Erben **allen** Nachlaßgläubigern gegenüber tritt bekanntlich nur ein: infolge Versäumung der gesetzten Inventarfrist nach § 1994 BGB., infolge doloser Inventaraufstellung nach § 2005 BGB., während die Verletzung der Offenbarungseidspflicht nur dem einzelnen Gläubiger gegenüber den Erben nach § 2006 BGB. unbeschränkt haftbar macht.

Der Glaubhaftmachung sind **mithin** zu unterziehen:

a) **das Bestehen einer persönlichen Forderung eines Nachlaßgläubigers** an den mobilen Nachlaß und die für diese persönliche Forderung vorhandene dingliche Verhaftung des Immobiliarnachlasses;

b) **die, die Antragsberechtigung des Antragstellers begründenden Tatsachen** sind gleichfalls glaubhaft zu machen, § 177 des Reichsges.

Stehen die — eben nur — glaubhaft gemachten Tatsachen mit der erweislich gegebenen Rechtslage im Widerspruche, so haben die daran Beteiligten unter analoger Anwendung des § 766 CPO. (denn wie schon in Anm. 1 S. 296 erwähnt, ist in dem Verfahren aus § 175 ein prozessuales Analogon der Zwangsversteigerung gegeben) Einwendungen gegen das Verfahren zu erheben.

Die auf solche Einwendungen zu erlassenden vollstreckungsgerichtlichen Entscheidungen werden je nach Lage der Umstände in Aufhebung oder einstweiliger Einstellung des Verfahrens nach Maßgabe des § 28 des Reichsges. oder in Versagung des Zuschlages gemäß § 33 a. a. O. zu bestehen haben (vgl. S. 75 ff., 116).

6.

Die Abweichungen des Verfahrens aus §§ 175—179 vom ordentlichen Verfahren.

Die einzelnen Abweichungen vom ordentlichen Verfahren.

Die übrigen Abweichungen des Verfahrens der Zwangsversteigerung eines Nachlaßgrundstücks vom ordentlichen Verfahren fallen mit den bezüglichen Abweichungen im Zwangsversteigerungsverfahren auf Antrag des Konkursverwalters zusammen [5]) (§ 176 des Reichsges.).

Also: Um hier der Übersicht wegen kurz zu rekapitulieren:

a) **Der Zwangsversteigerungsantrag** [6]) erfordert **keinen vollstreckbaren Titel**, derselbe wird durch den Nachweis der gesetzlichen Antragsberechtigung ersetzt.

b) **Die Beschlagnahme verliert** ihre normale **materiellrechtliche Wirkung** (vorstehender Paragraph 47 S 289); der Erbe bleibt mithin während des ganzen Verfahrens zur Veräußerung von Teilen der Immobiliarmasse berechtigt; veräußert er vor dem Zuschlage das Grundstück als ganzes, dann muß freilich die Aufhebung

---

[5]) Nur die materiellrechtliche Wirkung der Fixierung des geringsten Gebots ist hier eine andere, wie im Verfahren auf Antrag des Konkursverwalters (darüber folgende S. 300).

[6]) Die **Prüfung des Versteigerungsantrages** wird, nach vorstehender Darlegung von der im ordentlichen Verfahren gebotenen Prüfung (S. 80, 81) somit wesentlich abweichend, darin zu bestehen haben:

Ist glaubhaft gemacht: daß das zu versteigernde Grundstück ein Nachlaßgrundstück ist?
daß an diesem Grundstück ein Recht haftet, für welches eine persönliche Forderung an dem sonstigen Nachlaß besteht? (Vgl. Ziff. 3 b!)
daß der Antragsteller antragsberechtigt? (vorstehend Ziff. 4 a—d). **Siehe aber auch S. 302 a.**

Die **Verfügung** nach Absetzung des, auf folgender S. 299 wiedergegebenen, Einleitungsbeschlusses, ist wie im ordentlichen Verfahren (S. 87) zu erlassen.

Ist der Erbe selbst der Antragsteller, so ist die Zustellung des Beschlusses **nur** an diesen natürlich erforderlich (vorstehend Ziff. 6 d); sind Antragsteller des Verfahrens aber die in vorstehender Ziff. 4 unter b—d Genannten, dann hat die Zustellung des Beschlusses an letzteren und den Erben zu erfolgen und falls ein Miterbe der Antragsteller ist, an die übrigen Miterben.

des Verfahrens erfolgen, denn seine Hauptvoraussetzung, das Vorhandensein eines zu veräußernden **Nachlaß**grundstücks ist fortgefallen. § 175—§ 179 des Reichsges.

Die **prozessualformrechtliche Wirkung der Beschlagnahme,** welche nur mit Zustellung des Einleitungsbeschlusses an den Antragsteller eintritt, besteht

in der Fixierung des Zeitpunkts, von welchem ab laufende und rückständige Beträge wiederkehrender Hebungen zu berechnen sind, und ferner in der Fixierung des Originalumfangs der Immobiliarmasse (vgl. vorstehenden Paragraph 47 S. 290).

c) Die **Eintragung des Versteigerungsvermerks** dient nur zur Fixierung der „zur Zeit der Eintragung des Vollstreckungsvermerks eingetragenen Beteiligten" im Sinne der §§ 9, 37 Ziff. 4, 45, 114 des Reichsges., welche mithin in Rücksicht auf ihre zu dieser Zeit bereits eingetragenen Rechte von Amts wegen zu laden sind.

d) Der **Kreis der Beteiligten** erleidet insofern eine anormale Veränderung, als dem Antragsteller (vgl. S. 297) die Rolle des betreibenden Gläubigers und Schuldners zufällt.

e) Der **Einleitungsbeschluß** weicht auch hier von dem gesetzlich notwendigen Inhalt des normalen Einleitungsbeschlusses **nicht ab.**

Im **preußischen Rechtsgebiet** wo der normale Einleitungsbeschluß (vgl. S. 88) die ex lege eintretende Rechtsfolge: „daß der Beschluß zu Gunsten des Gläubigers als Beschlagnahme des Grundstücks gilt", zum Ausdruck bringt, ist **hier** aber eine Formularabweichung notwendig. Da die materiellrechtliche Wirkung der Beschlagnahme hier eben nicht eintritt, so lautet in diesem Verfahren der Einleitungsbeschluß auf Grund des Formulars ZV. Nr. 28 dahin:

Muster eines Einleitungsbeschlusses.

Beschluss.

Auf Antrag des August Müller in Wust
als Erben
des am 10ten November 1903 in Wust
verstorbenen Gutsbesitzers Wilhelm Müller
wird die Zwangsversteigerung des zum Nachlasse gehörenden, in Wust belegenen
im Grundbuche von Wust Band VI b Nr. 4
auf den Namen des Wilhelm Müller
eingetragenen Grundstücks
angeordnet.

Brandenburg, den 4ten Februar 1904.
Königliches Amtsgericht.
Bitter.

f) **Das Versteigerungspatent** [7]) bedingt auch hier eine von dem ordentlichen Verfahren abweichende Formulierung; ein betreibender Gläubiger mit einem Forderungsanspruch, welchem Beteiligte der (zur Zeit der Eintragung des Versteigerungsvermerks) grundbuchlich nicht ersichtlichen Rechte mit den letzteren nach Maßgabe des § 37 Ziff. 4 des Reichsges. — also bei nicht rechtzeitiger Anmeldung — nachzusetzen wären, ist ja hier nicht vorhanden.

Im **preußischen Rechtsgebiete** wird dem auch hier insofern Rechnung getragen, als für das hier zu erlassende Versteigerungspatent in Form. ZV. Nr. 29 ein besonderes Formular vorhanden ist.

Dieses weicht von dem Vordruck für das ordentliche Verfahren ZV. Nr. 17, wiedergegeben S. 93, insofern ab, als es in Ausführung der Ziffer 3 u. 4 des § 37 des Reichsges. im ersten Absatz beginnt:

Muster eines Versteigerungspatents.

Auf Antrag des Erben
des am 4. November 1903 in Wust
verstorbenen Wilhelm Schulze

---

[7]) Die **Verfügung** nach Absetzung des Versteigerungspatents ergeht auch hier wie im ordentlichen Verfahren, s. S. 97.

Der vorletzte Absatz bringt die Vorschrift des § 37 Ziff. 4 des Reichsges. entsprechend dahin zum Ausdruck:

> „Es ergeht die Aufforderung, Rechte, soweit sie zur Zeit der Eintragung des Versteigerungsvermerks aus dem Grundbuch nicht ersichtlich waren, spätestens im Versteigerungstermine vor der Aufforderung zur Abgabe von Geboten anzumelden, und wenn der **Antragsteller** widerspricht, glaubhaft zu machen, widrigenfalls sie bei Feststellung des geringsten Gebots nicht berücksichtigt, und bei der Verteilung des Versteigerungserlöses **den übrigen Rechten** nachgesetzt werden.

(Vergleiche hiergegen das Versteigerungspatent S. 93.)

Insbesondere das geringste Gebot und die Gesetzesfiktion des § 179.

g) Das geringste Gebot ist:

α) auch **zunächst** — wie im Verfahren auf Antrag des Konkursverwalters — nach den allgemeinen Vorschriften indessen so zu bestimmen, **als wäre der Antragsteller ein betreibender Gläubiger** auf Grund eines vollstreckbaren persönlichen Anspruchs.

Die **sämtlichen Ansprüche**, welche das Grundstück belasten, sind mithin im geringsten Gebot als **bestehen** bleibende aufzuführen.

β) **Ein Beteiligter** eines hiernach bestehen bleibenden Rechtes kann aber auch hier, wenn letzteres vom Antragsteller zugleich als ein persönlicher, auch gegen den Mobiliarnachlaß gerichteter Anspruch anerkannt wird, die Feststellung des geringsten Gebots derart beantragen, daß **nur die dem Rechte des Beteiligten vorgehenden Rechte bestehen bleiben** (§ 176 des Reichsges.).

Im Falle eines solchen Antrags ist auch hier ein doppeltes Ausgebot sozusagen mit dem großen und mit dem kleinen geringsten Gebot vorzunehmen.

Der Zuschlag ist auch hier auf das Meistgebot zu erteilen, mithin demjenigen, welcher unter Übernahme des großen geringsten Gebots, also unter Übernahme aller Rechte auf dem Grundstück bietet (vgl. vorstehenden Paragraphen 47 S. 293c, S. 294).

Der Zweck, welchen der Antragsteller mit dem Antrag: auf Normierung eines kleineren geringsten Gebots verfolgt, ist auch hier — (wie im Verfahren auf Antrag des Konkursverwalters) — zu vermeiden, daß das Recht des Antragstellers auf dem Grundstück stehen bleibt, weil das letztere nach seinem Wert und der Rangstelle des Rechts des Antragstellers, objektiv zur Sicherung jenes Rechts nicht ausreicht. Der Antragsteller will deshalb durch das kleinere geringste Gebot Barzahlung für sein Recht erzielen, und soweit letztere (trotz des kleineren geringsten Gebots) nicht erfolgt, in Höhe seines hierdurch konstatierten Ausfalls, sich an dem Mobiliarnachlaß ohne weiteres halten können.

γ) **Das Reichsgesetz fingiert nun aber hier** in der Nachlaßgrundstückssubhastation **eine materiellrechtliche Wirkung** im § 179: daß, falls ein Beteiligter jenen vernünftigen Zweck nicht verfolgt, also einen Antrag auf Fixierung eines kleineren geringsten Gebots nicht stellt, vielmehr zuläßt, daß sein Recht in dem größeren geringsten Gebot stehen bleibt — daß dann dies geschehen ist, weil das Grundstück zur Befriedigung sämtlicher übernommener Rechte ausreicht.

Der § 179 bestimmt nämlich, daß, falls ein Realbeteiligter den Antrag auf ein kleineres geringstes Gebot nach § 174 nicht stellt, und deshalb sein Recht im größeren geringsten Gebot bestehen bleibt, daß dann jener Realbeteiligte wegen seines dinglich gesicherten persönlichen Anspruchs sich nicht mehr an den Mobiliarnachlaß halten kann.

Diese Rechtswirkung tritt aber nur dann ein, wenn, wie § 179 sagt, jener Beteiligte die Normierung eines kleineren geringsten Gebots auch verlangen **„konnte"**, das bedeutet, da § 174 ja entsprechend anwendbar ist:

Die dinglich an dem Nachlaßgrundstück haftende, bisher persönliche Forderung jenes Beteiligten gegen den Mobiliarnachlaß, muß als solche — persönliche — auch von dem Antragsteller des Verfahrens anerkannt sein.

Hat der Antragsteller des Verfahrens, also vor allem der Erbe (vorstehend Ziff. 4) dieses Anerkenntnis nicht abgegeben, so hat er es sich selbst zuzuschreiben, daß der Realberechtigte, wiewohl sein Recht im geringsten Gebot stehen geblieben, sich wegen seiner persönlichen Forderung (ungeachtet sie dinglich gesichert ist) doch noch an den Mobiliarnachlaß halten kann. § 175 — § 179 des Reichsges.

Im Ergebnis ist hier manches streitig:

Wie, wenn der Realberechtigte das **kleinere geringste Gebot beantragt**; nicht auf dieses, sondern **auf das größere geringste Gebot wird geboten** und zu diesem auch zugeschlagen, ist dann der Realberechtigte, wiewohl er den Antrag aus §§ 174, 179 gestellt, doch gehindert, sich an den Mobiliarnachlaß zu halten? Nicht nur nach der Fassung, sondern auch nach der dargelegten ratio des § 179, ist die Frage zu bejahen (das Grundstück konnte zu geringerem Preise erstanden werden und erzielte den hohen alle Realberechtigte deckenden Preis)! Gl. A. Wolff, Anm. 2 zu § 179. A. M. Reinhard, Anm. I 2 zu § 179 (die Motive zu § 184 des preuß. Ges., welche er hier zitiert, entscheiden die Frage aber nicht) und Jaeckel, Anm. 5 zu § 178; der letztere kommt indessen zu seiner Verneinung nur, weil er, im Falle ein Antrag aus § 174 — der hier nach § 179 eben anwendbar ist — gestellt wird, den Zuschlag auf das größere geringste Gebot für versagbar erachtet. Dies ist, wie im Paragraphen 47 S. 294 dargetan, unrichtig. Die Kontroversen zu § 179.

Wie wenn es zum Zuschlage nicht kommt, weil auf das größere geringste Gebot nicht geboten, der Antrag aus § 174 auf ein kleineres geringstes Gebot nicht gestellt ist? Hier wird man nach der ratio des § 179 die Gesetzesfiktion eingreifen lassen müssen, der Antrag aus § 174 ist nicht gestellt, weil die Realberechtigten, mit dem Gesetz, ihre eingetragenen Rechte durch das Grundstück für gesichert erachten, wenn auch in concreto auf dieses nicht geboten wird. In diesem Falle können die Realberechtigten sich nicht auch an den Mobiliarnachlaß halten. Gl. A., wenn auch aus anderer Rechtserwägung, Jaeckel, Anm. 2 zu § 179.

Selbstverständlich ist für das Eintreten der Fiktion des § 179 nach vorstehendem kein Raum, wenn der Antragsteller den Antrag zurücknimmt oder das Verfahren aus anderem Grunde eingestellt wird. In diesem Falle können die Realberechtigten sich an den Mobiliarnachlaß halten. Gl. A. Jaeckel, Anm. 2 zu § 179, Fischer u. Schaefer, Anm. 1 zu § 179. A. M. Wolff, Anm. 2 zu § 179.

7.

Das Verhältnis des Verfahrens aus §§ 175—179 zu einem ordentlichen Zwangsversteigerungsverfahren.

Das Verhältnis zu einem ordentlichen Verfahren.

Das Zwangsversteigerungsverfahren eines Grundstücks als Nachlaßgrundstück nach den §§ 175—179 schließt eine gleichzeitige Versteigerung des Grundstücks im **ordentlichen Zwangsversteigerungsverfahren nicht** aus. Ein bezüglicher Antrag ist als Beitritt gemäß § 27 des Reichsges. zu behandeln.[8])

Wie in dem Verfahren auf Antrag des Konkursverwalters sind aber im Falle eines solchen Beitritts rechtlich **zwei Verfahren** anhängig.

Die im vorstehenden Paragraphen 47 S. 294 Ziff. 7 gedachten rechtlichen Modifikationen sind daher auch hier zu beachten.

8.

Die Wirkung der Eröffnung des Nachlaßkonkurses.

Die Wirkung des eröffneten Nachlaßkonkurses.

Die **Eröffnung des Nachlaßkonkurses** wirkt auf ein Zwangsversteigerungsverfahren rücksichtlich eines Nachlaßgrundstücks wie folgt ein:

---

[8]) Umgekehrt kann auch zu einem schwebenden ordentlichen Zwangsversteigerungsverfahren der Beitritt zum Zwecke eines Verfahrens nach §§ 175—179 des Reichsges. erfolgen.

a) Ist das Zwangsversteigerungsverfahren über das Nachlaßgrundstück **noch nicht angeordnet,** so soll die Anordnung **unterbleiben** (§ 178 Abs. 1 des Reichsges.).

b) Ist das Zwangsversteigerungsverfahren aber **bereits angeordnet,** so tritt mit der Nachlaßkonkurseröffnung der **Konkursverwalter einfach an Stelle** des bisherigen Antragstellers in das Verfahren ein. Der weitere Fortgang des letzteren erfolgt aber nicht mehr als Nachlaßgrundstückssubhastation nach §§ 175 bis 179, sondern nunmehr wie ein Verfahren auf Antrag des Konkursverwalters gemäß §§ 172—174 des Reichsges.[9]) (vgl. § 178 Abs. 2).

Paragraph 49.

Die Zwangsversteigerung zum Zwecke der Aufhebung einer Gemeinschaft.

(§§ 180—184 des Reichsges.)

1.

Der Inhalt des Verfahrens.

Der Inhalt des Verfahrens zwecks Aufhebung einer Gemeinschaft besteht in der Ausführung einer Immobiliarveräußerung nicht zur Befriedigung eines Gläubigers, mithin außerhalb des Rahmens einer eigentlichen Zwangsversteigerung.

Die Vorschriften des normalen Zwangsversteigerungsverfahrens sind daher hier auch nur „entsprechend" anwendbar (§ 180 des Reichsges.).

Der zu erlassende Zuschlag ist zwar auch hier eine konstitutive richterliche Entscheidung, welche originären Eigentumserwerb schafft (S. 66).

Der Anomalie des Verfahrens aus §§ 180 ff. entsprechend, treten in diesem hier aber die dem Kauf rechtsanalogen Voraussetzungen, unter welchen sich der Zwangsversteigerungsakt vollzieht, stärker als im gewöhnlichen Zwangsversteigerungsverfahren hervor (vgl. Teil I S. 31).

2.

Die primären Voraussetzungen des Verfahrens.

Die Voraussetzung des Verfahrens. **Die Kardinalvoraussetzung** des Verfahrens ist das Vorhandensein einer den Antragsteller mitumfassenden Grundstücksgemeinschaft, deren Aufhebung derselbe beantragt.

[9]) Der Konkursverwalter kann selbstverständlich — so lange der Zuschlag noch nicht erfolgt ist — den Zwangsversteigerungsantrag zurücknehmen; geschieht dies, so fragt sich, ob der ursprüngliche Antragsteller nunmehr die Fortsetzung der Nachlaßgrundstückszwangsversteigerung beantragen kann. Jaeckel Anm. 7 zu § 178 bejaht dies, sofern der Nachlaßkonkurs ohne Veräußerung des Grundstücks beendet ist. Indessen wird jene Frage schon um deswillen zu verneinen sein, da der Konkursverwalter hier an Stelle des Antragstellers und mit Rechtswirksamkeit gegen letzteren das ganze Verfahren zur Beendigung gebracht hat.

Die vom Antragsteller gemäß § 17 des Reichsges. nachzuweisende Grundstücksgemeinschaft ist durch ein grundbuchamtliches Zeugnis oder durch Bezugnahme auf das Grundbuch am Sitze des Vollstreckungsgerichts dahin darzutun, daß der Antragsteller wie seine Gemeinschafter als Eigentümer im Grundbuche eingetragen sind, oder Erben des eingetragenen Eigentümers oder Miteigentümers sind. § 180 – § 184 des Reichsgef.

Diese Erbeigenschaft hinter dem eingetragenen Eigentümer ist außerdem durch Urkunden glaubhaft zu machen (§ 181 Abs. 2 u. 4 des Reichsges. S. 82).[1])

Das **Bestehen der Grundstücksgemeinschaft** begründet somit regelmäßig den Anspruch auf ihre Aufhebung und damit die Voraussetzung des Verfahrens aus §§ 180 ff.

Ein **vollstreckbarer Titel** — welcher früher partikularrechtlich erfordert wurde — auf Zulässigkeit der Aufhebung der Gemeinschaft ist sonach **nicht erforderlich** (§ 181 Abs. 1 des Reichsges.).

3.

Die Unzulässigkeit des Verfahrens.

Die Unzulässigkeit des Verfahrens.

a) **Der durch das Bestehen einer Gemeinschaft regelmäßig gegebene Aufhebungsanspruch und damit das Verfahren zwecks Aufhebung aus §§ 181 ff. ist ausgeschlossen:**

α) **subjektiv dem einzelnen Mitglied** einer Gemeinschaft gegenüber in den Fällen, wo die **Ausübung** von Rechten einer Person einem Dritten zusteht, so z. B. einem Pfandgläubiger (§ 857 CPO.), einem Testamentsvollstrecker (§ 2211 BGB.); [2])

β) **objektiv in den materiellrechtlichen Fällen,** in welchen der mit dem Bestehen einer Grundstücksgemeinschaft nach § 749 BGB. originär gegebene Aufhebungsanspruch ausnahmsweise ausgeschlossen ist (vgl. §§ 749 Abs. 2, 750, 751, auch §§ 2048, 2049 BGB.).

---

[1]) Dem Antragsteller liegt ferner bei einem beantragten Verfahren auf Aufhebung einer Gemeinschaft an Schiffen — auf subhastationsfähige Schiffe, wie auf subhastationsfähige Gerechtigkeiten (Teil I S. 3, 5) findet das Verfahren aus §§ 180—184 ja auch Anwendung — außer dem Nachweise eines bestehenden gemeinschaftlichen Eigentums, auch noch der fernere Nachweis ob, daß das Schiff im Besitze mindestens eines Miteigentümers ist (§ 181 Abs. 3 des Reichsges., vgl. auch § 164).

[2]) Daß nicht minder in den Fällen, wo das Recht des antragstellenden Miteigentümers von diesem nur in Gemeinschaft mit einem dritten Mitberechtigten ausübbar ist, auch dieser Dritte, z. B. der Nießbraucher, den Antrag mitstellen muß, ist klar (vgl. § 1066 Abs. 2 BGB.); andernfalls ist das Verfahren subjektiv unzulässig.

Das schon erwähnte (vgl. 1) stärkere Hervortreten der dem Kauf rechtsanalogen Voraussetzungen, unter welchen das Zwangsversteigerungsverfahren aus §§ 180 ff. sich vollzieht, bewirkt hier auch, daß der Vormund, welcher in Vertretung eines minderjährigen Miteigentümers den Antrag auf Zwangsversteigerung aus §§ 180—184 stellt, hierzu der urkundlich nachzuweisenden Genehmigung des Vormundschaftsgerichts bedarf (§ 181 Abs. 2 letzter Satz des Reichsges., zu welchem § 1821 Nr. 1 des BGB. zu vergleichen ist).

Auch der Mangel dieser Genehmigung schafft eine subjektive Unzulässigkeit des Verfahrens.

b) **Die prozessuale Berücksichtigung der, die Unzulässigkeit des Verfahrens** zwecks Aufhebung einer Grundstücksgemeinschaft bedingenden, Momente erfolgt:

α) von **Amts wegen** durch das Vollstreckungsgericht, wenn entgegenstehende konkrete Rechtsverhältnisse aus dem Grundbuch erhellen (vgl. § 28 des Reichsges.);

β) alle **übrigen der Zulässigkeit** des Versteigerungsantrags entgegenstehenden Rechtsverhältnisse bedürfen der **ordentlichen prozeßrichterlichen Feststellungen,** und kann daher nur, falls eine solche Entscheidung erbracht wird, die originäre Zulässigkeit des Versteigerungsantrags aus §§ 180—184 des Reichsges. und damit des Verfahrens beseitigt werden.

Freilich kann dies letztere bereits provisorisch durch einen Beschluß des Prozeßgerichts nach § 771 CPO. und sogar in Vertretung des letzteren in dringenden Fällen schon durch einen Beschluß des Vollstreckungsgerichts nach §§ 771, 769 Abs. 2 CPO. ausgesprochen werden (vgl. auch § 37 Nr. 5 des Reichsges.).[3])

4.

Der Gläubiger und der Schuldner des Verfahrens.

Der Gläubiger und Schuldner.

Die Rechtsstellung des Antragstellers und seiner Gegner, der übrigen Miteigentümer, ist zwar analog **formal** derjenigen im ordentlichen Versteigerungsverfahren die des Gläubigers und Schuldners.

In diesem Verfahren ist aber jener Formalrolle von Gläubiger und Schuldner auch absolut jede **materiell-zwangsvollstreckungsrechtliche Bedeutung genommen:**

Die Bestimmung im § 183 des Reichsges., welche das Kündigungsrecht des Erstehers gegenüber Mietern und Pächtern hier in diesem Zwangsversteigerungsverfahren beseitigt, zeigt so recht deutlich, daß letzteres zwar „zwangsweis", aber doch ohne jeden, auch nur rechtsanalogen, Zwangs**vollstreckungs**charakter sich vollzieht.

Die Miteigentümer, gegen welche der Zwangsversteigerungsantrag gerichtet ist, können daher ihrerseits einen solchen stellen, auf Grund desselben dem Verfahren beitreten und dann gleichfalls formal „Gläubiger" des Verfahrens werden.

Eine einzige bedeutsame Folge hat hier die Gläubigerrolle, nämlich die — vgl. S. 307 — für die Bemessung des geringsten Gebots.

---

[3]) In den Fällen zu b α, wo also ungeachtet der grundbuchmäßigen Eintragung eines dem Versteigerungsantrag entgegenstehenden Rechtsverhältnisses der Vollstreckungsrichter das Verfahren eingeleitet oder fortgesetzt hat, wird hiergegen jeder Beteiligte aus § 766 CPO. Einwendungen erheben und gegen die ablehnende Entscheidung des Vollstreckungsgerichts einfach die sofortige Beschwerde erheben können (vgl. Entsch. des RG. Bd. 34 S. 378, Bd. 16 S. 319).

Daß in den Fällen zu b β der Miteigentümer, gegen welchen der Zwangsversteigerungsantrag sich richtet, zu der Extrahierung einer Entscheidung aus § 771 CPO. berechtigt ist, kann nicht zweifelhaft sein, in diesem Verfahren gibt es keinen eigentlichen Schuldner, sondern nur dritte Beteiligte neben dem Antragsteller (vgl. vorstehend unter 4).

§ 180—§ 184 des Reichsge…

Diese Bemessung des geringsten Gebots erfolgt aber natürlich auch in Rücksicht auf die formale Rolle der übrigen Miteigentümer, sobald diese ihrerseits, wie erwähnt, zu Antragstellern werden.

5.

Die Beschlagnahme.

a.

Die materiellrechtliche Wirkung der Beschlagnahme.

Die materiellrechtliche Wirkung der Beschlagnahme.

Die im ordentlichen Verfahren mit der Beschlagnahme verbundene Rechtswirkung eines Veräußerungsverbots (S. 9) gegen den Eigentümer zu Gunsten des betreibenden Gläubigers behufs Sicherung der Beitreibung seiner Forderung kann — da eine solche nicht vorhanden — hier nicht eintreten.

Jeder Miteigentümer kann daher — sofern nicht besondere Rechtsverhältnisse entgegenstehen — trotz eingeleiteten Verfahrens seine Eigentumsquote nicht nur veräußern, sondern auch rechtswirksam belasten.

Im **preußischen Rechtsgebiete** ist daher — da eben eine materiellrechtliche Wirkung der Beschlagnahme hier nicht eintritt und deshalb auch nicht konstatiert werden darf — der Einleitungsbeschluß, der hier nach Form. ZV. Nr 31 zu erlassen, **nur insoweit richtig, als er lautet:**

Beispiel eines Einleitungsbeschlusses.

Beschluß.

Zum Zwecke der Aufhebung der Gemeinschaft, die in Ansehung des in Wust belegenen, im Grundbuch von Wust Band I Nr 1 auf den Namen des (verstorbenen) Albert Müller in Wust eingetragenen Grundstücks besteht, wird auf Antrag des Otto Müller in Wust die Zwangsversteigerung des bezeichneten Grundstücks angeordnet.

Dagegen ist ein Rechtsirrtum in dem Form. ZV. Nr. 31 insoweit enthalten, als in jenem Form. Nr. 31 als letzter Absatz hinzugefügt ist:

Dieser Beschluß gilt zu Gunsten des Antragsteller als Beschlagnahme des Grundstücks.

Derselben Ansicht scheint Jaeckel Anm. 1 zu § 180 zu sein.

b.

Die prozeßrechtliche Wirkung der Beschlagnahme.

Die prozeßrechtliche Wirkung be… Beschlagnahme.

Die prozessualformellrechtliche Wirkung der Beschlagnahme, welche auch hier **nur**[4]) mit Zustellung des Einleitungsbeschlusses an die Miteigentümer eintritt, welche nicht Antragsteller sind und daher formal die „Schuldner"-Rolle haben, besteht:

α) in der Fixierung des Zeitpunkts, von welchem ab laufende und rückständige Beträge wiederkehrender Hebungen, also insbesondere der Hypotheken- und Grundschuldzinsen, zu berechnen sind; und ferner:

β) in der Fixierung des Originalumfangs der Immobiliarmasse (vgl. aber vorstehend unter a).

[4]) Anders im ordentlichen Verfahren (vgl. S. 9).

6.

Die Bedeutung des einzutragenden Zwangsversteigerungsvermerks.

Die Eintragung des Versteigerungsvermerks dient **nur**[5]) zur Fixierung der zur Zeit der Eintragung des Vollstreckungsvermerks eingetragenen Beteiligten im Sinne der §§ 9, 37 Ziff. 4, 45, 114 des Reichsges., welche mithin in Rücksicht auf ihre **zu** dieser Zeit bereits eingetragenen Rechte von Amts wegen zu laden sind.

7.

Die Veränderungen im Kreise der Beteiligten.

Der **Kreis der Beteiligten** erleidet insofern eine anormale Veränderung, als:

a) Die Beteiligten der 5. und 6. Klasse des § 10 des Reichsges. hier, wo die Beschlagnahme der materiellrechtlichen Wirkung (vorstehend unter 5a!) entbehrt, fortfallen.

b) Die Miteigentümer, gegen welche der Versteigerungsantrag gerichtet und welche dadurch formal „der bezw. die Schuldner" sind,[6]) ihrerseits auch formal insofern zu „Gläubigern" werden können, als auch sie den Antrag auf Zwangsversteigerung zwecks Aufhebung der Gemeinschaft stellen können.

Dieser Antrag ist natürlich in Form eines Beitrittsbeschlusses zuzulassen. Geschieht dies, dann tritt eine einzige, bereits angedeutete, allerdings recht bedeutsame Rechtswirkung ein, nämlich rücksichtlich der Formulierung des geringsten Gebots, wie alsbald unter 9 zu erwähnen ist.

8.

Das Versteigerungspatent.

Das Versteigerungspatent nebst Muster.

Das Versteigerungspatent bedingt auch hier eine von dem ordentlichen Verfahren **abweichende Formulierung** insofern, als ein betreibender Gläubiger mit einem Forderungsanspruch, welchem Beteiligte (bei nicht rechtzeitiger Anmeldung ihrer zur Zeit der Eintragung des Versteigerungsvermerks grundbuchlich nicht ersichtlichen Rechte) nach Maßgabe des § 37 Ziff. 4 des Reichsges. nachzusetzen wären, nicht vorhanden ist.

Im **preußischen Rechtsgebiete** wird dem auch hier insofern Rechnung getragen, als für das hier zu erlassende Versteigerungspatent in Form. ZV. Nr. 32 ein besonderer Formularvordruck vorhanden ist.

Dieses Formular weicht von dem Vordruck für das ordentliche Verfahren ZV. Nr. 17 — wiedergegeben Seite 93 insofern ab, als es in Ausführung der Ziff. 3 und 4 des § 37 des Reichsges. im ersten Absatz beginnt:

---

[5]) Hier tritt ja infolge Beschlagnahme ein Veräußerungsverbot zu Gunsten eines betreibenden Gläubigers nicht ein und deshalb ist auch kein Anlaß gegeben, die Beschlagnahme Dritten gegenüber durch Eintragung eines Vollstreckungsvermerks absolut wirksam zu verlautbaren (vgl. S. 11).

[6]) Als solcher ist ihnen z. B. der Einleitungsbeschluß zuzustellen.

Zum Zwecke der Aufhebung der Gemeinschaft, die in Ansehung des in (Zachow) belegenen, im Grundbuche von (Zachow) zur Zeit der Eintragung des Versteigerungsvermerks auf den Namen des (A. Schulze in Zachow) eingetragenen Grundstücks besteht, soll dieses Grundstück am .... versteigert werden. § 180—§ 184 des Reichsges.

Der vorletzte Absatz bringt die Vorschrift des § 37 Ziff. 4 des Reichsges. **hier „entsprechend"** dahin zum Ausdruck:

„Es ergeht die Aufforderung, Rechte, soweit sie zur Zeit der Eintragung des Versteigerungsvermerks aus dem Grundbuch nicht ersichtlich waren, spätestens im Versteigerungstermin vor der Aufforderung zur Abgabe von Geboten anzumelden, und wenn der Antragsteller widerspricht, glaubhaft zu machen, widrigenfalls sie bei der Feststellung des geringsten Gebots nicht berücksichtigt und bei der Verteilung des Versteigerungserlöses **den übrigen Rechten** nachgesetzt werden."

(Vgl. hiergegen das Versteigerungspatent S. 93).

9.

Die Feststellung des geringsten Gebots.

Das geringste Gebot.

a.

Das Grundstück ist als ganzes dinglich belastet.

Das Grundstück ist als Ganzes belastet.

Die Formulierung des geringsten Gebots[1]) **stimmt hier mit derjenigen im ordentlichen Verfahren überein,** wenn das Grundstück, trotz des Vorhandenseins von Eigentumsquoten **nur als ganzes** — nicht also die einzelnen Quoten für sich — **dinglich belastet ist.**

In diesem Falle wird das geringste Gebot **formuliert, als wäre der Antragsteller ein betreibender Gläubiger,** welcher auf Grund eines vollstreckbaren persönlichen Anspruchs die Zwangsversteigerung beantragt. Es werden also alle eingetragenen Rechte, sowie alle nicht eingetragenen, angemeldeten Ansprüche, welche aus dem Grundstücke zu befriedigen sind (§ 9 Nr. 1 u. 2 des Reichsges.) in das geringste Gebot eingestellt (vgl. S. 36 ff.).

b.

Die einzelnen Grundstückseigentumsquoten sind als solche belastet.

Die Grundstücksquoten sind belastet.

Die Formulierung des geringsten Gebots bietet aber dann **Besonderheiten,** wenn die einzelnen **Eigentumsquoten als solche belastet** sind.

Die **Besonderheiten** dieses Falles bestehen darin, daß:

α) **nicht alle eingetragenen Rechte** in das geringste Gebot aufzunehmen sind,

β) daß **ein Barbetrag** in das geringste Gebot noch einzustellen ist, zur „Ausgleichung" für den Quoteneigentümer, dessen Quote

[1]) Daß ausnahmsweise in einer Zwangsversteigerung eines Schiffs zwecks **Aufhebung einer Gemeinschaft** (in Abweichung von der ordentlichen Schiffszwangsversteigerung) ein geringstes Gebot wie vorstehend unter 9. dargestellt, zu formulieren ist, wurde bereits erwähnt (vgl. S. 279).

entweder unbelastet ist,

oder dessen Quotenlasten zusammen mit Quotenlasten anderer Quoteneigentümer im geringsten Gebot stehen, sofern die erstgedachten Quotenlasten gegen die letztgedachten von geringerer Summe sind.

Die drei rechtlichen Gesichtspunkte des § 182 Abs. 1.

Das geringste Gebot, welches bei selbständiger Belastung der einzelnen Eigentumsquoten zu bilden ist, beruht auf drei rechtlichen Gesichtspunkten:

Einmal: Der Zwangsversteigerungsantrag aus §§ 180—184 veranlaßt ein unter den Formen der Zwangsversteigerung geschehendes Analogon eines Grundstücksverkaufs; der **Antragsteller** darf deshalb durch seinen Antrag **seinen** Realgläubigern nicht den Nachteil der sofortigen Fälligkeit ihrer Forderungen zufügen. Die Rechte dieser Realgläubiger bleiben deshalb bestehen.

Andererseits: Bei einem ideellen Miteigentum darf der eine Miteigentümer nicht durch Überlastung seiner Eigentumsquote jede Verkaufsmöglichkeit des ganzen Grundstücks hindern.

Die **nur** auf der Eigentumsquote der „Schuldner", d. h. hier der Miteigentümer eingetragenen Rechte, gegen welche der Versteigerungsantrag gerichtet, werden daher nicht in das geringste Gebot eingestellt und mithin fällig.

Allein: Das Fälligwerden der Rechte auf der Eigentumsquote des „Schuldners" darf **nicht eine rangordnungswidrige Benachteiligung derselben** nach sich ziehen; soweit dies eintreten würde, sind auch die vorgedachten Rechte im geringsten Gebot aufzunehmen.

Von diesen drei Gesichtspunkten aus betrachtet, ist der in der Literatur[8]) wie in der Praxis überaus bestrittene Sinn des § 182 Abs. 1 des Reichsges. sofort klarliegend:

„Bei der Feststellung des geringsten Gebots sind die den Anteil des Antragstellers belastenden — oder mitbelastenden Rechte an dem Grundstücke — sowie alle Rechte zu berücksichtigen, die einem **dieser** (!) Rechte vorgehen oder gleichstehen." (sc.: also: auch wenn diese letztgedachte Gruppe von Rechten **nicht** „den Anteil des **Antragstellers** belastende oder mitbelastende Rechte" sind, mithin Rechte auf den Eigentumsquoten der übrigen Miteigentümer sind.)

Eine Exemplifikation zu § 182 Abs. 1.

Eine Exemplifikation dürfte den Inhalt des § 182 Abs. 1 klar ausgestalten:

		auf 1/3 Anteil des A	auf 1/3 Anteil des B	auf 1/3 Anteil des C
sind folgende Hypotheken eingetragen:				
für L	1.	1000 M.	—	—
für M	2.		2000 M. auf dem ganzen Grundstück	
für O	3.	3000 M.	3000 M.	3000 M.
für P	4.	—	—	4000 M.
für Q	5.	5000 M.		

[8]) Vgl. Jaeckel, Komm. Anm. 2 zu § 182, Freund, „Zur Zwangsversteigerung zwecks

Antragsteller ist A: § 180 — § 184 des Reichsges.

1. Zweifelfrei ist schon nach der **Fassung** des § 182 Abs. 1 cit:

In das geringste Gebot sind als bestehen bleibend aufzunehmen:

Für L: die 1000 M., denn sie belasten den Anteil des **Antragstellers** A.

Für O: die 3000 M., denn sie belasten das ganze Grundstück und „**mit**belasten" daher den Anteil des **Antragstellers** A.

Für Q: die 5000 M., denn sie belasten den Anteil des **Antragstellers** A.

2. Bei **näherer Prüfung** ist aber nach der Fassung des § 182 Abs. 1 cit. auch klar:

Für M: die Hypothek von 2000 M. gehört auch in das geringste Gebot.

Zwar steht dieses Recht nur auf den Anteil des Nichtantragstellers („des Schuldners") B, allein dieses Recht geht rangmäßig den 3000 M. des O „vor", welche, als auf dem ganzen Grundstück haftend, „den Anteil des Antragstellers A mitbelasten" (und deshalb nach den Anfangsworten des Abs. 1 des § 182) stehen bleiben.

Die materielle Gerechtigkeit und damit die legislatorische Notwendigkeit dieser Bestimmung des § 182 Abs. 1 zeigt sich, wenn erwogen wird:

Würden die 2000 M. des M — weil sie nur auf dem Anteil des Nichtantragstellers B stehen — **vorliegend** nicht auch stehen bleiben, dann würde die Rechtsverletzung gegen § 879 Abs. 1 des BGB. eintreten, daß der Gläubiger M mit seinen 2000 M. **auf der Eindrittel-Eigentumsquote** des B der Gefahr des Ausfalls ausgesetzt wäre, während für den ihm **nachstehenden** O dessen 3000 M. (da sie eben auf allen Eigentumsquoten haften, mithin auch) auf der **Eindrittel-Eigentumsquote** des B bestehen bleiben.

3. **Offensichtlich** gehören die 4000 M. für P nicht in das geringste Gebot; denn diese stehen nur auf dem Anteil des **Nichtantragstellers** C und es trifft auf diese weder zu: „daß sie den Anteil des Antragstellers belasten oder mitbelasten", noch daß sie einem den Anteil des Antragstellers belastenden oder mitbelastenden Rechte „vorgehen oder gleichstehen".[9])

Zu β: Die Ausgleichung.

Die sog. Ausgleichung nach § 182 Abs. 2.

Die nach § 182 Abs. 1 des Reichsges. — wie soeben besprochen — erforderliche Einstellung von Lasten, die nur auf den einzelnen Eigentumsquoten haften, in das geringste Gebot für das ganze Grundstück, bringt in Höhe der Summen jener Lasten den **einzelnen** Quoteneigentümern Vorteile. Diese können ja in Höhe jener Lastenbeträge, welche der Ersteher übernimmt, Schulden los werden (vgl. auch S. 44 § 53 des Reichsges.). Sind nun die Summen der Belastung der

---

Aufhebung einer Gemeinschaft" S. 6 ff., Gruchot Bd. 45 S. 579, wo die vorstehend vertretene Ansicht gegen Wolff, Anm. 1 zu § 182 und Gruchot, Bd. 45 S. 333 ff. zutreffend begründet ist.

[9]) Aus der vorstehenden legislatorischen Motivierung des § 182 ergibt sich, daß unter dem „Vorgehen oder Gleichstehen" im § 182 Abs. 1 cit. nur ein „rangmäßiges" im Sinne des § 879 BGB. zu verstehen ist, also nur ein materiellrechtlich korrespondierendes Rangverhältnis zwischen den Rechten auf Anteilen der Schuldner und den, auf dem Anteile des Antragstellers allein oder mithaftenden, Rechten gemeint sein kann. Unter dem „vorgehen oder gleichstehen" im § 182 Abs. 1 ein reinzeitliches früher Eingetragensein zu verstehen, wie von Wolff a. a. O. und bei Gruchot, Bd. 45 S. 333 ausgeführt wird, ist legislatorisch absolut unmotivierbar. Ob die 4000 M. des P, welche — nach vorstehendem Beispiel — nicht in das geringste Gebot gehören, zeitlich vor den 5000 M. des Q auf dem Anteil des A eingetragen sind, muß rechtlich völlig belanglos sein, denn zwischen beiden Posten fehlt ja jede rechtliche Beziehung.

einzelnen Eigentumsquoten ungleich, so sind damit auch die Vorteile der einzelnen Quoteneigentümer ungleich; in ungleicher Höhe werden sie Schulden los.[10])

Sind nun gar die auf den **einzelnen Eigentumsquoten eingetragenen Schulden nicht nur ungleich,** sondern zudem die **einzelnen Eigentumsquoten verschieden,** so multiplizieren sich sogar die Vorteile und ihnen korrespektiv die Nachteile der einzelnen Quoteneigentümer, auch noch im Verhältnisse zur Größe der einzelnen Quoten zum Grundstücksganzen. Dies bedingt einen „erforderlichen Ausgleichungsbetrag für die einzelnen Miteigentümer", welcher in das geringste Gebot als ein im Verteilungstermin bar zu zahlender Betrag einzustellen ist (§ 182 Abs. 2 des Reichsges.).

Diese — den jüngeren Juristen unglaublich schwer begreifbare — Bestimmung des § 182 Abs. 2 wird eine Exemplifikation leicht und klar ausgestalten.

Eine Exemplifikation zu § 182 Abs. 2.

Fall 1.

Es sind: A zu $1/2$, B zu $1/2$ Miteigentümer.

Auf der Quote As stehen 300 M. Auf der Quote Bs stehen 100 M. } (von anderen Lasten, Kosten und Zinsen abgesehen)

Beide Posten sind nach § 182 Abs. 1 — S. 306 Ziff. 7 unter b! — in das geringste Gebot einzustellen.

Das geringste Gebot beträgt danach 400 M. vom Ersteher zu übernehmender Lasten.

Es ist klar, daß durch diese Einstellung jener beiden Posten in das geringste Gebot:

A einen wirtschaftlichen Vorteil von 300 M. erhält,

B einen wirtschaftlichen Vorteil von nur 100 M. erhält.

Soll der größere Vorteil des A dem B ausgeglichen werden, so muß derselbe neben der Übernahme der Last seiner Eigentumsquote von nur 100 M. seitens des Erstehers, noch 200 M. bar erhalten. Denn nur wenn letzteres geschieht, erhält ja auch B, wie A, den gleichen wirtschaftlichen Vorteil von 300 Mark.

Das geringste Gebot ist deshalb im vorstehenden Falle nach § 182 Abs. 2 cit. dahin zu fassen:

Es bleiben bestehen:

die Post von 300 M. auf der Eigentumsquote des A,

die Post von 100 M. auf der Eigentumsquote des B.

Bar zu zahlen ist von dem Ersteher zur Ausgleichung des Miteigentümers B gemäß § 182 Abs. 2 des Reichsges. der Betrag von 200 M.

Fall 2.

Die soeben gefundene Ausgleichung hat zur Voraussetzung, daß A und B je Eigentumsquoten zu je $1/2$, also zu gleichen Teilen haben.

Die „entsprechende Ausgleichung" multiplziert sich aber, wenn As Eigentumsquote $1/3$, Bs Eigentumsquote $2/3$ ausmachen.

In diesem Falle muß: wenn

A 300 M. auf $1/3$ Eigentumsquote an Schulden los wird, also auf $1/3$ Eigentumsquote einen wirtschaftlichen Wertsentgelt von 300 M. erhält,

B auf $2/3$ Eigentumsquote einen wirtschaftlichen Wertsentgelt von $2 \times 300 = 600$ M. erhalten; da aber Bs Quote nicht schuldenfrei, sondern mit 100 M. belastet ist, so sind diese

---

[10]) Bezw. **nur** ein Quoteneigentümer wird schuldenlos, wenn der andere eine unbelastete Quote hat.

100 M. von 600 M. zu kürzen. Die „entsprechende Ausgleichung", welche B in diesem eben gedachten Falle gemäß § 182 Abs. 2 des Reichsges. zu erhalten hat, beträgt somit 600 M. § 180—§ 184 des Reichsges.
— 100 M.
= 500 M.

Fall 3:

Wäre nun aber:

und es ständen: As Quote $^2/_3$, Bs Quote $^1/_3$

300 M. auf Ascher Quote 100 M. auf Bscher Quote,

dann wäre der Vermögensvorteil von 300 M. auf As $^2/_3$-Quote der Bschen $^1/_3$-Quote gegenüber (ohne die Last der letzteren zunächst zu berücksichtigen) nur 300 M. dividiert durch 2, also $\frac{300}{2} = 150$ M., denn As Quote ist ja doppelt so groß wie Bs Quote, er hat daher ein Recht, doppelt so viel wie B zu bekommen; auf seinem Anteil zählen deshalb 300 M. der $^1/_2$ mal kleineren Bschen Quote gegenüber auch nur zu $^1/_2$.

Hiernach wäre mit Rücksicht auf die 300 M. auf As Quote dem B $\frac{300}{2}$ M. = 150 M. auszugleichen. Auf der Bschen Quote stehen aber auch 100 M., diese sind deshalb von 150 M. abzuziehen.

Der „entsprechende Ausgleichungsbetrag", welcher vorliegend für B zu berechnen und in das geringste Gebot einzustellen ist, beträgt sonach 150 M.
— 100 M.
= 50 M.

10.

Die Sicherheitsleistung.

Die Sicherheitsleistung.

Die **Sicherheitsleistung für Gebote** hat auch hier nach den Vorschriften für das ordentliche Verfahren in den §§ 67—70 des Reichsges. zu erfolgen. (S. 113.)

Eine **Ausnahme** wird aber hier — wo die Rolle des bezw. der Schuldner, wie bereits erwähnt, nur eine formale ist —, rechtsfolgerichtig vom Reichsgesetz im im § 184 gemacht:

Die Miteigentümer, gegen welche der Versteigerungsantrag gestellt und welche nicht ihrerseits durch Beitritt zum Verfahren auch zu Gläubigern desselben geworden, bleiben formal ausschließlich in der Stellung des Schuldners.

Diese **Miteigentümer als Schuldner** unterliegen dann **regelmäßig rücksichtlich** der **Sicherheitsleistungspflicht** für ihre Gebote den Vorschriften der §§ 67 u. 68 des Reichsges. (oben S. 113).

Nun kann es aber vorkommen, daß einem **Miteigentümer an seiner oder an der einem anderen Miteigentümer zustehenden Eigentumsquote eine Hypothek, Grund- oder Rentenschuld zusteht,** die er herausbieten will. Wie nach § 67 Abs. 2 Satz 1 jeder Beteiligter (der nicht Schuldner im ordentlichen Verfahren, § 67 Abs. 2 Satz 2), dann, wenn sein Gebot sein Realrecht ganz oder teilweise „deckt"[11]) **für sein Gebot nicht Sicherheit zu leisten** braucht, so haben eine

[11]) Ein Gebot „deckt" ein Realrecht — schon wortsinngemäß — nur, wenn jenes Recht anderenfalls ungedeckt, d. h. unbeglichen bleibt. Hieraus und vor allem aus der legislatorischen Absicht des § 184 folgt, daß ein Miteigentümer, dessen Realrecht im geringsten Gebot bereits steht, nach der ordentlichen Regel der §§ 67, 68 Sicherheit zu leisten hat. Gl. A. Jaeckel,

solche auch **hier** jene Miteigentümer nicht zu leisten, sie sind ja nur formal in der Rolle des Schuldners.

11.

Die Erlösverteilung.

Die Erlösverteilung.

Die Erlösverteilung erfolgt wie im ordentlichen Verfahren.

Ein für die Miteigentümer sich ergebender Überschuß kann an dieselben aber nur dann vom Vollstreckungsrichter **ausgezahlt** werden, wenn die Miteigentümer über die einzelnen an sie zu verteilenden Perzipienda **einig** sind.

Ist dies nicht der Fall, so muß die Hyperocha vom Vollstreckungsgericht als ein zwischen den Miteigentümern streitiger Hebungsbetrag hinterlegt werden.[12])

Der bezügliche Streit über die Art der Verteilung der Hyperocha gehört dann je nach Lage des Falls vor das Forum des ordentlichen Prozeßrichters oder zur Kompetenz des Nachlaßrichters gemäß §§ 86 ff. des Reichsges. über die freiw. Gerichtsbarkeit vom 17. Mai 1898.

12.

[Das] Verhältnis [zu]m ordentlichen Zwangs[v]ersteigerungsverfahren.

Das Verhältnis des Zwangsversteigerungsverfahrens zwecks Aufhebung einer Gemeinschaft zum ordentlichen Zwangsversteigerungsverfahren.

Der **Beitritt eines Gläubigers,** welcher Befriedigung einer **vollstreckbaren Forderung** durch gewöhnliche Zwangsversteigerung erzielen will, ist zu einem Verfahren der Auseinandersetzung aus §§ 180—184 rechtlich **unzulässig.**

Die Bestimmung des geringsten Gebots in normaler Versteigerung ist prinzipiell — schon mit Rücksicht auf § 182 — mit der Fixierung des hier festzusetzenden geringsten Gebots unvereinbar.

Neben dem Zwangsversteigerungsverfahren aus §§ 180 ff. kann aber ein ordentliches Zwangsversteigerungsverfahren anhängig werden. Erfolgt in letzterem der Zuschlag, so ist das erstere Verfahren voraussetzungslos geworden — die Gemeinschaft ist ja dann fortgefallen — und aufzuheben.

Ergeht in dem Verfahren aus §§ 180 ff. der Zuschlag, dann ist der Ersteher für das ordentliche Verfahren, in welchem der Zuschlag noch nicht erlassen ist, der neue Eigentümer; dieser muß als solcher sein Eigentumsrecht gemäß § 9 Ziff. 2 des Reichsges. anmelden und kann dann den Zuschlag im ordentlichen Verfahren nicht hindern, wenn der Zuschlag im erstgedachten Verfahren erfolgte, nachdem die Beschlagnahme in dem ordentlichen Verfahren bereits eingetragen war (vgl. den rechtsanalogen Fall S. 89 Anm. 5).

---

a. M. Fischer u. Schaefer und Wolff zu § 184. Dieser Paragraph wird sonach nur dann anwendbar sein, wenn das einem Miteigentümer zustehende und von ihm „zu deckende" Realrecht auf einer Eigentumsquote ruht und nach § 182 Abs. 1 des Reichsges. nicht im geringsten Gebot steht.

[12]) In gleicher Weise ist bei Nichtzahlung der Hyperocha die Übertragung der Forderung gegen den Ersteher und die Eintragung einer Sicherungshypothek (§§ 118, 128) für die einzelnen Miteigentümer zu bestimmten Beträgen vorzunehmen, falls diese einig, anderenfalls für alle zusammen unter Vorbehalt nachträglicher Auseinandersetzung.

Art. 15—27 des preuß. Ausf.Ges.

Paragraph 50.

Die besonderen Fälle der Zwangsversteigerung und Zwangsverwaltung im preußischen Rechtsgebiete.

Den vorstehend besprochenen, ausschließlich im Reichsgesetz geregelten drei „Zwangsversteigerungs- und Zwangsverwaltungsverfahren in besonderen Fällen", nämlich:

auf Antrag des Konkursverwalters (§§ 172—174 des Reichsges.);

der Zwangsversteigerung eines Nachlaßgrundstücks (§§ 175—179 des Reichsges.);

der Zwangsversteigerung zum Zwecke der Aufhebung einer Gemeinschaft (§§ 180—184 des Reichsges.)

treten im **preußischen Rechtsgebiete** folgende besondere Verfahrensarten hinzu, in welchen die Vorschriften des Reichsgesetzes entsprechend anwendbar sind. Vgl. Teil I S. 5, auch §§ 864, 870 CPO., Art. 67 Abs. 1 Einf.Ges. zum BGB., Art. 37 Nr. I, XIII, Art. 38, Art. 40 preuß. Ausf.Ges. zum BGB., § 2 Abs. 1 des Einf.Ges. zum RZVG.

A. Die Zwangsversteigerung und die Zwangsverwaltung eines Bergwerkseigentums, eines unbeweglichen Bergwerksanteils oder einer selbständigen Kohlenabbaugerechtigkeit vormals sächsischer Landesteile (Art. 15—27 des preuß. Ausf.Ges. zum RZVG.).

Zwangsversteigerung und Verwaltung behufs Beitreibung eines vollstreckbaren Anspruchs.

I. Die Zwangsversteigerung und die Zwangsverwaltung in die gedachten Gerechtigkeiten kann einmal den gewöhnlichen Vollstreckungszweck der Beitreibung eines vollstreckbaren Anspruchs verfolgen.

Das Verfahren nach den §§ 1—161 des Reichsges. erfährt dann durch die Art. 15—21 des preuß. Ausf.Ges. zum RZVG. nur folgende unerhebliche Änderungen:

1. **Der Antrag** auf Zwangsversteigerung und Zwangsverwaltung — S. 79, 80 — hat neben dem Zeugnis des Grundbuchamts (§ 17 des Reichsges.) eine oberbergamtlich, gerichtlich oder notariell beglaubigte Abschrift der Verleihungsurkunde des Bergwerks oder rücksichtlich der Kohlenabbaugerechtigkeit eine in gleicher Art beglaubigte Abschrift ihres Konstituierungsaktes als Anlage zu enthalten (vgl. §§ 17—32, 33, 34, 35 des Allg. Berggef. vom 24. Juni 1865, § 2 des Gesetzes vom 22. Febr. 1869, Art. 38 §§ 3, 4 des Ausf.Ges. zum BGB.,[1]) Art. 18 des Ausf.Ges. zum RZVG.

2. **Der Kreis der Beteiligten** umfaßt „in jedem Falle" den Repräsentanten oder Grubenvorstand, welcher sonach stets zu laden ist, Art. 16 a. a. O.

Die **Rechte des Schuldners** hat der Repräsentant oder Grubenvorstand jedoch nur auszuüben, wenn die Zwangsvollstreckung in das ganze Bergwerkseigentum sowie in die Abbaugerechtigkeit ausgeführt wird (§§ 117, 119, 123, 128, 226, 227 des Allg. Berggef., § 10 des Gesetzes vom 22. Febr. 1869).

---

[1]) Die Abschrift eines Situationsrisses braucht nicht beigefügt zu werden.

Der **Schuldner des unbeweglichen (also älteren) Bergwerksanteils** ist der einzelne Gewerke (§ 229 des Allg. Berggeſ.), der Repräsentant oder Vorstand wird daher in dem einen unbeweglichen Bergwerksanteil betreffenden Verfahren nur mit Rücksicht auf das Interesse des übrigen Gewerkes an dem Verfahren zugezogen; dieses beschränkte rechtliche Interesse umgrenzt hier die prozessualen Befugnisse des Repräsentanten oder Vorstandes.

3. **Die Befriedigungsrangordnung** der Beteiligten weicht von derjenigen im gewöhnlichen Verfahren (Teil I S. 22 ff.) wie folgt ab:

a) In Klasse 2 des § 10 des Reichsgeſ. sind die Liedlohnsansprüche der Bergleute und Betriebsbeamten auf Lohn „und andere Bezüge" zu befriedigen, soweit die Beträge aus dem letzten Jahre rückständig sind (Art. 17 Abſ. 1 des Ausf.Geſ.).

b) In Klasse 3 der öffentlichen Lastenansprüche (S. 24) sind die Beiträge der Werksbesitzer (§§ 174, 175 Abſ. 2, 176 Abſ. 1 des Allg. Berggeſ.) zu Knappschafts- und Werkkrankenkassen hinzugetreten (Art. 17 Abſ. 2 a. a. O.).

4. **Die Beschlagnahme** umfaßt bereits gewonnene Materialien nicht (Art. 19 a. a. O., vgl. S. 7).

5. **Das Versteigerungspatent** hat außer den Muß- bezw. Sollangaben der §§ 37, 38 des Reichsgeſ. (S. 92, 93) noch die Sonderangaben des Art. 20 des preuß. Ausf.Geſ. zu enthalten; danach sind in dem Patent außer dem Grundbuchblatt, dem Namen der Bergwerks, die Mineralien anzugeben, auf welche das Bergwerkseigentum verliehen ist, ferner sind die Feldesgröße, der Kreis, in welchem das Feld liegt, und die diesem zunächst gelegene Stadt aufzuführen; wird ein Bergwerksanteil versteigert, so ist auch die Zahl der Kuxe zu vermerken. (Vgl. für das preuß. Rechtsgeb. Form. ZV. 34.)

Die gleichen Angaben hat das Patent bei der Versteigerung einer Kohlenabbaugerechtigkeit zu enthalten.

Diese durch Art. 20[2]) vorgeschriebenen Angaben sind insoweit sie die Mußangabe des Versteigerungspatents im § 37 Nr. 1 des Reichsgeſ. (vgl. S. 92, 93) ergänzen, also die Identität des Versteigerungsobjekts betreffen, unentbehrlich. Dies gilt insbesondere von der Bezeichnung des Minerals, der Angabe über die Größe des Kuxes.

6. **In den Fällen,** wo im Verfahren der **Wert** des Versteigerungsobjekts festzustellen ist, §§ 64 Abſ. 1, 112 Abſ. 2 des Reichsgeſ. (vgl. S. 205 Anm. 9, S. 208), soll nötigenfalls der zuständige Revierbeamte hinzugezogen werden (Art. 21 des preuß. Ausf.Geſ.).

Zwangsversteigerung und Verwaltung zur Erreichung sonderbergrechtlicher Zwecke.

II. **Die Zwangsversteigerung und die Zwangsverwaltung eines Bergwerkseigentums, eines unbeweglichen Bergwerksanteils oder einer selbständigen Kohlenabbaugerechtigkeit vormals sächsischer Landesteile können aber auch zur Erreichung einzelner sonderbergrechtlicher zum Teil nur vollstreckungsähnlicher Zwecke** erfolgen (Art. 22 des preuß. Ausf.Geſ.).

In diesen Fällen ist das reichsgesetzliche Sonderverfahren „in besonderen Fällen" der §§ 172—184 entsprechend anwendbar, wiederum aber ergänzt durch die Sondervorschriften der Art. 23—27 des preuß. Ausf.Geſ. zum RZVG.

1. Die **einzelnen Fälle,** in welchen dieses Sonderverfahren statthaft ist, sind die der §§ 159, 161, 167, 234, 235g des Allg. Berggeſ., Art. 23 des preuß. Ausf.Geſ. zum RZVG., also:

---

[2]) Die Vorschriften des Art. 20 des preuß. Ausf.Geſ. berücksichtigt das preußische Formular ZV. Nr. 35 eines Versteigerungspatents.

a) **Durch oberbergamtliche rechtskräftige Entscheidung** ist aus § 156 des Allg. Berggeſ. (wegen Unterlassung der Inbetriebsetzung oder unterlassener Fortsetzung des unterbrochenen Betriebs) dem Bergwerkseigentümer das Bergwerkseigentum **„entzogen"**. Art. 15—27 des preuß. Ausf.Ges.

Jeder Realbeteiligte, daher auch der Eigentümer, kann dann innerhalb drei Monaten seit Zustellung der oberbergamtlichen Entscheidung an ihn, oder seit der Bekanntmachung dieser Entscheidung im Amtsblatt, die Zwangsversteigerung des Bergwerkseigentums beantragen (§ 159 a. a. O.).

Der einzelne Realberechtigte will dadurch Befriedigung rücksichtlich seiner auf dem Bergwerkseigentum lastenden Ansprüche, dessen Eigentümer die Hyperocha erzielen.[3])

b) **Seitens des Bergwerkseigentümers** ist der Bergbehörde gegenüber ein freiwilliger **Verzicht** auf das Bergwerkseigentum oder einzelne Felder desselben gemäß §§ 161, 162 des Allg. Berggeſ. abgegeben.

Jeder Realberechtigte kann dann innerhalb 3 Monaten seit Zustellung der auf Grund jenes Verzichts erlassenen oberbergamtlichen Benachrichtigung oder seit oberbergamtlicher Bekanntmachung der Verzichtserklärung im Amtsblatt, die Zwangsversteigerung des Bergwerkseigentums beantragen, welches als solches — des Verzichtes ungeachtet — einstweilen[4]) objektiv fortbesteht.

c) **Seitens der Gewerken eines älteren, deshalb unbeweglichen[5]) Kuxes,** also Bergwerksanteils, wird auf diesen **zu Gunsten der Gewerkschaft verzichtet** (§§ 228 Abs. 2, 234 des Allg. Berggeſ.). (Ein solcher Verzicht ist stets statthaft, wenn Beiträge auf einen belasteten Kux erfordert werden, welche der einzelne Gewerke nicht weiter zahlen will; aber auch wenn Beiträge auf einen Kux nicht erfordert sind, ist ein Verzicht jener Gewerke statthaft und zwar: ohne weiteres wenn der unbewegliche Kux unbelastet ist; haften an diesem aber Rechte, so müssen die Beteiligten des letzteren dem Verzicht zustimmen.)

Die Gewerkschaft kann nun die Zwangsversteigerung eines unbeweglichen Bergwerksanteils, auf welchen zu ihren Gunsten seitens des einzelnen Gewerken verzichtet ist, beantragen.

d) **Der Repräsentant oder Grubenvorstand ist im Besitze eines oberbergamtlichen Beschlusses,** welcher die von der Gewerkschaft gemäß § 235a—f des Allg. Berggeſ. beschlossene Zusammenlegung und Umwandlung alter Kuxe in neue bestätigt, und beantragt nunmehr gemäß § 235g die Zwangsversteigerung der, infolge der Zusammenlegung, „überschießenden" Kuxteile.

2. **Die einzelnen Abweichungen** von dem Verfahren nach §§ 172 ff. des Reichsgeſ.:

---

[3]) Nicht nur eine „Entziehung", sondern eine „Aufhebung" des Bergwerkseigentums wird aber vom Oberbergamt ausgesprochen, sofern die Zwangsversteigerung des Bergwerkseigentums nicht zu dessen Zuschlag an einen Ersteher führt oder sofern die Zwangsversteigerung überhaupt nicht beantragt ist.

Mit einer solchen „Aufhebung" des Bergwerkseigentums erlöschen erst alle bisherigen Rechte am oder auf das Bergwerk (§ 160 des Allg. Berggeſ.).

[4]) Auch in diesem Falle wird eine „Aufhebung" des Bergwerkseigentums unter Eintritt des Erlöschens der bisher an jenem bestehenden Rechte durch oberbergamtlichen Beschluß erst ausgesprochen, wenn entweder die Zwangsversteigerung nicht beantragt ist oder zu einem Zuschlag nicht geführt hat (§ 161 Abs. 2 a. a. O.).

[5]) Die neueren beweglichen Kuxe können stets nur mobiliar versteigert werden (§§ 130, 131 des Allg. Berggeſ.).

a) **Der Zwangsversteigerungsantrag:**

α) kann in dem Falle zu a und b, Entziehung bezw. Verzicht auf das Bergwerk, auch von dem Eigentümer ausgehen.

β) In jedem Falle, (mithin auch dann, wenn der Eigentümer selbst die Zwangsversteigerung in Fällen der §§ 156, 159 des Allg. Berggesf. beantragt (umseitig unter 1 a b) muß die Eintragung des Bergwerkseigentümers als solcher im Grundbuch oder der Nachweis, daß ersterer Erbe des eingetragenen Eigentümers ist, vorliegen (vgl. S. 79, 80).

b) **Die Anlagen des Zwangsversteigerungsantrags** haben in den — wenn auch nicht beglaubigten — Urkunden zu bestehen, aus welchen die tatsächlichen Voraussetzungen des Verfahrens und damit der Antragsberechtigung hervorgehen, soweit jene Voraussetzungen nicht gerichtsoffenkundig sind.

Ist das Recht des Antragstellers im Grundbuch nicht eingetragen, so sind auch die Urkunden über das Bestehen jenes Rechts beizufügen.

In den umseitigen Fällen zu 1 a und d sind daher die Beschlüsse des Oberbergamts, in den Fällen zu 1 b und c die Verzichtserklärungen des Eigentümers bezw. des Gewerken beizubringen (Art. 24 Abs. 1).

c) **Mit dem Einleitungsbeschluß** ist der Antrag sowie die Urkunde über das Recht eines antragstellenden Realberechtigten zuzustellen, sofern die Berechtigung des letzteren nicht im Grundbuch eingetragen ist (Art. 24 Abs. 2).

d) α. **Der Schuldner** des Verfahrens ist der Eigentümer nur in dem Falle zu 1 a, wo nach „Entziehung" des Bergwerkseigentums (Fall a) ein **Realberechtigter** den Zwangsversteigerungsantrag aus § 159 des Allg. Berggesf. stellt.

β. In den **übrigen Fällen** (vorstehend a α u. S. 315 1 b—d) vertritt der Antragsteller — wie im Verfahren auf Antrag des Konkursverwalters, vgl. S. 291 Ziff. 3 — die Formalrolle des Gläubigers und Schuldners.

e) **Eine Beschlagnahme** des Immobile mit der materiell-rechtlichen Wirkung eines Veräußerungsverbots (S. 9) kann nur in dem Falle eintreten, wo nach „Entziehung" des Bergwerkseigentums durch oberbergamtliche Entscheidung aus § 159 des Allg. Berggesf. (vorstehend d α) ein **Realberechtigter** den Antrag auf Zwangsversteigerung stellt.

Ist es daher der Eigentümer, welcher nach Entziehung des Bergwerkseigentums aus § 159 a. a. O., den Zwangsversteigerungsantrag stellt, um nach Befriedigung der Realberechtigten aus dem Versteigerungserlöse für das Bergwerk die Hyperocha zu erhalten, dann hat der Eigentümer die Formalrolle des Gläubigers und Schuldners (ähnlich dem Falle S. 299 d) — eine materiell-rechtliche Beschlagnahme im Verfahren kann daher nicht eintreten.

Eine solche Beschlagnahme ist mithin auch von vornherein in den übrigen Fällen (vorstehend unter d β) ausgeschlossen.

Wo nun eine materiell-rechtliche Beschlagnahme gar nicht eintritt, hat die mit Zustellung des Einleitungsbeschlusses an den Antragsteller bewirkte Beschlagnahme nur die mehr objektiv-formelle Bedeutung: den Originalumfang der Immobiliarmasse, ferner den Zeitpunkt der rückständigen und laufenden Beträge wiederkehrender Hebungen zu bestimmen **(vgl. Teil I S. 13 unter II 1 u. 2)**, Art. 26 a. a. O.; und endlich den Kreis der von Amts wegen zu ladenden Berechtigten im Sinne des § 9 Nr. 1 des Reichsges. zu fixieren![6]) **(Vgl. S. 290 unter b.)**

---

[6]) Die Grundregel des § 9 Nr. 1 des Reichsges.: Zur Zeit der Eintragung des Vollstreckungsvermerks im Grundbuch eingetragene Berechtigte sind — ohne Anmeldung — Beteiligte, gilt ja auch hier. Denn auf jener Regel beruht die Struktur des ganzen hier entsprechend anwendbaren reichsgesetzlichen Verfahrens.

f) **Endlich ist hier ein geringstes Gebot nicht zu bestimmen,** das Meistgebot vielmehr in seinem ganzen Betrage durch Barzahlung zu berichtigen (Art. 27 a. a. O.). **Art. 28—32 des preuß. Ausf.Ges.**

g) **Im übrigen** ist das Verfahren wie im gewöhnlichen Zwangsversteigerungsverfahren abzuwickeln.

Im preußischen Rechtsgebiete ist ferner:

B. Der öffentliche Verkauf der „an Straßen und öffentliche Plätzen stoßenden sogen. verfallenen Gebäude" durch die Polizeibehörde unter entsprechender Anwendung der reichsgesetzlichen Vorschriften über die Zwangsversteigerung auszuführen (Art. 28 des preuß. Ausf.Ges. zum RZVG.; vgl. auch Art. 89 des preuß. Ausf.Ges. zum BGB.). **Zwangsversteigerung sog. verfallener Gebäude.**

Es treten aber **folgende Abweichungen** ein:

a) **Der Versteigerungsantragsberechtigte** ist die Ortspolizeibehörde (Art. 29 a. a. O., § 40 ALR. Teil I Titel 8).

b) **Der Versteigerungsantrag** hat die Bezeichnung des Grundstücks, des Eigentümers zu enthalten; anstatt eines vollstreckbaren Titels — S. 79 — sind hier unbeglaubigte Urkunden beizufügen behufs Glaubhaftmachung der nicht gerichtsoffenkundigen Tatsachen, um die Antragsberechtigung der Ortspolizeibehörde darzutun.

Es ist sonach darzutun und bezw. glaubhaft zu machen:
- die Zerstörung oder Vernichtung des Gebäudes des zu versteigernden Immobile (§ 36 ALR. I 8);
- die Lage des Immobile an Straßen und öffentlichen Plätzen in Stadt oder Dorf (Gruchots Beitr. Bd. 34 S. 885);
- die fruchtlos befristete Aufforderung des Eigentümers zur Ausführung der notwendigen Reparaturen (§ 38 I 8 a. a. O.);
- die hierauf von der Ortspolizeibehörde aufgewendeten oder erforderten Kosten der Reparaturvornahme und deren Nichtzahlung seitens des hierzu aufgeforderten Eigentümers (§ 39 I 8 a. a. O., Art. 29 Abs. 2 des Ausf.Ges. zum RZVG.).

c) **Die Befriedigungsrangordnung** der beteiligten Rechte (Teil I S. 22 ff.) erhält insofern eine Änderung, als nach den Gerichtskosten vor den Rechten der 8 Klassen des § 10 des Reichsges. der Anspruch der Ortspolizeibehörde auf Erstattung der von ihr bereits aufgewendeten Reparaturkosten zu befriedigen ist (§ 43 ALR. Teil I Titel 8, Art. 30 des preuß. Ausf.Ges. zum RZVG.).

d) **Die Feststellung eines geringsten Gebots unterbleibt;** das ganze Meistgebot ist mithin bar zu zahlen (Art. 31 Abs. 1 des Reichsges.).

e) **Die übrigen gesetzlichen Versteigerungsbedingungen** (Teil I S. 44 ff.) sind zwar auch hier für das Verfahren maßgebend, sie werden aber durch die „von Amts wegen" zu bestimmende und deshalb unabänderbare Versteigerungsbedingung vermehrt, daß der Ersteher die Wiederherstellung des Gebäudes zu übernehmen hat (Art. 31 Abs. 2 des preuß. Ausf.Ges. zum RZVG.).

f) **Der Inhalt der Gebote kann** — sofern solche von den **Realberechtigten** des zu versteigernden Grundstücks abgegeben werden — in der Zusicherung „vorteilhafter", somit nicht gerade auf Barzahlung gerichteter „Bedingungen für die Mitgläubiger" bestehen; derartige, den §§ 45—47 des ALR. Teil I Titel 8 entsprechende Angebote müssen aber noch „im Versteigerungstermin" abgegeben sein (Art. 32 Abs. 1 des preuß. Ausf.Ges. zum RZVG.).

g) **Der Zuschlag** ist zu erteilen:

α) dem Meistbietenden wie im gewöhnlichen Verfahren;

β) dem Realberechtigten, welcher — falls ein Gebot eines nicht realberechtigten Dritten nicht abgegeben ist — „für seine Mitgläubiger" die vorteilhaftesten Bedingungen im Versteigerungstermin gestellt hat.[7])

Sind solche Bedingungen nicht gestellt, so erhält auf Begehren der bestberechtigte Realinteressent den Zuschlag (natürlich unter der Bedingung der Gebäuderestaurierung);

γ) der Gemeinde ist endlich — ohne Beteiligung und daher auch ohne Antrag ihrerseits — der Zuschlag zu erteilen, falls weder Dritte noch Realberechtigte Angebote gemacht haben (Art. 32 Abs. 2 des preuß. Ausf.Ges. zum RZVG.).

h) **Den einzelnen Beschwerdegründen** des § 100 des Reichsges. — S. 136 — treten als solche Verletzungen der Vorschriften des eben gedachten Art. 32 Abs. 2 hinzu.

Die Zwangsversteigerung u. Verwaltung von Bahneinheiten.

C. Die Zwangsversteigerung und die Zwangsverwaltung in Bahneinheiten sind ferner durch die §§ 20 ff. des, inzwischen in Kraft getretenen, Gesetzes vom 11. Juni 1902, in der Fassung vom 8. Juli 1902 (in Abänderung des früheren Gesetzes vom 19. Aug. 1895, vgl. S. 4 unter 6), im preußischen Rechtsgebiete besonders geregelt.

Die Bestimmungen des Reichsgesetzes über das ordentliche Vollstreckungsverfahren finden zwar auch hier Anwendung, indessen unter folgenden **Änderungen:**

I. **Die Zwangsversteigerung.**[8])

a) **Dem Zwangsversteigerungsantrag** ist ein Auszug aus der Grundsteuermutterrolle und der Gebäudesteuerrolle — S. 80 unter 7 — als Anlage nicht beizufügen (§ 27 des Gesetzes vom 8. Juli 1902). Das Versteigerungsobjekt bildet hier ja nicht ein bestimmtes Grundstück, sondern die zu einer Bahneinheit geschlossenen einzelnen Grundstücksteile.

---

[7]) Die gesetzliche Bedingung der Wiederherstellung des Gebäudes geht natürlich stets ohne weiteres auf den Ersteher über.

[8]) Der Zwangsvollstreckungszweck ist auch hier der gewöhnliche privatrechtliche Zweck der Befriedigung eines vollstreckbaren Anspruchs (vgl. S. 1).

Der Vollstreckungszweck einer Zwangsversteigerung kann hier aber auch ein öffentlich-rechtlicher sein; und zwar in den Fällen der §§ 21, 47 des Gesetzes über die Eisenbahnunternehmungen vom 3. Nov. 1838: aus Anlaß der nicht fristgemäßen Vollendung einer Eisenbahn (nicht Kleinbahn, §§ 23—26 des Gesetzes vom 28. Juli 1892) und aus Anlaß der Verwirkung der Konzession.

In solchen Fällen wird auf Antrag der Bahnaufsichtsbehörde die Bahn für Rechnung des Unternehmers öffentlich versteigert. Dieses aus öffentlich-rechtlichen Gründen statthabende Zwangsversteigerungsverfahren ist aber in derselben Weise abzuwickeln, wie das vorstehend beschriebene Bahnzwangsversteigerungsverfahren behufs Befriedigung eines vollstreckbaren Anspruchs (§ 39 des Gesetzes vom 11. Juni 1902).

b) **Das Bahngrundbuch** tritt an die Stelle des Grundbuchs. Preuß. Ges. v. 8. Juli 1902.

Die Zwangsversteigerung ist indessen auch in noch nicht im Bahngrundbuch eingetragenen Bahneinheiten zulässig.[9]) (Vgl. hiergegen Teil I S. 2, Teil II S. 81.)

c) **Die Befriedigungsrangordnung** der Ansprüche des § 10 des Reichsges. (Teil I S. 22 ff.) im ordentlichen Verfahren ist durch § 26 des Gesetzes vom 8. Juli 1902 in dreifacher Richtung geändert.

α) In den Klassen 1 und 3 sind einzelne — im § 10 Nr. 1 und 3 nicht erwähnte — Ansprüche zu befriedigen.

β) In der Klasse 2 erfordert ein hier zu befriedigender Liedlohnanspruch, daß der Berechtigte sich für den Betrieb zu „dauerndem", wenn auch kündbarem Dienste verdungen habe (vgl. hiergegen Teil I S. 24).

γ) Zwischen den Klassen 3 und 4 des § 10 des Reichsges. (vgl. Teil I S. 25) gelangen die sogen. Abrechnungsforderungen anderer Bahnunternehmungen aus dem letzten Jahre zur Befriedigung.

d) **Das Versteigerungspatent** hat außer den Muß- und Sollangaben der §§ 37, 38 des Reichsges. (S. 92, 93) eine dem wesentlichen Inhalte der Bahngenehmigungsurkunde zu entnehmende Beschreibung zu enthalten (§ 28 des Gesetzes vom 28. Juni 1902).

e) **Die öffentliche Bekanntmachung** des Versteigerungspatents muß „auch" — also außer durch Einrückung im Amtsblatt und durch Aushang (S. 94) — durch mindestens einmalige Einrückung in den öffentlichen Blättern erfolgen, welche durch die Statuten oder durch die „Bedingungen der Ausgabe von Teilschuldverschreibungen" bestimmt werden (§ 29 des Gesetzes vom 28. Juli 1902).

f) **Vor Feststellung der Versteigerungsbedingungen** ist die Bahnaufsichtsbehörde zu „hören" (§ 30 des Gesetzes vom 28. Juli 1902).

Der privatrechtliche Zuschlagserwerb an der die Bahneinheit bildenden Immobiliarmasse überträgt ja noch nicht schon die — öffentlich-rechtliche — Genehmigung zum Erwerbe der „Bahn" als solcher. Die für die Erteilung dieser Genehmigung in Betracht kommenden Bedingungen sollen daher durch die Aufsichtsbehörde bereits vor dem Bieten klargestellt werden können. Denn

g) **die Erteilung des Zuschlags** hat unter der **Bedingung** zu erfolgen, daß für die Person des Erstehers die staatliche Genehmigung zum Erwerbe der Bahn beigebracht wird.

Dieser bedingte Zuschlag — welcher eine Frist zur Beibringung jener staatlichen Genehmigung zu bestimmen haben wird — ist vom Vollstreckungsgericht aufzuheben, und zwar unter gleichzeitiger Versagung des Zuschlags, falls die gedachte Genehmigung versagt wird.

Ein solcher Zuschlagsversagungsbeschluß ist ohne vorherige mündliche Verhandlung zu erlassen, nicht zu verkünden, sondern den Beteiligten zuzustellen (vgl. dagegen § 87 des Reichsges., S. 119, 120).

Die „Zustellung" — nicht also die Rechtskraft des Beschlusses (vgl. § 86 des Reichsges., S. 78) — bewirkt eine einstweilige Einstellung des Verfahrens (§ 32 Abs. 1 des Gesetzes vom 28. Juli 1902).

Unter dieser „Zustellung" wird die an den betreibenden Haupt- oder Nebengläubiger zu verstehen sein.

---

[9]) In einem solchen Falle muß indessen die Eintragung in das Bahngrundbuch geschehen, wenn infolge Nichtzahlung des baren Versteigerungserlöses das Vollstreckungsgericht gemäß § 130 des Reichsges. um Eintragung von Sicherungshypotheken ersucht (vgl. S. 172).

h) **Der Termin zur Verteilung des Versteigerungserlöses** ist — wie § 32 Abs. 2 des Gesetzes vom 28. Juli 1902 zudem ausdrücklich bestimmt — erst nach Beibringung jener staatlichen Genehmigung zum Erwerbe der Bahn anberaumbar.

i) **In den Fällen, wo im Verfahren Wertsfeststellungen** zu geschehen haben — §§ 64, 112 des Reichsges. (vgl. S. 205 Anm. 9 und S. 208) — erfolgen jene nach Anhörung der Bahnaufsichtsbehörde (§ 31 des Gesetzes vom 28. Juli 1902).

II. **Die Zwangsverwaltung.**

a) **Der Antrag** auf Einleitung der Zwangsverwaltung hat hier noch (vgl. S. 232, 233) als Anlage beizufügen:

entweder eine Erklärung der Bahnaufsichtsbehörde, daß die Verwaltungseinkünfte voraussichtlich den Kosten des Verfahrens und den Ausgaben und Ansprüchen der Verwaltung entsprechen werden;

oder eine bahnaufsichtsbehördliche Erklärung, daß rücksichtlich jener Kosten Ausgaben und Ansprüche eine voraussichtlich ausreichende Deckung gewährt ist (§ 33 a. a. O.).

b) **Der Antragsteller** der Zwangsverwaltung kann im Falle der Konkurseröffnung über das Vermögen des Bahneigentümers auch die Bahnaufsichtsbehörde sein (§ 34 a. a. O.).

c) **Die Einleitung des Zwangsverwaltungsverfahrens** ist — wie im ordentlichen Verfahren, vgl. S. 234 — vom Vollstreckungsgericht anzuordnen. Der Bahnaufsichtsbehörde stehen aber die Ausübung folgender vollstreckungsgerichtlicher Akte im gewöhnlichen Zwangsverwaltungsverfahren zu:

die Ernennung und Beaufsichtigung des Zwangsverwalters und die damit in Verbindung stehende Befugnis der Festsetzung der Vergütung des Zwangsverwalters, der Ordnungsstrafengewalt und des Erforderns der Rechnungslegung (§ 35 a. a. O.).

d) **Die Verteilung der Überschüsse** der Zwangsverwaltung aber geschieht wie im ordentlichen Verfahren (S. 253 ff.).

In die **Befriedigungsrangordnung** der Beteiligten (vgl. S. 254, 255) treten hier aber einzelne im § 36 a. a. O. gedachte, aus der Bahnbetriebsfortführung während der Zwangsverwaltung entstandene Ansprüche ein.

Die Zwangsverwaltungsakte öffentlicher Kreditanstalten.

D. Endlich sind für das Zwangsverwaltungsverfahren im preußischen Rechtsgebiete den öffentlichen landschaftlichen Kreditanstalten bestimmte Vollstreckungsakte übertragen und besonders geregelt, und zwar durch das Gesetz vom 3. August 1897. Vgl. auch Art. 167 des Einf.Ges. zum BGB., § 2 des Einf.Ges. zum RZVG., Art. 12 des preuß. Ausf.Ges. zum RZVG.

Öffentliche landschaftliche (ritterschaftliche) Kreditanstalten, welchen die provinzial- (kommunal-)ständischen öffentlichen Grundkreditanstalten gleichstehen, haben, nach den §§ 1, 2, 3, 4, 5, 6 des Gesetzes vom 3. August 1897 auf Grund landesherrlicher Genehmigung oder königlicher Verordnung folgende statutarische Berechtigungen, welche das ordentliche Zwangsverwaltungsverfahren in folgenden Punkten ändern:

a) Der **einfache Antrag** auf Zwangsverwaltung genügt — wie für die Einleitung des Zwangsversteigerungsverfahrens, S. 84 — zur Einleitung des Zwangsverwaltungsverfahrens, ohne daß es der Beibringung eines vollstreckbaren Titels bedarf, sofern die Anstalt die Beitreibung fälliger Forderungen an Darlehnskapitalien, Zinsen und an Tilgungsbeiträgen gegen den Eigentümer des von ihr beliehenen Grundstücks begehrt. **Preuß. Ges. v. 3. Aug. 1897**

b) Die **Anstalt** kann behufs Befriedigung der eben gedachten Ansprüche auch **selbst eine Zwangsverwaltung** des von ihr beliehenen Grundstücks nach Maßgabe ihres Statuts einleiten,[10]) welches indessen ein solches Zwangsverwaltungsverfahren[11]) im Anschluß an das Reichsgesetz zu gestalten hat (§ 3 Abs. 2, § 5 Abs. 2 des Gesetzes vom 3. August 1897).

Ein solches Zwangsverwaltungsverfahren ist aber:

unzulässig sofern bereits ein gerichtliches Zwangsverwaltungsverfahren eingeleitet ist, und ist

einzustellen, sobald ein gerichtliches Zwangsverwaltungsverfahren eingeleitet wird; im letzteren Falle wird die Anstalt ohne weiteres betreibende Gläubigerin des gerichtlichen Verfahrens (§ 6 Abs. 1 und 2 a. a. O.).[12])

c) **In einem gerichtlichen Zwangsverwaltungsverfahren** über ein von der Anstalt beliehenes Grundstück müssen der Letzteren auf ihren Antrag die **Ausübung der vollstreckungsgerichtlichen Akte:** der Ernennung und Beaufsichtigung des Zwangsverwalters und in Verbindung hiermit der Befugnis zur Festsetzung der Vergütung des Verwalters, der Ordnungsstrafgewalt und der Rechnungslegung überwiesen werden.

Eine solche Überweisung hat aber zur Voraussetzung, daß ihre Zulässigkeit in dem Anstaltsstatut kraft landesherrlicher Genehmigung festgestellt ist.

Im Falle jener Überweisung konkurriert die Anstalt als Vollstreckungsbehörde mit dem Vollstreckungsgericht zwar; Entscheidungen des letzteren, welche auf Antrag eines anderen Beteiligten auf Grund des § 766 CPO. ergehen, sind aber auch für die Anstalt bindend (§ 6 a. a. O.).

d) **In einem gerichtlichen Zwangsverwaltungsverfahren über „land- oder forstwirtschaftliche Grundstücke"**, selbst wenn diese von einer vorgedachten öffentlichen Kreditanstalt nicht beliehen sind, ist endlich das Vollstreckungsgericht befugt, jene öffentliche Anstalt um Ausübung der zu c gedachten Vollstreckungsakte zu ersuchen.

Die Anstalt ist indessen nicht verpflichtet, dem vollstreckungsgerichtlichen Ersuchen nachzukommen (§ 6 a. a. O.).

---

[10]) Der Schuldner, welcher die Verpflichtung zur Entrichtung der geforderten, durch eine solche Zwangsverwaltung zu begleichenden Geldbeträge bestreitet, muß gegen die Anstalt auf Einstellung der von ihr eingeleiteten Zwangsverwaltung klagen (§ 5 Abs. 3 a. a. O.).

[11]) Die Zwangsverwaltung eines Bruchteils an einem Grundstück ist — wie im gewöhnlichen Verfahren — auch hier zulässig. Der von der Anstalt ernannte Verwalter ist jedoch auch hier darauf beschränkt, nach den konkreten Rechtsverhältnissen zwischen den Schuldnern und seinen Miteigentümern, mit letzteren Mitbesitz, Mitbenutzung und Mitverwaltung eventuell gemäß §§ 743 f. BGB. ausüben, vgl. auch § 751 letzter Satz a. a. O.

[12]) In diesem Falle hat die Kreditanstalt einen in der Rangstelle des § 10 Nr. 1 des Reichsges. zu befriedigenden Anspruch auf Erstattung ihrer Ausgaben während der von ihr eingeleitet gewesenen Zwangsverwaltung (Art. 12 des preuß. Ausf.Ges. zum RZVG.).

E. Schließlich ist des — außerhalb des Rahmens eines privatrechtlichen Vollstreckungsverfahrens liegende — Verfahren der Art. 35—41 des preuß. Ausf.Ges. z. RZVG. noch kurz zu erwähnen:

a) Auf Grund der Bestimmungen in den Art. 35 ff. hat ein Verteilungsverfahren unter „entsprechender" Anwendung der reichsgesetzlichen Vorschriften der §§ 105—145 statt, sofern in einem Enteignungsverfahren auf Grund des preuß. Gesetzes vom 11. Juni 1874 oder des preuß. Gesetzes, betreffend die Anlegung und Veränderung von Straßen und Plätzen, vom 2. Juli 1875:

1. ein Grundstück ganz oder teilweis enteignet ist (Ausnahmen § 38 des Ges. v. 11. Juni 1874);
2. die Wirkung der Enteignung nach Maßgabe der §§ 44—46 des Ges. v. 11. Juni 1874 eingetreten ist;
3. die festgestellte Enteignungssumme vom Unternehmer hinterlegt ist, § 37 a. a. O.;
4. das ganz oder teilweis enteignete Grundstück mit Hypotheken, Grundschulden, Rentenschulden, Reallasten belastet war.[1])

b) **Kraft des Surrogationsprinzips ist** den Realbeteiligten des enteigneten Areals für ihre infolge der Enteignung (§ 45 des Ges. v. 11. Juni 1874) erloschenen Rechte ein **Anspruch auf Befriedigung** aus der hinterlegten Enteignungssumme entstanden, Art. 35 a. a. O.

c) **Diese Befriedigung zu vermitteln, gehört in erster Linie zur Kompetenz der Auseinandersetzungsbehörde,** also der Generalkommission, Art. 35 des preuß. Ausf.Ges. z. RZVG.

d) **Der Eigentümer, wie die übrigen Realbeteiligten**[1]) **können** aber, sobald die unter a gedachten Voraussetzungen vorliegen, auch ein gerichtliches Verteilungsverfahren rücksichtlich der hinterlegten Enteignungssumme beantragen, Art. 35 Abs. 2 cit.

e) **Dieses gerichtliche Verteilungsverfahren ist aber unzulässig,** wenn ein Verteilungsverfahren vor der Auseinandersetzungsbehörde bereits anhängig ist, Art. 37 a. a. O.

f) **Die einstweilige Einstellung des schon eingeleiteten** gerichtlichen Verteilungsverfahrens ist anzuordnen:

α) sofern bis zum Schlusse des in demselben anberaumten Verteilungstermins[2]) das Gericht Kenntnis erhält, daß auf Antrag des enteigneten

---

[1]) Die Belastung mit Reallasten, Hypotheken, Grund- und Rentenschulden bildet eine der vier Voraussetzungen für ein gerichtliches Verteilungsverfahren; in letzterem sind daher auch nur Berechtigte jener Rechte antrags- wie befriedigungsberechtigt; hierfür spricht zwingend der Inhalt der Art. 35 und 41. Gl. A. Fischer u. Schaefer Anm. 4c zu Art. 35—41. A. M. Jaeckel Anm. 3 zu Art. 35.

[2]) Erlangt das Vollstreckungsgericht erst nach Ablauf der Frist, oder nach Schluß des ersten Verteilungstermins (S. 323 β) Kenntnis, daß ein Vermittelungsverfahren von der Aus-

Eigentümers die Auseinandersetzungsbehörde das Vermittelungsverfahren eingeleitet hat; Art. 35—41 des preuß. Ausf.Ges.

oder:

β) sofern der Eigentümer bis zum Schlusse des Verteilungstermins, um jenes behördliche Vermittelungsverfahren zu beantragen, die Bestimmung einer Frist erbittet, und vor ihrem Ablauf die Einleitung des infolge des Antrags eingeleiteten behördlichen Vermittelungsverfahrens zur Kenntnis des Vollstreckungsgerichts gelangt.

g) **Die endgiltige Aufhebung des eingeleiteten** gerichtlichen Verteilungsverfahrens ist endlich auszusprechen, wenn die Generalkommission die Enteignungssumme verteilt hat, oder die letztere von den Beteiligten freigegeben ist, Art. 38, 37, auch 39 a. a. O.!

h) **Das, wie erwähnt, unter „entsprechender" Anwendung der §§ 105 bis 145 des Reichsges. abzuwickelnde Verfahren** gestaltet sich, wie folgt:

1. **Das für das Verfahren zuständige Vollstreckungsgericht** ist das Amtsgericht, in dessen Bezirk das enteignete Grundstück gelegen ist, § 1, aber auch § 2 des Reichsges. (vgl. S. 80 α, 81).

2. **Der Antrag** auf Eröffnung des Verfahrens muß die zu a gedachten vier Voraussetzungen, insbesondere also auch dartun, daß der Antragsteller Eigentümer oder Hypothekengläubiger, Grundschuld- oder Rentenschuldgläubiger oder Reallastberechtigter ist.

Die Prüfung der Zulässigkeit des Antrags erfordert jedoch nach dem unter e Gesagten in erster Linie die Feststellung, daß eine von der Auseinandersetzungsbehörde dem Gericht aus Art. 37 a. a. O. gemachte Anzeige über ein von dieser schon eingeleitetes Vermittelungsverfahren **nicht** vorliegt.

3. **Der Einleitungsbeschluß** hat nur die Eröffnung des Verteilungsverfahrens aus Art. 35 Abs. 2 a. a. O. auszusprechen.

Eine Beschlagnahme der hinterlegten Summe ist ebensowenig auszusprechen, wie etwa eine grundbuchliche Verlautbarung der Einleitung des Verfahrens.

Mit der Eröffnung des Verfahrens ist indessen auch hier das Grundbuchamt um Erteilung einer beglaubigten Grundbuchblattabschrift zu ersuchen, deren Inhalt **hier** jedoch — in Abweichung von der im ordentlichen Verfahren zu erfordernden Abschrift (vgl. S. 86 III) — durch Art. 41 Ziff. 3 bestimmt wird.

Denn:

4. **Die Grundlagen** des, zwecks Verteilung der hinterlegten Summe, aufzustellenden Teilungsplans bilden auch hier:

die Anmeldungen,

das Grundbuch (vgl. S. 147).

In Abweichung von dem ordentlichen Erlösverteilungsverfahren — vorliegend ist ja weder eine Beschlagnahme des Grundstücks bezw. seiner Enteignungssumme, noch die Grundbucheintragung eines Vollstreckungsvermerks vorausgegangen — sind jedoch:

---

einandersetzungsbehörde eingeleitet ist, so ist dieser vom Gericht Nachricht über das gerichtliche Verfahren zu geben. Die Auseinandersetzungsbehörde hat dann ihr Verfahren aufzuheben. Art. 39 a. a. O.

α) **„Von Amts wegen“**, d. h. ohne Anmeldung, auf Grund der Grundbucheintragungen nur diejenigen zu laden und in der Planaufstellung zu berücksichtigen, „deren Rechte zur Zeit des Übergangs des Eigentums auf den Unternehmer, (§§ 44—48 des Enteignungsges.) eingetragen waren“, Art. 41 Nr. 3 a. a. O. (vgl. hiergegen S. 147a!).

Dieser Zeitpunkt ist der entscheidende; Löschungen einzelner Rechte **nach** diesem Zeitpunkt — das Grundbuch kann ja anläßlich des Enteignungsverfahrens schon zum Teil berichtigt sein — erfordern trotzdem **zunächst** eine Berücksichtigung jener gelöschten Rechte und ihrer Beteiligter (vgl. Art. 41 Nr. 3 in fine! a. a. O.).

β) **Der für die Berechnung laufender und rückständiger Beträge** wiederkehrender Leistungen, also insbesondere der Hypothekenzinsen, maßgebende Zeitpunkt ist hier — in Abweichung vom ordentlichen Erlösverteilungsverfahren (vgl. Teil I S. 13 unter II 1) — der Moment der Zustellung des das Verteilungsverfahren eröffnenden Beschlusses (vorstehend unter 3) an den Antragsteller.

5. **Die zu ladenden Beteiligten** führt Art. 41 Nr. 1 a. a. O. auf.

i) **Die Tatsache,** daß die zu verteilende Enteigungssumme hier stets hinterlegt und vorhanden ist, schließt von den §§ 105—145 des Reichsges. die entsprechende Anwendbarkeit der §§ 108, 110, 112, 113 Abs. 2, 116, 118, 120 Abs. 1 Satz 2, 122 Abs. 2, 123, 125, 128, 129, 130 (zum Teil), 132 bis 134 aus.

k) **Im übrigen** setzt sich das Verfahren aus Art. 35—41 des preuß. Ausf.Ges., wie S. 146 ff. dargestellt, zusammen aus den Akten: der Anberaumung des Verteilungstermins, in diesem, der Feststellung der beteiligten Rechte (S. 147), der Verhandlung über den Teilungsplan (S. 156), insbesondere über einen erhobenen Widerspruch (S. 157), der einfachen Teilungsplanausführung (S. 159), der Eventualverteilung (S. 164).

Anhang.

1) Das Reichsgesetz über die Zwangsversteigerung und die Zwangsverwaltung vom 24. März 1897 (in der Fassung vom 20. Mai 1898),

2) Das Einführungsgesetz zu dem Gesetz über die Zwangsversteigerung und Zwangsverwaltung vom 24. März 1897,

3) Das preußische Ausführungsgesetz zum Reichsgesetz über die Zwangsversteigerung und Zwangsverwaltung vom 23. September 1899

mit den Verweisungen

auf die Seiten der systematischen Darstellung.

I.

Gesetz über die Zwangsversteigerung und die Zwangsverwaltung.

Erster Abschnitt.

Zwangsversteigerung und Zwangsverwaltung von Grundstücken im Wege der Zwangsvollstreckung.

Erster Titel.

Allgemeine Vorschriften.

§ 1. Für die Zwangsversteigerung und die Zwangsverwaltung eines Grundstücks ist als Vollstreckungsgericht das Amtsgericht zuständig, in dessen Bezirke das Grundstück belegen ist
Seite 79, 80.

§ 2. Ist das Grundstück in den Bezirken verschiedener Amtsgerichte belegen oder ist es mit Rücksicht auf die Grenzen der Bezirke ungewiß, welches Gericht zuständig ist, so hat das zunächst höhere Gericht eines der Amtsgerichte zum Vollstreckungsgerichte zu bestellen; die Vorschriften des § 37 der Civilprozeßordnung finden entsprechende Anwendung.

Die gleiche Anordnung kann getroffen werden, wenn die Zwangsversteigerung oder die Zwangsverwaltung mehrerer Grundstücke in demselben Verfahren zulässig ist und die Grundstücke in den Bezirken verschiedener Amtsgerichte belegen sind. Von der Anordnung soll das zum Vollstreckungsgerichte bestellte Gericht die übrigen Gerichte in Kenntniß setzen.
Seite 81, 231.

§ 3. Die Zustellungen erfolgen von Amtswegen.
Seite 18.

§ 4. Wohnt derjenige, welchem zugestellt werden soll, weder am Orte noch im Bezirke des Vollstreckungsgerichts, so kann die Zustellung durch Aufgabe zur Post erfolgen, solange nicht die Bestellung eines daselbst wohnhaften Prozeßbevollmächtigten oder Zustellungsbevollmächtigten dem Gericht angezeigt ist. Die Postsendung muß mit der Bezeichnung „Einschreiben" versehen werden.
Seite 18, 20.

§ 5. Die Bestellung eines Zustellungsbevollmächtigten bei dem Grundbuchamte gilt auch für das Verfahren des Vollstreckungsgerichts, sofern sie diesem bekannt geworden ist.
Seite 20.

§ 6. Ist der Wohnort desjenigen, welchem zugestellt werden soll, dem Vollstreckungsgerichte nicht bekannt, so hat das Gericht einen Zustellungsvertreter zu bestellen.

Das Gleiche gilt, wenn im Falle der Zustellung durch Aufgabe zur Post die Postsendung als unbestellbar zurückkommt. Die zurückgekommene Sendung soll dem Zustellungsvertreter ausgehändigt werden.

Statt der Bestellung eines Vertreters genügt es, wenn die Zustellung für nicht prozeßfähige Personen an die Vormundschaftsbehörde, für juristische Personen oder für Vereine, die als solche klagen und verklagt werden können, an die Aufsichtsbehörde angeordnet wird.

Seite 20; zu Abs. 3: Seite 22.

§ 7. An den Zustellungsvertreter erfolgen die Zustellungen, solange derjenige, welchem zugestellt werden soll, nicht ermittelt ist.

Der Zustellungsvertreter ist zur Ermittelung und Benachrichtigung des Vertretenen verpflichtet. Er kann von diesem eine Vergütung für seine Thätigkeit und Ersatz seiner Auslagen fordern. Ueber die Vergütung und die Erstattung der Auslagen entscheidet das Vollstreckungsgericht.

Für die Erstattung der Auslagen haftet der Gläubiger, soweit der Zustellungsvertreter von dem Vertretenen Ersatz nicht zu erlangen vermag; die dem Gläubiger zur Last fallenden Auslagen gehören zu den Kosten der die Befriedigung aus dem Grundstücke bezweckenden Rechtsverfolgung.

Seite 20, 21.

§ 8. Die Vorschriften der §§ 4 bis 7 finden auf die an den Schuldner zu bewirkende Zustellung des Beschlusses, durch welchen die Zwangsvollstreckung angeordnet oder der Beitritt eines Gläubigers zugelassen wird, keine Anwendung.

Seite 19.

§ 9. In dem Verfahren gelten als Betheiligte, außer dem Gläubiger und dem Schuldner:
1. diejenigen, für welche zur Zeit der Eintragung des Vollstreckungsvermerkes ein Recht im Grundbuch eingetragen oder durch Eintragung gesichert ist;
2. diejenigen, welche ein der Zwangsvollstreckung entgegenstehendes Recht, ein Recht an dem Grundstück oder an einem das Grundstück belastenden Rechte, einen Anspruch mit dem Rechte auf Befriedigung aus dem Grundstück oder ein Mieth- oder Pachtrecht, auf Grund dessen ihnen das Grundstück überlassen ist, bei dem Vollstreckungsgericht anmelden und auf Verlangen des Gerichts oder eines Betheiligten glaubhaft machen.

Seite 14—17.

§ 10. Ein Recht auf Befriedigung aus dem Grundstücke gewähren nach folgender Rangordnung, bei gleichem Range nach dem Verhältniß ihrer Beträge:
1. der Anspruch eines die Zwangsverwaltung betreibenden Gläubigers auf Ersatz seiner Ausgaben zur Erhaltung oder nöthigen Verbesserung des Grundstücks, im Falle der Zwangsversteigerung jedoch nur, wenn die Verwaltung bis zum Zuschlage fortdauert und die Ausgaben nicht aus den Nutzungen des Grundstücks erstattet werden können;
2. bei einem land- oder forstwirthschaftlichen Grundstücke die Ansprüche der zur Bewirthschaftung des Grundstücks oder zum Betrieb eines mit dem Grundstücke verbundenen land- oder forstwirthschaftlichen Nebengewerbes angenommenen, in einem Dienst- oder Arbeitsverhältnisse stehenden Personen, insbesondere des Gesindes, der Wirthschafts- und Forstbeamten, auf Lohn, Kostgeld und andere Bezüge wegen der laufenden und der aus dem letzten Jahre rückständigen Beträge;
3. die Ansprüche auf Entrichtung der öffentlichen Lasten des Grundstücks wegen der laufenden und der aus den letzten zwei Jahren rückständigen Beträge;
4. die Ansprüche aus Rechten an dem Grundstücke, soweit sie nicht in Folge der Beschlagnahme dem Gläubiger gegenüber unwirksam sind, die Ansprüche auf wiederkehrende Leistungen jedoch, mit Einschluß derjenigen, welche als Zuschlag zu den Zinsen behufs allmählicher Kapitalstilgung zu entrichten sind, nur wegen der laufenden und der aus den letzten zwei Jahren rückständigen Beträge;

5. der Anspruch des Gläubigers, soweit er nicht in einer der vorhergehenden Klassen zu befriedigen ist;
6. die Ansprüche der vierten Klasse, soweit sie in Folge der Beschlagnahme dem Gläubiger gegenüber unwirksam sind;
7. die Ansprüche der dritten Klasse wegen der älteren Rückstände;
8. die Ansprüche der vierten Klasse wegen der älteren Rückstände.

Das Recht auf Befriedigung aus dem Grundstücke besteht auch für die Kosten der Kündigung und der die Befriedigung aus dem Grundstücke bezweckenden Rechtsverfolgung.

Zu Nr. 1: Seite 23.
Zu Nr. 2: Seite 24.
Zu Nr. 3: Seite 24—25.
Zu Nr. 4: Seite 26—28.
Zu Nr. 5: Seite 28—29.
Zu Nr. 6—8: Seite 29—30.
Zum letzten Absatz: Seite 28.
Ferner: Seite 101, 146, 255.

§ 11. Sind Ansprüche aus verschiedenen Rechten nach § 10 Nr. 4, 6 oder 8 in derselben Klasse zu befriedigen, so ist für sie das Rangverhältniß maßgebend, welches unter den Rechten besteht.

In der fünften Klasse geht unter mehreren Ansprüchen derjenige vor, für welchen die Beschlagnahme früher erfolgt ist.

Seite 27.

§ 12. Die Ansprüche aus einem und demselben Rechte haben unter einander folgende Rangordnung:

1. die Ansprüche auf Ersatz der im § 10 Abs. 2 bezeichneten Kosten;
2. die Ansprüche auf wiederkehrende Leistungen und andere Nebenleistungen;
3. der Hauptanspruch.

Seite 28.

§ 13. Die laufenden Beträge wiederkehrender Leistungen nehmen ihren Anfang von dem letzten Fälligkeitstermine vor der Beschlagnahme des Grundstücks; die Rückstände werden von demselben Zeitpunkte zurückgerechnet.

Fehlt es innerhalb der letzten zwei Jahre an einem Fälligkeitstermine, so entscheidet die Zeit der Beschlagnahme.

Liegen mehrere Beschlagnahmen vor, so ist die erste maßgebend. Bei der Zwangsversteigerung gilt, wenn bis zur Beschlagnahme eine Zwangsverwaltung fortgedauert hat, die für diese bewirkte Beschlagnahme als die erste.

Seite 13; zu Abs. 3 Satz 2: Seite 232 Ziff. 3c.

§ 14. Ansprüche von unbestimmtem Betrage gelten als aufschiebend bedingt durch die Feststellung des Betrags.

Seite 39 und Anm. 12.

Zweiter Titel.

Zwangsversteigerung.

I. Anordnung der Versteigerung.

§ 15. Die Zwangsversteigerung eines Grundstücks wird von dem Vollstreckungsgericht auf Antrag angeordnet.

Seite 79, 80.

§ 16. Der Antrag soll das Grundstück, den Eigenthümer, den Anspruch und den vollstreckbaren Titel bezeichnen.

Die für den Beginn der Zwangsvollstreckung erforderlichen Urkunden sind dem Antrage beizufügen.

Seite 79, 80.

§ 17. Die Zwangsversteigerung darf nur angeordnet werden, wenn der Schuldner als Eigenthümer des Grundstücks eingetragen oder wenn er Erbe des eingetragenen Eigenthümers ist.

Die Eintragung ist durch ein Zeugniß des Grundbuchamts nachzuweisen. Ist das Vollstreckungsgericht zugleich das Grundbuchamt, so genügt statt des Zeugnisses die Bezugnahme auf das Grundbuch.

Die Erbfolge ist durch Urkunden glaubhaft zu machen, sofern sie nicht bei dem Gericht offenkundig ist.

Seite 80, 81.

§ 18. Die Zwangsversteigerung mehrerer Grundstücke kann in demselben Verfahren erfolgen, wenn sie entweder wegen einer Forderung gegen denselben Schuldner oder wegen eines an jedem der Grundstücke bestehenden Rechtes betrieben wird.

Seite 198, 213.

§ 19. Ordnet das Gericht die Zwangsversteigerung an, so hat es zugleich das Grundbuchamt um Eintragung dieser Anordnung in das Grundbuch zu ersuchen.

Das Grundbuchamt hat nach der Eintragung des Versteigerungsvermerks dem Gericht eine beglaubigte Abschrift des Grundbuchblatts und der Urkunden, auf welche im Grundbuche Bezug genommen wird, zu ertheilen, die bei ihm bestellten Zustellungsbevollmächtigten zu bezeichnen und Nachricht zu geben, was ihm über Wohnort und Wohnung der eingetragenen Betheiligten und deren Vertreter bekannt ist. Statt der Ertheilung einer beglaubigten Abschrift der Urkunden genügt die Beifügung der Grundakten oder der Urkunden.

Seite 85, 86.

§ 20. Der Beschluß, durch welchen die Zwangsversteigerung angeordnet wird, gilt zu Gunsten des Gläubigers als Beschlagnahme des Grundstücks.

Die Beschlagnahme umfaßt auch diejenigen Gegenstände, auf welche sich bei einem Grundstücke die Hypothek erstreckt.

Zu Abs. 1: Seite 9.

Zu Abs. 2: Seite 3, 6, Seite 15 Anm. 2.

§ 21. Die Beschlagnahme umfaßt land- und forstwirthschaftliche Erzeugnisse des Grundstücks sowie die Forderung aus einer Versicherung solcher Erzeugnisse nur, soweit die Erzeugnisse noch mit dem Boden verbunden oder soweit sie Zubehör des Grundstücks sind.

Die Beschlagnahme umfaßt nicht die Mieth- und Pachtzinsforderungen sowie die Ansprüche aus einem mit dem Eigenthum an dem Grundstücke verbundenen Rechte auf wiederkehrende Leistungen.

Das Recht eines Pächters auf den Fruchtgenuß wird von der Beschlagnahme nicht berührt.

Seite 6 u. 7.

§ 22. Die Beschlagnahme des Grundstücks wird mit dem Zeitpunkte wirksam, in welchem der Beschluß, durch den die Zwangsversteigerung angeordnet ist, dem Schuldner zugestellt wird. Sie wird auch wirksam mit dem Zeitpunkt, in welchem das Ersuchen um Eintragung des Versteigerungsvermerkes dem Grundbuchamte zugeht, sofern auf das Ersuchen die Eintragung demnächst erfolgt.

Erstreckt sich die Beschlagnahme auf eine Forderung, so hat das Gericht auf Antrag des Gläubigers dem Drittschuldner zu verbieten, an den Schuldner zu zahlen. Die Beschlagnahme wird dem Drittschuldner gegenüber erst mit dem Zeitpunkte wirksam, in welchem sie ihm bekannt oder das Zahlungsverbot ihm zugestellt wird. Die Vorschriften des § 845 der Civilprozeßordnung finden entsprechende Anwendung.

Seite 9, 10; 99 Anm 4 zu Abs. 2: Seite 11, 12.

§ 23. Die Beschlagnahme hat die Wirkung eines Veräußerungsverbots. Der Schuldner kann jedoch, wenn sich die Beschlagnahme auf bewegliche Sachen erstreckt, über einzelne Stücke innerhalb der Grenzen einer ordnungsmäßigen Wirthschaft auch dem Gläubiger gegenüber wirksam verfügen.

Kommt es bei einer gegen die Beschlagnahme verstoßenden Verfügung nach § 135 Abs. 2 des Bürgerlichen Gesetzbuchs darauf an, ob derjenige, zu dessen Gunsten verfügt wurde, die Beschlagnahme kannte, so steht die Kenntniß des Versteigerungsantrags einer Kenntniß der Beschlagnahme gleich. Die Beschlagnahme gilt auch in Ansehung der mithaftenden beweglichen Sachen als bekannt, sobald der Versteigerungsvermerk eingetragen ist.

Seite 9; zu Abs. 2: Seite 10.

§ 24. Die Verwaltung und Benutzung des Grundstücks verbleibt dem Schuldner nur innerhalb der Grenzen einer ordnungsmäßigen Wirthschaft.

Seite 7; Anm. 1; Seite 68.

§ 25. Ist zu besorgen, daß durch das Verhalten des Schuldners die ordnungsmäßige Wirthschaft gefährdet wird, so hat das Vollstreckungsgericht auf Antrag des Gläubigers die zur Abwendung der Gefährdung erforderlichen Maßregeln anzuordnen. Das Gericht kann die Maßregeln aufheben, wenn der zu deren Fortsetzung erforderliche Geldbetrag nicht vorgeschossen wird.

Seite 7 Anm. 1.

§ 26. Ist die Zwangsversteigerung wegen des Anspruchs aus einem eingetragenen Rechte angeordnet, so hat eine nach der Beschlagnahme bewirkte Veräußerung des Grundstücks auf den Fortgang des Verfahrens gegen den Schuldner keinen Einfluß.

Seite 12.

§ 27. Wird nach der Anordnung der Zwangsversteigerung ein weiterer Antrag auf Zwangsversteigerung des Grundstücks gestellt, so erfolgt statt des Versteigerungsbeschlusses die Anordnung, daß der Beitritt des Antragstellers zu dem Verfahren zugelassen wird. Eine Eintragung dieser Anordnung in das Grundbuch findet nicht statt.

Der Gläubiger, dessen Beitritt zugelassen ist, hat dieselben Rechte, wie wenn auf seinen Antrag die Versteigerung angeordnet wäre

Seite 87—89; 99; zu Abs. 2: Seite 14.

II. Aufhebung und einstweilige Einstellung des Verfahrens.

§ 28. Wird dem Vollstreckungsgericht ein aus dem Grundbuch ersichtliches Recht bekannt, welches der Zwangsversteigerung oder der Fortsetzung des Verfahrens entgegensteht, so hat das Gericht das Verfahren entweder sofort aufzuheben oder unter Bestimmung einer Frist, binnen welcher der Gläubiger die Hebung des Hindernisses nachzuweisen hat, einstweilen einzustellen. Im letzteren Falle ist das Verfahren nach dem Ablaufe der Frist aufzuheben, wenn nicht inzwischen der Nachweis erbracht ist.

Seite 75, 90, 91, 116.

§ 29. Das Verfahren ist aufzuheben, wenn der Versteigerungsantrag von dem Gläubiger zurückgenommen wird.

Seite 76.

§ 30. Das Verfahren ist einstweilen einzustellen, wenn der Gläubiger die Einstellung bewilligt; ist die Einstellung erfolgt, so gilt eine neue Bewilligung als Rücknahme des Versteigerungsantrags.

Der Bewilligung der Einstellung steht es gleich, wenn von dem Gläubiger die Aufhebung des Versteigerungstermins bewilligt wird.

Seite 76; auch Seite 116.

§ 31. Im Falle einer einstweiligen Einstellung darf das Verfahren, soweit sich nicht aus dem Gesetz ein Anderes ergiebt, nur auf Antrag des Gläubigers fortgesetzt werden.

Wird der Antrag nicht binnen sechs Monaten gestellt, so ist das Verfahren aufzuheben. Die Frist beginnt, wenn die Einstellung von dem Prozeßgericht angeordnet war, mit der Wiederaufhebung der Anordnung, in den übrigen Fällen mit der Einstellung des Verfahrens.

Seite 76.

§ 32. Der Beschluß, durch welchen das Verfahren aufgehoben oder einstweilen eingestellt wird, ist dem Schuldner, dem Gläubiger und, wenn die Anordnung von einem Dritten beantragt war, auch diesem zuzustellen.

Seite 78.

§ 33. Nach dem Schlusse der Versteigerung darf, wenn ein Grund zur Aufhebung oder zur einstweiligen Einstellung des Verfahrens oder zur Aufhebung des Termins vorliegt, die Entscheidung nur durch Versagung des Zuschlags gegeben werden.

Seite 78; auch Seite 116, 211.

§ 34. Im Falle der Aufhebung des Verfahrens ist das Grundbuchamt um Löschung des Versteigerungsvermerkes zu ersuchen.

Seite 78.

III. Bestimmung des Versteigerungstermins.

§ 35. Die Versteigerung wird durch das Vollstreckungsgericht ausgeführt.

Seite 90.

§ 36. Der Versteigerungstermin soll erst nach der Beschlagnahme des Grundstücks und nach dem Eingange der Mittheilungen des Grundbuchamts bestimmt werden.

Der Zeitraum zwischen der Anberaumung des Termins und dem Termine soll, wenn nicht besondere Gründe vorliegen, nicht mehr als sechs Monate betragen.

Der Termin kann nach dem Ermessen des Gerichts an der Gerichtsstelle oder an einem anderen Orte im Gerichtsbezirk abgehalten werden.

Seite 90; zu Abs. 2, 3 und Seite 92.

§ 37. Die Terminsbestimmung muß enthalten:

1. die Bezeichnung des Grundstücks;
2. Zeit und Ort des Versteigerungstermins;
3. die Angabe, daß die Versteigerung im Wege der Zwangsvollstreckung erfolgt;
4. die Aufforderung, Rechte, soweit sie zur Zeit der Eintragung des Versteigerungsvermerkes aus dem Grundbuche nicht ersichtlich waren, spätestens im Versteigerungstermine vor der Aufforderung zur Abgabe von Geboten anzumelden und, wenn der Gläubiger widerspricht, glaubhaft zu machen, widrigenfalls die Rechte bei der Feststellung des geringsten Gebots nicht berücksichtigt und bei der Vertheilung des Versteigerungserlöses dem Anspruche des Gläubigers und den übrigen Rechten nachgesetzt werden würden;
5. die Aufforderung an diejenigen, welche ein der Versteigerung entgegenstehendes Recht haben, vor der Ertheilung des Zuschlags die Aufhebung oder einstweilige Einstellung des Verfahrens herbeizuführen, widrigenfalls für das Recht der Versteigerungserlös an die Stelle des versteigerten Gegenstandes treten würde.

Zu Nr. 1
Zu Nr. 2
Zu Nr. 3
Zu Nr. 4 Seite 36, 37 Anm. 11
Zu Nr. 5 Seite 15, 46, 68, 116
} **Seite 92, 93.**

§ 38. Die Terminsbestimmung soll die Bezeichnung des zur Zeit der Eintragung des Versteigerungsvermerkes eingetragenen Eigenthümers sowie die Angabe des Grundbuchblatts und der Größe des Grundstücks enthalten.

Seite 93.

§ 39. Die Terminsbestimmung muß durch einmalige Einrückung in das für Bekanntmachungen des Gerichts bestimmte Blatt öffentlich bekannt gemacht werden.

Hat das Grundstück nur einen geringen Werth, so kann das Gericht anordnen, daß die Einrückung unterbleibt; in diesem Falle muß die Bekanntmachung dadurch erfolgen, daß die Terminsbestimmung in der Gemeinde, in deren Bezirke das Grundstück belegen ist, an die für amtliche Bekanntmachungen bestimmte Stelle angeheftet wird.

Seite 91; zu Abs. 2: Seite 92.

§ 40. Die Terminsbestimmung soll an die Gerichtstafel angeheftet werden. Ist das Gericht nach § 2 Abs. 2 zum Vollstreckungsgerichte bestellt, so soll die Anheftung auch bei den übrigen Gerichten bewirkt werden.

Das Gericht ist befugt, noch andere und wiederholte Veröffentlichungen zu veranlassen; bei der Ausübung dieser Befugniß ist insbesondere auf den Ortsgebrauch Rücksicht zu nehmen,

Seite 94.

§ 41. Die Terminsbestimmung ist den Betheiligten zuzustellen.

Im Laufe der zweiten Woche vor dem Termine soll den Betheiligten mitgetheilt werden, auf wessen Antrag und wegen welcher Ansprüche die Versteigerung erfolgt.

Als Betheiligte gelten auch diejenigen, welche das angemeldete Recht noch glaubhaft zu machen haben.

Seite 96; zu Abs. 2: Seite 43, 96; zu Abs. 3: Seite 18.

§ 42. Die Einsicht der Mittheilungen des Grundbuchamts sowie der erfolgten Anmeldungen ist Jedem gestattet.

Das Gleiche gilt von anderen das Grundstück betreffenden Nachweisungen, welche ein Betheiligter einreicht, insbesondere von Abschätzungen.

Zu Abs. 1: Seite 96; zu Abs. 2: Seite 93.

§ 43. Der Versteigerungstermin ist aufzuheben und von neuem zu bestimmen, wenn die Bekanntmachung der Terminsbestimmung nicht sechs Wochen vor dem Termine bewirkt ist.

Das Gleiche gilt, wenn nicht zwei Wochen vor dem Termine dem Schuldner ein Beschluß, auf Grund dessen die Versteigerung erfolgen kann, und allen Betheiligten, die schon zur Zeit der Anberaumung des Termins dem Gerichte bekannt waren, die Terminsbestimmung zugestellt ist, es sei denn, daß derjenige, in Ansehung dessen die Frist nicht eingehalten ist, das Verfahren genehmigt.

Seite 91, 94, 95.

IV. Geringstes Gebot. Versteigerungsbedingungen.

§ 44. Bei der Versteigerung wird nur ein solches Gebot zugelassen, durch welches die dem Anspruche des Gläubigers vorgehenden Rechte sowie die aus dem Versteigerungserlöse zu entnehmenden Kosten des Verfahrens gedeckt werden (geringstes Gebot).

Wird das Verfahren wegen mehrerer Ansprüche von verschiedenem Range betrieben, so darf der vorgehende Anspruch der Feststellung des geringsten Gebots nur dann zu Grunde gelegt werden, wenn der wegen dieses Anspruchs ergangene Beschluß dem Schuldner zwei Wochen vor dem Versteigerungstermine zugestellt ist.

Seite 33; zu Abs. 2: Seite 43, 99.

§ 45. Ein Recht ist bei der Feststellung des geringsten Gebots insoweit, als es zur Zeit der Eintragung des Versteigerungsvermerkes aus dem Grundbuch ersichtlich war, nach dem Inhalte des Grundbuchs, im Uebrigen nur dann zu berücksichtigen, wenn es rechtzeitig angemeldet und, falls der Gläubiger widerspricht, glaubhaft gemacht wird.

Von wiederkehrenden Leistungen, die nach dem Inhalte des Grundbuchs zu entrichten sind, brauchen die laufenden Beträge nicht angemeldet, die rückständigen nicht glaubhaft gemacht zu werden.

Seite 33; zu Abs. 1: Seite 36; zu Abs. 2: Seite 38.

§ 46. Für wiederkehrende Leistungen, die nicht in Geld bestehen, hat das Gericht einen Geldbetrag festzusetzen, auch wenn ein solcher nicht angemeldet ist.

Anm. 5 Seite 102.

§ 47. Laufende Beträge regelmäßig wiederkehrender Leistungen sind für die Zeit bis zum Ablaufe von zwei Wochen nach dem Versteigerungstermine zu decken. Nicht regelmäßig wiederkehrende Leistungen werden mit den Beträgen berücksichtigt, welche vor dem Ablaufe dieser Frist zu entrichten sind.

Anm. 12 Seite 104, Anm. 1 Seite 156.

§ 48. Bedingte Rechte sind wie unbedingte, Rechte, die durch Eintragung eines Widerspruchs oder einer Vormerkung gesichert sind, wie eingetragene Rechte zu berücksichtigen.

Seite 39.

§ 49. Der Theil des geringsten Gebots, welcher zur Deckung der Kosten sowie der im § 10 Nr. 1 bis 3 und § 12 Nr. 1, 2 bezeichneten Ansprüche bestimmt ist, desgleichen der das geringste Gebot übersteigende Betrag des Meistgebots ist von dem Ersteher im Vertheilungstermine baar zu berichtigen (Baargebot).

Das Baargebot ist von dem Zuschlag an zu verzinsen.

Der Ersteher wird durch Hinterlegung von seiner Verbindlichkeit befreit, wenn die Hinterlegung und die Ausschließung der Rücknahme im Vertheilungstermine nachgewiesen werden.

Zu Abs. 1: Seite 32; zu Abs. 2, 3: Seite 46, 47; zu Abs. 3: auch Seite 145.

§ 50. Soweit eine bei der Feststellung des geringsten Gebots berücksichtigte Hypothek, Grundschuld oder Rentenschuld nicht besteht, hat der Ersteher außer dem Baargebot auch den Betrag des berücksichtigten Kapitals zu zahlen. In Ansehung der Verzinslichkeit, des Zinssatzes, der Zahlungszeit, der Kündigung und des Zahlungsorts bleiben die für das berücksichtigte Recht getroffenen Bestimmungen maßgebend.

Das Gleiche gilt:

1. wenn das Recht bedingt ist und die aufschiebende Bedingung ausfällt oder die auflösende Bedingung eintritt,
2. wenn das Recht noch an einem anderen Grundstücke besteht und an dem versteigerten Grundstücke nach den besonderen Vorschriften über die Gesammthypothek erlischt.

Haftet der Ersteher im Falle des Abs. 2 Nr. 2 zugleich persönlich, so ist die Erhöhung des zu zahlenden Betrags ausgeschlossen, soweit der Ersteher nicht bereichert ist.

Seite 39—42, 65; Seite 165—167; Seite 229—230.

§ 51. Ist das berücksichtigte Recht nicht eine Hypothek, Grundschuld oder Rentenschuld, so finden die Vorschriften des § 50 entsprechende Anwendung. Der Ersteher hat statt des Kapitals den Betrag, um welchen sich der Werth des Grundstücks erhöht, drei Monate nach erfolgter Kündigung zu zahlen und von dem Zuschlag an zu verzinsen.

Der Betrag soll von dem Gerichte bei der Feststellung des geringsten Gebots bestimmt werden.

Seite 38—42, auch Anm. 5 Seite 102, 103; Seite 149, 229.

§ 52. Ein Recht bleibt insoweit bestehen, als es bei der Feststellung des geringsten Gebots berücksichtigt und nicht durch Zahlung zu decken ist. Im Uebrigen erlöschen die Rechte.

Das Recht auf eine der in den §§ 912 bis 917 des Bürgerlichen Gesetzbuchs bezeichneten Renten bleibt auch dann bestehen, wenn es bei der Feststellung des geringsten Gebots nicht berücksichtigt ist.

Seite 32, 33, 44 (II 1).

§ 53. Haftet bei einer Hypothek, die bestehen bleibt, der Schuldner zugleich persönlich, so übernimmt der Ersteher die Schuld in Höhe der Hypothek; die Vorschriften des § 416 des Bürgerlichen Gesetzbuchs finden mit der Maßgabe entsprechende Anwendung, daß als Veräußerer im Sinne dieser Vorschriften der Schuldner anzusehen ist.

Das Gleiche gilt, wenn bei einer Grundschuld oder Rentenschuld, die bestehen bleibt, der Schuldner zugleich persönlich haftet, sofern er spätestens im Versteigerungstermine vor der Aufforderung zur Abgabe von Geboten die gegen ihn bestehende Forderung unter Angabe ihres Betrags und Grundes angemeldet und auf Verlangen des Gerichts oder eines Betheiligten glaubhaft gemacht hat.

Seite 44, 45.

§ **54.** Die von dem Gläubiger dem Eigenthümer oder von diesem dem Gläubiger erklärte Kündigung einer Hypothek, einer Grundschuld oder einer Rentenschuld ist dem Ersteher gegenüber nur wirksam, wenn sie spätestens in dem Versteigerungstermine vor der Aufforderung zur Abgabe von Geboten erfolgt und bei dem Gericht angemeldet worden ist.

Das Gleiche gilt von einer aus dem Grundbuche nicht ersichtlichen Thatsache, in Folge deren der Anspruch vor der Zeit geltend gemacht werden kann.

Seite 45.

§ **55.** Die Versteigerung des Grundstücks erstreckt sich auf alle Gegenstände, deren Beschlagnahme noch wirksam ist.

Auf Zubehörstücke, die sich im Besitze des Schuldners oder eines neu eingetretenen Eigenthümers befinden, erstreckt sich die Versteigerung auch dann, wenn sie einem Dritten gehören, es sei denn, daß dieser sein Recht nach Maßgabe des § 37 Nr. 5 geltend gemacht hat.

Seite 45; zu Abs. 2: Seite 46.

§ **56.** Die Gefahr des zufälligen Unterganges geht in Ansehung des Grundstücks mit dem Zuschlag, in Ansehung der übrigen Gegenstände mit dem Schlusse der Versteigerung auf den Ersteher über. Von dem Zuschlag an gebühren dem Ersteher die Nutzungen und trägt er die Lasten. Ein Anspruch auf Gewährleistung findet nicht statt.

Seite 47, 48.

§ **57.** Ist das Grundstück einem Miether oder Pächter überlassen, so finden die Vorschriften der §§ 571, 572, des § 573 Satz 1 und der §§ 574, 575 des Bürgerlichen Gesetzbuchs entsprechende Anwendung. Der Ersteher ist jedoch berechtigt, das Mieth- oder Pachtverhältniß unter Einhaltung der gesetzlichen Frist zu kündigen. Die Kündigung ist ausgeschlossen, wenn sie nicht für den ersten Termin erfolgt, für den sie zulässig ist

Seite 46, 71 Anm. 3.

§ **58.** Die Kosten des Beschlusses, durch welchen der Zuschlag ertheilt wird, fallen dem Ersteher zur Last.

Seite 48.

§ **59.** Jeder Betheiligte kann eine von den gesetzlichen Vorschriften abweichende Feststellung des geringsten Gebots und der Versteigerungsbedingungen verlangen. Wird durch die Abweichung das Recht eines anderen Betheiligten beeinträchtigt, so ist dessen Zustimmung erforderlich.

Sofern nicht feststeht, ob das Recht durch die Abweichung beeinträchtigt wird, ist das Grundstück mit der verlangten Abweichung und ohne sie auszubieten.

Soll das Fortbestehen eines Rechtes bestimmt werden, das nach § 52 erlöschen würde, so bedarf es nicht der Zustimmung eines nachstehenden Betheiligten.

Seite 49, 107.

§ **60.** Jeder Betheiligte kann verlangen, daß für den das geringste Gebot übersteigenden Betrag des Meistgebots Zahlungsfristen als Versteigerungsbedingung festgestellt werden; die Zustimmung eines anderen Betheiligten ist nicht erforderlich. Soweit Zahlungsfristen bewilligt werden, ist das Gebot von dem Zuschlag an zu verzinsen.

Seite 51.

§ **61.** Im Falle des § 60 ist auf Antrag eines Betheiligten, dessen Recht durch die Bewilligung von Zahlungsfristen beeinträchtigt werden würde, das Grundstück mit Zahlungsfristen und ohne sie auszubieten. Der Zuschlag wird auf Grund des mit Zahlungsfristen erfolgten Ausgebots nur ertheilt, wenn ein Dritter unter Sicherheitsleistung sich verpflichtet, die dem Ersteher obliegende Zahlung vollständig oder mit einem Abzug im Vertheilungstermine zu bewirken, und wenn im Falle eines Abzugs nach dessen Abrechnung das Meistgebot mit Zahlungsfristen höher ist als das andere Meistgebot.

In Ansehung der Verpflichtung des Dritten finden die Vorschriften des § 53, in Ansehung der Sicherheitsleistung die Vorschriften des § 69 entsprechende Anwendung. Die Sicherheitsleistung ist nicht erforderlich, wenn für ein eigenes Gebot des Dritten Sicherheitsleistung nicht verlangt werden könnte.

Wird der Dritte bei der Ertheilung des Zuschlags für zahlungspflichtig erklärt, so tritt die Forderung gegen den Dritten als Versteigerungserlös an die Stelle der Forderung gegen den Ersteher; die Forderung gegen den Ersteher steht dem Dritten zu.

Seite 51—53.

§ 62. Das Gericht kann schon vor dem Versteigerungstermin Erörterungen der Betheiligten über das geringste Gebot und die Versteigerungsbedingungen veranlassen, zu diesem Zwecke auch einen besonderen Termin bestimmen.

Seite 96 VI.

§ 63. Mehrere in demselben Verfahren zu versteigernde Grundstücke sind einzeln auszubieten

Jeder Betheiligte kann verlangen, daß neben dem Einzelausgebot alle Grundstücke und, sofern einige von ihnen mit einem und demselben Rechte belastet sind, auch diese Grundstücke zusammen ausgeboten werden. Auf Antrag kann das Gericht auch in anderen Fällen das Gesammtausgebot einiger der Grundstücke anordnen.

Das Gesammtausgebot kann vor oder nach dem Einzelausgebot erfolgen.

Wird bei dem Einzelausgebot auf eines der Grundstücke ein Meistgebot abgegeben, das mehr beträgt als das geringste Gebot für dieses Grundstück, so erhöht sich bei dem Gesammtausgebote das geringste Gebot um den Mehrbetrag. Der Zuschlag wird auf Grund des Gesammtausgebots nur ertheilt, wenn das Meistgebot höher ist als das Gesammtergebniß der Einzelausgebote

Das Einzelausgebot unterbleibt, wenn die anwesenden Betheiligten zustimmen, deren Rechte bei der Feststellung des geringsten Gebots nicht zu berücksichtigen sind.

Zu Abs. 1 Seite 200 I.
Zu Abs. 2 Seite 200 II 2, 3, Seite 201.
Zu Abs. 3 Seite 202.
Zu Abs. 4 Satz 2 Seite 203; zu Abs. 4 Satz 1 Seite 204.
Zu Abs 5 Seite 200 II 1.

§ 64. Werden mehrere Grundstücke, die mit einer dem Anspruche des Gläubigers vorgehenden Gesammthypothek belastet sind, in demselben Verfahren versteigert, so ist auf Antrag die Gesammthypothek bei der Feststellung des geringsten Gebots für das einzelne Grundstück nur zu dem Theilbetrage zu berücksichtigen, der dem Verhältnisse des Werthes des Grundstücks zu dem Werthe der sämmtlichen Grundstücke entspricht; der Werth wird unter Abzug der Belastungen berechnet, die der Gesammthypothek im Range vorgehen und bestehen bleiben. Antragsberechtigt sind der Gläubiger, der Eigenthümer und jeder dem Hypothekengläubiger gleich- oder nachstehende Betheiligte.

Wird der im Abs. 1 bezeichnete Antrag gestellt, so kann der Hypothekengläubiger bis zum Schlusse der Verhandlung im Versteigerungstermine verlangen, daß bei der Feststellung des geringsten Gebots für die Grundstücke nur die seinem Anspruche vorgehenden Rechte berücksichtigt werden; in diesem Falle sind die Grundstücke auch mit der verlangten Abweichung auszubieten. Erklärt sich nach erfolgtem Ausgebote der Hypothekengläubiger der Aufforderung des Gerichts ungeachtet nicht darüber, welches Ausgebot für die Ertheilung des Zuschlags maßgebend sein soll, so verbleibt es bei der auf Grund des Abs. 1 erfolgten Feststellung des geringsten Gebots.

Diese Vorschriften finden entsprechende Anwendung, wenn die Grundstücke mit einer und derselben Grundschuld oder Rentenschuld belastet sind.

Seite 203, 215; zu Abs. 1 Halbsatz 2 Seite 218; zu Abs. 3: Seite 213 Anm. 1.

§ **65.** Das Gericht kann auf Antrag anordnen, daß eine Forderung oder eine bewegliche Sache von der Versteigerung des Grundstücks ausgeschlossen und besonders versteigert werden soll. Auf Antrag kann auch eine andere Art der Verwerthung angeordnet, insbesondere zur Einziehung einer Forderung ein Vertreter bestellt oder die Forderung einem Betheiligten mit dessen Zustimmung an Zahlungsstatt überwiesen werden. Die Vorschriften der §§ 817, 820, 835 der Civilprozeßordnung finden entsprechende Anwendung. Der Erlös ist zu hinterlegen.

Die besondere Versteigerung oder die anderweitige Verwerthung ist nur zulässig, wenn das geringste Gebot erreicht ist.

Seite 53—55.

V. Versteigerung.

§ **66.** In dem Versteigerungstermine werden nach dem Aufrufe der Sache die das Grundstück betreffenden Nachweisungen, die das Verfahren betreibenden Gläubiger, deren Ansprüche, die Zeit der Beschlagnahme und die erfolgten Anmeldungen bekannt gemacht, hierauf das geringste Gebot und die Versteigerungsbedingungen nach Anhörung der anwesenden Betheiligten, nöthigenfalls mit Hülfe eines Rechnungsverständigen, unter Bezeichnung der einzelnen Rechte festgestellt und die erfolgten Feststellungen verlesen.

Nachdem dies geschehen, hat das Gericht auf die bevorstehende Ausschließung weiterer Anmeldungen hinzuweisen und sodann zur Abgabe von Geboten aufzufordern.

Seite 97—108; zu Abs. 2 auch Seite 36 Ziff. 1a.

§ **67.** Ein Betheiligter, dessen Recht durch Nichterfüllung des Gebots beeinträchtigt werden würde, kann Sicherheitsleistung verlangen, jedoch nur sofort nach Abgabe des Gebots. Das Verlangen gilt auch für weitere Gebote desselben Bieters.

Steht dem Bieter eine durch das Gebot ganz oder theilweise gedeckte Hypothek, Grundschuld oder Rentenschuld zu, so braucht er Sicherheit nur auf Verlangen des Gläubigers zu leisten. Auf Gebote des Schuldners oder eines neu eingetretenen Eigenthümers findet diese Vorschrift keine Anwendung.

Für ein Gebot des Reichs, der Reichsbank oder eines Bundesstaats kann Sicherheitsleistung nicht verlangt werden. Das Gleiche gilt in Ansehung eines Gebots, zu dessen Erfüllung sich nach § 61 ein Dritter verpflichtet hat.

Seite 112—114.

§ **68.** Die Sicherheit ist für ein Zehntel des Baargebots, wenn aber der Betrag der aus dem Versteigerungserlöse zu entnehmenden Kosten höher ist, für diesen Betrag zu leisten.

Ein Betheiligter, dessen Recht nach § 52 bestehen bleibt, kann Sicherheitsleistung bis zur Höhe des Betrags verlangen, welcher zur Deckung der seinem Rechte vorgehenden Ansprüche durch Zahlung zu berichtigen ist.

Bietet der Schuldner oder ein neu eingetretener Eigenthümer des Grundstücks, so kann der Gläubiger Sicherheitsleistung bis zur Höhe des Betrags verlangen, welcher zur Deckung seines Anspruchs durch Zahlung zu berichtigen ist.

Seite 113.

§ **69.** Die Sicherheitsleistung ist durch Hinterlegung von Geld oder inländischen Werthpapieren zu bewirken. Werthpapiere sind zur Sicherheitsleistung nur geeignet, wenn sie auf den Inhaber lauten und einen Kurswerth haben; den Inhaberpapieren stehen Orderpapiere gleich, die mit Blankoindossament versehen sind. Mit Werthpapieren kann die Sicherheit in Höhe des ganzen Kurswerths geleistet werden.

Die Uebergabe an das Gericht hat die Wirkung der Hinterlegung.

Zu Abs. 1 Seite 113, 114.

Zu Abs. 2 Seite 112 Anm. 5.

§ **70.** Das Gericht hat über die Sicherheitsleistung sofort zu entscheiden.

Erklärt das Gericht die Sicherheit für erforderlich, so ist sie sofort zu leisten. Unterbleibt die Leistung, so ist das Gebot zurückzuweisen.

Wird das Gebot ohne Sicherheitsleistung zugelassen, und von dem Betheiligten, welcher die Sicherheit verlangt hat, nicht sofort Widerspruch erhoben, so gilt das Verlangen als zurückgenommen.

Seite 114.

§ **71.** Ein unwirksames Gebot ist zurückzuweisen.

Ist die Wirksamkeit eines Gebots von der Vertretungsmacht desjenigen, welcher das Gebot für den Bieter abgegeben hat, oder von der Zustimmung eines Anderen oder einer Behörde abhängig, so erfolgt die Zurückweisung, sofern nicht die Vertretungsmacht oder die Zustimmung bei dem Gericht offenkundig ist oder durch eine öffentlich beglaubigte Urkunde sofort nachgewiesen wird.

Seite 110, 111.

§ **72.** Ein Gebot erlischt, wenn ein Uebergebot zugelassen wird und ein Betheiligter der Zulassung nicht sofort widerspricht. Das Uebergebot gilt als zugelassen, wenn es nicht sofort zurückgewiesen wird.

Ein Gebot erlischt auch dann, wenn es zurückgewiesen wird und der Bieter oder ein Betheiligter der Zurückweisung nicht sofort widerspricht.

Das Gleiche gilt, wenn das Verfahren einstweilen eingestellt oder der Termin aufgehoben wird.

Seite 110.

§ **73.** Zwischen der Aufforderung zur Abgabe von Geboten und dem Zeitpunkt, in welchem bezüglich sämmtlicher zu versteigernder Grundstücke die Versteigerung geschlossen wird, muß mindestens eine Stunde liegen. Die Versteigerung muß so lange fortgesetzt werden, bis der Aufforderung des Gerichts ungeachtet ein Gebot nicht mehr abgegeben wird.

Das Gericht hat das letzte Gebot und den Schluß der Versteigerung zu verkünden. Die Verkündung des letzten Gebots soll mittelst dreimaligen Aufrufs erfolgen.

Seite 109, 114.

§ **74.** Nach dem Schlusse der Versteigerung sind die anwesenden Betheiligten über den Zuschlag zu hören.

Seite 115.

§ **75.** Zahlt nach dem Beginne der Versteigerung der Schuldner oder ein Dritter, der berechtigt ist, den Gläubiger zu befriedigen, den zur Befriedigung und zur Deckung der Kosten erforderlichen Betrag an das Gericht, so wird das Verfahren einstweilen eingestellt.

Seite 77 Ziff. VI.

§ **76.** Wird bei der Versteigerung mehrerer Grundstücke auf eines oder einige so viel geboten, daß der Anspruch des Gläubigers gedeckt ist, so wird das Verfahren in Ansehung der übrigen Grundstücke einstweilen eingestellt; die Einstellung unterbleibt, wenn sie dem berechtigten Interesse des Gläubigers widerspricht.

Ist die einstweilige Einstellung erfolgt, so kann der Gläubiger die Fortsetzung des Verfahrens verlangen, wenn er ein berechtigtes Interesse daran hat, insbesondere wenn er im Vertheilungstermine nicht befriedigt worden ist. Beantragt der Gläubiger die Fortsetzung nicht vor dem Ablaufe von drei Monaten nach dem Vertheilungstermine, so gilt der Versteigerungsantrag als zurückgenommen.

Seite 209—212.

§ 77. Ist ein Gebot nicht abgegeben oder sind sämmtliche Gebote erloschen, so wird das Verfahren einstweilen eingestellt.

Bleibt die Versteigerung in einem zweiten Termine gleichfalls ergebnißlos, so wird das Verfahren aufgehoben. Liegen die Voraussetzungen für die Anordnung der Zwangsverwaltung vor, so kann auf Antrag des Gläubigers das Gericht anordnen, daß das Verfahren als Zwangsverwaltung fortgesetzt wird. In einem solchen Falle bleiben die Wirkungen der für die Zwangsversteigerung erfolgten Beschlagnahme bestehen; die Vorschrift des § 155 Abs. 1 findet jedoch auf die Kosten der Zwangsversteigerung keine Anwendung.

Zu Abs. 1: Seite 76; zu Abs. 2: Seite 75 und Anm. 2.

§ 78. Vorgänge in dem Termine, die für die Entscheidung über den Zuschlag oder für das Recht eines Betheiligten in Betracht kommen, sind durch das Protokoll festzustellen; bleibt streitig, ob oder für welches Gebot der Zuschlag zu ertheilen ist, so ist das Sachverhältniß mit den gestellten Anträgen in das Protokoll aufzunehmen.

Seite 110, 115.

VI. Entscheidung über den Zuschlag.

§ 79. Bei der Beschlußfassung über den Zuschlag ist das Gericht an eine Entscheidung, die es vorher getroffen hat, nicht gebunden.

Seite 109.

§ 80. Vorgänge in dem Versteigerungstermine, die nicht aus dem Protokoll ersichtlich sind, werden bei der Entscheidung über den Zuschlag nicht berücksichtigt.

Seite 115, 120, 135.

§ 81. Der Zuschlag ist dem Meistbietenden zu ertheilen.

Hat der Meistbietende das Recht aus dem Meistgebot an einen Anderen abgetreten und dieser die Verpflichtung aus dem Meistgebot übernommen, so ist, wenn die Erklärungen im Versteigerungstermin abgegeben oder nachträglich durch öffentlich beglaubigte Urkunden nachgewiesen werden, der Zuschlag nicht dem Meistbietenden, sondern dem Anderen zu ertheilen.

Erklärt der Meistbietende im Termin oder nachträglich in einer öffentlich beglaubigten Urkunde, daß er für einen Anderen geboten habe, so ist diesem der Zuschlag zu ertheilen, wenn die Vertretungsmacht des Meistbietenden oder die Zustimmung des Anderen entweder bei dem Gericht offenkundig ist oder durch eine öffentlich beglaubigte Urkunde nachgewiesen wird.

Wird der Zuschlag ertheilt, so haften der Meistbietende und der Ersteher als Gesammtschuldner.

Seite 56; zu Abs. 1: Seite 115; zu Abs. 2: Seite 119, 120.

§ 82. In dem Beschlusse, durch welchen der Zuschlag ertheilt wird, sind das Grundstück, der Ersteher, das Gebot und die Versteigerungsbedingungen zu bezeichnen; auch ist im Falle des § 61 der Dritte, welcher die Verpflichtung des Erstehers übernommen hat, unter Angabe seiner Schuld für zahlungspflichtig und im Falle des § 81 Abs. 4 der Meistbietende für mithaftend zu erklären.

Seite 56, 121—122; Beispiel Seite 129.

§ 83. Der Zuschlag ist zu versagen:

1. wenn die Vorschrift des § 43 Abs. 2 oder eine der Vorschriften über die Feststellung des geringsten Gebots oder der Versteigerungsbedingungen verletzt ist;
2. wenn bei der Versteigerung mehrerer Grundstücke das Einzelausgebot oder das Ge-

sammtausgebot den Vorschriften des § 63 Abs. 1, Abs. 2 Satz 1, Abs. 5 zuwider unterblieben ist;

3. wenn in den Fällen des § 64 Abs. 2 Satz 1, Abs. 3 die Hypothek, Grundschuld oder Rentenschuld oder das Recht eines gleich- oder nachstehenden Betheiligten, der dem Gläubiger vorgeht, durch das Gesammtergebniß der Einzelausgebote nicht gedeckt werden;
4. wenn die nach der Aufforderung zur Abgabe von Geboten erfolgte Anmeldung oder Glaubhaftmachung eines Rechtes ohne Beachtung der Vorschrift des § 66 Abs. 2 zurückgewiesen ist;
5. wenn der Zwangsversteigerung oder der Fortsetzung des Verfahrens das Recht eines Betheiligten entgegensteht;
6. wenn die Zwangsversteigerung oder die Fortsetzung des Verfahrens aus einem sonstigen Grunde unzulässig ist;
7. wenn eine der Vorschriften des § 43 Abs. 1 oder des § 73 Abs. 1 verletzt ist.

Zu Nr. 1: Seite 44 (II [1]).
Zu Nr. 1, 2: Seite 124 a α β u. 125 b.
Zu Nr. 3: Seite 126 e u. 219.
Zu Nr. 4: Seite 125 c.
Zu Nr. 5: Seite 125 d.
Zu Nr. 6: Seite 124 a.
Zu Nr. 7: Seite 124 b.

§ 84. Die im § 83 Nr. 1 bis 5 bezeichneten Versagungsgründe stehen der Ertheilung des Zuschlags nicht entgegen, wenn das Recht des Betheiligten durch den Zuschlag nicht beeinträchtigt wird oder wenn der Betheiligte das Verfahren genehmigt.

Die Genehmigung ist durch eine öffentlich beglaubigte Urkunde nachzuweisen.

Zu Abs. 1: Seite 123, 136 b.
Zu Abs. 2: Seite 120; aber auch 124.

§ 85. Der Zuschlag ist zu versagen, wenn vor dem Schlusse der Verhandlung ein Betheiligter, dessen Recht durch den Zuschlag beeinträchtigt werden würde, die Bestimmung eines neuen Versteigerungstermins beantragt und sich zugleich zum Ersatze des durch die Versagung des Zuschlags entstehenden Schadens verpflichtet, auch auf Verlangen eines anderen Betheiligten Sicherheit leistet. Die Vorschriften des § 67 Abs. 3 Satz 1 und des § 69 finden entsprechende Anwendung. Die Sicherheit ist in Höhe des im Vertheilungstermine durch Zahlung zu berichtigenden Theiles des bisherigen Meistgebots zu leisten.

Die neue Terminsbestimmung ist auch dem Meistbietenden zuzustellen.

Für die weitere Versteigerung gilt das bisherige Meistgebot mit Zinsen von dem durch Zahlung zu berichtigenden Theile des Meistgebots unter Hinzurechnung derjenigen Mehrkosten, welche aus dem Versteigerungserlöse zu entnehmen sind, als ein von dem Betheiligten abgegebenes Gebot.

In dem fortgesetzten Verfahren findet die Vorschrift des Abs. 1 keine Anwendung.

Seite 117.

§ 86. Die rechtskräftige Versagung des Zuschlags wirkt, wenn die Fortsetzung des Verfahrens zulässig ist, wie eine einstweilige Einstellung, anderenfalls wie die Aufhebung des Verfahrens.

Seite 143 (im Beispiel der Verfügung).

§ 87. Der Beschluß, durch welchen der Zuschlag ertheilt oder versagt wird, ist in dem Versteigerungstermin oder in einem sofort zu bestimmenden Termine zu verkünden.

Der Verkündungstermin soll nicht über eine Woche hinaus bestimmt werden. Die Bestimmung des Termins ist zu verkünden und durch Anheftung an die Gerichtstafel bekannt zu machen.

Sind nachträglich Thatsachen oder Beweismittel vorgebracht, so sollen in dem Verkündungstermine die anwesenden Betheiligten hierüber gehört werden.

Seite 119, 120.

§ 88. Der Beschluß, durch welchen der Zuschlag ertheilt wird, ist den Betheiligten, soweit sie weder im Versteigerungstermine noch im Verkündungstermin erschienen sind, und dem Ersteher sowie im Falle des § 61 dem für zahlungspflichtig erklärten Dritten und im Falle des § 81 Abs. 4 dem Meistbietenden zuzustellen. Als Betheiligte gelten auch diejenigen, welche das angemeldete Recht noch glaubhaft zu machen haben.

Seite 66 ff. (materiellrechtliche Natur des Zuschlags), 140.

§ 89. Der Zuschlag wird mit der Verkündung wirksam.

Seite 66 u. 140 unter II.

§ 90. Durch den Zuschlag wird der Ersteher Eigenthümer des Grundstücks, sofern nicht im Beschwerdewege der Beschluß rechtskräftig aufgehoben wird.

Mit dem Grundstück erwirbt er zugleich die Gegenstände, auf welche sich die Versteigerung erstreckt hat.

Seite 67—70.

§ 91. Durch den Zuschlag erlöschen unter der im § 90 Abs. 1 bestimmten Voraussetzung die Rechte, welche nicht nach den Versteigerungsbedingungen bestehen bleiben sollen.

Ein Recht an dem Grundstücke bleibt jedoch bestehen, wenn dies zwischen dem Berechtigten und dem Ersteher vereinbart ist und die Erklärungen entweder im Vertheilungstermin abgegeben oder, bevor das Grundbuchamt um Berichtigung des Grundbuchs ersucht ist, durch eine öffentlich beglaubigte Urkunde nachgewiesen werden.

Im Falle des Abs. 2 vermindert sich der durch Zahlung zu berichtigende Theil des Meistgebots um den Betrag, welcher sonst dem Berechtigten gebühren würde. Im Uebrigen wirkt die Vereinbarung wie die Befriedigung des Berechtigten aus dem Grundstücke.

Zu Abs 1: Seite 44 (II[1]).

Zu Abs. 2, 3: Seite 161, 162, auch 173; zu Abs. 2: auch Anm. 12 Seite 207.

§ 92. Erlischt durch den Zuschlag ein Recht, das nicht auf Zahlung eines Kapitals gerichtet ist, so tritt an die Stelle des Rechtes der Anspruch auf Ersatz des Werthes aus dem Versteigerungserlöse.

Der Ersatz für einen Nießbrauch, für eine beschränkte persönliche Dienstbarkeit sowie für eine Reallast von unbestimmter Dauer ist durch Zahlung einer Geldrente zu leisten, die dem Jahreswerthe des Rechtes gleichkommt. Der Betrag ist für drei Monate vorauszuzahlen. Der Anspruch auf eine fällig gewordene Zahlung verbleibt dem Berechtigten auch dann, wenn das Recht auf die Rente vor dem Ablaufe der drei Monate erlischt.

Bei ablösbaren Rechten bestimmt sich der Betrag der Ersatzleistung durch die Ablösungssumme.

Zu Abs. 1 u. 2: Seite 150, 151.

Zu Abs. 3: Seite 150 Anm. 7.

§ 93 Aus dem Beschlusse, durch welchen der Zuschlag ertheilt wird, findet gegen den Besitzer des Grundstücks oder einer mitversteigerten Sache die Zwangsvollstreckung auf Räumung und Herausgabe statt. Die Zwangsvollstreckung soll nicht erfolgen, wenn der Besitzer auf Grund eines Rechtes besitzt, das durch den Zuschlag nicht erloschen ist. Erfolgt gleichwohl die Zwangsvollstreckung, so kann der Besitzer nach Maßgabe des § 771 der Civilprozeßordnung Widerspruch erheben.

Zum Ersatze von Verwendungen, die vor dem Zuschlage gemacht sind, ist der Ersteher nicht verpflichtet.

Seite 71; zu Abs. 1 Satz 2: S. 71; zu Abs. 1 Satz 3: Seite 71 f.; zu Abs. 2: Seite 71 Abs. 5.

§ 94. Auf Antrag eines Betheiligten, der Befriedigung aus dem Baargebote zu erwarten hat, ist das Grundstück für Rechnung des Erstehers in gerichtliche Verwaltung zu nehmen, solange nicht die Zahlung oder Hinterlegung erfolgt ist. Der Antrag kann schon im Versteigerungstermine gestellt werden.

Auf die Bestellung des Verwalters sowie auf dessen Rechte und Pflichten finden die Vorschriften über die Zwangsverwaltung entsprechende Anwendung.

Seite 46, 47; 72 unter a.

VII. Beschwerde.

§ 95. Gegen eine Entscheidung, die vor der Beschlußfassung über den Zuschlag erfolgt, kann die Beschwerde nur eingelegt werden, soweit die Entscheidung die Anordnung, Aufhebung, einstweilige Einstellung oder Fortsetzung des Verfahrens betrifft.

Seite 130.

§ 96. Auf die Beschwerde gegen die Entscheidung über den Zuschlag finden die Vorschriften der Civilprozeßordnung über die sofortige Beschwerde nur insoweit Anwendung, als nicht in den §§ 97 bis 104 ein Anderes vorgeschrieben ist.

Seite 130, 133b.

§ 97. Die Beschwerde steht im Falle der Ertheilung des Zuschlags jedem Betheiligten sowie dem Ersteher und dem für zahlungspflichtig erklärten Dritten, im Falle der Versagung dem Gläubiger zu, in beiden Fällen auch dem Bieter, dessen Gebot nicht erloschen ist, sowie demjenigen, welcher nach § 81 an die Stelle des Bieters treten soll.

Im Falle des § 9 Nr. 2 genügt es, wenn die Anmeldung und Glaubhaftmachung des Rechtes bei dem Beschwerdegericht erfolgt.

Seite 131, 133.

§ 98. Die Frist für die Beschwerde gegen einen Beschluß des Vollstreckungsgerichts, durch welchen der Zuschlag versagt wird, beginnt mit der Verkündung des Beschlusses. Das Gleiche gilt im Falle der Ertheilung des Zuschlags für die Betheiligten, welche im Versteigerungstermin oder im Verkündungstermin erschienen waren.

Seite 133.

§ 99. Erachtet das Beschwerdegericht eine Gegenerklärung für erforderlich, so hat es zu bestimmen, wer als Gegner des Beschwerdeführers zuzuziehen ist.

Mehrere Beschwerden sind mit einander zu verbinden.

Seite 134.

§ 100. Die Beschwerde kann nur darauf gestützt werden, daß eine der Vorschriften der §§ 81, 83 bis 85 verletzt oder daß der Zuschlag unter anderen als den der Versteigerung zu Grunde gelegten Bedingungen ertheilt ist.

Auf einen Grund, der nur das Recht eines Anderen betrifft, kann weder die Beschwerde noch ein Antrag auf deren Zurückweisung gestützt werden.

Die im § 83 Nr. 6, 7 bezeichneten Versagungsgründe hat das Beschwerdegericht von Amtswegen zu berücksichtigen.

Seite 136, *137.

Zu Abs. 3: Seite 134 Ziff. 6.

§ 101. Wird die Beschwerde für begründet erachtet, so hat das Beschwerdegericht unter Aufhebung des angefochtenen Beschlusses in der Sache selbst zu entscheiden.

Wird ein Beschluß, durch welchen der Zuschlag ertheilt ist, aufgehoben, auf weitere Beschwerde aber für begründet erachtet, so ist unter Aufhebung des Beschlusses des Beschwerdegerichts die gegen die Ertheilung des Zuschlags erhobene Beschwerde zurückzuweisen.

Zu Abs. 1: Seite 137; zu Abs. 2: Seite 137c.

§ 102. Hat das Beschwerdegericht den Beschluß, durch welchen der Zuschlag ertheilt war, nach der Vertheilung des Versteigerungserlöses aufgehoben, so steht die weitere Beschwerde auch denjenigen zu, welchen der Erlös zugetheilt ist.

Seite 132 unter c β.

§ **103.** Der Beschluß des Beschwerdegerichts ist, wenn der angefochtene Beschluß aufgehoben oder abgeändert wird, allen Betheiligten und demjenigen Bieter, welchem der Zuschlag verweigert oder ertheilt wird, sowie im Falle des § 61 dem für zahlungspflichtig erklärten Dritten und in den Fällen des § 81 Abs. 2, 3 dem Meistbietenden zuzustellen. Wird die Beschwerde zurückgewiesen, so erfolgt die Zustellung des Beschlusses nur an den Beschwerdeführer und den zugezogenen Gegner.

Seite 133 b, 138.

§ **104.** Der Beschluß, durch welchen das Beschwerdegericht den Zuschlag ertheilt, wird erst mit der Zustellung an den Ersteher wirksam.

Seite 66, 139.

VIII. Vertheilung des Erlöses.

§ **105.** Nach der Ertheilung dieses Zuschlags hat das Gericht einen Termin zur Vertheilung des Versteigerungserlöses zu bestimmen.

Die Terminsbestimmung ist den Betheiligten und dem Ersteher sowie im Falle des § 61 dem für zahlungspflichtig erklärten Dritten und in den Fällen des § 81 Abs. 2, 3 dem Meistbietenden zuzustellen. Als Betheiligte gelten auch diejenigen, welche das angemeldete Recht noch glaubhaft zu machen haben.

Die Terminsbestimmung soll an die Gerichtstafel angeheftet werden.

Ist die Terminsbestimmung dem Ersteher und im Falle des § 61 auch dem für zahlungspflichtig erklärten Dritten sowie in den Fällen des § 81 Abs. 2, 3 auch dem Meistbietenden nicht zwei Wochen vor dem Termine zugestellt, so ist der Termin aufzuheben und von neuem zu bestimmen, sofern nicht das Verfahren genehmigt wird.

Seite 140, 141; zu Abs. 3: Seite 142 (insbesondere das Beispiel der Verfügung).

§ **106.** Zur Vorbereitung des Vertheilungsverfahrens kann das Gericht in der Terminsbestimmung die Betheiligten auffordern, binnen zwei Wochen eine Berechnung ihrer Ansprüche einzureichen. In diesem Falle hat das Gericht nach dem Ablaufe der Frist den Theilungsplan anzufertigen und ihn spätestens drei Tage vor dem Termin auf der Gerichtsschreiberei zur Einsicht der Betheiligten niederzulegen.

Seite 142 Ziff. 5.

§ **107.** In dem Vertheilungstermin ist festzustellen, wieviel die zu vertheilende Masse beträgt. Zu der Masse gehört auch der Erlös aus denjenigen Gegenständen, welche im Falle des § 65 besonders versteigert oder anderweit verwerthet sind.

Die von dem Ersteher im Termine zu leistende Zahlung erfolgt an das Gericht.

Ein Geldbetrag, der zur Sicherheit für das Gebot des Erstehers hinterlegt ist, gilt als gezahlt.

Seite 144, 145; zu Abs. 2: Seite 59 Ziff. IV; zu Abs. 3: Seite 112 Anm. 5.

§ **108.** Soweit das Baargebot nicht berichtigt wird, hat das Gericht, wenn Werthpapiere zur Sicherheit für das Gebot des Erstehers hinterlegt sind, die Veräußerung der Papiere nach Maßgabe der Vorschriften über die Zwangsvollstreckung anzuordnen. Der Erlös ist nach Anordnung des Gerichts auszuzahlen oder zu hinterlegen.

Ist der Beschluß, durch welchen der Zuschlag ertheilt wird, noch nicht rechtskräftig, so soll auf Antrag desjenigen, welcher die Sicherheit geleistet hat, die Veräußerung bis zur Rechtskraft ausgesetzt werden.

Zu Abs. 1: Seite 112 Anm. 5; zu Abs. 2: Seite 141 Anm. 3.

§ **109.** Aus dem Versteigerungserlöse sind die Kosten des Verfahrens vorweg zu entnehmen, mit Ausnahme der durch die Anordnung des Verfahrens oder den Beitritt eines

Gläubigers, durch den Zuschlag oder durch nachträgliche Vertheilungsverhandlungen entstehenden Kosten.

Der Ueberschuß wird auf die Rechte, welche durch Zahlung zu decken sind, vertheilt.

Seite 22, 23, 146 Ziff. II, auch 174 (Beispiel eines Erlösvertheilungstermins).

§ 110. Rechte, die ungeachtet der im § 37 Nr. 4 bestimmten Aufforderung nicht rechtzeitig angemeldet oder glaubhaft gemacht worden sind, stehen bei der Vertheilung den übrigen Rechten nach.

Seite 37 Anm. 11, 108, 147, Seite 149.

§ 111. Ein betagter Anspruch gilt als fällig. Ist der Anspruch unverzinslich, so gebührt dem Berechtigten nur die Summe, welche mit Hinzurechnung der gesetzlichen Zinsen für die Zeit von der Zahlung bis zur Fälligkeit dem Betrage des Anspruchs gleichkommt; solange die Zeit der Fälligkeit ungewiß ist, gilt der Anspruch als aufschiebend bedingt.

Seite 152.

§ 112. Ist bei der Versteigerung mehrerer Grundstücke der Zuschlag auf Grund eines Gesammtausgebots ertheilt und wird eine Vertheilung des Erlöses auf die einzelnen Grundstücke nothwendig, so wird aus dem Erlöse zunächst der Betrag entnommen, welcher zur Deckung der Kosten sowie zur Befriedigung derjenigen bei der Feststellung des geringsten Gebots berücksichtigten und durch Zahlung zu deckenden Rechte erforderlich ist, für welche die Grundstücke ungetheilt haften.

Der Ueberschuß wird auf die einzelnen Grundstücke nach dem Verhältnisse des Werthes der Grundstücke vertheilt. Dem Ueberschusse wird der Betrag der Rechte, welche nach § 91 nicht erlöschen, hinzugerechnet. Auf den einem Grundstücke zufallenden Antheil am Erlöse wird der Betrag der Rechte, welche an diesem Grundstücke bestehen bleiben, angerechnet. Besteht ein solches Recht an mehreren der versteigerten Grundstücke, so ist bei jedem von ihnen nur ein dem Verhältnisse des Werthes der Grundstücke entsprechender Theilbetrag in Anrechnung zu bringen.

Reicht der nach Abs. 2 auf das einzelne Grundstück entfallende Antheil am Erlöse nicht zur Befriedigung derjenigen Ansprüche aus, welche nach Maßgabe des geringsten Gebots durch Zahlung zu berichtigen sind oder welche durch das bei dem Einzelausgebote für das Grundstück erzielte Meistgebot gedeckt werden, so erhöht sich der Antheil um den Fehlbetrag.

Seite 205; zu Abs. 1: Seite 207; zu Abs. 1 in fine: Seite 221 Nr. 2; zu Abs. 2 Satz 1: Seite 208; zu Abs. 2 letzter Satz: Seite 223; zu Abs. 3: Seite 205, 206, 208 Anm. 14.

§ 113. In dem Vertheilungstermine wird nach Anhörung der anwesenden Betheiligten von dem Gerichte, nöthigenfalls mit Hülfe eines Rechnungsverständigen, der Theilungsplan aufgestellt.

In dem Plane sind auch die nach § 91 nicht erlöschenden Rechte anzugeben.

Seite 142 unter 5; zu Abs. 2: Seite 143, 147; Seite 156.

§ 114. In den Theilungsplan sind Ansprüche, soweit ihr Betrag oder ihr Höchstbetrag zur Zeit der Eintragung des Versteigerungsvermerkes aus dem Grundbuch ersichtlich war, nach dem Inhalte des Buches, im Uebrigen nur dann aufzunehmen, wenn sie spätestens in dem Termin angemeldet sind. Die Ansprüche des Gläubigers gelten als angemeldet, soweit sie sich aus dem Versteigerungsantrag ergeben.

Laufende Beträge wiederkehrender Leistungen, die nach dem Inhalte des Grundbuchs zu entrichten sind, brauchen nicht angemeldet zu werden.

Seite 147—149.

§ 115. Ueber den Theilungsplan wird sofort verhandelt. Auf die Verhandlung sowie auf die Erledigung erhobener Widersprüche und die Ausführung des Planes finden die §§ 876 bis 882 der Civilprozeßordnung entsprechende Anwendung.

Ist ein vor dem Termin angemeldeter Anspruch nicht nach dem Antrag in den Plan aufgenommen, so gilt die Anmeldung als Widerspruch gegen den Plan.

Der Widerspruch des Schuldners gegen einen vollstreckbaren Anspruch wird nach den §§ 767, 769, 770 der Civilprozeßordnung erledigt.

Soweit der Schuldner durch Sicherheitsleistung oder Hinterlegung die Befriedigung eines solchen Anspruchs abwenden darf, unterbleibt die Ausführung des Planes, wenn die Sicherheit geleistet oder die Hinterlegung erfolgt ist.

Seite 144 unter 3; 148, 156.

Zu Abs. 3: Seite 158.

§ 116. Die Ausführung des Theilungsplans soll bis zur Rechtskraft des Zuschlags ausgesetzt werden, wenn der Ersteher oder im Falle des § 61 der für zahlungspflichtig erklärte Dritte sowie in den Fällen des § 81 Abs. 2, 3 der Meistbietende die Aussetzung beantragt.

Seite 141.

§ 117. Soweit der Versteigerungserlös in Geld vorhanden ist, wird der Theilungsplan durch Zahlung an die Berechtigten ausgeführt.

Die Auszahlung an einen im Termine nicht erschienenen Berechtigten ist von Amtswegen anzuordnen. Die Art der Auszahlung bestimmt sich nach den Landesgesetzen. Kann die Auszahlung nicht erfolgen, so ist der Betrag für den Berechtigten zu hinterlegen.

Im Falle der Hinterlegung des Erlöses kann statt der Zahlung eine Anweisung auf den hinterlegten Betrag ertheilt werden.

Zu Abs. 1: Seite 59, 159.

Zu Abs. 2: Seite 160.

Zu Abs. 3: Seite 160 Ziff. 4.

§ 118. Soweit das Baargebot nicht berichtigt wird, ist der Theilungsplan dadurch auszuführen, daß die Forderung gegen den Ersteher auf die Berechtigten übertragen wird; die Uebertragung erfolgt durch Anordnung des Gerichts. Das Gleiche gilt, soweit Zahlungsfristen festgesetzt worden sind.

Die Uebertragung wirkt wie die Befriedigung aus dem Grundstücke. Diese Wirkung tritt jedoch im Falle des Abs. 1 Satz 1 nicht ein, wenn vor dem Ablaufe von drei Monaten der Berechtigte dem Gerichte gegenüber den Verzicht auf die Rechte aus der Uebertragung erklärt oder die Zwangsversteigerung beantragt. Wird der Antrag auf Zwangsversteigerung zurückgenommen oder das Verfahren nach § 31 Abs. 2 aufgehoben, so gilt er als nicht gestellt. Im Falle des Verzichts soll das Gericht die Erklärung dem Ersteher sowie demjenigen mittheilen, auf welchen die Forderung in Folge des Verzichts übergeht.

Seite 44, 59, 132; zu Abs. 1: Seite 59, 162, 163; zu Abs. 2: Seite 61.

§ 119. Wird auf einen bedingten Anspruch ein Betrag zugetheilt, so ist durch den Theilungsplan festzustellen, wie der Betrag anderweit vertheilt werden soll, wenn der Anspruch wegfällt.

Seite 152, 153, 166—167.

§ 120. Ist der Anspruch aufschiebend bedingt, so ist der Betrag für die Berechtigten zu hinterlegen. Soweit der Betrag nicht gezahlt ist, wird die Forderung gegen den Ersteher auf die Berechtigten übertragen. Die Hinterlegung sowie die Uebertragung erfolgt für jeden unter der entsprechenden Bedingung.

Während der Schwebezeit gelten für die Anlegung des hinterlegten Geldes, für die Kündigung und Einziehung der übertragenen Forderung sowie für die Anlegung des eingezogenen Geldes die Vorschriften der §§ 1077 bis 1079 des Bürgerlichen Gesetzbuchs; die Art der Anlegung bestimmt derjenige, welchem der Betrag gebührt, wenn die Bedingung ausfällt.

Seite 153.

§ 121. In den Fällen des § 92 Abs. 2 ist für den Ersatzanspruch in den Theilungsplan ein Betrag aufzunehmen, welcher der Summe aller künftigen Leistungen gleichkommt, den fünfundzwanzigfachen Betrag einer Jahresleistung jedoch nicht übersteigt; zugleich ist zu bestimmen, daß aus den Zinsen und dem Betrage selbst die einzelnen Leistungen zur Zeit der Fälligkeit zu entnehmen sind.

Die Vorschriften der §§ 119, 120 finden entsprechende Anwendung; die Art der Anlegung des Geldes bestimmt der zunächst Berechtigte.

Zu Abs. 1: Seite 151, insbesondere Anm. 8; zu Abs. 2: Seite 154—155.

§ 122. Sind mehrere für den Anspruch eines Betheiligten haftende Grundstücke in demselben Verfahren versteigert worden, so ist, unbeschadet der Vorschrift des § 1132 Abs. 1 Satz 2 des Bürgerlichen Gesetzbuchs, bei jedem einzelnen Grundstücke nur ein nach dem Verhältnisse der Erlöse zu bestimmender Betrag in den Theilungsplan aufzunehmen. Der Erlös wird unter Abzug des Betrags der Ansprüche berechnet, welche dem Anspruche des Betheiligten vorgehen.

Unterbleibt die Zahlung eines auf den Anspruch des Betheiligten zugetheilten Betrags, so ist der Anspruch bei jedem Grundstück in Höhe dieses Betrags in den Plan aufzunehmen.

Zu Abs. 1: Seite 224—226; zu Abs. 2: Seite 226—228.

§ 123. Soweit auf einen Anspruch, für den auch ein anderes Grundstück haftet, der zugetheilte Betrag nicht gezahlt wird, ist durch den Theilungsplan festzustellen, wie der Betrag anderweit vertheilt werden soll, wenn das Recht auf Befriedigung aus dem zugetheilten Betrage nach Maßgabe der besonderen Vorschriften über die Gesammthypothek erlischt.

Die Zutheilung ist dadurch auszuführen, daß die Forderung gegen den Ersteher unter der entsprechenden Bedingung übertragen wird.

Seite 229.

§ 124. Im Falle eines Widerspruchs gegen den Theilungsplan ist durch den Plan festzustellen, wie der streitige Betrag vertheilt werden soll, wenn der Widerspruch für begründet erklärt wird.

Die Vorschriften des § 120 finden entsprechende Anwendung; die Art der Anlegung bestimmt derjenige, welcher den Anspruch geltend macht.

Das Gleiche gilt, soweit nach § 115 Abs. 4 die Ausführung des Planes unterbleibt.

Seite 153—154, insbesondere Anm. 13 Seite 154, 163.

§ 125. Hat der Ersteher außer dem durch Zahlung zu berichtigenden Theile des Meistgebots einen weiteren Betrag nach den §§ 50, 51 zu zahlen, so ist durch den Theilungsplan festzustellen, wem dieser Betrag zugetheilt werden soll. Die Zutheilung ist dadurch auszuführen, daß die Forderung gegen den Ersteher übertragen wird.

Ist ungewiß oder streitig, ob der weitere Betrag zu zahlen ist, so erfolgt die Zutheilung und Uebertragung unter der entsprechenden Bedingung. Die §§ 878 bis 882 der Civilprozeßordnung finden keine Anwendung.

Die Uebertragung hat nicht die Wirkung der Befriedigung aus dem Grundstücke.

Seite 165—168, 229.

Zu Abs. 3: Seite 65.

§ 126. Ist für einen zugetheilten Betrag die Person des Berechtigten unbekannt, insbesondere bei einer Hypothek, Grundschuld oder Rentenschuld der Brief nicht vorgelegt, so ist durch den Theilungsplan festzustellen, wie der Betrag vertheilt werden soll, wenn der Berechtigte nicht ermittelt wird.

Der Betrag ist für den unbekannten Berechtigten zu hinterlegen. Soweit der Betrag nicht gezahlt wird, ist die Forderung gegen den Ersteher auf den Berechtigten zu übertragen.

Seite 154.

§ 127. Wird der Brief über eine in Folge der Versteigerung erloschene Hypothek, Grundschuld oder Rentenschuld vorgelegt, so hat das Gericht ihn unbrauchbar zu machen.

Ist das Recht nur zum Theil erloschen, so ist dies auf dem Briefe zu vermerken. Wird der Brief nicht vorgelegt, so kann das Gericht ihn von dem Berechtigten einfordern.

Im Falle der Vorlegung eines vollstreckbaren Titels über einen Anspruch, auf welchen ein Betrag zugetheilt wird, hat das Gericht auf dem Titel zu vermerken, in welchem Umfange der Betrag durch Zahlung, Hinterlegung oder Uebertragung gedeckt worden ist.

Der Wortlaut der Vermerke ist durch das Protokoll festzustellen.

Seite 169.

§ **128.** Soweit für einen Anspruch die Forderung gegen den Ersteher übertragen wird, ist für die Forderung eine Sicherungshypothek an dem Grundstücke mit dem Range des Anspruchs einzutragen. War das Recht, aus welchem der Anspruch herrührt, nach dem Inhalte des Grundbuchs mit dem Rechte eines Dritten belastet, so wird dieses Recht als Recht an der Forderung miteingetragen.

Soweit die Forderung gegen den Ersteher unvertheilt bleibt, wird eine Sicherungshypothek für denjenigen eingetragen, welcher zur Zeit des Zuschlags Eigenthümer des Grundstücks war.

Mit der Eintragung entsteht die Hypothek. Vereinigt sich die Hypothek mit dem Eigenthum in einer Person, so kann sie nicht zum Nachtheil eines Rechtes, das bestehen geblieben ist, oder einer nach Abs. 1, 2 eingetragenen Sicherungshypothek geltend gemacht werden.

Wird das Grundstück von neuem versteigert, so ist der zur Deckung der Hypothek erforderliche Betrag baar zu berichtigen.

Seite 59—61, 166—167.

Zu Abs. 1 Satz 2: Seite 179 Anm. 6; zu Abs. 2 Seite 57 unter 2; zu Abs. 4: Seite 62.

§ **129.** Die Sicherungshypothek für die im § 10 Nr. 1 bis 3 bezeichneten Ansprüche, für die im § 10 Nr. 4 bezeichneten Ansprüche auf wiederkehrende Leistungen und für die im § 10 Abs. 2 bezeichneten Kosten kann nicht zum Nachtheile der Rechte, welche bestehen geblieben sind, und der übrigen nach § 128 Abs. 1, 2 eingetragenen Sicherungshypotheken geltend gemacht werden, es sei denn, daß vor dem Ablaufe von sechs Monaten nach der Eintragung derjenige, welchem die Hypothek zusteht, die Zwangsversteigerung des Grundstücks beantragt. Wird der Antrag auf Zwangsversteigerung zurückgenommen oder das Verfahren nach § 31 Abs. 2 aufgehoben, so gilt er als nicht gestellt.

Seite 63.

§ **130.** Ist der Theilungsplan ausgeführt und der Zuschlag rechtskräftig, so ist das Grundbuchamt zu ersuchen, den Ersteher als Eigenthümer einzutragen, den Versteigerungsvermerk sowie die durch den Zuschlag erloschenen Rechte zu löschen und die Eintragung der Sicherungshypotheken für die Forderung gegen den Ersteher zu bewirken. Bei der Eintragung der Hypotheken soll im Grundbuch ersichtlich gemacht werden, daß sie auf Grund eines Zwangsversteigerungsverfahrens erfolgt ist.

Ergiebt sich, daß ein bei der Feststellung des geringsten Gebots berücksichtigtes Recht nicht zur Entstehung gelangt oder daß es erloschen ist, so ist das Ersuchen auch auf die Löschung dieses Rechtes zu richten.

Hat der Ersteher, bevor er als Eigenthümer eingetragen worden ist, die Eintragung eines Rechtes an dem versteigerten Grundstücke bewilligt, so darf die Eintragung nicht vor der Erledigung des im Abs. 1 bezeichneten Ersuchens erfolgen.

Seite 171—174.

§ **131.** In den Fällen des § 130 Abs. 1 ist zur Löschung einer Hypothek, einer Grundschuld oder einer Rentenschuld, im Falle des § 128 zur Eintragung des Vorranges einer Sicherungshypothek die Vorlegung des über das Recht ertheilten Briefes nicht erforderlich.

Seite 173.

§ 132. Nach der Ausführung des Theilungsplans ist die Forderung gegen den Ersteher und im Falle des § 81 Abs. 4 auch gegen den für mithaftend erklärten Meistbietenden, der Anspruch aus der Sicherungshypothek gegen den Ersteher und jeden späteren Eigenthümer vollstreckbar. Diese Vorschrift findet keine Anwendung, soweit der Ersteher einen weiteren Betrag nach den §§ 50, 51 zu zahlen hat.

Die Zwangsvollstreckung erfolgt auf Grund einer vollstreckbaren Ausfertigung des Beschlusses, durch welchen der Zuschlag ertheilt ist. In der Vollstreckungsklausel ist der Berechtigte sowie der Betrag der Forderung anzugeben; der Zustellung einer Urkunde über die Uebertragung der Forderung bedarf es nicht.

Zu Abs. 1: Seite 60, 73; zu Abs. 1 Satz 2: Seite 65; zu Abs. 2: Seite 74.

§ 133. Die Zwangsvollstreckung in das Grundstück ist gegen den Ersteher ohne Zustellung des vollstreckbaren Titels oder der nach § 132 ertheilten Vollstreckungsklausel zulässig; sie kann erfolgen, auch wenn der Ersteher noch nicht als Eigenthümer eingetragen ist. Der Vorlegung des im § 17 Abs. 2 bezeichneten Zeugnisses bedarf es nicht, solange das Grundbuchamt noch nicht um die Eintragung ersucht ist.

Seite 73, 74.

§ 134. Im Falle des § 61 tritt für das Vertheilungsverfahren an die Stelle der Forderung gegen den Ersteher die Forderung gegen den für zahlungspflichtig erklärten Dritten. Wird von dem Dritten die ihm obliegende Zahlung im Vertheilungstermine bewirkt, so ist für seine Forderung gegen den Ersteher eine Sicherungshypothek an dem versteigerten Grundstück einzutragen. Auf die Hypothek finden die Vorschriften des § 128 Abs. 3 Satz 1, des § 130 Abs. 1 und des § 132 entsprechende Anwendung.

Seite 52, 53, 64.

§ 135. Ist für einen zugetheilten Betrag die Person des Berechtigten unbekannt, so hat das Vollstreckungsgericht zur Ermittelung des Berechtigten einen Vertreter zu bestellen. Die Vorschriften des § 7 Abs. 2 finden entsprechende Anwendung. Die Auslagen und Gebühren des Vertreters sind aus dem zugetheilten Betrage vorweg zu entnehmen.

Seite 185, 186.

§ 136. Ist der Nachweis des Berechtigten von der Beibringung des Briefes über eine Hypothek, Grundschuld oder Rentenschuld abhängig, so kann der Brief im Wege des Aufgebotsverfahrens auch dann für kraftlos erklärt werden, wenn das Recht bereits gelöscht ist.

Seite 189 Anm. 4.

§ 137. Wird der Berechtigte nachträglich ermittelt, so ist der Theilungsplan weiter auszuführen.

Liegt ein Widerspruch gegen den Anspruch vor, so ist derjenige, welcher den Widerspruch erhoben hat, von der Ermittelung des Berechtigten zu benachrichtigen. Die im § 878 der Civilprozeßordnung bestimmte Frist zur Erhebung der Klage beginnt mit der Zustellung der Benachrichtigung.

Seite 187; zu Abs. 2: Seite 188d.

§ 138. Wird der Berechtigte nicht vor dem Ablaufe von drei Monaten seit dem Vertheilungstermin ermittelt, so hat auf Antrag das Gericht den Betheiligten, welchem der Betrag anderweit zugetheilt ist, zu ermächtigen, das Aufgebotsverfahren zum Zwecke der Ausschließung des unbekannten Berechtigten von der Befriedigung aus dem zugetheilten Betrage zu beantragen.

Wird nach der Ertheilung der Ermächtigung der Berechtigte ermittelt, so hat das Gericht den Ermächtigten hiervon zu benachrichtigen. Mit der Benachrichtigung erlischt die Ermächtigung.

Seite 188—190.

§ 139. Das Gericht kann im Falle der nachträglichen Ermittelung des Berechtigten zur weiteren Ausführung des Theilungsplans einen Termin bestimmen. Die Terminsbestimmung ist dem Berechtigten und dessen Vertreter, dem Betheiligten, welchem der Betrag anderweit zugetheilt ist, und demjenigen zuzustellen, welcher zur Zeit des Zuschlags Eigenthümer des Grundstücks war.

Liegt ein Widerspruch gegen den Anspruch vor, so erfolgt die Zustellung der Terminsbestimmung auch an denjenigen, welcher den Widerspruch erhoben hat. Die im § 878 der Civilprozeßordnung bestimmte Frist zur Erhebung der Klage beginnt mit dem Termine.

Seite 187—191.

§ **140.** Für das Aufgebotsverfahren ist das Vollstreckungsgericht zuständig.

Der Antragsteller hat zur Begründung des Antrags die ihm bekannten Rechtsnachfolger desjenigen anzugeben, welcher als letzter Berechtigter ermittelt ist.

In dem Aufgebot ist der unbekannte Berechtigte aufzufordern, sein Recht spätestens im Aufgebotstermin anzumelden, widrigenfalls seine Ausschließung von der Befriedigung aus dem zugetheilten Betrag erfolgen werde.

Das Aufgebot ist demjenigen, welcher als letzter Berechtigter ermittelt ist, den angezeigten Rechtsnachfolgern sowie dem Vertreter des unbekannten Berechtigten zuzustellen.

Eine im Vollstreckungsverfahren erfolgte Anmeldung gilt auch für das Aufgebotsverfahren.

Der Antragsteller kann die Erstattung der Kosten des Verfahrens aus dem zugetheilten Betrage verlangen.

Seite 192—193; zum letzten Abs.: Seite 195 d.

§ **141.** Nach der Erlassung des Ausschlußurtheils hat das Gericht einen Termin zur weiteren Ausführung des Theilungsplans zu bestimmen. Die Terminsbestimmung ist dem Antragsteller und den Personen, welchen Rechte in dem Urtheile vorbehalten sind, dem Vertreter des unbekannten Berechtigten sowie demjenigen zuzustellen, welcher zur Zeit des Zuschlags Eigenthümer des Grundstücks war.

Seite 194—196.

§ **142.** In den Fällen des § 117 Abs. 2 und der §§ 120, 121, 124, 126 erlöschen die Rechte auf den hinterlegten Betrag mit dem Ablaufe von dreißig Jahren, wenn nicht der Empfangsberechtigte sich vorher bei der Hinterlegungsstelle meldet; derjenige, welcher zur Zeit des Zuschlags Eigenthümer des Grundstücks war, ist zur Erhebung berechtigt. Die dreißigjährige Frist beginnt mit der Hinterlegung, in den Fällen der §§ 120, 121 mit dem Eintritte der Bedingung, unter welcher die Hinterlegung erfolgt ist.

Seite 197.

§ **143.** Die Vertheilung des Versteigerungserlöses durch das Gericht findet nicht statt, wenn dem Gerichte durch öffentliche oder öffentlich beglaubigte Urkunden nachgewiesen wird, daß sich die Betheiligten über die Vertheilung des Erlöses geeinigt haben.

Seite 181—185.

§ **144.** Weist der Ersteher oder im Falle des § 61 der für zahlungspflichtig erklärte Dritte dem Gerichte durch öffentliche oder öffentlich beglaubigte Urkunden nach, daß er diejenigen Berechtigten, deren Ansprüche durch das Gebot gedeckt sind, befriedigt hat oder daß er von ihnen als alleiniger Schuldner angenommen ist, so sind auf Anordnung des Gerichts die Urkunden nebst der Erklärung des Erstehers oder des Dritten zur Einsicht der Betheiligten auf der Gerichtsschreiberei niederzulegen. Die Betheiligten sind von der Niederlegung zu benachrichtigen und aufzufordern, Erinnerungen binnen zwei Wochen geltend zu machen.

Seite 183—185.

Werden Erinnerungen nicht innerhalb der zweiwöchigen Frist erhoben, so beschränkt sich das Vertheilungsverfahren auf die Vertheilung des Erlöses aus denjenigen Gegenständen, welche im Falle des § 65 besonders versteigert oder anderweit verwerthet worden sind.

Seite 181—185.

§ 145. Die Vorschriften des § 105 Abs. 2 Satz 2 und der §§ 127, 130 bis 134 finden in den Fällen der §§ 143, 144 entsprechende Anwendung.

Seite 181—185.

Dritter Titel.

Zwangsverwaltung.

§ 146. Auf die Anordnung der Zwangsverwaltung finden die Vorschriften über die Anordnung der Zwangsversteigerung entsprechende Anwendung, soweit sich nicht aus den §§ 147 bis 151 ein Anderes ergiebt.

Von der Anordnung sind nach dem Eingange der im § 19 Abs. 2 bezeichneten Mittheilungen des Grundbuchamts die Betheiligten zu benachrichtigen.

Seite 232—236.

Zu Abs. 2: Seite 251 II (und die Verfügung Seite 251, 252).

§ 147. Wegen des Anspruchs aus einem eingetragenen Rechte findet die Zwangsverwaltung auch dann statt, wenn die Voraussetzungen des § 17 Abs. 1 nicht vorliegen, der Schuldner aber das Grundstück im Eigenbesitze hat.

Der Besitz ist durch Urkunden glaubhaft zu machen, sofern er nicht bei dem Gericht offenkundig ist.

Seite 233.

§ 148. Die Beschlagnahme des Grundstücks umfaßt auch die im § 21 Abs. 1, 2 bezeichneten Gegenstände. Die Vorschrift des § 23 Abs. 1 Satz 2 findet keine Anwendung.

Durch die Beschlagnahme wird dem Schuldner die Verwaltung und Benutzung des Grundstücks entzogen.

Seite 7, 236; zu Abs. 2 Seite 237 unter e.

§ 149. Wohnt der Schuldner zur Zeit der Beschlagnahme auf dem Grundstücke, so sind ihm die für seinen Hausstand unentbehrlichen Räume zu belassen.

Gefährdet der Schuldner oder ein Mitglied seines Hausstandes das Grundstück oder die Verwaltung, so hat auf Antrag das Gericht dem Schuldner die Räumung des Grundstücks aufzugeben.

Seite 238 Anm. 2.

§ 150. Der Verwalter wird von dem Gerichte bestellt.

Das Gericht hat dem Verwalter durch einen Gerichtsvollzieher oder durch einen sonstigen Beamten das Grundstück zu übergeben oder ihm die Ermächtigung zu ertheilen, sich selbst den Besitz zu verschaffen.

Zu Abs. 1: Seite 235; zu Abs. 2 Seite 238—239.

§ 151. Die Beschlagnahme wird auch dadurch wirksam, daß der Verwalter nach § 150 den Besitz des Grundstücks erlangt.

Der Beschluß, durch welchen der Beitritt eines Gläubigers zugelassen wird, soll dem Verwalter zugestellt werden; die Beschlagnahme wird zu Gunsten des Gläubigers auch mit dieser Zustellung wirksam, wenn der Verwalter sich bereits im Besitze des Grundstücks befindet.

Das Zahlungsverbot an den Drittschuldner ist auch auf Antrag des Verwalters zu erlassen.

Zu Abs. 1: Seite 236 Ziff. 2; zu Abs. 2: Seite 240 (Verfügung!).

Zu Abs. 3: Seite 11 Ziff. 5.

§ 152. Der Verwalter hat das Recht und die Pflicht, alle Handlungen vorzunehmen, die erforderlich sind, um das Grundstück in seinem wirthschaftlichen Bestande zu erhalten und ordnungsmäßig zu benutzen; er hat die Ansprüche, auf welche sich die Beschlagnahme erstreckt, geltend zu machen und die für die Verwaltung entbehrlichen Nutzungen in Geld umzusetzen.

Ist das Grundstück vor der Beschlagnahme einem Miether oder Pächter überlassen, so ist der Mieth- oder Pachtvertrag auch dem Verwalter gegenüber wirksam.

Zu Abs. 1: Seite 241—246; zu Abs. 2: Seite 245 Anm. 6.

§ 153. Das Gericht hat den Verwalter nach Anhörung des Gläubigers und des Schuldners mit der erforderlichen Anweisung für die Verwaltung zu versehen, die dem Verwalter zu gewährende Vergütung festzusetzen und die Geschäftsführung zu beaufsichtigen; in geeigneten Fällen ist ein Sachverständiger zuzuziehen.

Das Gericht kann dem Verwalter die Leistung einer Sicherheit auferlegen, gegen ihn Ordnungsstrafen bis zu zweihundert Mark verhängen und ihn entlassen.

Zu Abs. 1: Seite 243 Ziff. 3, 246—248; zu Abs. 2 Seite 248.

§ 154. Der Verwalter ist für die Erfüllung der ihm obliegenden Verpflichtungen allen Betheiligten gegenüber verantwortlich. Er hat dem Gläubiger und dem Schuldner jährlich und nach der Beendigung der Verwaltung Rechnung zu legen. Die Rechnung ist dem Gericht einzureichen und von diesem dem Gläubiger und dem Schuldner vorzulegen.

Seite 242 Ziff. 2a, Anm. 3; Seite 248 Ziff. 2, auch Seite 265; zu Satz 3: Seite 250—251.

§ 155. Aus den Nutzungen des Grundstücks sind die Ausgaben der Verwaltung sowie die Kosten des Verfahrens mit Ausnahme derjenigen, welche durch die Anordnung des Verfahrens oder den Beitritt eines Gläubigers entstehen, vorweg zu bestreiten.

Die Ueberschüsse werden auf die im § 10 Nr. 1 bis 5 bezeichneten Ansprüche vertheilt, auf die Ansprüche der zweiten, dritten und vierten Klasse jedoch nur insoweit, als laufende Beträge wiederkehrender Leistungen zu berichtigen sind.

Seite 253—256.

§ 156. Die laufenden Beträge der öffentlichen Lasten sind von dem Verwalter ohne weiteres Verfahren zu berichtigen.

Ist zu erwarten, daß auch auf andere Ansprüche Zahlungen geleistet werden können, so wird nach dem Eingange der im § 19 Abs. 2 bezeichneten Mittheilungen des Grundbuchamts der Vertheilungstermin bestimmt. In dem Termine wird der Theilungsplan für die ganze Dauer des Verfahrens aufgestellt. Die Terminsbestimmung ist den Betheiligten sowie dem Verwalter zuzustellen. Die Vorschriften des § 105 Abs. 2 Satz 2, des § 113 Abs. 1 und der §§ 114, 115, 124, 126 finden entsprechende Anwendung.

Seite 256—258; auch Seite 263!

Zu Abs. 2 letzter Satz: auch Seite 257 Anm 3, 258.

§ 157. Nach der Feststellung des Theilungsplans hat das Gericht die planmäßige Zahlung der Beträge an die Berechtigten anzuordnen; die Anordnung ist zu ergänzen, wenn nachträglich der Beitritt eines Gläubigers zugelassen wird. Die Auszahlungen erfolgen zur Zeit ihrer Fälligkeit durch den Verwalter, soweit die Bestände hinreichen.

Im Falle der Hinterlegung eines zugetheilten Betrags für den unbekannten Berechtigten ist nach den Vorschriften der §§ 135 bis 141 zu verfahren. Die Vorschriften des § 142 finden Anwendung.

Seite 259—263 (Beispiel eines Teilungsplans Seite 263—264); zu Absatz 2 vorletzter Satz: Seite 258 d.

§ 158. Zur Leistung von Zahlungen auf das Kapital einer Hypothek oder Grundschuld oder auf die Ablösungssumme einer Rentenschuld hat das Gericht einen Termin zu bestimmen. Die Terminsbestimmung ist von dem Verwalter zu beantragen.

Soweit der Berechtigte Befriedigung erlangt hat, ist das Grundbuchamt von dem Gericht um die Löschung des Rechtes zu ersuchen. Eine Ausfertigung des Protokolls ist beizufügen; die Vorlegung des über das Recht ertheilten Briefes ist zur Löschung nicht erforderlich.

Im Uebrigen finden die Vorschriften der §§ 117, 127 entsprechende Anwendung.

Seite 259—262; auch Seite 265!

§ 159. Jeder Betheiligte kann eine Aenderung des Theilungsplans im Wege der Klage erwirken, auch wenn er Widerspruch gegen den Plan nicht erhoben hat.

Eine planmäßig geleistete Zahlung kann auf Grund einer späteren Aenderung des Planes nicht zurückgefordert werden.

Seite 260 Ziff. 4, 261.

§ 160. Die Vorschriften der §§ 143 bis 145 über die außergerichtliche Vertheilung finden entsprechende Anwendung.

Seite 267—269.

§ 161. Die Aufhebung des Verfahrens erfolgt durch Beschluß des Gerichts.

Das Verfahren ist aufzuheben, wenn der Gläubiger befriedigt ist.

Das Gericht kann die Aufhebung anordnen, wenn die Fortsetzung des Verfahrens besondere Aufwendungen erfordert und der Gläubiger den nöthigen Geldbetrag nicht vorschießt.

Im Uebrigen finden auf die Aufhebung des Verfahrens die Vorschriften der §§ 28, 29, 32, 34 entsprechende Anwendung.

Seite 269—274; zu Abs. 2: Anm. 8 Seite 262; zu Abs. 3: Seite 243 Anm. 5 u. 271 zu c β; zu Abs. 4: Seite 270 Ziffer 2 zu a und 274.

Zweiter Abschnitt.

Zwangsversteigerung von Schiffen im Wege der Zwangsvollstreckung.

§ 162 Auf die Zwangsversteigerung eines im Schiffsregister eingetragenen Schiffes finden die Vorschriften des ersten Abschnitts entsprechende Anwendung, soweit sich nicht aus den §§ 163 bis 170 ein Anderes ergiebt.

Seite 275.

§ 163. Als Vollstreckungsgericht ist das Amtsgericht zuständig, in dessen Bezirke sich das Schiff befindet.

Für das Verfahren tritt an die Stelle des Grundbuchs das Schiffsregister.

Die Berufsgenossenschaft für die Unfallversicherung und die Versicherungsanstalt für die Invaliditäts- und Altersversicherung gelten als Betheiligte, auch wenn sie eine Forderung nicht angemeldet haben.

Zu Abs. 1: Seite 276 d; zu Abs. 2: Seite 276 e; zu Abs. 3: Seite 279 f.

§ 164. Die Zwangsversteigerung darf, soweit sich nicht aus den Vorschriften des Handelsgesetzbuchs oder des Gesetzes, betreffend die privatrechtlichen Verhältnisse der Binnenschiffahrt, ein Anderes ergiebt, nur angeordnet werden, wenn der Schuldner das Schiff im Eigenbesitze hat. Die hiernach zur Begründung des Antrags auf Zwangsversteigerung erforderlichen Thatsachen sind durch Urkunden glaubhaft zu machen, soweit sie nicht bei dem Gericht offenkundig sind. Dem Antrag auf Zwangsversteigerung ist ein Zeugniß der Registerbehörde über die Eintragung des Schiffes in das Schiffsregister beizufügen.

Seite 277, 278.

§ 165. Bei der Anordnung der Zwangsversteigerung hat das Gericht zugleich die Bewachung und Verwahrung des Schiffes anzuordnen. Die Beschlagnahme wird auch mit der Vollziehung dieser Anordnung wirksam.

Seite 280 b β; zu Satz: 2 Seite 281 c.

§ 166. Ist gegen den Schiffer auf Grund eines vollstreckbaren Titels, der auch gegenüber dem Rheder oder Schiffseigner wirksam ist, das Verfahren angeordnet, so wirkt die Beschlagnahme zugleich gegen den Rheder oder Schiffseigner.

Der Schiffer gilt in diesem Falle als Betheiligter nur so lange, als er das Schiff führt; ein neuer Schiffer gilt als Betheiligter, wenn er sich bei dem Gerichte meldet und seine Angabe auf Verlangen des Gerichts oder eines Betheiligten glaubhaft macht.

Seite 277 Anm. 7.

§ **167.** Die Bezeichnung des Schiffes in der Bestimmung des Versteigerungstermins soll nach dem Schiffsregister erfolgen.

Die Terminsbestimmung muß die Aufforderung an die Schiffsgläubiger und die sonstigen Berechtigten enthalten, ihre Rechte, soweit sie zur Zeit der Eintragung des Versteigerungsvermerkes aus dem Schiffsregister nicht ersichtlich waren, spätestens im Vertheilungstermin anzumelden, widrigenfalls die Rechte bei der Vertheilung des Versteigerungserlöses nicht berücksichtigt werden würden.

Zu Abs. 1: Seite 281 d α; zu Abs. 2: Seite 281 d β.

§ **168.** Befindet sich der Heimathshafen oder Heimathsort des Schiffes in dem Bezirk eines anderen Gerichts, so soll die Terminsbestimmung auch durch das für Bekanntmachungen dieses Gerichts bestimmte Blatt bekannt gemacht werden.

Die im § 39 Abs. 2 vorgesehene Anordnung ist unzulässig.

Seite 283 Ziff. 2.

§ **169.** Die Vorschriften über das geringste Gebot finden keine Anwendung. Das Meistgebot ist in seinem ganzen Betrage durch Zahlung zu berichtigen.

Soweit die Berichtigung nicht im Vertheilungstermin erfolgt, ist für die Forderung gegen den Ersteher ein Pfandrecht an dem Schiffe in das Schiffsregister einzutragen. Das Pfandrecht entsteht mit der Eintragung, auch wenn der Ersteher das Schiff inzwischen veräußert hat. Im Uebrigen finden die Vorschriften des Bürgerlichen Gesetzbuchs über das durch Rechtsgeschäft bestellte Pfandrecht an einem Schiffe Anwendung.

Zu Abs. 1: Seite 279 g, 283 β.
Zu Abs. 2: Seite 286 g.

§ **170.** An die Stelle der nach § 94 Abs. 1 zulässigen Verwaltung tritt die gerichtliche Bewachung und Verwahrung des versteigerten Schiffes.

Das Gericht hat die getroffenen Maßregeln aufzuheben, wenn der zu ihrer Fortsetzung erforderliche Geldbetrag nicht vorgeschossen wird.

Seite 280 b β und Anm. 1.

§ **171.** Auf die Zwangsversteigerung eines ausländischen Schiffes, das, wenn es ein deutsches Schiff wäre, in das Schiffsregister eingetragen werden müßte, finden die Vorschriften der §§ 162—167, 169, 170 insoweit Anwendung, als sie nicht die Eintragung in das Schiffsregister voraussetzen.

Die Terminsbestimmung soll, soweit es ohne erhebliche Verzögerung des Verfahrens thunlich ist, auch den aus den Schiffspapieren ersichtlichen Schiffsgläubigern und sonstigen Betheiligten zugestellt und, wenn das Schiff im Schiffsregister eines fremden Staates eingetragen ist, der Registerbehörde mitgetheilt werden.

Die Aufhebung der vom Gericht angeordneten Ueberwachung und Verwahrung des Schiffes sowie die Uebergabe an den Ersteher darf erst erfolgen, wenn die Berichtigung des Meistgebots oder die Einwilligung der Betheiligten nachgewiesen wird.

Seite 5 und Seite 287, 288.

Dritter Abschnitt.

Zwangsversteigerung und Zwangsverwaltung in besonderen Fällen.

§ 172. Wird die Zwangsversteigerung oder die Zwangsverwaltung von dem Konkursverwalter beantragt, so finden die Vorschriften des ersten und zweiten Abschnitts entsprechende Anwendung, soweit sich nicht aus den §§ 173, 174 ein Anderes ergiebt.

Seite 288, 289.

§ 173. Der Beschluß, durch welchen das Verfahren angeordnet wird, gilt nicht als Beschlagnahme. Im Sinne der §§ 13, 55 ist jedoch die Zustellung des Beschlusses an den Konkursverwalter als Beschlagnahme anzusehen.

Zu Satz 1: Seite 289 a; zu Satz 2: Seite 290 b.

§ 174. Hat ein Gläubiger für seine Forderung gegen den Gemeinschuldner ein von dem Konkursverwalter anerkanntes Recht auf Befriedigung aus dem Grundstücke, so kann er bis zum Schlusse der Verhandlung im Versteigerungstermine verlangen, daß bei der Feststellung des geringsten Gebots nur die seinem Anspruche vorgehenden Rechte berücksichtigt werden; in diesem Falle ist das Grundstück auch mit der verlangten Abweichung auszubieten.

Seite 293.

§ 175. Hat ein Nachlaßgläubiger für seine Forderung ein Recht auf Befriedigung aus einem zum Nachlasse gehörenden Grundstücke, so kann der Erbe nach der Annahme der Erbschaft die Zwangsversteigerung des Grundstücks beantragen. Zu dem Antrag ist auch jeder Andere berechtigt, welcher das Aufgebot der Nachlaßgläubiger beantragen kann.

Diese Vorschriften finden keine Anwendung, wenn der Erbe für die Nachlaßverbindlichkeiten unbeschränkt haftet oder wenn der Nachlaßgläubiger im Aufgebotsverfahren ausgeschlossen ist oder nach den §§ 1974, 1989 des Bürgerlichen Gesetzbuchs einem ausgeschlossenen Gläubiger gleichsteht.

Seite 296, 297.

§ 176. Wird die Zwangsversteigerung nach § 175 beantragt, so finden die Vorschriften des ersten und zweiten Abschnitts sowie der §§ 173, 174 entsprechende Anwendung, soweit sich nicht aus den §§ 177, 178 ein Anderes ergiebt.

Seite 295.

§ 177. Der Antragsteller hat die Thatsachen, welche sein Recht zur Stellung des Antrags begründen, durch Urkunden glaubhaft zu machen, soweit sie nicht bei dem Gericht offenkundig sind.

Seite 298.

§ 178. Die Zwangsversteigerung soll nicht angeordnet werden, wenn die Eröffnung des Nachlaßkurses beantragt ist.

Durch die Eröffnung des Nachlaßkonkurses wird die Zwangsversteigerung nicht beendigt; für das weitere Verfahren gilt der Konkursverwalter als Antragsteller.

Seite 301, 302.

§ 179. Ist ein Nachlaßgläubiger, der verlangen konnte, daß das geringste Gebot nach Maßgabe des § 174 ohne Berücksichtigung seines Anspruchs festgestellt werde, bei der Feststellung des geringsten Gebots berücksichtigt, so kann ihm die Befriedigung aus dem übrigen Nachlasse verweigert werden.

Seite 300 g.

§ 180. Soll die Zwangsversteigerung zum Zwecke der Aufhebung einer Gemeinschaft erfolgen, so finden die Vorschriften des ersten und zweiten Abschnitts entsprechende Anwendung, soweit sich nicht aus den §§ 181 bis 184 ein Anderes ergiebt.

Seite 302.

§ 181. Ein vollstreckbarer Titel ist nicht erforderlich.

Die Zwangsversteigerung eines Grundstücks darf nur angeordnet werden, wenn der Antragsteller als Eigenthümer im Grundbuch eingetragen oder Erbe eines eingetragenen Eigenthümers ist oder wenn er das Recht des Eigenthümers oder des Erben auf Aufhebung der Gemeinschaft ausübt. Von dem Vormund eines Miteigenthümers kann der Antrag nur mit Genehmigung des Vormundschaftsgerichts gestellt werden.

Betrifft der Antrag ein Schiff, so ist durch Urkunden glaubhaft zu machen, daß das Eigenthum dem Antragsteller und denjenigen, gegen welche sich der Antrag richtet, gemeinschaftlich zusteht und daß einer von ihnen im Besitze des Schiffes ist.

Die Vorschrift des § 17 Abs. 3 findet auch auf die Erbfolge des Antragstellers Anwendung.

Seite 303.

§ 182. Bei der Feststellung des geringsten Gebots sind die den Antheil des Antragstellers belastenden oder mitbelastenden Rechte an dem Grundstücke sowie alle Rechte zu berücksichtigen, die einem dieser Rechte vorgehen oder gleichstehen.

Ist hiernach bei einem Antheil ein größerer Betrag zu berücksichtigen als bei einem anderen Antheile, so erhöht sich das geringste Gebot um den zur Ausgleichung unter den Miteigenthümern erforderlichen Betrag.

Auf die Versteigerung eines Schiffes finden die Vorschriften über das geringste Gebot entsprechende Anwendung.

Seite 307—311; zu Abs. 3: Seite 279 g und Anm. 7, Seite 307.

§ 183. Im Falle der Vermiethung oder Verpachtung des Grundstücks finden die Vorschriften des § 57 Satz 2, 3 keine Anwendung.

Seite 304.

§ 184. Ein Miteigenthümer braucht für sein Gebot keine Sicherheit zu leisten, wenn ihm eine durch das Gebot ganz oder theilweise gedeckte Hypothek, Grundschuld oder Rentenschuld zusteht.

Seite 311 Ziff. 10.

II.

Einführungsgesetz zu dem Gesetz über die Zwangsversteigerung und die Zwangsverwaltung.

---

§ 1. Das Gesetz über die Zwangsversteigerung und die Zwangsverwaltung tritt, soweit es die Schiffe betrifft, gleichzeitig mit dem Bürgerlichen Gesetzbuch, im Uebrigen für jeden Grundbuchbezirk mit dem Zeitpunkt in Kraft, in welchem das Grundbuch als angelegt anzusehen ist. Seite 2.

Die Artikel 2 bis 5, 32, 55 des Einführungsgesetzes zum Bürgerlichen Gesetzbuche finden entsprechende Anwendung.

§ 2. Soweit in dem Einführungsgesetze zum Bürgerlichen Gesetzbuche zu Gunsten der Landesgesetze Vorbehalte gemacht sind, gelten sie auch für die Vorschriften der Landesgesetze über die Zwangsversteigerung und die Zwangsverwaltung. Den Landesgesetzen stehen nach Maßgabe der Artikel 57, 58 des Einführungsgesetzes zum Bürgerlichen Gesetzbuche die Hausverfassungen gleich. Seite 33, 46 47, 161, 19[illegible] Ziff. V, 313 316, 320, 321

Es treten jedoch die landesgesetzlichen Vorschriften außer Kraft, nach welchen den landschaftlichen und ritterschaftlichen Kreditanstalten für den Anspruch auf ältere als zweijährige Rückstände wiederkehrender Leistungen ein Vorrecht vor den im § 10 Nr. 1 bis 6 des Gesetzes über die Zwangsversteigerung und die Zwangsverwaltung bezeichneten Ansprüchen beigelegt ist.

§ 3. Die im Artikel 113 des Einführungsgesetzes zum Bürgerlichen Gesetzbuche bezeichneten Vorschriften bleiben auch insoweit unberührt, als sie für den Anspruch des Entschädigungsberechtigten oder des Dritten, welcher die Entschädigung geleistet hat, ein Recht auf Befriedigung aus dem Grundstücke gewähren und den Rang dieses Rechtes bestimmen. Jedoch kann dem Anspruch auf Rückstände wiederkehrender Leistungen ein Vorrecht nur mit der im § 2 Abs. 2 bezeichneten Einschränkung beigelegt werden.

§ 4. Durch Landesgesetz kann bestimmt werden, daß gewisse öffentliche Lasten anderen im Range vorgehen. Seite 25, 321 Anm. 12

In denjenigen Bundesstaaten, in welchen die Besteuerung des inländischen Bieres der Landesgesetzgebung vorbehalten ist, bleiben auch die Vorschriften unberührt, nach welchen bei der Zwangsvollstreckung in ein der Brauerei dienendes Grundstück oder in ein mit diesem räumlich verbundenes Grundstück die zum Zwecke der Besteuerung des Bieres zu entrichtenden Abgaben den öffentlichen Lasten des Grundstücks gleichstehen.

§ 5. Durch Landesgesetz kann bestimmt werden, daß dem Antrag auf Zwangsversteigerung ein Auszug aus einem Steuerbuche beigefügt werden soll. Seite 68, 80.

§ 6. Durch die Landesjustizverwaltung kann angeordnet werden, daß die Bestimmung des Versteigerungstermins noch andere als die im § 38 des Gesetzes über die Zwangsversteigerung und die Zwangsverwaltung vorgeschriebenen Angaben über das Grundstück enthalten soll. Seite 93.

§ 7. Unberührt bleiben die bestehenden landesgesetzlichen Vorschriften, nach welchen noch andere als die in den §§ 39, 40 des Gesetzes über die Zwangsversteigerung und die Zwangsverwaltung bezeichneten Veröffentlichungen der Terminsbestimmung zu erfolgen haben.

§ 8. Durch Landesgesetz kann für die Zwangsversteigerung bestimmt werden, daß die vor dem Inkrafttreten des Bürgerlichen Gesetzbuchs eingetragenen Hypotheken bei der Feststellung des geringsten Gebots und bei der Aufstellung des Theilungsplans nur auf Grund einer Anmeldung zu berücksichtigen sind.

In einem solchen Falle muß die im § 37 Nr. 4 des Gesetzes über die Zwangsversteigerung und die Zwangsverwaltung vorgeschriebene Aufforderung auf die Anmeldung der Ansprüche aus den bezeichneten Hypotheken ausgedehnt werden.

§ 9. Soweit ein nach Landesgesetz begründetes Recht an einem Grundstücke, das nicht in einer Hypothek besteht, zur Wirksamkeit gegen Dritte der Eintragung nicht bedarf oder
Seite 33, 34. soweit eine Dienstbarkeit oder eine Reallast als Leibgedinge, Leibzucht, Altentheil oder Auszug eingetragen ist, bleibt das Recht nach Maßgabe des Landesgesetzes von der Zwangsversteigerung unberührt, auch wenn es bei der Feststellung des geringsten Gebots nicht berücksichtigt ist.

Das Erlöschen eines solchen Rechtes ist auf Verlangen eines Betheiligten als Ver-
Seite 34. steigerungsbedingung zu bestimmen, wenn durch das Fortbestehen ein dem Rechte vorgehendes oder gleichstehendes Recht des Betheiligten beeinträchtigt werden würde; die Zustimmung eines anderen Betheiligten ist nicht erforderlich.

§ 10. Unberührt bleiben die landesgesetzlichen Vorschriften, nach welchen bei der
Seite 113. Zwangsversteigerung

1 für Gebote kommunaler Körperschaften sowie gewisser Kreditanstalten und Sparkassen Sicherheitsleistung nicht verlangt werden kann;

Zu Nr. 2: Seite 112, Anm. 5.

2. die Sicherheit auch durch Stellung eines Bürgen nach § 239 des Bürgerlichen Gesetzbuchs geleistet werden darf.

Seite 205 Anm. 9, 314 Ziff. 6, 319 i.

§ 11. Durch Landesgesetz kann für die Zwangsversteigerung, unbeschadet des § 112 Abs. 2 Satz 4 des Gesetzes über die Zwangsversteigerung und die Zwangsverwaltung, bestimmt werden, daß und nach welchen Grundsätzen der Werth des Grundstücks festgestellt werden soll.

Seite 192 d γ.

§ 12. Die Landesgesetze können für die Fälle, in welchen bei der Zwangsversteigerung oder der Zwangsverwaltung ein Aufgebotsverfahren erforderlich wird, die Art der Bekanntmachung des Aufgebots und die Aufgebotsfristen abweichend von den Vorschriften der §§ 948, 950 der Civilprozeßordnung bestimmen.

Seite 320 c, 321 d.

§ 13. Durch Landesgesetz kann bestimmt werden, daß die in dem Gesetz über die Zwangsversteigerung und die Zwangsverwaltung dem Vollstreckungsgerichte zugewiesenen Amtshandlungen, soweit nicht über die Anordnung, Aufhebung oder Verbindung des Verfahrens oder über die Zulassung des Beitritts eines Gläubigers zu entscheiden ist, von einer anderen Behörde oder einem Beamten oder einem Notar ganz oder theilweise wahrzunehmen sind.

Wird die Aenderung einer Entscheidung der Behörde, des Beamten oder des Notars verlangt, so ist die Entscheidung des Vollstreckungsgerichts nachzusuchen; auf das Verfahren finden die Vorschriften der §§ 96 bis 104 des bezeichneten Gesetzes entsprechende Anwendung. Die Beschwerde findet gegen die Entscheidung des Vollstreckungsgerichts statt.

Seite 249.

§ 14. Die Landesjustizverwaltung kann für die Geschäftsführung der Verwalter, welche bei der Zwangsverwaltung bestellt werden, und für die den Verwaltern zu gewährende Vergütung allgemeine Anordnungen treffen.

§ 15. Ein vor dem Inkrafttreten des Gesetzes über die Zwangsversteigerung und die Zwangsverwaltung beantragtes Verfahren ist nach den Landesgesetzen zu erledigen.

III.

Preußisches Ausführungsgesetz zum Reichsgesetz über die Zwangsversteigerung und die Zwangsverwaltung.

Vom 23. September 1899 (Ges.-Samml. S. 291).

Erster Abschnitt.

Zwangsversteigerung und Zwangsverwaltung von Grundstücken im Wege der Zwangsvollstreckung.

Artikel 1. Oeffentliche Lasten eines Grundstücks im Sinne des § 10 Abs. 1 Nr. 3 und des § 156 Abs. 1 des Reichsgesetzes über die Zwangsversteigerung und die Zwangsverwaltung vom 24. März 1897 sind: Seite 25.

1. die zur Erfüllung der Deichpflicht erforderlichen Beiträge und Leistungen, ohne Unterschied, ob sie von der zuständigen Staatsbehörde ausgeschrieben sind oder aus der auf einem Deichverbande beruhenden Deichpflicht entspringen;
2. die auf einem nicht privatrechtlichen Titel beruhenden Abgaben und Leistungen, die auf dem Grundstücke nach Gesetz oder Verfassung haften (gemeine Lasten).

Die im Abs. 1 unter Nr. 1 bezeichneten Lasten gehen den unter Nr. 2 bezeichneten im Range vor.

Artikel 2. Zu den gemeinen Lasten gehören namentlich:

1. Abgaben und Leistungen, die aus dem Kommunal-, Kirchen-, Pfarr- oder Schulverband entspringen oder an Kirchen, Pfarren, Schulen, Kirchen- oder Schulbediente zu entrichten sind;
2. Beiträge, die aus der Verpflichtung zu öffentlichen Wege-, Wasser- oder Uferbauten entstehen;
3. Beiträge, die an öffentliche Meliorationsgenossenschaften oder andere einen gemeinnützigen Zweck verfolgende Körperschaften des öffentlichen Rechtes, insbesondere an Verbände, welche die Versicherung ihrer Mitglieder gegen den durch Brand, Hagelschlag oder Viehsterben entstehenden Schaden bezwecken, zu entrichten sind; Seite 25.
4. diejenigen Beiträge zur Entschädigung oder zu den Kosten der Schutzanlagen, welche nach Maßgabe des Gesetzes, betreffend Schutzwaldungen und Waldgenossenschaften, vom 6. Juli 1875 (Gesetz-Samml. S. 416) den Eigenthümern gefährdeter oder gefahrbringender Grundstücke auferlegt sind.

Artikel 3. In Ansehung des Rechtes auf Befriedigung aus dem Grundstücke stehen den öffentlichen Lasten gleich: Seite 25.

1. die an die Rentenbanken oder die Tilgungskassen abgetretenen Renten sowie die an die Staatskasse zu entrichtenden Ablösungsrenten;
2. wenn das Grundstück bei einer Auseinandersetzung betheiligt ist, die im § 7 Nr. 6 des Gesetzes über das Kostenwesen in Auseinandersetzungssachen vom 24. Juni 1875

(Gesetz-Samml. S. 397) bezeichneten Kosten und Terminalvorschüsse auch außerhalb des ursprünglichen Geltungsbereichs des genannten Gesetzes.

Die Renten, Kosten und Vorschüsse haben den Rang zwischen den im Artikel 1 Abs. 1 unter Nr. 1 und den daselbst unter Nr. 2 bezeichneten Lasten.

Seite 80. **Artikel 4.** Dem Antrag auf Zwangsversteigerung soll ein das Grundstück betreffender neuester Auszug aus der Grundsteuermutterrolle und der Gebäudesteuerrolle beigefügt werden, soweit er nach Lage der Rollen ertheilt werden kann.

In den Hohenzollernschen Landen tritt an die Stelle des Auszugs aus den Steuerrollen ein Auszug aus dem Besitz- und Steuerhefte des Schuldners.

Seite 91. **Artikel 5.** Für die Bekanntmachung der Terminsbestimmung wird der Anzeiger des Amtsblatts bestimmt.

Artikel 6. Die Rechte an dem Grundstücke, die nach Artikel 22 des Ausführungsgesetzes zum Bürgerlichen Gesetzbuch oder nach sonstigen landesgesetzlichen Vorschriften zur Wirksamkeit gegenüber dem öffentlichen Glauben des Grundbuchs der Eintragung nicht bedürfen, bleiben auch dann bestehen, wenn sie bei der Feststellung des geringsten Gebots nicht berücksichtigt sind.

Seite 33, 34; auch Anleitung Seite 104 bis 106.

Das Gleiche gilt, unbeschadet der Vorschrift des § 9 Abs. 2 des Einführungsgesetzes zum Reichsgesetze, von den im Grundbuch als Leibgedinge, Leibzucht, Altentheil oder Auszug eingetragenen Dienstbarkeiten und Reallasten sowie von Grunddienstbarkeiten, die zur Wirksamkeit gegenüber dem öffentlichen Glauben des Grundbuchs der Eintragung nicht bedürfen.

Artikel 7. Ist das Grundstück vor dem Inkrafttreten des Bürgerlichen Gesetzbuchs einem Miether oder Pächter überlassen, so finden die Vorschriften des § 57 des Reichsgesetzes Anwendung.

Weitergehende Rechte eines Miethers oder Pächters, die sich aus den bisherigen Gesetzen ergeben, bleiben unberührt.

Seite 205 Anm. 9. **Artikel 8.** In den Fällen der §§ 64, 112 des Reichsgesetzes ist der Werth der Grundstücke auf den vierzigfachen Betrag des staatlich ermittelten Grundsteuerreinertrags und den fündundzwanzigfachen Betrag des staatlich ermittelten Gebäudesteuernutzungswerths zu bestimmen. Ergeben sich begründete Bedenken gegen die Richtigkeit dieser Bestimmung oder sind die Grundstücke nicht zur Grundsteuer oder zur Gebäudesteuer staatlich veranlagt, so hat das Gericht den Werth nach freiem Ermessen, nöthigenfalls unter Zuziehung eines Sachverständigen, zu bestimmen.

In den Hohenzollernschen Landen ist an Stelle des nach der Grund- und Gebäudesteuer zu berechnenden Werthes der Steueranschlag maßgebend.

Seite 113. **Artikel 9.** Für ein Gebot einer Gemeinde oder eines anderen Kommunalverbandes, einer landschaftlichen, ritterschaftlichen, städtischen oder provinzialen Kreditanstalt oder einer öffentlichen Sparkasse kann Sicherheitsleistung nicht verlangt werden.

Seite 112 Anm. 5. **Artikel 10.** Im bisherigen Geltungsbereiche des Rheinischen Rechtes darf die Sicherheit für ein Gebot auch durch Stellung eines Bürgen nach § 239 des Bürgerlichen Gesetzbuchs geleistet werden.

Wird dem Bieter der Zuschlag ertheilt, so ist in dem Beschlusse der Bürge unter Angabe der Höhe seiner Schuld für mithaftend zu erklären. Soweit zur Ausführung des Theilungsplans die Forderung gegen den Ersteher auf die Berechtigten übertragen wird, ist den Berechtigten nach der Rangordnung ihrer Ansprüche die Forderung gegen den Bürgen mitzuübertragen. Die Forderung ist nach Maßgabe des § 132 des Reichsgesetzes gegen den Bürgen vollstreckbar.

Auf Gebote des Schuldners oder eines neu eingetretenen Eigenthümers finden diese Vorschriften keine Anwendung.

Artikel 11. Ist in dem Termine zur Vertheilung des Versteigerungserlöses oder eines im Zwangsverwaltungsverfahren erzielten Ueberschusses ein Berechtigter, dem nach dem Theilungsplan ein Betrag zugetheilt ist, nicht erschienen, so erfolgt die Uebersendung des

Betrags nach Maßgabe der §§ 25, 26 der Hinterlegungsordnung vom 14. März 1879 (Gesetz-Samml. S. 249) durch die Post; Beträge von nicht mehr als dreihundert Mark können innerhalb des Gebiets des Deutschen Reichs dem Berechtigten auch ohne Antrag übersandt werden. Die nach § 25 Abs. 2 erforderliche Beglaubigung der Unterschrift des Berechtigten Seite 160, 161 ist stempelfrei; geschieht sie durch ein Gericht oder einen Notar, so ist dafür eine Gebühr von drei Mark zu entrichten.

Auf Antrag des Berechtigten ist die Auszahlung durch ein ersuchtes Gericht zu bewirken. Die Kosten und die Gefahr der Uebersendung an das ersuchte Gericht trägt der Berechtigte.

Artikel 12. Im Falle des § 6 Abs. 2 des Gesetzes, betreffend die Zwangsvollstreckung aus Forderungen landschaftlicher (ritterschaftlicher) Kreditanstalten, vom 3. August 1897 Seite 320. (Gesetz-Samml. S. 388) findet die Vorschrift des § 155 Abs. 1 des Reichsgesetzes auch auf die Ausgaben und Kosten der durch die Kreditanstalt eingeleiteten Zwangsverwaltung Anwendung.

Der Kreditanstalt steht wegen ihrer Ausgaben zur Erhaltung oder nöthigen Verbesserung des Grundstücks ein Recht auf Befriedigung nach § 10 Abs. 1 Nr. 1 des Reichs- Seite 321 gesetzes auch insoweit zu, als sie die Ausgaben während der von ihr eingeleiteten Zwangs- Anm. 12. verwaltung aufgewendet hat. Im Falle der Zwangsversteigerung gilt dies auch dann, wenn die von der Kreditanstalt eingeleitete Zwangsverwaltung bis zum Zuschlage fortdauert.

Die Kreditanstalt ist berechtigt, von den im Abs. 2 bezeichneten Ausgaben seit der Zeit der Aufwendung Zinsen mit dem Range des Anspruchs auf Ersatz der Ausgaben in Ansatz zu bringen.

Artikel 13. Ist bei der Vertheilung eines im Zwangsverwaltungsverfahren erzielten Ueberschusses ein Anspruch aus einem eingetragenen Rechte zu berücksichtigen, wegen dessen Seite 253 c ß der Berechtigte Befriedigung aus dem Grundstücke lediglich im Wege der Zwangsverwaltung suchen kann, so ist in den Theilungsplan der ganze Betrag des Anspruchs aufzunehmen.

Artikel 14. In dem Aufgebotsverfahren zum Zwecke der Ausschließung eines unbekannten Berechtigten von der Befriedigung aus einem zugetheilten Betrag erfolgt die öffentliche Seite 192. Bekanntmachung des Aufgebots nach den für die öffentliche Bekanntmachung eines Versteigerungstermins geltenden Vorschriften.

Die Aufgebotsfrist muß mindestens drei Monate betragen.

Zweiter Abschnitt.

Zwangsversteigerung und Zwangsverwaltung von Bergwerkseigenthum, unbeweglichen Bergwerksantheilen und selbständigen Kohlenabbau-Gerechtigkeiten im Wege der Zwangsvollstreckung.

Artikel 15. Für die Zwangsversteigerung und die Zwangsverwaltung eines Bergwerks- Seite 5, 313 eigenthums, eines unbeweglichen Bergwerksantheils oder einer selbständigen Kohlenabbau-Gerechtigkeit in den vormals Sächsischen Landestheilen gelten die besonderen Vorschriften der Artikel 16 bis 21.

Artikel 16. Zu den Betheiligten gehört in jedem Falle der Repräsentant oder Seite 5, 313. Grubenvorstand.

Artikel 17. Die Ansprüche der zum Betriebe des Bergbaues angenommenen, in einem Seite 5, 313. Dienst- oder Arbeitsverhältnisse stehenden Personen, insbesondere der Bergleute und der Betriebsbeamten, auf Lohn und andere Bezüge gewähren wegen der laufenden und der aus dem letzten Jahre rückständigen Beträge ein Recht auf Befriedigung in der zweiten Klasse.

Die Beiträge, die der Werksbesitzer nach § 174, § 175 Abs. 2 oder § 176 Abs. 1 des

Allgemeinen Berggesetzes zu den Knappschafts- und Krankenkassen zu leisten hat, gelten als gemeine Lasten im Sinne des Artikel 1 Abs. 1 Nr. 2 dieses Gesetzes.

Seite 5, 315. Artikel 18. Dem Antrag auf Zwangsversteigerung oder Zwangsverwaltung ist eine oberbergamtlich, gerichtlich oder notariell beglaubigte Abschrift der Verleihungsurkunde des Bergwerkes oder, wenn der Antrag eine Kohlenabbau-Gerechtigkeit betrifft, eine in gleicher Art beglaubigte Abschrift des Aktes beizufügen, durch den die Gerechtigkeit vom Eigenthum an dem Grundstücke getrennt worden ist.

Seite 5, 314. Artikel 19. Die Beschlagnahme im Zwangsversteigerungsverfahren umfaßt nicht die bereits gewonnenen Mineralien.

Artikel 20. Ist ein Bergwerkseigenthum oder ein unbeweglicher Bergwerksantheil zu
Seite 5, 314. versteigern, so soll die Terminsbestimmung außer dem Grundbuchblatte den Namen des Bergwerkes sowie die Mineralien, auf die das Bergwerkseigenthum verliehen ist, bezeichnen und im Falle der Versteigerung eines Bergwerksantheils auch die Zahl der Kuxe angeben, in welche das Bergwerk getheilt ist.

Außerdem soll die Terminsbestimmung eine Angabe der Feldesgröße, des Kreises, in welchem das Feld liegt, und der dem Werke zunächst gelegenen Stadt enthalten. Diese Vorschrift findet auf Kohlenabbau-Gerechtigkeiten entsprechende Anwendung.

Seite 5, 314 Ziff. 6. Artikel 21. Ist der Werth des Gegenstandes des Verfahrens festzustellen, so erfolgt die Feststellung durch das Gericht nach freiem Ermessen, nöthigenfalls unter Zuziehung des zuständigen Revierbeamten.

Dritter Abschnitt.

Zwangsversteigerung und Zwangsverwaltung in besonderen Fällen.

Seite 314. Artikel 22. Die Vorschriften der §§ 172 bis 184 des Reichsgesetzes gelten mit den Aenderungen, die sich aus dem ersten und zweiten Abschnitte dieses Gesetzes ergeben, auch für Bergwerkseigenthum, unbewegliche Bergwerksantheile und selbständige Gerechtigkeiten.

Seite 314. Artikel 23. Auf die Zwangsversteigerung eines Bergwerkes oder eines Bergwerksantheils nach den §§ 159, 161, 162, 234, 235g des Allgemeinen Berggesetzes finden die Vorschriften, die für die Zwangsversteigerung im Wege der Zwangsvollstreckung gelten, entsprechende Anwendung, soweit sich nicht aus den Artikeln 24 bis 27 ein Anderes ergiebt.

Seite 315 Ziff. 2a. Artikel 24 Der Antragsteller hat die Thatsachen, welche sein Recht zur Stellung des Antrags begründen, soweit sie nicht bei dem Gericht offenkundig sind, durch Urkunden glaubhaft zu machen.

Ist der Antrag von einem nach § 159 Abs. 1 des Allgemeinen Berggesetzes Berechtigten gestellt, so sind mit dem Beschlusse, durch den die Zwangsversteigerung angeordnet wird, der Antrag und, wenn der Berechtigte nicht im Grundbuch eingetragen ist, die im Abs. 1 bezeichneten Urkunden dem Bergwerkseigenthümer zuzustellen.

Seite 315, 316. Artikel 25. Auf Antrag des Bergwerkseigenthümers darf die Zwangsversteigerung nur angeordnet werden, wenn der Antragsteller als Eigenthümer im Grundbuch eingetragen oder wenn er Erbe des eingetragenen Eigenthümers ist.

Seite 316. Artikel 26. Ist die Zwangsversteigerung eines Bergwerkes auf Antrag des Bergwerkseigenthümers oder die Zwangsversteigerung eines Bergwerksantheils auf Antrag der Gewerkschaft angeordnet oder hat der Bergwerkseigenthümer nach den §§ 161, 162 des Allgemeinen Berggesetzes auf das Bergwerkseigenthum verzichtet, so gilt der Beschluß, durch den das Verfahren angeordnet wird, nicht als Beschlagnahme. Im Sinne der §§ 13, 55 des Reichsgesetzes ist jedoch die Zustellung des Beschlusses an den Antragsteller als Beschlagnahme anzusehen.

Seite 316 f. Artikel 27. Die Vorschriften über das geringste Gebot finden keine Anwendung. Das Meistgebot ist in seinem ganzen Betrage durch Zahlung zu berichtigen.

Artikel 28. Auf den Verkauf eines Grundstücks nach den §§ 40, 58, 60 Theil I Titel 8 des Allgemeinen Landrechts finden die Vorschriften, die für die Zwangsversteigerung im Wege der Zwangsvollstreckung gelten, entsprechende Anwendung, soweit sich nicht aus den Artikeln 29 bis 32 ein Anderes ergiebt. Seite 316.

Artikel 29. Antragsberechtigt ist die Ortspolizeibehörde. Seite 316, 317

Der Antrag soll das Grundstück, den Eigenthümer und die Thatsachen bezeichnen, welche das Recht zur Stellung des Antrags begründen. Die Vorschriften des Artikel 24 finden entsprechende Anwendung.

Artikel 30. Der Anspruch auf Ersatz der im § 43 Theil I Titel 8 des Allgemeinen Landrechts bezeichneten Verwendungen gewährt ein Recht auf Befriedigung aus dem Grundstücke vor allen anderen Ansprüchen. Seite 317 c

Artikel 31. Die Vorschriften über das geringste Gebot finden keine Anwendung. Seite 317 d.

Das Gericht hat die Uebernahme der Wiederherstellung des Gebäudes von Amtswegen als Versteigerungsbedingung zu bestimmen. Seite 317 e.

Artikel 32. Angebote nach den §§ 45 bis 47 Theil I Titel 8 des Allgemeinen Landrechts sind nur zu berücksichtigen, wenn sie im Versteigerungstermin geltend gemacht werden. Seite 317 f.

Bleibt die Versteigerung ergebnißlos, so ist der Zuschlag nach Maßgabe der §§ 45 bis 48 des bezeichneten Titels zu ertheilen. Die Beschwerde gegen die Entscheidung über den Zuschlag kann auch auf die Verletzung einer dieser Vorschriften gestützt werden. Seite 318.

Vierter Abschnitt.

Schluß- und Uebergangsbestimmungen.

Artikel 33. Im bisherigen Geltungsbereiche des Gesetzes über das Grundbuchwesen im Bezirke des Appellationsgerichts zu Cassel ꝛc. vom 29. Mai 1873 (Gesetz-Samml. S. 273) ist eine vor dem 1 Juli 1874 entstandene Hypothek, die nicht in eine Hypothek des Preußischen Rechtes umgewandelt ist, bei der Feststellung des geringsten Gebots und bei der Aufstellung des Theilungsplans nur zu berücksichtigen, wenn sie rechtzeitig angemeldet wird.

Artikel 34. Die Verfassungen und Satzungen der landschaftlichen (ritterschaftlichen) Kreditanstalten und der provinzial-(kommunal-)ständischen öffentlichen Grundkreditanstalten werden, auch soweit sie den Anstalten weitergehende Befugnisse gewähren, durch die Vorschriften dieses Gesetzes nicht berührt. Seite 84 Ziff. 3 a, 234 Ziff. 3, 320, 321.

Artikel 35. Ist im Falle der Enteignung eines mit Reallasten, Hypotheken, Grundschulden oder Rentenschulden belasteten Grundstücks die für den Eigenthümer vereinbarte oder durch Beschluß oder Urtheil endgültig festgestellte Entschädigungssumme nach § 37 Abs. 1 Nr. 3 des Gesetzes über die Enteignung von Grundeigenthum vom 11. Juni 1874 (Gesetz-Samml. S. 221) hinterlegt und sind die Wirkungen der Enteignung eingetreten, so haben die Realberechtigten an dieser Entschädigung, unbeschadet der Vorschriften der §§ 38, 49 des genannten Gesetzes, dieselben Rechte, welche ihnen im Falle des Erlöschens ihres Rechtes durch Zwangsversteigerung an dem Erlöse zustehen. Seite 145 Anm. 1, 321.

Der Eigenthümer und jeder der im Abs. 1 bezeichneten Realberechtigten kann die Eröffnung eines gerichtlichen Vertheilungsverfahrens beantragen. Für das Verfahren gelten die Vorschriften der Artikel 36 bis 41.

Artikel 36. Das Vertheilungsverfahren ist auf Antrag des Eigenthümers aufzuheben, wenn dieser bis zum Schlusse des ersten Termins nachweist, daß er nach § 38 des Enteignungsgesetzes über die Entschädigungssumme verfügen kann. Seite 271, 321.

Artikel 37. Nimmt der Eigenthümer die Vermittelung der Auseinandersetzungsbehörde wegen Auszahlung oder Verwendung der Entschädigungssumme in Anspruch, so hat die Auseinandersetzungsbehörde von der Einleitung des Vermittelungsverfahrens und nach dessen Beendigung von der Art der Erledigung dem für das Vertheilungsverfahren zuständigen Gerichte Mittheilung zu machen.

Solange diesen Mittheilungen zufolge ein Vermittelungsverfahren bei der Auseinandersetzungsbehörde anhängig ist, hat das Gericht Anträge auf Eröffnung des Vertheilungsverfahrens abzulehnen.

Seite 321. **Artikel 38.** Erlangt das Gericht in einem anhängigen Vertheilungsverfahren vor dem Schlusse des ersten Termins von der Einleitung eines Vermittelungsverfahrens Kenntniß, so ist das Vertheilungsverfahren bis zur Erledigung dieses Verfahrens einstweilen einzustellen.

Das Gleiche gilt, wenn der Eigenthümer vor dem Schlusse des ersten Termins die Bestimmung einer Frist nachsucht und vor dem Ablaufe der Frist die Einleitung des Vermittelungsverfahrens zur Kenntniß des Gerichts gelangt.

Endigt das Vermittelungsverfahren mit der vollständigen Freigabe oder Vertheilung der Entschädigungssumme, so ist das Vertheilungsverfahren aufzuheben.

Seite 321. **Artikel 39.** Erlangt das Gericht erst nach dem Schlusse des ersten Termins oder nach dem Ablaufe der im Artikel 38 Abs. 2 bezeichneten Frist von der Einleitung des Vermittelungsverfahrens Kenntniß, so ist hier von der Auseinandersetzungsbehörde Mittheilung zu machen; diese hat das bei ihr anhängige Verfahren aufzuheben.

Artikel 40. In den Fällen des Artikel 36, des Artikel 37 Abs. 2 und des Artikel 38 Abs. 3 werden Gerichtskosten nicht erhoben.

Seite 321. **Artikel 41.** Auf das Vertheilungsverfahren finden die für die Vertheilung des Erlöses im Falle der Zwangsversteigerung geltenden Vorschriften des Reichsgesetzes mit folgenden Maßgaben entsprechende Anwendung:

1. Als Betheiligte gelten der Eigenthümer, diejenigen für welche zur Zeit des Ueberganges des Eigenthums auf den Unternehmer ein Recht der im Artikel 35 bezeichneten Art im Grundbuch eingetragen oder durch Eintragung gesichert ist, sowie diejenigen welche ein solches Recht bei der Enteignungsbehörde angemeldet haben oder bei dem Vertheilungsgericht anmelden und auf Verlangen des Gerichts oder eines Betheiligten glaubhaft machen.
2. Die Zustellung des Beschlusses, durch den das Vertheilungsverfahren eröffnet wird, an den Antragsteller ist im Sinne des § 13 des Reichsgesetzes als Beschlagnahme anzusehen.
3. Das Vertheilungsgericht hat bei der Eröffnung des Verfahrens das Grundbuchamt um die im § 19 Abs. 2 des Reichsgesetzes bezeichneten Mittheilungen zu ersuchen. In die beglaubigte Abschrift des Grundbuchblatts sind die zur Zeit des Ueberganges des Eigenthums auf den Unternehmer vorhandenen Eintragungen sowie die später eingetragenen Veränderungen und Löschungen aufzunehmen.

Seite 145 Anm. 1, 321. Im Falle der Enteignung eines Grundstückstheils kann, wenn die Zwangsversteigerung des Hauptgrundstücks angeordnet ist, das Vertheilungsverfahren mit dem bei der Zwangsversteigerung stattfindenden Vertheilungsverfahren verbunden werden.

Artikel 42. Ein vor dem Inkrafttreten dieses Gesetzes beantragtes Verfahren ist, auch wenn es der Vorschrift des § 15 des Einführungsgesetzes zum Reichsgesetze nicht unterliegt, nach den bisherigen Vorschriften zu erledigen.

Artikel 43. In einem vor dem Inkrafttreten dieses Gesetzes beantragten Zwangsverwaltungsverfahren bestimmen sich die Rechte und die Pflichten des Verwalters von der bezeichneten Zeit an nach den Vorschriften des Reichsgesetzes.

Von derselben Zeit an sind die Vorschriften des Reichsgesetzes auch für die Vertheilung der Nutzungen maßgebend. Eine über die Vertheilung vorher getroffene Bestimmung bleibt, unbeschadet der Vorschriften des § 159 des Reichsgesetzes, in Kraft. Auch behält ein Anspruch seinen bisherigen besseren Rang, wenn für ihn vor dem bezeichneten Zeitpunkt eine Beschlagnahme erfolgt war.

(Artikel 44—45 betreffen Aenderungen des preußischen Gesetzes vom 18. Juli 1883 und des preußischen Gerichtskostengesetzes vom 25. Juni 1895 über die Gerichtskosten.

Artikel 46 ermächtigt den Justizminister, die in den Art. 44, 45 gedachten Aenderungen durch Neufassung des preuß. Gerichtskostengesetzes vom 25. Juni 1895 bekannt zu geben. Dies ist durch Justizministerial-Verfügung vom 6. Okt. 1899 (Gesetz-Samml. S. 326) geschehen. Die §§ 124 bis 136 des neugefaßten preuß. Gerichtskostengesetzes enthalten nunmehr Vorschriften über: „Zwangsversteigerung und Zwangsverwaltung von Gegenständen des unbeweglichen Vermögens. Zwangsliquidation einer Bahneinheit.")

Artikel 47. Soweit in Gesetzen auf Vorschriften verwiesen ist, welche durch dieses Gesetz außer Kraft gesetzt werden, treten an deren Stelle die entsprechenden neuen Vorschriften.

Artikel 48. Dieses Gesetz tritt gleichzeitig mit dem Reichsgesetz in Kraft.

Die Vorschriften des Artikels 46 treten mit der Verkündung in Kraft.

Sachregister.

Die Zahlen bezeichnen die Seiten des Handbuchs; A. bedeutet Anmerkung.

A.

F.

G.

H.

J.

K.

M.

N.

S.

T.

U.

W.

Z.

Druck von Otto Walter, Berlin S 14.

I.

Nachtrag.

Ergebnisse der Literatur und Judikatur.

Zu S. 13 III. Das Oberlandesgericht Dresden nimmt in einer Entscheidung vom 5. I. 09 Annalen des Oberlandesgerichts Dresden Bd. 30, S. 337 an, daß die Wirkung der Beschlagnahme in der Zwangsverwaltung dem Schuldner gegenüber nicht schon durch die **Rücknahme des Antrags** auf Zwangsverwaltung, sondern erst durch die Zustellung des Eröffnungsbeschlusses beseitigt wird. Nach der Entstehungsgeschichte des § 23 aus § 17 Abs. 3 des preuß. Ges. vom 13. VII. 1883 ist aber zweifellos, daß der Aufhebungsbeschluß in jenem Fall, in der Zwangsversteigerung wie -verwaltung, nur deklarierende Wirkung hat. Gl.A. Jaeckel-Güthe A. 9, § 25. Hieraus folgt weiter, daß nach Eingang der Zurücknahme der Zwangsversteigerung oder -verwaltung ein Beitritt nicht mehr zulässig, sondern ein neues Verfahren einzuleiten ist, Gl.A. Jaeckel-Güthe, A. 4 § 29. S. auch Bemerk. zu S. 89.

Zu S. 19 A. 2. Im preußischen Rechtsgebiete ist die Allgem. Verf. v. 10. XII. 1899 über die **Ausführung von Zustellungen** durch die Allgem. Verf. v. 1. II. 1910 JMBl. S. 43 ersetzt worden.

Zu S. 27. Die Behandlung **der sog. Eigentümerhypothek,** die wie jedes andere eingetragene Recht bei Feststellung des geringsten Gebots von Amtswegen zu berücksichtigen ist, jedoch unter Beachtung der §§ 1163, 1168, 1170, 1177, 1196 BGB., bespricht eine reichsgerichtliche Entscheidung Bd. 60, S. 359. Diese hebt auf Grund des § 1177 zit. zutreffend hervor, daß dem Eigentümer laufende Zinsen (§ 13) für die Dauer der Zwangsverwaltung nur dann zustehen, wenn eine Zwangsverwaltungsmasse auch vorhanden gewesen, Zinsenrückstände und andere Nebenleistungen einer Eigentümerhypothek nur dann und für die Zeit in Ansatz zu kommen haben, in der einem Dritten (§ 1178 zit.) ein Recht an dem Anspruch auf solche Leistungen zusteht.

Zu S. 28. Eine bedeutsame Streitfrage zu §§ 16, 14 des Reichsges. ist durch eine Entscheidung des Reichsgerichts Bd. 76, S. 116 und eine Ausführung Reinhards im Recht 1910, S. 363 (der seine frühere Ansicht geändert) klargelegt: Es war streitig, ob, falls der betreibende Gläubiger eines eingetragenen dinglichen Rechts, z. B. einer Hypothek, **einen vollstreckbaren Titel lediglich wegen des persönlichen Anspruchs** erlangt hat, der Nachweis statthaft ist, daß die vollstreckbare Forderung identisch mit dem dinglichen Recht. Dies wurde überwiegend bejaht Fischer-Schaefer S. 79, Recht 1905, S.74, Gruchot Beiträge Bd. 44, S. 530. Demgemäß wurde das geringste Gebot mit Rücksicht auf die Rangstellung jenes dinglichen Rechts festgestellt. Mit Recht wird dies vom Reichsgericht, Reinhard und jetzt auch von Jaeckel-Güthe A. 11, § 15 als unzulässig bezeichnet; die vollstreckbare Feststellung des persönlichen Anspruchs enthält nicht zugleich die vollstreckbare Feststellung des dinglichen Anspruchs, da die den beiden Ansprüchen entgegensetzbaren Einreden verschieden sein können. Hieraus ergibt sich, daß in dem vorliegenden Falle der vollstreckbare persönliche Anspruch genau nur dieselbe Rechtswirkung erzeugt, wie jeder andere persönliche vollstreckbare Anspruch eines auf Grund dieses die Zwangsvollstreckung betreibenden Gläubigers. Der Hypothekengläubiger, der nur einen vollstreckbaren persönlichen Anspruch erlangte, ist daher rücksichtlich desselben Beteiligter in Klasse V, sein dinglicher Anspruch bleibt daher in Klasse IV bestehen. Kommt aber der vollstreckbare persönliche Anspruch in Klasse V zur Hebung, so geht insoweit der korrespondierende dingliche Anspruch in Klasse IV auf den Subhastat als früheren Eigentümer gemäß § 1164 BGB. über. Mit Recht nimmt das Reichsgericht in der zitierten E. Bd. 76, S. 116 an, daß im eben gedachten Fall § 1181, Abs. 1 BGB. nicht anwendbar, weil die Hypothek „nicht aus dem Grundstück befriedigt ist".

Zu S. 45, 46. Der **Miterwerb von Zubehörstücken infolge des Zuschlags** wird in Übereinstimmung mit der bisherigen Auffassung der §§ 55, 90 (s. S. 10, 45—46 der Darstellung) in einer reichsgerichtlichen Entscheidung v. 1. 3. 1911, Zentralblatt f. freiw. Ger. Bd. 12, S. 199 dahin bestimmt, daß Zubehörstücke, wenn sie auch von der Beschlagnahme zunächst ergriffen wurden (S. 10 der Darstellung), auch dann von dem Ersteher auf Grund des Zuschlags nicht miterworben sind, wenn jene Zubehörstücke vor dem Zuschlag widerrechtlich zwar fortgeschafft, aber gutgläubig von einem Dritten erworben sind. (S. auch Bemerkung zu S. 100).

Zu S. 48. **Die Zuwachssteuer** — die übrigens wie die Umsatzsteuer (RGE. Bd. 72, S. 395) nicht dinglich das Grundstück belastet und daher auch nicht zu den gemeinen Lasten im Sinne des Art. 1 Ziff. 2 des preuß. AusfGes. v. 23. 9. 1899 (S. 25 der Darstellung) gehört — hat gemäß § 29 Abs. 2 des Reichsges. vom 14. 2. 11 der Ersteher nicht zu tragen; jene Steuer ist vielmehr von dem früheren Eigentümer zu berichtigen.

Zu S. 49. Streitig ist geworden, ob als besondere die gesetzlichen Versteigerungsbedingungen abändernde **Versteigerungsbedingungen** zulässig sind: bestimmte Gegenstände der Beschlagnahme von der Versteigerung auszuschließen, ferner bestimmte, fremden Eigentümern gehörige — natürlich mit dessen Zustimmung — mitzuversteigern.

Die letztgedachte Bedingung ist, wie erwähnt, mit Zustimmung des Eigentümers des fremden Gegenstands unbedenklich zulässig. In der Entscheidung des Oberlandesgerichts Königsberg bei Mugdan-Falkmann Bd. 19, S. 189 wird dies verneint, weil die Versteigerung nicht weiter reichen könne, als die Beschlagnahme; zutreffend führen Jaeckel-Güthe Abs. 8, § 90, s. auch Fischer-Schaefer A. 4, § 90, hiergegen (A. M. Kretzschmar 106) an, daß jener Satz nur die Regel ausspricht, daß „in die Rechte unbeteiligter Dritter" durch die Versteigerung nicht einzugreifen ist. (Daß fremde, dem Grundstückseigentümer nicht gehörige Sachen Dritter, die Zubehörstücke sind, ohne weiteres gemäß § 55 Abs. 2 vom Ersteher erworben werden, ergibt die Darstellung S. 46.) Die erstgedachte Versteigerungsbedingung bedarf der Zustimmung derjenigen, deren Rechte infolge des sog. Deckungsprinzips §§ 52—91, vgl. S. 44 II[1], bestehen bleiben. Die Sicherheit jener Rechte wird durch Ausscheiden von Gegenständen der Immobiliarmasse berührt.

Zu S. 57 I[a]. Die rechtliche Natur der **Ansprüche der Realberechtigten, deren Rechte durch den Zuschlag gemäß §§ 91, 92 erlöschen,** auf den Barerlös (S. 57 unter 2) ist streitig und ungelöst geblieben. Die Reichsgerichtsräte nehmen in dem Kommentar zum BGB. A. 1, § 1154 an, „die Hypothek (Gleiches gilt für eine Grundschuld oder Rentenschuld § 1192, § 1200) ist durch den Zuschlag in der Zwangsversteigerung erloschen (§§ 52, 91 ZVG.), an ihre Stelle ein Anspruch auf den Versteigerungserlös nach dem Zuschlag (nicht auch schon vorher RG. Bd. 70, S. 278) getreten". Schneider im Arch. f. d. ziv. Praxis Bd. 66, S. 288 sieht jene Ansprüche infolge der §§ 91, 92 als in öffentlich-rechtliche Ansprüche gegen den Staat verwandelt an. Kiese in der Württ. Zeitschrift für Rechtspfl. u. Verw. II, S. 12 betrachtet jene Ansprüche als durch die §§ 52, 91 in öffentlich-rechtliche Ansprüche gegen den Versteigerungsrichter verwandelt. Du Chesne in der Jur. Monatsschrift für Posen führt aus: daß die gedachten Ansprüche zwar private Interessen seien, die aber auf rein prozessualem Wege ihrer Befriedigung zugeführt werden, keine Privatrechtsform haben, sondern zufolge der Art ihres Schutzes öffentliche prozessuale Rechte sind. Dieser Auffassung ist jetzt Nottebohn im Zentralblatt f. freiw. Ger. Bd. 12, S. 361 ohne überzeugende Begründung beigetreten.

Das Reichsgericht nimmt in der Entscheidung 70, 281 an, daß ein durch den Zuschlag gemäß §§ 91, 92 erloschenes Recht durch den Zuschlag nicht untergegangen, nicht restlos verschwunden, sondern nur eine Umgestaltung nach der Richtung erfahren hat, daß es zu einer weiteren Stufe der Entwickelung geführt ist. Diese Ausführung enthält nicht eine Bestimmung der rechtlichen Natur der infolge Zuschlags erloschenen Rechte, sondern nur eine Feststellung der Wirkung des Erlöschens jener Rechte.]

Wie ohne weiteres ersichtlich, bestimmt jede der besprochenen Theorien das Recht desjenigen verschieden, der nach der Zwangsversteigerung das Recht des Hypothekengläubigers einer aus §§ 90, 91 erloschenen Hypothek auf den Versteigerungserlös pfänden läßt.

Die Frage, ob ein solcher Pfändungspfandgläubiger Beteiligter im Sinne des § 9 Ziff. 2 wird, (vorausgesetzt, daß er sein Pfandrecht anmeldet und glaubhaft macht), ist aber nach jeder der genannten Theorien zu bejahen. Hierzu nötigt zwingend — wie Reinhard im Recht 1910, S. 363 überzeugend ausführt — die völlige Gleichheit der materiellen Rechtslage zwischen demjenigen, der vor der Zwangsversteigerung das Recht aus einer Hypothek pfänden läßt und der unbestritten Beteiligter im Sinne des § 9 Ziff. 2 ist, und demjenigen, der erst nach der Zwangsversteigerung jenes Recht pfänden läßt.

Ein solcher Pfändungspfandgläubiger ist — immer unter der Voraussetzung der Anmeldung und Glaubhaftmachung seines Pfändungspfandrechts — auch dann Beteiligter im Sinne des § 9[2], wenn vor der Pfändung bereits der Hypothekengläubiger sein Recht auf den Versteigerungserlös abgetreten hat. Die materiellrechtliche Entscheidung, ob das Pfändungspfandrecht oder die Abtretung rechtsbeständig, hat — wie Reinhard

a. a. O. gleichfalls zutreffend darlegt — der Prozeßrichter, nicht der Vollstreckungsrichter zu entscheiden.

Von entscheidender Bedeutung ist aber die Verschiedenheit der vorerwähnten Theorien für die noch jetzt **streitig gebliebene Frage, der Aufrechnungsbefugnis des Erstehers** gegenüber den Ansprüchen der Beteiligten auf den Versteigerungserlös, deren Rechte aus §§ 90, 91 erloschen sind. Das Reichsgericht (cfr. auch Entsch. Bd. 64, S. 308, s. aber auch Entsch. Bd. 72, S. 344) und diejenigen, die jene Ansprüche nicht als Rechte an einer Versteigerungserlösforderung des Subhastaten gegen den Ersteher betrachten, verneinen — in Abweichung von der Darlegung S. 57² des Handbuchs — jene Aufrechnungsbefugnis. Seinem (vorerwähnten) Standpunkt gemäß versagt daher das Reichsgericht in der Entsch. Bd. 64, S. 308 (im Widerspruch mit dem volkstümlichen Rechtsbewußtsein) dem Ersteher eines Grundstücks das Recht „mit seiner ausgefallenen Forderung gegen den Anspruch des Versteigerungsschuldners auf denjenigen Teil des Versteigerungserlöses aufzurechnen, der auf die Eigentümergrundschuld entfallen ist, denn zwischen den Realgläubigern und dem Ersteher bestehe kein Schuldverhältnis"; vgl. auch BGB. der RGR. Anm. 2 § 387. Hiergegen wenden sich mit Recht die Ausführungen Kretzschmars im Zentralblatt f. freiw. Ger. Bd. 8, S. 314.

Dagegen wird — von Fischer-Schaefer A. 2, § 115 abgesehen — die Befugnis des Erstehers allgemein bejaht, gegenüber dem Anspruch des Versteigerungsschuldners auf die sog. Hyperocha, also auf den Überschuß des Versteigerungserlöses aufzurechnen, weil „insoweit der Zahlungsanspruch des Schuldners und die Zahlungsschuld des Erstehers sich gegenüberständen", Jaeckel-Güthe A. 6, § 115, Mugdan-Falkmann Bd. 13, S. 12.

Zu S. 70. Der Erwerb der Ansprüche aus einem Feuerversicherungsvertrage und insbesondere auf die Feuerversicherungsgelder durch den Zuschlag ist durch das Reichsgesetz über den Versicherungsvertrag v. 30. V. 08 in den §§ 69, 71, 73 nunmehr dahin geregelt: Der Ersteher erwirbt durch den Zuschlag die Ansprüche aus dem Feuerversicherungsvertrag. Der Anspruch auf die Zahlung von Feuerversicherungsgeldern setzt aber voraus, daß der Zuschlag vom Schuldner oder Ersteher dem Versicherer unverzüglich angezeigt ist. Ist diese Anzeige unterblieben und der Versicherungsfall später als einen Monat nach dem Zeitpunkt eingetreten, in dem die Anzeige dem Versicherer hätte zugehen müssen, so wird dieser von der Verpflichtung zur Leistung frei. Der Anzeige steht es aber gleich, wenn der Zuschlag dem Versicherer in dem Zeitpunkt bekannt wird, in welchem ihm die Anzeige hätte zugehen müssen. Und ebenso bleibt die Verpflichtung des Versicherers bestehen, wenn zur Zeit des Eintritts des Versicherungsfalls die Frist für die Kündigung des Versicherers abgelaufen und eine Kündigung nicht erfolgt ist.

Ein Anspruch auf Feuerversicherungsgelder, welcher bereits vor der Beschlagnahme entstanden, wird weder von dieser noch daher von dem Zuschlag betroffen, wenn über den Anspruch bereits vor der Beschlagnahme verfügt ist §§ 1129, 1123, 1124 BGB., RG. Bd. 64, S. 30. Eine solche Verfügung liegt aber nicht vor, wenn infolge Widerspruchs eines Hypothekengläubigers der Versicherer die Feuerversicherungsgelder hinterlegt hat, selbst wenn der Versicherer gemäß § 378 BGB. auf die Zurücknahme der Geldsumme verzichtet, mithin als Verpflichteter befreit ist. Dem Ersteher gebühren somit auch in diesem Falle kraft Zuschlags die hinterlegten Feuerversicherungsgelder (RGE. v. 6. VII. 10

in der Deutsch. Jur.-Zeit. S. 1235), wenn und soweit zur Zeit des Zuschlags die abgebrannten Gebäude noch nicht ganz hergestellt oder ersetzt sind, JurWoch. Bd. 10, S. 806.

Zu S. 75. S. Nachtrag zu S. 100.

Zu S. 76. Streitig ist geworden, ob dem Schuldner gegen den Versteigerungsbeschluß unter den Voraussetzungen des § 766 Z., aus diesem Paragraphen zunächst **die Erinnerung** und erst gegen die Entscheidung auf diese die sofortige Beschwerde zusteht. Dies ist, da die Vorschriften der Z. subsidiär, auch hier anwendbar, (vgl. S. 2 A. 1 der Darstellung) zu bejahen. Die herrschende Ansicht nimmt aber an, daß, wenn der Versteigerungsbeschluß ohne vorheriges Gehör des Schuldners und mithin ohne vorherige Erinnerung aus § 766 Z. erlassen, die sofortige Beschwerde sogleich gegeben ist. Jaeckel-Güthe A. 2, § 96; Mugdan-Falkmann OLG. 11, 320, 16, 335; Am. Gmelin, Zentralblatt f. frw. Ger. 7, 361; Kretzschmar bei Seuffert 07, 627.

Zu S. 80, 81. Im Sinne des § 2 des RG. ist ein Grundstück auch dann **in verschiedenen Amtsgerichtsbezirken** belegen, wenn dem Hauptgrundstück nur ein ideeller Anteil an einem anderen Grundstück zugeschrieben ist, das in einem anderen Amtsgerichtsbezirk gelegen ist. RGE. v. 19. XII. 05; Neumann, Jahrbuch Bd. 5, S. 902.

Zu S. 89. Der **zulässige Zeitpunkt der Zulassung eines Beitritts** wird auch jetzt von der herrschenden Ansicht in Übereinstimmung mit der Darstellung S. 89 auf den Zeitpunkt bis zur Verkündung des Zuschlagsbeschlusses bestimmt. Jaeckel-Güthe A. 2, § 27 läßt aber einen Beitritt noch bis zur Rechtskraft eines den Zuschlag erteilenden Beschlusses zu, während Fischer-Schaefer A. 1, Reinhard 9 II 3 das Vollstreckungsgericht zur Aussetzung der Entscheidung über den Beitritt bis zur Rechtskraft des Zuschlagsbeschlusses für berechtigt erachten. Dem steht aber entgegen, daß durch eine solche Aussetzung die Rechte aus § 27 Abs. 2, §§ 21, 22 dem Beitrittsgläubiger geschmälert werden können. Der Vorschlag Jaeckel-Güthes, in jenem Falle den Beitrittsbeschluß unter dem Zusatze zu fassen, daß der Beschluß bereits verkündet, aber noch nicht rechtskräftig erscheint, ist allerdings empfehlenswert, da dadurch, wie Jaeckel-Güthe zutreffend hervorheben, jedwede Schwierigkeit beseitigt wird; s. auch Steiner A. 3, § 27.

Zu S. 91. Erlischt **ein durch Vormerkung gesichertes Recht** auf Auflassung gemäß § 92 durch den Zuschlag, so hat der Vormerkungsberechtigte einen Anspruch auf Auszahlung des Versteigerungserlöses, soweit ein solcher nach Befriedigung der dem Vormerkungsberechtigten vorgehenden Berechtigten noch übriggeblieben; RGE. v. 9. III. 10; JurWoch. Bd. 10, S. 701; Gruchot Bd. 54, S. 398.

Zu S. 97. Die gleichzeitige Abhaltung mehrerer Versteigerungstermine verschiedener Sachen nebeneinander an demselben Terminstage von demselben Vollstreckungsrichter ist zulässig, läßt die Ausführung des § 73 Abs. 1 möglich. Es darf nur nicht die Entgegennahme von Geboten in einer zweiten oder dritten Sache eine Unterbrechung des Versteigerungsgeschäfts in der ersten bewirken. Beschluß des OLG. Dresden v. 28. VI. 10, Zentralblatt f. frw. Ger. 1910/11, Nr. 4/5. Die Praxis hat geschwankt insbesondere auf Grund der Ausführungen Kretzschmars S. 135 u. Reinhards 69 II 1.

Zu S. 100 in Verbindung mit S. 15, 16, 46, 75. a) **Die Entscheidung auf Aufhebung und Einstellung des Verfahrens,** insbesondere auf Antrag eines

Dritten, der Aufforderung im § 37 Ziff. 5 des Reichsges. gemäß, wird jetzt von der herrschenden Ansicht auf Grund einer Entscheidung des Reichsgerichts Bd. 70, S. 402 in einer doppelten Form verlangt, falls das Prozeßgericht aus § 769 Abs. 1 ZPO. jene Entscheidung erlassen hat. In diesem Fall soll das Prozeßgericht die anordnende, das Vollstreckungsgericht die vollziehende Behörde sein (Siméon, Recht u. Rechtsgang, S. 607; Jaeckel-Güthe A. 1, § 32); das Vollstreckungsgericht soll daher in jenem Fall noch einen besonderen Beschluß auf Aufhebung oder Einstellung zu erlassen haben. Das Gesetz ergibt aber für die Notwendigkeit einer solchen Doppelentscheidung keinen Anhalt. Es genügt daher, daß das Vollstreckungsgericht im Versteigerungstermine den Beschluß des Prozeßgerichts einfach bekanntgibt, vor dem Termin den Eingang des Beschlusses den Beteiligten durch zuzustellende Verfügung bekanntmacht; s. auch Steiner, A. 2, § 33; Wenz-Wagner, A. 2, § 55.

b) Anderseits haben Ausführungen in Buschs Zeitschrift Bd. 38, S. 139 u. f., Reinhard i. Recht 1907, S. 24, Jaeckel-Güthe A. 14, §§ 37, 38 zu der Annahme geführt: Die Freigabeerklärung des oder der mehreren betreibenden Gläubiger rücksichtlich eines zur Immobiliarmasse gehörigen, von der Beschlagnahme ergriffenen Gegenstandes enthalte einen **Verzicht der Gläubiger** „auf Geltendmachung der Unwirksamkeit einer Verfügung des Schuldners über das Zubehörstück“; käme zu diesem noch „eine nachfolgende — an sich der Beschlagnahme widersprechende — Verfügung des Schuldners hinzu, so würde der Gegenstand von der Beschlagnahme frei“, mithin durch den Zuschlag vom Ersteher nicht erworben. Auch diese Annahme ist mit § 55 und § 37^5 des Reichsges. völlig unvereinbar. Nach diesen Paragraphen erwirbt der Ersteher vielmehr Zubehörstücke der Immobiliarmasse, sofern rücksichtlich dieser eine Aufhebung oder Einstellung der Zwangsvollstreckung nicht erfolgt ist. Nur (s. Nachtrag zu S. 45, 46) gutgläubiger Erwerb eines Dritten an dem bereits vor dem Zuschlag fortgeschafften Zubehörstück kann in jenem Falle den Zuschlagserwerb an diesem ausschließen.

c) In Abweichung von der früher herrschenden Ansicht haben ferner das Reichsgericht in d. Entsch. Bd. 67, S. 380, Bd. 74, S. 201 und das Oberlandesgericht Dresden, Mugdan-Falkmann Bd. 17, S. 353 unter Zustimmung von Jaeckel-Güthe A. 7, § 56: den **einfachen aber ausdrücklichen Vorbehalt eines Anspruchs auf Herausgabe eines Gegenstandes in einem Zuschlagsbeschluß** (nicht aber einen Vorbehalt im Versteigerungsprotokoll, Gruchot, Beitr. Bd. 52, S. 877), sofern dieser rechtskräftig geworden — obschon dies „zwar ein Verstoß gegen das Gesetz ist“ —, doch als zwischen dem Ersteher und dem Herausgabeforderer insofern als rechtsbeständig erachtet, als ersterer dadurch zur Herausgabe des Gegenstandes an letzteren obligatorisch verpflichtet wird. Auch diese Annahme ist unvereinbar mit §§ 35, 37^5 des Reichsges., deren klare und bestimmte Vorschriften hier Ausnahmen ausschließen.

d) **Die Aufhebung oder Einstellung hat regelmäßig rücksichtlich des ganzen Verfahrens** zu erfolgen; dies ist auch jetzt noch unstreitig.

Streitig ist, ob im Falle des § 55 Abs. 2, also bei Inanspruchnahme eines Zubehörstücks der Immobiliarmasse gemäß der Aufforderung im § 37 Ziff. 5, die Aufhebung bzw. Einstellung des ganzen Verfahrens, oder ob in jenem Falle das Versteigerungsverfahren nur rücksichtlich jenes einzelnen Zubehörstücks aufzuheben oder einzustellen ist.

Die Fassung des Abs. 2 des § 55 erweist dies letztere als zulässig und zutreffend. Gl. A. Jaeckel-Güthe A. 14, § 37, 38 A.; v. Pfordten, Bayr. Rpfl. 1906, S. 116. Wird aber erst nach Schluß der Versteigerung die Aufhebung oder Einstellung der Zwangsvollstreckung rücksichtlich eines Zubehörstücks beantragt (oder ein bezüglicher Beschluß des Prozeßgerichts gemäß § 769 Abs. 1 ZPO. vorgelegt, dann hat auch hier in diesem Falle (anders im vorliegenden Falle zu a), das Vollstreckungsgericht durch besonderen Beschluß und zwar in der Form der Versagung des Zuschlags (§ 39) das ganze Verfahren einzustellen (s. § 86 u. Mugdan-Falkmann Bd. 6, S. 430). Dies um deswillen, weil nicht erkennbar ist, ob bzw. wieviel der Ersteher ohne das Zubehörstück geboten hätte.

Zu S. 110. Der Zeitpunkt des Wirksamwerdens eines Gebots wird vom Reichsgericht in der Entsch. v. 11. 12. 08, JurWoch. 9, Nr. 204, nicht schon in seine Abgabe, sondern erst in die Aufnahme desselben in das Protokoll verlegt.

Zu S. 111. Die Ausführung der Darstellung S. 111, daß ein nach § 119 BGB. beachtlicher **Irrtum bei Abgabe seines Gebots** den Bieter zur Anfechtung desselben berechtigt und in diesem Fall das Gebot vom Vollstreckungsrichter zurückzuweisen ist, ist von dem Reichsgericht auch in der Entsch. Bd. 73, S. 195 bestätigt. Diese Entscheidung führt ferner aus, daß ein Zuschlagsbeschluß wegen Irrtums bei Abgabe eines Gebots nur im Rahmen des Versteigerungsverfahrens, nötigenfalls durch Beschwerde beseitigt werden kann. Tritt daher der Irrtum bei Abgabe eines Gebots erst nach rechtskräftig beendetem Zwangsversteigerungsverfahren hervor, so ist damit die Anfechtbarkeit eines Zuschlags wegen Irrtums endgültig beseitigt. Insbesondere ist eine Klage auf Nichtigkeitserklärung eines Zuschlags gegen den Versteigerungsbeamten und den Ersteher unzulässig. Reichsgericht a. a. O. u. Mugdan-Falkmann Bd. 19, S. 196.

Zu S. 115. Der § 80 des Reichsges. schließt **Berichtigungen des Versteigerungsprotokolls**, somit die tatsächliche Richtigstellung eines irrtümlich im Protokoll beurkundeten Vorfalls durch Richter und Gerichtsschreiber gemeinsam nicht aus. Beschluß des Kammergerichts v. 28. I. 10, Bl. f. Rechtspf. Bd. 21, S. 35; auch Recht Bd. 20, S. 379. Derartige Protokollberichtigungen erfolgen unter entsprechender Anwendung des § 319 ZPO., sind daher seitens der Beteiligten zwar anregbar, aber abgelehnt, nicht anfechtbar. Gegen die Protokollfeststellungen des § 80 ist, soweit die protokollierten Vorgänge für die Entscheidung über den Zuschlag maßgebend, nur der Beweis der Fälschung zulässig. Entsch. d. Oberlandesgerichts Kolmar v. 21. 2. 06 in der Notariatszeitschrift für Elsaß-Lothringen 06, S. 174.

Zu S. 119, 121. „Das Gesetz kennt einen **Termin zur Fortsetzung der Versteigerungsverhandlung** nicht, sondern nur einen besonderen Termin zur Verkündigung der Entscheidung über den Zuschlag, in dem neue auf das Verfahren bezügliche Anträge nicht gestellt werden können." Zentralblatt f. frw. Ger. 1910, S. 165. (Ausnahmen S. 116—119 d. Darstell.)

Zu S. 120. Die Frage, **ob die Verlegung des Termines zur Verkündung des Beschlusses** über Erteilung oder Versagung des Zuschlags zulässig, ist durch ein Urteil des Reichsgerichts v. 25. 4. 1911, Zentralblatt f. frw. Ger. Bd. 12, S. 118 dahin entschieden: „Eine Vertagung darf nur aus zwingenden Gründen, im wesentlichen nur dann erfolgen, wenn die nachträgliche Vorbringung neuer Tatsachen die Erhebung weiterer Beweise nötig macht, deren sofortige Erhebung nicht angeht, sowie dann, wenn die Beurteilung der neu vorgebrachten Tatsachen erhebliche Schwierigkeiten bereitet." Dagegen „ist es unzulässig, den Verkündungstermin zu vertagen, um die Ordnungsmäßigkeit der Ladung eines Beteiligten aus den Akten festzustellen. Ebensowenig ist der Versteigerungsrichter berechtigt, den Verkündungstermin im Interesse des Schuldners oder dritter Personen zu vertagen." Diese Ausführungen entsprechen dem gesetzlichen Zwecke des Verkündungstermins; auch Jaeckel-Güthe, Auflage IV, ist jener Urteilsausführung A. 3 § 87 beigetreten mit dem zutreffenden Hinzufügen, daß unter den gedachten Voraussetzungen auch eine wiederholte Vertagung zulässig.

Zu S. 122. Die Streitfrage, ob die Festsetzung der von den gesetzlichen abweichenden Versteigerungsbedingungen zu ihrer Wirksamkeit der **Aufnahme in dem Zuschlagsbeschluß** bedarf, ist jetzt auch unter Ablehnung der jene Frage verneinenden Entscheidung des Oberlandesgerichts Kiel, vom Reichsgericht in der Entsch. Bd. 60, S. 48 in Übereinstimmung mit der Darstellung S. 122 bejaht worden.

Zu S. 148 Anm. 4. Die Höchsthypotheken des § 1190 BGB. sind regelmäßig mit ihrem eingetragenen Höchstbetrage in den Teilungsplan aufzunehmen. Eine Zahlung zu einem bestimmten Betrage kann aber, wie jetzt Kretzschmar S. 267 und Jaeckel-Güthe A. 6, § 114 zutreffend ausführen, nur erfolgen, wenn eine Feststellung jenes Betrags im Verteilungstermin erfolgt ist, andernfalls ist die Höchsthypothekensumme zu hinterlegen.

Jene Feststellung ist nur möglich, wenn der Versteigerungsschuldner zugleich der Besteller der Höchsthypothek ist, im Termin erscheint, und zwischen ihm und dem Höchsthypothekengläubiger eine Feststellungseinigung zustande kommt. Bei Nichterscheinen des Schuldners ist somit die Feststellung der Summe der Höchsthypothek ausgeschlossen, (Mugdan-Falkmann Bd. 20, S. 415), wenn nicht der Höchsthypothekengläubiger jene Feststellung durch Vorlegung eines seine Forderung feststellenden Urteils erbringt. Ist der Versteigerungsschuldner nicht identisch mit dem Besteller der Höchsthypothek, so bedarf die Feststellung der letzteren noch der Zustimmung seines Bestellers. **Die Sicherungshypotheken des § 1184 BGB., §§ 866, 867 ZPO.** sind mit den eingetragenen Zinsen wie die gewöhnlichen Verkehrshypotheken in den Teilungsplan aufzunehmen. Streitig aber ist, ob auf jene, genau so wie auf Verkehrshypotheken, Zahlungen zu leisten sind. Die Entscheidung des Oberlandesgerichts Kassel, Mugdan-Falkmann Bd. 9, S. 381, Kretzschmar S. 257, Jaeckel-Güthe bejahen dies, so daß nur im Falle Widerspruchs eine Zahlung zu unterbleiben hat. Die Entscheidung des Oberlandesgerichts Posen, Recht 06, S. 386 des Oberlandesgerichts Dresden, Zentralblatt f. frw. Ger. 1910, S. 40 und anscheinend auch das Reichsgericht in der Entsch. v. 8. VII. 08, JurWoch. 08, S. 56 verneinen es, und zwar mit Recht; mangels einer — vorerwähnten — Feststellung, wie sie die Höchsthypothek des § 1190 erfordert, ist vielmehr der auf eine Sicherungshypothek zur Hebung gelangende Teil des Erlöses zu hinterlegen. Nach der Fassung des § 1184 BGB. begründet nicht die Eintragung, sondern der Bestand der hypothekarisch gesicherten Forderung den Zahlungsanspruch aus der Sicherungshypothek.

Zu S. 163, 171. Gegen die Aufstellung des Teilungsplans ist (ebenso wie gegen das vollstreckungsrichterliche Ersuchen auf Berichtigung des Grundbuchs) die sofortige Beschwerde zulässig, die erst nach Zustellung der betreffenden Anordnung läuft. Das Ersuchen des Vollstreckungsrichters ist nicht ausschließlich eine Verwaltungsmaßregel. Vgl. Beschluß des **Kammergerichts** v. 24. XI. 1904, Zentralbl. f. frw. Ger. Bd. XI, S. 37; auch Jaeckel-Güthe zu § 131, s. auch folg. Nachtrag zu S. 174.

Wird im Verteilungstermin zwischen dem Ersteher und dem Berechtigten einer bar zu zahlenden Hypothek das **Bestehenbleiben** der letzteren vereinbart, aber gegen jene Hypothekenforderung **Widerspruch** erhoben, so ist der Teilungsplan dahin aufzustellen: Die Hypothek bleibt gemäß § 91 Abs. 2 ZVG. stehen, unter der Bedingung aber, daß der Widerspruch gerechtfertigt ist, wird der Anspruch gegen den Ersteher auf Zahlung des Kaufgeldes in Höhe der bar zur Hebung gelangten Summe der Hypothek dem Widersprechenden überwiesen, und zur Sicherung dieses bedingten Anspruchs ist eine Sicherungshypothek im gleichen Range mit jener Hypothek einzutragen. Beschluß d. **Kamm.** v. 2. XI. 09, Zentralblatt f. frw. Ger. Bd. XI, S. 37.

Zu S. 174. Streitig ist **die Berichtigungsmöglichkeit und Anfechtbarkeit des Ersuches des Vollstreckungsrichters** um Berichtigung des Grundbuchs aus § 130 d. Reichsges. geworden. Die Motive erklären in klaren Worten: „Die zur Ausführung des Zuschlagsbeschlusses dienenden Maßnahmen sind Verwaltungsmaßregeln, welche die Beschreitung des Rechtsweges nicht ausschließen.“ Dieser legislatorische Gesichtspunkt in Verbindung mit dem des § 892 BGB. — der mit einmal erfolgter Eintragung der Grundbuchänderungen dem vollstreckungsrichterlichen Ersuchen gemäß, unverzüglich die Möglichkeit der Gefährdung Dritter infolge der publica fides des Grundbuchs erweist —, ergeben: folgerichtig ist hier allein: Der Vollstreckungsrichter hat — natürlich auch infolge Anregung Beteiligter — die Berichtigung der von ihm zu Unrecht veranlaßten Eintragungen zu veranlassen; jene Berichtigung ist aber nur in der Form der Eintragung eines Widerspruchs zulässig (§ 54 GrundbOrd., S. 174 der Darstellung). Das erste, wie jedes folgende Ersuchen des Vollstreckungsrichters um Berichtigung des Grundbuchs sind zwar (vorstehend zu S. 163) durch Beschwerde anfechtbar. Die durch jene Ersuchen verletzten Beteiligten können aber die entsprechenden Berichtigungen auch gegeneinander im Rechtswege gemäß §§ 894 u. f. BGB. verfolgen bzw. erzielen.

Das Kammergericht hat daher mit Recht in der Entsch. v. 2. XI. 09, Mugdan-Falkmann Bd. 20, S. 388, gegen das vollstreckungsrichterliche Ersuchen um Grundbuchberichtigung jedem dadurch verletzten Beteiligten die sofortige Beschwerde und zwar auf anderweitige Berichtigung gewährt. Dem ist Jaeckel-Güthe A. 7 § 130 beigetreten, jedoch mit der Änderung, daß jene Beteiligten zunächst ihre Anträge auf Abänderung oder Vervollständigung des Ersuchens an das Vollstreckungsgericht zu richten haben, und erst gegen die hierauf ergangene Entscheidung gemäß § 793 ZPO. die sofortige Beschwerde gegeben sei.

Zu S. 201. In Übereinstimmung mit der Darstellung S. 201 wird als **Beteiligter im Sinne des § 63 Abs.** 2 in den Entscheidungen der Oberlandesgerichte Jena und Kassel, Zentralblatt f. frw. Ger. Bd. 8, S. 45 und Recht Bd. 14, S. 202 nur derjenige erachtet, dessen Recht bei Feststellung des geringsten Gebots nicht berücksichtigt ist.

Zu S. 214. Für die **Versteigerung mehrerer, mit Gesamthypotheken belasteter Grundstücke** ist eine trotz der klaren Vorschrift des § 1168 Abs. 2 BGB. zweifelhaft gewordene Frage durch reichsgerichtliche Entscheidung, Zentralblatt f. freiw. Ger. Bd. 11, Nr. 7 außer Zweifel gestellt worden. Verzichtet der Gesamthypothekengläubiger auf das Gesamtrecht an einem einzelnen Grundstück im Versteigerungs- und

Verteilungstermin, so verwandelt sich die bisherige Gesamthypothek auf dem freigegebenen Grundstück nicht in eine Eigentümergrundschuld. Die Entstehung einer solchen ist ausgeschlossen, da die hierzu erforderliche Eintragung in das Grundbuch nach § 1168 Abs. 2 BGB. fehlt. Die Gesamthypothek ist vielmehr infolge des Zuschlags auf dem freigegebenen Grundstück erloschen, der aus diesem Grundstück für und bis zur Höhe der bisherigen Gesamthypothek entfallende Versteigerungserlös wird daher für die nachstehenden Hypothekengläubiger frei.

Zu S. 233, 234. Die Zulässigkeit der Zwangsverwaltung einem an dem Grundstück bestehenden Nießbrauchsrecht gegenüber wird in Übereinstimmung mit der Darstellung S. 233, 234 in einer Entscheidung des Oberlandesgerichts Kassel, Zentralblatt f. frw. Ger. Bd. 11, S. 543 und des Kammergerichts, Mugdan-Falkmann 20, 289 davon abhängig gemacht, daß der betreibende Gläubiger der Zwangsverwaltung nicht nur gegen den Eigentümer, sondern auch gegen den Nießbraucher einen vollstreckbaren Titel oder dessen Zustimmung erlangt hat; und zwar auch dann, wenn der Nießbraucher nicht im Besitze des Grundstücks ist und ohne Rücksicht darauf, ob das Recht des betreibenden Gläubigers dem des Nießbrauchers im Range vor- und nachsteht.

Geht das Recht des betreibenden Gläubigers dem Nießbrauchsrecht vor, so überträgt natürlich die Zwangsverwaltung dem Zwangsverwalter auch die Ausübung aller dem Nießbraucher zustehenden Rechte. Vgl. auch Mugdan-Falkmann Bd. 20, S. 389, Deutsche Jur.-Z. 1910, S. 1029. Geht das Recht des betreibenden Gläubigers dem des Nießbrauchers nach, so ist der Zwangsverwalter auf die Ausübung der dem Eigentümer neben dem Nießbraucher verbliebenen Rechte beschränkt; s. auch Kretzschmar in Seufferts Blätt. für Rechtsanw. Bd. 72, S. 328. Streitig ist geblieben, ob in dem Falle, wo ein vollstreckbarer Titel gegen den Nießbraucher oder dessen Zustimmung nicht vorliegt, **die sog. beschränkte Zwangsverwaltung** einleitbar ist, die nur die Ausübung der dem Eigentümer neben dem Nießbraucher verbliebenen Rechte dem Zwangsverwalter überträgt. Die Frage ist gegen Jaeckel-Güthe A. 5 § 146 und die Entscheidung in den Blätt. f. Rechtspfl. 07, S. 21 mit Kretzschmar S. 279 zu verneinen; eine Zwangsverwaltung in quali und quanto minor kennen die §§ 146 u. f. nicht.

Zu S. 236. Der Umfang der Verstrickung der Immobiliarmasse durch die Beschlagnahme in der Zwangsverwaltung ist, was hier die analoge Anwendung des § 811 Ziff. 2 und 3 ZPO. betrifft, streitig geworden. Jaeckel-Güthe Anm. 2, § 199 u. Peiser S. 84 bejahen hier die Anwendbarkeit des § 811 Ziff. 2 und 3 zit., eine oberlandesgerichtliche Entscheidung v. 3. X. 10, Zentralbl. f. frw. Ger. Bd. 11, S. 658 verneint; die Motivstelle S. 327 rechtfertigt die Bejahung jener Frage.

Zu S. 314[3 b]. Für das Zwangsversteigerungsverfahren von Bergwerken im preußischen Rechtsgebiete (S. 319 der Darstellung) hat das Reichsgericht in zwei Entscheidungen, Bd. 63 S. 190 und v. 29. III. 11, Zentralblatt f. frw. Ger. S. 202 den Umlagen der Knappschaftsberufsgenossenschaft die Eigenschaft bevorrechtigter öffentlicher Lasten im Sinne des § 10 Ziff. 3 d. RG. abgesprochen; zutreffend führt das Reichsgericht aus, daß Art. 1 Ziff. 2 des AusfGes. wie § 10 Ziff. 3 aaO. „unter gemeinen Lasten nur solche Abgaben und Leistungen öffentlich-rechtlicher Natur versteht, die nach Gesetz oder Verfassung auf dem Grundstück haften".

II.

Selbstexaminatorium.

Allgemeine Vorschriften.

Worin bestehen die beiden Hauptvoraussetzungen der Zwangsversteigerung und -verwaltung nach dem Reichsgesetz? S. 1.

Können schriftliche Anträge und Erklärungen vor den einzelnen Terminen in diesen berücksichtigt werden? S. 1, A. 1.

Kann der Vollstreckungsrichter einem Beteiligten einen richterlichen Eid auferlegen? S. 1, A. 1.

Welche Gegenstände unterliegen der Immobiliarzwangsvollstreckung? S. 3.

Kann ein noch nicht im Grundbuch eingetragenes Grundstück versteigert werden? S. 3.

Unterliegen reale Teile eines Grundstücks der Zwangsversteigerung? S. 4.

Ist die Zwangsversteigerung eines Grundstücks zulässig, das mit anderen auf einem gemeinschaftlichen Grundbuchblatt eingetragen ist? S. 4[3].

Unter welcher Voraussetzung ist ausnahmsweise die Versteigerung eines Einzelgrundstücks zulässig, obwohl es mit mehreren früher selbständigen Grundstücken gemäß § 890 BGB. ein Grundstück geworden? S. 4[4].

Unter welchen Voraussetzungen ist die Versteigerung eines ideellen Grundstücksanteils zulässig? S. 4[5].

Welche Berechtigungen unterliegen, als sog. grundstückgleiche der Zwangsversteigerung? S. 5 II.

Welche Schiffe unterliegen der Zwangsversteigerung? S. 5 III.

Ist auch die Zwangsverwaltung von Schiffen zulässig? S. 6.

Wie sind sog. Schiffsparten zu versteigern? S. 6 β.

Unter welchen Voraussetzungen werden Erzeugnisse eines Grundstücks durch das Zwangsversteigerungsverfahren über letzteres miterfaßt? S. 6 I[1].

Werden Früchte durch Zwangsversteigerung und -verwaltung betroffen, wenn ein Grundstück im Pachtbesitz ist? S. 7[2].

Begreift die Zwangsversteigerung auch land- und forstwirtschaftliche Erzeugnisse und Ansprüche auf wiederkehrende Leistungen? S. 7[3].

Unterliegen Zubehörstücke eines Immobils der Mobiliarzwangsvollstreckung? S. 7 IIa.

Unterliegen Früchte eines Immobils der Mobiliarzwangsvollstreckung? S. 7 IIb.

Fällt eine im Wege der Mobiliarzwangsvollstreckung vorgenommene Entfernung von Erzeugnissen und Bestandteilen eines Grundstücks im Sinne des § 1122 BGB. unter den Begriff einer „Entfernung zu einem vorübergehenden Zweck“? S. 8 IV.

Bewirkt in der Immobiliarzwangsvollstreckung die Beschlagnahme „des Grundstücks“ ein Pfandrecht an diesem? S. 9 I[2].

In welchen zwei Zeitpunkten beginnt die Rechtswirksamkeit der Beschlagnahme? S. 9 I[3].

Welche Wirkung hat die Beschlagnahme? S. 10 [4a].

Wird der Beschlagnahme gegenüber der gute Glaube Dritter berücksichtigt? S. 10 [4b].

Kann nach Eintragung des Versteigerungsvermerks noch der gute Glaube Dritter berücksichtigt werden? S. 11 c.

Wann darf der Drittschuldner einer mithaftenden Forderung nicht mehr an den Eigentümer (den Vollstreckungsschuldner) eine Zahlung leisten? S. 11⁵.

Unter welcher Voraussetzung kann ein Zwangsversteigerungsverfahren in ein Grundstück einfach fortgesetzt werden, wenn dieses ein Dritter, zwar nach der Beschlagnahme aber in gutem Glauben vom Eigentümer (dem Versteigerungsschuldner) gekauft und aufgelassen erhalten hat? S. 12⁶.

Welche zwei, aus dem Wesen der Beschlagnahme als eines Veräußerungsverbots nicht folgende Wirkungen legt das Gesetz der Beschlagnahme bei? S. 13 II.

Wann erlischt die Beschlagnahme? S. 13 III. u. Nachtrag S. 385.

Welche Wirkung hat die Eröffnung des Konkursverfahrens über das Vermögen des Grundstückseigentümers auf eine Zwangsversteigerung seines Grundstücks? S. 13 IV.

Wer ist Gläubiger im Verfahren der Zwangsversteigerung und -verwaltung? S. 14 I.

Wer ist Schuldner im Verfahren der Zwangsversteigerung und -verwaltung? S. 14 II.

Wer ist außer dem Gläubiger und Schuldner noch „Beteiligter" im Verfahren der Zwangsversteigerung und -verwaltung? S. 14 III, 15 IV.

Warum müssen diejenigen, für die nach der „Zeit der Eintragung des Vollstreckungsvermerks im Grundbuch Rechte eingetragen oder durch Eintragung gesichert" werden, diese Rechte anmelden, um „Beteiligte" zu werden? S. 14 Anm.¹.

Müssen Überbaurentenberechtigte (§ 914 BGB.) ihre Rechte anmelden? S. 16 b.

Müssen nicht eingetragene Erwerber einer Briefhypothek ihre Rechte anmelden? S. 16 b.

Welche Beteiligte sind Anspruchsberechtigte „mit dem Rechte auf Befriedigung aus dem Grundstück"? S. 16 d.

Werden Miet- und Pachtrechte durch die Immobiliarzwangsvollstreckung berührt? S. 16 e.

Unter welchen Voraussetzungen bedarf die Anmeldung von Rechten noch der Glaubhaftmachung der letzteren, um die Anmeldenden zu „Beteiligten" zu machen? S. 17 B.

Welche drei Rechtsakte sind nach dem Gesetz Anmeldern von Rechten gegenüber auszuführen, obschon jene eine gebotene Glaubhaftmachung unterlassen haben? S. 18.

Haben Ladungen und Zustellungen von Amtswegen zu erfolgen? Auch in der Beschwerdeinstanz? S. 18 I u. A. 1.

Unter welchen Voraussetzungen kann eine Zustellung durch Aufgabe eines Einschreibebriefs zur Post erfolgen? S. 19 b.

Können Einleitungs- und Beitrittsbeschlüsse dem Schuldner durch Aufgabe eines Einschreibebriefs zur Post zugestellt werden? S. 19 a, 20 Anm. 4.

Unter welchen Voraussetzungen hat das Vollstreckungsgericht einen Zustellungsvertreter zu bestellen? S. 20 IV.

Kann der Zustellungsvertreter für den unermittelten Beteiligten auch Rechte im Verfahren wahrnehmen? S. 21 c.

Welchen Rang in der Befriedigungsrangordnung hat die Gerichtskasse rücksichtlich der Kosten des Verfahrens? S. 22 II.

Welcher Anspruch ist nach der Gerichtskasse an erster Stelle zu befriedigen und unter welchen zwei Voraussetzungen? S. 23 B.

Welchen Befriedigungsrang hat der sog. Liedlohn und unter welchen zwei Voraussetzungen? S. 24².

Welchen Befriedigungsrang haben die Ansprüche auf Entrichtung öffentlicher Lasten? Haben alle Rückstände den gleichen Rang? S. 24³. Welchen Rang haben jene Ansprüche unter sich? S. 25.

Was sind sog. gemeine Lasten? S. 24³.

Welche Rechte kommen in der vierten Klasse zur Befriedigung? S. 25 IV⁴.

Warum werden in Klasse IV nur die Rechte berücksichtigt, welche vor Eintragung des Vollstreckungsvermerks bereits am Grundstück bestehen? S. 26 a.

Welche Nebenansprüche werden neben dem Hauptanspruch in Klasse IV befriedigt und in welcher Rangordnung untereinander? S. 27 c.

Unter welcher Voraussetzung gelangt der Anspruch des betreibenden Gläubigers in der fünften, unter welchen Voraussetzungen in der vierten Klasse zur Befriedigung? S. 28⁵.

Ist dem betreibenden Gläubiger, der einen vollstreckbaren Schuldtitel wegen eines persönlichen Anspruchs erlangt hat, der Nachweis gestattet, daß die vollstreckbare Forderung identisch mit seinem dinglichen Rechte ist? Nachtrag S. 385.

Welcher Zeitpunkt entscheidet die Reihenfolge zwischen mehreren betreibenden Gläubigern der fünften Klasse? S. 29.

Welche Ansprüche kommen in der sechsten Klasse zur Befriedigung? S. 29⁶.

Welche Ansprüche gehören der siebenten Klasse an? S. 30⁷.

Welche Ansprüche gehören der achten Klasse an? S. 30⁸.

Vollzieht sich in der Zwangsversteigerung ein Kauf? S. 31.

Welches Rechtsprinzip liegt der Reichszwangsversteigerung zugrunde und worin besteht dasselbe? S. 31 II u. 32 ab.

Was versteht das Reichsgesetz unter „geringstem Gebot"? S. 32.

Welche Rechte bleiben ohne jede Erwähnung und Feststellung bestehen? S. 33³.

Welche Rechte bleiben im preußischen Rechtsgebiete ohne Feststellung, jedoch unter einer Bedingung bestehen? Worin besteht diese Bedingung? Wann und wie ist diese Bedingung vom Vollstreckungsgericht zu berücksichtigen? S. 33⁴/34.

Ist der Summenbetrag der dem Rechte des betreibenden Gläubigers vorgehenden und deshalb bestehen bleibenden Rechte der Summe des geringsten Gebots im Versteigerungsprotokoll hinzuzuzählen? S. 35, 36 Anm. 6.

Wodurch werden die Grundlagen für die Feststellung des geringsten Gebots geliefert? S. 36 V.

Welches Zeitmoment bildet den spätesten Zeitpunkt für Anmeldungen zwecks Berücksichtigung bei Feststellung des geringsten Gebots? S. 36 Va.

Welche Rechte sind einer Anmeldung bedürftig? S. 36b.

Welcher prozessualen Voraussetzung kann der Rechtsbestand einer Anmeldung unterliegen? S. 36c.

Kann auch das Gericht für die Berücksichtigung bei Feststellung des geringsten Gebots eine Glaubhaftmachung angemeldeter Ansprüche verlangen? S. 37 α.

Ist außer dem betreibenden Gläubiger auch ein anderer Realinteressent berechtigt, die Glaubhaftmachung eines angemeldeten Rechts zwecks Berücksichtigung bei Feststellung des geringsten Gebots zu erfordern? S. 37 β.

Welche Rechtswirkung hat die Nichtanmeldung eines Rechts oder die Anmeldung ohne Glaubhaftmachung trotz des Widerspruchs des betreibenden Gläubigers im Versteigerungstermine, auch für die Erlösverteilung? S. 37 Anm. 11.

Sind die im Grundbuch eingetragenen, dem Rechte des betreibenden Gläubigers vorgehenden Rechte bei Feststellung des geringsten Gebots von Amtswegen zu berücksichtigen? S. 38². Bedürfen laufende Beträge wiederkehrender Leistungen solcher Rechte, also z. B. die laufenden Hypothekenzinsen der Anmeldung? S. 38². Bedürfen rückständige Beträge jener Rechte, also z. B. die rückständigen Hypothekenzinsen der Anmeldung? Auch der Glaubhaftmachung? S. 38².

Wie ist die Eigentümerhypothek bei Feststellung des geringsten Gebots zu berücksichtigen? Nachtrag S. 385.

Sind bedingte und durch Eintragung eines Widerspruchs oder einer Vormerkung gesicherte Rechte bei Feststellung des geringsten Gebots zu berücksichtigen? Welche Feststellung ist mit Rücksicht auf die Möglichkeit ihres Fortfalls zu treffen? S. 38³.

Wie sind die Sicherungshypotheken des § 1184 und § 1190 BGB. bei Feststellung des geringsten Gebots zu berücksichtigen? S. 39 Anm. 12 u. Nachtrag S. 385.

Tritt bei dem Fortfall von Hypotheken, Grundschulden und Rentenschulden, die bei Feststellung des geringsten Gebots berücksichtigt sind, eine Ersatzzahlungspflicht des Erstehers ex lege ein? S. 40bᵅ.

Muß für Reallasten, die bei Feststellung

des geringsten Gebots berücksichtigt sind, für den Fall ihres Fortfalls stets eine Ersatzzahlungspflicht des Erstehers vom Vollstreckungsgericht festgestellt werden? S. 41 β.

Unter welcher Bedingung nur ist für das mögliche Fortfallen eines Altenteils, das bei Feststellung des geringsten Gebots berücksichtigt ist, eine Ersatzzahlung des Erstehers festzusetzen? S. 42 β.

Unter welcher Voraussetzung kommt bei Feststellung des geringsten Gebots das Recht eines Gläubigers in Betracht, dessen Beitritt zugelassen ist? S. 42 VI.

Was ist unter „gesetzlichen Versteigerungsbedingungen" zu verstehen? S. 44 I.

Erlischt ein Recht, das nach dem Deckungsprinzip bestehen bleiben mußte, aber als nicht bestehen bleibend behandelt ist, durch den Zuschlag? S. 44 II[1].

Wirkt das Bestehenbleiben einer Hypothek wie eine Übernahme der persönlichen Verpflichtung nach Maßgabe des § 416 BGB.? S. 44 II[2].

Bis zu welchem Zeitpunkt können Hypotheken und Grundschulden dem Ersteher gegenüber wirksam gekündigt werden? S. 45[3].

Was ist unter tatsächlichen Zubehörstücken zu verstehen? S. 46.

Ergreift der Zuschlag auch Zubehörstücke, die von der Beschlagnahme ergriffen, dann rechtswidrig vom Grundstück fortgeschafft, aber bona fide von einem Dritten erworben wurden? Nachtrag S. 386.

Tritt der Ersteher in ein Miets- und Pachtverhältnis ein? Hat er ein Kündigungsrecht? S. 46[5].

Von wann an hat der Ersteher die Bargebotssumme zu verzinsen? Unter welcher Voraussetzung hört die Verzinsungspflicht auf? S. 46[6].

Mit welchem Zeitpunkt geht die Gefahr auf den Ersteher über? S. 47[7].

Ist der Zuschlag nichtig, wenn das Grundstück vor letzterem untergegangen ist? S. 47[7a].

Welche Rechtswirkung hat der Untergang von sog. Nebengegenständen („der übrigen Gegenstände, auf welche die Versteigerung sich erstreckt")? S. 48 δ.

Hat der Ersteher einen Gewährleistungsanspruch? S. 48[8].

Wann gehen Nutzungen und Lasten auf den Ersteher über? S. 48[9].

Wer trägt die Kosten des Zuschlagsbeschlusses? S. 48[10].

Hat der Ersteher die Zuwachssteuer zu tragen? Nachtrag S. 386.

Ist das Gericht zu einer Abänderung der gesetzlichen Versteigerungsbedingungen von Amts wegen befugt? S. 49 I.

Von welchen zwei Voraussetzungen ist die Abänderung einer gesetzlichen Versteigerungsbedingung abhängig? S. 49 I u. II.

Kann ein Beteiligter, dessen Recht nach dem Deckungsprinzip bei Feststellung des geringsten Gebots zu berücksichtigen ist und daher bestehen bleibt, hierauf einfach verzichten? S. 49 II a.

Muß der Subhastat der Abänderung einer gesetzlichen Versteigerungsbedingung zustimmen? S. 50 b.

Welche Beteiligte müssen der Abänderung der gesetzlichen Versteigerungsbedingung zustimmen, daß ein Recht, das bei Feststellung des geringsten Gebots nicht zu berücksichtigen ist und daher erlischt, bestehen bleiben soll? S. 50 c.

Wie ist zu verfahren, wenn die Zustimmung aller in Betracht kommenden Beteiligten zu einer beantragten (nicht gesetzlichen) Versteigerungsbedingung nicht feststellbar ist? S. 50 III.

Für welche zwei von den gesetzlichen abweichenden Versteigerungsbedingungen stellt das Reichsgesetz besondere Voraussetzungen auf? S. 51.

Nur für welchen Teil des Meistgebots kann die Versteigerungsbedingung einer Zahlungsfrist festgestellt werden? S. 51 I[1].

Kann die Bedingung einer Zahlungsfrist zunächst schon auf Antrag eines Beteiligten festgesetzt werden? S. 51[2a].

Wodurch wird die ebengedachte Bedingung beseitigt? S. 51 b.

Kann ein Dritter sich verpflichten, für den Ersteher die diesem obliegende Meistgebotszahlung zu bewirken? Unter welcher Voraussetzung? S. 52 βββ. Mit welcher Wirkung? S. 52 c.

Unter welchen zwei Voraussetzungen kann die Versteigerungsbedingung der besonderen Versteigerung von Forderungen und beweglichen Sachen der Immobiliarmasse beantragt und festgesetzt werden? S. 53 II a.

Bis zu welchem Zeitpunkt ist der Antrag auf die oben gedachte besondere Versteigerung zulässig? S. 54 c.

Wem liegt die Ausführung der besonderen Versteigerung ob? S. 54 d und in welcher Art erfolgt letztere? S. 54 e.

Ist die Anfechtung der vollstreckungsgerichtlichen Anordnung einer beantragten besonderen Versteigerung zulässig? S. 55 g.

Wer kann neben dem Ersteher zur Berichtigung des Versteigerungserlöses verpflichtet sein? S. 56 II a, b.

Wer kann an Stelle des Erstehers zur Berichtigung der Summe des Meistgebots verpflichtet sein, die den Betrag des geringsten Gebots übersteigt? S. 56 II c.

Wer ist der Verpflichtung des Erstehers zur Zahlung des Barbetrags des Versteigerungserlöses gegenüber der Berechtigte? S. 57[2] und Nachtrag S. 387.

Welcher Art sind die Ansprüche der Realberechtigten (deren Rechte infolge des Zuschlags §§ 91, 92 erlöschen) auf den baren Versteigerungserlös? S. 57[2] und Nachtrag S. 387.

Wie ist zu verfahren, wenn die Zahlung des baren Versteigerungserlöses unterbleibt? S. 59 V.

Ist die Übertragung einer Forderung auf einen Realberechtigten (der §§ 91, 92) gegen den nichtzahlenden Ersteher gegen letzteren vollstreckbar? S. 60.

Wie wird die ebengedachte Forderung gegen den nichtzahlenden Ersteher gesichert? S. 60.

Wirkt die Übertragung einer Forderung gegen den nichtzahlenden Ersteher, die durch eine Sicherungshypothek gesichert wird, wie eine „Befriedigung aus dem Grundstück"? S. 61.

Wie kann die, mit Übertragung einer Forderung gegen den nichtzahlenden Ersteher verbundene, Rechtswirkung einer Befriedigung aus dem versteigerten Grundstück beseitigt werden? S. 61 a, b.

Ist auch bei Befristung der Zahlung des die Summe des geringsten Gebots übersteigenden Betrags des Meistgebots, den aus diesem zur Hebung gelangenden Berechtigten eine Forderung gegen den Ersteher zu übertragen und eine Sicherungshypothek einzutragen? S. 64 VIII[1].

Ist für die Ersatzzahlungsverpflichtung des Erstehers bei nachträglichem Fortfall bestehen bleibender bedingter Rechte, eine Sicherungshypothek einzutragen? S. 65[2].

Ist der Ersteher berechtigt, bar zu zahlende Teile des Versteigerungserlöses zu verrechnen? S. 65, IX[1] und Nachtrag S. 388.

In welcher Form ergeht der Zuschlag? S. 66 I.

Ist der Eigentumserwerb durch Zuschlag ein derivativer oder originärer? S. 67 II.

In welchem Umfang werden durch den Zuschlag Zubehörstücke erworben? S. 68[1] und Nachtrag S. 386, 390[c].

In welchem Umfang wird das Grundstück durch den Zuschlag erworben? Sind die Angaben des Katasters entscheidend? oder sind nur die Angaben des Grundbuchs entscheidend? S. 68[2].

Wird der Anspruch aus einem Feuerversicherungsvertrag durch den Zuschlag miterworben? S. 70[3] und Nachtrag S. 388.

Wird der Anspruch auf Feuerversicherungsgelder durch den Zuschlag miterworben? S. 70[3] und Nachtrag S. 388.

Ist der Zuschlagsbeschluß für den Ersteher ein vollstreckbarer Titel? und worauf ist dieser Titel gerichtet? S. 71[1].

Unter welcher Voraussetzung ist der Zuschlagsbeschluß ein vollstreckbarer Titel gegen den Ersteher? S. 73[2].

Sind Beteiligte, welche an dem Versteigerungsverfahren nicht oder nicht rechtzeitig teilgenommen, berechtigt, Beträge, die infolge ihrer Säumnis an dritte Beteiligte gezahlt sind, von diesen aus besserem Rechte in ordentlichem Klagewege zu erfordern? S. 74.

Unter welchen Voraussetzungen hat die Aufhebung des Verfahrens von Amtswegen zu erfolgen? S. 75 II.

Unter welchen Voraussetzungen hat die Aufhebung des Verfahrens auf Antrag zu erfolgen? S. 76[3].

Unter welchen Voraussetzungen hat die einstweilige Einstellung des Verfahrens von Amtswegen zu erfolgen? S. 76 III 1–3.

Wann hat auf Antrag des Gläubigers, wann auf Antrag des Schuldners die einstweilige Einstellung des Verfahrens zu erfolgen? S. 76 III 4–5.

Welche Rechtsbehelfe sind allgemein zur Erzielung der Aufhebung und einstweiligen Einstellung des Verfahrens gegeben? S. 76 IV Nachtrag S. 389.

Ist nach Erlaß einer Entscheidung des Prozeßgerichts auf Aufhebung oder einstweilige Einstellung der Zwangsvollstreckung aus § 769 ZPO. noch ein Aufhebungs- oder Einstellungsbeschluß des Zwangsversteigerungsrichters erforderlich? Nachtrag S. 389a.

Ist im Falle der Zahlung des zur Befriedigung des betreibenden Gläubigers und zur Deckung der Kosten erforderlichen Betrages, das Verfahren aufzuheben oder nur einstweilen einzustellen? S. 77.

Unter welchen Voraussetzungen kann die eben erwähnte Einstellung des Verfahrens ein Dritter erzielen? Kann es auch ein Mieter und Pächter? S. 77 b, β.

Von welchem Zeitpunkt ab ist die Aufhebung oder Einstellung des Verfahrens in der Form der „Versagung des Zuschlags" auszusprechen? S. 78 VII.

Welches Ersuchen ist mit dem Erlaß eines Aufhebungsbeschlusses zu verbinden? S. 78 IX.

Der Zwangsversteigerungs-Antrag und -Termin.

Welchen Inhalt und welche Anlagen hat der Zwangsversteigerungsantrag? S. 79 II.

Was hat der Antragsteller vor Stellung eines Zwangsversteigerungsantrags zu veranlassen, wenn der Grundstückseigentümer im Grundbuch nicht eingetragen ist? S. 82².

Ist ein Zwangsversteigerungsantrag gegen die nicht als Eigentümer eingetragenen Erben eines im Grundbuch eingetragenen Grundstückseigentümers zulässig? S. 82².

In welchen beiden Fällen genügt im preußischen Rechtsgebiete ein einfacher Zwangsversteigerungsantrag somit ohne Beifügung eines vollstreckbaren Titels? S. 84³.

In welchen Fällen ist eine Zwangsversteigerung unzulässig? S. 85 IV.

Wem ist der Versteigerungsbeschluß zuzustellen? S. 86 II.

Welches Ersuchen ist im Anschluß an den Versteigerungsbeschluß an das Grundbuch zu richten? S. 86 III.

Steht dem Grundstückseigentümer, als Schuldner des Zwangsversteigerungsverfahrens, gegen den Versteigerungsbeschluß die Erinnerung aus § 766 ZPO. oder die sofortige Beschwerde zu? Nachtrag S. 389.

In welcher Form ist nach Anordnung der Zwangsversteigerung einem weiteren Antrag auf Zwangsversteigerung stattzugeben? S. 88².

Wann wird der Beitrittsbeschluß wirksam? S. 88⁴.

Bis zu welchem Zeitpunkt ist der Beitritt zu dem Verfahren der Zwangsversteigerung zulässig? S. 89⁵. Nachtrag S. 389.

Welche zwei Voraussetzungen müssen erfüllt sein, um den Versteigerungstermin zu bestimmen? S. 90 I.

Welche Prüfung erfordert die mitgeteilte Grundbuchblattabschrift vor Bestimmung des Versteigerungstermins? S. 88 II.

Stehen die Eintragung einer Vormerkung zur Erhaltung des Rechts auf Auflassung und die Eintragung eines Vorkaufsrechts der Zwangsversteigerung entgegen? S. 91 und Nachtrag S. 389.

Mit welcher Zwischenfrist ist der Versteigerungstermin zu bestimmen? S. 91 III.

Welche Mußangaben und welche Sollangaben hat die zu veröffentlichende Terminsbestimmung zu enthalten? S. 92 IV.

Wie ist die Terminsbestimmung bekanntzumachen? S. 94 I.

Wem und bis zu welchem Zeitpunkt muß die Terminsbestimmung zugestellt werden? S. 94 II.

Was ist für die form- und fristgerechte Ladung des Schuldners noch außer der Zustellung der Terminsbestimmung erforderlich? S. 95.

Machen Form- und Fristwidrigkeit der öffentlichen Bekanntmachung des Versteigerungstermins, die Bekanntmachung des letzteren und die Ladung des Beteiligten unbedingt mangelhaft, so daß die Aufhebung des Termins notwendig wird? S. 95 III.

Unter welchen Umständen sind die Mängel einer form- und fristwidrigen öffentlichen Terminsbekanntmachung und der Ladungen der Beteiligten heilbar? S. 95 III.

Welche Bekanntmachung liegt nach Bekanntmachung des Versteigerungstermins und den Ladungen der Beteiligten dem Vollstreckungsrichter vor dem Versteigerungstermin ob? S. 96 IV.

Von welchem Akteninhalt ist die Einsicht vor dem Versteigerungstermin gestattet? S. 96 V.

Ist vor dem Versteigerungstermin ein Erörterungstermin über das geringste Gebot und die Versteigerungsbedingungen zulässig? Sind Erklärungen der Beteiligten in diesem Termin schon bindend? S. 96 VI.

In welche Abschnitte zerfällt der Versteigerungsakt? S. 97.

Können mehrere Versteigerungstermine gleichzeitig abgehalten werden. Nachtrag S. 389.

Worin bestehen die im Versteigerungstermin bekanntzumachenden „das Grundstück betreffenden Nachweisungen"? S. 98².

Weshalb ist der Anspruch des betreibenden Gläubigers bekanntzumachen? S. 99³.

Unter welcher Voraussetzung ist der Anspruch eines verspätet beigetretenen, besser als der Hauptantragsteller berechtigten Gläubigers maßgebend? und was ist in diesem Fall bekanntzumachen? S. 99³.

Weshalb ist der Zeitpunkt der Beschlagnahme bekanntzumachen? und welcher Zeitpunkt ist maßgebend? S. 99³.

In welcher Art sind die auf dem sog. Deckungsprinzip beruhenden Versteigerungsbedingungen festzustellen? S. 102 d.

Bedürfen andere, als auf dem Deckungsprinzip beruhende gesetzliche Versteigerungsbedingungen einer protokollarischen Feststellung? S. 107 B.

Welche Feststellung ist zu treffen, wenn alle Beteiligten einer Abänderung der gesetzlichen Versteigerungsbedingungen zustimmen? S. 107 a.

Welche Prüfung und Feststellung ist geboten, wenn nur ein einzelner Beteiligter den Antrag auf Abänderung gesetzlicher Versteigerungsbedingungen stellt? S. 107 b.

Sind die Feststellungen der Versteigerungsbedingungen zu verlesen? S. 108⁶.

Welcher gerichtsseitige „Hinweis" hat nach der Verlesung der erfolgten Feststellungen zu erfolgen? S. 108⁶.

Erfordern Anmeldungen nach dem „Hinweis auf die bevorstehende Ausschließung weiterer Anmeldungen" eine Vorlesung der nachträglich geänderten Feststellungen und eine Erneuerung jenes Hinweises? S. 109 (erste Zeilen).

Bedarf der Zeitpunkt der Aufforderung zur Abgabe von Geboten der protokollarischen Feststellung? S. 109 II¹.

Wann darf frühestens eine Versteigerung geschlossen werden? S. 109 II¹.

Wird ein Gebot schon mit seiner Abgabe, oder erst mit seiner Aufnahme in das Protokoll wirksam? Nachtrag S. 391.

Ist die gerichtliche Zulassung eines Gebots eine endgültige? S. 109 A.

Wann erlischt ein Gebot? S. 110.

Wann ist ein Gebot als unwirksam zurückzuweisen? S. 111 a.

Wann ist ein Gebot als unzulässig zurückzuweisen? S. 112 b.

Wer ist zu dem Antrag auf Sicherheitsleistung berechtigt? S. 112 a.

Muß der Antrag „sofort" nach Gebotsabgabe gestellt werden? S. 114.

Wer ist zur Sicherheitsleistung für sein Gebot regelmäßig verpflichtet? S. 113.

Wer ist von der Sicherheitsleistung absolut befreit? S. 113.

Wer ist von der Sicherheitsleistung relativ befreit? S. 113.

Wie hoch ist die Sicherheit regelmäßig zu beziffern? S. 113.

Unter welchen Voraussetzungen tritt eine ausnahmsweise Erhöhung des gewöhnlichen Sicherheitsleistungsbetrags ein? S. 113.

Wie ist die Sicherheit zu leisten? S. 113.

Ist ein gleichzeitiges Gebot mehrerer Bieter zurückzuweisen? S. 114 e.

Kann nach dem dreimaligen Aufruf des letzten Gebots noch geboten werden? S. 114².

Wann ist der Schluß der Versteigerung zu verkünden? Ist nach dieser Verkündung noch die Abgabe eines Gebots zulässig? S. 115³.

Können die nach Schluß der Versteigerung entgegenzunehmenden Erklärungen der anwesenden Beteiligten über den Zuschlag, noch den Inhalt der Versteigerungsbedingungen ändern? S. 115 III¹. Welche eine Ausnahme besteht hier? S. 118 c.

Welche vier Rechtsakte sind ausnahmsweise noch „nach Schluß der Versteigerung" zulässig und bis zu welchem Zeitpunkt? S. 116 a, b, 118 c, d.

Wann ist die Entscheidung über den Zuschlag zu verkünden? S. 119 a.

Unter welchen Voraussetzungen darf der Termin zur Verkündung des Beschlusses über Erteilung oder Versagung des Zuschlags vertagt werden? S. 120 und Nachtrag S. 391.

Worin bestehen die tatsächlichen Grundlagen für die Entscheidung über den Zuschlag? S. 120 b.

Sind Berichtigungen des Versteigerungsprotokolls zulässig? Nachtrag S. 391.

Welche fünf Angaben muß der den Zuschlag erteilende Beschluß enthalten? S. 121².

Sind insbesondere von den gesetzlichen abweichende Versteigerungsbedingungen auch dann rechtsbeständig, wenn sie nur im Versteigerungsprotokoll, nicht auch im Zuschlagsbeschluß enthalten sind? S. 122 δ und Nachtrag S. 392.

Wieviel Gründe veranlassen die Versagung des Zuschlags? S. 123 e.

Sind die Versagungsgründe absoluter oder auch relativer Natur? S. 123/124.

Unter welchen zwei Voraussetzungen hindert ein relativer Versagungsgrund nicht die Erteilung des Zuschlags? S. 123.

Welche zwei Versagungsgründe des Zuschlags sind absoluter, welche fünf Versagungsgründe relativer Natur. S. 124.

Die Rechtsmittel.

Sind Entscheidungen des Vollstreckungsgerichts vor dem Beschluß über den Zuschlag selbständig anfechtbar? S 130 I.

Welche zwei vollstreckungsgerichtliche Entscheidungen sind ausnahmsweise vor der Entscheidung über den Zuschlag selbständig anfechtbar? S. 130 I.

Kann ein Termin zur Fortsetzung der Versteigerungsverhandlung angesetzt werden? Nachtrag S. 391.

Welche Rechtsmittel sind gegen die Entscheidung über Erteilung wie Versagung des Zuschlags gegeben? S. 130 I a—c.

Wer ist beschwerdeberechtigt bei Erteilung des Zuschlags? S. 131 ² a—b.

Wer ist beschwerdeberechtigt bei Versagung des Zuschlags? S. 132 c.

Wann beginnt die Beschwerdefrist bei Versagung des Zuschlags? S. 133 a α.

Wann beginnt die Beschwerdefrist bei Erteilung des Zuschlags? S. 133 a β.

Ist mündliche Verhandlung in der Beschwerdeinstanz statthaft? S. 134⁴.

Wer ist der Beschwerdegegner? S. 134⁵.

Was ist in der Beschwerdeinstanz von Amtswegen zu prüfen? S. 134⁶ b.

Von welchen Voraussetzungen hängt in der Beschwerdeinstanz die Prüfbarkeit der Beschwerdeangaben ab? S. 135⁷ a, 136 b—c.

Auf welche einzelnen Beschwerdegründe kann die Beschwerde nur gestützt werden? S. 136⁸.

Wem ist der die Aufhebung oder Abänderung des angefochtenen Beschlusses aussprechende Beschluß zuzustellen? S. 138¹⁰ a.

Wem ist der die Beschwerde zurückweisende Beschluß zuzustellen? S. 138 b.

Von welchem Zeitpunkt ab wird eine in der landgerichtlichen Beschwerdeinstanz erfolgte Zuschlagserteilung wirksam? S. 139 zu a.

Die Erlösverteilung.

Wem hat das Amtsgericht den von ihm erlassenen, den Zuschlag erteilenden Beschluß zuzustellen? S. 140 I ¹⁻².

Ist die Anberaumung des Erlösverteilungstermins schon vor Rechtskraft des Zuschlagsbeschlusses zulässig? S. 140 II.

Welchen Beteiligten muß die Ladung zum Erlösverteilungstermin zwei Wochen vor demselben zugestellt sein? S. 141².

Wie wird der Erlösverteilungstermin öffentlich bekannt gemacht? S. 142³.

Welche Beteiligte sind zum Erlösverteilungstermin zu laden? S. 142[4].

Welche Aufforderung kann an die Beteiligten in der Ladung zum Erlösverteilungstermin, zur Vorbereitung des letzteren ergehen? S. 142[5].

Welche zwei Feststellungen bilden den Gegenstand des Erlösverteilungstermins im allgemeinen. S. 143[1].

Unter welcher Voraussetzung wird die vom Vollstreckungsgericht „aufgestellte" Verteilung erst eine endgültige? S. 144[3].

In welche vier Abschnitte läßt sich der Erlösverteilungstermin einteilen? S. 144[4].

Von welchem Zeitpunkte ab ist der Barbetrag des Meistgebots zu verzinsen? S. 145[1b u. 2]

Welche drei Summenbeträge können außer ihr Zinssumme die Barsumme des Meistgebots erhöhen? S. 145[2–5].

Auf welchen zwei Grundlagen beruht die Feststellung der einzelnen rangmäßig zu befriedigenden Rechte? S. 147[2].

Welche Wirkung hat eine Anmeldung eines Anspruchs, die im Versteigerungstermin bis zur Aufforderung zur Abgabe von Geboten zu geschehen hatte, aber unterblieben ist, und nunmehr im Erlösverteilungstermin vorgenommen wird? S. 147[2αβ].

Hat im Verteilungstermin auch noch eine Glaubhaftmachung angemeldeter Ansprüche zu erfolgen? S. 148γ.

(Wiederholte Frage.) Welche Ansprüche bedürfen der Anmeldung? S. 148 δαα—γγ, 149 δδ.

Wie ist regelmäßig der Wertsersatzbetrag für Ansprüche, die nicht auf einen Geldbetrag gerichtet sind, zwecks ihrer Befriedigung aus dem Barerlös, festzustellen? S. 150[3] aα.

Für welche Rechte ist zum Zwecke ihrer Befriedigung aus dem Barerlös eine Rente festzustellen. S. 151β.

Welche Feststellung und -legung ist zwecks Bezugs dieser Rente vorzunehmen? S. 151β.

Wie werden betagte Ansprüche aus dem Barerlös befriedigt? S. 152b.

Welche Feststellung ist zu treffen, wenn auf bedingte Ansprüche aus dem Barerlös ein Betrag entfällt? S. 152c.

Können auf resolutiv bedingte Ansprüche aus dem Barerlös ohne weiteres Barzahlungen erfolgen? S. 153α.

Ist eine sog. Eventualzuteilung auch dann vorzunehmen, wenn auf ein Recht, dessen Berechtigter der Person nach unbekannt ist, aus dem Barerlöse ein Betrag entfällt? S. 154d.

Ist, wenn zwecks Barbefriedigung in der Form von Renten für Ansprüche aus Nießbrauchs-, Dienstbarkeits- und Reallastrechten, ein sog. Deckungskapital zu hinterlegen ist, rücksichtlich des letzteren eine sog. Eventualzuteilung vorzunehmen? S. 154e.

In welcher Form ist seitens eines einzelnen Beteiligten die Genehmigung des aufgestellten Teilungsplans zu versagen? S. 157a.

Unter welcher Voraussetzung präsumiert das Reichsgesetz die Erhebung eines Widerspruchs? S. 157bβ.

Wer sind die Widerspruchsberechtigten? S. 157c.

Bedarf der Widerspruch einer Begründung? S. 157d.

Worin besteht die Wirkung des Widerspruchs? S. 157e.

In welche Rechtslage gelangt ein Recht, gegen dessen Befriedigung Widerspruch erhoben wird? S. 159g.

Welche Wirkung hat der Widerspruch des Schuldners (bzw. neuen Eigentümers) gegen einen Anspruch, für welchen der Berechtigte einen vollstreckbaren Titel hat? S. 158α.

Ist der Widerspruch des Schuldners, der sich nur gegen den Rang eines Anspruchs in dem aufgestellten Teilungsplan richtet, unbedingt wirkungsvoll? S. 159γ.

Ist die Ausführung des Teilungsplans zulässig, auch wenn der Zuschlagsbeschluß noch nicht rechtskräftig? S. 159 IV[1].

Unter welchen Voraussetzungen „soll" das Vollstreckungsgericht die Ausführung des Teilungsplans bis zur Rechtskraft des Zuschlagsbeschlusses aussetzen? S. 159[1].

Ist gegen die Aufstellung des Teilungsplans sofortige Beschwerde zulässig? Nachtrag S. 392.

Wie vollzieht sich die Ausführung des

Teilungsplans? S. 159 IV², aber auch Nachtrag S. 392, 393.

An wen ist vom Ersteher zu zahlen? S. 160³.

Welche Form erfordert die Vollmacht zur Empfangnahme einer Zahlung im Erlösverteilungstermin? S. 160 A¹β.

Bedarf es zur Empfangnahme von Zinsen und Kosten eingetragener verbriefter Forderungen der Vorlegung der gebildeten Dokumente? S. 160 Aγ.

Wie sind Barbeträge an abwesende Hebungsberechtigte abzuführen? S. 160 Ab.

Kann der Ersteher aufrechnen? S. 161². Nachtrag S. 388.

Kann das Bestehenbleiben eines nach den Versteigerungsbedingungen erloschenen, durch Barzahlung zu befriedigenden Rechts zwischen Ersteher und Berechtigtem im Verteilungstermin vereinbart werden? S. 161³.

Wie hat die Ausführung des Teilungsplans zu erfolgen, wenn die Zahlung des baren Versteigerungserlöses seitens des Erstehers unterbleibt? S. 162 B.

Wie ist die Ausführung des durch einen Widerspruch betroffenen Teils des Teilungsplans vorzunehmen? S. 163² A.

Wie ist zu verfahren, wenn der Ersteher und der Berechtigte eines nach den Versteigerungsbedingungen erloschenen und deshalb bar zu befriedigenden Rechts, dessen Bestehenbleiben vereinbaren und gegen dieses Recht Widerspruch erhoben wird? Nachtrag S. 393.

Wann erfolgt die nachträgliche Ausführung des infolge Widerspruchs unerledigt gebliebenen Teils des Teilungsplans? S. 164 ab.

Welche Feststellungen hat der Vollstreckungsrichter zu treffen, wenn die Zahlung auf ein aus dem Erlöse bar zu befriedigendes Recht unterblieben und gegen die Befriedigung dieses Rechts Widerspruch erhoben ist? S. 164 B.

Welche Feststellung ist vom Vollstreckungsrichter zu treffen, wenn Rechte, die bei Feststellung des geringsten Gebots zu berücksichtigen waren und daher bestehen bleiben, rechtsunbeständig sind? S. 165³ A.

Welche dreifach verschiedene Ausführung des Teilungsplans ist in dem ebengedachten Fall möglich? S. 166 αβ, (von unten gelesen) 167γ.

Welche Feststellung ist vom Vollstreckungsrichter zu treffen, wenn Rechte, die bei Feststellung des geringsten Gebots zu berücksichtigen waren und daher bestehen bleiben, von einem Widerspruch betroffen werden? S. 168 B.

Muß das Protokoll über den Erlösverteilungstermin von den Beteiligten unterschrieben werden? Welche Schlußvermerke hat es zu enthalten? S. 169.

Was hat mit den Urkunden der infolge der Versteigerung erlöschenden Rechte zu geschehen? S. 169 I, III zu a.

Was hat mit Hypotheken-, Grund- und Rentenschuldbriefen nur zum Teil erloschener Rechte zu geschehen? S. 170².

Was hat mit vollstreckbaren Titeln zu geschehen? S. 170 zu b.

Wann hat das Vollstreckungsgericht das Grundbuchamt um Berichtigung des Grundbuchs zu ersuchen? S. 171¹.

Ist das vollstreckungsgerichtliche Ersuchen um Grundbuchberichtigung mit Beschwerde anfechtbar? Nachtrag S. 392, 393.

Welchen Inhalt hat das Ersuchen des Vollstreckungsgerichts um Grundbuchberichtigung? S. 171³.

Sind Berichtigungen des vollstreckungsgerichtlichen Ersuchens um Grundbuchberichtigung zulässig? Nachtrag 393 u. S. 174⁸.

Unterliegt das vollstreckungsrichterliche Ersuchen um Grundbuchberichtigung der Prüfung des Grundbuchrichters? S. 173⁶.

Unter welchen Voraussetzungen unterbleibt die gerichtliche Verteilung des Versteigerungserlöses. S. 181 A.

Welche vollstreckungsrichterliche Prüfung erfordert die Einreichung einer „Einigung" der Beteiligten über die Verteilung des Erlöses? S. 182 Bb.

Welche vollstreckungsrichterliche Maßnahmen erfordert die Einreichung des (öffentlich oder öffentlich beglaubigten) Nachweises der „Befriedigung" der Beteiligten, deren Ansprüche aus dem Barerlös zur Hebung gelangen? S. 184.

Unter welchen Voraussetzungen ist nach der Erlösverteilung ein Ermittelungsvertreter zu bestellen? S. 186 II.

Wann, von wem und zu welchem Zwecke kann bei Nichtermittelung des unbekannten Berechtigten eine Aufgebotsermächtigung beantragt werden? S. 188 B.

Welches Verfahren ist der Verkündung des Ausschlußurteils gegen den bisher unermittelten unbekannten Berechtigten auf einen baren Erlösbetrag anzuschließen? S. 194².

In welchen einzelnen Fällen sind Beträge des Versteigerungserlöses in der Erlösverteilung zu hinterlegen? S. 197 I.

Wann erlöschen die Ansprüche auf die in der Erlösverteilung hinterlegten Beträge? S. 197 II.

Wer ist nach Ablauf der dreißigjährigen Frist der zur Hebung in der Erlösverteilung hinterlegten Beträge hebungsberechtigt? S. 197 IV.

Die Versteigerung mehrerer Grundstücke in einem Verfahren.

Unter welchen Voraussetzungen ist die Zwangsversteigerung mehrerer Grundstücke in einem Verfahren zulässig? S. 198.

In welchem spätesten Zeitpunkt ist der Beschluß auf Verbindung bisher gesonderter Zwangsversteigerungsverfahren zulässig? S. 199⁴.

In welcher dreifachen Art ist ein Gesamtausgebot mehrerer Grundstücke statthaft? S. 200 II.

Unter welchen Voraussetzungen muß, unter Fortfall der Einzelausgebote der einzelnen Grundstücke, ein Gesamtausgebot aller Grundstücke erfolgen? S. 200 zu 1.

Unter welchen Voraussetzungen muß neben dem Einzelausgebot der einzelnen Grundstücke gleichzeitig ein Gesamtausgebot aller Grundstücke vorgenommen werden? S. 200 zu 2.

Unter welchen Voraussetzungen muß, unter welchen Voraussetzungen kann neben dem Einzelausgebot mehrerer Grundstücke und neben dem Ausgebot aller Grundstücke ein Gesamtausgebot einiger Grundstücke erfolgen? S. 201 zu 3.

Unter welcher Voraussetzung muß — wenn Grundstücke einzeln und daneben insgesamt zu einem Gesamtausgebote versteigert werden — eine Erhöhung des geringsten Gebots des Gesamtausgebots vorgenommen werden? S. 204 c.

Wie ist, wenn einzelne Grundstücke zu einem Gesamtgebot zugeschlagen sind, in der Erlösverteilung der Gesamterlös auf die einzelnen Grundstücke zu verteilen? S. 207 b.

Unter welchen Voraussetzungen hat das Vollstreckungsgericht, sofern bei der Versteigerung mehrerer Grundstücke, auf eines oder einige soviel geboten ist, daß der Anspruch des betreibenden Gläubigers gedeckt ist, die einstweilige Einstellung des Versteigerungsverfahrens rücksichtlich der übrigen Grundstücke anzuordnen? S. 209 I, II.

Unter welchen Voraussetzungen und in welcher Art ist die normale Feststellung des geringsten Gebots für die Einzelgrundstücke zu ändern, welche gesamtbelastet sind und in einem Verfahren einzeln ausgeboten werden? S. 214³.

Wie ist der Wert der eben gedachten Einzelgrundstücke im Verhältnis zu dem Gesamtwerte aller Einzelgrundstücke festzustellen, um nach jenem Wertverhältnis eine bestehenbleibende Gesamtlast auf die einzelnen Grundstücke zu verteilen? S. 218.

Wie geschieht die Ermittelung des Werts eines Grundstücks? S. 205 Anm. 9.

Wie wird in der Erlösverteilung, wenn mehrere — nicht gesamtbelastete — Grundstücke in einem Verfahren zugeschlagen sind, auf denen Rechte bestehen bleiben, der bare Quotenanteil des Einzelgrundstücks am baren Gesamterlös gefunden? S. 207 b.

Das Zwangsverwaltungsverfahren.

In welche zwei Hauptabschnitte zerfällt das Zwangsverwaltungsverfahren? S. 251 I.

Welchen Zweck verfolgt die Zwangsverwaltung? S. 231¹.

In welchen Punkten besteht ausnahmsweise ein rechtlicher Zusammenhang zwischen einer anhängigen Zwangsverwaltung und einer anhängigen Zwangsversteigerung? S. 231³.

Welchen Voraussetzungen hat der Zwangsverwaltungsantrag zu entsprechen? S. 232¹ u. 233.

Kann die Zwangsverwaltung auch gegen

den Eigenbesitzer eines Grundstücks angeordnet werden? S. 283².

Ist die Zwangsverwaltung einem an dem Grundstück bestehenden Nießbrauchsrecht gegenüber zulässig? S. 233³, Nachtrag S. 394.

Was hat der die Zwangsverwaltung anordnende Beschluß zu enthalten? S. 234.

Wann wird die Beschlagnahme des Grundstücks in der Zwangsverwaltung wirksam? S. 236².

Welchen Umfang hat die Beschlagnahme in der Zwangsverwaltung? S. 236³.

Wie ist der Besitz des Grundstücks dem Zwangsverwalter zu verschaffen? S. 238 b.

Welche Rechtsstellung hat der Zwangsverwalter im allgemeinen? S. 241¹, den Realbeteiligten, Dritten gegenüber? S. 242².

Welche Tätigkeit liegt dem Zwangsverwalter ob? S. 243⁴.

Kann das Vollstreckungsgericht von dem Zwangsverwalter eine Sicherheitsleistung erfordern? Ordnungsstrafen verhängen? S. 248²³.

Wann und wie hat der Zwangsverwalter Rechnung zu legen? S. 250⁶.

Unter welchen Voraussetzungen sind die Einnahmen aus der Zwangsverwaltung verteilbar? S. 253 I.

Welche Ansprüche haben in der Zwangsverwaltung nur Befriedigung zu erhalten? S. 253 a—b.

In welchen zwei Fällen dürfen in der Zwangsverwaltung Kapitalszahlungen erfolgen? S. 253 II c.

In welcher Rangordnung sind die Ansprüche in der Zwangsverwaltung zu befriedigen? S. 254 III.

Welche Ansprüche hat der Zwangsverwalter ohne Vermittelung des Vollstreckungsgerichts zu befriedigen? S. 256 IV¹.

Welche Ansprüche sind vom Zwangsverwalter nur nach Vermittelung des Vollstreckungsgerichtes zu befriedigen? S. 256 IV².

In welcher Art geschieht die Vermittelung des Vollstreckungsgerichts zwecks Befriedigung von Ansprüchen durch den Zwangsverwalter? S. 257 AB.

Von welchen Voraussetzungen hängt die Aufstellung des Teilungsplans in der Zwangsverwaltung ab? S. 257 A a.

Welches ist der Zweck des Teilungsplans in der Zwangsverwaltung? S. 257 b.

Wie geschieht die Aufstellung des Teilungsplans? S. 258 c.

Wie erfolgt die Verhandlung über den Teilungsplan? S. 258 d.

Ist zur Ausführung des Teilungsplans eine Anweisung des Vollstreckungsgerichts an den Zwangsverwalter erforderlich? S. 258 B a.

Unter welcher Voraussetzung müssen Zahlungen des Zwangsverwalters auf Grund des Teilungsplans in einem anzusetzenden vollstreckungsgerichtlichen Zahlungstermin erfolgen? S. 259³.

Wann erfordern die dem Zwangsverwalter zur Ausführung des Teilungsplans erteilten vollstreckungsgerichtlichen Anweisungen eine Aenderung? S. 260⁴.

Unter welchen Voraussetzungen ist eine außergerichtliche Verteilung in der Zwangsverwaltung zulässig? S. 267.

Welches sind die Aufhebungsgründe des Zwangsverwaltungsverfahrens? S. 270².

Unter welchen Voraussetzungen hat die Einstellung des Zwangsverwaltungsverfahrens zu erfolgen? S. 274 B.

Die Zwangsversteigerung in Schiffe.

Unter welcher Voraussetzung unterliegt ein Schiff der Zwangsversteigerung nach dem Reichsgesetz v. 24. III. 1897? S. 276 b.

Welche Bedeutung hat hier das Schiffsregister? S. 276 c.

Welches Gericht ist hier das zuständige Vollstreckungsgericht? S. 276 d.

Welchen vier Personen kann hier die Schuldnerrolle zufallen? S. 276 e.

Wer ist hier außer dem Schuldner Beteiligter? S. 279 f.

Welche Voraussetzungen hat der Schiffszwangsversteigerungsantrag zu erfüllen? S. 279 α u. 280.

Welche Anordnung ist hier neben dem Versteigerungsbeschluß vom Vollstreckungsgericht zu erlassen? S. 280 b.

Bis zu welchem Zeitpunkt sind Anmeldungen von Ansprüchen in der Schiffszwangsversteigerung zulässig? S. 281 β.

Ist in der Schiffszwangsversteigerung

ein geringstes Gebot festzustellen? S. 279 g u. 283 e.

Ist das Schiff pfandfrei zu versteigern? S. 279 g.

In wie viel Rangklassen sind die Beteiligten bei der Zwangsversteigerung von Seeschiffen im Erlösverteilungstermin zu befriedigen? S. 285 ².

In wie viel Rangklassen sind Beteiligte bei der Zwangsversteigerung von Binnenschiffen im Erlösverteilungstermin zu befriedigen? S. 285³.

Was geschieht, wenn der Versteigerungserlös im Erlösverteilungstermine nicht gezahlt wird? S. 286 γ.

Wie erfolgt die Registerberechtigung? S. 286 h.

Unter welchen Voraussetzungen ist die Zwangsversteigerung ausländischer Schiffe nach dem Reichsgesetz v. 24. III. 1897 zulässig? S. 287.

Welche materiellrechtliche Folge hat die Zwangsversteigerung ausländischer Schiffe? S. 288².

Welches Zangsmittel ist gegen den Ersteher eines ausländischen Schiffs gegeben, der den Versteigerungserlös nicht zahlt? S. 288².

Zwangsversteigerung und Zwangsverwaltung in besonderen Fällen.

Welche drei besondere Fälle der Zwangsversteigerung und -verwaltung kennt das Reichsgesetz? S. 313 (§ 50 Anfang).

a.

Welchen Zweck verfolgt **die Zwangsversteigerung auf Antrag des Konkursverwalters**? S. 288 A.

Genügt der einfache Antrag des Konkursverwalters? S. 289 B¹.

Hal die Beschlagnahme des Grundstücks auf Antrag des Konkursverwalters die Wirkung eines Veräußerungsverbots? und warum nicht? S. 289 ²ᵃ.

Welche prozessual-formellrechtliche Wirkung hat hier die Beschlagnahme? S. 290b.

Welche rechtliche Stellung hat der Konkursverwalter im Verfahren? S. 291³.

Wie ist hier das geringste Gebot festzustellen? S. 292⁶.

Unter welchen Voraussetzungen kann hier noch die Feststellung eines zweiten geringsten Gebots erfolgen? S. 293 ab.

Wie hat hier die Feststellung der beiden geringsten Gebote zu erfolgen? Und unter welchem derselben ist zuzuschlagen? S. 293 c.

Ist der Beitritt zum Verfahren auf Antrag des Konkursverwalters und mit welcher Folge zulässig? S. 294⁷.

b.

Welchem Zweck dient **die Zwangsversteigerung eines Nachlaßgrundstücks**? S. 295¹.

Unter welcher Voraussetzung ist die Zwangsversteigerung eines Nachlaßgrundstücks zulässig? Unter welchen Umständen unzulässig? S. 296³.

Wer ist zum Antrag auf Zwangsversteigerung eines Nachlaßgrundstücks berechtigt? S. 297⁴.

Welche Voraussetzungen für das Zwangsversteigerungsverfahren eines Nachlaßgrundstücks sind glaubhaft zu machen? S. 297⁵.

Worin bestehen die Abweichungen des Zwangsversteigerungsverfahrens eines Nachlaßgrundstücks von dem ordentlichen Zwangsversteigerungsverfahren? S. 298⁶. Wie ist insbesondere hier das geringste Gebot festzustellen? S. 300 g α.

Welche materiellrechtliche Wirkung hat es, wenn ein Beteiligter in der Zwangsversteigerung eines Nachlaßgrundstücks es unterläßt, neben der Feststellung des geringsten Gebots (bei dem sämtliche das Grundstück belastende Rechte berücksichtigt werden) die Feststellung eines kleineren geringsten Gebots zu beantragen? S. 300 g γ.

Ist ein Beitritt zum Zwangsversteigerungsverfahren über ein Nachlaßgrundstück zulässig? S. 301⁷.

Welche Wirkung hat die Eröffnung des Nachlaßkonkurses auf das Zwangsversteigerungsverfahren über ein Nachlaßgründstück? S. 301⁸.

c.

Wer ist Gläubiger, wer Schuldner im **Zwangsversteigerungsverfahren zum Zwecke der Aufhebung einer Gemeinschaft**? S. 304⁴.

Welche materiellrechtliche und welche prozeßrechtliche Wirkung hat hier die Beschlagnahme? S. 305 a[b].

Gibt es hier Beteiligte der fünften und sechsten Klasse des § 10 d. Reichsges.? S. 306[7].

Kann auch ein Miteigentümer des Grundstücks, gegen den der Versteigerungsantrag seines Miteigentümers gerichtet ist, den Versteigerungsantrag stellen und somit zum Gläubiger werden? S. 306[7].

Wie ist in der Zwangsversteigerung zwecks Aufhebung einer Gemeinschaft das geringste Gebot festzustellen, wenn das Grundstück als ganzes dinglich belastet ist? Wie wenn einzelne Grundstückseigentumsquoten belastet sind? S. 307 [9a u. 9b].

Welchem Zwecke dient der „Ausgleichungsbetrag", der, als ein an einen einzelnen Miteigentümer auszuzahlender Betrag, in das geringste Gebot bei der Zwangsversteigerung zwecks Aufhebung einer Gemeinschaft einzustellen ist? S. 309 zu β.

Ist zu einem Zwangsversteigerungsverfahren zwecks Aufhebung einer Gemeinschaft der Beitritt eines Gläubigers zulässig, um die Befriedigung einer vollstreckbaren Forderung durch gewöhnliche Zwangsversteigerung zu erzielen? S. 312[12].

Besondere Fälle im preußischen Rechtsgebiete.

Wieviel besondere Fälle der Zwangsversteigerung und Zwangsverwaltung bestehen im preußischen Rechtsgebiete? S. 313A, 317B, 318C, 320D.

Durch welche Ausführungsvorschriften sind die besonderen preußisch-rechtlichen Fälle geregelt? S. 313 A, 317 B, 318 C, 320 D.

Welche zwei Zwecke kann das preußischrechtliche besondere Verfahren der Zwangsversteigerung und Zwangsverwaltung in Bergwerkseigentum, unbewegliche Bergwerksanteile oder selbständige Kohlenabbaugerechtigkeiten verfolgen? S. 313 A I, 314 II.

Ist bei dem preußisch-rechtlichen öffentlichen Verkauf der „an Straßen und öffentlichen Plätzen stoßenden sog. verfallenen Gebäude" durch die Polizeibehörde das reichsgesetzliche Zwangsversteigerungsverfahren entsprechend anwendbar? Erfolgt aber die Feststellung eines geringsten Gebots? S. 317 B, 317 B d.

Welches preußische Gesetz regelt die Zwangsversteigerung und Zwangsverwaltung in Bahneinheiten? S. 318 C.

Welches preußische Gesetz überträgt im Zwangsverwaltungsverfahren den öffentlichen landschaftlichen Kreditanstalten bestimmte Vollstreckungsakte? S. 320 D.

Druck von A. W. Hayn's Erben (Curt Gerber), Potsdam.

Kolibri 360 GmbH
Ferdinand-Jühlke-Straße 7
99095 Erfurt, Deutschland
produktsicherheit@kolibri360.de